6163
H

# MEMOIRES
## DE
## SULLY.

*NOUVELLE EDITION, REVUE ET CORRIGÉE.*

## TOME SECOND.

# MEMOIRES
## DE MAXIMILIEN DE BETHUNE, DUC DE SULLY,
### PRINCIPAL MINISTRE DE HENRY LE GRAND.

*Mis en ordre, avec des Remarques,*
Par M. L. D. L. D. L.
TOME SECOND.

A LONDRES.
M. DCC. XLVII.

# SOMMAIRES
## DES LIVRES
CONTENUS DANS LE SECOND VOLUME.

## SOMMAIRE
### DU ONZIEME LIVRE.

MÉMOIRES 1599—1601. *Affaire du Marquisat de Saluces : artifices du Duc de Savoie pour ne point le restituer. Voyage de Henry IV. à Blois. Dissolution de son mariage avec Marguerite de Valois : ses amours avec Mademoiselle d'Entragues, qui se fait donner par ce Prince une Promesse de mariage : hardiesse de Rosny dans cette occasion. Article de mariage avec la Princesse de Florence, arrêtés. Faits étrangers. Rosny prend la tutelle de ses Neveux D'Epinoy. Permission pour les Manufactures d'étoffes précieuses, révoquée. Rosny est fait Grand-Maître de l'Artillerie ; & il y donne tous ses soins. Le Duc de Savoie vient à Paris : met les Courtisans dans son parti : cherche à corrompre Rosny ; puis à l'exclurre des Conférences : n'obtient rien, & s'en retourne. Nicole Mignon veut empoisonner le Roi. Dispute publique de l'Evêque d'Evreux & de Du-Plessis-Mornay. Nouveaux subterfuges du Duc de Savoie : Raisons de lui déclarer la Guerre : préparatifs de Rosny pour cette Guerre. Henry IV. épouse par procureur la Princesse de Florence. Prises de Chambéry, Bourg, Montmélian, Charbonnieres &c ; & autres détails sur cette Campagne : Grands services qu'y rend Rosny, malgré la jalousie & l'opposition des Courtisans. Le Cardinal Aldobrandin vient négocier pour la Paix : réception que lui fait Rosny : Conférences rompuës par la démolition du Fort de Sainte-Catherine ; reprises par Rosny, qui conclut le Traité : Article de ce Traité. La Reine arrive à Paris : est reçuë par Rosny à l'Arsenal. Faits Etrangers.*

*Tome II.*

# SOMMAIRE
## DU DOUZIEME LIVRE.

MEMOIRES de l'année 1601. Affaires de Finance, de Monnoye, de Commerce &c. Défense de transporter les Espèces d'Or & d'Argent hors du Royaume. Chambre de Justice établie, avec peu de fruit. Réfléxions de l'Auteur sur le luxe & la corruption des mœurs. Suppression d'Officiers de Robe & de Finance. Voyage de Henry IV. à Orléans. Affaires des Provinces-Unies. Henry va à Calais. Insulte faite à Madrid à l'Ambassadeur de France. Ambassades du Grand-Seigneur & des Vénitiens. Elisabeth vient à Douvres : Lettres réciproques de Henry & d'Elisabeth. Rosny va à Douvres : Entretien entre Elisabeth & lui, où ils jettent les fondemens du Grand Dessein contre la Maison d'Autriche : sagesse de cette Reine. Mort du jeune Châtillon-Coligny. Naissance de Louis XIII : Henry fait tirer son horoscope par La-Riviere. Affaire des Isles avec le Grand-Duc de Toscane, terminée. Rosny fait donner l'Ambassade de Rome au Comte de Béthune, malgré Villeroi & Sillery : opposition de ces Ministres aux sentimens & à la Politique de Rosny. Particularités sur la Conspiration du Maréchal de Biron : Rosny cherche à le faire rentrer dans son devoir : Henry l'envoie en Ambassade à Londres ; en Suisse : il reprend ses brigues à son retour. Dépositions de La-Fin. Question du faux D. Sebastien ; & autres faits Etrangers.

# SOMMAIRE
## DU TREIZIEME LIVRE.

MEMOIRES de 1602. Princes Etrangers à Paris. Henry IV. va à Blois : sujet de ce voyage. Suite de la Conspiration du Maréchal de Biron : Conseil tenu à Blois à cette occasion : dessein d'arrêter les Ducs d'Epernon & de Bouillon : le premier se justifie : manège adroit du second. Brouillerie entre le Roi & la Reine : Conversation de Henry avec Rosny, à ce sujet. Fruits du voyage de Henry dans les

### DES LIVRES.

*Provinces : il se détermine à faire arrêter Biron : particularités sur sa détention & celle du Comte d'Auvergne; sur son procès, son exécution : Quelle part eut Rosny dans toute cette affaire. Henry pardonne au Baron de Lux ; au Comte d'Auvergne, qui le trahit de nouveau : raisons qu'il eut d'en user ainsi avec le Comte d'Auvergne. Le Prince de Joinville est arrêté : le Roi lui pardonne aussi, & le retient en prison. Le Duc de Bouillon se défend adroitement de venir à la Cour. Soupçons que les Courtisans jettent dans l'esprit de Henry contre Rosny : Conversation curieuse entr'eux, à cette occasion. Affaire des Avocats : discours de Sigogne. Edits & Règlemens sur la Monnoye, le Commerce, la Finance &c. Mines découvertes en France. Edit contre le Duel. Renouvellement de l'Alliance avec les Suisses. Voyage de Henry à Calais. Suite des Expéditions militaires entre les Espagnols & les Flamands. Autres Affaires Etrangères.*

## SOMMAIRE
### DU QUATORZIEME LIVRE.

*MEMOIRES de l'année 1603. Troubles à Metz : Henry y va, & en chasse les Sobolles : Autres Affaires traitées pendant ce voyage. Mémoire contre le Cardinal d'Ossat : éxamen des sentimens & de la conduite de ce Cardinal. Suite des Affaires des Pays-Bas. Brigues du Duc de Bouillon, & nouvelles mutineries des Calvinistes. Mort d'Elisabeth : Jacques I. Roi de la Grande-Bretagne. Retour de Henry : Ses conversations avec Rosny sur la mort d'Elisabeth : il se détermine à l'envoyer Ambassadeur à Londres : Délibérations dans le Conseil, & Intrigues à la Cour sur cette Ambassade. Maladie du Roi. Instructions publiques & particulières, données à Rosny : Il part avec une suite nombreuse. Caractère du jeune Servin. Rosny s'embarque à Calais : Insulte qui lui est faite par le Vice-Amiral Anglois : manière dont il est reçu à Douvres, à Cantorbery &c. il est reçu dans Londres avec les plus grands honneurs : Sa sévèrité dans l'Affaire de Combaut. Etat des Affaires Politiques de la Grande-Bretagne : Caractère des Anglois, du Roi Jacques, de la Reine &c. factions différentes en cette Cour.*

SOMMAIRES

*Conférences de Rosny avec les Conseillers Anglois ; avec les Députés des Etats Généraux ; avec le Résident de Vénise &c. Il obtient sa premiere Audience : sa peine de ne pouvoir y paroître en habit de Deuil.*

# SOMMAIRE
## DU QUINZIEME LIVRE.

SUITE des Mémoires de 1603. Continuation de l'Ambassade de Rosny à Londres. Détail de ce qui se passa à sa premiere Audience : entretien public du Roi d'Angleterre avec lui, sur différens sujets : Evènemens à la Cour de Londres, favorables & contraires à sa Négociation : dispositions des différentes Cours de l'Europe. Premiere Conférence de Rosny avec les Ministres Anglois. Intrigues de l'Espagne. Seconde Audience ; & entretien particulier du Roi Jacques avec Rosny, qui lui persuade de soûtenir les Provinces-Unies : autres matieres traitées entr'eux. Seconde Conférence de Rosny avec les Ministres de Sa Majesté Britannique, qui cherchent à faire échouer sa Négociation : Procédé imprudent du Comte d'Aremberg. Troisième Audience : Rosny est admis à la table du Roi d'Angleterre : entretien public sur différens sujets. Troisième Conférence de Rosny avec les Conseillers Anglois & les Députés des Provinces-Unies : artifices & mauvaise foi de Cécil. Quatrième Audience : entretien secret de Rosny avec le Roi Jacques ; où il communique les Desseins Politiques de Henry IV. & de la Reine Elisabeth, & les lui fait goûter : explication sommaire de ces Desseins. Jacques se déclare publiquement en faveur de Rosny.

# SOMMAIRE
## DU SEIZIEME LIVRE.

SUITE des Mémoires de 1603. Continuation de l'Ambassade & des Négociations de Rosny à la Cour de Londres. Formule de Traité avec Sa Majesté Britannique : substance de ce *Traité. Dépêche de Rofny interceptée. Audience de Congé ; & dernier Entretien de Rofny avec le Roi Jacques : Préfens qu'il fait à Londres : Son retour : danger qu'il court fur la Mer. Accueil que lui fait Henry IV. entretien public entr'eux fur fa Négociation. Suite de l'Etat des Affaires d'Angleterre, troubles & querelles particulieres dans cette Cour. Conclufion du Traité fait par Rofny. Continuation des Affaires d'Angleterre, d'Efpagne, des Pays-Bas, & autres Etrangères. Rofny reprend fes travaux dans la Finance : Henry le foûtient hautement dans une querelle qu'il a avec le Comte de Soiffons : Il reçoit le Roi à Rofny. Voyage de Henry en Normandie : ce qui fe paffa dans ce Voyage. Mutinerie des Proteftans, & Affemblée de Gap. Rofny eft fait Gouverneur de Poitou. Etabliffement de la Soie en France : Entretien fur ce fujet, dans lequel Rofny cherche à en diffuader Henry : Remarques fur fon opinion touchant la Soie & le Luxe. Colonie établie en Canada.*

# SOMMAIRE
## DU DIX-SEPTIEME LIVRE.

MEMOIRES *de l'année 1604. Jettons préfentés à Sa Majefté par Rofny. Mort de la Ducheffe de Bar : circonftances de cette mort ; & affaires qu'elle occafionne. Délibérations du Confeil fur le rétabliffement des Jéfuites : Converfation de Rofny avec Henry IV. & raifons qu'il rapporte contre ce rétabliffement : à quelles conditions ils font rétablis : protection que leur accorde Henry. Le Pere Cotton recherche Rofny. Mémoire contre le Cardinal d'Offat : fentimens de Rofny, peu favorable à ce Cardinal & à la Politique des Catholiques. Traihifon de Nicolas L'Hôte : comment découverte ; particularités fur ce fujet : éxamen de la conduite de Villeroi. Mémoire de Rofny fur les Religions. Promotion de Cardinaux ; & affaires de Rome. Converfation curieufe de Henry avec Rofny, fur les chagrins domeftiques que lui caufent la Reine & la Marquife de Verneuil.*

# SOMMAIRE
## DU DIX-HUITIEME LIVRE.

SUITE des Mémoires de l'année 1604. Continuation de l'article précédent, sur les chagrins & les brouilleries domestiques de Henry IV : Rosny s'emploie à les faire finir : risques qu'il court à cette occasion, de la part de la Reine & de la Marquise de Verneuil : malignité de celle-ci. Conduite sage & désintéressée de la Reine Marguerite. Cabale des Protestans & des Séditieux du Royaume. Voyage de Henry dans les Provinces, projetté & rompu. Rosny va visiter son Gouvernement : comment il est reçu à La-Rochelle, à Poitiers &c : Haine des Protestans contre lui : autres particularités & fruits de ce voyage : Accueil que lui fait Henry, à son retour. Justification du Duc d'Epernon, faussement accusé. Nouvelles brigues du Comte d'Auvergne : moyens employés par Rosny pour l'arrêter : Lettres qu'il reçoit de lui, & qu'il lui écrit : Comment le Comte d'Auvergne est arrêté : On commence son procès. La Marquise de Verneuil est aussi arrêtée : Rosny est chargé d'aller l'interroger : il ne peut par conseils ni par prières, engager Henry à la faire sortir de France : foiblesse de ce Prince pour sa Maîtresse.

# SOMMAIRE
## DU DIX-NEUVIEME LIVRE.

SUITE des Mémoires de 1604. Henry IV. fait déposer ses trésors à la Bastille : Conseil convoqué à ce sujet. Considération & Maximes de Rosny sur le Gouvernement : Moyens qu'il emploie pour recouvrer de l'argent. Vérification des Rentes : autres Opérations & détails de Finance : Règlemens de Police & de Milice. Etablissement d'un Hôpital militaire. Talens & qualités de Henry IV. pour le Gouvernement. Causes de l'affoiblissement des Etats. Rupture entre la France & l'Espagne au sujet du Commerce : Rosny le rétablit par un Traité ; particularités & teneur de ce Traité. Suite des Affaires des Provinces-Unies, de l'Espagne & de l'Angleterre : Accord & Traité entre ces deux dernières Puissances : Sujets de

# DES LIVRES.

mécontentement des Provinces-Unies contre l'Angleterre. Le Connétable de Castille passe par Paris : entretien qu'il a avec le Roi : Autre conversation entre Henry IV. & Rosny sur cet Ambassadeur. Principe erroné de Rosny sur la Loi Salique. Acheminement à la réussite des Grands Desseins de Henry. Affaires des Grisons, & du Fort de Fuentes : démarches de la France, & autres particularités sur cette Affaire. Contestation avec le Pape, au sujet du Pont d'Avignon ; terminée par Rosny en faveur du Roi. Affaire de l'acquisition du Comté de Saint-Paul : bon conseil à cette occasion, donné par Rosny à Henry. Ordres Religieux établis en France.

# SOMMAIRE
## DU VINGTIEME LIVRE.

MEMOIRES de l'année 1605. Fin du Procès des Comtes d'Auvergne & d'Entragues : complaisance & foiblesse de Henry IV. pour la Marquise de Verneuil. Les Jésuites obtiennent la démolition de la Pyramide. Grand Démêlé de Rosny avec le Pere Cotton, au sujet du Collége de Poitiers : Il se justifie contre les calomnies de ses ennemis : on le reconcilie avec le P. Cotton. Ses brouilleries & son raccommodement avec le Duc d'Epernon & Grillon : Traits de l'humeur fantasque de Grillon. Nouvelles calomnies contre Rosny, qui le mettent à deux doigts de sa disgrace : Conversation touchante de Henry avec lui, dans laquelle ils se reconcilient : détail intéressant sur toute cette affaire : Autre tentative des ennemis de Rosny pour le perdre. Mariage de sa Fille avec le Duc de Rohan : Lieutenance-de-Roi de Saint-Jean-d'Angely, refusée par Henry au Duc de Rohan : autres graces & gratifications accordées & refusées à Rosny par le Roi. Dessein de Henry de faire épouser Mademoiselle de Melun au Marquis de Cœuvres.

# SOMMAIRE
## DU VINGT-UNIEME LIVRE.

SUITE des Mémoires de l'année 1605. Détails de Finance & de Gouvernement. Réfléxions de l'Auteur sur la Taille, la Gabelle &c. Dettes de la France, acquitées : état florissant du Royaume : Application de Henry IV. aux affaires de l'Etat : ses Lettres à Rosny. Mort de Clément VII. Leon XI. doit son exaltation à la protection de Henry : Sa mort. Paul V. Pape. Eloge de l'Ambassade du Comte de Béthune. Bref de Paul V. à Rosny : estime qu'on a pour ce Ministre, à Rome. Suite des Affaires d'Espagne, de Flandre & d'Angleterre : Mécontentement des Rois de France & d'Angleterre, contre l'Espagne. Affaires des Calvinistes : Avis donnés à Henry sur leurs mauvais desseins : sentiment de Rosny sur l'état présent de ce Corps. Indispositions de Henry. Assemblée des Protestans à Châtelleraut : Objet de Henry & des Huguenots dans la tenuë de cette Assemblée. Rosny y est envoyé de la part du Roi : Instructions publiques & particulieres qu'il reçoit : Il s'abouche en passant avec la Reine Marguerite. Nouveaux avis sur la conduite des Chefs de la Religion. Manège du Duc de Bouillon & de ses partisans, contre Rosny : Conduite sage de celui-cy : Discours d'Ouverture, plein de fermeté : Il refuse la Présidence de cette Assemblée, &c.

# SOMMAIRE
## DU VINGT-DEUXIEME LIVRE.

SUITE des Mémoires de 1605. Continuation des détails sur l'Assemblée de Châtelleraut. Nouveaux artifices du Duc de Bouillon : Lettres qu'il écrit au Roi, & à l'Assemblée. Détention des Luquisses. Avis différens donnés à Henry IV. sur les Séditieux : conseil de Rosny sur ces avis. Rosny déconcerte les projets des Chefs Protestans à Châtelleraut : il y termine à l'avantage & à la satisfaction du Roi, la Question des Députés Généraux ; celle des Villes de sûreté, &c : il n'est point écouté sur l'Affaire d'Orange : Il met fin à l'Assemblée ; y explique les volontés du Roi, & revient en rendre compte à Sa Majesté. Voyage de Henry IV. en Limosin : Rosny l'y accompagne : Turenne, & les

### DES LIVRES.

les autres Places du Duc de Bouillon se rendent au Roi : retour de Sa Majesté. Rosny tient les Grands jours : punition de Meyrargues & des Luquisses. Mort de Théodore de Beze : marques d'estime & d'amitié qu'il donne à Rosny. Différend de Rosny avec le Comte de Soissons, au sujet de la Grande-Maîtrise de l'Artillerie : Autre avec le Duc d'Epernon, au sujet de la Ville de La-Rochelle : Réception que fait Henry aux Députés de cette Ville. Retour de Rosny à Paris ; où il rend compte au Roi. Arrivée de la Reine Marguerite à Paris : accueil qu'elle reçoit de Leurs Majestés. Mémoire de Rosny sur les Duels ; où il expose l'origine & les différens usages du Duel : Indulgence blâmable de Henry à cet égard. Bonheurs & périls de ce Prince.

## SOMMAIRE
### DU VINGT-TROISIEME LIVRE.

MEMOIRES de l'année 1606. Jettons présentés au Roi par Rosny. Conversation entre le Roi, la Reine & lui, sur leurs brouilleries : Autre entre Henry IV. & Rosny, sur la Politique, où ils concertent les moyens d'abaisser la Maison d'Autriche. Rosny est fait Duc & Pair. Expédition de Sedan : Intrigues de Cour à cette occasion : Lettres du Duc de Sully au Duc de Bouillon : conseils qu'il donne à Henry : Bouillon remet Sedan au Roi : Mécontentement donné à Sully au sujet du Traité de Sedan ; & ses plaintes contre Villeroi. Sully conseille à Henry de s'emparer des Places du Comté de Saint-Paul, & n'est point écouté : Colère de Henry contre lui, au sujet de son Entrée dans Paris. Différend de Paul V. avec les Vénitiens : bon conseil donné par Sully aux deux Parties. Démêlé de la Ville de Metz avec les Jésuites : Nouvelles faveurs qu'ils reçoivent de Henry. Avanture du P. Cotton, au sujet d'Adrienne De-Fresne. Autres affaires de Religion ; avec le Clergé, au sujet du Concile de Trente ; entre les Catholiques & les Calvinistes de La-Rochelle. Cérémonie du Baptême des Enfans de France. Réglemens sur la Gabelle & les Elections : Autres opérations & Réglemens de Finance. Vie privée de Henry : ses amusemens : Conversation entre lui & les Courtisans. Suite des Affaires militaires d'Espagne & de Flandre : Considérations sur cette Guerre.

*Tome II.*  b

SOMMAIRES

*Autres Affaires Etrangeres. Conjuration contre le Roi d'Angleterre.*

# SOMMAIRE
## DU VINGT-QUATRIEME LIVRE.

MEMOIRES de l'année 1607. Occupations & Lettres de Henry. Mort du Chancelier de Bellièvre. Naissance d'un second Fils de France. Marques de confiance & d'amitié de Henry pour Sully: Brouillerie entr'eux, dans laquelle Henry recherche Sully. Services que Sully rend au Roi dans l'Assemblée des Calvinistes à La-Rochelle; dans l'Affaire du P. Séguiran avec les Rochellois: Nouvelles graces accordées par Henry au Jésuites. Brigues de l'Espagne à la Cour & dans le Conseil, contre Henry & contre Sully: conversation entr'eux à ce sujet; & conseil donné par Sully: Autres services qu'il rend au Roi dans les brouilleries de Cour. Suite des Affaires entre l'Espagne & les Provinces-Unies: Sentiment de Sully sur les offres faites aux Roi par les Flamands: Conseil tenu à ce sujet. Victoire Navale remportée par les Flamands sur les Espagnols: Conférences pour une suspension d'Armes, & pour la Trève. Suite des Affaires de la Valteline entre l'Espagne & les Grisons. Affaires d'Allemagne, d'Angleterre, & autres Etrangeres. Différend du Pape & des Vénitiens terminé par la médiation de Henry. Bref de Paul V. à Sully. Travaux de Sully dans la Finance, la Police & les autres parties du Gouvernement. Artifices des Courisans pour le perdre. Il forme le projet d'un nouveau Conseil, qui demeure sans exécution. Autres Affaires de Finance, de Gouvernement, de Police &c. Dépenses de Henry IV. au Jeu, pour ses Manufactures &c. Vie privée & brouilleries dans la maison de ce Prince. Il rend Sedan au Duc de Bouillon.

Fin des Sommaires du second Tome.

**MEMOIRES**

Mr. de Sully dechire la promesse de Mariage de Henry IV. à Mlle d'Entragues.

# MEMOIRES
## DE SULLY.

✧✧✧✧✧✧✧✧✧✧✧✧✧✧✧✧✧✧✧✧✧✧✧✧✧✧

### LIVRE ONZIEME

E temps fixé par le Compromis fait entre les mains du Pape, au sujet du Marquisat de Saluces, s'étoit passé, sans que Sa Sainteté eût rien décidé sur cette affaire; parce que le Duc de Savoie, qui sçavoit mieux que personne, que la décision ne pouvoit lui être favorable (1), s'étoit servi pour éluder le Jugement, de tous les manéges ordinaires à cette petite Cour, qui fait sa Politique d'employer également pour sa conservation, ou son aggrandissement, la ruse, le manque de parole, les soûmissions, & l'attachement au plus fort. La premiere idée qui vint au Duc de Savoie, fut de révoquer un Compromis, qu'il n'avoit fait que pour gagner du temps, ou dans l'esperance, que peut-être la France se brouilleroit avec le Saint-Siege : Mais comme ce procedé auroit eu quelque chose de trop affecté ; il

1599.

(1) Ce Marquisat étoit un Fief mouvant du Dauphiné, sur lequel la Maison de Savoie n'avoit aucun droit.

Tome II. A

eut recours à un autre artifice, pour engager le Pape à s'en déporter volontairement. Il manda à son Ambassadeur à Rome, qu'il avoit des avis certains de France & d'Italie, que Clément VIII. s'étoit laissé gagner par le Roi, sous la condition secrette, que Sa Majesté Très-Chrétienne s'obligeoit à céder ensuite au Pape lui-même, tous ses droits sur le Marquisat de Saluces. L'Ambassadeur trompé le premier par son Maître, s'expliqua sur cette collusion de maniere que Sa Sainteté, qui n'avoit accepté l'arbitrage que pour le bien des deux Parties, s'en démit aussi-tôt avec indignation.

Le Duc de Savoie, qui n'avoit point douté que le Pape ne prît ce parti, faisoit cependant entendre au Roi, qu'il se remettroit entierement à sa discretion, sans qu'il fût besoin pour ce Démêlé, d'aucuns Arbitres Etrangers. Il crut en piquant ce Prince d'honneur, en obtenir ce qui faisoit le sujet de la contestation, qu'il n'oublioit pas de lui faire representer comme quelque chose de si mince valeur, qu'il ne méritoit pas seulement l'attention d'un aussi grand Roi. C'est avec ces instructions, qu'étoient venus à Paris les Sieurs de Jacob, de La-Rochette, de Lullins, de Brétons & de Roncas, Agens de Monsieur le Duc de Savoie.

Avec de pareilles vuës, le Ministre & le Confident du Prince est ordinairement celui qu'on commence à mettre dans ses intérêts ; & pour dire la chose plus clairement, qu'on cherche à corrompre. On ne lui cache même presque pas qu'on vient à lui dans ce dessein ; quoiqu'il ne paroisse pas fort honnête. On n'use pas non-plus dans ses paroles, de la même circonspection, qu'on apporteroit dans un Congrès. Ces Messieurs me dirent donc, que leur Maître ne prétendoit point tenir de Sa Majesté le Marquisat de Saluces, autrement qu'à titre de grace & de pur don ; & ils m'insinuoient en même temps assez significativement, que ce Present refluëroit aussi de M. le Duc de Savoie à moi, à-proportion de l'importance de la chose, & de la maniere dont je m'employerois à la faire réüssir. Je ne voulus point comprendre le sens de ces dernieres paroles : Je conclus séchement des premieres, en parlant aux quatre Agens, que comme on ne sçauroit gratifier quelqu'un, que de ce qu'on possede, il falloit que M. le Duc de Savoie commençât avant

# LIVRE ONZIEME.

tout, à remettre à Sa Majesté le Marquisat de Saluces; & qu'alors ce Prince, que je leur assurois n'avoir pas l'ame moins grande que Son Altesse, en useroit Royalement: sur quoi, je les priai très-sérieusement de s'adresser directement au Roi. Ils le firent, rebutés du ton dont je leur avois parlé. Henry en prit un extrêmement poli avec eux, mais si ferme à l'égard de tout ce qui pouvoit intéresser l'Etat, qu'ils jugerent après plusieurs tentatives inutiles, qu'ils n'avanceroient rien par cette voye.

Ils voyoient toute la France, & la Cour elle-même, pleine de mécontens & de séditieux: Ils imaginerent qu'en les poussant à quelque résolution violente, on pourroit donner à Henry, assez d'occupation dans son propre Royaume, pour lui faire perdre de vûë toute affaire au-dehors. La présence du Duc de Savoie leur parut nécessaire, pour engager plus fortement ceux des Seigneurs, qui prêteroient l'oreille à leurs suggestions. Ils lui écrivirent, que son interêt demandoit qu'il fît un voyage à Paris. Ce dessein étoit parfaitement dans le caractere du Duc (2): il y consentit, & en fit demander la permission à Sa Majesté, qui l'auroit refusée, si elle l'avoit pu honnêtement; mais le Duc de Savoie lui en ôtoit jusqu'au moindre prétexte, en protestant qu'il n'entreprenoit ce voyage, que pour venir lui-même traiter avec Sa Majesté, ou plustôt, se soûmettre à toutes ses volontés: Ce qu'il accompagnoit de tant de plaintes contre l'Espagne, qu'il paroissoit être sur le point d'en venir à une rupture avec cette Couronne, & mettre desormais tout son salut dans son union avec la France. Il venoit de refuser la proposition avantageuse que lui avoit fait le Roi d'Espagne, de lui envoyer son Fils & sa Fille aînée, pour les faire paroître à la Cour de Madrid, comme Princes du Sang Royal d'Espagne.

Cette démarche du Duc de Savoie, acheva de déterminer le Pape à ne plus se mêler de l'affaire de Saluces: Mais rien ne fit perdre de vûë au Roi, les deux choses qui lui avoient d'abord paru essentielles: l'une, de ne rien relâcher de la satisfaction que lui devoit le Duc de Savoie: l'autre,

1599.

(2) On dit qu'il échapa à ce Prince, pendant son séjour à la Cour de France, de dire un jour: « Je ne suis » pas venu en France pour recueillir, » mais pour semer. »

A ij

d'éclairer ses démarches auprès des brouillons de la Cour.

Le Maréchal de Biron étoit toujours celui à qui il donnoit le premier rang parmi eux. Sa Majesté sçut, que pendant le séjour qu'avoit fait ce Maréchal en Guyenne, il avoit sollicité la Noblesse de cette Province, de s'attacher à lui; & qu'il avoit même tenu à table avec toutes ces Personnes, des discours d'un Ennemi de l'autorité Royale. Tout cela auroit pu n'être qu'un effet du faste & de l'orgueil de ce Maréchal: mais ce qui y donnoit le plus de poids; c'est qu'en même temps ses menées à la Cour de Savoie, quoique conduites avec toute la précaution possible, vinrent aussi à la connoissance du Roi: Et le voyage que fit cette année Sa Majesté à Blois, n'eut point en effet d'autre motif, que de déconcerter les projets de Biron, & de contenir les Peuples dans le devoir; quoique ce Prince ne le proposât en public, que comme une partie de plaisir, pour jouir de la beauté de ce Climat, pendant l'Eté, & pour y manger, disoit-il, d'excellens Melons. Il lui étoit d'ailleurs indifférent, dans l'état où étoient les choses, de s'éloigner de Paris.

J'accompagnai Sa Majesté, dont le séjour à Blois n'a rien d'assez intéressant, pour que je m'y arrête: il se passa dans les soins que je viens de marquer, joints à celui de poursuivre cette dissolution tant souhaitée, du Mariage de ce Prince avec Marguerite de Valois.

Tant que la Duchesse de Beaufort avoit vécu; peu de personnes avoient songé à presser Henry de se démarier; soit de peur que ces instances ne tournassent à l'avantage de sa Maîtresse, qui étoit universellement haïe, soit pour ne pas s'exposer à la colere de cette femme, toujours fort à craindre, quand même ces desseins auroient échoué: Mais si-tôt qu'on la vit morte; il se fit comme une conspiration du Parlement, de tous les autres Corps & du Peuple, à ce sujet. Le Procureur-Géneral vint prier Sa Majesté de donner cette satisfaction à ses Sujets. Le Roi, quoique fort-indéterminé sur le choix, promit pourtant de combler les vœux de ses Peuples.

Je repris plus fortement mon commerce de Lettres avec la Reine Marguerite. Je ne m'étois point mis en peine de lever l'obstacle que cette Princesse avoit apporté en dernier lieu, au sujet de Madame de Beaufort, au consentement qu'on éxigeoit d'elle ; parce que je le regardois comme une ressource, à laquelle tout le monde seroit peut-être bien obligé d'avoir recours, ne fût-ce que pour lier les mains de la Cour de Rome, si le Roi se fût enfin laissé gagner par sa Maîtresse ; & que d'ailleurs la complaisance que j'avois toujours trouvée dans Marguerite, me répondoit qu'elle n'en faisoit pas le prétexte d'un refus absolu. Je fus confirmé dans cette opinion par la Réponse qu'elle fit d'Usson, à la Lettre que je venois de lui écrire, où je lui parlois du sacrifice qu'on attendoit d'elle, dans les termes les plus respectueux, mais pourtant très-clairs, comme il les faut dans de pareilles Négociations. Pour marquer que de son côté elle comprenoit parfaitement de quoi il s'agissoit, elle s'expliquoit nettement sur le Billet de séparation ; & elle l'attachoit à des conditions si peu onéreuses, qu'il ne devoit plus après cela y avoir de difficulté : Convenir d'une pension honnête pour elle, & payer ses Créanciers ; c'est tout ce qu'elle demanda : & elle donna pour terminer de sa part cette affaire avec le Roi, ou avec moi, un homme qui ne nous étoit pas suspect, quoiqu'il lui fût fort-attaché ; c'est ce même Langlois, qui avoit si bien servi Sa Majesté dans la Reddition de Paris, & qui en avoit reçu pour récompense, une Charge de Maître-des-Requêtes.

1599.

On eût trouvé difficilement un homme de plus d'esprit dans les affaires. Il vint apporter à Sa Majesté une Réponse de (3) Marguerite ; car le Roi avoit cru qu'il devoit aussi lui écrire ; ce qu'il avoit fait avec bonté & politesse, mais beaucoup moins expressivement que moi. Avec la Lettre, Langlois apporta l'Etat des demandes de la Princesse, sur lesquelles on fut aussi-tôt d'accord. Pour rendre la chose plus solide, Langlois se chargea & vint facilement à bout, de la faire écrire de sa propre main au Pape, dans des termes qui fissent comprendre à Sa Sainteté, que non-seulement on ne lui faisoit à cet égard aucune violence, mais encore qu'elle avoit pour la consommation de cette affaire, le même empressement que toute la France. D'Ossat muni d'une pareille Piece, ne trouva pas de grands obstacles. Il fut secon-

(3) Lisez ces deux Lettres de Henry IV. à Marguerite de Valois, & de Marguerite à Henry, dans le nouveau Recueil des Lettres de Henry le Grand.

1599.

dé par Sillery, qui cherchoit à effacer la honte de sa premiere commission. Le Saint-Pere n'apportoit plus à la grace qu'on lui demandoit, que des délais de formalité & de bienséance, sans écouter les insinuations des envieux : car cette espece haïssable d'hommes se trouve ou se mêle partout. Enfin il commit pour mettre la derniere main à cette Procédure, qui ne pouvoit être faite qu'en France, l'Evêque de Modéne son Neveu & son Nonce, avec deux Adjoints de la Nation, l'Archevêque (4) d'Arles & le Cardinal de Joyeuse. Le biais qu'on crut devoir prendre, fut de déclarer les deux Epoux libres de tout engagement mutuel, pour cause de nullité dans leur Mariage.

Pendant qu'on travailloit à expédier cette affaire, Henry de retour à Fontainebleau, & passant la plus grande partie de son temps dans les parties de plaisir & de table, entendit parler de Mademoiselle (5) d'Entragues; & sur le portrait que lui en firent les Courtisans empressés à flater son penchant pour le sexe, comme d'une Fille aussi belle que vive & spirituelle, il eut envie de la voir, & en devint aussi-tôt passionnément épris. Que ne pouvoit-il prévoir tous les chagrins que cette nouvelle passion devoit lui causer dans la suite! mais la destinée de Henry étoit que le même foible qui devoit ternir sa gloire, empoisonneroit aussi sa vie.

La Demoiselle n'étoit pas novice. Quoique sensible au plaisir de se voir l'objet des poursuites d'un grand Roi, elle l'étoit encore davantage à l'ambition, qui la flatoit que dans la conjoncture présente, il ne lui étoit pas impos-

(4) Horace Del Monte, Archevêque d'Arles : François de Joyeuse, le second des Fils de Guillaume. Ces trois Commissaires s'assemblerent dans le palais de Henry de Gondy, Evêque de Paris ; & après avoir mûrement éxaminé les raisons de part & d'autre, ils déclarerent le Mariage nul, pour cause de parenté, de Religion, d'affinité spirituelle, de violence & de défaut de consentement du côté de l'une des Parties. Henry IV. & Marguerite de Valois étoient Parens au troisieme degré : la Mere de Jeanne d'Albret, qui s'appelloit aussi Marguerite, étant Sœur de François I. Voyez l'Histoire & les Pieces de ce Divorce, dans Matthieu, tom. 2. liv. 1. De-Thou, liv. 123. la Chronologie Septenaire. ann. 1599.

(5) Catherine Henriette, Fille de François de Balzac, Seigneur d'Entragues, de Marcoussy & de Malesherbes, & de Marie Touchet, Maîtresse de Charles IX. qu'il épousa en secondes nôces. Les Ecrits de ce tems-là nous la representent comme moins belle, mais plus jeune que la belle Gabrielle, gaye, ambitieuse, hardie &c. Ce portrait qui se rapporte à ce que dit ici le Duc de Sully, sera bien confirmé dans la suite de ces Memoires.

fible de jouer fi bien fon perfonnage, qu'elle obligeât fon Amant à convertir ce titre en celui d'Epoux. Elle ne fe preffa donc pas de fatisfaire fes defirs. La fierté & la pudeur furent employées tour-à-tour ; & enfuite l'intérêt : Elle ne demanda pas moins de cent mille écus, pour prix de fa derniere complaifance. Lorfqu'elle s'apperçut qu'elle n'avoit fait qu'irriter la paffion de Henry, par un obftacle, qui me parut à moi fi capable de la refroidir, qu'il fallut que Sa Majefté ufât de la derniere violence pour me tirer cette fomme d'argent ; elle ne defefpera plus de rien, & eut recours à d'autres fineffes : Elle allégua la gêne où la tenoient fes (6) Parens, & la crainte du reffentiment auquel ils fe porteroient contre elle après fa faute. Le Prince fatisfaifoit à tout cela de fon mieux, mais jamais au gré de la Demoifelle, qui lui déclara enfin, après avoir pris le moment favorable, qu'elle ne lui accorderoit jamais rien, qu'il ne lui eût fait une promeffe de fa main, de l'époufer dans l'année : Ce n'étoit point pour elle-même, difoit-elle, en accompagnant cette étrange propofition de l'air de modeftie qu'elle connoiffoit propre à enflammer le Prince, qu'elle demandoit cette promeffe : une verbale lui eût fuffi ; ou pluftôt, elle n'en auroit point éxigé du-tout, perfuadée qu'elle n'étoit point d'une naiffance à ofer prétendre à cet honneur : mais elle avoit befoin de cet Ecrit, pour lui fervir d'excufe de fa foibleffe, auprès de fes Parens. Comme elle vit que le Roi balançoit encore ; elle eut l'adreffe de gliffer, qu'elle regardoit dans le fond cette Promeffe comme une chimère, fçachant bien que Sa Majefté n'étoit pas comme le commun de fes Sujets, en prife au Tribunal des Officiaux.

Voici affûrément un grand éxemple de la tyrannie de l'amour. Henry nétoit pas fi aveugle, qu'il ne vît clairement que cette fille cherchoit à le tromper : Je ne dis rien des raifons qu'il avoit d'ailleurs, de ne la croire rien moins qu'u-

---

(6) Cette crainte n'étoit pas abfolument fans fondement : Si nous en croyons le Maréchal de Baffompierre dans fes Memoires ; la Mere étoit à la verité d'humeur fort-complaifante ; & même c'eft-elle qui attira le Roi à Malesherbes, maifon où elle demeuroit : Mais le Pere n'étoit pas fi traitable, non plus que le Comte d'Auvergne, Frere uterin de la Demoifelle : ils cherchèrent querelle au Comte du Lude, dont Henry IV. fe fervoit en cette occafion ; & emmenerent cette Demoifelle à Marcouffis, où le Roi ne laiffa pas d'aller la trouver, *tom.* I.

1599. ne vestale ; non-plus que des intrigues d'Etat, dont son Pere, sa Mere, son Frere & elle-même avoient été convaincus, & qui avoient attiré à toute cette Famille, un ordre de sortir de Paris, que je venois de leur faire signifier tout récemment, de la part de Sa Majesté : Malgré tout cela, ce Prince foible consentit à la fin à la volonté de sa Maîtresse, & lui en donna sa parole.

Un matin qu'il étoit prêt à partir pour aller chasser, il m'appella dans la galerie de Fontainebleau, & me mit aux mains ce honteux Papier. C'est une justice que je suis d'autant plus obligé de rendre à Henry, qu'on voit que je ne cherche pas à pallier ses défauts : que dans les plus grands excès où sa passion le porta, il prit toujours sur lui d'en faire l'aveu, & de s'en consulter à ceux qu'il connoissoit les plus opposés à ses résolutions : ce qui est une marque de droiture & de grandeur d'ame, qu'on trouve dans fort-peu de Princes. Pendant que je faisois une lecture, dont chaque mot étoit pour moi un coup de poignard ; Henry tantôt se détournoit pour cacher sa rougeur, tantôt cherchoit à gagner son Confident, en s'accusant & en s'excusant tour-à-tour. Pour moi, je donnois toutes mes réflexions au fatal Ecrit. La clause d'épouser une Maîtresse, pourvû qu'elle eût dans l'année un Enfant mâle, ( car c'est en ces termes qu'elle étoit conçuë ) me paroissoit à la vérité, ridicule & visiblement nulle : mais rien ne me rassûroit sur la honte & le mépris qui alloit rejaillir sur le Roi, d'une Piece qui ne pouvoit manquer tôt-ou-tard de faire un éclat terrible : J'en craignois encore les suites fâcheuses, dans la conjoncture présente de la dissolution à laquelle on travailloit ; & cette pensée me rendoit muet & immobile.

Henry qui vit que je lui rendois froidement le papier, mais avec une agitation d'esprit, dont il s'apperçut aisément, me dit : « Là ! là ! parlez librement, & ne faites point tant le discret. » Je ne pus encore trouver si-tôt les paroles dont je devois me servir : & il n'est pas besoin que j'apporte ici des raisons de mon embarras : il est trop facile à justifier auprès de ceux qui sçavent ce que c'est que d'être le Confident des Rois, dans des choses où il s'agit de combattre leur résolution, qui est toujours une volonté absoluë & immuable. Le Roi m'assûra de nouveau, que je pouvois,

# LIVRE ONZIEME.

1599.

vois sans qu'il s'en fâchât, dire & faire tout ce que j'avois dans l'esprit : c'étoit un dédommagement qu'il étoit juste, disoit-il, de m'accorder, pour les trois cens mille livres qu'il m'avoit arrachées. Je lui fis répeter plusieurs fois cette assûrance, & avec une espèce de serment ; & n'hésitant plus après cela à me montrer tel que j'etois, je pris le Papier des mains du Roi, & le mis en pieces, sans rien dire. » Comment » Morbieu ! dit Henry extrêmement surpris de la hardiesse » de cette action, que prétendez-vous faire ? Je crois que vous » êtes fou. Il est vrai, Sire, lui répondis-je, je suis un fou : & » plût à Dieu, que je le fusse tout seul en France ! « Mon parti étoit pris intérieurement de m'exposer à tout, plûtôt que de trahir par une pernicieuse déférence, mon devoir & la vérité : Ainsi malgré le dépit & la colère que je remarquai en ce moment sur le visage du Roi, pendant qu'il ramassoit entre mes mains les morceaux de l'Ecrit pour en faire un second ; je profitai de ce moment, pour lui représenter avec force, tout ce que le Lecteur sent de lui-même que je pouvois dire. Le Roi m'écouta, tout irrité qu'il étoit, jusqu'à ce que je cessasse de parler ; mais maîtrisé par sa passion, rien ne le put faire changer de résolution : tout l'effort sur lui-même dont il fut capable, fut de ne pas bannir un Confident trop sincère. Il sortit de la galerie sans me dire une seule parole, pour rentrer dans son Cabinet où il se fit donner une écritoire par Loménie, & en ressortit au bout d'un demi-quart d'heure qu'il employa à refaire une autre promesse. J'étois au bas de l'escalier, lorsqu'il descendit : Il passa, sans faire semblant de me voir : il monta à cheval, & alla en chassant du côté de Malesherbes, où il séjourna deux jours.

Je ne crus pas que cet incident dût suspendre l'affaire de la dissolution, ni empêcher qu'on ne cherchât une Femme pour le Roi : Au contraire, l'un & l'autre ne m'en sembla que plus pressé. Les Agens de Sa Majesté à Rome, firent donc alors la premiere ouverture du Mariage d'Henry avec la Princesse Marie (7) de Médicis, Fille du Grand Duc de

---

(7) Marie de Médicis, Fille de François, Grand Duc de Toscane, & de l'Archiduchesse Jeanne d'Autriche, Fille de l'Empereur Ferdinand. Elle eut en dot six cens mille écus, sans ses Bagues, Joyaux &c. La Chronologie Septenaire, *année* 1600, *pag.* 121. Matthieu, *tom.* 2. *liv.*1. *pag.*

*Tome II.* B

1599.

Florence. Le Roi nous laissa faire; & nomma même, mais par pure importunité, pour y travailler avec celui que le Grand Duc devoit envoyer à Paris, M. le Connétable, le Chancellier, Villeroi & moi. Nous ne fîmes pas languir cette affaire: Joannini, qui étoit l'homme du Grand Duc, ne fut pas si-tôt arrivé, qu'en moins de rien les Articles furent dressés & signés de nous tous.

Je fus chargé de les aller communiquer au Roi, qui ne s'attendoit pas à une si prompte expédition: Aussi lorsque j'eus répondu, à la demande qu'il me fit d'où je venois, « Nous venons, Sire, de vous marier, « ce Prince demeura un quart-d'heure, comme s'il eût été frappé de la foudre: Ensuite il se mit à parcourir sa chambre à grands pas, en rongeant ses ongles, se grattant la tête, & livré à des réflexions qui l'agitoient si violemment, qu'il ne put encore de long-tems me rien dire: Je ne doutois point que tout ce que je lui avois représenté, ne fît alors son effet: Enfin revenant à lui-même, comme un homme qui a pris une derniere résolution: » Hé bien! dit-il, en frappant de l'une de » ses mains sur l'autre, hé bien! depardieu! soit: il n'y a » remède: Puisque pour le bien de mon Royaume, vous di- » tes qu'il faut que je me marie; il faut donc se marier. « Il m'avoua que la crainte de ne pas mieux rencontrer la seconde fois que la premiere, étoit tout ce qui faisoit son irrésolution. Etrange bizarrerie de l'esprit humain! Un Prince qui s'étoit tiré avec succès & avec gloire, de mille cruelles dissensions que la Guerre & la Politique lui avoient suscitées, tremble à la seule idée de querelles & de noises domestiques, & paroît plus troublé que lorsque cette même année encore, sur l'avis d'un Capucin (8) de Milan, on avoit surpris au milieu de la Cour, un Italien qui étoit venu à Paris dans le dessein de poignarder ce Prince. Le Mariage conclu ne put s'exécuter que l'année suivante.

Les autres faits étrangers, dont il me reste à faire la remarque pour celle-ci, sont: la Guerre dans les Pays-Bas: Elle y commença d'une maniere assez vive, aussi-tôt que

---

336. &c. rapportent les Négociations de d'Ossat & de Sillery pour ce Mariage.

(8) Il s'appelloit Frere Honorio.

Henry IV. l'en remercia lui-même; & lui fit faire plusieurs offres par son Ambassadeur à Rome. *Matthieu, tom. 2. liv. 2. p. 302.*

# LIVRE ONZIEME.

l'Archiduc eut passé dans ces Provinces: Sur les plaintes réiterées de l'Espagne, le Roi fit défense à ses Sujets d'y aller porter les Armes au service des Etats, mais seulement pour la forme; parce que la Politique de l'Etat ne voulant pas qu'on laissât opprimer les Flamands; non-seulement Sa Majesté ne punit point les contraventions à sa défense, mais encore elle favorisa sous-main ces Peuples: La Guerre en Hongrie; sur laquelle je n'ai rien à dire, sinon que le Duc de Mercœur demanda & obtint d'y aller servir dans les Troupes de l'Empereur Rodolphe: La Révolution arrivée en Suéde; où le Roi regnant, & élu Roi de Pologne (9), fut détrôné par ses Sujets, qui mirent en sa place Charles, son Oncle, Duc de Sudermanie; & perdit toute esperance d'y rentrer, par la Victoire que remporta sur lui son Concurrent

En voici d'autres, qui me sont personnels. Lorsque j'étois à Blois, la Princesse d'Epinoi (10) vint me demander mon assistance auprès du Roi, contre les Princes de Ligne, qui vouloient usurper son bien & celui de ses Enfans. Ces Enfans étoient au nombre de cinq, dont elle en amenoit quatre avec elle, trois Garçons & l'aînée de ses Filles: la Cadette étoit élevée chez Madame de Roubais, Veuve du Vicomte de Gand, son Oncle & le mien. Elle me dit, qu'étant le plus proche Parent qu'eussent ces Enfans en France, du côté paternel, leur tutelle me regardoit. Je m'en chargeai volontiers, pour leur faire rendre justice. J'eus la satisfaction, qu'au bout de six ou sept ans, pendant lesquels j'eus soin de ses Enfans comme des miens propres, je les remis dans la possession de tous leurs biens, qui montoient à cent vingt mille livres de rente. J'aurai sujet dans la suite, de marquer les obligations qu'ils ont euës à Sa Majesté.

Dans le même temps, les Marchands de Tours vinrent me prier de leur aider à obtenir la permission d'établir des Manufactures de toutes les Etoffes d'Or, d'Argent, & de Soye, qui jusques-là ne s'étoient point encore fabriquées

1599.

(9) Sigismond: Ce malheur lui arriva, pour avoir voulu rétablir la Religion Catholique en Suéde. Voyez sur toutes ces Affaires Etrangeres, De Thout, le Septénaire & autres Historiens, *année* 1599.
(10) Hippolite de Montmorency, Veuve de Pierre de Melun, Prince d'Epinoi, mort en 1594. Les Princes de Ligne, dont il est parlé ici, sont L'Amoral, Prince de Ligne, Gouverneur d'Artois, & qui avoit épousé Marie de Melun, Dame de Roubais, D'Antoing &c. & ses Freres.

B ij

1599.

en France, avec une défense d'y en laisser à l'avenir entrer aucune venant des Pays Etrangers. Ils m'assurerent qu'ils avoient des fonds suffisans pour fournir tout ce qui en pouvoit être consommé dans le Royaume. Je ne leur demandai pour leur répondre, que le temps de m'assûrer par moi-même si leur rapport étoit sincère; & m'étant convaincu du contraire, j'essayai de les détourner d'une entreprise dans laquelle on n'échoue pas impunément. Je ne les persuadai pas. A mon refus, ils s'addresserent directement à Sa Majesté: & je crus devoir garder le silence sur un établissement qui pouvoit en effet, étant bien conduit, être d'une grande utilité. Le Roi vaincu par leur importunité, leur accorda tout ce qu'ils demandoient : Mais il s'étoit à peine passé six mois, que faute d'avoir bien pris leurs mesures, ils virent révoquer des Permissions, qui avoient fait murmurer tout le monde par l'incommodité, & le surcroît de dépense, que ce nouvel arrangement causoit aux acheteurs (11).

L'Affaire du Marquisat de Saluces ne paroissant point au Roi devoir finir sans coup férir; Sa Majesté songeoit depuis quelque temps à commettre les fonctions de Grand-Maître d'Artillerie à un homme qui pût s'en bien acquiter, & sur-tout les éxercer par lui-même : ce que ne pouvoit pas faire le bon homme d'Estrées, qu'elle ne vouloit pourtant point en dépouiller, par amitié pour ses Enfans, dont M. d'Estrées étoit le Grand-Pere. L'expédient que Henry imagina, fut que le vieux de Born cherchant à se défaire de la Lieutenance-Générale d'Artillerie, je pouvois en traiter avec lui, & unir à ses fonctions, celles de la Grande-Maîtrise; quoique je ne fusse pas revêtu de celle-ci. Il m'offrit même d'augmenter en ma faveur les prérogatives de

---

(11) Les cris des Banquiers & Douaniers, dont la nouvelle défense diminuoit considérablement les profits, contribuerent aussi beaucoup à la faire révoquer. *Chronologie Septenaire*, p. 94. année 1599. Il en est de ces Etoffes, comme de toutes les autres parties du Commerce : La Liberté du Commerce, qui doit regner entre toutes les Nations du monde, ne nous donnera à cet égard, aucun avantage sur nos voisins, qu'autant que nous trouverons le moyen de faire ces Etoffes chez nous, ou plus belles, ou meilleures, ou à meilleur marché. Aujourd'hui une grande partie des Etrangers viennent les prendre chez nous; & la défense ne subsiste plus, que pour les Indiennes, toiles peintes &c. Mais il seroit à souhaiter, ou bien qu'on y tînt plus éxactement la main, ou mieux, qu'on pût en faire en France, qui tinssent lieu de ces Etoffes si commodes, & d'un si bon user.

# LIVRE ONZIEME.

1599.

la premiere, déja fort confidérables; en l'érigeant en Office; en lui donnant autorité fur tous les Lieutenans-Généraux dans les Provinces; en en rehauffant les gages; enfin de m'en expédier les Provifions gratis: Mais j'avoue qu'aucune de ces offres ne me tenta; & que je ne pus me réfoudre à fervir fous un autre, après avoir manqué la premiere place. Je ne m'excufai pourtant de déferer aux volontés du Roi, que fur les affaires dont j'étois chargé: en quoi je n'impofai point à ce Prince, qui après bien des prieres dont je fçus me défendre, me quitta en colere, en me difant qu'il ne m'en parleroit plus; mais que puifque je voulois ne fuivre que mon caprice, il agiroit de fon côté à fa volonté.

Sa bonté pour moi lui fit au moment même oublier cette menace. Il fit propofer à d'Eftrées de fe défaire de fa Charge. Je n'en fus pas plûtôt informé, que je fis offrir par Monfieur & Madame Du-Pêche, trois mille écus à Madame de Néry qui gouvernoit ce Vieillard, pour faire réuffir la chofe. Le Grand-Maître preffé par cette femme, dit au Roi, qu'il confentoit à prendre récompenfe de fa Charge. Le Roi me le redit incontinent; en ajoûtant qu'il n'exigeoit de moi pour l'avoir fâché, que de mettre dans peu fon Artillerie en état de lui faire obtenir le Marquifat de Saluces: qu'on lui confirmoit chaque jour, qu'il ne fe feroit céder que de force; c'eft-à-dire, au moyen d'un grand nombre de Siéges, tous affez difficiles: Car c'eft-là la maniere ordinaire de faire la Guerre en Savoie. Je remerciai Sa Majefté, & je convins avec d'Eftrées, pour quatre-vingt mille écus. Tous les menus droits montant encore à une fomme confidérable; je fus obligé en cette occafion, de prendre en rente cent mille écus, de Morand, Vienne & Villemontée: Et trois jours après je fus pourvu folemnellement de la dignité de (12) Grand-Maître d'Artillerie, & j'en prêtai le Ser-

---

(12) Le Roi la déclara Charge de la Couronne, en faveur de M. de Sully. Brantôme, dans l'endroit où il nous donne la fuite des Grands-Maîtres de l'Artillerie, en parle ainfi: » Du depuis M. de Rofny l'a (la » Grande-Maîtrife), qui certes ho- » nore fi bien cet Etat, qu'il en fait » beau voir fon Arfenal, fon efprit » & fon induftrie à l'avoir fait fi bien » dreffer, & fur-tout fa valeur & » fon bon fens à le faire valoir: Té- » moin ce qu'il fit dernierement pour » la Guerre de Savoie, où en moins » d'un rien, il montra tellement fa » promptitude & diligence, qu'on » le vit plûtôt en Campagne, que de » l'avoir penfé. « *Vies des Hommes Illuftres*, article M. *Rofny*, tom. 1. pag. 227, 228.

B iij

ment. C'étoit la quatriéme grande Charge, dont je me trouvois honoré. Son produit annuel étoit de vingt-quatre mille livres. Je crus que la reconnoissance qu'éxigeoit de moi ce nouveau bien-fait de Sa Majesté, consistoit à donner tous mes soins à l'Artillerie: Je vins visiter l'Arsenal, où tout me parut être dans un état si déplorable, que je résolus d'y demeurer, pour pouvoir vaquer à son rétablissement; quoique ce Château fût alors fort mal bâti, dénué de tout, & sans aucune commodité.

Les affaires de l'Artillerie étoient encore pires. Je commençai par une réforme des Officiers de ce Corps, qui n'ayant pas la moindre teinture de leur métier, n'étoient proprement que les Valets de Messieurs de la Justice & des Finances. D'un seul coup j'en cassai environ cinq cens. Je m'abouchai ensuite avec les Commissaires pour le Salpêtre; & je fis avec eux des marchés pour une provision considérable de poudres, que je fis voir au Roi. Je traitai de même avec les Maîtres de Grosses-Forges, pour le Fer propre aux affuts, Bombes &c; avec les Marchands Etrangers, pour le métal; avec les Charrons & Charpentiers, pour les Ouvrages en bois, nécessaires aux desseins que j'avois formés. Sa Majesté vint visiter elle-même son Arsenal quinze jours après que je m'y fus établi; & elle en fit dans la suite un de ses plus grands amusemens: Elle prit beaucoup de plaisir à voir tous les préparatifs qui s'y faisoient, & l'extrême diligence avec laquelle je m'y appliquois.

On ne pouvoit y en apporter trop, dans la conjoncture présente des affaires de Savoie, dont le détail & celui de la Guerre où elles engagerent, va remplir entierement ces Mémoires pour toute l'année suivante. M. le Duc de Savoie partit de ses Etats sur la fin de celle-ci, pour venir en France, avec les intentions que j'ai déja marquées; mais elles ne purent être assez sécrettes, pour lui faire recueillir tout le fruit qu'il se promettoit de ses tromperies. L'éxamen de la conduite passée de ce Prince & de celle de ses Agens, & la connoissance qu'on avoit de son caractère, ne lui étoient pas déja trop favorables. On eut à son sujet, quelque chose de plus positif encore. Lesdiguieres manda à Sa Majesté, que le Duc faisoit fortifier diligemment ses Places, sur tout celles de Bresse, & qu'il les remplissoit de Munitions de

# LIVRE ONZIEME.

Guerre & de bouche. On sçut par le Comte de Carces & le Sieur Du-Passage, qu'il avoit fait de grandes instances à la Cour de Madrid, & pressé le Pape d'agréer un second Compromis; en lui faisant entendre que toute l'Italie étoit intéressée à ne pas souffrir que Sa Majesté très-Chrétienne possedât rien par-delà les Monts. Les Résidens François à Florence mandoient, que le Duc ne partoit point dans d'autre intention que de surprendre le Roi; qui de son côté étoit persuadé que ce seroit le Duc lui-même qui pourroit bien être pris pour dupe, non-seulement avec lui, mais encore avec le Roi d'Espagne & les autres Princes d'Italie : Car ceux-cy ne cachoient point leur aversion pour l'humeur inquiéte & ambitieuse de M. de Savoie; & le Roi d'Espagne n'avoit pas oublié qu'il s'étoit plaint hautement, que pendant qu'on donnoit en dot à l'une des Infantes, les Pays-Bas & la Franche-Comté, qui valent mieux que les deux Castilles & le Portugal; celle qu'il avoit épousée, n'avoit eu qu'un Crucifix & une image de la Vierge. Une infinité d'autres indiscretions semblables, suivies de rapports & de plaintes réciproques, avoient ruiné absolument leur premiere intelligence.

La suite fit voir la justesse de ces observations, que le Roi me faisoit faire en me montrant la Lettre de Lesdiguieres : mais il ne témoigna en public aucun ressentiment de ce qu'il apprenoit des procédés du Duc de Savoie : il m'ordonna même de ne rien oublier du côté des Finances & de l'Artillerie, pour lui faire faire à Lyon, la réception ordinaire des Souverains Etrangers. Je crois que ce Prince n'eut aucun sujet de se plaindre de moi; mais qu'il n'en fut pas de même de MM. les Comtés de Saint-Jean, (13) qui lui refuserent certains honneurs, que les Ducs de Savoie soutiennent qu'on leur doit rendre dans ce Chapitre, comme Comtes de Villars. La plus grande magnificence fut à Fontainebleau & à Paris, où de son côté le Duc (14) se fit voir dans un état tout-à-fait digne de son rang.

1599.

(13) Ce fut par Ordre du Roi, selon P. Mathieu, *tom. 2. liv. 2. pag.* 323. que les Chanoines de Lyon refuserent au Duc de Savoie la place de Chanoine d'honneur dans leur Cathédrale, qu'ils avoient accordée au Duc son Pere; & cela par une raison très-naturelle, qui est que le Comté de Villars étoit sorti de la Maison de Savoie depuis ce temps-là. Cette Céremonie consistoit à presenter la Chappe & l'Aumusse au Duc de Savoie, à l'entrée du Cloître, à lui donner rang dans l'Eglise parmi les Chanoines, &c.

(14) Malgré cette magnifique re-

Trois jours après qu'il fut arrivé à Paris, le Roi qui n'étoit pas fâché de lui faire voir le nouvel ordre obfervé à l'Arfenal, me manda qu'il viendroit y fouper avec le Duc, & les Principaux Seigneurs & Dames de fa Cour. M. de Savoie s'y rendit de fi bonne heure, que je ne pus prendre une fi grande diligence, pour un effet du hazard. Il me demanda à voir les Magazins. Ce n'étoit pas de ce côté-là que je voulois le faire tourner : la pauvreté des vieux Magazins me faifoit honte à moi-même. Sans lui répondre, je le menai dans les nouveaux atteliers. Vingt Canons nouvellement fondus, autant qui étoient prêts à l'être, quarante affûts complets, & quantité d'autres ouvrages auxquels il vit qu'on travailloit avec ardeur, le jetterent dans un fi grand étonnement, qu'il ne put s'empêcher de me demander ce que je voulois faire de tout cet attirail. » Mon» fieur, lui répondis-je en riant, c'eft pour prendre Montmelian. « Le Duc fans faire appercevoir que cette réponfe l'avoit un peu déconcerté, me demanda d'un ton de plaifanterie & de familiarité, fi j'y avois été ; & comme je lui répondis que non : » Vraiment, je le vois bien, reprit-il ; » car vous ne diriez pas cela : Montmelian eft imprenable. « Je repartis du même ton dont il me parloit, que je ne lui confeillois pas de forcer un jour le Roi à tenter cette entreprife, parce que je croyois être fûr de faire perdre à Montmelian ce titre d'imprenable.

Ces paroles rendirent dans le moment même, notre converfation très-ferieufe : M. de Savoie prenant de là occafion de parler du fujet qui l'amenoit en France, avoit déja commencé à me faire fentir d'une maniere polie, qu'il étoit inftruit que je ne le favorifois pas auprès du Roi : mais nous n'eûmes pas le temps d'en dire davantage : Sa Majefté arriva ; & on ne fongea plus qu'à la joye & au plaifir : Ce qui n'empêcha pourtant pas que dès le foir même on ne nommât de part & d'autre, des Commiffaires pour examiner ce qui faifoit le fujet de la conteftation. M. le Connétable, le Chancelier, le Maréchal de Biron, Meiffe, Villeroi & moi,

---

ception, le Duc de Savoie fentit bien dès la premiere fois qu'il parla à Henry IV. qu'il n'obtiendroit point ce qu'il étoit venu demander : » J'ai » fait mon meffage, dit-il ; je m'en » puis aller, quand je voudrai. *Matthieu, fur le Voyage de ce Prince en France. Tom. 2. liv. 2.*

(15) Le

# LIVRE ONZIEME.

1599.

moi, furent ceux du côté du Roi : & de la part de M. de Savoie ; Belly son Chancelier, le Marquis de Lullin, les Sieurs de Jacob, le Comte de Morette, le Chevalier de Brétons & des Allymes.

Le Duc de Savoie avoit déja sçu mettre dans ses interêts une partie de nos Commissaires : il acheva de les gagner, par les grandes libéralités qu'il leur fit à l'occasion des Etrennes, ainsi qu'à toute la Cour (15). J'étois celui qui lui faisois le plus de peine ; parce que toutes les fois que la Question avoit été agitée entre les Commissaires, je m'en étois toujours tenu constamment à l'alternative, de restituer à Sa Majesté le Marquisat de Saluces, ou de lui donner en échange la Bresse & tous les bords du Rhône depuis Genève jusqu'à Lyon. Si ce n'est qu'il eût été trop incivil de demander mon exclusion des Assemblées ; on auroit pris ce parti : On revint encore à celui de me gagner à quelque prix que ce fût.

Des Allymes (16) vint le cinquieme jour de Janvier, me faire de la part de Son Altesse, les complimens ordinaires : Il me pria le plus poliment du monde, de faire attention aux raisons du Duc son Maître, c'est-à-dire en bon François, de les accepter ; parce qu'en même temps qu'il me faisoit cette priere, il me presentoit le portrait de Son Altesse, dont la boëte enrichie de diamans valoit quinze ou vingt mille écus. Pour m'aider un peu à entrer en composition avec ma conscience, il me dit que ce portrait venoit d'une Fille de France ; & il ajoûta pendant qu'il me voyoit occupé à en admirer les brillans, qu'il m'étoit donné par un Prince, qui

---

(15) » Le Duc envoya au Roi deux » grands bassins & deux vases de » Cristal pour ses Etrennes : Et le » Roi lui donna une Enseigne de dia- » mans, dans laquelle entr'autres il » y en avoit un, où l'on voyoit le Por- » trait de Sa Majesté : C'étoit une » très-belle Piece, de laquelle le Duc » fit un grand état... Il n'y eut aucun » qui lui donnât le bon Jour, à qui il » ne fît quelques Presens. « &c. *Chronologie Septenaire*, année 1600. On dit qu'il avoit mis la Duchesse de Beaufort dans ses interêts ; ensorte que si cette Dame n'étoit pas morte. il y a apparence qu'il eût pu se dispenser de rendre Saluces. Le Duc de Savoie jouant à la Prime avec Henry IV, sur un coup de quatre mille pistoles Henry abbattit son jeu, croyant avoir gagné : Le Duc qui avoit gagné en main, se contenta de montrer son jeu au Duc de Guise & à d'Aubigné qui étoient à ses côtés, & brouilla les cartes. C'est d'Aubigné qui rapporte ce trait de la générosité, ou de la Politique du Duc de Savoie.

(16) René de Lucinge des Allymes, Ambassadeur de Savoie en France.

*Tome II.* C

1600.

avoit autant d'attachement pour le Roi, que d'amitié pour moi. Je demandai à des Allymes, en tenant toujours le portrait, quelles étoient les propositions qu'il avoit à faire. Il déploya auſſi-tôt toute ſon éloquence, ſe croyant au moment déciſif, & commença au défaut de raiſons, à faire valoir la prétendue rupture de ſon Maître avec l'Eſpagne : Il offrit de ſe joindre au Roi, pour lui faire faire la conquête de Naples, de Milan & de l'Empire même : rien ne lui coûtoit ; & à l'entendre, on auroit cru qu'il pouvoit diſpoſer de tous ces Etats, pour leſquels il ne doutoit point, ajoûta-t-il, que le Roi ne laiſſât volontiers au Duc de Savoie un méchant Marquiſat compoſé de pieces rapportées.

Je ne pus me contenir plus long-temps : Je répondis à des Allymes, que ſi le Roi redemandoit le Marquiſat de Saluces, ce n'étoit point à cauſe de ſa valeur : objet trop peu conſidérable ; mais pour l'honneur de ne pas laiſſer démembrer un ancien Domaine de la Couronne, & qui avoit été uſurpé dans un temps, où le Duc de Savoie comblé des libéralités d'Henry III. à ſon retour de Pologne, devoit encore s'en abſtenir par reconnoiſſance. Je remerciai le Député, de tout ce qu'il avoit mis d'obligeant dans ſon diſcours pour moi ; & pour payer ſes complimens par d'autres complimens, je l'aſſûrai qu'après que M. de Savoie auroit fait une reſtitution pure & ſimple de Saluces, je n'oublierois rien pour porter Sa Majeſté à lui faire avoir à lui-même les riches Royaumes dont il avoit fait l'offre, & qui l'accommoderoient encore mieux que le Roi. J'ouvris la boête à portrait en diſant ces paroles ; & après en avoir admiré l'ouvrage & la matiere, je dis à des Allymes, que le grand prix étoit un motif pour moi de ne pas l'accepter : mais que s'il me permettoit d'en ſéparer la boête & les diamans, je garderois volontiers le portrait, pour me ſouvenir d'un Prince ſi obligeant. Je ſéparois en effet l'un de l'autre, lorſque des Allymes me dit qu'il ne lui appartenoit pas de rien changer aux gratifications de ſon Maître. Je le priai donc de remporter le tout : Et il ſe retira, ſans aucune eſperance de m'attirer à lui, & à ce qu'il me parut, peu content de ma maniere d'agir.

Il ne reſtoit plus qu'à tâcher de m'exclurre des Aſſemblées. Sur le refus qu'en fit Sa Majeſté, le Duc de Savoie

## LIVRE ONZIEME.

imagina de lui demander que le Patriarche (27) de Conſtantinople aſſiſtât à ces Aſſemblées au nom du Pape : Ce que le Roi accorda, ne ſongeant point à la fineſſe cachée ſous cette propoſition. Le lendemain ce Prince ayant envie de jouer à la paume à la Sphére, nomma pour lieu de l'Aſſemblée la maiſon du Connétable, par la commodité qu'il trouva à faire ſa partie au ſortir de cet Hôtel, après qu'il auroit vu entamer la Conférence. Il ſortit en effet, après avoir exhorté tous les Commiſſaires à n'avoir égard qu'à la juſtice : il me dit en particulier, & à l'oreille : » prenez bien gar- » de à tout, & faites enſorte qu'on ne me trompe pas. «

Le Roi étant parti ; je vis qu'au-lieu de s'aſſeoir, tout le monde ſe partageoit deux à deux, trois à trois; & que le Nonce s'entretenoit tantôt avec l'un, tantôt avec l'autre, ſans ſouffrir qu'on traitât rien en forme ; & ſur-tout qu'il évitoit ſoigneuſement de m'adreſſer la parole. Bellievre me dit enfin, que le bon homme de Patriarche ne pouvoit vaincre le ſcrupule qu'il avoit, de communiquer avec un Huguenot; & qu'il me prioit au nom de toute l'Aſſemblée, de vouloir bien m'abſenter ; parce que rien ne ſe feroit ſans cela. Je perçai en un inſtant la cauſe de tout ce manége ; & faiſant une profonde révérence, je me retirai, dans l'intention d'aller faire de ce pas mon raport au Roi. Je le rencontrai encore dans la galerie, où il s'étoit arrêté à parler à Bellengreville : Il me demanda avec quelque ſurpriſe, où j'allois & ſi tout étoit déja fini : Et lorſqu'il ſçut ce qui s'étoit paſſé, il entra dans une grande colere, & m'ordonna de retourner dans l'Aſſemblée, diſant que s'il y avoit quelqu'un à qui ma préſence déplût, c'étoit à lui à ſe retirer, & non pas à moi. Je troublai un peu la joie de l'Aſſemblée, en y rapportant le nouvel ordre du Roi. Le parti qu'on prit, fut de laiſſer le temps ſe paſſer à chercher des expédiens ; & de remettre à l'après-midi à entamer la Queſtion, lorſqu'on vit l'heure du dîner s'avancer : Mais on eut beau faire auprès de Sa Majeſté ; je demeurai du nombre des Commiſſaires ; & il fallut que le Nonce ſe défît de ſa répugnance. Brétons & Roncas ſe tournerent ſur tous les ſens, pour n'être point obligés d'en venir à la reſtitution du Marquiſat. Ils offri-

---

(17) Le Pere Bonaventure de Ca- || & Nonce de Sa Sainteté.
latagirone, Général des Cordeliers, ||

rent d'en faire l'hommage-lige à Sa Majesté ; & si cela ne suffisoit pas, de tenir la Bresse aux mêmes conditions. Je fis aisément tomber toutes ces propositions ; & je réünis toutes les voix, à donner au Duc de Savoie l'option de rendre Saluces, ou de céder en sa place le pays de Bresse jusqu'à la Riviere de Dain, le Vicariat de Barcelonette, le Val de Sture, celui de la Pérouse, & Pignerol. Dans ce second cas on auroit restitué toutes les autres Places prises de part & d'autre ( 18 ).

Le Duc de Savoie avoit attendu toute autre chose de Messieurs les Commissaires : mais la verité est, qu'ils n'oserent combattre ouvertement un Parti, qu'ils voyoient être celui du Roi. Toute leur ressource fut de se joindre en faveur de M. de Savoie à tous les Courtisans, qui ne cessoient de redire au Roi, qu'il ne devoit point agir à la rigueur avec un Prince, dont l'Alliance acquise par un bienfait peu considérable pouvoit lui procurer mille fois davantage qu'un mauvais Fief très-difficile à conserver. L'option qu'on proposoit à M. de Savoie, fut encore un prétexte de lui accorder six mois pour se déterminer : Il en vouloit dix-huit : Et moi je soûtenois que la chose n'avoit pas besoin de délai. J'allai faire part à Sa Majesté de cette résolution, qu'on avoit prise malgré moi ; & je lui représentai l'inconvénient de donner au Duc de Savoie un si long temps, pour renouer ses intelligences & se préparer à la guerre ; lorsqu'un instant devoit suffire à ce Prince, qui d'ailleurs avoit déja pris son parti. Henry prévenu par tous les discours des Courtisans sur la nécessité d'accorder un délai à M. de Savoie, me demanda comment je prétendois faire autrement : « Faire reconduire honorablement, lui dis-je, le Duc de » Savoie par quinze mille hommes d'Infanterie & deux » mille de Cavalerie, & vingt Canons, jusques dans Mont- » mélian, ou telle autre Place qu'il choisira ; & alors le faire » expliquer sur l'option. « Le Roi ne goûta pas mon avis :

(18) Il y eut une espece d'accord conclu sur ce Plan entre les Commissaires, qu'on se douta bien que le Duc de Savoie n'observeroit pas, par tous les délais qu'il demandoit. Surquoi quelqu'un proposa à Henry IV. comme le rapporte Le-Grain, de faire arrêter le Duc de Savoie, pour l'obliger à l'effectuer : Mais le Roi rejetta cette proposition. Voyez les particularités de la Négociation & du séjour du Duc de Savoie à Paris, dans M. De-Thou & le Septenaire, *années.* 1599. 1600.

# LIVRE ONZIEME.

1600.

il avoit déja donné sa parole du contraire. J'en fus véritablement fâché: Et j'ai toujours été persuadé que sans cette complaisance, Sa Majesté auroit évité la Guerre, & reçu une entiere satisfaction. Tout ce que je pus gagner, fut de faire ôter trois mois sur les six qui avoient été accordés.

Le Duc de Savoie voyant que Sa Majesté, lasse de toutes ses sollicitations, ne lui donnoit plus à la fin d'autre réponse que ce peu de mots: *Je veux mon Marquisat*, partit peu de temps après pour s'en retourner à Chambéry, attendre en se préparant à la défense, l'expiration du terme, qui tomboit au mois de Juin. Il n'en auroit pas eu besoin, si le dessein de la nommée Nicole Mignon avoit réussi: Elle avoit entrepris d'empoisonner le Roi (19): elle crut pouvoir en faire part à M. le Comte de Soissons, qui faisoit en toutes occasions éclater son mécontentement: mais cette femme lui fit tant d'horreur, qu'il alla incontinent la dénoncer: Elle avoua son crime, & elle fut brûlée vive.

Il ne se passa rien de remarquable pendant trois mois, que la dispute de MM. Du-Perron & Du-Plessis. Sur la fin de l'année derniere il parut un (20) Livre de celui-ci sur l'Eucharistie, qui fut regardé par tout le Parti comme un Chef-

---

(19) En faisant entrer chez le Roi, son Mari qui étoit Cuisinier, par le moyen de M. le Comte de Soissons, Grand-Maître de la Maison de Sa Majesté. Elle avoit été connuë des Princes, & même de Henry IV. à Saint-Denis, où elle tenoit une des principales Auberges pendant la Guerre. M. le Comte de Soissons, auquel elle dit qu'il ne tenoit qu'à lui d'être le plus puissant Prince du monde, se doutant que cette femme avoit de mauvais desseins, fit cacher dans un Cabinet Loménie, qui entendit les moyens dont elle comptoit se servir. Elle fut accusée d'être Sorciere: Elle n'avoit que beaucoup de méchanceté, & un peu de folie. *Chronologie Septénaire*, année 1600.

(20) Ce Livre a pour Titre, *Instruction de la Sainte Euchariſtie*; & il attaque la Meſſe, par le témoignage prétendu des Saints Peres. Si-tôt qu'il parut, plusieurs Docteurs Catholiques se récrierent sur la fausseté d'une infinité de citations qu'il renferme: Ce qui obligea Du Plessis à proposer une espèce de défi, qu'on engagea l'Evêque d'Evreux à accepter. Après plusieurs Lettres & plusieurs démarches de part & d'autre, pour convenir de la forme dont on devoit y proceder, & dans lesquelles il paroît que Du-Plessis se repentit plus d'une fois de s'être tant avancé; le Roi décida pour une dispute publique entre les deux Adversaires, dans laquelle on vérifieroit chaque jour cinquante de ces Passages; jusqu'à ce qu'on eût examiné tous les cinq cens que M. Du Perron avoit trouvés à censurer. On s'assembla dans la Salle du Conseil à Fontainebleau, en présence du Roi & des Commissaires nommés par lui; qui furent: Du côté des Catholiques, le Président De-Thou, l'Avocat Pithou & le Sieur Martin, Lecteur & Médecin de Sa Majesté;

C iij

1600.

d'œuvre, & que j'envoyai aussi-tôt à M. d'Evreux qui étoit alors dans son Diocèse. La différence de Religion n'a jamais détruit les sentimens d'amitié & de reconnoissance, que ce Prélat a toujours eus pour moi, ni ceux d'estime, d'affection & de vénération, que j'ai toujours conservés pour son mérite, pour ses talens, & même pour la qualité qu'il portoit, de mon Evêque : Nos Lettres réciproques étoient écrites sur ce ton. Je fus fort surpris de lire dans la réponse qu'il me fit au sujet du Livre que je lui envoyois, Que les

Du côté des Calvinistes, Fresne-Canaye & Casaubon, le Jeudi 4. Mai à une heure après-midi. De soixante-un passages que Du-Perron envoya à son Adversaire, celui-ci ne s'étoit préparé que sur dix-neuf qu'il avoit choisis parmi tous les autres : » De » ceux-là, dit-il au Roi, je veux per- » dre l'honneur, ou la vie, s'il s'en » trouve un seul faux : « Cependant il fut convaincu de mauvaise foi sur tous ceux qu'on examina : & on ne put en examiner que neuf. Sur le premier, qui étoit de Scot, & le second, de Durand, le Chancelier prononça, de l'avis de tous les assistans, que Du-Plessis avoit pris l'objection pour la réponse : Sur le troisième & quatrième de Saint Chrysostome, & cinquième de Saint Jérôme ; qu'il avoit omis des mots essentiels : Sur le sixième, qu'il ne se trouvoit point du tout dans Saint Cyrille : Sur le septième, tiré du Code ; qu'il étoit véritablement de Crinitus, mais que Crinitus avoit falsifié le Texte du Code : Sur le huitième qui en renfermoit deux de Saint Bernard ; que Du-Plessis avoit dû les séparer, ou du moins mettre entre deux un &c. Sur le neuvième de Théodoret ; qu'il étoit tronqué, & qu'on y avoit pris le mot d'Idoles, pour celui d'Images. Il n'y eut que cette seule Conférence : Du-Plessis-Mornay s'étant trouvé malade le lendemain, & s'en étant allé à Saumur quelques jours après, sans prendre congé du Roi. Fresne-Canaye, l'un des Commissaires, & Sainte Marie du Mont, autre Protestant distingué, se convertirent peu de temps après cette dispute. Henry IV. y prit lui-même quelquefois la parole. Du-Plessis prétendoit prouver par l'autorité de Saint Cyrille, que les Chrétiens n'étoient point dans l'usage d'adorer la Croix ; & cependant il allegua le reproche que l'Empereur Julien faisoit aux Chrétiens de l'adorer. » Il n'est pas vrai- » semblable, reprit ce Prince, que » Julien l'apostat eût reproché aux » Chrétiens qu'ils adoroient la » Croix, s'ils ne l'eussent adorée en » effet : autrement il se fût fait m'oc- » quer de lui. « Ce fut lui aussi qui dit, que du moins on devoit avoir mis un &c. dans le passage de Saint Bernard.

Un Catholique ayant fait remarquer à un Calviniste, que Du-Perron avoit déja gagné plusieurs passages sur Du-Plessis ; » N'importe, répon- » dit le Protestant, pourvû que ce- » lui de Saumur lui demeure. « *Matthieu, ibid.* Ce fait qui est rapporté de la même maniere dans plusieurs Livres dogmatiques, est généralement attesté par tous nos bons Historiens, & par ceux-mêmes qui traitent le plus favorablement les Protestans : M. De-Thou, *liv.* 123. *p.* 843. Et cet Ecrivain étoit l'un des Commissaires : Matthieu, *ibid.* Chronol. Septénaire, *p.* 123. *& suiv.* Suppl. au Journal d'Henry IV. *Tom.* 2. *p.* 51. *& suiv.* Vol. 8778. Mss. de la Bibliot. du Roi : Le-Grain & plusieurs autres, où l'on voit tout le détail de cette dispute. On ne doit donc ajoûter aucune foi à la maniere dont elle est rapportée dans la Vie de Du-Plessis, *liv.* 2. *pag.* 269.

erreurs & les fauffetés s'y fuivoient de fi près, qu'il auroit fallu les cenfurer d'un bout à l'autre : » Non, que je veuille » accufer M. Du-Pleffis de mauvaife foi, ajoûtoit l'Evêque » d'Evreux avec autant de modération pour fon adverfaire, » que de politeffe pour moi ; mais je plains fon malheur, de » s'être fié aux rapfodies des compilateurs, qui l'ont mal » fervi. « Le refte de fa Lettre ne contenoit que des complimens fur la Charge de Grand-Maître dont je venois d'être pourvu, & des affûrances de la joie qu'il reffentiroit, » s'il » me voyoit, difoit-il, obéir aux Canons de l'Eglife, moi qui commandois aux Canons de la France. «

1600.

Je n'ai jamais eu de Du-Pleffis toute la bonne opinion, dont je voyois tous mes Confreres prévenus ; & j'aurois été fort fâché de cautionner l'éxactitude de ces gros volumes, qu'il faifoit fuivre de fi près : Car celui de l'Euchariftie avoit été précédé d'un autre Traité fur l'Eglife. Pour bien écrire, fur ces matieres fur-tout, il faut long-temps penfer : C'eft ce que je répondois à l'Evêque d'Evreux : mais je lui marquois en même-temps, que je ne pouvois croire que le Livre de Du-Pleffis ne fût, comme il me foûtenoit, qu'un tiffu de fautes. J'avertis Du-Perron dès ce temps-là, que ce feroit entr'eux le fujet d'une grande difpute ; parce que Du-Pleffis ne laifferoit pas fa réponfe & fes accufations fans repliquer : C'eft auffi tout ce que ma Lettre renfermoit de férieux : les complimens, les louanges, & une invitation de venir vifiter mon Domicile, rempliffoient le refte ; & ne méritent pas d'être rapportés (21).

En 1577.

Ce que j'avois prévu arriva ; excepté que je ne m'étois attendu qu'à une difpute par écrit, & non à une difpute publique. Je voulus interpofer l'autorité du Roi, pour empêcher les deux Champions d'en venir jufques-là. Du-Pleffis fut le plus (22) opiniâtre, & perfifta à mefurer fes armes avec celles de M. l'Evêque d'Evreux. La chofe fe paffa ainfi qu'un chacun fçait : Du-Pleffis fe défendit à faire pitié, & en fortit à fa honte. Le Roi qui avoit voulu honorer ce défi de fa préfence, donna mille louanges à l'efprit & à

---

(21) Voyez ces Lettres dans l'Original, *tom.* 2. *Part.* 1. *p.* 52.
(22) Monfieur, dit Du-Pleffis à M. de Rofny : » Mon Livre eft mon » enfant ; je le défendrai bien : je » vous prie de me laiffer faire, & de » ne vous en mêler point ; car vous » ne l'ayez pas nourri. « P. *Matthieu*, *tom.* 2. *liv.* 2. *p.* 340.

l'érudition de M. d'Evreux. » Que vous semble de votre Pa-
» pe, « me dit Henry pendant la dispute : Car Du-Plessis
étoit parmi les Protestans, ce qu'est le Pape parmi les Catholiques. » Il me semble, Sire, lui répondis-je, qu'il est plus
» Pape que vous ne pensez ; puisque dans ce moment il don-
» ne le bonnet rouge à M. d'Evreux : Si notre Religion n'a-
» voit pas de meilleur fondement que ses jambes & ses bras
» en croix, je la quitterois dans l'instant. «

C'est à cette occasion que Sa Majesté écrivant au Duc
d'Epernon, lui manda, Que le Diocèse d'Evreux avoit vaincu celui de Saumur : Que c'étoit un des plus grands coups
pour l'Eglise de Dieu, qui se fût fait depuis long-temps :
Qu'en procédant de cette maniere, on rameneroit plus de
Protestans à l'Eglise, qu'on ne feroit en cinquante ans par
la violence. Cette Lettre dont le tour n'étoit pas moins singulier, que le choix que Henry faisoit du Duc d'Epernon
pour lui adresser, fit autant de bruit que la dispute même, lorsqu'elle eut été renduë publique : ce qui ne pouvoit manquer d'arriver, étant en de pareilles mains. Les uns
disoient que ce Prince ne l'avoit écrite, que pour détruire
plusieurs soupçons que sa Conversion n'empêchoit pas qu'on
ne conçût tous les jours contre sa Catholicité & qui donnoient lieu aux Jesuites, d'en parler peu avantageusement,
dans les Lettres qu'ils écrivoient à Rome : Les autres s'imaginant que cette Lettre avoit un sens plus caché que celui
qu'elle paroissoit offrir d'abord, soûtenoient que le Roi
n'avoit eu en vuë que de persuader, soit l'Espagne, soit les
Calvinistes, qu'on ne faisoit que d'inutiles efforts pour porter le Conseil de France à agir contre eux par des voyes violentes & sanguinaires.

Le mois de Juin vint, sans que M. de Savoie se fût mis en
peine de satisfaire à son engagement ; & Sa Majesté commença à voir clairement qu'elle n'en obtiendroit rien que
par la force : Mais outre les persuasions des Courtisans,
qui sembloient avoir tous vendu leur voix au Duc de Savoie ; ce Prince étoit alors retenu par un obstacle bien plus
fort : c'est son attachement à sa nouvelle Maîtresse, à laquelle il avoit fait prendre le titre de Marquise de Verneuil :
Il ne pouvoit plus songer à la quitter ; & j'ai quelque confusion de dire qu'après que je l'eus enfin engagé à force
d'instances

# LIVRE ONZIEME.

1600.

d'inſtances à prendre la route de Lyon, il délibera s'il ne la meneroit point avec lui : à quoi il fut encore pouſſé par les Flateurs de la Cour (23). Elle étoit devenuë groſſe ; & dans la conjoncture du Billet qu'elle avoit entre ſes mains, la choſe devint doublement intéreſſante pour Henry. Le Ciel vint encore à ſon ſecours : Le tonnerre entra dans la chambre de Madame de Verneuil pendant un orage violent ; & la frayeur qu'elle eut de le voir paſſer par-deſſous ſon lit, la fit accoucher d'un enfant mort. Le Roi apprit cet accident à Moulins où il s'étoit avancé, & d'où il jettoit triſtement les yeux ſur l'endroit où il laiſſoit ſa Maîtreſſe : Il fit quelques réflexions qui le rendirent à lui-même ; & il continua ſa route vers Lyon, où ſes Troupes avoient ordre de le joindre.

Je devois faire la même choſe, auſſi-tôt que j'aurois achevé de mettre ordre aux affaires du Gouvernement, & aſſûré les fonds, & les autres moyens de faire la Guerre. Je n'avois pas attendu pour cela le moment de l'éxécution : J'avois écrit à tous les Receveurs Généraux, que Sa Majeſté leur défendoit d'acquitter d'autres aſſignations que celles qu'ils verroient expédiées pour les Garniſons des Frontieres, & pour le payement des Gens de Guerre ; parce que toutes les autres ſeroient payées directement au Tréſor-Royal, où je leur enjoignis de faire voiturer inceſſamment tous leurs deniers. Je défendis aux Payeurs des Rentes d'en acquitter aucunes, juſqu'à nouvel ordre ; & cela afin qu'ils n'en payaſſent point, à leur ordinaire, qui avoient été amorties, ou créées ſans argent. Je fis faire une levée de Milice, que j'aimai mieux qu'on incorporât dans les anciens Corps, que d'en compoſer de nouveaux Régimens. J'apportai des ſoins encore plus particuliers pour l'Artillerie : J'expédiai un ordre aux Lieutenans d'Artillerie du Lyonnois & du Dauphiné, & aux Commiſſaires d'Artillerie de la Bourgogne, de la Provence & du Languedoc, de raſſembler toutes leurs meilleurs Pieces ; de fabriquer un nombre d'affûts & de boulets proportionnés ; & de faire tranſporter le tout avec les

---

(23) Elle vint en effet le trouver à Saint-André de La Coſte. Buſſompierre qui étoit avec Henry IV. dit que les deux Amans ſe brouillerent au premier abord ; mais que s'étant raccommodés, ce Prince mena ſa Maîtreſſe à Grenoble, où il demeura avec elle ſept ou huit jours, & enſuite à Chambéry. *Tom.* 1. *pag.* 86. *& ſuiv.*

*Tome II.* D

poudres & autres provisions, à Lyon & à Grenoble. Je m'étois même transporté à Lyon, dans la crainte que mes ordres n'eussent pas été éxécutés ; & j'en revins en trois jours.

Je donnai les mêmes ordres dans les autres Provinces. Je fis marché à Paris avec des Voituriers, pour rendre à Lyon dans quinze jours trois millions, trois cens milliers pesant, sans expliquer quelle espèce de Marchandise : & ils s'y obligerent devant Notaire. Ils furent bien surpris, lorsqu'on leur délivra cette charge en vingt Canons, six mille boulets, & autres ustensiles d'Artillerie peu portatifs. Ils prétendirent que des Pieces si lourdes ne pouvoient passer pour Marchandise de transport : mais les ayant menacés de faire saisir leurs charrettes & leurs chevaux ; & eux-mêmes ne voulant pas perdre les frais qu'ils avoient déja faits ; ils se déterminerent à faire ce qu'on leur demandoit : & j'eus le plaisir de voir arriver tout cela à Lyon en seize jours ; au lieu que par les voyes ordinaires, il auroit fallu deux ou trois mois, & une dépense infinie, pour faire ce transport.

On douta toujours que le Roi se portât sérieusement à recommencer la Guerre, jusqu'à ce qu'on vît Sa Majesté prendre elle-même sa route du côté des Monts. Le Chancelier de Bellièvre qui en avoit toujours dissuadé fortement, voyant que mon avis l'emportoit, vint me trouver, pour me faire goûter, s'il étoit possible, les raisons qu'il avoit de ne pas l'approuver. Je ne le regardois pas comme un de ceux avec lesquels il étoit inutile d'entrer en explication : Sa sincérité se montra encore dans la maniere dont il me parla, & par les réflexions dont son esprit me parut agité. L'Etat de la France, pour laquelle toute Guerre quelle qu'elle fût, ne pouvoit être que ruineuse : L'honneur du Roi, intéressé à maintenir un ouvrage aussi solide que la Paix de Vervins : Le reproche d'infraction, auquel il s'exposoit : La crainte d'avoir sur les bras tous les Alliés du Duc de Savoie, contre lesquels on n'avoit à opposer qu'une Armée assez bien pourvûë d'Artillerie à la vérité, mais de six ou sept mille hommes d'Infanterie seulement, avec douze ou quinze cens hommes de Cavalerie, ( ainsi le croyoit Bellièvre ) & manquant outre cela de tous les vivres & provifions nécessaires : voilà à quoi se réduisirent les objections du Chancelier.

1600.

Je crois qu'on n'a rien vu dans ces Mémoires, non plus que dans toute la conduite de ma vie, sur-tout depuis que j'ai été appellé au Gouvernement des Affaires publiques, qui me mette dans la nécessité de justifier un penchant trop marqué pour la Guerre. S'il paroît à quelqu'un qu'en cette occasion j'ai agi contre mes Maximes, c'est qu'en effet, il n'y a aucune Maxime, quelque générale qu'elle soit, qui puisse répondre à tous les cas ; & qu'en supposant, comme je le crois que la Guerre est toujours un mal, il est vrai aussi que souvent c'est un mal nécessaire, & même indispensable, lorsqu'on ne peut faire valoir que par elle, des droits auxquels il y auroit de la lâcheté à renoncer : comme il est vrai encore que la générosité & la douceur, qui sont deux des principales qualités des Souverains, employées contre les règles de la prudence, ne doivent passer que pour manque de conduite, & pour une véritable foiblesse.

A cette réponse générale, je joignis en parlant à M. de Bellièvre, les raisons particulières à la Guerre présente. Je fis voir au Chancelier, qu'il s'allarmoit assez mal-à-propos. Le Roi d'Espagne étoit le seul Allié redoutable, qu'on auroit pu appréhender qu'il ne se joignît au Duc de Savoie : Mais qu'on fasse attention, que le Roi d'Espagne régnant n'étoit qu'un jeune homme sans expérience, ni talens pour la Guerre ; assez occupé à réduire ses propres Sujets ; livré à un Ministre tout aussi éloigné que lui de la Guerre, & par son caractère, & par l'envie de s'approprier tout l'argent que la Guerre auroit consommé ; enfin aussi mécontent lui-même du Duc de Savoie, que convaincu avec toute l'Europe, que le Roi redemandoit ici son propre Bien : je crois qu'alors l'idée qu'on aura de cette Guerre, sera celle d'un pur différend entre le Roi de France & le Duc de Savoie, ou plûtôt d'un entêtement de celui-ci, fondé sur une mauvaise présomption & sur les brigues pratiquées en sa faveur dans le Conseil de France. Cela supposé, le succès de cette Guerre dépendoit de la promptitude avec laquelle on la poursuivroit. Je soûtins au Chancelier, qu'avec quatre mille hommes le Roi avanceroit plus ses affaires cette année, qu'avec trente mille l'année suivante : mais je ne laissai pas de

D ij

lui faire toucher au doigt, que Sa Majesté n'étoit pas aussi dépourvûë qu'il se l'étoit imaginé; & du moins qu'elle ne manqueroit d'aucune des deux choses, qu'il tomboit à ma Charge de fournir, l'argent & l'Artillerie. Bellièvre ne se rendit point; au contraire il me parut se retirer avec chagrin. L'évènement justifia de quel côté étoient les meilleures raisons.

Le Duc de Savoie voyant contre son attente, une Armée Françoise (24) prête à lui tomber sur les bras, eut recours à ses artifices ordinaires, pour laisser venir du moins l'Hiver, avant qu'on eût commencé aucun acte d'hostilité. Il envoya Députés sur Députés vers Sa Majesté à Lyon. Tantôt il paroissoit vouloir exécuter sincèrement les conventions, tantôt il les éludoit par les raisons les plus spécieuses; & quelquefois il y substituoit de nouveaux projets d'un avantage visible pour Sa Majesté. Il trompa encore si bien ce Prince, que Henry croyant de bonne foi qu'il ne passeroit pas Lyon, s'y arrêta beaucoup plus long-temps qu'il n'auroit dû. Tant que je fus dans cette Ville auprès de Henry, je le prévins contre les ruses de M. de Savoie: mais si-tôt que j'en fus parti pour revenir à Paris, comme je l'ai dit, accélérer les préparatifs de la Guerre; le Duc de Savoie en imposa si bien à Sa Majesté par sa feinte sincérité, qu'elle m'écrivit de suspendre mon travail; parce que tout étoit accommodé.

En effet le Duc de Savoie avoit accordé tout ce qu'on lui demandoit, mais de parole seulement, afin de gagner du temps; & il avoit proposé qu'on se donnât réciproquement des ôtages: Manége fort propre à reculer l'éxécution d'une parole, par le temps qu'il faut à les nommer & à les envoyer. J'écrivis au Roi tout ce que je pensois de ce prétendu accommodement: & sans crainte de désobéir à ses ordres, je fis avancer mes Munitions de Guerre (25); & je vins à Montargis, d'où j'envoyois mes Bagages par la Loire,

---

(24) Il se rassûroit, dit-on, sur je ne sçais quelles prédictions d'Astrologues, qui avoient avancé qu'au mois d'Août il n'y auroit point de Roi en France: « Ce qui se trouva » fort vrai, dit Peréfixe, parce qu'en » ce temps-là il étoit victorieux au » milieu de la Savoie. «

(25) P. Matthieu dans le détail qu'il fait de cette Expédition de Savoie, donne en différens endroits de grandes louanges au Duc de Sully, & lui fait honneur en grande partie du succès de cette Campagne, *tom.*2. *liv.* 2. *p.* 352, 361, 365, &c.

comptant prendre moi-même la poste. Je reçus en cet endroit une Lettre du Roi, qui ne contenoit que ces deux mots : » Vous avez bien deviné ; M. de Savoie se moque de » nous : venez en diligence, & n'oubliez rien de ce qui est » néceffaire pour lui faire fentir fa perfidie. «

Une autre Lettre que m'écrivoit Villeroi, m'inftruifit plus particulierement de tout ce qui s'étoit paffé en dernier lieu. Le Roi avoit fait venir Roncas, qui fe tira fi mal de l'explication que Sa Majefté eut avec lui, que ce Prince ayant voulu qu'il s'engageât de maniere à ne plus laiffer de fubterfuge ; le Député Savoyard fe trahit enfin par fes équivoques : ce qui mit le Roi dans une fi grande colère, que fans vouloir l'entendre davantage, il avoit pris fur le champ fa route vers Chambéry : C'eft de cet endroit qu'étoit daté le Billet que je venois de recevoir. Sa Majefté s'imagina que cette Ville fe rendroit à fon approche, & ne lui donneroit pas la peine d'y mettre le Siege : en quoi elle fut trompée.

Le Roi employa ce temps à travailler à fon Mariage avec la Princeffe Marie de Médicis : Et cette Négociation qui ne pouvoit que faire fort-grand plaifir au Pape, ne fut pas inutile à Sa Majefté pour empêcher le Saint Pere de s'intéreffer pour le Duc de Savoie. D'Alincourt, qui étoit celui que Sa Majefté avoit envoyé à Rome pour ce fujet, obtint tout ce qu'il demandoit. Le Mariage fut arrêté ; & il ne s'agit plus que d'envoyer à Florence, une perfonne qui pût l'accomplir par Procureur. Belle-garde follicita fort cet honneur ; mais il ne put obtenir que d'être porteur de la Procuration, qui le déferoit au Duc de Florence.

Pendant que cette Cérémonie s'éxècutoit à Florence (26), Henry croyoit ne devoir paroître occupé que de Ballets, de Comédies & de Fêtes ; mais il n'en faifoit pas moins foigneufement tout le plan de la Campagne. Il chargea Lefdiguieres de reconnoître éxactement le Château de Montmelian : & fur fon rapport, qu'avec vingt Pieces de Canon & vingt mille coups à tirer, on pouvoit en venir à bout, il réfolut de l'attaquer. Il fit aufli reconnoître celui de Bourg-en-Breffe par Vienne & Caftenet, qui étoient à moi : & leur rapport ayant aufli été, qu'on pouvoit s'en emparer ; il fut réfolu qu'on chercheroit à fe ren-

(26) Voyez-en le détail dans la Chronologie Septénaire, ann. 1600.

1600.

dre maître des deux Villes, par le moyen du petard, & dans une même nuit ; en attendant le temps propre à afsièger en forme les deux Citadelles. Le Maréchal de Biron, que Sa Majesté en chargea, donna l'Expédition de Montmelian à Créqui ; & réserva pour lui celle de Bourg.

Le Roi avoit choisi sans le sçavoir, celui de tous ses Officiers Généraux le moins propre à faire réüssir cette entreprise : Biron étoit dès ce temps-là engagé fort-avant avec M. de Savoie : on croit même que son Traité pouvoit bien être du-moins ébauché. Il fit avertir Bouvens, Gouverneur de Bourg, de se tenir sur ses gardes, & lui marqua la nuit & l'heure où l'on comptoit le surprendre. Tout ceci a été prouvé depuis : Mais ce qui est singulier, c'est que cette trahison n'empêcha pas la prise de Bourg, & dans la même nuit où elle avoit été résoluë.

Bouvens communiqua à la Garnison & aux Habitans de Bourg, l'avis qu'il venoit de recevoir ; les exhorta à se bien défendre ; alluma de grands feux ; doubla, tripla même les Corps-de-garde ; enfin prit pour la nuit de l'attaque toutes les précautions possibles, jusqu'à faire lui-même sentinelle. Tout le monde attendoit avec une véritable impatience l'heure de minuit, qui étoit marquée dans le Billet, & qui devoit être effectivement celle de l'attaque : Cependant il arriva que le Maréchal de Biron, qui étoit lui-même à la tête de ses Troupes, soit pour donner plus de temps au Gouverneur, soit pour faire manquer l'entreprise, ou enfin par un pur hazard, prit un détour si long, qu'au-lieu de minuit il étoit la point du jour, lorsqu'il parut devant Bourg. Il voulut alors persuader aux Officiers qu'ils devoient remettre la chose à une autre fois, l'heure étant induë pour ces sortes de coups ; & plusieurs de ces Officiers joignirent leurs raisons aux siennes : mais cet avis fut si bien combattu par Saint-Angel, Chambaret, Loustange, Vienne, & sur-tout par Castenet qui s'étoit fait fort d'y attacher le Petard en plein jour, quand même les Bastions seroient garnis ; & encore par Boësse à qui Sa Majesté en avoit promis le Gouvernement, que Biron y consentit, pour ne pas passer pour timide ; & croyant d'ailleurs que ce dessein alloit bien-tôt être déconcerté.

Pierre d'Escodeca ou Escoudaca de Boësse.

Il en arriva tout autrement : La Garnison & les Bourgeois

## LIVRE ONZIEME. 31

1600.

ayant veillé jufqu'à deux, trois, enfin quatre heures, crurent ou que l'entreprife avoit échoué, ou qu'elle n'avoit été qu'imaginaire : Ils allerent déjeûner, & fe coucher, lorfqu'ils virent le jour prêt à paroître ; & laifferent le foin de garder les murailles à quelques Sentinelles, qui étant accablées de fommeil, s'en acquiterent fort-mal. Caftenet avec trois hommes de confiance que je lui avois donnés, s'étant avancé jufques fur la Contrefcarpe, ayant chacun un petard à la main, & fuivis de douze hommes bien armés, & d'une bravoure éprouvée ; la Sentinelle cria, Qui va-là ! Caftenet répondit, comme je l'avois inftruit, que c'étoient des Amis de la Ville, qui venoient avertir le Gouverneur, que des Gens de Guerre avoient paru à deux mille pas, & s'en étoient retournés : il ajoûta qu'il avoit plufieurs chofes à dire à M. de Bouvens, de la part de M. le Duc de Savoie ; & dit à ce Soldat, qu'il allât l'avertir de lui faire ouvrir la porte. La Sentinelle quitta fon pofte, pour s'en aller chez le Gouverneur : Caftenet ne perd point de temps : il s'avance jufqu'à la porte ; pofe fon petard qui emporte le Pont-levis, & fait une breche par laquelle les douze hommes entrent promptement, à la faveur de courtes échelles, les Foffés n'étant pas fort-profonds ; & après eux tout le refte de l'Armée. Tout ceci fut fi rapide, que la Ville fe trouva pleine en un moment ; & que Bouvens n'eut que le temps de fe retirer précipitamment avec fa Garnifon dans la Citadelle.

La Ville de Montmélian (37) fut prife de la même maniere : & Sa Majefté fit inveftir Chambéry. Les Bourgeois effrayés ne parlerent point de défendre la Ville ; & fe retrancherent dans le Château, où ils firent d'abord fort-bonne contenance : Cependant ils demanderent dès le lendemain à capituler, intimidés par une batterie de huit Pieces de Canon, dont ils n'oferent attendre l'effet. Il ne s'y commit pas la moindre violence, par l'ordre qu'y mit Sa Majefté. Les Dames Françoifes qui avoient fuivi leurs Maris s'établirent à Chambéry : Et dès le lendemain de la reddition, mon Epoufe donna chez fon Hôteffe un Bal aux Da-

(23) Confultez encore fur toutes ces Expeditions militaires, De-Thou, Matthieu & la Chronologie Septénaire, *année* 1600. Il y eft parlé avec éloge de M. de Sully. Voyez auffi le 1. Tome des Mémoires de Baffompierre.

mes les plus diſtinguées de la Ville, où tout ſe paſſa avec la même gayeté, que ſi Chambéry n'eût point changé de Maître.

Le Roi me renvoya après cela à Lyon, pour donner ordre à l'entretien & au tranſport de l'Artillerie; & m'ordonna de viſiter pendant ce voyage, les Citadelles de Sainte-Catherine, de Seiſſel, de Pierre-Châtel, de l'Ecluſe, & les autres places de la Breſſe; particulierement le Château de Bourg: Il me manda encore de faire proviſion de gabions de trois pieds de haut, & de neuf de large: ſur quoi je lui répondis, que de pareils gabions n'étoient propres au-plus qu'à faire un parquet pour des moutons achetés dans la Tarantaiſe. Il alla de ſon côté ſe ſaiſir pendant ce temps-là de Conflans, Miolens, Montiers, Saint-Jacome, Saint-Jean de Morienne & Saint-Michel: Aucune de ces Places ne tint devant le Canon. La priſe de Miolens rendit la liberté à un homme, qui y étoit détenu dans les priſons depuis quinze ans: Feugeres me l'amena, à cauſe de la ſingularité d'une prédiction qui avoit été faite à cet homme, ſur la durée de ſa captivité & ſur la main qui l'en délivreroit; laquelle ſe trouva éxactement vérifiée.

*Dans la Haute Breſſe.* Je partis de Lyon, pour éxécuter la commiſſion que Sa Majeſté m'avoit donnée: Je vins dîner à Villars, & coucher à Bourg, ou je fus bien reçu & bien traité par le Maréchal de Biron. Quand il eut ſçu que je venois viſiter la Citadelle, il fit tout ce qu'il put pour m'en détourner, en me repréſentant que c'étoit m'expoſer à un péril évident. Il avoit raiſon: l'entrepriſe ſe trouva très-hazardeuſe; mais c'eſt parce que ce Maréchal n'ayant pu m'empêcher d'éxécuter mon deſſein, il en avoit ſi bien inſtruit les Ennemis (je ne puis me perſuader le contraire,) que par-tout où je me préſentois, je me trouvois vis-à-vis d'une batterie. Cela n'empêcha pas que je n'y demeuraſſe nuit & jour, juſqu'à ce que j'euſſe fait toutes mes obſervations.

Biron qui s'étoit peut-être attendu que je porterois la peine de ma curioſité, voyant qu'il ne m'en étoit rien arrivé, me dreſſa d'autres embûches. Le jour que je devois partir de Bourg pour retourner à Lyon, je reçus avis qu'un Parti de deux cens hommes des Ennemis venoit d'arriver à un Château proche de l'endroit où devoit être ma couchée

pour

# LIVRE ONZIEME.

pour ce jour-là. J'en parlai à Biron, qui bien éloigné alors de cette crainte si obligeante pour moi qu'il m'avoit marquée, traita l'avis de ridicule. Il ne fit par-là qu'augmenter mes soupçons. Je lui demandai une escorte de Soldats : il s'en défendit ; puis il me dit qu'il alloit donner ce soin à ses propres Gardes ; mais il leur ordonna secrètement de revenir, & de me laisser à Villars : ce qu'ils se mirent en devoir d'éxécuter malgré mes prieres, si-tôt que j'eus mis pied à terre à Villars, & que mes mulets eurent été déchargés. L'affectation de ce procédé me parut visible : je fis recharger mes mulets, fis encore environ quatre lieuës, & ne m'arrêtai qu'à Vimy où je me crus en sûreté. Le doute que j'avois, que Biron avoit entrepris de me livrer au Duc de Savoie, se changea alors en certitude : Trois heures après que je fus parti de Villars, les deux cens hommes vinrent fondre sur la maison où ils croyoient que j'étois, & parurent très-fâchés d'avoir manqué leur coup.

Un Courrier de Sa Majesté m'attendoit à Lyon, pour me demander un équipage d'Artillerie, avec lequel on pût forcer Conflans, la seule des petites Villes qu'avoit attaquée le Roi, qui lui eût résisté ; mais qui se rendit à l'approche du Canon. Le Roi que j'allai trouver à Saint-Pierre d'Albigny, me dit qu'il craignoit de ne pas venir si aisément à bout de Charbonnieres, & du Château de Montmélian ; & il paroissoit faire difficulté d'en entreprendre le Siége, aux approches de l'Hiver. J'assurai Sa Majesté, qu'au-lieu de cinq mois qu'il jugeoit que pourroit durer le Siege de Montmélian, il seroit fait en autant de semaines, pourvû que les Travaux fussent toujours poussés pendant ce temps-là avec la même ardeur. Le Roi n'ajoûta aucune foi à mes paroles : il dit même à mon Frere & à La-Varenne, après que je me fus retiré, que mes envieux tiroient avantage de la présomption qui paroissoit dans mes discours. J'étois pourtant certain de ne rien avancer légerement, par l'attention que j'avois apportée à observer les endroits foibles de ce Château, qui apparemment avoient échapé aux autres.

Le Roi ayant laissé le lendemain son Armée à mon commandement, pour faire un tour à Grenoble ; j'employai ce temps non plus à observer Montmélian, sous le Canon du-

*Tome II.* E

1600.

quel nous étions, mais à faire le plan de tous ſes dehors, &
de la diſpoſition des batteries, avec leſquelles je comptois
emporter ce Fort. Enſuite je vins trouver le Prince à Grenoble, où il étoit ſans ceſſe à déliberer avec ſon Conſeil
ſur cette entrepriſe, qu'il m'avoit formellement défendu de
commencer en ſon abſence. J'inſiſtai de nouveau, & je
trouvai toujours les mêmes oppoſitions. Je ne ſçais ſi c'eſt
par inimitié pour moi, que le Comte de Soiſſons, le Duc
d'Epernon, La-Guiche & tant d'autres, ſe montroient ſi
déraiſonnables, ou bien ſi c'étoit par attachement à M. de
Savoie. Il n'y eut de tout le Conſeil, que MM. de Leſdiguieres & de Créqui, qui furent de mon opinion. Je jettai
ſur la table le plan que je venois de faire; & je ſortis, en
diſant que pendant qu'on acheveroit de déliberer ſur Montmélian, j'allois toujours tout diſpoſer à le prendre; & cependant attaquer Charbonnieres : que l'éxemple de ce Fort,
pour lequel je ne demandois que huit jours, apprendroit
peut-être ce qu'on pouvoit faire de Montmélian.

Je vins en effet mettre le Siege devant Charbonnieres,
où j'eſſuyai des fatigues incroyables. La premiere difficulté
fut de faire approcher du Canon à la portée de la Place. Le
ſeul chemin qui y conduit eſt extrêmement étroit, bordé
d'un côté par la Riviere d'Arc, dont toute la rive eſt coupée de droit fil, & de l'autre par des rochers impratiqua-
bles. On pouvoit à peine faire une lieuë par jour; parce qu'à
tout moment on étoit obligé de dételer le Canon, une
des rouës portant preſque toujours à faux ſur le précipice.
On m'avoit du-moins aſſûré d'un temps favorable; parce
qu'il eſt preſque toujours beau dans ce Climat pendant l'Au-
tomne : Cependant il ſurvint des pluies ſi fortes, & de ſi
grands débordemens, que les huit jours que j'avois aſſûré
ſuffire pour s'emparer de la Place, avoient preſqu'été con-
ſumés en voitures ſeulement : C'eſt l'excuſe que j'apportai
dans le Conſeil, contre la remarque maligne que M. le Comte de Soiſſons & les autres ne manquerent pas d'y faire ſur
la promeſſe que j'avois faite. Le Roi qui me regardoit dans
ce moment, appercevant que j'avois le viſage entierement
couvert de boutons & de rougeurs, accourut; & après m'a-
voir déboutonné, il s'écria en regardant mon cou & ma
poitrine : » Ah! mon Ami, vous êtes perdu : « il fit appel-

## LIVRE ONZIEME.

ler Du-Laurens (28), qui après avoir éxaminé ces puſtules, dit qu'une ſaignée & un peu de ménagement les diſſiperoit. Ce n'étoit qu'une ébullition de ſang, pour avoir travaillé, ſué, & m'être refroidi après avoir été pénétré par la pluie; & que je ne ſentois pas moi-même. Je me fis ſaigner ſi-tôt que je fus arrivé à Semoy, qui étoit mon Quartier. Le Roi prit le ſien à la Rochette, d'où il m'envoya le lendemain Thermes ſçavoir l'état de ma ſanté, & fut fort-ſurpris, lorſque Thermes lui rapporta qu'il m'avoit trouvé à cheval, viſitant mes batteries.

Avant que de les dreſſer, je voulus reconnoître la Place encore plus éxactement, en commençant par Aiguebelle : c'eſt ainſi qu'on nomme la petite Ville qui eſt au pied du Fort. Il me ſembla que j'étois reconnu par-tout, & que tout conſpiroit contre moi : tant j'eſſuyois de décharges, dès que j'oſois ſeulement me montrer. Le Roc ſur lequel Charbonnieres eſt ſitué, me parut comme inacceſſible de tous côtés, & ſans aucune priſe pour le Canon. J'en fus véritablement affligé : Cependant à force d'éxaminer, je crus remarquer un endroit où ce qui paroiſſoit par dehors un Roc naturel, pouvoit bien n'être qu'un remplage de terre recouvert de gazon. Je modérai la joie de cette découverte, juſqu'à ce que la nuit m'eût donné les moyens de m'en aſſûrer. J'approchai fort-près du mur à la faveur des ténebres : & ce fut avec un véritable tranſport de joie, qu'en ſondant le terrein avec ma pique, je trouvai qu'elle avançoit tout autant que je voulois ; & que ce Baſtion étoit tel que je l'avois jugé. Je ne balançai plus par quel côté je ferois battre le Fort ; & il ne fut plus beſoin, que de trouver dans la campagne un endroit propre à aſſeoir ces batteries : car tous les environs de Charbonnieres ſont à la vérité couverts de Montagnes qui commandent la Place, mais ſi eſcarpées, qu'un homme à pied a bien de la peine à y monter. Je me mis encore à ramper le long de ces Montagnes, qui me parurent en effet horribles, & inabordables au Canon ; excepté une ſeule, ſur le penchant de laquelle je vis un chemin, où il y avoit quelqu'apparence qu'à force de bras on pourroit guinder quelques Pieces de Canon : Le malheur eſt que ce chemin unique débouchoit dans un autre,

(28) André Du-Laurens, Médecin du Roi.

qui paſſoit ſi près du Fort, qu'on pouvoit y atteindre avec des pierres.

Ce fut un obſtacle de plus, mais qui ne me refroidit pas. Je choiſis deux cens François & autant de Suiſſes, à qui je promis à chacun un écu, s'ils venoient à bout de monter par ce chemin ſix Canons que je leur donnai, ſur la hauteur que je leur montrois. Je choiſis pour cette manœuvre, une nuit fort-noire : je leur recommandai ſur-tout de faire le moins de bruit qu'ils pourroient : Et pour empêcher les Aſſiégés d'y faire attention, je fis avancer par des chemins oppoſés, des chevaux & des Charretiers, dont les cris & le claquement des fouets attirerent tout le feu des Ennemis de ce côté, ſans aucun effet ; parce que ces Charretiers ne marchoient que bien couverts d'arbres, de Gabions & même de murailles. Cependant mes Travailleurs échappoient aux Aſſiegés étourdis de leur propre feu. J'avois nommé pour veiller ſur cette extraordinaire voiture, & pour encourager mes gens, La-Vallée (29), Lieutenant d'Artillerie en Bretagne, avec quelques autres Officiers. Il ſurvint une pluie ſi forte, que La-Vallée & les Officiers laiſſerent leur poſte pour aller ſouper, & les ſoldats leur Canon à moitié chemin. Je ſoupçonnai ce qui étoit arrivé ; & ayant pris ce chemin, je les rencontrai comme ils ſe retiroient. Je les réprimandai ſévèrement : Je les menaçai qu'ils n'auroient d'argent de trois mois ; enfin je les ramenai à l'heure même reprendre le collier : ils s'attelerent, & le Canon recommença à rouler. Je ne les abandonnai plus, que quand je les vis hors de danger : ce qui n'arriva pas ſans quelque échec : Le retardement qu'ils avoient apporté, les fit découvrir ſur la fin : & il y en eut ſix de tués, & huit de bleſſés.

Je regagnai mon Quartier pendant l'obſcurité, ſi trempé de pluie, & ſi couvert de bouë, que je n'étois pas reconnoiſſable ; mais d'ailleurs extrêmement ſatisfait d'avoir mis mes ſix Pieces hors d'état d'être inſultées, quoiqu'elles ne fuſſent pas encore ſur le haut des Rochers. Je dormis une heure : Je déjeûnai : enſuite je retournai pour finir ce travail. Je rencontrai La-Vallée, qui ne ſçachant pas ce que j'avois fait, commença à ſe faire fête de l'ouvrage de la nuit. Le démenti que je lui donnai, & les reproches dont je l'acca-

(29) Michel de La-Vallée Piquemouche, Gouverneur de Comper.

blai, devoient le couvrir de confusion : mais c'étoit le plus intrépide menteur que j'aye jamais vu. » Quoi ! vous y avez » été, me dit-il sans perdre contenance ; vraiment j'avouë » que je suis un sot : Ouï vous l'êtes, lui répondis-je, & pis » encore ; mais n'y retournez plus, & réparez votre faute. «
On ne doutoit point que les Affiégés ne cherchaffent à réparer leur surprise : Cela n'empêcha pas qu'à neuf heures du matin, sans aucun secours de chevaux, & par les seuls bras de mes Travailleurs, le Canon n'arrivât enfin sur le haut du Rocher, où j'avois fait provision pendant ce temps-là de Gabions, de Madriers, & de tout ce qui est nécessaire pour y faire des plate-formes.

Un dernier inconvénient, c'est que quand il fallut remplir les Gabions, il ne se trouva point de terre à plus d'un demi-quart de lieuë : tout ce qu'on pouvoit tirer de ce terrein ingrat, n'étoit que du pierrotage, dont on ne pouvoit pas même se servir pour former les embrasûres & les plate-formes, sans risquer à faire estropier tout le monde. Les Officiers qui faute de ce secours si commun, se voyoient exposés à tout le feu de la Place, vinrent m'apprendre leur situation avec beaucoup d'effroi. Je leur dis sans faire semblant d'être ému, qu'ils commençaffent toujours la paliffade que j'avois ordonné qu'on fît le long du bord des Rochers, en la faisant fort haute & fort épaiffe, pour dérober du moins aux Ennemis la vûë du Canon, qu'ils auroient pu démonter : Ce qui fut promptement éxécuté ; ces Montagnes étant presque toutes couvertes de Bois. Pour suppléer au reste, je fis abbattre par les Charpentiers & Pionniers de l'Armée, deux cens gros hêtres qui furent taillés en billots ; les uns ronds, pour remplir les Gabions ; les autres quarrés, pour former folidement le logement des six Pieces de Canon : Et afin de cacher encore davantage aux Ennemis leur derniere position, à quoi contribuoit beaucoup la paliffade avec toute sa ramée, j'avois fait percer sur les deux côtés quantité d'embrasûres gabionnées, sur lesquelles les Ennemis ne discontinuoient point de tirer ; & ils ignorerent l'endroit de la paliffade où étoit l'Artillerie, jusqu'au moment où tout se trouvant prêt de notre côté pour faire taire celle du Fort, on devoit lever la paliffade qui couvroit notre Canon.

A deux heures après-midi tout ce travail étoit parfait :

E iij

& Sa Majesté vint le visiter environ une heure après. Elle me marqua en m'embrassant, la satisfaction qu'elle en ressentoit : elle ne voyoit aucune difficulté à faire commencer en ce moment à battre : Je lui fis comprendre qu'il étoit encore nécessaire d'en imposer aux Assiégés, jusqu'à ce que la nuit fût venuë. Ce Prince se rendoit à mon avis : mais le Comte de Soissons, d'Epernon, la Guiche & Villeroi, qui le suivoient, lui ayant fait observer que son Canon n'avoit pour objet qu'un Roc, vis-à-vis lequel il étoit inutile de perdre plus de temps, & Henry se rapprocha, & me dit qu'il vouloit qu'on tirât à l'heure même quelques volées de Canon sur le Ravelin opposé. Je fis encore mes représentations, & peut-être avec un peu trop de chaleur : il me fâchoit beaucoup de voir un Ouvrage qui m'avoit tant coûté, exposé à être détruit par trop de précipitation : Ma résistance mit en colère Henry, qui me commanda une seconde fois, & d'une maniere très-absoluë, de faire tout ce qu'il demandoit, en ajoûtant même que j'oubliois qu'il étoit le Maître." Oui, Sire, lui répondis-je aussi-tôt, vous êtes le " Maître, & vous allez être obéï ; quand je devrois tout " gâter. « Je fis renverser la palissade, & donnai ordre qu'on tirât : mais je ne voulus pas en être le témoin : je me retirai fort chagrin.

Comme le Canon n'étoit pas pointé ; tout le monde s'en mêla, & l'adressoit où bon lui sembloit, sans que personne atteignît au véritable endroit. Après une centaine de coups perdus, le Roi envoya La-Guesle me chercher, pour se plaindre à moi du mauvais effet de mes batteries. Je répondis à La-Guesle, que je priois Sa Majesté de m'excuser ; mais que le Soleil étant prêt à se coucher, il n'étoit plus temps de rien entreprendre. Sa Majesté fit cesser de tirer : & tout le monde s'étant retiré ; je vins coucher au milieu de mes batteries, que je fis perfectionner tout le reste de la nuit, malgré la pluie qui continuoit en abondance. Les Assiégés travailloient aussi beaucoup de leur côté, & n'étoient pas sans appréhension qu'on ne trouvât enfin l'endroit foible, vers lequel ils portoient leur principale attention : J'en jugeois ainsi par les feux & les chandelles, que je voyois allumés dans le Fort : je me contentai d'interrompre leur sécurité, par quelque coup de Canon tiré de temps en temps.

# LIVRE ONZIEME.

1600.

A la pointe du jour il s'éleva un brouillard si épais, qu'à si heures on ne voyoit pas le Fort. Ce contre-temps me fâchoit ; parce que toutes mes batteries étoient prêtes, & que je m'étois vanté la veille, que je prendrois Charbonnieres dans la journée. Je m'imaginai que l'agitation de l'air causée par le Canon, dissiperoit peut-être le brouillard. J'en fis tirer quelques volées à coup perdu. Soit hazard, ou effet naturel ; ce que je n'avois proposé que par jeu, réussit au-delà de mon espérance : Tout le reste de l'Artillerie n'eut pas plûtôt répondu au Canon de dessus la Montagne, que le brouillard disparut. Ce qui avoit occupé les Assiégés toute la nuit, étoit l'établissement d'une batterie de quatre Piéces de Canon, vis-à-vis les six miennes, que l'imprudence de la veille leur avoit découvertes, & qu'ils chercherent à démonter en ce moment. Je compris qu'il ne leur en falloit pas laisser le temps : Je fis pointer une Piéce qui donnant droit dans leur embrasûre, rendit inutiles deux de leurs quatre Canons, tua un Canonier, & en blessa deux autres : mais cela n'arriva qu'après que leur charge eut tué de notre côté six Canoniers & deux Pionniers, blessé deux Commissaires d'Artillerie & douze autres Personnes, & enfin rendu inutiles de nos Piéces, jusqu'à ce qu'on les eût délogées de-là.

Le Roi accourut au bruit sur les neuf heures ; & fit apporter son dîner dans un endroit que j'avois fait préparer de façon qu'il pouvoit tout voir sans péril : C'étoit un Parc fait des plus gros arbres, couchés dans leur entier les uns sur les autres en forme de rempart. En montrant à Sa Majesté les corps de ceux qui venoient d'être tués, je lui fis sentir que c'étoit l'effet du mauvais conseil de la veille : Ce que je ne disois pas sans dessein, voyant que ces mêmes personnes ne cessoient point encore & de blâmer mon ouvrage, & de prévenir Sa Majesté contre moi. Je m'embarrassai peu de tous leurs discours ; & je dis hautement que n'ayant point encore rien mangé, quoique j'eusse travaillé toute la nuit, je laissois la place libre à tous ceux qui voudroient faire le Grand-Maître : mais qu'à mon retour si l'on ne me permettoit pas de disposer seul & à mon gré de mes batteries, j'abandonnerois tout. Ma Table de Grand-Maître étoit de quarante Couverts, & dressée sous une espece de demi-voûte taillée par la nature dans le Roc, & tapissée de lierre. Le Roi m'envoya un fort grand pâté de truite, qui lui étoit venu de Genève. Mon dîner fut court. Je retournai encore supplier Sa Majesté, qu'on me laissât faire seul les fonctions de ma Charge; & je lui renouvellai la promesse, que la journée ne se passeroit point, sans que je le rendisse maître de Charbonnieres. Le Roi répondit qu'il seroit content, s'il l'étoit seulement dans trois jours. La-Guesle prit la parole, & dit que s'il étoit dans la place, il sçauroit bien empêcher qu'elle ne fût prise d'un mois: » Allez-vous-y-en » donc, leur dis-je à tous, fatigué enfin de leurs discours; » & si je ne vous fais pas tous pendre aujourd'hui, je veux » passer pour un fat. «

Le Roi se retira dans son Enceinte, & me laissa délivré de l'importune présence des Courtisans, pendant trois heures qu'il passa à attendre son dîner, à dîner, & à visiter le Parc entier de l'Artillerie. Au bout de ce temps-là je le vis revenir avec M. le Comte de Soissons, à qui il disoit assez haut pour que je l'entendisse: » Cette place ne sera pas pri- » se aujourd'hui : « A quoi M. le Comte répondit d'un ton de complaisant, que Sa Majesté qui avoit plus de connoissance de la Guerre que personne, devoit bien employer son autorité pour me forcer à obéïr, au lieu de se consumer à battre un Roc, que le Canon ne pouvoit endommager. Je fus vengé dans le moment même. Le Roi arrivoit justement dans le temps que les Ennemis battoient la chamade, & que le Lieutenant de la Place en sortoit, pour venir traiter avec moi. Je priai Sa Majesté de ne point entrer dans la Capitulation; & je dis au Lieutenant, qu'il pouvoit rentrer; parce que je voulois que sa Garnison se rendît à discrétion: ce qu'il fit avec une feinte hardiesse, & en disant qu'ils étoient deux cens dans le Fort, qui sçauroient bien le faire tenir encore huit jours. Henry se retira, & me laissa Lesdiguieres & Villeroi, qui vouloient qu'on acceptât les conditions que proposoient les Assiégés: Lesdiguieres me mena même vers le Fort, pendant que le Lieutenant y entroit, pour me faire comprendre que les Ennemis n'étoient pas encore réduits à l'extrémité. Je l'arrêtai, lorsque nous n'étions plus qu'à deux ou trois cens pas de la Courtine: je lui dis qu'il y auroit de la témérité à s'exposer à la bouche du Canon

## LIVRE ONZIEME. 41

1600.

non de la Place ; & je pris le chemin d'un Roc à cent pas de là, qui me mettoit à couvert, pendant que ces Messieurs insultoient assez mal-à-propos à ma prudence. Ils changerent bien-tôt de langage : une décharge terrible les obligea de me suivre.

Le Lieutenant de la Place revint une seconde fois, & ne changea presque rien à ses premieres propositions. Je le renvoyai sans vouloir l'écouter : Ce que voyant Villeroi, il me dit que si la Ville manquoit à être prise ce jour-là, il ne pourroit se dispenser d'en faire son rapport au Roi, comme d'un coup manqué par ma faute. Je ne fis pas semblant de l'entendre : Je donnai aux Assiegés ma derniere volonté par écrit ; & je revins faire jouer les batteries. La seconde volée mit le feu aux poudres des Assiegés, & leur tua vingt ou vingt-cinq hommes & six ou sept femmes : A la troisiéme, le petit Ravelin tomba tout entier : & ils ne purent plus porter de secours à la brêche ; parce que le Canon balayant un chemin bas qui y conduisoit, leur enlevoit à chaque coup leurs meilleurs Soldats. Cela les fit résoudre à battre une seconde fois la chamade. Je feignis de ne pas m'en appercevoir ; quoique je visse leur Tambour enlevé en l'air, haut de deux toises, d'un coup de Canon qui entra dans la terrasse sous ses pieds, sans lui faire pourtant aucun mal. Les Assiegés éleverent un drap au bout d'une pique, en criant qu'ils se rendoient, & qu'ils prioient qu'on ne tirât plus. Je ne cessai point encore pour cela ; jusqu'à ce que les Ennemis ayant tendu la main de dessus la brêche à nos Soldats, j'eus peur de tuer quelques François avec eux. Je montai à cheval, & entrai dans Charbonnieres en courant. On pouvoit en user comme avec une Ville emportée d'assaut : mais il auroit fallu avoir le cœur bien dur, pour ne pas se laisser désarmer par un objet aussi digne de pitié que celui qu'elle me présenta : c'étoient toutes les femmes, les blessés & les brûlés, qu'ils envoyerent se jetter à mes pieds. Je n'ai vu en aucun endroit le sexe aussi qu'en cette Ville, ni en particulier une femme d'une beauté aussi achevée, qu'une de celles qui vinrent me demander grace. Au-lieu d'éxécuter la menace que je leur avois faite, de les faire tous pendre, je m'en tins aux conditions que je leur avois imposées d'a-

*Tome II.* F

bord ; & je fis conduire la Garnison au lieu de sûreté que j'avois marqué.

Le succès de Charbonnieres n'empêcha pas que je ne trouvasse de grandes difficultés encore dans le Conseil, à faire agréer l'attaque du Château de Montmélian. La contestation fut extrêmement vive : » Regardez bien à ce que vous » faites, me dit Sa Majesté, entraînée par le grand nom- » bre ; car si nous sommes contraints de lever le Siége, tout » le monde criera après vous ; & moi peut-être tout le pre- » mier. » On ne connoissoit point encore dans ce temps-là, ce que peut pour un Siége une Artillerie forte & bien servie. Ce qui venoit de se passer devant Charbonnieres, avoit si fort confirmé les idées que je m'étois formées à cet égard, que je ne fis point de difficulté de m'engager hautement à emporter Montmélian dans cinq semaines, comme je l'avois déja promis dans un premier Conseil. Je n'y mis qu'une condition, que Sa Majesté ne put me refuser ; parce qu'elle l'accepta d'avance, sans la sçavoir : c'est qu'elle ne se trouveroit point à ce Siége : Je prévoyois qu'il seroit fort-meurtrier. Je montrai le plan de la Ville & celui de l'attaque, que j'avois tracé : Et tout le monde étant convenu de me laisser faire ; je vins mettre le Siége devant le Château de Montmélian.

Ce Château est assis sur un Roc presque aussi dur que celui de Charbonnieres, si élevé, qu'il commande toute la campagne, escarpé en précipice, & inaccessible par tous les côtés, excepté celui de la Ville, dont la pente est beaucoup moins roide ; mais sur laquelle en récompense régne un Fossé dans le Roc même, large, profond, & d'un travail si pénible, qu'il n'a pu être exécuté qu'avec la pointe du ciseau aceré : outre trois Bastions qui ne peuvent être sappés, ni minés ; leurs fondemens étant de roc vif, presque impénétrable, & de plus d'une toise & demie de profondeur. La campagne est semée de quelques Montagnes : mais les unes sont si éloignées, qu'elles paroissent être absolument hors de la portée du Canon ; & les plus proches sont d'un sommet si droit & si pointu, d'un roc si dur & si nud, que loin de pouvoir y élever & y servir le Canon, on a de la peine à croire qu'un homme y puisse gravir. La Place étoit alors

# LIVRE ONZIEME. 43

1600.

pourvuë de trente Pieces de Canon ; de poudre, à tirer au-moins huit mille coups ; avec une Garnison proportionnée, & d'abondantes munitions.

La premiere réfléxion qui me soûtint contre des difficultés en apparence insurmontables, c'est que quelque ferme & continu que parut être le Roc, sur lequel, ou pluftôt dans lequel étoient construits les Bastions, il étoit impossible qu'il fût par-tout d'une égale solidité ; & pour peu qu'il eut un seul endroit foible, l'Artillerie que j'avois, m'y assûroit un passage. Pour m'en éclaircir, je commençai à faire ouvrir des Tranchées vis-à-vis le Bastion nommé Mauvoisin ; parce que sans elles il eut été impossible de s'en approcher d'assez près, pour discerner si toute cette masse n'étoit qu'un Roc entier, taillé avec le ciseau : mais le Roc qu'on rencontra encore à fleur de terre, ne permit pas de pousser plus avant les Tranchées.

J'eûs recours à la ruse ; je fis construire dans une nuit fort-obscure, une cabane de claie & de chaume, fort-près de ce Bastion, & assez bas pour que le Canon de la Place ne pût y plonger : Elle fut criblée de coups de Fusil, si-tôt que le jour l'eut découverte aux Assiegés ; mais elle ne fut pas renversée ; & il n'y avoit personne des nôtres. Je laissai les Ennemis pendant quelques jours décharger leur colere sur cette cabane ; jusqu'à ce que d'eux-mêmes ils cessassent de tirer dessus : ce qu'ils firent enfin, croyant qu'elle n'avoit été mise là, que pour leur faire consumer inutilement leur poudre. Si-tôt que je me fus apperçu que les Assiegés la négligeoient, je m'y rendis moi-même la nuit, ayant pour toutes Armes une grande rondache, dont en cas de besoin je pouvois couvrir tout mon corps contre les coups de feu. J'observai de-là avec le dernier soin tout ce Bastion : j'y apperçus de la lumiére dans le bas ; d'où je conclus qu'il étoit creux, & par conséquent qu'il n'étoit pas de plein roc, qui n'eût pu être percé en-dedans à cette profondeur : Les Assiegés y faisoient, sans doute alors quelque réparation. Le jour étant venu à paroître, je vis encore que le flanc étoit sans épaule : autre indice que ce n'étoit pas le Roc pur qui formoit l'un & l'autre ; & que ce flanc se présentoit nud, & aisé à entamer avec le Canon. C'en étoit assez ; & je n'eus plus d'autre soin que de me tirer de-là sain & sauf : ce qui n'é-

F ij

toit pas sans difficulté en plein jour ; n'étant qu'à cent pas du parapet, qui étoit bordé de soldats ; & en ayant deux cens à traverser, avant que de me voir à couvert. Je pris le moment où les Gardes se relevant, le Soldat commence à se négliger ; & laissant là ma rondache, je me mis à courir de toutes mes forces. Quatre Sentinelles m'apperçurent, crierent & tirerent en même temps : leur mousquetade siffla à mes oreilles, & me couvrit de sable & de caillou, sans me blesser : Avant que les autres Soldats fussent prêts, j'avois déja gagné le plus prochain logement.

J'avois choisi d'abord pour placer une batterie de Canon, une élévation du côté de l'Isere, où des degrés taillés de main d'homme, pouvoient en rendre la montée plus facile : Mais depuis en ayant reconnu de l'autre côté de l'eau une autre, qui donnoit sur la Citadelle, & dont l'avantage étoit, que de-là on voyoit le chemin qui conduit au puits du Château, celui du Magazin, l'entrée du Donjon, & le poste des Corps-de-Garde ; je préferai celui-cy, & je songeai au moyen d'y faire arriver six Pieces de Canon. Cette éminence étoit coupée en précipice de tous côtés, hors un seul, par lequel aussi le chemin pour y monter, s'allongeoit d'une lieuë ; mais ce ne fut pas le plus grand inconvénient : Lorsque les Pieces de Canon y eurent été portées, on ne put pas y trouver un terre-plein assez grand pour les y poser ; & il fallut applanir des Rochers si durs, que ce travail étoit regardé comme ridicule, par la plusparte des Officiers.

Les Ennemis n'en jugerent pas de même. Dès le moment qu'ils virent que nous entreprenions de nous loger sur ce Pic, ils y pointerent aussi six Pieces de Canon, & y firent un feu continuel. La premiere volée y fut tirée un jour que j'étois à y faire travailler, ayant à la main mon bâton de Commandement, vêtu d'une mandille verte & passementée d'or, & portant sur ma tête un pennache blanc & verd. Je remarquai que cette volée avoit passé beaucoup au-dessus de ma tête ; & que celle qui la suivit, porta au-contraire beaucoup plus bas. Voyant qu'on alloit mettre le feu à une troisieme, je dis à Lesine, à Maignan & à Feugeres, que celle-cy pourroit bien donner au milieu ; & que sans doute les Assiegés qui m'avoient apperçu, m'ajustoient. Je me retirai de deux pas derriere un banc de Rocher, d'où je tenois d'une

main ma pique plantée à l'endroit où avoit été mon corps: 1600.
Un boulet rasa la pique: les autres allerent tuer trois Pionniers & deux Canoniers, & casser des flacons & des bouteilles, qui avoient été apportées pour faire collation, & placées dans un trou du Rocher. Cet accident fut rapporté à Sa Majesté, comme une témérité de ma part: Et ce Prince m'écrivit aussi-tôt, que ma Personne lui étant encore plus nécessaire pour les Affaires que pour la Guerre, il vouloit que je me ménageasse autrement qu'un simple Soldat, qui a sa fortune & sa réputation à faire ; & qu'il me rappelleroit, si je n'obéïssois à cet ordre.

Henry ne put résister à l'envie de voir l'ordonnance de ce Siége ; & il m'écrivit une seconde fois, pour me faire consentir à lui rendre la parole qu'il m'avoit donnée du contraire, s'obligeant de n'aller que dans les seuls endroits que je lui désignerois, & sans autre suite que MM. le Comte de Soissons, d'Epernon, Bellegarde & moi. Je le priai du moins de cacher avec un mauvais manteau la dorure de son habit, & d'éviter sur-tout aux dépens d'une demi-lieuë de chemin de plus, de passer dans un certain champ couvert de cailloux, vis à-vis lequel les Assiégés tenoient continuellement en faction trente ou quarante Soldats armés de Mousquets, & dix ou douze pieces de Canon pointées ; parce qu'ils sçavoient que c'étoit par ce champ, qu'on passoit à tout moment, pour aller à la batterie nouvellement posée sur le Rocher. Je crus qu'il auroit cette complaisance: mais quand il fut sur le lieu, il ne put se résoudre à user de cette précaution; & mes prieres ayant encore été inutiles, nous marchâmes tous cinq à la file. Quelques mousquetades qu'on essuya d'abord, firent pâlir quelques-uns de la Compagnie: Ce fut bien autre chose en entrant dans le champ. Il se fit à la fois une décharge de grosse Artillerie & de Mousqueterie si terrible, qu'en un moment nous nous vîmes tous couverts de terre, & la peau effleurée d'une grêle de ces petits cailloux. Henry fit le signe de la Croix: » C'est à ce coup, lui
» dis-je, que je vous reconnois pour bon Catholique. Al-
» lons, dit-il, il ne fait pas bon ici. « Nous doublâmes le pas, en regardant comme un bonheur singulier, qu'aucun de nous n'y eût été tué, ou du moins estropié. On ne parla

1600. point au retour, de prendre la même route : on prit celle des Montagnes, où je fis mener des chevaux pour la compagnie.

Le Roi sentit quelque confusion d'avoir ainsi fait l'Avanturier. Cela fit que quelques jours après, lui ayant mandé que toutes mes batteries étoient prêtes, & Sa Majesté qui étoit alors de retour en la Tarantaise, ayant encore voulu les voir; elle m'ordonna de faire une trève de quelques heures avec le Gouverneur du Château. La curiosité du Roi étant satisfaire; il me prit envie de jouïr du droit de Grand-Maître, lorsqu'il éxerce sa Charge en présence de Sa Majesté : Mais comme cela ne pouvoit se faire sans une décharge d'Artillerie : ce qui auroit été regardé comme une infraction à la trève, qui n'étoit pas encore expirée; pour engager les Assiégés à la rompre les premiers, je dis à quelques Commissaires, de faire porter à la batterie du Rocher, certaines munitions dont on avoit besoin. Ceux du Château, qui n'avoient encore rien perdu de leur fierté, & qui se repentoient peut-être d'avoir accordé la trève, s'écriérent qu'on la faussoit, & qu'ils alloient tirer : & en effet ils tirérent douze ou quinze coups de Canon. J'avois donné ordre que si cela arrivoit, on se tint prêt pour leur répondre aussi-tôt par une décharge générale : C'étoit la premiere, & elle donna bien à penser aux Assiégés, lorsqu'ils virent cinquante Canons à la fois battre leur Donjon : Ils furent les premiers à demander la continuation de la trève; sur-tout lorsqu'une seconde décharge succéda rapidement à la premiere. Dès ce moment ils commencerent à perdre l'idée que leur Citadelle étoit imprenable; & cherchèrent secrettement les voyes de composer à l'amiable.

Ce furent deux Femmes, qui furent chargées (30) par hazard de cet accommodement. Madame de Brandis, Femme du Gouverneur de Montmélian, & qui étoit avec lui dans le Château, se plaisoit à faire de ses mains de petits ouvrages de compartiment & de verroterie. Elle envoya à mon Épouse, qui étoit dans la Ville, des boucles d'oreille, & deux chaînes de verre de sa façon, d'une grande délicatesse. Madame de Rosny lui renvoya en échange, du Vin &

---

(30) L'Historien qui nous a donné la Vie du Duc d'Épernon, lui fait honneur de la reddition de Montmélian.

du gibier ; & lui fit demander s'il n'y avoit point moyen qu'elles puffent fe voir. Elles en obtinrent la permiffion, & pafferent trois après-dînées enfemble fi familiérement, qu'elles en vinrent jufqu'à éxaminer enfemble comment on pourroit rendre honnêtement Montmélian. Elles en informerent leurs Maris; qui loin de s'y oppofer, les autoriferent à continuer leurs entretiens, où elles fe cachoient l'une à l'autre, qu'elles agiffoient avec permiffion. Madame de Brandis eut une indifpofition, qui lui fit avoir befoin de refpirer l'air de la campagne. Son Mari crut pouvoir me faire demander cette grace par le moyen de mon Epoufe, qui faififfant cette occafion, fçut fi bien repréfenter au Comte de Brandis la néceffité à laquelle il alloit être réduit, fans pouvoir peut-être obtenir après cela des conditions honorables, que ce Gouverneur confentit à traiter avec moi; & m'envoya une Députation à cet effet. J'en donnai avis au Roi, qui propofa la chofe dans fon Confeil. Il y fut réfolu qu'on accorderoit un mois au Gouverneur; après lequel, s'il n'étoit pas fecouru, il remettroit fa Place. J'étois fûr qu'elle n'auroit pas duré fi long-temps : C'étoit d'ailleurs compter fur la bonne foi, fort douteufe dans un Ennemi. J'en dis mon fentiment; mais il ne me fervit de rien de combattre une réfolution, où l'envie n'avoit pas moins de part que la crainte.

Le Roi ne commença à fe repentir d'avoir mieux aimé déferer aux confeils du Maréchal de Biron & du Duc d'Epernon qu'aux miens, que lorfque le bruit fe répandit peu de temps avant l'expiration du terme accordé aux Affiégés, qu'il venoit à leur fecours une Armée de vingt-cinq mille hommes de de-là les Monts. Ce Prince me communiqua l'embarras où cette Nouvelle le mettoit. Il étoit bien déterminé à aller au-devant des Ennemis, & à les combattre; mais il fentoit combien il y avoit de rifque à laiffer derriere foi une Place comme Montmélian : il me demanda fi de façon ou d'autre, il ne me reftoit point quelque moyen de m'en mettre en poffeffion avant ce temps-là. Toute difficile que la chofe paroiffoit, elle réüffit pourtant : & voici comment.

Depuis la fufpenfion d'Armes, le Comte de Brandis laiffoit entrer dans fon Château tous les Etrangers qui y apportoient les vivres & les autres secours, dont les blessés & Madame de Brandis elle-même avoient besoin. Comme il n'y avoit qu'une seule porte pour y entrer; la presse y étoit quelquesfois si grande, qu'il s'y donnoit quelques coups, dont le Gouveneur ne vouloit ou ne pouvoit pas faire justice; parce que parmi ces Gens en grande partie soldats, il y en avoit plusieurs François. Il me pria de remédier moi-même à cet inconvénient; & je crus que c'étoit là l'occasion que je cherchois. Je mis à la porte du Château un Corps-de-garde de cinquante hommes tous choisis, commandés par des Officiers qui étant instruits de mon dessein, accoûtumèrent les Gardes du Château à les voir entrer au-dedans, d'abord au nombre de trois ou quatre seulement, ensuite en plus grand nombre; jusqu'à ce qu'enfin la Garnison n'osant plus ni les en empêcher, ni tirer sur eux; ils se virent presque aussi maîtres dans le Château qu'elle-même, sans qu'elle en retirât aucun secours: au contraire, loin d'appaiser le desordre, ces François l'augmenterent encore.

Brandis ne prit tout ce manége que pour un effet de la licence du Soldat, & m'en porta ses plaintes. Je lui répondis qu'il pouvoit faire main-basse sur tous ces Etrangers, que je supposois être de la campagne: il repliqua qu'il l'auroit fait, sans le grand nombre de mes Soldats qui se trouvoient mêlés avec eux: que plûtôt que de les maltraiter, même sans mauvaise intention; il aimoit mieux me charger seul du soin d'arrêter le trouble & la confusion. Je parus ne me rendre à cette idée, qui est tout ce que je souhaitois le plus, que pour rétablir la tranquilité; & je dis à ce Gouverneur, que j'en viendrois facilement à bout, si j'avois en-dedans de la porte un Corps-de-garde de pareil nombre que que celui du dehors. Il le trouva bon. J'y fis donc entrer cinquante Soldats; mais ce ne fut pas les seuls: trente les avoient déja précedés, & un beaucoup plus grand nombre s'y glissa avec eux. J'y vins moi-même avec toute ma suite: Dès-lors la partie se trouva si forte, que nous pouvions disposer du bas Fort, & en partie du Donjon.

Brandis connut alors sa faute: mais ne pouvant la réparer, qu'en se montrant encore plus généreux; il vint me trouver, & me dit qu'il consentoit que je prisse possession du Donjon; & qu'il s'en remettoit totalement à ma parole

&

# LIVRE ONZIEME.

& à ma bonne foi. Je réfolus de ne pas abuser de fa confiance, & d'obferver fidellement les conventions. Je foupai & couchai dans le Donjon; & dès le lendemain même du jour où j'avois reçu cette commiffion du Roi, je vins lui dire que fans rien craindre de Montmélian, il pouvoit marcher à la rencontre de fes Ennemis : ce que Sa Majefté fit en bon ordre, & à la tête de fon Armée ; mais l'avis qu'elle avoit reçu fe trouva faux.

1600.

La Garnifon de Montmélian en fortit après le mois écoulé, & remit la Place à Sa Majefté, qui m'ordonna d'y établir Créqui avec fa Compagnie : La Garnifon en fut renforcée ; & on la pourvut de tout abondamment. Je voulus perfuader au Roi qu'il devoit démanteler cette Place, qu'on ne pourroit fe difpenfer à la Paix de rendre à M. de Savoie ; & qu'on en fît autant de toutes les autres Forterefles conquifes : mais les confeils des Courtifans, qui fembloient être aux gages du Duc de Savoie, fauverent Montmélian contre la bonne Politique.

Les Lettres en chiffre du Maréchal de Biron, qu'on furprit deux ans après, éclaircirent le myftere de cette conduite, tant pour Montmélian, que pour tout le refte. Biron marquoit au Duc de Savoie, à qui elles s'adreffoient, qu'il avoit obtenu à la Garnifon de Montmélian un mois, afin qu'il eût le tems d'en faire lever le Siege : qu'il n'avoit rien à attendre de fes Amis, s'il ne faifoit pas un effort pour fauver cette Place, affez forte pour tenir trois mois : Il l'affûroit de la peine qu'il fentiroit de fa reddition. Dans la Lettre qu'il écrit à ce Prince après la prife du Château, il lui déclare que fa négligence à le fecourir, avoit réduit au filence les Seigneurs François de fon Parti, qui fe feroient déclarés contre le Roi, fi en s'avançant pour fe joindre à eux, il leur avoit facilité les moyens de le faire avec quelque fûreté. Malgré l'affectation de ne pas mettre leurs noms fur le papier, ils y font tous fi bien défignés, qu'on les reconnoît fans peine. Le filence que j'obferve fur ces noms, n'eft favorable qu'à quelques-uns, que le Public n'a peut-être pas foupçonnés.

Montmélian ne s'étoit pas encore rendu, lorfqu'on apprit dans l'Armée Françoife, que le Cardinal Aldobrandin, Neveu & Légat du Pape, étoit en chemin pour venir traiter

*Tome II.* G

avec Sa Majesté l'affaire de la Paix, & celle de son Mariage. Le Roi m'ayant chargé d'aller recevoir cette Eminence avec toutes sortes d'honneurs; je m'avançai à sa rencontre, avec un Corps très-leste de trois mille Fantassins, & de cinq cens Cavaliers. Il put bien s'appercevoir qu'il avoit affaire à un Grand-Maître d'Artillerie, par la maniere dont il fut régalé en approchant de Montmélian. La tréve me mettant en état de me servir de toute l'Artillerie de cette Place, comme de la mienne propre; je les joignis toutes deux, pour lui faire plus d'honneur. Le signal fut donné par une Enseigne blanche, mise sur la batterie du Rocher. La mienne commença après un fort grand feu de Mousqueterie; & fut suivie de celle du Château; de maniere que l'une & l'autre ayant eu le temps de recharger, cette double décharge de cent soixante-dix Canons faite avec tout l'ordre possible, & encore multipliée par les échos que forment toutes ces gorges des Montagnes, fit le plus bel effet du monde; mais non pas, je crois, dans l'esprit du Légat, qui plus effrayé que flatté d'un honneur rendu avec un appareil si terrible, croyoit que toutes ces Montagnes alloient culbuter, & eut recours plusieurs fois au signe de la Croix.

Je menai dîner ce Cardinal à Notre-Dame de Miens, & je le prévins sur deux choses touchant les affaires dont il me parloit: l'une, qu'il ne crût pas toutes les personnes qui viendroient se faire de fête auprès de lui de la part de Sa Majesté: l'autre, que si toutes ces personnes lui promettoient qu'on rendroit à M. de Savoie toutes les Places prises sur lui, sans les raser, il les crût encore moins; parce qu'assûrément cela n'arriveroit point. Après cet avertissement, je le remis entre les mains de ceux qui étoient venus le chercher de la part de Sa Majesté; & je continuai mes hostilités par les attaques de la Citadelle de Bourg, & du Fort-Sainte-Catherine.

On fit marcher cette derniere avant l'autre, à la priere de la Ville de Genève, que le Roi étoit ravi d'obliger. En arrivant près de ce Fort, qui est situé sur un Tertre, au milieu d'une rase Campagne dont il paroît être le centre; le Maréchal de Biron près duquel je me trouvai par hazard, me demanda si dans l'instant, & à cheval comme nous étions, je voulois venir reconnoître la Place avec lui. Je lui répon-

# LIVRE ONZIEME.

dis, que pour faire cette obfervation en plein jour, nous étions trop brillans & trop empanachés : Il montoit un cheval blanc, & portoit un grand panache de même couleur : « Point, point, me dit-il, ne vous mettez point en peine : » Morbieu ! ils n'oferoient tirer fur nous. Allons donc, re- » pris-je, comme vous voudrez ; car s'il pleut fur moi, il » dégouttera fur vous. « Nous vinmes jufqu'à deux cens pas du Fort : Nous obfervâmes tout ce Fort long-temps, fans qu'on tirât que douze ou quinze méchans coups d'Arquebufe, & je crois, en l'air ; quoique nous fuffions au nombre de vingt Chevaux. J'en étois dans une furprife extrême : » Monfieur, lui dis-je, il n'y a perfonne là-dedans, ou bien « ils dorment, ou ont peur de vous. « Le Roi eut encore plus de peine à le croire ; parce qu'y étant allé la veille avec fix Chevaux feulement, il fe fit à fon approche décharges fur décharges : Et moi-même y étant retourné le lendemain à la pointe du jour, à pied, & n'ayant avec moi qu'Erard & Feugeres, je fus reçu avec un fi grand bruit d'Artillerie, que le Roi envoya Montefpan, croyant que c'étoit une fortie : » A qui en veulent ces gens-là, me dit Montefpan, qui » ne voyoit perfonne ? A moi, lui répondis-je ; mais j'ai vu » ce que je voulois voir. « Je conjecturai à-peu-près d'où pouvoit venir ce refpect, qu'on portoit par-tout au Maréchal de Biron. Je vis que les flancs des Baftions de Sainte-Catherine étoient fi mauvais, qu'ils étoient en grande partie éboulés ; & que le Foffé n'étoit pas en meilleur état. J'affûrai Sa Majefté, que les Tranchées n'auroient pas été pluftôt pouffées jufques fur le bord du Foffé, que la Place fe rendroit : Et en effet les Affiegés qui d'ailleurs manquoient de tout, craignirent d'être emportés d'affaut ; & demanderent à capituler, s'ils n'étoient pas fecourus dans fix jours.

Je demandai au Roi la permiffion de faire un tour à Genève, après que j'eus fait ouvrir la Tranchée : J'y arrivai le lendemain avec cent Chevaux, & fort-à-propos pour raffûrer cette Ville effrayée de la grande quantité de Catholiques qu'elle voyoit au-dedans de fes murs : MM. de Guife, d'Elbeuf, d'Epernon, de Biron, de la Guiche & autres y étoient avec toute leur fuite. J'eus beau l'affûrer que Sa Majefté lui vouloit du bien ; & que je ne fortirois point tant que tous ces Meffieurs y feroient : le fouvenir des per-

G ij

1600.

sécutions passées étoit encore trop présent à l'esprit de cette Bourgeoisie : Elle ne fut point contente, que je ne l'eusse délivrée du sujet de sa crainte : Ce que je fis dès le soir, en parlant à ces Messieurs, qui partirent tous le lendemain. La Ville députa dix ou douze de ses Principaux Bourgeois, ayant Bèze, leur Ministre, à leur tête, pour complimenter Sa Majesté, & tâcher d'en obtenir un Point qu'ils tenoient fort-secret : c'étoit la démolition du Fort de Sainte-Catherine, qu'ils souhaitoient passionnément. Bèze parla en homme d'esprit, & qui sçait louer délicatement : Il félicita les Protestans, du bonheur que le règne d'un si grand Prince leur annonçoit. Henry remercia les Députés & la Ville, à qui il offrit de la gratifier de celle de ses Conquêtes qui étoit le plus à sa bienséance : & prévenant leur demande, il leur dit tout bas qu'ils auroient le plaisir d'être les maîtres du fort de la Citadelle de Sainte-Catherine ; & qu'il leur donnoit sa parole en ma présence ( il me tenoit alors par la main, ) qu'aucune sollicitation ne pourroit l'empêcher de la faire raser. Les Députés se retirerent pleins de joie.

Sur les instances du Cardinal Aldobrandin, Sa Majesté avoit consenti qu'il se tînt des Conférences à Lyon au sujet de la Paix ; & avoit nommé pour traiter avec le Légat, le Cardinal Du-Perron, le Connétable, le Chancelier, Villeroi & Jeannin, qui n'étoient encore convenus de rien, lorsque la future Reine (31) arriva en cette Ville. Le Roi n'eut

(31) Cette Princesse partit de Florence le 17 Octobre, s'embarqua à Livourne, & avec une Escorte de dix-sept Galeres arriva à Toulon ; d'où elle vint à Lyon par Marseille, Avignon, &c. Le Roi y arriva en poste le 9 Novembre. Quand le Roi arriva ( je prens ces paroles dans les Memoires les plus fidelles de ce temps-là ) » la Reine étoit à son sou-» per : Et la voulant voir & confide-» rer à table sans être connu, il en-» tra jusques en la Salette, qui étoit » fort pleine... mais il n'y eut pas » plustôt mis le pied, qu'il fut re-» connu de ceux qui étoient le plus » près de la porte : Ils se fendirent » pour lui donner passage : ce qui fit « que Sa Majesté sortit à l'instant, » sans entrer plus avant : La Reine » s'apperçut bien de ce mouvement, » dont toutesfois elle ne fit aucune » démonstration, que de pousser les « plats en arriere, à mesure qu'on la » servoit ; & mangea si peu, qu'elle » s'assit plustôt par contenance, que » pour souper. Après que l'on l'eut » desservie, elle sortit incontinent, » & se retira en sa chambre. Le Roi » qui n'attendoit autre chose, arriva » à la porte d'icelle, & faisoit mar-» cher devant lui M. le Grand, qui » frappa si fort, que la Reine jugea » que ce devoit être le Roi, & s'a-» vança au même instant que M. le » Grand entra suivi de Sa Majesté, » aux pieds de laquelle la Reine se » jetta. Le Roi l'embrassant, &

# LIVRE ONZIEME. 53

1600.

pas plutôt appris cette arrivée, qu'il quitta ſes Quartiers de Guerre, & s'y achemina par un temps extrêmement pluvieux, courant en poſte avec une grande partie des Seigneurs de ſa Cour. Il étoit onze heures du ſoir, lorſque nous arrivâmes au bout du pont de Lyon ; & nous y attendîmes une heure entiere qu'on vînt nous ouvrir, pénétrés de froid & de pluïe ; parce que Sa Majeſté pour le plaiſir de ſurprendre la Reine, ne voulut point ſe nommer : Ils ne ſétoient point encore vus l'un l'autre. Les Cérémonies du Mariage ſe firent ſans pompe : Nous vîmes ſouper le Roi, qui nous envoya enſuite en faire autant ; & ſe retira dans l'appartement de la Reine.

L'arrivée de Sa Majeſté ne fit qu'échauffer encore davantage la conteſtation au ſujet des Articles de la Paix. Les Plénipotentiaires étoient preſque tous dans les intérêts du Duc de Savoie, & bien aiſes de faire leur Cour au Légat. C'eſt ce qui fit que Henry jugea à-propos de ſe faire rendre compte de leur Négociation : Et il blâma fort les Commiſſaires d'avoir excédé leur pouvoir. Bellièvre & Villeroi avoient promis au Légat, qu'aucune des Places priſes ne ſeroit démolie ; mais ſur-tout Sainte-Catherine, ſur laquelle le Légat avoit fait des inſtances particulieres, comme étant le meilleur & même le ſeul boulevard du Duc de Savoie contre la République de Genève. Henry leur fit ſentir qu'il ſoupçonnoit la précipitation avec laquelle ils avoient ſouſcrit ſans l'avoir conſulté, à un Article de cette importance ; & ajoûta, qu'il leur déclareroit ſa volonté ſur ce point dans

» l'ayant relevée ; ce ne furent qu'hon-
» neurs, careſſes, & baiſers, reſpects
» & devoirs mutuels. Après que les
» complimens furent paſſés, le Roi
» la prit par la main, & l'approcha
» de la cheminée, où il parla à elle
» une bonne demi-heure, & s'en alla
» de-là ſouper : ce qu'il fit aſſez légerement. Cependant il fit avertir
» Madame de Nemours qu'elle dît
» à la Reine, qu'il étoit venu ſans
» lit, s'attendant qu'elle lui feroit
» part du ſien, qui leur devoit être
» commun dès-lors en avant. Madame de Nemours porte ce meſſage

» à la Reine, laquelle fit réponſe,
» qu'elle n'étoit venuë que pour
» complaire & obéïr aux volontés de
» Sa Majeſté, comme ſa très-humble
» Servante. Cela lui étant rapporté,
» Sadite Majeſté ſe fit deshabiller,
» & entra en la chambre de la Reine, qui étoit déja au lit &c. « Chronologie Septénaire, année 1600. où l'on peut voir auſſi les particularités du voyage de la Reine, de ſa reception dans les Villes de France, &c. De-Thou, liv. 125. Matthieu, tom. 2. liv. 2. p. 378. &c.

G iij

1600.

quelques jours. Il me fit appeller; & me dit qu'avant que le Légat lui eût fait à cet égard les follicitations auxquelles il s'attendoit, le plus court étoit de faire fauter les cinq Baftions du Fort, & d'avertir la Bourgeoifie de Genève de venir achever la démolition. Jamais ordre n'a été fi promptement, ni mieux éxecuté : Dans une nuit les Génevois mirent cette Citadelle rès-pied-rès-terre ; & emporterent même tous les matériaux ; de maniere qu'on auroit eu le lendemain de la peine à croire qu'il y eût jamais eu un Fort en cet endroit ; & que la Nouvelle en fut répanduë d'abord comme d'un effet du feu du Ciel. Lorfqu'on eut fçu la vérité, le Légat en conçut un grand reffentiment ; & ne laiffa pas d'avouer dans fon chagrin, que j'étois le feul qui ne l'avoit point flaté là-deffus ; & qu'il n'avoit pas fait affez d'attention à mon avis. Ce qui le fâchoit le plus ; c'eft que fur la foi des Commiffaires, il s'étoit avancé du-contraire au Pape. La Négociation en fut entierement rompuë pendant trois ou quatre jours : Et lorfqu'après ce temps-là on la reprit ; ce fut avec tant d'aigreur de la part de cette Eminence, qu'elle rejetta toutes les propofitions qu'on lui fit. Ces propofitions étoient : Que le Duc de Savoie céderoit au Roi le cours de la Riviere du Rhône & fes environs, jufqu'à des diftances défignées. Qu'il ne pourroit élever aucun Fort à une lieuë près, pour favorifer le paffage des Efpagnols : Qu'il laifferoit à la République de Genève la jouïffance de certains Villages auffi fpécifiés : Que Bèche-Dauphin feroit démoli, & Château-Dauphin reftitué: Enfin que le Duc payeroit cent cinquante mille écus, pour les frais de la Guerre.

Frontiere de Dauphiné.

Le Roi regardant cette affaire comme manquée, par l'entêtement du Légat, fe réfolut à continuer la Guerre encore plus vivement ; & m'ayant fait appeller, il me communiqua fon deffein, qui étoit d'aller chercher le Duc de Savoie à la tête de toute fon Armée; pendant qu'avec l'Artillerie je battrois la Citadelle de Bourg. Nous avions chacun des obftacles particuliers dans ce double projet ; outre la difette d'argent qui nous étoit commune. Je trouvois l'entreprife de Bourg très-difficile à éxecuter ; la faifon étant auffi avancée qu'elle l'étoit. La différence que je fais entre ce Château, & celui de Montmélian, avec lequel il me femble qu'il peut aller de pair : c'eſt que pour qui n'auroit que dix ou douze pieces de Canon, Montmélian vaut à la vérité dix Places comme Bourg ; parce que la priſe de Montmélian dépend d'avoir aſſez d'Artillerie pour en foudroyer tous les dehors : Mais pour une Armée forte de ſoixante Canons, la Citadelle de Montmélian n'eſt pas plus difficile à emporter que celle de Bourg ; parce que celle-ci plus réguliere que l'autre, ne peut être attaquée que méthodiquement, & pied-à-pied. Si j'en avois été cru, lorſque je conſeillai qu'on s'y attachât d'abord au partir de Montmélian ; elle auroit pû être alors au pouvoir du Roi.

Pour ce Prince, ſon embarras venoit de ce que n'ignorant pas de quelle maniere la plûpart de ſes Officiers Généraux conſpiroient contre lui, avec le Duc de Savoie & l'Eſpagne ; il avoit tout à craindre en s'engageant avec eux dans le pays Ennemi. Leſdiguieres étoit le ſeul ſur lequel il pût compter : Sa fidélité avoit paru en dernier lieu dans l'avis qu'il avoit fait donner à Calignon, que le Duc de Bouillon ſe ſervoit d'un nommé Ondevous, pour entretenir ſes liaiſons avec les Grands du Royaume. Il eſt vrai, que ſi Calignon eut été plus diligent à s'acquitter de ſa commiſſion, Ondevous n'auroit pas eu le temps de s'évader comme il fit, & que ſa détention auroit mis en évidence tous les projets des factieux : mais il y a toute apparence, que ce n'étoit pas la faute de Leſdiguieres. Je conſeillai au Roi de ne ſe repoſer que ſur lui ; & pour ſe l'attacher encore davantage, de le faire Maréchal de France, & Gouverneur de Piémont. A l'égard des autres, il étoit facile de rendre leur mauvaiſe volonté ſans effet, en leur donnant des Emplois loin du gros de l'Armée.

Mais ce qui nous parut le plus preſſé à tous les deux, étant d'avoir de l'argent : nous convinmes que je partirois dans quatre jours pour Paris ; & qu'afin de pouvoir y vaquer pendant ſix Semaines entieres, j'employerois ces quatre jours, à faire tous les préparatifs néceſſaires pour l'attaque de Bourg ; à faire faire montre aux Soldats, du peu d'argent qui nous reſtoit ; & à pourvoir à toutes les dépenſes, ſoit extraordinaires, ſoit ordinaires de la Maiſon du Roi. Je fis dès le lendemain prendre les devans à mon Epouſe, & à mes Equipages ; & je leur dis d'attendre de mes Nouvelles à Rouanne, où je comptois, lorsque j'y serois arrivé, leur faire prendre la Loire jusqu'à Orleans. Ils m'y attendirent trois ou quatre jours de plus; parce que mes mesures furent rompuës, par le changement qui arriva dans l'affaire de la Paix.

Etant allé prendre congé du Roi; il approuva qu'avant de partir, je visse aussi le Légat, qui avoit toujours marqué beaucoup d'estime pour moi. J'entrai chez lui tout botté : mes chevaux de poste m'attendoient de l'autre côté de la Riviere, vis-à-vis son logis. Il me demanda où j'allois en cet équipage : » En Italie, lui dis-je : c'est à ce coup que j'irai » en bonne compagnie baiser les pieds du Pape. Comment! » en Italie, reprit-il, fort étonné? Ho! Monsieur, il ne faut » pas cela : je vous prie, aidez-moi à renouer cette Paix; « Je parus ne pas refuser d'y travailler encore, mais par respect pour sa médiation; le Roi ayant perdu de vûë toute idée de Paix. Je repris en deux mots tous les principaux Articles déja proposées; & je demandai ensuite au Cardinal, s'il vouloit ajoûter foi à ce que j'allois lui dire. Comme il m'en assûra, je lui dis qu'il pouvoit tenir en ce moment comme une chose très-certaine, que de ces Articles Sa Majesté ne se relâcheroit jamais sur ceux qui concernoient la rive du Rhône, les Villages dans le voisinage de Genève, Château-Dauphin & Beche'-Dauphin; parce que je connoissois sur tous ces points l'intention de Sa Majesté comme elle-même : Il m'en demanda les raisons, que je me dispensai de lui dire, à cause du peu de temps que j'avois pour cela. Après qu'il eut fait quelques tours de chambre, en faisant ses réflexions; il me demanda avec la même protestation de sincérité, si en m'accordant tous ces points, il ne seroit plus fait mention de tous les autres. Je lui répondis, que je croyois pouvoir le lui garantir. Sur quoi il me pria d'aller communiquer au Roi ce qu'il venoit de me dire. Henry me vit revenir avec plaisir. Je retournai un moment après vers le Légat, avec un plein pouvoir de Sa Majesté; & dans l'instant nous conclumes un (32) Traité, qui languissoit depuis si long-temps.

En

---

(32) M. De Thou, Matthieu & la Chronologie Septénaire en parlent conformément à ce récit, *ibid.* année 1601. Voyez aussi ce Traité, *Mem. de Nevers tom.* 2. p. 775. *& suiv.*

(33) » Il

En voici les conditions : Qu'en échange du Marquifat de Saluces, auquel le Roi de France renonçoit, le Duc de Savoie céderoit à Sa Majefté les Places de Cental, Monts & Roquefparviere, la Breffe en entier, les bords & environs du Rhône, d'un & d'autre côté jufqu'à Lyon, excepté le Pont de Grézin & quelques paffages néceffaires à Son Alteffe pour entrer en Franche-Comté ; fans cependant qu'elle acquît par cette ceffion, le droit de tirer de ces endroits aucun tribut, d'y bâtir aucun Fort, faire paffer aucunes Gens de Guerre, que de la permiffion du Roi ; & à condition que pour ce droit de paffage au Pont de Grézin, le Duc payeroit à la France cent mille écus : Qu'il remettroit encore à Sa Majefté la Citadelle de Bourg, le Bailliage de Getx, Château-Dauphin & fes dépendances ; avec tout ce qui peut être compris dans la Province de Dauphiné deçà les Monts, Qu'il renonceroit pareillement à la propriété d'Aus, Choufy, Vulley, Pont-d'Arley, Seiffel, Chana & Pierre-Châtel aux environs de Genève : Que les Fortifications de Beche-Dauphin feroient rafées : Que le Roi en rendant de fon côté tout ce qui n'eft point fpécifié ici de fes autres conquêtes, pourroit en retirer l'Artillerie & les munitions qui y étoient actuellement. Les autres Articles regardent les criminels réfugiés & les prifonniers de Guerre, les Bénéfices Ecclefiaftiques, les échanges de Terre entre Particuliers &c. Il eft articulé pour le Duc de Nemours, qui a une partie de fes Biens dans cette Contrée, qu'il ne fera inquiété, ni pour ceux qui relevent du Roi, ni pour ceux qui font dépendans de Son Alteffe. Je ne dis rien des autres claufes communes à tous les Traités.

Quoique ce Traité fût figné de moi au nom du Roi, du Légat pour le Pape, & des Agens du Duc de Savoie ; celui-ci pouffé par le Comte de Fuentes, en retarda fi fort l'entiere conclufion par fes plaintes & fes longueurs, que le Roi crut ne devoir point encore défarmer. Il fit un (23) voyage en pofte à Paris, en attendant que le Duc fe fût déterminé.

(33) » Il partit, dit Baffompierre, » une nuit en pofte, de Lyon, pour » s'en revenir à Paris : Et s'étant embarqué fur l'eau à Rouanne, il vint » defcendre à Briare : de Briare il vint » coucher à Fontainebleau, & le lendemain dîner à Villeneuve ; & » paffant la Seine au bas des Tuilleries, s'en alla coucher à Verneuil » (après Senlis). Nous demeurâmes » trois jours à Verneuil, puis vinmes » à Paris... Enfin la Reine arriva à

S'il étoit obligé de repasser en Savoie; il avoit des mesures à prendre pour les affaires du dedans de son Royaume, & sur-tout de Paris, dans un temps où tout étoit rempli de factieux. Il laissa le Connétable & Lesdiguieres avec de bonnes Troupes sur cette Frontiere, en attendant son retour; & à Lyon pour terminer les affaires de la Paix, Villeroi & deux ou trois autres Commissaires.

Mais Sa Majesté ne se trouva point obligée de retourner en ces Provinces. Le Duc de Savoie après bien des mutineries, revint à des réflexions plus sensées; & considérant tout ce que son opiniâtreté lui avoit déja coûté, il se trouva fort heureux d'accepter le Traité, dans la forme où il venoit d'être mis. On y joignit donc les dernieres formalités: & la Paix fut publiée à Paris & à Turin, avec les cérémonies accoutumées. L'exécution des Articles ne se fit pourtant pas, sans que le Duc de Savoie fît naître plusieurs autres difficultés, qui arrêterent Villeroi à Lyon une partie de l'année suivante. Ce ne fut qu'en ce temps-là qu'on fut parfaitement d'accord: & l'Espagne qui s'étoit mêlée fort avant dans cette affaire, en donna elle-même le conseil au Duc de Savoie. Henry marqua en toutes ces occasions beaucoup de déférence pour le Pape: il accorda tous les délais, que le Duc de Savoie engageoit le Légat à demander par le Comte Octavio Tassone: Ce n'étoit pas l'avis de Villeroi; mais Sa Majesté croyoit qu'après avoir obtenu au fond tout ce qu'elle pouvoit demander, elle ne devoit pas marquer tant de rigueur sur la maniere, ni s'exposer à voir peut-être la Guerre se rallumer pour si peu de chose. Celle-ci fut aussi avantageuse au Roi, que le peut jamais être une Guerre achevée dans une seule Campagne. Sa Majesté déclara que la Bresse ne seroit point comprise dans la Généralité de Lyon; mais qu'elle seroit réünie à la Bourgogne, & ressortiroit à la Cour des Aydes de Paris.

La Reine ne prit pas incontinent après, la route de Paris. Elle amenoit avec elle D. Joan, son Oncle, bâtard de la Maison de Médicis; Virgile Ursin, son Cousin, qui ayant

» Nemours; & le Roi courant à soi-
» xante chevaux de poste, l'y alla
» trouver, & l'amena à Fontaine-
» bleau, où ayant demeuré cinq ou
» six jours, elle arriva à Paris logée
» chez Gondy « &c. *Mem. de Bassompierre*, tom. 1. p. 89. & 90.

été nourri jeune avec elle, avoit conçu des espérances au-dessus de sa condition. Plusieurs autres Italiens & Italiennes étoient à sa suite : entr'autres un jeune homme nommé Conchini, & une fille nommée Léonore Galigaï, qui jouërent dans la suite un grand rôle. Je la précédai à Paris de huit jours, pour y faire ordonner la cérémonie de son entrée (34), qui fut des plus magnifiques en toutes manieres. Le lendemain le Roi l'amena dîner avec toute sa Cour chez moi à l'Arsenal. Elle étoit suivie de toutes ses filles Italiennes, qui trouvant le vin d'Arbois fort de leur goût, en burent un peu plus que le besoin. J'avois d'excellent vin blanc, & aussi clair qu'eau de roche : j'en fis remplir les aiguieres ; & lorsqu'elles demandoient de l'eau pour tremper le vin de Bourgogne, ce fut cette liqueur qu'on leur présenta. Le Roi les voyant de si bonne humeur, se douta que je leur avois joué piece. La conjoncture du Mariage du Roi fit qu'on ne parla pendant tout l'Hiver que de parties de plaisir.

La guerre parut fort allumée cette année en Flandre. Le Prince Maurice d'Orange gagna au mois de Mai contre l'Archiduc Albert, une Bataille (35) où l'Amirante de Castile, son bras droit, fut fait prisonnier. Il alla ensuite mettre le Siége devant Nieuport ; mais il fut obligé de le lever. Je ne dirai rien de celle de l'Empereur & du Grand-Sei-

---

(34) Il ne paroît pas qu'on ait fait à cette Princesse la cérémonie d'une Entrée solemnelle dans Paris : » Les » Parisiens, dit au contraire la Chro- » nologie Septenaire, vouloient se » préparer à lui faire une très-belle » & très magnifique Entrée, & en » supplierent le Roi : Mais Sa Ma- » jesté voulut que les frais de cette » Entrée fussent employés en des » choses plus nécessaires. « Et quel- ques lignes après : » Arrivant à la » fausse porte du Fauxbourg S. Mar- » cel ; le Sieur Marquis de Rosny fit » tirer par trois fois tout le Canon de » l'Arsenal, Elle passa dans la litiere, » le long des Fossés de la Ville ; & pour » ce jour, alla loger aux Fauxbourgs » Saint-Germain à l'Hôtel de Gon- » dy, & le lendemain, chez Zamet, » & puis au Louvre. « *Ibid.*

(35) C'est la Bataille de Nieuport, donnée dans le mois de Juillet : Les Espagnols y perdirent huit mille hommes. Le Prince d'Orange n'en fut pas moins obligé de lever le Siége, qu'il avoit mis devant Nieuport, & de se retirer en Hollande. La plûpart de ces faits étrangers ne sont ordinairement pas rapportés dans nos Mémoires avec plus d'éxactitude que d'étenduë. Je ne crois pas qu'il soit à propos que je m'attache à les détailler dans ces Notes : Il vaut mieux renvoyer le Lecteur aux Mémoires & Histoires du temps. Consultez de même les Histoires générales & particulieres sur les Expéditions militaires entre l'Armée de l'Empereur & celle du Grand-Seigneur, dont il est parlé ici.

H ij

1600.

gneur en Hongrie, sinon que le Duc de Mercœur y fut fait Lieutenant-Général de Sa Majesté Imperiale. Je supprime aussi les magnificences du Jubilé (36) Séculaire à Rome ; & je termine les Mémoires de cette année par un fait, qui fournit une réflexion bien sensée sur les Duels. Bréauté (37) s'étant battu en combat singulier, il tua son adversaire ; & fut ensuite assassiné lui-même.

(36) On compte qu'il y eut trois cens mille François, tant hommes que femmes, qui allerent à Rome gagner les Indulgences du Jubilé. Voyez-en les cérémonies dans le Septénaire, *année* 1600. & autres Mémoires de ce temps-là.

(37) Charles de Bréauté, Gentilhomme François, du païs de Caux, Capitaine d'une Compagnie de Cavalerie au service des Etats : Son Adversaire étoit un simple soldat Flamand, Lieutenant d'une Compagnie du Gouverneur de Bolduc, contre lequel il se battit en combat singulier de vingt François contre vingt Flamands. Après avoir eu l'avantage dans une premiere attaque où il tua son Ennemi ; il fut fait prisonnier dans une seconde, & tué par ordre du Gouverneur de Bolduc. » Il cherchoit les Duels, dit l'Auteur » de la Chronologie Septénaire, » pour lesquels il s'étoit absenté de » la Cour de France. «

*Fin du onziéme Livre.*

# MEMOIRES
## DE
## SULLY.

❖❖❖❖❖❖❖❖❖❖❖❖❖❖❖❖❖❖❖❖❖❖❖❖❖❖❖❖❖

### LIVRE DOUZIEME.

JE viens d'achever le dernier détail militaire qu'on verra dans ces Mémoires, du-moins qui regarde la France. La vie d'Henry le Grand, passée toute entiere jusqu'ici dans le tumulte des Armes, n'offrira plus dans la suite que des actions d'un Roi pacifique & d'un Pere de famille. La maniere dont avoit été conduite & terminée la Campagne de Savoie, ne laissant aucun lieu de douter que la Paix ne dût plus être troublée cette fois par aucun des anciens Ennemis de cette Monarchie, & qu'elle ne subsistât autant qu'il plairoit à Sa Majesté ; je repris de nouveau par ses ordres, & sous ses yeux, les projets de Finance que la Guerre avoit encore suspendus, & pour ne plus les interrompre. Après l'idée que j'ai cy-devant donnée de l'état des affaires qui concernent l'intérieur du Royaume, on auroit tort assûrément de regarder comme un genre de vie oisif, celui qu'elles nous firent embrasser à ce Prince & à moi : s'il est moins

1601.

H iij

1601. tumultueux & moins bruyant, il n'en est peut-être que plus occupé.

Me voila donc encore renfermé dans mon Cabinet, où j'épluche avec la derniere attention tous les abus qui restoient à extirper dans la Chambre des Comptes (1), les Bureaux des Finances, le Domaine, les Aides, les Gabelles, les Tailles, les Equivalens, les cinq Grosses-Fermes, les Décimes & tout le reste. Je travaille en même temps pour le présent & pour l'avenir, en m'attachant à faire ensorte que l'ordre que j'établis dans la Direction de toutes ces parties, ne puisse être renversé dans la suite. Je m'occupe des moyens d'enrichir le Roi, sans appauvrir ses Sujets; d'éteindre ses dettes; de réparer ses maisons; de perfectionner l'art de fortifier ses Villes encore davantage que celui de les attaquer & de les défendre; de faire provision d'Armes & de munitions. Je médite sur la maniere de rétablir & de recommencer les ouvrages publics, comme chemins, ponts, levées & autres bâtimens, qui ne sont pas moins d'honneur au Souverain, que la magnificence de ses propres maisons, & qui sont d'une utilité générale. Je commence pour cela à rechercher quel emploi on avoit fait des deniers octroyés à ce sujet aux Villes & Communautés, ou plustôt de quelles friponneries on avoit usé dans le maniment de ces fonds.

L'idée de dresser pour chaque partie des Finances, des Etats généraux, qui en prescrivent nettement & uniformément la forme, m'a toujours paru si heureuse, & si propre à conduire à la plus grande éxactitude, que j'étendis cette méthode sur tout ce qui en étoit capable. Dès le premier jour de cette année, en présentant au Roi les jettons d'or & d'argent suivant la coûtume, je lui présentai en même temps cinq de ces Etats généraux, dont chacun avoit rapport à quelqu'un de mes Emplois, compris dans un volume que j'avois fait relier fort-proprement. Dans le premier, qui étoit le plus important, parce que j'y entrois dans le détail de tout ce qui me regardoit comme Surintendant, étoit renfermé d'une part tout ce qui se léve d'Argent en France par le Roi, de quelque nature qu'il puisse être; d'une autre, tout ce qui doit en être déduit en frais de percep-

(1) Consultez aussi sur ces opérations P. Matthieu, *tom. 2, liv. 3. p. 444.*

tion, & conséquemment ce qui revient de net dans les coffres de Sa Majesté. Je ne sçaurois croire que l'idée de ces sortes de Formules ne soit pas venuë à quelqu'un, depuis que les Finances ont été assujetties à quelques Réglemens : L'intérêt seul doit en avoir empêché l'éxécution. Quoiqu'il en soit, je soûtiendrai toujours que sans ce guide, on ne peut travailler qu'en aveugle, ou en fripon.

Le second de ces Etats étoit fait uniquement pour l'instruction du Garde du Thrésor-Royal : Il y apprenoit de quelle part & à quel titre lui étoit remis tout ce qui passoit de deniers royaux par ses mains pendant l'année de son Administration ; ensuite de combien il pouvoit disposer sur cette somme totale ; & à quoi l'employer. Le troisieme avoit été fait pour la Grande-Maîtrise de l'Artillerie : Un Mémoire éxact de Recette & de Dépense ; un Inventaire fidelle de tout ce qui fait partie de l'Artillerie, comme le nombre & la qualité des Canons & autres Armes ; la quantité des Instrumens de Guerre, & celle des provisions de bouche, répanduës dans les différentes Places, ou Magazins ; l'état des Arsenaux, & des Places de Guerre ; & autres observations à ce sujet : voilà ce qui le composoit. Le quatriéme appartenoit à ma Charge de Grand-Voyer, & exposoit les frais faits & à faire pour la réparation de tout ce qui est de la dépendance de cet Emploi, tant à la charge du Roi, qu'à celle des Provinces. Enfin le cinquiéme comprenoit le dénombrement de toutes les Villes & Châteaux, particuliérement sur les Frontieres, qui demandoient actuellement quelques dépenses, avec une espece de Devis des Travaux qu'il falloit y faire, tiré de leur situation & de leur état présent.

Le Roi corrigea sur mes représentations, quantité d'abus dans la Monnoie : principales causes du dépérissement du Commerce, qui roule sur elle. Le premier est celui par lequel il étoit permis de constituer de l'argent au denier douze, & même au denier dix (2) : Loi aussi dommageable pour

---

(2) C'est ainsi qu'a pensé de nos jours un Prince connu par son habileté, & ses lumieres supérieures pour le Gouvernement : fortement persuadé qu'il y avoit à gagner en toutes manieres pour l'Etat, dans une opération qui mettroit les Particuliers pécunieux dans la nécessité de recourir au Commerce, & à la culture des Terres, infiniment préférables au sterile produit des Rentes.

la Noblesse, que pour le Peuple : pour la Noblesse ; parce que toute sorte de trafic lui étant interdit en France, sa seule richesse est dans les Fonds de terre, qui en demeuroient avilis : pour le Peuple ; parce que content d'une indolence qui lui rapportoit autant qu'auroit pu faire son industrie, il laissoit inutile à l'Etat une quantité immense d'argent, qu'il auroit cherché sans cela à faire fructifier d'une maniere lucrative pour tout l'Etat. Le denier douze fut défendu ; & le denier seize lui fut substitué.

La Monnoie frappée au Coin des différens Princes de l'Europe avoit eu cours en France jusques-là, & s'employoit indifféremment avec la Monnoie marquée de l'empreinte du Souverain. A l'exception de la Monnoie d'Espagne, dont la privation subite auroit produit un trop grand vuide dans le Négoce ; il fut défendu d'exposer aucune autre Monnoie que celle de France ( 3 ). Il étoit encore plus nécessaire de se passer des Marchandises de nos voisins, que de leur Monnoie. Le Royaume étoit entièrement rempli du travail de leurs Manufactures : Et il est incroyable qu'elle plaie lui causoient ces étoffes, sur-tout celles d'Or & d'Argent. L'entrée de celles-cy & de toutes les autres y fut défendue sous de très-grandes peines : Et comme la France ne pouvoit pas trouver chez elle de quoi remplir cette quantité d'Etoffes précieuses qui s'y consommoient, on eut recours au véritable remède, qui est de s'en passer : L'usage de toute étoffe, où il entreroit de cette matière précieuse, fut aboli par le Prince (4). Toutes

( 3 ) Il est vrai que les Especes d'Or & d'Argent Etrangeres ne doivent pas avoir cours, & être confonduës avec celles du Prince dans le Commerce intérieur, & dans les payemens de Particuliers à Particuliers : Mais n'est-il pas évident, que plus elles abonderont dans nos Monnoies, plus notre Commerce sera florissant ? Aussi l'Historien Matthieu remarque, *tom. 2. liv. 3. pag. 446.* que cette défense fit tomber presqu'entièrement le Commerce en France : Et le Duc de Sully convient lui-même plus bas, qu'il fut obligé de recourir à un autre moyen. Nous examinerons cette Question avec lui, lorsqu'il y reviendra dans le Livre suivant. Quant à la défense d'employer l'Or & l'Argent dans les habillemens & les meubles, nous aurons aussi occasion dans la suite de dire notre sentiment sur les principes qu'il établit, par rapport au luxe.

» ( 4 ) Il montroit par son exem-
» ple à retrancher la superfluité des
» habits : car il alloit ordinairement
» vêtu de Drap gris, avec un Pour-
» point de Satin, ou de Taffetas sans
» découpure, passement, ni brode-
» rie. Il louoit ceux qui se vêtoient
» de la sorte, & se moquoit des au-
» tres, qui portoient, disoit-il, leurs
» Moulins & leurs Bois de haute-fu-
» taie sur leurs dos. » *Peref. 3. Part.*

( 5 ) Autrement

LIVRE DOUZIEME.

1601.

Toutes ces Déclarations tendoient à une derniere, par laquelle on défendit de transporter hors du Royaume aucune Espece d'or ou d'argent. A la peine de confiscation des Especes qui seroient interceptées dans le transport, on joignoit celle de tous les Biens des contrevenans, tant ceux qui feroient par eux-mêmes, que ceux qui favoriseroient ce transport. Le Roi témoigna publiquement combien il avoit cette affaire à cœur, par le serment qu'il fit de n'accorder aucune grace pour cette sorte de malversation, & même de regarder de mauvais œil tous ceux qui oseroient le solliciter de l'accorder. Tout cela n'étoit capable que d'obliger les contrevenans à se cacher plus soigneusement. Je crus qu'un exemple auroit plus de force que toutes les menaces contre un mal aussi invétéré. Je n'ignorois pas que plusieurs personnes très-considérables, & de la Cour même, se faisoient un fond de ce mauvais trafic, en faisant passer ces Especes sous leur nom, ou en vendant bien chèrement l'autorité que leur donnoit leur correspondance chez l'Etranger & dans les endroits de passage. Je jugeai à-propos de me tourner du côté de ceux qu'on employoit pour ces correspondances; & je leur promis pour récompense de leur avis, le quart des sommes qui seroient saisies par leur moyen: Je pouvois en disposer: le Roi m'avoit attribué ces confiscations en entier: Moyennant cela je fus bien servi.

Un mois s'étoit à peine écoulé, que je reçus avis par un homme de néant, les Auteurs n'ayant pas voulu se nommer, qu'il se préparoit un transport de deux cens mille écus en or, qui devoit se faire en deux voitures, dont la premiere seroit moindre de beaucoup que la seconde. Après avoir pris toutes mes précautions; comme je trouvai cette somme un peu forte, je crus être obligé d'en parler au Roi, qui apporta cette modification au droit qu'il m'avoit donné: que si la somme ne passoit pas dix mille écus, je pouvois me l'approprier toute entiere: mais que l'excédent seroit pour lui; » ce qui lui » viendroit, disoit-il, bien à-propos, ayant fait quelques per- » tes au jeu, qu'il n'avoit osé me faire connoître, ni pren- » dre sur ses propres deniers. « Je n'avois pas des vûes assez mèrcénaires, pour attendre à profiter de la seconde voiture. Je fis épier la premiere, & avec tant de vigilance, qu'elle fut arrêtée à demi-lieuë hors des Terres de France: Elle n'au-

*Tome II.* I

1601.

roit pu l'être dans le Royaume, ne fût-ce qu'à un quart de lieuë de la Frontiere, fans fournir aux contrevenans un prétexte pour fe la faire relâcher. Il s'y trouva en écus au Soleil, Piftoles, Piftolets & Quadruples, quarante-huit mille écus, qu'on avoit enfermés dans le fond de quelques ballots de marchandife commune. Les conducteurs ne la reclamerent de perfonne : la volonté du Roi étoit trop connuë fur cet article : Ainfi quelque bruit que fît cette prife à la Cour ; elle fut defavouée de tout le monde : & le partage en fut fait par Sa Majefté de cette maniere : Elle s'en réferva foixante-douze mille livres ; en fit donner vingt-cinq mille livres au donneur d'avis ; & m'abandonna les quarante-fept mille livres reftans, en me promettant que quelque confidérables que puffent être les autres captures qui feroient faites dans la fuite, elle ne m'en retrancheroit plus rien : Mais il ne fortit plus d'argent : l'éxemple avoit dégoûté d'un trafic auffi ruineux.

Ceux que préparoit laChambre de Juftice(5), qu'on établit contre les Traitans, Tréforiers, Receveurs & autres gens de plume, qui avoient malverfé dans leurs Emplois, dévoient en apparence produire des effets bien plus terribles encore. Mon avis fut, qu'on ne devoit pas fe borner à leur faire rendre gorge à tous : je conclus pour des peines afflictives contre ceux qui feroient trouvés coupables de péculat. Pourquoi en effet a-t'on jugé à-propos d'excepter ce crime de ceux que la Juftice pourfuit (6), fi ce n'eft que l'or eft en poffeffion de couvrir tous les crimes qu'il fait commettre ? Je voudrois, s'il étoit poffible, faire paffer dans l'efprit des François l'indignation que je fens contre un abus

(5) Autrement appellée Chambre Royale : Elle étoit compofée d'un Préfident du Parlement de Paris, de deux Confeillers, de deux Maîtres des Requêtes ; d'un Préfident & de quatre Confeillers de la Chambre des Comptes ; d'un Préfident & de trois Confeillers de la Cour des Aydes ; d'un des Avocats Généraux du Parlement, &c. On envoya dans les Provinces, des Commiffaires pour informer contre ceux qui avoient malverfé.

(6) M. de Sully me paroît raifonner jufte, lorfqu'en fuppofant l'utilité des Chambres de Juftice, il demande qu'on ne s'y borne pas aux amendes pécuniaires ; mais qu'on y joigne des peines afflictives : Et il me paroît avoir plus de raifon encore, lorfque dans la fuite il confeille de fupprimer ce moyen comme abfolument inutile, & de recourir à celui d'abolir tout-à-fait en France l'ufage des Traités de Finances : Et c'eft auffi le fentiment du Cardinal de Richelieu. *Teftament Politique* 1. Part, chap. 4. Section 5.

auſſi pernicieux, & tout le mépris dont je ſuis rempli pour ceux qui lui doivent leur élévation. Si nous comptons pour peu de choſe de nous rendre mépriſables à nos voiſins par cette indigne coûtume : car il n'en eſt point qui attaque plus directement l'honneur de la nation ; ne nous cachons pas du moins les maux qu'elle nous cauſe à nous-mêmes : Rien n'a plus contribué à pervertir parmi nous l'idée de la probité, de la ſimplicité & du deſintéreſſement, ou à tourner ces vertus en ridicule : rien n'a plus fortifié ce penchant malheureux au luxe & à la molleſſe, naturel à tous les hommes, mais qui devient chez nous une ſeconde nature, par le caractère de vivacité, qui fait que nous nous attachons tout d'abord avec fureur à tous les projets qu'on offre à notre plaiſir : rien en particulier ne dégrade ſi fort la Nobleſſe Françoiſe, que ces fortunes ſi rapides & ſi brillantes des Traitans & autres gens d'affaires ; par l'opinion trop bien fondée qu'elles ont répandue, qu'il n'y a preſque plus en France que cette ſeule voie pour parvenir aux honneurs & aux premieres places, & qu'alors tout eſt oublié, tout devient permis.

A remonter à la ſource, les vertus militaires ſont preſque les ſeuls endroits, par leſquels s'acquiert, ſe conſerve, & s'illuſtre en France la véritable Nobleſſe : & on ne trouvera dans cet uſage ni opinion, ni préjugé, ſi l'on fait attention que rien n'eſt ſi naturel que d'accorder la prééminence à celui des Etats, par lequel tous les autres ſubſiſtent, & s'entretiennent dans la ſûreté, ſans laquelle il n'eſt point de Biens : Mais cet état ne conduit point à faire une grande fortune ; & cela par un effet de la ſimplicité, qui prouve encore & l'ancienneté & la pureté de ſa premiere inſtitution : il n'eſt rien qu'honorable ; parce qu'alors on ne connoiſſoit guère que l'honneur, qui pût être le prix des belles actions. Aujourd'hui que les idées ſont changées, & que l'or met le prix à tout, on compare le Corps de cette généreuſe Nobleſſe avec celui des gens de Finances, de Juſtice, & d'affaires ; mais ce n'eſt que pour déférer à ceux-ci tous les reſpects, qu'on ne peut ſe diſpenſer de rendre à ceux qui ſont les ſeuls puiſſans, & nos véritables ſupérieurs : qualité dont les premiers ſe ſont trouvés dépouillés (7). Et com-

(7) Le même Cardinal de Richelieu ſe plaint de cet abus, & propoſe

1601. ment cela n'arriveroit-il pas ? puisqu'on voit la Noblesse elle-même penser sur cet article précisément comme le peuple, & ne pas se soucier de mêler par une honteuse alliance avec un Sang pur & illustre, celui d'un Roturier, qui ne con-

d'y remedier suivant les idées du Duc de Sully : » Les Gentilshom-» mes, dit il, ne peuvent s'élever « aux Charges & Dignités qu'au prix » de leur ruine ... Au-lieu que main-» tenant toutes sortes de gens y sont » reçus, par le sale trafic de leur bour-» se ; l'entrée en doit être fermée à » l'avenir à ceux qui n'auront pas le » bonheur d'être d'une naissance no-» ble «, &c. Ce Ministre conclut en un autre endroit après M. de Sully, que » le moyen de faire subsi-» ster la Noblesse dans la pureté de » cœur qu'elle tire de la naissance » ( ce sont ses paroles ) est de retran-» cher le luxe, & les insuportables » dépenses qui se sont introduites » peu à-peu. 1. Part. chap. 3. Sect. 1. Cependant l'impartialité dont je fais profession, m'oblige à convenir que les sentimens qu'expose le Duc de Sully, ont quelque chose d'outré, & qu'il y a en tout cet endroit, un peu de ce qu'on appelle invective & vaine déclamation : Je préviens d'avance sur une remarque, que nous aurons encore occasion de faire dans la suite : C'est que les changemens arrivés dans l'état politique de l'Europe par les différentes circonstances, & sur-tout par l'esprit de Commerce, qui paroit en être l'ame aujourd'hui, ont obligé à changer quelque chose à ces anciennes Maximes sur le luxe, les dépenses, &c. Voici donc à quoi il me semble qu'on peut s'en tenir sur toute cette matiere. Il est vrai que la profession qui a pour objet la défense de l'Etat, doit être en possession des premieres & principales Dignités ; ou, ce qui revient au même, qu'on doit toute sortes d'égards, d'honneurs & de respects à celles qui y sont attachées. Le Duc de Sully a ensuite raison de remarquer, que de toutes les Professions, c'est celle pour qui le luxe & la mollesse sont le plus à craindre. De-là

cet éloignement dans les Officiers de résider à leurs Régimens, & cette aversion de la jeune Noblesse pour une Etude qui devroit l'occuper toute entiere : De-là cet attirail asiatique de bonne-chere & de plaisir, dont on s'accoutume à surcharger les Armées : De-là les fatigues & tous les autres travaux de la Guerre impossibles à supporter à des corps, que la débauche a usés presque dès la plus grande jeunesse. Enfin on conviendra encore avec M. de Sully, que l'abus des mesalliances est aujourd'hui porté à un point qui a quelque chose de honteux ; & qu'en général nous avons trop négligé un point de la Police, qui a toujours été regardé avec raison comme un des principaux fondemens de la force d'un Etat, l'attention à procurer & à mettre en honneur le Mariage. Mais après tous ces aveux, il faut aussi qu'on convienne, qu'un des principaux soins du Souverain devant être de maintenir & d'affermir l'union parmi ses Sujets, en bannissant la jalousie entre les Conditions, & la haine des différens Ordres l'un pour l'autre, & que la Guerre n'étant plus comme autrefois, le vrai & même le seul moyen de rendre un Royaume florissant, la plus grande partie des Maximes dictées dans cet esprit, porte à faux. Ne seroit-il pas bien plus à-propos d'obliger les Familles nombreuses à se partager entre la Guerre, la Marine, l'Eglise, le Commerce, &c. & de permettre ce dernier à la Noblesse, comme un moyen sans lequel il est desormais impossible que les grandes Familles se soûtiennent ? Nous reviendrons encore plus d'une fois à traiter ce sujet : Mais il est certain en général, & une médiocre attention suffit pour s'en convaincre, que les Maximes de Gouvernement pour la Politique, la Police, le Commerce, &c. ne doi-

# LIVRE DOUZIEME.

noît que le Change, la boutique, le comptoir, ou la chicane.

Cet abus en produit nécessairement deux autres ; la confusion des Etats, & l'abbatardissement des Races : Celui-ci se prouve encore mieux par l'expérience que par la raison. Il ne faut que jetter les yeux sur tant de Gentilshommes métifs, dont la Cour & la Ville sont pleines : vous n'y voyez plus rien de cette vertu simple, mâle & nerveuse de leurs Ancêtres ; nuls sentimens ; nulle solidité dans l'esprit ; air étourdi & évaporé, passion pour le jeu & la débauche, soin de leur parure, raffinement sur les parfums, & sur toutes les autres parties de la mollesse : vous diriez qu'ils cherchent à l'emporter sur les femmes. Ils prennent encore le parti des Armes : mais de quoi sont-ils capables avec de pareilles dispositions, auxquelles se joint fort-souvent un mépris secret pour une profession qu'ils n'embrassent que par contrainte ? Ce renversement est déplorable ; mais il est inévitable, tant que le métier qui n'a pour objet que la Gloire, ne sera pas en possession & du plus haut rang & des premiers honneurs. Pour cela il faut les enlever aux gens de fortune ; & puisque la honte même dont on trouveroit couvertes ces Créatures du hazard, si on vouloit bien les éxaminer, ne suffit pas pour nous les faire mépriser, il est besoin de leur marquer par de véritables flétrissûres, quel est le rang qu'ils doivent occuper.

Ces raisons sont sensibles : le Roi les goûta fort : Et cependant il n'arriva de cette Chambre de Justice, que ce qui en arrivera toujours : Il n'y eut que quelques Larroneaux qui payerent pour tout le reste : les principaux coupables trou-

1601.

vent pas être aujourd'hui absolument les mêmes qu'il y a mille ans. On pourroit s'imaginer d'abord, que sur les changemens nécessaires à tous ces égards, on ne sçauroit mieux faire que de s'en reposer sur le temps & sur les dispositions naturelles, qui rendent tous les hommes si éclairés sur leurs propres intérêts & leur bien-être : Cependant une malheureuse expérience n'a que trop appris, combien il est dangereux de laisser à la multitude le choix des moyens d'y parvenir. De ces changemens, il y

en a qui doivent ou s'accompagner, ou se suivre, & être subordonnés les uns aux autres, c'est ce qu'elle ne sçait ni discerner, ni goûter. Il y a en tout, excès ou abus : & c'est ce qu'elle ne sçait ni prévoir, ni prévenir. Voilà le grand point de la science de gouverner : Science qui demande une étude & une attention continuelles. La main du Pilote n'est pas nécessaire pour soûtenir le Vaisseau sur les flots ? mais sans elle il échouëra pourtant à la fin, ou du moins il n'arrivera jamais à son but.

1601.

verent une reſſource aſſûrée dans ce même métal, pour lequel on les pourſuivoit: ils en employerent une petite partie en préſens, & ſauverent l'autre. Ce tempérament n'auroit pas abſolument réuſſi auprès du Roi, en l'employant directement: Mais on trouva accès auprès des Dames de la Cour, & de la Reine même: on gagna le Connétable, Bouillon, Bellegarde, Roquelaure, Souvré, Frontenac, & quelques autres, qui pour n'être pas de cette volée, ne ſçavoient pas moins tourner l'eſprit du Roi : tels étoient Zamet, La-Varenne, Gondy, Boneuil, Conchini & autres de cette eſpece. La complaiſance de ce Prince pour tous ceux auſquels il laiſſoit prendre quelque familiarité avec lui, & ſurtout pour les femmes, détruiſit toutes ſes belles réſolutions ; de maniere que l'orage ne tomba que ſur ceux qui pouvoient ſe reprocher de n'avoir pas encore aſſez volé pour mettre leurs vols à couvert. On pourroit preſque regarder comme une opération de Chambre de Juſtice, le retranchement qui fut fait dans le même temps, d'une partie de ces Officiers de toute eſpece, dont le Barreau & les Finances abondent ; & dont la licence auſſi bien que l'exceſſive quantité, ſont des certificats ſans replique des malheurs arrivés à un Etat, &. les avant-coureurs de ſa ruine.

Au mois de Mai le Roi & la Reine eurent la dévotion d'aller gagner le Jubilé à Orleans. J'accompagnai leurs Majeſtés juſqu'à une demi-lieuë par-delà Fontainebleau ; d'où elles vinrent coucher à Puiſeaux. Je profitai de cette petite vacance, pour aller viſiter la Terre de Baugy, qui venoit de m'être adjugée par Décret, pour de grandes ſommes qui m'étoient duës ſur cette Terre ; & ſur laquelle j'avois auſſi-tôt commencé à faire bâtir, de l'argent de la confiſcation des Eſpeces interceptées, dont je viens de parler. Je fus arrêté à deux lieues de ma couchée par un Courrier de Sa Majeſté, qui ſe faiſoit entendre de fort-loin derriere moi : il m'apportoit une Lettre du Roi, qui contenoit ce peu de mots : « Je vous avois donné dix jours pour votre voyage de Bau- » gy ; mais j'ai reçu des Lettres importantes de Buzenval, » que je veux vous faire voir : vous me ferez plaiſir de venir » ce ſoir coucher ici à Puiſeaux, où vous n'avez que faire de » rien apporter : j'ai fait donner ordre pour votre logis ; j'y » ai envoyé mon Lit de Chaſſe ; & fait commander à Co-

» quet de vous tenir un souper prêt, & votre déjeûner du
» matin: car je ne vous tiendrai pas plus long-temps. Adieu,
» mon Ami, que j'aime bien. «

Je donnai le bon soir à mon Epouse, qui m'accompagnoit. Je ne pris avec moi que deux Gentilshommes, un Page, un Valet de chambre & un Palefrenier; & je vins à Puiseaux, où je trouvai le Roi qui se divertissoit à faire jouer la Jeunesse de sa Suite au saût & à la lutte dans la cour du Prieuré. Si-tôt qu'il me vit, il appella Pasquier, qui étoit venu de la part de Villeroi lui apporter les lettres de Buzenval. Buzenval mandoit au Roi, que le Prince Maurice s'étoit mis en Campagne avec son Armée grossie des Garnisons qu'il avoit tirées de ses Quartiers, & escortée de près de deux mille chariots: Qu'avec cette Armée il comptoit (comme lui Buzenval l'avoit sçu des Officiers du Prince d'Orange, & du Prince lui-même) traverser le Brabant, le Pays de Liége, le Hainaut & l'Artois; gagner le dessus des Rivières le long des Frontières de France, dont il s'attendoit d'être assisté; & venir faire la Guerre aux environs de Gravelines, Bergue-Saint-Vinox, Dunquerque & Nieuport: Que l'Archiduc fort inférieur au Prince d'Orange, parce qu'il n'avoit pas encore reçu les Troupes qu'il attendoit d'Italie & d'Allemagne, regardoit avec surprise ces préparatifs, & n'osoit s'opposer à sa marche: mais qu'il se contentoit de le côtoyer, afin de l'obliger à se tenir serré, le retarder, & se trouver proche de l'endroit où il verroit fondre l'orage: Qu'il avoit trouvé cette démarche qu'on lui avoit communiquée, si importante, qu'il avoit jugé en devoir faire part au Roi.

La connoissance que j'avois des Pays-Bas me fit trouver ce dessein du Prince d'Orange si hazardeux, que je jugeai qu'il pouvoit lui attirer une défaite totale. Il lui falloit faire un trajet fort long, en présence & sur les Terres des Ennemis par un pays si plein de bois, de haies, de chemins creux & étroits, tel est particulierement le Liégeois, que je le regardois comme inaccessible à tant de chariots. Mon sentiment se trouva conforme à celui du Roi. Après que nous en eûmes long-temps conféré ensemble; il résolut d'en dire son avis au Prince Maurice. Je repris ma route de Baugy, sur laquelle je visitai en passant, Sully que j'avois dessein d'acheter, & que j'achetai en effet l'année suivante. Le Roi de son côté continua son pelerinage d'Orleans : Il y posa la premiere pierre, pour la réédification de l'Eglise de Sainte-Croix ; puis s'en revint à Paris, où je m'étois rendu trois jours avant Sa Majesté.

*Place sur le Rhin.*

Les Lettres de Henry firent changer d'avis à Nassau. Il assiégea Rhimberg, & le prit le dix Juin. L'Archiduc Albert prit sa revanche, en venant investir Ostende (8) le cinq Juillet. Maurice de son côté mit le Siége devant Bolduc, pour lui faire abandonner son entreprise, ou pour s'en dédommager par la prise de cette Place, estimée la plus importante Forteresse du Brabant. Je jugeai encore qu'il ne feroit ni l'un ni l'autre : & lorsque le Roi m'appella pour en sçavoir ma pensée, en présence des Courtisans, qui s'étoient trouvés à l'ouverture du paquet par lequel il en reçut la Nouvelle, & qui en parloient tous fort differemment ; je répondis, que quoique je fusse encore fort jeune lorsque j'avois visité Bolduc, j'avois pourtant conservé le souvenir de cette Place ; & que sans parler de sa situation, qui rendoit ce Siége d'un travail immense, il me paroissoit impossible, vû la grandeur de la Place, & sa nombreuse Bourgeoisie, d'en faire l'enceinte de maniere qu'on empêchât personne d'y entrer & d'en sortir, à moins d'une Armée de vingt-cinq mille hommes. Le Prince d'Orange manqua effectivement Bolduc : mais tout cela ne se passa qu'au mois de Novembre.

La Guerre qui s'allumoit si près de notre Frontiere, fit résoudre Henry à s'approcher de Calais, comme s'il n'avoit eu d'autre intention que de visiter ce Pays. Quoiqu'il se défiât toujours des Espagnols, il ne craignoit point dans l'état où étoient les Affaires de cette Couronne, de la voir se porter à rompre la Paix : mais il ne fut pas fâché de leur donner un peu d'inquiétude, pour se venger de tous les sujets de mécontentement qu'il en recevoit journellement. Ils en faisoient assez pour obliger Sa Majesté à quelque chose de plus, si la politique ne l'eût emporté sur le ressentiment. Après les ressorts qu'ils avoient fait jouer inutilement pour rompre l'alliance

(8) Il en sera souvent parlé : Ce Siége où de part & d'autre il se fit de fort belles actions, ayant duré plus de trois ans : Mais c'est dans M. De Thou, le Septénaire & autres Historiens, qu'il faut en voir le détail.

(9) Antoine

# LIVRE DOUZIEME.

l'alliance des Cantons Suisses avec la France, & pour empêcher le Pape de juger comme arbitre dans le différend du Marquisat de Saluces, parce que Sa Sainteté n'auroit pu se dispenser de condamner le Duc de Savoie ; ils avoient envoyé à ce Duc dans la derniere Campagne, des Troupes par le Comte de Fuentes. Leurs sollicitations continuelles auprès du Maréchal de Biron, de Bouillon, d'Auvergne, du Prince de Joinville & de plusieurs autres, n'étoient plus ignorées de personne : Biron en avoit fait de sa propre bouche l'aveu à Sa Majesté. En dernier lieu le Roi avoit reçu à son retour d'Orleans, des avis certains de leurs pratiques dans les Villes de Metz, de Marseille & de Baïonne.

Sa Majesté avoit dissimulé tout cela : mais rien ne l'aigrit si fort contre cette Couronne, que la maniere outrageante dont (9) La-Rochepot, notre Ambassadeur à Madrid, son Neveu & toute sa Suite, venoient d'être traités en cette Cour. La-Rochepot en fit le détail dans ses Lettres. » Par-» dieu ! j'en jure, s'écria Henry dans un violent mouvement » de colére, si je puis une fois voir mes affaires en bon or-» dre, & assembler de l'argent, & le reste de tout ce qui m'est » nécessaire, je leur ferai une si furieuse Guerre, qu'ils se re-» pentiront de m'avoir mis les Armes à la main. « Il ferma pourtant encore les yeux sur un violement si marqué du Droit des gens ; mais ce ne fut pas sans se faire une grande violence. » je vois bien, me disoit quelquefois ce Prince, » que par jalousie de gloire & intérêt d'Etat, il est bien dif-» ficile que la France & l'Espagne sympathisent jamais en-» semble ; & qu'il faut prendre avec cette Couronne, d'au-» tres fondemens que de simples paroles données, si l'on » veut s'établir dans une parfaite sûreté. « Il étoit assez détrompé du sentiment politique de Villeroi & de Sillery, qui soûtenoient quelquefois contre moi en sa présence, qu'une étroite liaison avec l'Espagne, non-seulement n'étoit ni

1601.

(9) Antoine de Silly, Comte de La-Rochepot : Son Neveu étant à se baigner avec quelques Seigneurs François, fut insulté par des Espagnols, qui jetterent leurs habits dans la Riviere. Les François se vengerent de cette injure, en tuant & blessant quelques-uns de ces Espagnols, qui revinrent ensuite forcer la maison de l'Ambassadeur, & traînerent son Neveu en prison, avec quelques autres François. Ce différend fut appaisé par le Pape, qui se fit envoyer à Rome les Prisonniers ; & les remit au Comte de Béthune, Frere de M. de Sully, Ambassadeur de France en cette Cour. Voyez les Historiens cy-dessus, *année* 1601.

*Tome II.* K

1601.

impoſſible, ni dangereuſe pour la France; mais encore que c'etoit le vrai ſyſtème auquel on devoit s'attacher. Je leur oppoſois la rivalité naturelle entre ces deux Couronnes, l'oppoſition d'intérêt, & la mémoire de tant d'injures, ſi récentes; & je concluois qu'avec un voiſin auſſi ruſé & auſſi fourbe, il ne reſtoit d'autre parti à prendre, que de ſe défier & ſe défendre. Les dernieres Nouvelles venuës de Madrid, me donnerent cette fois gain de Cauſe ſur mes Adverſaires, du moins dans l'eſprit du Roi, qui ne balança pas à ſe mettre en chemin du côté d'Oſtende, après qu'il eut ſatisfait à deux Ambaſſades célèbres qu'il reçut en ce temps-là.

L'une de ces Ambaſſades fut de la part du Grand-Seigneur, qui ayant ſçu que le Sophi de Perſe, ſon Ennemi, avoit fait une députation ſolemnelle vers le Pape, l'Empereur, & le Roi d'Eſpagne, ſans faire mention du Roi de France, contre lequel il ſembloit leur offrir ſon amitié en demandant la leur, uſoit du réciproque. Sa Hauteſſe ſe ſervit en cette occaſion de ſon (10) Médecin, qui étoit Chrétien, & qu'elle revêtit du titre d'Ambaſſadeur. Les termes leſquels ce ſuperbe Potentat s'exprimoit en parlant des François (11), marquent une diſtinction dont on voit peu d'exemples : Il faiſoit plus de cas, diſoit-il, de l'amitié & des Armes des ſeuls François, que de tous les autres Peuples Chrétiens enſemble : & quand même ceux-cy s'uniroient tous avec la Perſe contre lui ; il croyoit pouvoir mépriſer leurs efforts, d'abord qu'il pourroit s'aſſûrer de l'alliance & du ſecours d'un Roi, dont il paroiſſoit bien ne pas ignorer la ſupériorité ſur tous ſes voiſins, quant aux qualités perſonnelles. L'Ambaſſadeur Turc préſenta à Sa Majeſté de la part de ſon Maître quantité de riches préſens ; & me donna deux cimetèrres d'une façon exquiſe, que je garde ſoigneuſement.

(10) Barthelemi Cœur, Marſeillois renégat : Il demanda au Roi, de rappeller le Duc de Mercœur d'Hongrie ; parce qu'entre les Prophéties que les Turcs croient, il y en a une, dit-on, qui porte que les François chaſſeront les Turcs de l'Europe.

(11) » Au plus glorieux, magnani- » me, & plus grand Seigneur de la » Créance de JESUS... terminateur » des différends, qui ſurviennent en- » tre les Princes Chrétiens, Seigneur » de Grandeur, Majeſté & Richeſſe, » & glorieux Guide des plus Grands, » Henry IV. Empereur de France. « &c. Tels étoient les titres que Sa Hauteſſe y donnoit au Roi. *Mſſ. de la Biblior. du Roi, Vol.* 9592.

# LIVRE DOUZIEME.

1601.

L'autre Ambassadeur fut de la part de la République de Venise. Cet Etat étoit uni depuis long-tems avec la France par des alliances particulières souvent renouvellées, & par l'intérêt commun contre la Puissance Espagnole. Il avoit été des premiers à complimenter Sa Majesté très-Chrétienne sur son Mariage & sur la Paix, par les Sieurs Gradenigo & Delfin : Celui-cy étoit encore de cette derniere Ambassade. Henry voulut qu'on reçût ces Ambassadeurs à Paris, avec la plus haute distinction : Il les fit servir avec sa propre vaisselle d'Argent ; & les combla de riches présens. Il en avoit fait de même valeur aux premiers. Toutes les Lettres qu'il m'écrivit alors, ne rouloient presque que sur ce détail : Car il étoit à Fontainebleau avec la Reine, qui étoit fort avancée dans sa grossesse : ce qui fit que le Roi ne pouvant venir si-tôt à Paris, encore moins la Reine, qui avoit tant de part à cette Ambassade ; Sa Majesté eut cet égard pour les Ambassadeurs Vénitiens, de ne pas leur faire attendre son retour à Paris : il manda qu'il les recevroit à Fontainebleau, où ses Carrosses & ses Equipages le conduisirent avec le même honneur.

Les Archiducs ne manquerent pas d'entrer en soupçon, que le Roi en marchant vers Calais, pouvoit bien chercher à traverser leurs desseins sur Ostende, par représailles des mauvais traitemens faits à La-Rochepot. Pour essayer de découvrir le but de ce voyage, ils lui députerent le Comte de Solre en qualité d'Ambassadeur, sous prétexte de lui faire les mêmes complimens qu'il recevoit de toutes parts, sur la grossesse de la Reine. Ils enjoignirent à cet Ambassadeur de profiter d'un moment favorable, pour jetter quelques propos en forme de plainte sur ce voyage. Solre ouvrit par-là un beau champ au Roi, qui au-lieu de le satisfaire sur ces plaintes, en fit à son tour de fort-graves contre l'Espagne : & l'assûra pourtant, mais d'une maniere bien générale, que la rupture ne viendroit point de lui, pourvû que les Espagnols ne l'y forçassent point en continuant leurs mauvais procédés : l'Ambassadeur feignit d'être content de cette assûrance.

La Reine d'Angleterre ne sçut pas plustôt le Roi à Calais, qu'elle crut l'occasion favorable, pour satisfaire l'impatience qu'elle avoit de voir & d'embrasser son meilleur Ami. Hen-

K ij

ry ne souhaitoit pas moins cette entrevuë, pour conférer avec cette Reine, tant sur les affaires politiques de la Chrétienté, que sur les leurs propres, & en particulier sur celles dont les Ambassadeurs Anglois & Hollandois lui avoient touché quelque chose à Nantes. Elizabeth lui écrivit la premiere une Lettre également polie & pleine d'offres de services : Elle lui fit faire ensuite les complimens ordinaires, & réïtérer ces assûrances par Milord Edmond, qu'elle lui députa à Calais, pendant qu'elle s'avançoit elle-même jusqu'à Douvres, d'où elle fit partir Milord Sidney avec de secondes Lettres.

Henry ne voulut pas demeurer en reste de courtoisie. Il répondit à ces avances d'une maniere aussi pleine d'égards & de respects pour le sexe d'Elisabeth, que d'estime & d'admiration pour sa personne. Ce commerce dura quelque temps, au grand chagrin des Espagnols, auxquels un pareil voisinage & une si étroite correspondance donnoit beaucoup de jalousie : Mais de toutes les Lettres que s'écrivirent ces deux Souverains en cette occasion, il ne m'est resté entre les mains, que celle où Elisabeth instruit le Roi des obstacles qui l'empêchent de s'aboucher avec lui, en plaignant le malheur des Têtes couronnées, de se voir malgré elles, esclaves des formalités & de la circonspection ; parce que c'est cette Lettre, (12) qui fut la cause du voyage que je fis vers

(12) Cette Lettre, & tout ce détail du Duc de Sully sur les voyages d'Henry IV. & d'Elisabeth à Calais & à Douvres, suffisent sans autres réfléxions, pour faire voir combien sont faux tous les jugemens qu'on porta en ce temps-là, & qui sont rapportés dans différens Historiens sur ces deux Têtes couronnées. On a dit qu'Elisabeth fit proposer à Henry, ou de passer à Douvres, ou du moins de s'aboucher avec elle à moitié chemin de ces deux Villes ; & que cette proposition cachoit un piége, dans lequel Elisabeth avoit envie de faire tomber Henry, qui étoit de s'assûrer de sa Personne dans cette entrevuë, & de le retenir prisonnier, jusqu'à ce qu'il lui eût cédé Calais : Que Henry IV. ne s'en dispensa, que parce qu'il se douta du tour qu'on vouloit lui jouer : D'autres disent, parce qu'il craignoit si fort la Mer, qu'il ne put se résoudre à s'embarquer. Personne ne se douta du vrai motif qui fit proposer cette entrevuë, qui occasionna toutes ces Lettres de part & d'autre, & qu'il fit faire à M. de Sully le voyage secret à Douvres, dont il rend compte. Siri ne manque pas une occasion d'appuyer sur le ressentiment qu'il suppose qu'Elisabeth conserva toujours, soit de la Paix de Vervins, soit du refus de Calais ; ainsi que sur la crainte qu'avoit cette Princesse, que Henry ne s'aggrandît trop, & sur la jalousie de la Nation Angloise contre la France ( *Mem. Recond. Vol. 1. p. 130, 150. &c.* ) Mais cet Ecrivain suffisamment versé dans les Négociations Etrangeres, sur-tout dans cel-

# LIVRE DOUZIEME.

cette Princesse. Elle y marquoit à son très-cher & bien-aimé frere, c'est ainsi qu'elle appelloit le Roi de France, qu'elle en étoit d'autant plus fâchée, qu'elle avoit quelque chose à lui faire sçavoir, qu'elle n'osoit ni confier à personne, ni mettre sur le papier; & que cependant elle étoit sur le point de reprendre la route de Londres.

Ces dernieres paroles piquerent la curiosité du Roi, qui se donna inutilement la torture pour deviner à quoi elles pouvoient avoir rapport. Il envoya le Secrétaire Féret me chercher, & me dit: Je viens de recevoir des Lettres de ma » bonne Sœur la Reine d'Angleterre, que vous aimez tant, » plus pleines de cajolleries que jamais: Voyez si vous de- » vinerez mieux que moi ce qu'elle veut dire sur la fin de » sa Lettre. « Je convins avec Henry que ce n'étoit pas sans » quelque grand sujet qu'elle s'exprimoit de la sorte. Il fut résolu que je passerois le lendemain à Douvres, comme si je n'avois d'autre dessein que de profiter de la proximité de la Mer, pour faire un tour à Londres; afin de voir quel parti prendroit la Reine sur mon arrivée, dont nous nous doutions bien qu'elle ne manqueroit pas d'être instruite. Je ne parlai à qui que ce soit de mon passage, excepté à ceux de mes Domestiques qui devoient venir avec moi, & que je pris en fort petit nombre.

Je me mis dans une barque de grand matin; & j'arrivai sur les dix heures à Douvres, où parmi la foule de ceux qui débarquoient & se rembarquoient, je fus tout d'abord reconnu par Milord Sidney, qui m'avoit vu il n'y avoit que cinq ou six jours à Calais. Il étoit avec MM. Cobham, Raleiche & Greffin, & fut encore joint dans le même moment par deux autres Anglois, qui étoient les Comtes d'Evencher, & de Prebrock. Il me demanda en m'embrassant, si je ne venois pas voir la Reine. Je lui répondis que non: Je l'assûrai même que le Roi ne sçavoit rien de mon voyage; & je le priai de n'en rien dire non plus à la Reine; parce que n'ayant point eu intention de la saluer, je n'avois aucune Lettre à lui donner, & je cherchois à faire incognito un voyage à Londres, qui seroit très-court. Tous ces Messieurs

1601.

---

les de l'Italie & de l'Espagne, n'est sûr ni pour les faits, ni dans les jugemens qu'il porte de l'intérieur de notre Cour & de notre Conseil sous le Régne de Henry IV. Il n'a connu ni ce Prince, ni le Duc de Sully.

reprirent en riant, que j'avois pris une précaution inutile, parce que le Vaisseau de Garde avoit peut-être en ce moment déja donné avis de mon arrivée ; & que je devois m'attendre à voir bien-tôt un Messager de la Reine, qui ne me laisseroit pas aller de la sorte, n'y ayant que trois jours qu'elle avoit parlé publiquement de moi, & dans des termes très-obligeans. Je feignis d'être extrêmement mortifié de ce contre-temps, mais de compter pourtant sur le bonheur de n'être point découvert, pourvû que ces Messieurs voulussent bien me garder le secret sur l'endroit où j'étois logé, & d'où je les assûrai en les quittant brusquement, que je partirois aussi-tôt que j'aurois mangé un morceau. Je ne faisois qu'entrer dans ma chambre où je parlois à mes Gens, lorsque je me sentis embrasser par derrière, par quelqu'un qui me dit qu'il m'arrêtoit prisonnier de la part de la Reine : C'étoit le Capitaine de ses Gardes. Je lui rendis son embrassade, & lui répondis en soûriant, que je tenois cette prison à grand honneur.

Il avoit ordre de m'emmener à l'heure même vers la Reine : je le suivis : » Eh quoi ! M. de Rosny, me dit cette Prin-
» cesse, est-ce ainsi que vous rompez nos haies, & passez
» sans me venir voir ? J'en suis bien étonnée : car j'ai vu que
» vous m'affectionnez plus qu'aucun de mes Serviteurs ; &
» je ne crois pas vous avoir donné sujet de changer cette
» bonne volonté. « Je répondis en peu de mots ce qu'un accueil aussi gracieux éxigeoit que je répondisse : Après quoi je passai sans affectation à entretenir Elisabeth des sentimens que le Roi avoit pour elle. » Pour vous témoigner,
» reprit-elle, que je crois tout ce que vous me dites de la
» bien-veillance du Roi mon Frere, & de la vôtre ; je veux
» vous parler de la derniere Lettre que je lui ai écrite : je ne
» sçais si vous ne l'aurez point vûë ; car Stafford ( c'est le
» nom de Milord Sidney ) & Edmond m'ont dit qu'il ne
» vous cachoit guères de ses secrets. « Elle me tira à quartier en me disant ces paroles, afin de pouvoir m'entretenir en liberté sur l'état présent des affaires de l'Europe : ce qu'elle fit avec tant de netteté & de solidité, en reprenant les choses depuis le Traité de Vervins, que je convins que cette grande Reine étoit digne de toute la réputation qu'elle s'étoit acquise dans l'Europe. Elle n'entroit dans ce détail que

pour montrer la nécessité où étoit le Roi de France, de commencer de concert avec elle les grands desseins que l'un & l'autre méditoient contre la Maison d'Autriche : nécessité qu'elle établissoit sur les accroissemens qu'on voyoit prendre chaque jour à cette Maison. Elle me rappella ce qui s'étoit passé à ce sujet en 1598., entre le Roi & les Ambassadeurs Anglois & Hollandois; & me demanda si ce Prince ne persistoit pas toujours dans ses mêmes sentimens, & pourquoi il différoit tant à mettre la main à l'œuvre.

1601.

Je satisfis à ces demandes d'Elizabeth, en lui disant. Que Sa Majesté très-Chrétienne pensoit en ce moment comme elle avoit toujours pensé : Que ce n'étoit pour aucune autre fin qu'elle faisoit provision d'argent, de munitions & d'hommes de Guerre : mais qu'il s'en falloit encore beaucoup que les choses ne fussent en France, au point où il falloit qu'elles fussent, pour entreprendre de détruire une Puissance aussi affermie que celle des Princes Autrichiens : ce que je justifiai par les dépenses extraodinaires que Henry avoit été obligé de faire depuis la Paix de Vervins, tant pour les besoins généraux de son Etat, que pour réprimer les entreprises des séditieux, & pour la Guerre qu'il venoit de finir avec la Savoie. Je ne dissimulai point à cette Princesse ce que j'ai toujours pensé sur cette entreprise : C'est que quand même l'Angleterre & les Provinces-Unies feroient tous les plus grands efforts dont elles sont capables contre la Maison d'Autriche, à-moins qu'elles ne soient aidées de même de toutes les forces de la Monarchie Françoise, à qui le premier rôle dans cette Guerre tombe de droit par mille raisons ; la Maison d'Autriche en unissant les forces de ses deux branches, pouvoit sans peine non-seulement se soutenir contre elles, mais encore rendre la balance égale. Or n'étoit-ce pas par une entreprise inutile & même d'imprudence, de n'employer pour saper cette Puissance formidable, que les mêmes moyens par lesquels on se tiendroit simplement sur la défensive avec elle ? Qu'il étoit donc indispensable d'attendre encore quelques années à se déclarer ; pendant lesquelles la France acquerroit ce qu'il lui manquoit, & pour mieux assûrer le coup qu'on préparoit contre l'Ennemi commun, travailleroit avec ses Alliés à faire conspirer dans la même vûë les Rois, Princes & Etats voifins, principalement ceux d'Allemagne, qui font le plus fortement menacés de la tyrannie de la Maifon d'Autriche.

La maniere dont je m'exprimois fit aifément comprendre à la Reine d'Angleterre, que c'étoit moins mon fentiment que celui de Henry, que je lui expofois. Elle me le donna à entendre, en avouant qu'elle le trouvoit fi raifonnable, qu'elle ne pouvoit pas n'y point conformer le fien. Elle ajoûta feulement, qu'il y avoit une chofe fur laquelle on ne pouvoit fe prévenir mutuellement de trop bonne heure : C'eft que le but de l'union projettée étant de réduire la Maifon d'Autriche dans de juftes bornes ; il étoit néceffaire que chacun des Alliés proportionnât fi bien de lui-même tous fes défirs en cette occurrence, qu'il n'en formât point qui fût capable de choquer les autres : Qu'en fuppofant, par éxemple, l'Efpagne dépouillée des Pays-Bas ; cet Etat ne devoit être convoité en tout ou en partie, ni par le Roi de France, ni par celui d'Ecoffe, qui devoit l'être un jour de toute la Grande-Bretagne, ni même par les Rois de Suède & de Dannemarc, affez puiffans par Terre & par Mer pour donner de l'ombrage aux autres Alliés : Qu'il en devoit être de même des autres dépouilles qu'on enleveroit à cette Couronne, par rapport aux Princes les plus voifins des Terres conquifes : » Car fi le Roi de France mon Frere, difoit-
» elle, vouloit fe rendre Propriétaire, ou feulement Seigneur
» Féodal des Provinces-Unies ; je ne le cele point, j'en pren-
» drois un violent fujet de jaloufie : de mon côté je ne trou-
» verois point mauvais qu'il eût cette même crainte pour
» mon égard. «

Ce ne furent pas-là les feuls réflexions que fit la Reine d'Angleterre : elle y joignit plufieurs autres confidérations fi fages & fi fenfées, qu'elle me rendit plein d'étonnement & d'admiration. Il n'eft pas rare de trouver des Princes qui enfantent de grands deffeins : l'efprit s'y porte fi naturellement dans le rang qu'ils occupent, qu'il n'eft befoin que de leur faire envifager l'autre excès, qui eft d'en former de fi peu proportionnés à leurs forces, qu'on trouvera prefque toujours qu'ils peuvent à peine la moitié de ce qu'ils entreprennent : Mais fçavoir s'appliquer à n'en former que de raifonnables ; en régler fagement l'œconomie ; en prévoir & en prévenir tous les inconvéniens, en forte qu'il ne s'agiffe

plus

plus quand ils arrivent, que d'y appliquer le remède préparé de long-temps : c'eſt de quoi peu de Princes ſont capables : L'ignorance, la proſpérité, la volupté, la vanité, la pareſſe même & la peur, font entreprendre tous les jours des choſes qui manquent même de poſſibilité. Une autre cauſe de ma ſurpriſe ; c'eſt qu'Elizabeth & Henry, qui n'avoient jamais conféré enſemble ſur leur projet politique, ſe rencontraſſent ſi juſte dans toutes leurs idées, que ce rapport s'étendoit juſqu'aux plus petites choſes.

1601.

La Reine voyant que je la regardois fixement ſans lui rien dire, crut s'être expliquée trop obſcurément pour que j'euſſe pu comprendre toute l'étenduë de ſes paroles. Lorſque je lui eus avoué ſincérement la véritable cauſe de ma ſurpriſe & de mon ſilence ; elle craignit encore moins d'entrer juſques dans les plus petites particularités de ſon deſſein : Mais comme j'aurai une ample occaſion de traiter cette matiere, lorſque je déduirai les grands deſſeins que la mort prématurée de Henry le Grand a fait échouer ; je n'expoſerai point le Lecteur à des redites inutiles. J'indiquerai ſeulement ici en peu de mots, les cinq points auxquels Sa Majeſté Britannique réduiſit un projet auſſi étendu que celui qu'on verra dans ces Mémoires : Le premier, de remettre l'Allemagne dans le même état de liberté, par rapport à l'élection de ſes Empereurs, & à la nomination du Roi des Romains, où elle étoit anciennement : Le ſecond, de rendre les Provinces-Unies abſolument indépendantes de l'Eſpagne ; & d'en compoſer une République puiſſante, en y joignant s'il étoit beſoin, quelques Provinces démembrées de l'Allemagne : Le troiſiéme, d'en faire autant de la Suiſſe, en y incorporant quelques Pays limitrophes, & ſur-tout l'Alſace & la Franche-Comté : Le quatriéme, de partager toute la Chrétienté en un certain nombre de Puiſſances à-peu-près égales : Le cinquiéme, d'y réduire toutes les Religions aux trois qui paroiſſent avoir le plus de cours en Europe.

Notre entretien fut fort-long. Je ne puis louer la Reine d'Angleterre autant qu'elle mérite de l'être, par les qualités du cœur & de l'eſprit, que je lui remarquai dans ce peu de momens que je paſſai avec elle. Je fis mon rapport au Roi, qui goûta extrêmement tout ce qui m'avoit été dit. Pendant le reſte du temps que Leurs Majeſtés paſſerent à

*Tome II.* L

Calais & à Douvres, elles s'en entretinrent par Lettres. On convint de tous les préliminaires: il fut même pris des arrangemens sur l'objet principal, mais avec tant de secret, que toute cette Affaire est demeurée jusqu'à la mort du Roi, & même long-temps après, au nombre de celles sur lesquelles on n'a proposé que des conjectures aussi hazardées qu'opposées entr'elles.

Le Roi ne revint pas à Paris, sans avoir éxactement visité toutes les Places de sa Frontiere, & pourvu à leur sûreté. Du-reste il se montra spectateur indifférent de la querelle des Espagnols & des Flamands; & ne fit rien en faveur d'Ostende, dont le Siége continuoit, sinon qu'il ne s'opposa pas que plusieurs François prissent parti dans les Troupes du Prince d'Orange. Il en coûta la vie à quelques-uns d'eux, parmi lesquels on dut compter pour une perte considérable, la mort du jeune (13) Châtillon-Coligny, qui eut la tête emportée d'un boulet de Canon devant Ostende. Le Roi dit hautement en l'apprenant, que la France venoit de perdre un homme d'un grand mérite. J'y fus en mon particulier extrêmement sensible. Dans un âge si peu avancé, Coligny avoit déja sçu réünir presque toutes les qualités qui font le grand homme de Guerre; la valeur, le sang-froid, la prudence, l'étenduë de l'esprit, & l'art de se faire aimer également du Soldat & de l'Officier.

Mais la jalousie des Courtisans fit bien-tôt à Coligny un crime de toutes ces vertus dans l'esprit du Roi. Il étoit Protestant: On rapporta à Sa Majesté, Qu'il ambitionnoit déja la qualité de Chef des Réformés dedans ou hors le Royaume, à quoi il étoit sollicité par le Duc de Bouillon: Qu'en toutes occasions il avoit montré n'avoir point de plus forte passion, que de suivre les traces de son Pere & de son Aïeul, ou même de les surpasser: Qu'il avoit assûré qu'il ne regretteroit point la perte de sa vie, pourvû qu'il eût eu la satisfaction de la perdre à la tête d'une Armée pour le salut de ses Freres. Son affection pour les soldats fut traitée de ma-

---

(13) Henry de Coligny, Seigneur de Châtillon, Fils de François, & Petit-fils de l'Amiral de Coligny: Il avoit amené au secours d'Ostende un Régiment de huit cens François. Selon Brantôme, la Maison de Châtillon-Coligny étoit originaire de Savoie, » d'un très-haut & ancien lignage « ( c'est ainsi qu'il en parle, ) » & autrefois Souverain, & très- » grand, « tom. 3, p. 173.

# LIVRE DOUZIEME. 83

nége adroit & dangereux. On fit entendre au Roi, qu'il avoit déja donné de la jalousie au prince d'Orange ; & que Sa Majesté auroit eu tout à craindre un jour, du rejetton d'une Souche qui avoit fait tant de mal à nos Rois : Ensorte que lorsque j'allai trouver Henry, pour le prier d'accorder quelques graces à la Mere & au Frere du mort, il ne fit que me répéter tous ces discours, auxquels il n'avoit que trop ajoûté foi ; & il me parut non-seulement consolé de la mort de Châtillon, mais encore si prévenu contre toute cette famille, que je me désistai d'une sollicitation qui ne pouvoit plus que m'être nuisible à moi-même, par mes liaisons & ma conformité de Religion avec le Mort.

Le Roi eut le plaisir de retrouver la Reine à Fontainebleau, dans une aussi bonne santé qu'il l'avoit laissée : Il ne la quitta que très-peu pendant le temps de sa grossesse, & parut prendre tout le soin possible de sa santé (14). » N'a- » menez point avec vous pour cette fois des personnes d'affai- » res, « m'écrivit-il quelques jours avant l'accouchement de la Reine ; » il n'en faut point parler pendant la premiere » semaine des Couches de ma Femme : nous serons assez » occupés à empêcher qu'elle ne se morfonde.

Le moment arriva, qui devoit combler de joie le Roi, la Reine, & tout le Royaume. La Reine mit au monde le dix-sept Septembre (15) un Prince, qui par sa bonne santé & celle de sa Mere, donna les plus heureuses espérances (16). Je crois pouvoir dire qu'aucune satisfaction n'égala la mienne : J'étois attaché à la Personne du Roi par les liens les plus étroits ; j'avois cette qualité de plus que les bons François,

1601.

---

(14) » Nous lisons, dit Bayle, » (Rep. des Lett. Janvier 1686.) » dans Louise Bourgeois, Sage-fem » me fort-habile, qu'Henry IV. lui » recommanda de faire si bien son » devoir auprès de la Reine Marie » de Médicis, qu'il ne fût pas néces- » saire de recourir à un homme ; car » la pudeur, ajoûta-t-il, en souffri- » roit trop. «

(15) La nuit du Jeudi au Vendredi sur le minuit.

(16) Perefixe dit au-contraire : » L'enfantement fut difficile, & » l'Enfant si travaillé, qu'il en étoit » tout violet ; ce qui peut-être lui » ruina au-dedans les principes de la » santé & de la bonne constitution. » Le Roi invoquant sur lui la Béné- » diction du Ciel, lui donna la sien- » ne, & lui mit son Epée à la main, » priant Dieu qu'il lui fît seulement » la grace d'en user pour sa Gloire, » & Pour la défense de son Peuple. « P. Matthieu en parle dans les mêmes termes : » Mamie, dit il, à la » Reine, esjouissez-vous, Dieu nous » a donné ce que nous désirions. « Cet Ecrivain ajoûte, qu'on sentit un tremblement de terre à deux heures après minuit, *tom. 2. liv. 3. pag.* 441.

L ij

& les plus fidèles de ses Sujets, pour m'intéresser à cet evénement. Il en étoit si bien persuadé, qu'il me fit l'honneur de m'en donner avis par un Billet, qu'il fit partir de Fontainebleau à dix heures du soir pour Paris où j'étois alors. » La Reine, me disoit-il en deux mots, vient d'accoucher » tout présentement d'un Fils : je vous en donne avis, afin » que vous vous en réjouissiez avec moi. « Outre ce Billet, dans lequel il ne consulta que son cœur, il m'en écrivit un second le même jour, comme Grand-Maître d'Artillerie, & me le fit rendre par La-Varenne. Il y parloit de la naissance du nouveau Dauphin, comme d'un sujet de joie pour lui, qu'il ne pouvoit assez exprimer : » Non pas encore tant » pour ce qui me touche, ce sont ses termes, que pour le » bien général de mes Sujets. « Il m'ordonnoit de faire tirer le Canon de l'Arsenal : ce qui fut éxecuté de maniere que le bruit s'en fit entendre jusqu'à Fontainebleau. Les ordres étoient inutiles en cette occasion. Depuis le premier jusqu'au dernier des Sujets de Sa Majesté ; les témoignages d'alégresse ne tinrent rien de la crainte ni de la politique.

Celle du Roi ne fut altérée que par un léger chagrin, qu'il se procura volontairement. Il avoit pour premier Médecin La-Riviere (17), qui n'avoit guère plus de Religion que n'en ont ordinairement ceux qui se mêlent de professer publiquement l'Astrologie judiciaire; quoiqu'on lui fît l'honneur dans le monde, de dire qu'il cachoit un cœur Protestant sous les dehors d'un Catholique. Henry qui sentoit déja pour son Fils une passion qui lui donnoit la plus vive impatience sur ses destinées, & qui entendoit dire d'ailleurs que La-Riviere avoit souvent très-bien réussi, lui recommanda de tirer l'horoscope du Dauphin avec toutes les attentions, & les formalités de son art. Afin de sçavoir le moment précis de sa naissance, il avoit cherché la plus excellente montre qu'on eût pu trouver. Il parut que cette idée lui étoit ensuite sortie de l'esprit ; jusqu'à ce que nous étant retrouvés seuls Sa Majesté & moi environ quinze jours après, & notre entretien ayant tombé sur ces prédictions, dont j'ai déja cy-devant parlé, que la Brosse avoit faites au sujet de Sa Majesté & de moi, & qui s'étoient trouvées si par-

---

(17) La-Riviere succéda à D'Alibouft dans la place de premier Médecin : Il avoit été au Duc de Bouillon, qui le donna au Roi.

faitement accomplies; l'envie reprit à Henry plus fortement qu'auparavant, d'en faire l'essai sur la personne de son Fils.

1601.

Il fit appeller La-Riviere, qui sans en rien dire n'avoit pas laissé que de travailler; & lui dit en ma présence, mais sans aucun autre témoin: « A propos M. de La-Riviere, vous ne » me dites rien sur la naissance de M. le Dauphin : Qu'en » avez-vous trouvé ? J'en avois commencé quelque chose, » répondit La-Riviere; mais j'ai tout laissé là, ne me vou- » lànt plus amuser à cette science que j'ai en partie oubliée, » parce que je l'ai toujours reconnuë extrêmement fautive. « Le Roi vit tout d'abord qu'il ne parloit pas sincèrement, soit que ce fût par crainte de déplaire à Sa Majesté, soit mauvaise humeur & fantaisie, soit manége d'Astrologue qui se défie de ses secrets. » Je vois bien lui dit Henry, que ce n'est » pas là où il vous tient; car vous n'êtes pas de ces gens si » scrupuleux : mais c'est qu'en effet vous ne voulez me rien » dire, de peur de mentir, ou de me fâcher : Mais quelque » chose qu'il y ait, je le veux sçavoir, & je vous commande » même sur peine de m'offenser, de m'en parler librement. » La-Riviere se le fit encore dire trois ou quatre fois, & dit enfin avec un air de mutinerie feint ou véritable : » Sire, votre Fils vivra âge d'homme, & régnera plus » que vous, mais vous & lui ferez d'inclinations & » d'humeurs bien différentes. Il aimera ses opinions & ses » fantaisies, & quelquefois celles d'autrui : plus penser que » dire sera de saison : désolations menacent vos anciennes » sociétés : tous vos ménagemens seront déménagés. Il éxé- » cutera choses fort grandes, sera fort heureux en ses des- » seins, & fera fort parler de lui dans la Chrétienté : Tou- » jours Paix & Guerre : De lignée, il en aura; & après lui » les choses empireront : C'est tout ce que vous en sçaurez » de moi, & plus que je n'avois résolu de vous en dire. « Le Roi après avoir rêvé quelques momens sur ce qu'il venoit d'entendre : » Vous voulez, lui dit-il, parler des Hugue- » nots, je le vois bien; mais vous dites cela, parce que » vous en tenez. J'entends tout ce qu'il vous plaira, répon- » dit La-Riviere; mais vous n'en sçaurez pas davantage de » moi « : & il nous quitta brusquement. Nous demeurâmes encore long-temps en conversation Sa Majesté & moi dans l'embrâsure d'une fenêtre, repassant sur chacune des paro-

1601. les de La Riviere, qui demeurerent fort avant dans l'esprit du Roi.

Je ne pus séjourner long-tems à Fontainebleau; mais le Roi continua à me donner avec la même affection des Nouvelles de tout ce qui s'y passoit. » Vous ne sçauriez croire, » me mandoit-il, combien ma Femme se porte bien, vû le » mal qu'elle a eu : Elle se coëffe d'elle-même, & parle dé- » ja de se lever : elle va même jusqu'à sa garderobe (c'étoit » le neuviéme jour après sa couche:) Elle a un tempé- » rament terriblement robuste & fort. Mon fils se porte » bien aussi, Dieu merci. Ce sont les meilleures nouvel- » le: que je puis mander à un Serviteur fidéle & affection- » né, & que j'aime (81). « Il l'envoya nourrir à Saint-Germain, à cause de la bonté de l'air : & par une de ces attentions qui justifient quelquefois bien mieux le fond des véritables sentimens, que des démarches d'éclat, il voulut qu'on le montrât à tout Paris. Pour cela, il le fit porter à découvert au travers de cette grande Ville. Les Parisiens marquerent par leurs acclamations redoublées, combien ils étoient charmés de cette popularité.

Le Roi étoit convenu avec la Reine, que si elle faisoit un Enfant mâle, il lui donneroit Monceaux en propre. » Ma Femme a gagné Monceaux, m'écrivoit-il encore dans » le même temps, puisqu'elle m'a fait un Fils : C'est pour- » quoi, je vous prie d'envoyer querir le Président Forget ; » de conférer avec lui sur cette affaire-là ; & d'aviser à la » sûreté qu'il y faut observer pour mes Enfans, donnant » ordre que la somme pour laquelle je le prens, soit bien » assûrée. « La Ville de Paris avoit aussi promis à la Rei ne une tenture de tapisserie, pour présent de Couches : Sa Majesté me fait songer dans cette Lettre à la demander. Il naquit une (19) Infante en Espagne, dans le même temps que le Ciel donnoit un Prince à la France.

La Négociation qui se traitoit depuis plusieurs années avec le Grand Duc de Florence fut terminée en celle-ci. Pour entendre de quoi il est question ici ; il faut sçavoir que

---

(18) L'Original de cette Lettre de Henry IV. à M. de Sully, éxiste encore aujourd'hui : elle est datée de Fontainebleau du 27 Août. *Cabinet* *de M. le Duc de Sully.*

(19) Anne-Marie-Mauricette, depuis Reine de France, née le 22 Septembre.

# LIVRE DOUZIEME. 87

1601.

fous le Regne de Henry III. Ferdinand de Médicis, Grand Duc de Florence, fe faisit à la faveur des troubles qui défoloient la France, des petites Isles de Pomegue, de Ratoneau, & d'If, avec son Château, aux environs de Marseille. Henry résolu de se les faire rendre, les fit redemander au Grand Duc en 1568, par d'Offat, qui étoit alors de-là les Monts. Le Grand Duc n'osa répondre par un refus : il représenta seulement qu'il avoit employé de grandes sommes à ces Isles, qu'on ne pouvoit lui faire perdre. D'Offat leva de lui-même cette difficulté, en engageant le Roi son Maître à payer en dédommagement de ces dépenses, une somme de trois cens mille écus, pour laquelle douze personnes des plus riches & des plus considérables de France cautionneroient (20) Henry : comme si Sa Majesté n'avoit pas pu répondre seule d'une somme aussi médiocre. Le Roi ratifia ce Traité sans beaucoup d'attention ; & le Duc de Florence fit partir peu de temps après le Chevalier Vinta, pour finir avec Gondy l'affaire des Isles sur ce plan.

Chancelier de Savoie.

Les deux Agens ne sortirent point du Conseil pour chercher leurs cautions : & la chose me fut proposée comme aux autres. Je trouvai quelque chose de si singulier dans cette façon de procéder avec un Roi, dont la Puissance n'est ignorée en aucun endroit de l'Europe, que je ne fis que rire au nez de ceux qui vinrent m'en parler. Villeroi eut beau me représenter la nécessité de dégager la parole de d'Offat, je lui répondis qu'il n'y avoit jamais eu de Banquiers dans ma Famille, en effet c'étoit plûtôt là une affaire de Banquiers que de Gentilshommes. » Tous les autres, répliqua- » t'il, n'en ont fait aucune difficulté : Je le crois, lui répon- » dis-je avec quelque indignation : aussi n'y en a-t-il pas un » qui ne soit sorti, ou du Trafic, ou de la Robe. « Il y eut là-

(20) C'est ce que porte en effet le cinquiéme Article du Traité passé le premier Mai 1598, entre le Roi de France & le Grand Duc de Toscane, par l'entremise du Cardinal d'Offat, qu'on peut voir tout au-long à la fin du Recueil des Lettres de ce Cardinal. Au-reste le Duc de Sully ne fait point ici de reproches à M. d'Offat, qu'il ne paroisse qu'il n'ait prévenus lui-même, dans la Lettre qu'il écrit au Roi le 5 Mai 1598, immédiate- ment après la confection de ce Traité ; & dans celle à M. de Villeroi, du 4 Août suivant. Il s'en justifia dans la suite encore plus amplement par un assez long Mémoire, qui est aussi inseré à la fin de ce Recueil. Cependant on ne sçauroit trouver mauvaises les raisons que M. de Sully apporte contre cette disposition, ni croire que le Duc de Florence eût rompu le Traité, sans cette condition.

dessus une petite contestation dans le Conseil, qui fut rapportée au Roi. Ce Prince n'en fit que soûrire, & dit qu'on avoit malfait de m'en parler, sans le prévenir auparavant; parce qu'il ne m'en avoit pas parlé lui-même. » Je m'éton-
» ne, ajoûta-t'il, qu'il ne vous ait pas répondu encore plus
» rudement : Ne connoissez-vous pas bien quel homme
» c'est; & combien il fait d'état de sa Noblesse? Achevez
» cette affaire sans qu'il s'y oblige, ni nul autre aussi : aussi-
» bien n'avois-je donné aucune charge à l'Evêque de Ren-
» nes de s'obliger à tout cela. « Le Grand Duc ne se fit pas prier pour cette main levée : il déchargea le Roi de la condition des douze Fidéjusseurs, par respect pour Sa Personne Royale. L'Acte qui en fut passé, est du quatre Août 1598 : Mais cette affaire ne fut consommée de part & d'autre, que par l'arrivée du Chevalier Vinta dans celle-ci.

Je fus aussi commis à la liquidation de certains Biens en Piémont, dont M. le Comte de Soissons vouloit traiter avec Sa Majesté. Ils lui étoient dévolus par la mort de Madame la Princesse de Conty, du Chef de la Princesse son Epouse, qui étoit de la Maison de Montaffié (21). Mon rapport ne fut pas favorable à M. le Comte : Je représentai au Roi que ces Biens d'une valeur beaucoup moindre qu'on ne les faisoit passer, étoient de plus si litigieux, & si désavantageusement situés, que ces considérations en rabattoient encore beaucoup du prix. M. le Comte dissimula le ressentiment que lui donna contre moi ce discours.

Fresne-Canaye (22) fut nommé Ambassadeur à Venise, & Béthune, mon Frere, à Rome, au grand mécontentement des autres Ministres, sur-tout de Villeroi & de Sillery, avec lesquels j'étois souvent exposé à avoir des démêlés, dont le Roi avoit la tête rompuë. Ces deux Messieurs avoient entrepris de me donner l'exclusion du moins dans toutes les Affaires Etrangères, dont ils prétendoient que la connoissance n'appartenoit qu'à eux. Celle des Ambassades étant de cette espèce; ils dirent à Sa Majesté en ma présence, qu'ils
avoient

(21) M. le Prince de Conty avoit épousé en premieres nôces Jeanne de Coëme, Dame de Bonnétable, Veuve de Louis, Comte de Montaffié en Piémont : Et M. le Comte de Soissons avoit épousé Anne de Montaffié, Fille de Louis, & de Jeanne de Coëme.

(22) Philippe Canaye de Fresne, Philippe de Béthune, Comte de Selles, & de Charost.

(23) Alphonse

# LIVRE DOUZIEME.

avoient à lui propofer pour l'Ambaffade de Rome, des Sujets beaucoup plus capables que Béthune, qui n'avoit, di- » foient-ils, aucune intelligence des affaires de cette Cour, » & n'avoit encore rendu aucun fervice à l'Etat. « Mon Frere avoit pourtant déja été chargé de l'Ambaffade d'Ecoffe, dont je puis dire qu'il s'étoit bien acquité : & on ne pouvoit nier qu'il n'eût du moins les bonnes qualités qui à mon fens ne font pas les moins effentielles pour cette fonction ; la probité, la circonfpection & la fageffe. Ainfi ce difcours étoit tout enfemble faux & méprifant. Je le fis bien fentir dans ma réponfe à ces Meffieurs, en leur montrant de quel prix étoient ces fervices rendus à l'Etat dans l'Art Militaire, qu'ils fembloient ravaler fi fort au-deffous des autres.

Villeroi piqué à fon tour de ce que je ne mettois pas les fiens au premier rang, foûtint fa Caufe d'un air & d'un ton où il entroit beaucoup de chaleur. Il fallut que Sa Majefté nous impofât filence, en nous difant qu'elle fe fentoit offenfée de ce qu'on tenoit de pareils difcours en fa préfence ; & que fans entrer dans la difcuffion de nos fervices, il nous devoit fuffire qu'elle nous tînt tous trois pour bons ferviteurs. Je demandai pardon au Roi, de ce qu'après fa défenfe j'ofois encore ajoûter un mot pour fermer la bouche à des perfonnes, que je voyois donner hautement la préférence à l'oifiveté de la Robe, & au repos du Cabinet, fur les travaux, les dangers & les dépenfes de la profeffion militaire ; & je dis là-deffus tout ce je que penfois. » Bien, bien, » je vous pardonne aux uns & aux autres, & je prends vos » paroles comme il faut, reprit Henry en m'interrompant ; » mais à condition que vous éviterez dans la fuite ces pi- » coteries, & que quand l'un de vous defirera que je favori- » fe quelqu'un de fes Amis, les autres ne s'y oppoferont » point, mais s'en remettront à mon choix. Je décide pour » le préfent en faveur du Sieur de Béthune, dont j'eftime » la Maifon, l'efprit, la fageffe & même la capacité, l'ayant » employé dans plufieurs affaires de Paix & de Guerre, » dont il s'eft dignement acquité. « Il promit à Villeroi qu'après le retour de mon Frere, il difpoferoit de l'Ambaffade de Rome à fa recommandation. Il nous exhorta encore à demeurer unis ; après quoi il quitta la promenade, où ce démêlé l'avoit retenu plus de deux heures ; & s'en alla dîner.

Je fis plufieurs voyages cette année à Fontainebleau,

*Tome II.*

1601.

pour prendre les ordres de Sa Majesté sur les affaires qui ne pouvoient lui être communiquées autrement : & comme nous fûmes souvent & long-temps éloignés l'un de l'autre, je reçus un plus grand nombre de Lettres de ce Prince que de coûtume. Celle où il parle du Maréchal (23) d'Ornano est singuliere. Ce Maréchal lui avoit donné quelques sujets de plainte. " Je n'ai jamais vu, dit Henry, tant d'ignoran- » ce & d'opiniâtreté ensemble, mais je dis, très-dangereu- » ses : Il a fait le Corse à toute outrance. Faites qu'il ne me » donne pas sujet de le faire connoître pour ce qu'il est, » c'est-à-dire, indigne des honneurs qu'il a reçus de moi : » sa seule fidélité m'y obligeoit ; ses désobéissances me dis- » penseront bien-tôt d'user de ce terme : Il faut dire vrai, » je suis fort rebuté de lui. « Les Etats de Languedoc s'étant tenus cette année ; ce Prince m'écrivit qu'il falloit transférer le lieu de leur tenuë, dans le Bas Languedoc ; » afin, dit- » il, que mes Serviteurs n'aillent pas pour la premiere fois, » où étoient ceux de la Ligue. « Il m'ordonne dans une autre, de faire venir des poulains de son Haras (24) de Meun : & dans un autre, de donner deux cens écus à Garnier, son Prédicateur d'Avant & de Carême. Le reste que je supprime, ne renferme que des détails peu considérables ; quoiqu'ils

(23) Alphonse D'Ornano, Fils de San-Pietro de Bastelica, Colonel des Suisses.

(24) » Dès son jeune âge, dit Bran- » tôme, parlant de Henry II. (*Vies* » *des Hommes Illustres*, *tom.* 2. *pag.* » 24 ). il avoit toujours fort aimé cet » éxercice de chevaux : Aussi l'a-t'il » continué ; & en avoit toujours » une grande quantité en sa grande » Ecurie, fût aux Tournelles, où » étoit la principale, à Muns, à » Saint-Leger, à Oyron chez M. le » Grand-Ecuyer de Boissy ; & la plû- » part quasi, voire les meilleurs, » étoient de ses haras, qui se plai- » soit à les bien faire entretenir. « Il ajoûte que ce Prince ayant un jour fait voir ses chevaux au Grand-Ecuyer de l'Empereur ; celui-cy lui dit » que l'Empereur son Maître » n'avoit point d'Ecurie plus belle » il s'en falloit beaucoup, & la loüa » en toute extrêmité, & sur-tout de- » quoi la plûpart de ses chevaux

» étoient de son haras. « Par les malheurs des derniers Régnes, le Haras du Roi étoit alors bien déchû de l'état où on l'avoit vû sous Henry II. Meun., ou Mehun, en Berry, étoit le seul des endroits cy-dessus nommés, où l'on élevât des chevaux pour le Roi : Et cet établissement étoit fort peu de chose ; comme on le voit par les Archives du Secretaire d'Etat de la Maison du Roi, qu'on conserve aux Petits-Peres, à Paris, où Meun est nommé Main, apparemment pour le distinguer d'un autre Meun, sur l'Indre, aussi en Berry.

En 1604. le Duc de Bellegarde, Grand-Ecuyer, fi transferer le Haras du Roi à Saint-Leger, Forêt appartenant au Roi, par Marc-Antoine de Bazy, Capitaine du Haras. Là il reçut en 1618. quelques accroissemens assez considérables ; & de beaucoup plus considérables encore, environ l'année 1665, que feu M. Col-

faſſent foi de la vigilance & de l'attention de ce Prince.

Je vais comprendre dans un ſeul article, par lequel je finirai les Mémoires de cette année, tout ce qui ſe paſſa au ſujet de la révolte du Maréchal de Biron, dont on eut enfin les preuves les plus poſitives. Dès le temps que le Roi étoit à Lyon, & qu'il y avoit déja de violens ſoupçons contre ce Maréchal, Sa Majeſté eut un entretien ſecret avec lui dans le cloître des Cordeliers; & lui parut ſi bien informée de toutes ſes différentes démarches auprès du Duc de Savoie, que Biron, ſoit qu'il crût en ce moment qu'après une pareille découverte il ne lui convenoit plus que de ſonger à réparer ſa faute, ſoit qu'il ne voulût que tromper le Roi, lui avoua qu'il n'avoit pu en effet tenir contre les offres que lui avoit fait le Duc de Savoie, jointes à la promeſſe de lui faire épouſer la Princeſſe ( 25 ) ſa Fille; qu'il lui en demanda pardon, & lui proteſta avec la plus apparente ſincérité, que de ſa vie il ne retomberoit dans un pareil délire.

Henry crut pouvoir compter ſur une promeſſe, qui fut pourtant oubliée preſque dans l'inſtant même qu'elle fut faite. Biron reprit ſes premieres briſées; fit à ſon ordinaire différens voyages dans les Provinces; careſſa tout ce qu'il trouva dans la Nobleſſe de mécontens ou de mutins; ne les entretint d'un côté que des injuſtices qu'il recevoit du Roi; de l'autre, que de ſon crédit & de ſes intelligences hors du Royaume. Il renoua plus fortement que jamais avec les Bouillon, d'Entragues, d'Auvergne & autres ( 26.) Il força ſon naturel, juſqu'à paroître aux Soldats l'homme le plus

bert, Miniſtre d'Etat, en augmenta le Terrein, y fit former des Parcs, & raſſembler grand nombre d'Etalons & de Jumens, par Alain de Garſault, qui en étoit Capitaine. Il y a demeuré juſqu'en 1715, qu'il a commencé à s'établir en Normandie, ſous la conduite de François-Gédeon de Garſault: Louis de Lorraine, Comte d'Armagnac, étant pour-lors Grand-Ecuyer de France. Depuis ce dernier établiſſement, il prend de jour en jour une forme plus digne du Haras du plus puiſſant Monarque de l'Europe.

(25) Le Maréchal de Biron en épouſant la troiſiéme des Filles du Duc de Savoie, devoit recevoir du Roi d'Eſpagne & de ce Duc la Bourgogne, la Franche-Comté, & le Comté de Charolois en Souveraineté. C'étoit une partie du grand projet de ces deux Couronnes, qui conſiſtoit à démembrer de cette maniere le Royaume de France, & à le partager entre les Gouverneurs de ſes Provinces. On peut en voir les preuves dans Vittorio Siri ( Mem. Rec. Vol. 1. p. 103. 127. & ſuiv.) qui loue auſſi les ſervices que le Comte de Béthune, Frere de l'Auteur, rendit en cette occaſion à Henry IV. pendant ſon Ambaſſade à Rome.

(26) L'Auteur ne dit rien dans tout

humain & le plus affable, lui qui étoit l'orgueil & la fierté même : & quant à la plus vile populace, comme aucun personnage ne coûte à faire à l'ambition, il l'attira à lui, en faisant l'hypocrite & le dévot. Jusques-là pourtant on auroit pu encore douter s'il n'avoit point tenu ses desseins renfermés dans lui-même, & si ce qu'on voyoit de lui n'étoit point une suite de ce caractère qu'on remarque dans tant de personnes, qui pour montrer dans tous leurs discours un esprit inquiet & ami des nouveautés, sont pourtant quelquefois bien éloignées de se jetter tête baissée dans la révolte.

C'est à quoi s'en tint fort long-temps Henry sur le compte du Maréchal de Biron ; quoiqu'il continuât de l'observer soigneusement, & qu'il ne pût s'empêcher d'être ému des rapports qu'on lui fit de la conduite qu'avoit tenuë Biron dans le dernier voyage qu'il avoit fait à Dijon, où il passa la fin de l'année précédente, & le commencement de celle-cy. Biron de son côté, qui avoit ses Espions à la Cour, apprenant l'impression que sa conduite faisoit prendre au Roi, jugea à-propos de m'écrire à ce sujet. Sa Lettre est datée du 3 Janvier : Elle ne roule que sur l'injustice qu'on lui fait auprès du Roi, & que Sa Majesté lui fait elle-même de le croire capable de desseins dont il n'a pas la moindre pensée. Il me demande mon secours pour lui aider à faire connoître son innocence. Il justifie son voyage en Bourgogne, par les affaires domestiques qui le lui rendoient indispensable ; & assûre qu'il sera de retour dans deux jours. Enfin il me prie d'ajoûter foi à tout ce que me dira de sa part Prevôt, l'un de ses Agens ordinaires, & qu'il avoit jugé à-propos de me députer. Les convictions de l'infidélité du Maréchal de Biron ont suivi cette Lettre de trop près, pour qu'on puisse la juger sincère : aussi, loin de le croire, je ne fis que m'en défier encore davantage.

Pendant le séjour que le Roi fit à Calais, il reçut de nouveaux avis contre Biron, encore plus clairs & mieux circonstanciés ; parce qu'apparemment Biron qui se crut moins éclairé, se licentia aussi davantage. Surquoi Henry, au-lieu de prendre le parti qu'il ne devoit pas tarder plus long-temps

---

ce récit sur la conspiration, la détention & le procès du Maréchal de Biron, qui ne soit confirmé par les Histoires & Mémoires de ce temps-là. Ils rapportent de lui ces paroles extravagantes: »Que le Roi ne m'offense point ; car je me sçais venger » des Rois & des Empereurs. « *Matthieu, tom. 2. liv. 2. p. 333.*

à prendre, ne pouvant encore regarder cet homme comme incurable, résolut au contraire de n'omettre rien de tout ce qu'il crut capable de le guérir par la douceur, les bons traitemens & les diftinctions, si fensibles au cœur d'un honnête homme. Biron avoit demandé à Sa Majesté une gratification de trente mille écus : Le Roi y trouva de la justice, & ne balança pas à la lui accorder : & parce qu'il survint quelques difficultés qui devoient en retarder le payement, ce Prince m'ordonna qu'on les levât, de façon qu'on pût fans délai fatisfaire Biron, auquel je fis toucher à l'heure même une moitié de la fomme en argent comptant, & lui affignai l'autre dans un an.

Biron crut être obligé de venir me remercier. Il me dit qu'il m'avoit plus d'obligation de cette fomme qu'au Roi : Il fe plaignit devant moi de ce que ce Prince le laiffoit dans l'oubli, & même le méprifoit, depuis qu'il n'avoit plus befoin de fon Epée : » cette Epée, difoit-il, qui l'avoit mis fur » le Trône. Je n'avois garde de me taire en cette occafion. Je fis voir avec une efpece de reproche au Maréchal, qu'il accufoit Henry d'autant plus injuftement, que ce Prince auquel feul il avoit l'obligation de fa gratification, n'avoit pas dédaigné de fe rendre encore folliciteur de fon payement : Je pris occafion de-là de parler encore plus librement à Biron : Je lui remontrai, que quand même il auroit des preuves du contraire, il devoit toujours fe fouvenir qu'il parloit de fon Maître, & d'un Maître qui avoit de quoi s'attirer le refpect de fes Sujets, par fes qualités perfonnelles, bien plus encore que par fon rang : qu'il devoit être inftruit, qu'il n'y a rien à quoi les Têtes couronnées fe montrent plus fenfibles, qu'à ce manque de refpect pour leurs Perfonnes, à la jaloufe affectation de rabaiffer la gloire de leurs Armes, & à l'ingratitude pour leurs bienfaits. Ces termes étoient ce me femble, affez expreffifs : J'allai encore plus loin ; & fi je ne dis pas pofitivement à Biron que je le regardois comme un ingrat & un traître, il ne tint qu'à lui de le conclurre de tout mon difcours. Je l'exhortai à prendre une autre émulation qui pût lui mériter de véritables louanges : J'appuyai fur la différence qu'il y a entre fe rendre cher à fon Prince & à fa Patrie ; & chercher à s'en faire craindre : perfonnage odieux, & prefque toujours funefte à celui qui le joue. Je lui dis que s'il vouloit s'unir avec moi pour travailler de concert à la gloire de l'Etat, & au bien public, nous pourrions lui & moi les faire en quelque sorte dépendre de nous deux ; lui, par ses talens pour la Guerre ; moi, par la place que j'occupois dans la Politique : en sorte que nous goûterions le plaisir qu'il ne se fît aucun bien, dont nous ne pussions être, ou les auteurs, ou les instrumens. Je finis ma remontrance par vouloir l'engager à aller remercier Sa Majesté de la gratification qu'il venoit d'en recevoir.

A tout cela Biron, loin d'être touché de repentir, ou de tendresse, ne fit que répondre en éxagerant son propre mérite si hors de propos, & d'une maniere si fanfaronne, que je compris clairement une chose, dont je n'avois eu jusques-là qu'un simple soupçon ; c'est que la rudesse de son esprit, & l'inégalité de son humeur provenoient en partie d'une légere teinture de folie proprement dite : folie au reste d'autant moins excusable, que l'empêchant de raisonner, elle ne l'empêchoit ni de mal parler, ni de mal agir. Ce qui m'en parut la preuve complette ; c'est que devant me regarder après tout ce que je venois de lui dire, du moins comme un homme, en présence duquel il ne pouvoit trop s'observer, il eut l'imprudence de lâcher quelques mots sur les desseins qui lui rouloient dans la tête ; les mêmes sans doute qu'il osoit tenir publiquement. Je ne les relevai point, mais il s'apperçut lui-même de sa bévuë ; & pour la réparer, il feignit d'acquiescer à mes raisons, & de goûter mes sentimens. Dès ce moment je desesperai si bien qu'on pût jamais ramener cet homme à son devoir, que je crus que le mien m'obligeoit à ne rien déguiser au Roi de ce que je le croyois capable de faire.

Le caractère de Henry a toujours été de ne pouvoir que difficilement se défier de personne. Il me répondit, Qu'il connoissoit parfaitement Biron : Qu'il étoit bien capable d'avoir dit tout ce qu'on lui avoit rapporté : Mais que cet homme, qui par un effet de sa fougue naturelle, causée par une bile noire, n'étoit jamais content, & s'élevoit au-dessus de tout le monde : étoit pourtant le premier à monter à cheval le moment d'après, & à courir tous les hazards pour ceux-là même dont il venoit de dire tant de mal : Que cela méritoit bien quelqu'indulgence pour un simple défaut d'indiscrétion de langue : Qu'il étoit assûré que Biron ne se porteroit pas jusqu'aux derniers effets de la désobéïssance :

## LIVRE DOUZIEME.

1601.

Que si cela arrivoit ; comme il avoit déja montré dans les occasions où il avoit sauvé la vie à ce Maréchal, & en dernier lieu à Fontaine-Françoise, qu'il ne lui cédoit en rien du côté de l'intrépidité ; il sçauroit bien lui faire voir encore qu'il ne le craignoit pas. Le Roi ne changea donc rien à sa conduite à l'égard de Biron, que pour le caresser encore davantage, & pour le combler d'honneurs : ce qu'il regardoit comme le véritable remede à son mal.

Il l'envoya Ambassadeur vers la Reine Elizabeth, avec laquelle il eut une conversation singulière (27). Il fut assez imprudent, non-seulement pour lui rappeller l'affaire du Comte d'Essex, auquel cette Princesse venoit de faire couper la tête, mais encore pour plaindre le Comte, de ce que tant de bons services ne lui avoient attiré qu'une fin si tragique : Et Elizabeth eut la complaisance de répondre à un discours si impertinent, en exposant les raisons qui justifioient l'action à laquelle elle s'étoit portée. Elle lui rapporta comment Essex s'étoit précipité follement dans des projets beaucoup au-dessus de ses forces, & comment après les preuves & même une pleine conviction de sa révolte, pouvant encore par sa soûmission obtenir son pardon, ni ses Amis, ni ses Parens n'avoient pu le résoudre à demander sa grace. Je ne sçais si la Reine d'Angleterre voyoit dans l'Ambassadeur François plusieurs traits de ressemblance avec le Favori Anglois : les réflexions sensées sur le caractère des Têtes Royales, & sur le devoir des Sujets, par lesquelles elle finit son récit, semblent le donner à entendre : mais Biron n'en tira aucun fruit.

De retour de Londres, le Roi le nomma encore Ambassadeur Extraordinaire en Suisse, pour le renouvellement d'Alliance des Cantons avec la France : toujours prévenu qu'un Emploi qui emporteroit l'esprit de Biron loin des Armes, & le mettroit en commerce avec un Corps aussi sage & aussi politique que le Sénat Helvetique, en arracheroit à la fin toute semence de mutinerie : Mais malheureusement il y a des passions qui ne vieillissent jamais : ce sont l'ambition, l'envie & l'avarice : Et qui auroit bien fondé le cœur de Biron, l'auroit peut-être trouvé atteint de toutes les trois. Il fut à peine revenu de cette seconde Ambassade, que com-

---

(27) Le détail de cette Ambassade se voit dans P. Matthieu. Tom. 2. | liv. 2. pag. 426. & suivantes.

me s'il avoit cherché à se payer du temps perdu, il travailla plus fortement que jamais à réaliser toutes ses anciennes chimères ; soit qu'il y fût entraîné par le Duc de Bouillon, & le Comte d'Auvergne, qui avoient aussi leur Parti formé ; soit qu'il les entraînât lui-même dans le sien.

Pour se lier ensemble de façon qu'ils ne pussent plus après cela se manquer les uns aux autres, ces trois Messieurs signerent une Formule d'association, dont ils garderent chacun un Original. Cette Piéce singulière a été produite au procès du Maréchal de Biron : Ils s'y engagent réciproquement, foi & parole de Gentilhomme, & d'homme de Bien, de demeurer unis pour leur commune conservation, *envers & contre tous, sans nul excepter*, ( tous ces termes méritent d'être remarqués ) ; de se garder le secret inviolablement sur ce qui pourra être révélé à l'un d'eux ; & de brûler cet Ecrit en cas d'accident à quelqu'un des Associés. Leurs desseins ne pouvoient réüssir que par l'opération de l'Espagne & de la Savoie. Ils renouerent plus fortement qu'auparavant leurs intelligences avec ces deux Puissances : & pour le seconder de leur côté, ils alloient ramassant tout ce qu'ils pouvoient trouver de mutins dans la Noblesse, & parmi les Gens de Guerre : Pour entraîner dans la rébellion plusieurs des Villes les plus éloignées de Paris, principalement dans la Guyenne & le Poitou, ils se servirent de la mutinerie qu'y avoit excitée l'établissement du sou pour livre ; contre lequel je m'étois si fort élevé dans l'Assemblée des Notables ; & qu'il n'avoit pas été en mon pouvoir de faire supprimer depuis : il avoit été seulement converti, parce qu'il étoit impossible de l'établir selon la premiere idée, en un subside évalué à huit cens mille francs, dont une moitié avoit été fondue dans la Taille, & l'autre dans les Entrées des Marchandises.

Biron & ses Associés joignoient à ce motif celui de la Gabelle, qu'ils persuadoient à ces Peuples qu'on étoit sur le point d'imposer chez eux, pour achever de les accabler. Des Gens apostés qu'ils tenoient en grand nombre à leurs gages dans toutes ces Provinces, les entretenoient dans des allarmes continuelles. Quel Gouvernement pourra jamais se croire exempt de ces fléaux de la tranquilité publique, puisque celui de Henry le Grand, si doux, si sage, & si populaire, ne l'a pas été ? Ne nous en prenons pourtant qu'à

la

# LIVRE DOUZIEME.

la malheureuse influence, que répandent les Guerres Civiles sur les mœurs des hommes. C'est leur poison qui engendre ces esprits turbulens, que le repos fatigue, & pour qui la condition la plus heureuse n'est qu'une espéce de langueur. De-là cette manie qui les fait vivre sans cesse hors d'eux-mêmes ; se prendre à Dieu & aux hommes des tourmens qu'ils se donnent à eux-mêmes ; & répandre leur fiel contre les Princes, dont toute la puissance qui est pour eux un supplice, ne suffiroit pas à satisfaire leur folle cupidité.

1601.

Henry ouvrit enfin les yeux sur le caractère du Maréchal de Biron, qu'il s'étoit flatté de bien connoître ; & commença à croire qu'il seroit obligé d'en venir au plus violent remède pour arrêter la contagion. Les avis se multiplioient : Ils venoient de personnes non suspectes : ils se rapportoient tous : quelques-uns parloient de l'Acte d'association, & en articuloient les termes, pour l'avoir vu. Le plus circonstancié & le plus suivi de tous ceux qui furent envoyés au Roi, fut celui que lui donna Calvairac (28). Il contenoit outre les rumeurs publiques, que Biron & ses Adjoints avoient touché plusieurs milliers de pistoles, par les mains de personnes venuës d'Espagne : Qu'ils attendoient de plus grandes sommes encore, & des secours d'hommes : Que le Conseil de Madrid y avoit mis pour condition, que les Rebelles commenceroient par s'emparer de quelques bonnes Places maritimes, ou frontieres d'Espagne : Que conformément à cette clause, il y avoit déja des entreprises formées sur Blaye, Bayonne, Narbonne, Marseille & Toulon ; & que le Comte d'Auvergne ne faisoit qu'attendre qu'elles s'éxecutassent, pour faire éclater celle qu'il avoit fait personnellement sur Saint-Flour.

Tous ces avis méritoient bien qu'on mît tout en usage pour en approfondir le sujet. Le Roi vint exprès à l'Arsenal, où il me trouva occupé à presser les travaux commencés, pour me communiquer ce qu'il venoit d'apprendre ; & il m'en fit le détail, appuyé sur le balcon de la grande Allée : je le suivis à Fontainebleau, dont il prit ensuite le chemin. C'est-là que nous devions prendre les dernieres mesures au sujet du Maréchal de Biron. Il s'étoit long-tems servi pour les Négociations Etrangeres, de (29) La-Fin, homme vif,

Dans la Haute Auvergne.

(28) Jean de Sudrie, Baron de Calveyrac.

(29) Jacques de La-Fin étoit Gentilhomme Bourguignon, de la Mai-

Tome II.

1601.

rusé, intrigant, que Bouillon & lui appelloient souvent leur Parent. La-Fin avoit fait plusieurs voyages vers le Roi d'Espagne, le Duc de Savoie & le Comte de Fuentes : mais ensuite sur quelque mécontentement que lui avoit donné Biron, il étoit retourné chez lui, où il demeuroit inutile. On crut pouvoir le gagner, & le faire parler ; & on se servit pour cela de son Neveu le Vidame de Chartres (30). Pendant que celui-ci travailloit à faire venir son Oncle à Fontainebleau ; je retournai à Paris préparer tout, pour un voyage que Sa Majesté jugea à propos de faire au plûtôt dans tous les endroits où avoit passé Biron ; c'est-à-dire, en Poitou, Guyenne, Limosin, & sur-tout du côté de Blois.

La-Fin se détermina enfin à venir à Fontainebleau révéler tout ce qu'il avoit sçu de la conspiration de Biron. Le Roi voulut qu'il s'arrêtât & fût logé à la Mi-voie, afin qu'il ne fût vu que de ceux qu'on enverroit conférer avec lui. Sa Majesté jugea dès le premier discours que tint La-Fin, que ma présence y étoit nécessaire ; & m'écrivit ces deux mots : » Mon Ami, venez me trouver en diligence, » pour chose qui intéresse mon service, votre honneur, & » le commun contentement de nous deux : Adieu, je vous » aime bien. « Je pris la poste aussitôt : En arrivant à Fontainebleau, je rencontrai Sa Majesté au milieu de la grande avenuë du Château, qui alloit à la Chasse, & je courus lui accoller la botte. » Il y a bien des nouvelles, mon Ami, me » dit ce Prince, en m'appuyant la tête contre son cœur : » Tout est découvert : le principal Négociateur est venu » me demander pardon, & confesser tout. Il y embarasse » beaucoup de gens, & des plus grands, & des plus obligés » à m'aimer : mais c'est un grand (31) menteur : & je suis ré-

son de Beauvais-la-Nocle, » le plus » pernicieux, dit Péréfixe, & le plus » traître, qu'on eût sçu trouver en » toute la France. Le Roi qui le con- » noissoit bien, dit plus d'une fois au » Maréchal : Ne laissez point appro- » cher cet homme de vous, c'est une » peste, il vous perdra. « Il se porta à accuser le Maréchal de Biron, par jalousie de ce que le Baron de Lux l'avoit supplanté auprès de ce Maréchal, & par ressentiment de ce que le Comte de Fuentes s'appercevant qu'il le trahissoit, avoit fait arrêter son Secrétaire : Mais pour mieux perdre le Maréchal de Biron, il feignit d'avoir toujours pour lui le même attachement qu'auparavant.

(30) Prégent de La-Fin, Vidame de Chartres.

(31) On doit sans doute regarder comme un de ces mensonges, l'accusation d'avoir cherché à attenter à la vie du Roi & à celle du Dauphin, dont La-Fin chargea le Maréchal de Biron, suivant la Chronologie Septénaire ; puisque ses parens se servirent de la preuve du contraire, pour tâcher d'obtenir sa grace.

» folu à ne rien croire de lui, que fur de bonnes preuves : Il
» y en met entr'autres, que vous ne penferiez jamais : or de-
» vinez qui. Deviner un homme qui foit traître ! C'eft, Sire,
» lui répondis-je, ce que je ne ferai jamais. « Après m'avoir
encore preffé inutilement deux ou trois fois ; » M. de Rofny
» en eft, me dit-il, le connoiffez-vous ; Tous les autres n'en
» font-ils pas plus que moi, lui répondis-je en foûriant ? Si
» cela eft, Votre Majefté ne doit pas s'en mettre beaucoup
» en peine. Auffi n'en ai-je rien cru, reprit ce Prince ; &
» pour vous le montrer, j'ai commandé à Bellièvre & à Vil-
» leroi, de vous aller trouver, & de vous porter toutes les
» accufations, tant contre vous, que contre tous les autres.
» J'ai même dit à La-Fin, que je voulois qu'il vous vît, &
» vous parlât librement. Il a été aux Preffoirs : il eft caché
» à la Mi-voie ; & ira vous trouver fur le chemin de Mo-
» ret : Mandez lui l'heure & l'endroit : & qu'il n'y ait perfon-
» ne que vous deux. «

Je ne pouvois comprendre comment mon nom fe trouvoit, & avoit même été nommé dans cette méchante Cabale ; fi cela partoit de quelqu'un des Gens de Biron, qui
s'imagina que j'étois Ami de fon Maître ; ou de Biron lui-
même & de fes Collegues, qui fe croyoient cette imputation permife pour groffir aux Miniftres d'Efpagne le nombre de leurs patifans, ou celui des mécontens du Gouvernement. Deux Lettres que j'avois écrites à ce Maréchal,
par zèle encore plus que par civilité, peuvent bien y avoir
donné lieu ; d'autant plus que faifant allufion à ce qui s'é-
toit dit entre Biron & moi dans la converfation dont j'ai
rendu compte un peu plus haut, j'y marquois fans aucune
affectation, qu'il ne tenoit qu'à lui de fe rendre utile &
très-recommandable dans le Royaume par les moyens que
je lui avois dit. J'y difois encore à Biron : Que moi, qui
étois toujours auprès du Roi, je ne lui avois point entendu
tenir les difcours qu'il vouloit que Sa Majefté eût tenus
contre lui : Que je ne lui confeillois pas d'en parler ainfi
dans le monde ; parce qu'on ne manqueroit pas de croire
& de dire, qu'il ne feignoit du mécontentement contre Sa

---

Sire, nous avons du moins cet avantage, dit M. de La-Force à Henry
IV. en fe jettant à fes pieds, qu'il ne fe trouve point qu'il ait entrepris fur votre Perfonne. *Vol. 9129. Ma-
nufcrits de la Bibliot. du Roi.*

Majesté, que parce que sa conscience lui reprochoit beaucoup à lui-même : Voilà comment on peut avoir mal interprété ce que je ne disois que dans la vuë de rendre Biron sage.

Le sentiment de Henry fut, comme il me le dit quelque temps après, que cette accusation n'avoit été faite contre moi, ni par Biron, ni par aucun de ses Affidés ; mais par La-Fin seul, à l'instigation de ceux qui croyoient par-là me faire perdre ma place. Quoiqu'il en soit, cette fausseté fit si peu d'impression sur l'esprit du Roi, que ce Prince, qui venoit de me donner le Gouvernement de la Bastille, ayant cru que les Provisions n'en devoient point paroître sous mon nom, mais seulement sous celui de La-Chevalerie, changea d'avis à l'occasion de l'affaire de Biron, & les fit expédier sous le mien ; » ne voyant, disoit-il, que moi qui le pût » bien servir, s'il lui arrivoit d'avoir des Oiseaux en ca-» ge. « L'ordre en fut donné à Villeroi, qui m'apporta ces Provisions peu de jours après, mais au commencement de l'année suivante.

*Matthieu, tom. 2. l. 3. p. 482. & suiv.*

J'entretins La-Fin assez long-temps seul dans la forêt ; ensuite je visitai éxactement avec Belliévre & Villeroi tous les Papiers qui renfermoient quelques preuves contre le Duc de Bouillon, le Maréchal de Biron & le Comte d'Auvergne ; comme Lettres, Mémoires & autres Pièces de cette nature. J'y vis quantité de noms mêlés avec ceux de ces trois Messieurs : mais comme ce peut être avec la même injustice que le mien, qui y étoit aussi ; je me garderai bien de leur donner sur un fondement aussi léger, une place dans ces Mémoires, qui pourroit les rendre plus justement suspects aux esprits défians, que les dépositions de La-Fin. Nous rejoignimes tous trois Sa Majesté après cet éxamen : & le résultat du Conseil tenu entre nous fut, qu'on ne feroit rien éclater, pour ne pas prévenir Biron contre les moyens qu'on alloit commencer à mettre en usage pour le faire venir à la Cour, afin de l'arrêter plus sûrement ; & que Sa Majesté entreprendroit cependant incessamment le voyage dont il vient d'être parlé. Nous verrons l'année suivante, ce qui arriva de ces dispositions.

Il y a dans celle-ci quelques remarques à faire, sur ce qui arriva en différentes Cours de l'Europe. Celle de Londres fut troublée par la révolte qu'excitèrent les Espagnols en

Irlande. Elizabeth envoya aſſiéger Quinzal, la plus forte Place qu'occupoient les Rebelles. Le Comte de Tiron, leur Chef, & Dom Alonce del-Campo, celui des Eſpagnols en Irlande, accoururent avec les forces qu'ils purent ramaſſer ; & furent taillés en piéces par Milord Perſy : Alonce y reſta priſonnier ; & Quinzal ſe rendit.

On a parlé fort-diverſement de la deſtination de la Flotte qu'équipoit pendant ce temps-là le Roi d'Eſpagne, ſans pouvoir rien en dire de bien poſitif ; parce qu'après avoir rôdé quelque temps dans la Méditerranée, elle fut aſſaillie de la tempête ; & ne put faire mieux que rentrer dans le Port de Barcelone preſque ruinée. Elle étoit fort-conſidérable ; & le commandement en avoit été donné au Prince Doria : Peut-être regardoit-elle le Portugal, où le vrai ou faux Dom Sébaſtien ( 32 ) continuoit à avoir grand nombre de partiſans. Ses diſcours ; des ſecrets qui ſembloient ne pouvoir avoir été connus que du vrai Roi de Portugal, qu'il révéla ; certaines empreintes naturelles ſur le corps, qu'il fit voir ; & quelques autres rapports de cette eſpéce avec Dom Sébaſtien, dépoſoient à la vérité pour lui : mais pour l'avouer, aucun de ces témoignages ne paroît être ſans replique : & le Roi d'Eſpagne prit toujours le parti de ſe défaire ſecrettement du prétendu Prince ; ſans que la vérité ait été jamais connuë, du-moins que d'un très-petit nombre de perſonnes intéreſſées à ne pas la publier.

Il fut convoqué une Diètte à Ratiſbonne, dont l'objet étoit un accommodement propoſé entre les deux Religions Catholique & Réformée. On s'en flatoit inutilement : Elle fut rompuë dès la premiere Queſtion qui y fut

---

( 32 ) C'eſt quelque choſe d'aſſurément très-ſingulier, que cette reſſemblance ſi parfaite dans toutes les parties, les ſignes naturels, & même les défectuoſités du corps, que la nature avoit miſes, au rapport de tous les Hiſtoriens, entre le vrai D. Sébaſtien, & cet homme, qu'on dit avoir été un Particulier Calabrois. On n'eſt pas moins embarraſſé à deviner comment il avoit pu parvenir à connoître des circonſtances de la vie de ce Roi de Portugal, ſi particulieres & ſi ſecrettes, qu'elles jettoient tout le monde dans l'admiration. Les Portugais plus trompés encore par leur affection pour le Sang de leurs Rois, & par leur haine pour l'Eſpagne (ce dernier motif pourroit auſſi être appliqué à M. de Sully ) que par les preuves qu'ils ont cru avoir, ont perſiſté à ſoûtenir les droits de cet impoſteur. Le Seprénaire lui eſt très-favorable *ann.* 1601. *p.* 247. Voyez ce que nous en avons déja dit plus haut. Les Eſpagnols ſe perſuaderent avoir ſi bien découvert la fourberie, lorſque Ferdinand, Grand Duc de Toſcane, l'eut remis entre les mains du Viceroi de Na-

1601.

Ferdinand d'Autriche.
Appellée Châteauneuf par les Chrétiens.

agitée sur l'autorité de la Sainte-Ecriture (33) : & les Esprits s'y aigrirent si fort, qu'il fut impossible de les rapprocher : les Catholiques Romains soûtenant que cette autorité tire toute sa force de celle que lui donne le jugement de l'Eglise, afin d'augmenter encore de la prérogative d'infaillibilité sur ce point, tant d'autres droits dont ils font déja jouir si gratuitement le Pape ; & les Protestans traitant cette doctrine de ridicule (34).

La Guerre allumée en Transilvanie, continua au désavantage des Vaivodes Battory & Michel, révoltés contre l'Empereur : Ils furent défaits par Georges Baste ; & Clausembourg fut pris. Le Duc de Mercœur ne se signala pas moins à la tête des Troupes Impériales contre les Turcs (35) : Il prit Albe-Royale, en Hongrie, Forteresse réputée imprenable ; & ensuite en chassa les Turcs, qui y revinrent mettre le Siége : pendant que l'Archiduc plus malheureux échoua devant Canise ; & que les Chevaliers de Malthe prirent & détruisirent la Ville de Passava, dans la Morée.

Constantinople & l'intérieur du Palais même du Grand-Seigneur n'étoient pas moins agités par le mécontentement des Janissaires, qui vinrent étrangler en présence de Mahomet III. lui-même, sept Mignons de son Serrail ; & le menacerent de le déposer. C'étoit dans la vérité un homme bien peu digne du Trône, lâche, cruel, traître, avare, & enseveli dans la débauche.

ples, qu'ils ne craignirent point de l'exposer à la risée publique, monté sur un âne : après quoi ils l'envoyerent aux Galères. Voyez P. *Matthieu*, *tom.* 2. *liv.* 3. *pag.* 451.

(32) Cette question fut débattuë publiquement pendant plusieurs séances, entre les Théologiens Catholiques de Maximilien, Duc de Baviere, & les Protestans de Ludovic, Comte Palatin de Neubourg, des Electeurs de Saxe, de Brandebourg &c. Les deux premiers de ces Princes y assistoient en personne, & furent obligés de mettre fin à ce Colloque, dont chacune des Parties, comme il arrive toujours, s'attribua ensuite l'avantage. De *Thou*, *Chronol. Septen. ann.* 1601.

(34) Ce sera pourtant toujours aux yeux des personnes non prévenuës, l'un des faux Dogmes de Calvin les plus insoûtenables, que cette attribution qu'on donne au sens des Saintes Ecritures, de suffire à se faire connoître de soi-même ; ou, ce qui est encore pis, de pouvoir être déterminé par l'esprit particulier. C'est la principale source de cette monstrueuse confusion de Sectes dont la prétenduë Réformée fut tout d'abord inondée.

(35) Le Duc de Mercœur acquit par ses grands Exploits, la réputation d'un des premiers hommes de Guerre de son temps. Voyez-les dans les Historiens, ainsi que les autres faits dont il est ici parlé.

*Fin du douziéme Livre.*

# MEMOIRES
## DE
## SULLY.

### LIVRE TREIZIEME.

'AGITATION des esprits causée par tous les soûlévemens domestiques, qu'on vient de voir dans le dernier Livre, n'empêcha point qu'on ne se livrât cet Hiver aux plaisirs & aux Spectacles ordinaires. On travailla par ordre, & pour le divertissement de la Reine, à la composition d'un Ballet d'une grande magnificence. L'Arsenal étoit le lieu que le Roi avoit choisi pour la représentation de ces Spectacles, à cause de la commodité de ses appartemens spacieux, soit pour les Acteurs, soit pour les Spectateurs. Comme je me trouvois hors d'état de donner les ordres nécessaires chez moi pour l'éxécution de celui-ci, parce que dans le temps qu'il devoit se faire, la playe que j'avois reçûë à la bouche pendant le Siége de Chartres, vint à se rouvrir; on avoit déja jetté les yeux sur un autre endroit que l'Arsenal:

1602.

mais le Roi aima mieux qu'on attendît que je fuſſe guéri : ce qui retarda le Ballet d'une huitaine.

Vers la Mi-Carême, le Comte de Schombourg, Grand-Maréchal de l'Empire, Envoyé de la Cour de Vienne, arriva à Paris, où il fit ſon entrée avec une Suite de quarante ou cinquante Chevaux. Sa Majeſté lui fit rendre tous les mêmes honneurs, que le Maréchal de (1) Bois-dauphin avoit reçus à Vienne. Le Prince Fils du Marquis de Brandebourg fit auſſi quelque ſéjour à Paris. Quoique ce ne ſoit pas la coûtume de défrayer les Perſonnes de ce rang, principalement, comme le remarquoit Sa Majeſté, lorſqu'elles ne ſuivent pas la Cour ; elle voulut qu'on eût tous les égards poſſibles pour ce Prince, dont la Maiſon d'ailleurs des premieres de l'Allemagne, faiſoit profeſſion d'un attachement particulier à la France : Je reçus ordre du Roi de lui faire chaque jour de la part de Sa Majeſté des préſens de vins & de viandes des plus rares.

Lorſque tout fut prêt pour le départ du Roi ; & que Sa Majeſté eut donné, dans les différens voyages qu'elle fit à Paris, les ordres néceſſaires, tant pour aſſûrer la paix & la tranquilité dans cette Ville & dans les Provinces, dont elle alloit s'éloigner, que pour ce qui concernoit celles où elle alloit paſſer ; elle partit de Paris vers le vingt Mai, & vint à Fontainebleau, d'où elle s'achemina vers Blois. La Reine fut de ce voyage, avec toute ſa Maiſon. Je le fis auſſi ; mais je ne partis que quelques jours après Sa Majeſté, qui me fit ſçavoir ſon arrivée à Blois, & le deſſein qu'elle avoit d'y ſéjourner huit ou dix jours. Ce tems étoit néceſſaire au Roi, pour une diètte qui lui avoit été ordonnée par les Médecins, afin de guérir une fluxion qui lui étoit tombée ſur la jambe, & qui avec le temps eût pu, comme il me le mandoit, mériter le nom de Goutte. Blois étoit d'ailleurs la Ville la plus propre à découvrir les ſecrets du Maréchal de Biron. Henry avoit dans toute cette Province, des perſonnes de confiance, qui s'y employoient uniquement ; & qui détachoient preſqu'à chaque moment des Courriers chargés des Nouvelles qu'ils venoient d'apprendre. On ſçut par eux, que la Cabale de Biron embraſſoit l'Anjou, le haut Poitou,

la

(1) Urbain de Laval, Marquis de Sablé, mort en 1629.

(2) Simon

la Xaintonge, le Mirebalais, le Châtelleraudois, l'Angoumois, le Périgord, le Limosin, la Marche & l'Auvergne : Qu'elle s'étendoit même par toute la haute Guyenne & le haut Languedoc : Qu'elle étoit appuyée par quatre ou cinq Seigneurs de la Cour, dont cependant on ne spécifioit pas les noms, pour ne rien avancer de douteux. Les liaisons avec l'Espagne, les desseins pour la surprise des Villes frontieres, & les raisons dont on se servoit pour animer le Peuple contre le Gouvernement présent (les mêmes que j'ai déja rapportées plus haut), faisoient encore partie de ces avis : Et voici ce qu'on y ajoûtoit de nouveau.

Les factieux, pour faire prendre ombrage au Peuple du voyage de Sa Majesté à Blois, qui sans doute ne les inquiétoit pas médiocrement, disoient par-tout : Que Henry ne l'avoit entrepris que pour faire faire une justice sévere de ceux qui s'étoient révoltés contre Jambeville, d'Amours & les autres Commissaires envoyés pour éxiger le sou pour livre sur les rivieres & dans les Passages : pour l'y établir lui-même, & de maniere que par une nouvelle réappréciation cet Impôt se trouvât triplé : pour faire recevoir par-tout la Gabelle, en s'emparant des Marais salans, dont les propriétaires ne recevroient en dédommagement, que de mauvaises rentes sur l'Hôtel-de-Ville de Paris : enfin pour arrêter les murmures, que devoient causer une double Décime, qu'ils faisoient croire que Henry avoit obtenu du Pape la permission de lever, & la rétractation des remises faites sur les Tailles de 1594, 1595 & 1596 : J'en ai parlé, lors de mon voyage dans les Généralités.

Voilà comment on peignoit presque par tout le Royaume, un Prince si bon, avec les couleurs d'un Tyran furieux & implacable. On avoit toujours des raisons prêtes pour lui enlever la Noblesse Catholique : On en avoit de différentes pour mutiner les Gentilshommes & les Officiers Protestans. On faisoit entendre aux premiers, que ce Trésor & cette Artillerie formidable, dont le Roi faisoit provision, n'avoient pour objet que d'anéantir leurs Priviléges, & de les mettre en servitude : On persuadoit aux seconds, que la persécution étoit déja ouverte contre eux, que le payement de leurs Garnisons, les fonds pour l'entretien de leurs Villes, les pensions de leurs Chefs, de leurs Officiers & de

*Tome II.* O

1602. leurs Miniſtres, alloient être dès cette année diminués d'un tiers, & la ſuivante, de deux: après quoi il feroit d'autant moins difficile de leur ôter leurs Places de ſûreté que c'étoit déja un point arrêté dans le Conſeil, de fermer aux Réformés tout accès aux Charges, & aux Emplois publics, en refufant de leur en expédier les Proviſions.

Si les preuves contre la perſonne des Conjurés avoient été auſſi claires, que l'étoient celles de leurs complots, le Roi auroit pu dès ce moment laiſſer un libre cours à ſa juſtice: mais par rapport aux Ducs de Bouillon & de La-Trémouille, par éxemple, la choſe n'en étoit pas encore aux mêmes termes qu'à l'égard du Maréchal de Biron & du Comte d'Auvergne: tout ſe réduiſoit à des ſoupçons contre eux, à la vérité très-violens: Et pour ce qui regarde les autres Seigneurs de la Cour, dont les noms ſe trouvoient auſſi mêlés dans la liſte, au nombre de huit; on en pouvoit faire une troiſiéme claſſe, ſous le nom de gens dont la conduite équivoque demandoit à être éclaircie. Les Ducs de Bouillon & d'Epernon étoient du voyage de Blois: Le Roi imagina qu'il pourroit tirer d'eux-mêmes la conviction de leurs ſentimens, en obſervant attentivement pendant le récit qu'il leur feroit des nouvelles qu'il recevoit, leur maintien & l'air de leur viſage. D'Epernon fut celui qu'il attaqua le premier. La vérité m'a obligé de parler ſi ſouvent au deſavantage de ce Duc, que c'eſt avec une véritable ſatisfaction que je me porte en cette occaſion à faire voir ſon innocence, & à publier ſes louanges.

D'Epernon entendant parler ſourdement à la Cour de brigues & de cabales, comprit aiſément que comme on juge ordinairement du préſent par le paſſé, ſon nom ne manqueroit pas d'avoir place parmi ceux qu'on difoit des ennemis de l'Etat. Cela lui fit prendre les précautions de renouveller à Sa Majeſté, lorſqu'elle étoit encore à Fontainebleau, les aſſûrances de ſa fidélité. Il n'avoit point d'autre preuve à lui en donner: & le malheur eſt que Henry prévenu de longuemain contre d'Epernon, il n'y ajoûtoit pas beaucoup de foi. Il ne laiſſa pas de lui ſçavoir gré de cette démarche: Et parce que d'Epernon en lui parlant, m'avoit cité pour quelque choſe, le Roi en me mandant à Paris ce qui venoit de ſe paſſer, me manda en même temps que d'Epernon lui avoit

paru dans le deſſein de me rechercher; & m'ordonna de le
prévenir en tout ; afin que ſi le crime qu'on lui imputoit,
n'étoit encore qu'en deſſein, on n'eût point à ſe reprocher
de l'avoir laiſſé ſe précipiter, lorſqu'il ne falloit peut-être
que de bons conſeils & de bons traitemens pour l'en empêcher.

1602.

   Je fis ce que le Roi m'ordonnoit ; & dès ce moment je
tins le Duc d'Epernon dans mon eſprit pour ſuffiſamment
diſculpé. Il parla à Blois au Roi de la même maniere qu'à
moi. Il ne nia point qu'il n'eût entendu parler de mouvemens, & d'intrigues ſecrettes : mais il dit que ç'avoit toujours
été d'une maniere ſi vague, & quelquefois même ſi contradictoire, qu'il ne lui étoit pas veuu dans l'idée qu'on pût y
ajoûter aucune créance : que ceux qu'on en diſoit les auteurs ou les fauteurs, ne lui en ayant jamais donné rien à
connoître, ni entrevoir, il avoit traité de fable un projet
dans lequel il ne trouvoit d'ailleurs que de l'extravagance ;
les conjonctures préſentes en rendant l'éxécution viſiblement
impoſſible. Quel qu'il fût, il offrit au Roi de demeurer près
de ſa Perſonne, pour lui ſervir de caution de lui-même,
pendant ſix mois ; & ſi ce temps ne ſuffiſoit pas, il lui jura
qu'il ne le quitteroit point, que ſes ſoupçons ne fuſſent entierement diſſipés. Le Roi n'eut rien à repliquer ; & commença auſſi à trouver le Duc d'Epernon beaucoup moins
coupable qu'il ne l'avoit penſé.

   Il s'en fallut beaucoup que le Duc de Bouillon ne montrât dans ſes paroles la même ſincérité. A la premiere ouverture que lui fit Sa Majeſté, il traita tout de calomnies,
inventées par des eſpions & des délateurs contre les Grands
du Royaume, afin de ſe faire valoir, & de paroître du moins
gagner l'argent qu'on leur donnoit pour éxercer cet emploi. Il joignit à ce reproche, qui attaquoit tacitement Sa
Majeſté, une application du paſſage du nouveau Teſtament :
qu'il eſt néceſſaire que les ſcandales arrivent, & que malheur à ceux qui les cauſent : Paſſage qui auroit été plus juſte
contre Bouillon & ſes Partiſans, en le prenant dans ſon ſens
naturel. Bouillon ne s'en tint pas là : il continua en diſant,
Qu'il étoit vrai qu'il avoit entendu dire que les Catholiques,
auſſi bien que les Proteſtans, ſe plaignoient qu'on les acca-
bloit d'impôts ; & que plus les richeſſes & le bonheur du

O ij

Roi alloient croissant, plus ils devenoient pauvres & misérables : Qu'outre ces plaintes communes, il avoit ouï dire en certain endroit aux Protestans : Que leur sort étoit d'être regardés tôt-ou-tard comme la peste & l'excrément de l'Etat : Qu'ils y seroient haïs, persécutés, proscrits, eux & leurs enfans : Qu'on les excluroit de tous les honneurs & de tous les Emplois : Qu'enfin on ne se reposeroit qu'après qu'on les auroit exterminés : Que tous ces bruits ne se répandoient, & ne prenoient tant de force, que parce que les personnes les plus qualifiées du Royaume n'étant point admises au Conseil, où se décidoient les affaires, soit à l'égard des différentes Religions, soit à l'égard des Impôts, elles ne pouvoient instruire le peuple du motif des résolutions qui s'y prenoient ; ni le peuple croire autre chose, sinon qu'on en vouloit en effet à sa liberté.

Il n'est pas douteux que le Duc de Bouillon en parlant ainsi, cherchoit à insinuer au Roi, que tous les bruits de révolte n'avoient point d'autre fondement que les cris du peuple gémissant sous le fardeau des Impôts ; & que ce feint mécontentement qu'il affectoit, lui servoit à dérober au Roi la connoissance de ses sentimens : mais tout ce qu'il y avoit d'aigre & de hardi dans ses paroles, fait bien voir que sa mauvaise humeur ne put lui laisser passer cette occasion sans décharger son fiel. Il ajoûta avec la même finesse & le même chagrin : Qu'on avoit voulu lui persuader à lui-même, que Sa Majesté avoit entrepris d'abolir les priviléges de sa Vicomté de Turenne, & acheter les droits de la Maison de la Mark sur Sedan : Mais qu'à cela, aussi-bien qu'à tout le reste, il s'étoit contenté de répondre, qu'il se tenoit assûré que le Roi n'en feroit rien, à cause des obligations qu'ils avoit euës de tout temps au Corps des Réformés. Il finit en protestant au Roi, que supposé que tout ce qu'on lui avoit rapporté de révoltes & d'attentats dans le Royaume, fût aussi vrai qu'il le croyoit faux, pour lui il ne s'étoit écarté en rien de son devoir.

Le Roi dissimulant au Duc de Bouillon ce qu'il pensoit du discours qu'il venoit de lui tenir, lui fit une proposition, sur l'idée de celle que le Duc d'Epernon lui avoit faite à lui-même, par laquelle il s'attendoit bien à le jetter dans un grand embarras. Il dit au Duc, qu'il étoit content de cette assû-

## LIVRE TREIZIEME.

1602.

rance ; & qu'il ne lui resteroit plus aucune défiance , s'il avoit pour lui la même complaisance qu'avoit euë d'Epernon, de ne point s'éloigner de la Cour, tant que cette affaire dureroit : qu'au reste il ne le retiendroit point près de sa Personne, sans lui faire part de tous ses desseins, & sans l'appeller dans tous ses Conseils, comme il avoit paru le souhaiter ; afin qu'il vît par lui-même l'attention qu'il apportoit à soulager le peuple ; & qu'il pût rendre aux Protestans comme aux Catholiques , un témoignage authentique de la pureté de ses intentions. Bouillon garda en recevant ce coup ; une présence d'esprit singulière : Il fit une exclamation de joye & d'admiration des sentimens que Sa Majesté lui témoignoit : Il répondit sur le fond de la proposition, qu'il alloit se mettre en état d'y satisfaire , non-seulement pour six mois , mais pour toute sa vie , s'il étoit nécessaire , en faisant un voyage dans toutes ses maisons, afin que rien n'interrompît ensuite le long séjour qu'il comptoit faire à la Cour. C'est ainsi qu'en paroissant faire tout ce que souhaitoit Sa Majesté , il se réserva pourtant de ne faire que ce qu'il voudroit lui-même ; & qu'il sçut la prévenir adroitement sur le départ subit auquel il se préparoit.

Henry comprit tout cela : C'est ce qui le fit résoudre à assembler un Conseil secret pour délibérer sur ce qu'il avoit à faire en cette conjoncture. Il n'y eut d'appellés à ce Conseil, que MM. le Comte de Soissons , le Chancelier, Villeroi , Maisse & moi. On y entendit avant toutes choses, Descures, qui avoit été envoyé convier le Maréchal de Biron de la part de Sa Majesté de venir à la Cour ; & dont le rapport fut tel , qu'il n'y eut qu'une voix sur la détention de ce Maréchal & du Comte d'Auvergne , si-tôt qu'il seroient arrivés. Le Roi proposa ensuite , s'il ne seroit pas à propos d'en faire autant des Ducs de Bouillon & d'Epernon , pendant qu'ils étoient à la Cour. Presque tous les Assistans furent encore de cet avis : Et le plus distingué de la troupe ne le modifia que pour dire que Biron étoit le seul auquel il faudroit ensuite faire grace ; parce que ne faisant rien de lui-même , on le rameneroit aisément à la raison , lorsqu'on lui auroit ôté ceux dont la société le perdoit. Je remarque cet avis à cause de sa singularité.

Le mien fut totalement opposé. Je ne pus goûter qu'on

*Pierre Fougeu , Sieur Descures.*

1602. arrêtât d'Epernon, ni même Bouillon. Si les soupçons tiennent lieu de preuves en ces matieres, il falloit donc aussi arrêter tous ceux que La-Fin avoit chargés, & moi-même tout le premier : c'est ainsi que je m'expliquai. Qu'on suppose après cela qu'ils soient trouvés innocens, on manque par cette action précipitée les vrais coupables, Biron & d'Auvergne, qu'il étoit impossible d'arrêter au même moment ; & dont la fuite ôtoit encore toute espérance de rien prouver contre les prisonniers. Le malheur est que criminels ou innocens, on ne pouvoit plus après cela se dispenser de les traiter comme réellement coupables, dans la crainte des effets où le ressentiment d'un outrage de si grand éclat étoit seul capable de les porter. Le Roi se rendit à cette opinion ; sépara le Conseil, l'heure de dîner étant venuë ; & voulant m'entretenir seul sur ce qui venoit d'être agité, il me dit de dîner en Soldat, & de le venir retrouver avant que tout le monde se fût rassemblé.

Etant descendu dans la cour, où j'étois attendu par cette foule qui s'attache aux personnes en place, je vis venir à moi le Duc d'Epernon, qui me dit avec la même assûrance que je lui avois remarquée : que des conseils si longs & si secrets allarmoient une infinité de personnes : mais qu'il n'étoit pas de ce nombre ; parce qu'il n'avoit rien à se reprocher. Je lui répondis qu'en ce cas il n'avoit en effet rien à craindre ; le Roi étant bien plus disposé à pardonner à de véritables coupables, qui avouëroient leurs fautes, qu'à punir sur un simple soupçon, ceux qui ne l'étoient pas. » Je
» vois, lui dis-je, force gens qui s'éloignent de la Cour :
» mais ceux qui ont la conscience nette ne le doivent pas
» faire. Je suis de ce nombre, reprit d'Epernon ; & je ne par-
» tirai point de la Cour, tant que ces ombrages dureront.
» Vous ne sçauriez mieux faire, Monsieur, lui repliquai-je :
» & je vous promets que je ferai valoir dans l'occasion cette
» résolution que vous prenez. «

En arrivant chez moi, je dis à mon Maître-d'hôtel qu'il retranchât tout un Service, & qu'il me servît ce qu'il avoit de prêt. Nicolas (2) arriva, comme je me mettois à table :

---

(2) Simon-Nicolas étoit un Secretaire du Roi, » Poëte, Diseur » de bons mots, vieux pécheur, dit » le Journal d'Henry IV. croyant en » Dieu par bénéfice d'Inventaire, & » qui n'en étoit que mieux reçu dans

» Lavez promptement, lui dis-je, sans l'avertir des ordres
» donnés à la cuisine ; & vous mettez à table. « Il fut bien
surpris, lorsqu'après avoir bu deux coups, & mangé un morceau à la hâte, il vit que je demandois le fruit, & en même
temps le cheval sur lequel je devois monter pour retourner au Château. Cet ordre ne lui plut pas : car il n'aimoit
pas moins la bonne-chere que la plaisanterie. » Pardieu !
» Monsieur, me dit-il, je ne m'étonne pas que vous passiez
» pour un des plus habiles Seigneurs de France : je ne con-
» nois personne qui puisse boire trois coups pendant votre
» dîner. Là, là, Monsieur Nicolas, lui répondis-je, ne laissez
» pas d'achever de dîner : pour moi j'ai une affaire qui m'ap-
» pelle ailleurs. «

Je rapportai à Sa Majesté les paroles que venoit de me dire le Duc d'Epernon. Elle convint qu'il pouvoit bien ne s'être pas embarqué dans une affaire, qu'il voyoit traiter par des personnes d'humeur & de Religion si différentes ; & où tant s'en faut qu'il y eût rien à gagner pour lui, il y risquoit au-contraire à se faire dépouiller de son Bien & de ses Charges. D'Epernon avoit assez d'esprit pour sentir que le projet des séditieux n'avoit rien que de ruineux : » Ce n'est
» pas, ajoûtoit le Roi, qu'en son cœur il ne fût peut-être
» bien aise que quelqu'un me traversât, afin que j'eusse d'au-
» tant plus affaire de lui ; mais il sçait par sa propre expé-
» rience, combien de pareils desseins sont sujets à échouer. «
Sa Majesté me chargea de l'entretenir dans ces dispositions, & de faire encore un effort auprès des Ducs de Bouillon & de la Trémouille, pour les arrêter à la Cour : mais d'attendre pour cela qu'on fût arrivé à Poitiers ; parce que jusqu'à ce temps-là il pouvoit lui venir des avis, qui le détermineroient. Je m'y employai de tout mon pouvoir, & en présence de MM. de La-Nouë, de Constant, d'Aubigny & de Preaux : mais tout ce que je pus leur dire fut inutile.

Il se traita à la Cour, pendant le séjour que firent Leurs Majestés à Blois, d'une autre affaire fort-différente de celle-cy, dont le récit me met dans quelqu'embarras ; parce qu'el-

» les compagnies, selon l'humeur
» corrompu de ce siecle misérable...
» Il mourut deux ans après, âgé de
» soixante-dix ans. Comme on lui
» parloit de Dieu, de la mort &

» d'une vie éternelle ; il fit réponse
» qu'il eût quitté volontiers sa part
» de Paradis pour cinquante ans de
» vie de plus. « *Journal d'Henry IV.*

1602.

le fit un assez grand éclat pour ne devoir pas être passée sous silence ; & que d'un autre côté il ne m'est pas permis de la révéler ici, dans la crainte que j'ai de trahir le secret que j'ai voué au Roi & à la Reine, qui ne s'en sont ouverts qu'à moi seul, & qu'elle regarde personnellement. Le tempérament dont je vais me servir, est de ne rien rapporter au-delà de ce qui transpira au-dehors, & vint à la connoissance du Courtisan.

Premier Valet de Chambre du Roi.

Il se répandit donc un bruit, que le Roi & la Reine avoient eu un différend ensemble : ce qui fut confirmé ; parce qu'un jour le Roi m'envoya chercher par Armagnac, de si grand matin, qu'il étoit encore au lit aussi-bien que la Reine, & contre leur coûtume chacun dans leur appartement. On remarqua que j'avois fait plusieurs allées & venuës de l'un à l'autre ; On sçut que je m'étois mis trois ou quatre fois à genoux devant le Roi & la Reine, comme si j'avois eu une grande grace à obtenir d'eux. Comme rien n'échape en ces occasions aux Courtisans curieux ; ils tirerent chacun leurs conjectures de ce que parmi les noms du Roi & de la Reine, on avoit aussi entendu prononcer ceux du Duc & de la Duchesse de Florence, & de Mantouë, de Virgile Ursin, de Dom Joan, de Bellegarde, de Trainel, Vinti, Joannini, Conchini, la Léonor, Gondy, Catherine Selvage, avec celui de la Marquise de Verneuil. D'autres personnes furent désignées, disoit-on encore, sous le nom mystérieux de couleur de Tanné. On chercha à faire parler mon Epouse ; parce qu'on découvrit que Conchini, qui avoit souvent affaire à elle, & qui lui rendoit publiquement le même respect qu'un Serviteur à sa Maîtresse, ( il l'appelloit même souvent de ce nom ) étoit venu la chercher plusieurs fois de la part de la Reine, avec laquelle, tantôt seule, tantôt la Léonor avec elles, elle étoit demeurée secrettement enfermée plusieurs après-dînées entieres.

Mais ce qui fournit le plus de matiere aux discours ; c'est que dans le temps que la contestation étoit le plus échauffée, La-Varenne vint m'avertir un matin que le Roi m'attendoit dans la nouvelle galerie qu'il avoit fait bâtir à Blois, au-dessus de celles qui règnent le long des jardins d'en-bas : c'est celle où l'on voit la représentation singuliere d'une biche avec le bois d'un cerf. On prit garde que Sa Majesté fit

mettre

# LIVRE TREIZIEME.

1602.

mettre en fentinelle au bout de cette galerie, qui n'étoit pas encore fermée, deux Suiffes qui ne fçavoient pas un mot de François ; & que pendant deux heures & plus, que nous y demeurâmes, on nous vit parler avec beaucoup d'action. On pouvoit malgré la diftance entendre quelques-unes de nos paroles, dont on ne tira aucune lumiere. Il n'en fut pas de même de celles-cy, qu'on entendit proférer à Sa Majefté en fortant, & qu'on recueillit foigneufement : » Il n'en » faut plus parler : je me conduirai en tout par vos confeils, » afin qu'il ne me foit plus reproché que je fais toutes cho- » fes de ma tête : Mais fouvenez-vous que peut-être vous & » moi nous en repentirons un jour : car il ne fçauroit pleu- » voir fur moi, qu'il ne dégoutte fur vous. Je connois l'efprit » de ceux qui s'en mêlent : ils feront caufe de beaucoup » de mal. Je ne nie point que la douceur & l'indulgence ne » foient fort-louables ; mais vous ne nierez pas auffi que » l'excès n'en foit pernicieux. « On diftingua auffi ces paroles, que je répondis au Roi : Qu'à la vérité il y avoit de la prudence à prévoir & à prévenir les accidens fâcheux, mais qu'il falloit auffi fe donner de garde de les avancer par des recherches trop curieufes. C'eft fur ce fondement qu'on foupçonna que le Roi avoit eu deffein de fe porter à quelque démarche violente contre certaines perfonnes de la Maifon & du Confeil de la Reine ( 3 ). Je ne puis en dire davantage.

De Blois le Roi vint à Poitiers. Il fe montra enfuite dans le Limofin & la Guyenne : Sa préfence fut d'une fi grande efficace, qu'il ne trouva nulle part d'oppofition à fes volontés, pas même à l'Etabliffement du fou pour livre ( 4 ).

( 3 ) C'eft dire la chofe affez clairement : Et les autres Mémoires de ce tems-là fe rapportant tous à cette idée, on ne fçauroit prefque douter que Henry IV. n'eût pris la réfolution non-feulement de purger la Cour de ces délateurs, qui envenimoient l'efprit de la Reine contre lui ; mais encore de faire fentir un peu fortement à cette Princeffe fon indifcretion, en ceffant de la voir, & en l'obligeant de vivre loin de lui dans une de fes maifons ; peut-être même en la renvoyant à Florence.

On voit dans l'Hiftoire de la Mere & du Fils. *tom.* 1. *p.* 9. Que ce Prince la menaça de l'un & de l'autre. M. de Rofny trouvoit apparemment ce fecond parti un peu trop violent ; comme en effet il l'étoit, vû les circonftances.

( 4 ) Le Septenaire dit que M. de Rofny fut envoyé par Sa Majefté pour ce fujet à la Rochelle ; & que les Rochelois le chargerent de faire leurs repréfentations au Roi pour la fuppreffion de la Pancarte, ou Tarif de cet Impôt.

*Tome II.*          P

1602. Il auroit pu après cela laisser subsister cet Impôt : Rien n'en auroit troublé la levée : mais content de la soûmission de ses Peuples, il prit ce moment pour le convertir d'abord en une menuë Subvention, & peu après pour le supprimer tout-à-fait. L'Edit de révocation porte, que Sa Majesté ne s'y est déterminée uniquement qu'à cause de cette obéïssance de ses Sujets. Henry satisfait du succès de son voyage (5), reprit le chemin de Fontainebleau, où arriva peu de temps après lui le Maréchal de Biron.

 La consternation que le voyage de Sa Majesté avoit répanduë parmi ses Créatures, lui fit connoître que ses affaires n'étoient pas à beaucoup près aussi avancées qu'il s'en étoit flaté ; & lui fit prendre ce parti, dans lequel plusieurs autres motifs le confirmoient. Son Traité avec l'Espagne & la Savoie n'étoit pas encore au point, qu'il pût en espérer incessamment le secours d'hommes & d'argent qui lui étoit nécessaire. Une résistance trop marquée aux volontés du Roi pouvoit donner de sa trahison les soupçons qu'il ne s'imaginoit pas qu'on eût déja conçus. Il pouvoit même arriver, ainsi que lui représentoit le Baron de Lux son Ami & son Confident, que sur des refus réïterés de paroître devant le Roi, Sa Majesté prendroit le parti de venir droit à lui, à main armée, comme à un rebelle : ce qui seroit le coup mortel pour ce Maréchal, qui n'étoit en état ni de se défendre, ni de l'attendre enfermé dans une Place : toutes les siennes étant dépourvuës de tout, principalement d'Artillerie.

 C'est une précaution que j'avois prise, en préparant ce coup à Biron quelques mois auparavant. Je lui avois fait entendre que toutes les Pièces de Canon, qui étoient dans les Places de Bourgogne, devoient nécessairement être refonduës, & toutes les poudres rebattuës. L'attention avec laquelle on voyoit que je veillois à tout ce qui regardoit ma Charge de Grand-Maître, suffisoit seule pour faire passer cette proposition : mais pour ne point donner d'ombrage au Maréchal, j'avois été le premier à lui proposer de réparer ce vuide, en lui faisant fournir abondamment & en même

  » ( 5 ) Durant ce voyage de Poi-
» tiers, dit le Septénaire, qui dura
» près de deux mois, la Cour sem-
» bloit triste, le Roi pensif, nul
» Conseil ni d'affaires aucunes de
» justice, sinon à Blois. « Ce qui provenoit des chagrins publics & particuliers de Henry, dont il vient d'être fait mention.

# LIVRE TREIZIEME.

1602.

temps de l'Arsenal de Lyon, que je venois de remplir avec grand soin, tout ce qui lui étoit nécessaire. Je consentis que Biron envoyât des Gens à lui jusqu'à Lyon, pour escorter les Bateaux qui devoient être chargés des Pièces que je lui envoyois ; & qu'il ne fît partir les siennes que lorsque celles-cy arriveroient : Il ne sçavoit pas que j'avois mis si bon ordre par-tout, que les Bateaux de Lyon, qui remontoient la Saone fort-lentement, furent arrêtés en chemin, jusqu'à ce que ceux qui venoient de Bourgogne, fussent sortis des Terres de sa dépendance : Lorsque je vis les uns & les autres en ma disposition, ceux de Lyon n'allerent pas plus loin.

Biron ne s'apperçut de la tromperie que je lui avois faite, que lorsqu'il ne fut plus temps d'y remédier : Il s'emporta d'une étrange maniere contre moi ; & se vanta si publiquement qu'il viendroit me poignarder, que le Roi m'écrivit de ne marcher que bien escorté. J'avois encore placé comme sans dessein, les logemens de la Cavalerie-legere sur les passages du Loin : mais tout cela, que Biron ne prit peut-être que pour une envie de le chagriner, ne fut pas capable de lui faire ouvrir les yeux. De Lux & lui ne tirerent d'autre conséquence de l'impossibilité où ils étoient de se défendre, sinon, qu'il falloit en imposer au Roi, jusqu'à ce qu'ils y eussent pourvu par le moyen de l'Etranger. Descures & Jeannin agissoient avec eux de maniere à leur inspirer cette sécurité. La-Fin de son côté avoit assûré très-positivement à Biron (6), que non-seulement il ne l'avoit pas trahi ; mais que n'ayant cherché à entretenir le Roi que pour le sonder, il l'avoit trouvé fort-loin de son but : Ce qu'il lui confirma encore à Fontainebleau, où il lui dit en passant ces deux mots : » Mon Maître, courage, & bon bec. « Le secret d'ailleurs avoit été si bien gardé de la part du Conseil, qu'on n'avoit à la Cour aucune idée de ce qui se tramoit contre Biron ; & que d'Epernon sçachant qu'il arrivoit à Fontainebleau, envoya au-devant de lui, lui faire les offres de service d'usage entre les Grands (7) : En quoi il commettoit

---

(6) Le Maréchal de Biron croyoit lui avoir vu jetter au feu le Traité fait avec l'Espagne : mais La-Fin l'avoit trompé en ne brulant, au-lieu de ce Traité, qu'un morceau de papier indifférent.

(7) Le Duc d'Epernon ne s'est point défendu d'avoir rendu en cette occasion au Maréchal de Biron, tous les bons offices qu'il pouvoit at-

une grande imprudence, après ce qui s'étoit passé à Blois, comme il l'a avoué lui-même bien des fois depuis ce temps-là.

J'étois allé faire un tour à Moret, lorsque Biron arriva à la Cour. Le Roi m'en donna avis par ce Billet : « Mon Ami, » notre homme est venu : Il affecte beaucoup de retenuë & » de sagesse. Venez en diligence, afin que nous avisions à » ce que nous avons à faire : Adieu, je vous aime bien. » Je revins aussi-tôt de toute la vitesse de mon cheval ; & je trouvai le Roi qui se promenoit devant le pavillon où j'étois logé, avec ( 8 ) Praslin, qu'il quitta pour venir à moi. Il me prit par la main ; & m'apprit en continuant à se promener, qu'il avoit essayé inutilement par toutes sortes d'en-

tendre d'un Ami. » Lorsqu'il traita » avec lui de cette affaire, dit l'Hi- » storien de sa vie, il ne le fit point » en termes ambigus comme les au- » tres, mais fort sérieusement : il lui » apprit la trahison de La-fin, & » lui en donna toutes les preuves ; » & l'exhorta à recourir à la bonté » du Roi. Voilà ce qui justifie le » Duc d'Epernon. Du Plessis-Baus- « sonniere, Gentilhomme d'hon- » neur, & fort attaché au Duc, » est celui qu'il envoya au-devant » du Maréchal, étoit principale- » ment chargé de le porter par tou- » tes sortes de motifs à obtenir du » Roi le pardon de sa faute. Aussi ne » put-on jamais engager ce Gentil- » homme assûré de son innocence » & de celle de son Maître, à se re- » tirer dans les Pays Etrangers, après » que le Roi, qui n'avoit pas ignoré » cette démarche, eut fait arrêter le » Maréchal de Biron : En quoi il ren- » dit un grand service au Duc d'E- « pernon : Et il lui donna ensuite un » second conseil dont le Duc se trou- « va fort bien : c'est d'avouer since- » rement à Sa Majesté cette démar- » che auprès du Maréchal, & de lui » dire en même temps dans quelle » intention il l'avoit faite. « Le mê- me Historien mêle dans ce détail quelques traits qui découvrent le fond des sentimens du Duc d'Epernon, & servent en même temps à faire connoître son caractère. » Le Duc d'Epernon, dit-il, & Biron » étant allés de compagnie au Lou- » vre, pour faire leur Cour après » dîner ; Sa Majesté avertie de leur » venuë, se mit à la fenêtre, pour » voir au travers de la vitre leur dé- » marche & leur contenance. Un » Ami du Duc d'Epernon, qui étoit » auprès du Roi, lui en fit avertir, afin » qu'il composât ses actions ... Il fit » tout le contraire de ce qu'on lui » vouloit persuader ; & s'étant con- » firmé de plus en plus dans les té- » moignages qu'il recevoit de sa bon- » ne conscience, rempli d'une juste » & généreuse indignation de voir » sa fidélité soupçonnée, il marcha » la tête droite & les yeux tournés » vers la fenêtre, où il sçavoit que » le Roi étoit appuyé. Le Roi le re- » marqua, & le fit remarquer à ceux » qui étoient près de lui ... Sa Maje- » sté fit ensuite une partie à la pau- » me. Le Comte de Soissons étoit » avec le Roi, contre le Duc d'Eper- » non & le Maréchal. C'est à cette » partie que les Historiens de ce » temps-là ont fait dire au Duc un » bon mot, parlant au Maréchal : » qu'il jouoit bien, mais qu'il fai- » soit mal ses parties, &c. « *Hist. du la vie du Duc d'Epernon, ann.* 1602. *pag.* 205. *& suiv.*

(8) Charles de Choiseul, Marquis de Praslin, Capitaine de la premiere Compagnie des Gardes, mort Maréchal de France en 1626.

droits, à arracher de (9) Biron l'aveu de sa faute ; quoiqu'il cachât si mal tout ce qu'il avoit dans l'esprit, qu'on le lisoit sur son visage. Sa Majesté me découvrit ensuite ses plus secrets sentimens par rapport au Maréchal. Elle avoit encore pour lui toute son ancienne tendresse, & ne le regardoit qu'avec compassion : Elle auroit fort souhaité qu'on eût pu lui enseigner des moyens, sans rien risquer, de ne point le traiter en criminel d'Etat : C'est ce qui n'étoit pas facile, du caractère dont on connoissoir Biron : s'il étoit dangereux de le laisser échapper, lorsqu'il témoignoit ne se repentir de rien ; il ne l'étoit guére moins de le relâcher sur sa bonne foi, après lui avoir témoigné qu'on avoit en main la preuve de sa trahison.

Le Roi revint encore une derniere fois au parti que sa douceur naturelle lui avoit toujours dicté, de chercher à faire rentrer le Maréchal de Biron en lui-même : & comme il n'avoit pu y réussir ; il me chargea de l'entreprendre, & promit de m'avouer de tout ce que je pourrois dire à Biron pour l'entraîner aux pieds de Sa Majesté, pourvu cependant que je ne donnasse rien à connoître de ce qu'avoit dit La-Fin ; afin de ne pas nuire au dessein de l'arrêter, auquel il faudroit bien revenir, s'il persistoit dans son opiniâtreté. « S'il s'ouvre à vous, me dit Henry, sur la confiance
» que vous chercherez à lui inspirer en ma bonne volonté ;
» assûrez-le, qu'il peut sans crainte me venir trouver & m'a-
» vouer tout : S'il ne me déguise rien, je vous donne ma

1602.

___

(9) » Le Roi ennuyé de ses rodo-
» montades & de son opiniâtreté,
» le quitta, lui disant pour dernieres
» paroles : Hé bien ! il faudra ap-
» prendre la vérité d'ailleurs : adieu
» Baron de Biron. Ce mot fut comme
» un éclair avant coureur de la fou-
» dre qui l'alloit terrasser ; le Roi le
» dégradant par-là de tant d'éminen-
» tes dignités dont il l'avoit hono-
» ré... Le même jour après souper, le
» Comte de Soissons l'exhorta enco-
» re de la part du Roi de lui confes-
» ser la vérité, & conclut sa remon-
» trance par cette Sentence du Sage :
» Monsieur, sçachez que le couroux
» du Roi est le Messager de la mort. «
Peref. ibid. » Après le dîner, dit le
» Septénaire, il vint trouver le Roi
» qui faisoit un tour dans sa grande
» Salle, lequel lui montrant sa sta-
» tuë en relief, triomphant au-dessus
» de ses Victoires, lui dit, Hé bien,
» mon Cousin, si le Roi d'Espagne
» m'avoit vu comme cela, qu'en di-
» roit-il ? Il répondit au Roi légere-
» ment, Sire, il ne vous craindroit
» guére : Ce qui fut noté de tous les
» Seigneurs présens. Et lors le Roi
» le regarda d'une œillade rigoureu-
» se, dont il s'apperçut : & soudain
» r'habillant son dire, il ajoûta, j'en-
» tends, Sire, en cette statuë que
» voilà, mais non pas en cette Per-
» sonne. «

» parole royale que je lui pardonne de bon cœur. »

J'allai chercher le Maréchal dans le Château, où je le trouvai dans la chambre de Sa Majesté, s'entretenant avec La-Curée au chevet de son lit. J'étois suivi d'un assez grand nombre de personnes. Il entendit qu'on me faisoit place, & s'avança pour me saluer : ce qu'il fit très-froidement. Je crus devoir commencer par chercher à lui faire oublier le ressentiment que je sçavois qu'il avoit contre moi : » Hé : » qu'est ceci, Monsieur, lui dis-je en l'embrassant étroite- » ment ? Vous me saluez en Sénateur, contre votre ordi- » naire : Ho ! il ne faut pas faire ainsi le froid : embrassez » moi encore une fois ; & allons causer. « Lorsque nous fûmes assis au chevet du lit de Sa Majesté ; & que personne ne put nous entendre : » Hé bien ! Monsieur, lui dis-je, du » ton que je crus le plus propre à le gagner, quel homme » êtes-vous ? Avez-vous salué le Roi ? Quel accueil vous a- » t'il fait ? Que lui avez-vous dit ? Vous le connoissez : il est » libre & franc, & veut que l'on soit de même que lui. » L'on m'a dit que vous aviez fait le réservé avec lui : cela » n'est point de saison, ni selon son humeur & la vôtre : » Je suis votre Parent, votre Serviteur & votre Ami : croyez » mon conseil, & vous vous en trouverez bien : dites-moi » librement ce que vous avez sur le cœur, & soyez sûr que » j'y apporterai remède ; ne craignez point que je vous » trompe. «

A tout cela Biron se contenta de répondre à la fin indifféremment : » J'ai fait la révérence au Roi avec tout le res- » pect que je lui dois : je lui ai répondu sur tout ce qu'il « m'a demandé ; mais ce n'a été que des propos communs » & des questions générales : aussi n'avois-je rien davantage » à lui dire. Ah ! Monsieur, repris-je, ce n'est pas-là comme » il faut en user avec le Roi : Vous connoissez la bonté de « son cœur : ouvrez-lui le vôtre, & lui dites tout, ou à moi, » si vous l'aimez mieux ; & je vous réponds qu'avant qu'il » soit nuit, vous demeurerez contens l'un de l'autre. Je » n'ai rien à dire au Roi, repliqua le Maréchal, ni à vous, » de plus que j'ai fait : Mais si Sa Majesté a quelque défiance, » ou quelque mécontentement de moi, que lui ou vous me » le disiez librement sur quoi que ce puisse être ; & j'y répon- » drai de même. Ce qui fâche le plus le Roi, lui dis-je,

# LIVRE TREIZIEME.

1602.

dans l'envie que j'avois de le fauver, fe font vos froideurs : » car d'autres particularités, ajoûtai-je auffi-tôt, il n'en fçait » point : Mais que votre confcience vous juge vous-même ; » & conduifez-vous de la même maniere, que fi vous fça- » viez que nous fuffions informés de tout ce que vous avez » fait, dit, & penfé de plus fecret ; car je vous jure ma foi » que c'eft le vrai moyen d'obtenir du Roi tout ce que vous » pouvez defirer. Je ne vous donne point d'autre confeil » que celui que je prens ordinairement pour moi-même : » S'il m'eft arrivé de faire quelque peccadille ; je m'en accu- » fe au Roi comme d'un grand péché : & c'eft alors qu'il » fait tout ce que je veux. Hé pardieu ! pourfuivis-je avec » vivacité, fi vous me voulez croire, vous & moi nous » gouvernerons la Cour & les affaires. Je veux bien vous » croire, répondit encore Biron avec la même nonchalan- » ce : mais je n'ai à confeffer, ni péché, ni peccadille : je » fens ma confcience fort nette, depuis ce que j'ai avoué au » Roi à Lyon (10). « Je n'en avois peut-être déja que trop dit : je ne pus pourtant m'empêcher de lui faire encore plufieurs inftances, qu'il ne reçut pas mieux. Il fe retira chez lui après cet entretien.

Le Roi entra dans ce moment. Je lui redis fans rien oublier, tout ce que je venois de dire à Biron, & tout ce qu'il m'avoit répondu. » Vous avez été un peu bien avant, me » dit ce Prince, & même affez pour le mettre en foupçon ; » & faire qu'il s'en aille. « Entrez dans cette galerie, ajoûta Sa Majefté après quelques momens de réfléxion fur l'aveuglement & l'opiniâtreté avec lefquels le Maréchal de Biron couroit à fa perte ; » & m'y attendez : je veux parler à » ma Femme & à vous enfemble ; & qu'il n'y ait perfonne » que nous trois. « Il revint en effet au bout de quelques inftans avec la Reine feule ; & ayant fermé la porte de la galerie au vérou, il nous dit que l'obligation où il étoit comme Roi & comme Pere, de veiller à la fûreté de l'Etat ménacé de retomber peut-être dans fa premiere mifére, ne lui laiffant d'autre parti à prendre que d'arrêter le Maréchal de Biron & le Comte d'Auvergne, il ne s'agiffoit plus

---

» (10) Il avoit négligé, dit M. de » Pérefixe, d'en prendre abolition, » contre le confeil que lui avoit don- » né le Duc d'Epernon, qui étoit » plus fage & plus avifé que lui. «

1602.

que de mettre en délibération la maniere dont on s'en assûreroit, afin de ne pas manquer son coup (11). Le sentiment de Sa Majesté étoit qu'on attendît qu'ils fussent rétirés chacun chez eux, & couchés; & qu'alors on fît investir leurs appartemens par des Gens armés. Je proposai qu'on les amusât l'un & l'autre dans le Cabinet du Roi bien avant dans la nuit, & qu'après que presque tous les autres Courtisans en seroient sortis lassés d'attendre l'heure du coucher de Sa Majesté, on les fît saisir lorsqu'ils se retireroient. » Je ne vois point d'apparence à ce que vous dites, reprit » Henry, si je ne veux voir ma chambre & mon Cabinet » remplis de sang: car ils ne manqueront pas de mettre » l'épée à la main, & de se défendre : Je ne veux point, si » cela doit arriver, que ce soit en ma présence, ni dans mon » appartement, mais dans le leur. « Je trouvois qu'il étoit sur-tout à propos d'éviter en cette occasion la rumeur & l'éclat : mais Henry s'en tint toujours à sa première idée. » Allez-vous-en chez vous souper, me dit-il en me congé- » diant; bottez-vous, & faites botter tous vos Gens sur les » neuf heures; faites tenir prêts vos chevaux & les leurs, & » soyez-le vous-même à partir au moment que je vous le » manderai. «

Je me retirai dans mon pavillon, où après avoir donné mes ordres conformément à ceux que je venois de recevoir de Sa Majesté, j'entrai dans mon Cabinet, dont la commodité étoit que j'y pouvois voir de-là tout ce qui se faisoit autour de l'appartement de Biron, qui étoit dans le pavillon opposé au mien. Je lisois & me promenois alternativement

(11) Il auroit été manqué, si le Maréchal de Biron avoit profité des avis qu'on lui donna. » Un Quidam » lui porta une petite Lettre, com- » me il entroit chez le Roi après sou- » per, sous le nom de la Comtesse » de Roussy, sa Sœur : Et comme il » lui demanda de ses Nouvelles, » voyant qu'il ne répondoit rien, il » se douta que c'étoit autre chose, » & l'ayant ouverte, trouva qu'on » l'avertissoit que s'il ne se retiroit » dans deux heures, il seroit arrêté. » Soudain il la montra à un des siens, » nommé de Carbonnieres, qui lui » dit lors, adieu, Monsieur, je vou- » drois avoir un coup de poignard » dans le sein, & que vous fussiez en » Bourgogne. A quoi il répondit : si » j'y étois, & que j'en dusse avoir » quatre, le Roi m'ayant mandé, j'y » viendrois. Quoi fait, il entra en la » chambre du Roi, où il joua à la » prime avec la Reine. Ainsi qu'il » jouoit, on apperçut le Sieur de » Mergé, Gentilhomme de Bourgo- » gne, qui lui dit quelque chose à » l'oreille ; & ne l'entendant point, » le Comte d'Auvergne vint aussi, » qui lui donna de la main au côté » par deux fois, & lui dit, il ne fait » pas bon ici pour nous. « *Septén. ibid.*

(12) Vitry

# LIVRE TREIZIEME.

1602.

ment, sans cesser de faire attention de ce côté-là, où je m'attendois à chaque moment de voir commencer une attaque, & de recevoir de nouveaux ordres du Roi sur ce que j'avois à faire : Neuf heures sonnerent, dix & même onze, enfin minuit, sans que je visse aucun mouvement. Pour lors je ne doutai point que quelque contre-temps n'eût fait manquer le coup. » Je crains bien, dis-je, en rentrant dans ma cham-
» bre, où tous mes domestiques, les uns jouant ou s'en-
» tretenant, les autres en dormant, attendoient la scène qui
» se préparoit ; je crains biens que pour n'avoir pas bien
» pris ses mesures, on n'ait laissé échapper des Oiseaux si ai-
» sés à retenir, & qui ne se rattraperont pas facilement.
» Qu'on aille brider mes chevaux, & charger mon bagage,
» pendant que je m'en vais dans mon Cabinet écrire un
» mot. «

J'y fus bien encore une demie-heure : après quoi j'entendis du bruit à la porte du pavillon, du côté des grands jardins ; & une voix qui cria : » Monsieur, le Roi vous de-
» mande. « Je mis la tête à la fenêtre ; & je reconnus La-Varenne, qui continuoit en disant : » Monsieur, venez
» promptement : le Roi veut parler à vous, & vous envoyer
» à Paris donner ordre à tout : car MM. de Biron & d'Au-
» vergne sont arrêtés prisonniers. Et où ont-ils été pris, lui
» dis-je ? (12) Dans le Cabinet du Roi, me répondit-il. Dieu
» soit loué, repris-je, que le Roi ait suivi ce conseil. « Je courus vers l'Appartement de Sa Majesté, qui me dit : » Nos
» gens sont pris : Montez à cheval : allez leur préparer leur
» logis à la Bastille. Je les enverrai par bateau à la porte
» de l'Arsenal, qui est du côté de l'eau : Faites les y descen-
» dre : qu'il ne s'y trouve personne ; & les menez où il faut,

---

(12) Vitry arrêta le Maréchal de » Biron en sortant de l'Antichambre » du Roi : Monsieur, lui dit-il, le » Roi m'a commandé de lui rendre » compte de votre personne : Baillez » votre épée. Tu te railles, lui ré-» pondit Biron. Monsieur, repartit » Vitry, le Roi me l'a commandé. » Hé ! je te prie, repliqua le Maré-» chal, que je parle au Roi. Non, » Monsieur, reprit Vitry, le Roi est » retiré.... Praslin attendoit pendant » ce temps-là le Comte d'Auvergne » à la porte du Château ; & lui dit, » Monsieur, demeurez : vous êtes » prisonnier du Roi. Moi, moi, ré-» pondit le Comte d'Auvergne sur-» pris ! Oui, vous, Monsieur, lui dit » Praslin ; de par le Roi je vous ar-» rête ; rendez l'épée. Tiens, prends-» là, reprit d'Auvergne ; elle n'a ja-» mais tué que des sangliers : si tu » m'eusses averti de ceci, il y a deux » heures que je serois couché & en-» dormi. «

*Tome II.* Q

» sans bruit, au travers de vos cours & de vos jardins. Lors-
» que vous aurez tout disposé de cette maniere à l'Arsenal,
» avant qu'ils y arrivent, s'il se peut : ce qu'ils feront peu
» de temps après vous : allez au Parlement & à l'Hôtel-de-
» Ville ; faites leur entendre ce qui s'est passé ; dites leur
» qu'ils en sçauront les raisons à mon arrivée ; & qu'ils les
» trouveront justes. « Tout cela fut éxécuté de point en
point, & avec beaucoup de bonheur. Au moment que les
Prisonniers mettoient pied à terre à l'Arsenal, ma Femme
accouchoit de celle de mes Filles, qui a porté le nom de
Mademoiselle de Sully.

Je confiai la garde des deux Prisonniers à des Soldats de
la Garde du Roi, joints aux miens : par les postes que je
leur fis occuper, on peut dire qu'ils se gardoient encore en
quelque maniere les uns les autres. Je fis placer outre cela
un Corps-de-garde sur le Bastion qui répond aux fenêtres
de la chambre des Prisonniers ; & un second sur les terrasses du Donjon. De cette maniere il étoit impossible qu'ils
se sauvassent, à moins que les Anges ne s'en mêlassent : ce
sont les termes dans lesquels j'en écrivis au Roi, dont les
avis redoublés étoient ce qui me faisoit prendre tant de
précautions. Il me mandoit peu de jours après la détention
des deux Prisonniers, qu'il étoit instruit qu'il y avoit un
dessein formé pour les faire évader ; & que je veillasse avec
soin, parce que j'en répondrois. Je consentis d'en répondre, me fiant à la fidélité de mes Soldats, qu'il auroit fallu
corrompre tous jusqu'au dernier. Une autrefois le Roi m'a-
vertissoit que le complot formé pour la délivrance de Biron & d'Auvergne, étoit en même-temps contre ma personne. Un bateau plein de Soldats devoit s'avancer pendant
la nuit le long de la Riviere, & aborder à l'escalier de la
porte de derriere de mon appartement, qui est sur la Riviere ; la faire sauter par le petard ; en faire autant de la seconde ; monter dans ma chambre en même-temps, pendant
que je serois encore au lit ; & m'enlever en Franche-Comté
avec des relais disposés de dix en dix lieuës ; afin de me
traiter par représailles ainsi que Biron le seroit lui-même. Ce dernier avis quoique si bien circonstancié, ne me
parut pas moins frivole que les autres. Je remerciai pourtant Sa Majesté de ce qu'en me le donnant, elle avoit la

# LIVRE TREIZIEME.   123

1602.

bonté de m'ordonner de veiller avec le dernier soin à ma conservation ; & de m'assûrer que si l'entreprise concertée contre moi venoit malheureusement à s'éxécuter, elle ne balanceroit pas de donner pour me racheter, les deux Prisonniers, & s'il en étoit besoin, disoit-elle, des choses de bien plus grande valeur encore. Pour la satisfaire, je mis en faction à cette porte de derriere, un autre petit Corps-de-garde.

Le premier Président, le Président de (13) Blancmesnil, & les deux Conseillers de Fleury & de Thurin furent nommés par le Parlement pour interroger les Accusés, que je fis amener pour cet effet dans un petit pavillon du milieu de la grande Allée de l'Arsenal. Comme il fut nécessaire qu'ils allassent ensuite subir l'Interrogatoire en plein Parlement; je fis préparer un bateau couvert, dans lequel ils furent menés & ramenés sans être vus de personne. Toute l'Histoire de ce Procès, & les particularités de l'évènement que j'écris, ne sont ignorées de personne. Le Public est informé que le Maréchal (14) de Biron ayant reconnu le Lieutenant Civil Miron, au pied de l'échafaud, il l'avertit de se défier de La-Fin ; qu'il dit adieu à Rumigny le Pere, en le priant de faire ses baise-mains à Mademoiselle de Rumigny, qui étoit, dit-il, tout le présent qu'il avoit à lui faire ; & plusieurs autres traits de cette nature. Les emportemens, les terreurs, la foiblesse, & le peu de courage, que témoigna à l'heure de l'Exécution, cet (15) homme qui avoit acquis la réputation d'intrepide dans les plus grands dangers de la

---

(13) Achille de Harlay, premier président : Nicolas de Potier, Sieur de Blancmesnil, Président : Etienne de Fleury, Doyen : Philibert de Thurin, Conseiller en la Grande-Chambre.

(14) Le détail des choses qu'indique ici l'Auteur, se trouve dans tous les Historiens, & dans plusieurs autres Ecrits.

(15) Tous ces mouvemens allerent jusqu'à l'aliénation d'esprit ; & mirent bien en peine tous les assistans, l'Exécuteur sur-tout, qui n'osoit montrer son épée, & qui cependant prit si bien son temps, en amusant le Maréchal, qu'il lui fit voler la tête d'un seul coup porté si preste-

ment, qu'à peine le vit on passer. Je ne puis m'empêcher de remarquer à l'avantage des Lettres, qu'autant que le Maréchal de Biron le Pere avoit de lecture & d'érudition, autant le Fils en avoit peu : A peine sçavoit-il lire. Je prendrai dans la Chronologie Septénaire, de quoi achever de faire connoître son caractère. L'Auteur, après avoir remarqué qu'il avoit presque toutes les qualités nécessaires pour faire un grand homme de guerre, qu'il étoit brave, heureux, infatigable, sobre, temperant &c. dit ensuite : » Il étoit » sur-tout, ami de la vanité & de la » gloire, même on l'a vu maintefois

Q ij

Guerre, ont fourni matiere à mille conversations, & ne seront pas apparemment oubliés par les Historiens. Pour moi je n'ai rien à apprendre de nouveau, excepté peut-être quelques faits qui me regardent personnellement.

Pendant qu'on instruisoit le procès des deux Criminels d'Etat ; ils demanderent plusieurs fois qu'on les fît parler à moi (16). Deux considerations m'empêcherent de leur donner cette satisfaction : La premiere, parce qu'inutilement

» mépriser le manger, se contenter de peu de chose, pour repaître sa fantaisie de gloire & de vanité... Il étoit hazardeux en Guerre, ambitieux outre mesure : Il devint tellement présomptueux, qu'il crut que le Roi ni la France ne se pouvoient passer de lui. Il étoit aussi devenu si médisant, qu'il parloit mal de tous les Princes... On l'a vu souvente-fois se moquer de la « Messe, & rire de ceux de la Religion Prétenduë Réformée : il se raconte une infinité de traits de son peu de Religion... Il se fioit fort au dire des Astrologues & Devineurs. « L'Auteur raconte ensuite l'avanture qui lui arriva en allant consulter, sous un nom supposé, le vieux Astrologue la Brosse, le même dont M. de Sully parle si souvent dans ses Memoires. » Ce bon homme, dit-il, qui lors étoit dans une petite guérite qui lui servoit d'Etude, lui dit : Hé bien, mon Fils, je vous dirai que je vois que celui-là de qui est cette géniture, parviendra à de grands honneurs par son industrie & vaillance militaire, & pourroit parvenir à être Roi ; mais il y a un *Caput algol*, qui l'en empêche. Et qu'est-ce à dire, lui dit lors le Baron de Biron : Que c'est-à-dire, dit la Brosse ? Mon enfant ne me le demandez pas. Non, dit le Baron, il faut que je le sçache. Après toutes ces altercations qui furent longues entr'eux, la Brosse lui dit finalement, mon enfant, c'est qu'il en fera tant qu'il aura la tête tranchée : Sur laquelle parole le Baron de Biron le commença à battre cruellement ; & l'ayant laissé demi-mort, descendit de la guérite, emportant la clef de la porte &c. « Tout est plein de prétenduës prédictions semblables à cellecy, qui lui furent faites, & auxquelles je ne crois pas qu'aucun homme de bon sens puisse s'arrêter.

(16) » Il pria le Sieur de Baranton, Lieutenant de M. de Praslin, d'aller de sa part trouver M. de Rosny, lui dire, Qu'il désiroit le voir : Sinon, qu'il le supplioit d'intercèder pour la vie envers le Roi, & qu'il l'attendoit de lui : Qu'il l'avoit toujours honoré & trouvé son Ami, & tel que s'il l'eût cru, il ne fût au lieu où il étoit : Qu'il y en avoit de plus méchans que lui, mais qu'il étoit le plus malheureux : Qu'il consentoit être mis entre quatre murailles lié de chaînes. Bref les supplications qu'il faisoit rapporter par le Sieur de Baranton, émûrent tellement Monsieur & Madame de Rosny, le Sieur Zamet & autres, qui étoient là, qu'ayant tous les larmes aux yeux, nul ne pouvoit proférer une parole. Enfin le Sieur de Rosny dit, Je ne puis le voir, ni intercéder pour lui ; c'est trop tard ; s'il m'eût cru, il ne fût pas là : Il devoit dire à Sa Majesté la vérité dès son arrivée à Fontainebleau ; pour ne l'avoir dite, il lui a ôté le moyen de lui donner la vie, & à tous ses Amis de la demander pour lui &c. « *Chronologie Septenaire*, ann. 1602. Tout ce qui concerne cette affaire doit être lu dans l'Historien Matthieu. *Tom.* 2. *liv.* 3. *pag.* 482-534. où ce qui regarde le Duc de Sully est rapporté conformément à nos Mémoires.

j'aurois essayé les prieres & les sollicitations en faveur de Biron, dont la mort importoit trop à la sûreté de l'Etat, & étoit trop irrévocablement résoluë par Sa Majesté, pour qu'on pût demander sa grace : La seconde, qu'ayant été compris moi-même dans les dépositions de La-Fin, je ne voulus rien faire qui pût donner aux esprits malins ou foibles un soupçon même éloigné, que j'avois cherché à ménager les deux Prisonniers, ou que j'eusse eu simplement besoin de leur parler. J'ai voulu au-contraire qu'on pensât que s'il étoit vrai que j'eusse jamais eu la moindre liaison avec Biron, le refus que je fis de le voir, l'auroit déterminé à ne garder plus aucune mesure à l'égard d'un homme, que par plusieurs autres motifs il devoit déja dans cette supposition regarder comme un traître. Il respecta mon innocence : & s'il parla de moi, comme il fit plusieurs fois, ce ne fut que pour louer hautement les conseils que je lui avois donnés, & s'accuser de ne les avoir pas suivis.

Deffunctis, Grand-Prévôt de l'Isle-de-France, recueillit sur un papier tous les discours où mon nom avoit été prononcé par le Maréchal de Biron ; & me le donna quelque temps après. C'est par-là que j'appris que Biron en sortant de la Chapelle, où il s'étoit confessé aux Sieurs Garnier & Maignan, Docteurs de Sorbonne, demanda s'il n'y avoit là personne à M. de Rosny ; & que comme on lui eut répondu qu'Arnaud le jeune y étoit ; il l'appella, & lui dit : » Mon- » sieur Arnaud, je vous prie de baiser les mains de ma part à » Monsieur de Rosny, & de lui dire qu'il perd aujourd'hui un » des meilleurs & des plus affectionnés Amis, Parens & Ser- » viteurs qu'il eût : J'ai toujours fait beaucoup d'état de son » mérite & de son amitié. Ah ! dit-il ensuite, en élevant sa » voix, & en répandant tant de larmes, qu'il étoit obligé » de tenir son visage couvert de son mouchoir ; si je l'eusse » cru je ne serois pas ici. Je vous supplie de lui dire, que je » lui recommande mes Freres; particulierement mon Frere » (17) Saint-Blancard, qui est son Neveu ; & qu'il fasse don- » ner à mon jeune Frere une Charge chez M. le Dauphin :

1602.

---

(17) Jean de Gontaut, Seigneur de Saint-Blancard, avoit épousé Mademoiselle de Saint-Geniés, Niece de M. de Sully. Le Maréchal de Biron n'avoit point d'autres Freres vivans : L'Auteur comprend sans doute sous ce nom ses Beaux-freres.

1602.

« Q'on leur dife que fi j'ai été méchant, ils n'en foient
» pas moins gens de bien; & qu'ils fervent toujours fidéle-
» ment le Roi: mais qu'il ne viennent pas fi-tôt à la Cour,
» de peur qu'on ne leur faffe quelque reproche à mon occa-
» fion. Biron dit une autre fois: Ah! que c'eft un bon & fi-
» dèle Serviteur du Roi & de l'Etat que M. de Rofny, & un
» fage Confeiller d'Etat: & que le Roi fait fagement & pru-
» demment de fe fervir de lui: Car tant que Sa Majefté s'en
» fervira, les affaires de la France n'iront que bien: & fi je
» l'euffe cru les miennes iroient bien. « En toute autre occafion je me garderois bien d'inférer dans ces Mémoires de
pareils difcours à ma louange: mais j'ai cru qu'il ne m'étoit
pas permis d'altérer tant foit peu le fens des paroles du Maréchal. J'ignorois ces témoignages publics d'eftime qu'il me
rendoit, lorfque je me joignis à tous fes (18) Parens pour
lui faire obtenir une grace, légere à la vérité: c'eft de changer le lieu de l'éxécution. En effet, au lieu de la place de
Gréve que l'Arrêt de mort portoit, le Roi accorda que Biron fût décapité dans la cour de la Baftille.

La Cabale fe trouva entièrement déconcertée par le coup
qui lui enlevoit fon Chef. Lavardin que Sa Majefté avoit
fait partir en même temps pour la Bourgogne, à la tête
d'un Corps de Troupes, s'empara fans coup férir de toutes
les Places qui tenoient pour le Maréchal de Biron; & manda au Roi par Senecé, que cette Province étoit foumife. Ce
Gouvernement fut donné à M. le Dauphin, auquel M. le
Grand fervit de Lieutenant. Henry ne porta pas plus loin
les effets de fa Juftice; & excepté Fontenelles (19) qu'il
crut devoir encore faire fervir d'éxemple, quoiqu'il ne pa-

---

(18) Meffieurs de Saint-Blancard, de La Force, le Comte de Rouffy, de Châteauneuf, de Thémines, de Salignac, & de Saint-Angel, alle-rent trois jours après la détention du Maréchal de Biron, fe jetter aux pieds du Roi, à S. Maur des Foffés: Mais ils ne purent obtenir que la gra-ce dont l'Auteur parle ici. Henry IV. les confola, en leur rapportant l'é-xemple du Connétable de Saint-Paul, allié à la Maifon de Bourbon, décapité pour un femblable crime, & du Prince de Condé, qui l'eut été, fans la mort de François II. &c. *Mff. Bibliot. Royale. Vol.* 9129. Dans lequel on voit auffi un Recueil de Piéces fur le procès du Maréchal de Biron.

(19) Guy Eder de Beaumanoir, Baron de Fontenelles, étoit Gentil-homme Breton. Il fut convaincu d'a-voir voulu livrer le Fort de Douar-nenès aux Efpagnols, traîné fur la Claie, & rompu vif en Place de Gréve. » Le Roi, dit M. de Peréfixe.
» en confidération de fa Maifon qui
» eft fort illuftre, accorda aux Pa-
» rens, que dans l'Arrêt il ne feroit

**HENRI I.**
Duc de Montmoranci,
Connétable de France.
Mort à Agde le 2 Avril 1614.

rût pas à bien des gens être l'un des principaux Coupables; il pardonna à tous les autres. Le nombre des complices étoit fort grand : Et en examinant bien, quantité de personnes des plus considérables de la (20) Cour s'y seroient trouvées impliquées assez avant. Je fortifiai de tout mon pouvoir le penchant que le Roi marquoit avoir vers la douceur. Je prévins ceux que je sçavois bien avoir eu quelque part aux conseils de Biron : & je sçus si bien leur persuader qu'il ne leur restoit d'autre parti à prendre que d'aller se jetter aux pieds du Roi, qu'il n'y en eut presque point qui ne prissent ce parti : Le secret que je leur ai promis demande que leur nom ne paroisse point ici. Loin d'avoir eu sujet de se repentir d'une démarche qui n'eut pour témoins que le Roi & moi; ils dûrent bientôt s'appercevoir que Sa Majesté non-seulement n'en gardoit aucun ressentiment, mais encore qu'elle parut les en aimer plus tendrement. Hébert fut aussi arrêté : c'étoit le Secretaire du Parti, & celui qu'on sçavoit avoir fait plusieurs voyages à Milan, & par toute l'Italie, au nom du Maréchal de Biron. Je fus chargé d'interroger Hébert en présence du Comte d'Auvergne, & de recevoir ses dépositions : le Roi lui ayant promis sa grace, à condition qu'il déclareroit avec sincérité toutes les choses dont il avoit connoissance. La principale, & qui donnoit une plus forte conviction de la perfidie de l'Espagne, étoit celle qui regardoit l'envoi de Roncas & d'Alphonse Cazal, soit ensemble, soit séparément, pour apporter ou faire toucher à différentes fois des sommes d'argent considérables au Maréchal de Biron. Pour convaincre Hébert que Sa Majesté ne cherchoit point à le surprendre, je commençai par mettre aux mains du Comte d'Auvergne la Lettre d'abolition signée du Roi.

Le Baron de Lux eut aussi part à l'Amnistie. Il se trouva extrêmement embarrassé, lorsqu'il eut appris l'emprisonnement de son Ami; parce qu'il voyoit presque un péril égal pour lui à vouloir sortir du Royaume, & à y demeurer. Il

1602.

" point appellé de son nom propre :
" Mais l'Histoire ne l'a pu taire. "
M. de Thou, *liv.* 128. en parle comme d'un brigand, qui avoit été employé en Bretagne par la Ligue.
(20) Selon Siri, il y eut quelque chose de plus que de simples soupçons contre le Connétable de Montmorency, & même contre M. le Duc de Montpensier. *Mem. Recond.* Vol. 1. p. 103.

étoit dans cette perpléxité, lorsqu'il vit arriver La-Plume, par lequel Sa Majesté lui commanda de venir la trouver, en l'assûrant de son pardon s'il le méritoit par son obéissance & son repentir. De Lux encore plus allarmé qu'auparavant, parce qu'il sentoit tout ce qu'il avoit à se reprocher, répondit pourtant qu'il étoit prêt à faire ce que Sa Majesté éxigeoit de lui, pourvu qu'elle l'assûrât, Qu'il ne seroit exposé à la honte d'aucun interrogatoire, ni confrontation : Qu'il seroit maintenu dans sa Charge (21) : Et qu'il lui seroit permis de se retirer de la Cour après sa déposition : Il craignoit qu'on ne le retînt, sous prétexte qu'elle n'auroit pas été complette ou sincère. Au défaut de Lettre de Sa Majesté, de Lux parut être content d'une assûrance de ma main, qu'il ne lui seroit fait aucun mal.

Le Roi ayant accordé au Baron tout ce qu'il souhaitoit ; il vint à Paris. Il rencontra Sa Majesté qui alloit à la Chasse ; & se jettant à ses pieds, il voulut commencer un grand discours. » Allez vous-en voir M. de Rosny, lui dit Henry, » en l'arrêtant court, parce qu'il n'avoit pas de tems à lui » donner : & puis je parlerai à vous. « Cet ordre, le ton dont de Lux crut s'appercevoir qu'il étoit donné, & le lieu où on l'envoyoit, commencerent à l'inquiéter, de maniere qu'il fut tenté de prendre la fuite : Il vint pourtant à l'Arsenal ; mais si effrayé, qu'au lieu d'écouter ce que je lui disois, il portoit sans cesse les yeux de tous côtés. Sa peur augmenta encore, lorsqu'il vit les Gardes de Sa Majesté entrer en défilant dans la cour de l'Arsenal : Le Roi les y avoit envoyés, parce qu'il comptoit repasser par-là au retour de la Chasse. » Hé ! Monsieur, me dit de Lux, qui pour cette fois se crut » perdu ; je suis venu sur la parole du Roi & la vôtre ; ne me » la voudriez-vous pas tenir ? Pourquoi dites-vous cela, Mon- » sieur, lui demandai-je ? Oh ! Monsieur, me répondit-il, les » Gardes que je vois ainsi entrer à la file me font juger que » ce n'est pas le Roi qui vient, & qu'ils ne peuvent être en- » voyés que pour moi. « Il me supplia sans me donner le tems de le détromper, qu'avant que de le resserrer, on le fît parler au Roi ; & promit très-sincèrement, je crois, de ne lui rien cacher. » Je vois bien depuis long-temps, lui
» dis-je,

---

(21) Il étoit Gouverneur du Château de Dijon & de la Ville de Beaune.

» dis-je, que vous avez l'esprit fort agité : Mais n'ayez point
» peur : je n'ai nul ordre de vous arrêter : Parlez librement
» au Roi ; jurez lui fidélité, & la lui gardez ; & ne craignez
» rien : Si le Duc de Biron en avoit voulu faire autant, il fe-
» roit plein de vie. « On vint nous avertir en ce moment que
le Roi étoit au Louvre ; & qu'il me demandoit : La Chasse
l'avoit mené si avant dans la nuit, qu'au lieu de venir à l'Arsenal, il avoit cru devoir s'en retourner droit au Louvre : Ce
qui calma les frayeurs du Baron de Lux.

   Il entretint le lendemain Sa Majesté plus de quatre heures. Il ne donna pas lieu qu'on l'accusât de mauvaise discrétion : Il chargea au contraire une quantité si prodigieuse de
personnes, que Henry étant bien aise de pouvoir trouver
dans des accusations si générales un prétexte pour n'en rien
croire & se tranquiliser, n'en traita pas moins favorablement tous ces Accusés, qui étoient pour la plûpart sans
cesse à ses côtés. Ce n'est pas qu'il ne pût y en avoir beaucoup parmi eux, qui eussent eu connoissance des mauvais
desseins du Maréchal de Biron : l'espérance de demeurer
inconnus dans la foule les détermina, malgré les avances &
les promesses que je fis à tout le monde, à ne point s'accuser eux-mêmes. Il n'en fut pas de même de M. le Connétable : Il avoit avec le Duc de Biron, je ne sçais quelle liaison, que la prudence n'avoit assurément point formée.
Comme j'étois persuadé qu'elle ne s'étendoit pas plus loin
que leurs personnes ; je crus devoir justifier les sentimens du
Connétable à Sa Majesté, qui ne pouvoit s'empêcher de le
regarder de mauvais œil, malgré les assûrances que celui-ci
lui avoit données de sa fidélité : & je puis dire que je ne
contribuai pas peu à le faire rentrer dans les bonnes graces
du Roi. Quoiqu'il en soit, ce Prince n'eut pas sujet de se repentir de l'indulgence dont il usa envers les uns & les autres (22). Si l'on excepte le Comte d'Auvergne, auquel il est
temps de revenir.

(22) Il n'est pas certain que Henry IV. n'ait point eu lieu de se repentir de cette indulgence. Sur le fait de l'assassinat de ce Prince, il est resté bien des doutes dont l'éclaircissement devient de plus en plus difficile à faire : Mais en supposant, ce qui est très-vrai-semblable, que le coup qui enleva Henry IV. ne partit en aucune maniere de la conspiration dont il est fait mention ici ; on peut toujours croire que peut-être il ne seroit point arrivé, si elle avoit été poursuivie avec plus d'at-

1602.

La qualité du crime qui lui étoit commun avec le Duc de Biron, & l'égalité des preuves fournies contre eux, leur préparoit selon les apparences un châtiment égal : Cependant leur sort fut bien différent. Non-seulement le Roi fit grace au Comte de la vie, ce qu'il lui fit dire par le Connétable ; mais encore il lui adoucit beaucoup le séjour de sa prison. Il lui permit de s'accommoder avec le Lieutenant de la Bastille pour sa table : Il le déchargea de la dépense que faisoient les Officiers & les Soldats préposés à sa garde ; & les réduisit ensuite à cinq, en y comprenant l'Exempt. Ce fut moi qui lui représentai qu'un plus grand nombre étoit en effet inutile. Il n'y eut que la permission de se promener sur les terrasses, qu'il ne put obtenir d'abord : je dis d'abord ; car dans la suite on lui permit tout ; jusqu'à ce qu'au bout de quelques mois on l'élargit entièrement (23). On l'accoutuma si peu à être traité en Criminel, que quand on lui rapporta que le Roi lui laissoit la vie, il dit qu'il n'en faisoit aucun cas, si l'on n'y joignoit la liberté.

Ceux qui applaudissent également à toutes les actions des Rois, bonnes ou mauvaises, ne manqueront pas de raisons pour justifier cette différence de conduite de Henry, entre des hommes également coupables ; & diront, comme on le disoit alors à la Cour, que les services que d'Auvergne pouvoit rendre dans la suite à Sa Majesté, en l'instruisant de tout ce qui se trameroit dans le Parti Espagnol contre la France, méritoient bien que le Roi l'épargnât pour son propre intérêt. Pour moi je suis trop sincère pour ne pas convenir ici que ce Prince n'a aucune louange de clémence à espérer de cette action ; & que sa passion pour la Marquise de Verneuil, Sœur du Comte d'Auvergne, fut le seul motif auquel celui-ci eut obligation de se voir si bien traité. Je me contentai alors de le penser : & je fus deux ans sans ouvrir la bouche sur ce sujet, en parlant au Roi ; persuadé que mes raisons n'auroient rien pu alors contre les prières &

tention & de sévérité. En ce cas il faudroit convenir que Henry IV. & M. de Rosny furent trompés par leur trop de facilité, & que le Prince en fut la victime. Ce que l'Auteur dit quatre lignes plus haut de ceux qui se cacherent hardiment dans la foule, montre assez que l'esprit de révolte ne s'éteignit pas par là mort de son Chef.

(23) Au commencement d'Octobre. » Ce ne fut pas, dit le Septé- » naire, sans avoir bien purgé sa con- » science entre les mains de MM. le » Chancelier, de Sillery, & de Ros- » ny.

# LIVRE TREIZIEME.

les larmes d'une Maîtresse ; & que la chose faite, il ne sert de rien de rappeller les fautes. Ce ne fut qu'après que le Comte d'Auvergne eut obligé son Bienfaiteur par de nouvelles ingratitudes à reprendre contre lui les mêmes mesures, que j'en touchai quelque chose à Sa Majesté : encore m'y força-t'elle elle-même.

Un jour donc que la conversation rouloit entre nous deux sur ce chapitre ; Henry après m'avoir regardé quelque temps sans me rien dire, me dit enfin qu'il avoit toujours été fort surpris que je ne lui eusse jamais demandé les raisons qui l'avoient porté à conserver le Comte d'Auvergne. Je lui répondis, Que j'avois cru devoir m'en tenir à mes propres conjectures sur ces motifs : Que j'en trouvois deux principaux : mais que je n'avois eu garde de m'en expliquer à Sa Majesté ; parce que je ne l'aurois peut-être pu faire sans m'exposer à lui déplaire. Henry reprit aussi-tôt avec sa vivacité ordinaire, Qu'il devinoit bien celui de ces motifs qui regardoit la Marquise de Verneuil : Et qu'il m'assûroit que ce motif seul n'auroit pas été suffisant pour lui faire faire grace du moins de la prison perpétuelle à d'Auvergne : Mais qu'il ignoroit absolument le second, à qui j'attribuois sa délivrance : & il me pressa de le lui dire, jusqu'à me l'ordonner plusieurs fois, & très-expressément. Je lui avouai que j'avois pensé que Sa Majesté n'avoit garde de flétrir du dernier supplice un homme qui seroit toujours malgré lui l'Oncle de ses enfans, supposé qu'il en eût de Madame de Verneuil. Henry me jura qu'il n'avoit pas porté sa pensée jusques-là ; quoique cette considération, s'il l'avoit faite, eût été très-puissante sur son esprit : Et il voulut que je devinasse à mon tour la véritable raison qui lui avoit fait mettre d'Auvergne hors de prison. Il me répéta encore que les prieres de la Maîtresse, celles du Connétable avec ses trois filles, & de Ventadour, qui s'étoient jettés à ses pieds, n'y avoient pas eu autant de part que je l'imaginois ; toutes ces personnes s'étant contentées de lui demander la vie du coupable : Il me déclara enfin après tout ce jeu, qu'il s'y étoit porté principalement par les grandes promesses que lui avoit faites d'Auvergne, & l'air de sincérité dont il les avoit accompagnées. Sur quoi il me fit le récit de ce qui s'étoit passé entre lui & d'Auvergne, lorsque celui-ci avoit demandé en grace qu'on le fît parler à Sa Majesté. Il me dit que le Comte, après une infinité d'assûrances de son repentir, & de protestations de sa fidélité pour l'avenir, avoit promis avec les sermens les plus forts : Que si Sa Majesté vouloit bien lui rendre la liberté ; il lui révèleroit tout ce qui se passoit de plus secret dans le Conseil d'Espagne : Qu'il n'étoit besoin pour cela, que de paroître reprendre avec cette Cour ses premiers erremens : Qu'il sçauroit bien la tromper, & lui faire prendre pour vrai ce qui de sa part ne seroit que feint : mais qu'il étoit nécessaire, pour que sa feinte ne lui attirât pas en Espagne le châtiment d'un traître, que Sa Majesté ne parlât à aucun de ses Ministres de ce qu'il lui disoit alors ; & qu'elle ne prît point d'ombrage elle même de ses voyages en Espagne, ni des paquets qu'il en recevroit.

Le Roi ajoûta après ce récit, Qu'il avoit eu de la peine à en croire d'Auvergne, & même à s'imaginer qu'il voulût s'abaisser jusqu'à faire le métier d'Espion & de Traître : Mais qu'après que le Comte l'eût assûré sur tout cela, quoiqu'il l'en haît encore davantage, il s'étoit enfin déterminé à attendre l'effet de ses promesses, & à s'en servir pour tirer l'éclaircissement des démarches de l'Espagne, qu'on ne pouvoit avoir d'ailleurs : Que dans cette pensée il avoit promis à d'Auvergne le secret, & tous les autres points qu'il lui avoit demandés.

Ce que je pus conclurre de tout ce que me venoit de faire entendre le Roi, est qu'il fut en toutes manieres trompé par le Comte d'Auvergne, ou plûtôt, je le répete, abusé par sa propre foiblesse pour sa Maîtresse : C'est cela seul qui lui fascina les yeux sur d'Auvergne ; & qui après lui avoir déja fait accorder la grace de la vie pour le Coupable, lui arracha encore celle de la liberté, sur un fondement si frivole, qu'il ne feroit pas d'honneur à la prudence de Henry, si l'on s'en rapportoit à ce qu'il m'en dit. Ce n'est pas qu'on ne puisse mettre en question si le Comte d'Auvergne avoit alors envie de tenir sa parole, & s'il ne redevint traître à son Prince, que parce qu'il se laissa séduire une seconde fois.

On ne sçauroit nier d'ailleurs qu'il ne fût fin, adroit, pénétrant, inventif, & naturellement éloquent : qualités très-

propres au personnage qu'il supposoit devoir jouer. Mais
pour ne rien dire ici de son ambition, de son penchant à la
débauche, & de ses autres passions; il avoit dans le cœur un
fond si naturel de méchanceté & de perfidie, qu'il étoit aisé
de voir qu'il reviendroit à son premier caractère. Il y revint
avec tant d'adresse, que le Roi ne s'apperçut point quand
il lui échappa : supposé qu'il ne lui ait pas échappé dès le premier moment. Il entretenoit souvent Sa Majesté du Roi d'Espagne; & il lui en disoit bien du mal, pour mieux jouer son
rôle : mais ce qu'il en disoit, se réduisoit au fond à des choses
de nulle conséquence; pendant qu'il instruisoit bien plus solidement le Conseil d'Espagne, de tout ce qu'il voyoit se
passer dans celui de France. Il nous obligera encore à parler
de lui dans la suite.

Le Prince de (24) Joinville, sur lequel Henry étendit
aussi ses bontés, étoit un jeune homme d'un autre caractère.
Il n'y a jamais rien eu de si léger, ni de si évaporé. Il se
trouva engagé en mauvaise compagnie, où pour être à la
mode, & se donner l'air d'un homme d'importance, il falloit paroître avoir des correspondances hors du Royaume :
C'en fut assez pour le gâter. Sur les avis qui furent donnés à Sa Majesté, qu'il faisoit sa brigue en Espagne, par le
Comte de Chamnite, Gouverneur de Franche-Comté pour
le Roi d'Espagne, & l'un de ses Ministres; le Roi le fit arrêter. Lorsqu'il se vit pris, il dit comme tous les autres,
qu'il étoit prêt à tout déclarer, pourvû que ce fût au Roi
en personne, & moi présent. J'étois parti la veille pour aller visiter ma nouvelle acquisition de Sully, & pour y faire
tracer des bâtimens qui le rendissent plus logeable qu'il
n'étoit alors; Je venois d'y arriver; & je m'étois mis à souper, parce qu'il étoit nuit, lorsque j'entendis le cornet du
Postillon de Sa Majesté. Je me doutai aussi-tôt que mon
séjour à Sully n'alloit pas être long. Le Billet qui me fut
rendu de Sa Majesté, ne contentoit qu'un simple ordre de me
rendre auprès d'elle, sans autre explication. Je jugeai que
l'affaire étoit importante & pressée; de maniere que je partis le lendemain de si grand matin, que je ne vis Sully
qu'aux flambeaux. Lorsque je sçus de quoi il étoit question,

---

(24) Claude de Lorraine, quatriéme Fils d'Henry, Duc de Guise tué à Blois, depuis Duc de Chevreuse, & mort en 1657.

je crus devoir intercèder pour un jeune homme sans expérience, & qui ne péchoit que par étourderie. Joinville amené devant nous deux, avoua tout ce qu'on voulut. Le Roi le connut bien-tôt pour ce qu'il étoit ; & le traitant comme il méritoit, il envoya chercher la Duchesse de Guise sa Mere, & le Duc de Guise son Frere, auxquels il dit dans son Cabinet : » Voilà l'Enfant prodigue en personne : il s'est » mis dans la tête des folies : Je le traite en enfant ; & je » lui pardonne pour l'amour de vous & de M. de Rosny, » qui m'en a prié à jointes mains : mais c'est à condition que » vous le chapitrerez bien tous trois ; & que vous, mon Ne- » veu, dit-il, en se tournant vers le Duc de Guise, vous en » répondrez à l'avenir : je vous le donne en garde, afin de » le rendre sage, s'il y a moyen. «

Ce changement n'étoit pas facile à opérer dans un esprit vif, indocile, & qui avoit déja pris son pli. On le laissa quelques mois en prison, où il se mutina, tempêta, & promit par ennui de se bien comporter, si on le tiroit de là. Le Roi y consentit, & lui fit dire qu'il allât demeurer dans le Château de Dampierre. Joinville ne se trouva guère mieux là que dans sa prison. Il fit représenter au Roi qu'il ne pouvoit demeurer dans un Château qui n'étoit point meublé. Le Roi sçavoit le contraire malheureusement pour lui ; parce que la Chasse l'ayant assez souvent mené de ce côté-là, & à Chévreuse qui en est proche, le Concierge de ces maisons étoit venu lui offrir des appartemens & des lits : Il se souvint même d'avoir couché à Chévreuse, où il se trouva neuf ou dix lits de Maître ; & que Madame de Guise lui avoit dit que Dampierre n'étoit pas moins bien meublé que Chévreuse. Cela l'aigrit contre Joinville, jusqu'à m'attirer un reproche de l'interêt que je prenois à toute cette Maison, & un ordre de ne m'en plus mêler à l'avenir. Loin de révoquer la Sentence, Sa Majesté y ajoûta qu'elle vouloit qu'on entendît de nouveau le prisonnier, avant de l'élargir. Le jeune homme retombé dans sa premiere peur, assûra qu'il alloit faire une seconde confession encore plus éxacte que la premiere : mais comme il craignoit, disoit-il, que Sa Majesté ne fût en colere contre lui, il pria encore que ce fût moi à qui on le fît parler.

Le Duc de Bouillon n'avoit eu garde de revenir de ses

# LIVRE TREIZIEME.

1602.

Terres, comme il l'avoit promis au Roi. Ce Prince jugea à-propos de lui écrire, après qu'il eut fait arrêter le Duc de Biron, afin de voir si Bouillon ne donneroit point en cette occasion quelques preuves de ses liaisons avec le prisonnier. Il lui mandoit, que le Maréchal de Biron avoit été convaincu de conspirer contre l'Etat ; & qu'il lui en feroit voir les preuves, & lui en apprendroit les particularités, la premiere fois qu'il viendroit à la Cour : Ce qu'il se contentoit de lui insinuer de cette maniere, sans y joindre d'ordre. Le Duc de Bouillon connut d'abord le but de cette Lettre ; & y répondit, en faisant partir à l'heure-même un Gentilhomme chargé de féliciter Sa Majesté du péril qu'elle disoit avoir évité, & d'une Lettre pour moi. Il eut grand soin de n'y donner aucune prise sur lui ; soit qu'il fût déja prévenu sur l'emprisonnement de son Associé, ou qu'il sçût prendre promptement & habilement son parti. Il me mandoit, Que jamais surprise n'avoit été égale à la sienne, lorsqu'il avoit appris que l'Etat & la Personne du Roi avoient été en péril : Que sa fidelité, & son attention à se porter par-tout où son devoir l'appelleroit, convaincroient Sa Majesté de plus en plus, qu'elle n'auroit jamais rien de semblable à craindre de sa part : Qu'il attendoit les ordres du Roi, & mes bons conseils, pour les suivre. C'est sur ce ton qu'étoit écrite la Lettre toute entiere. Il n'avoit pu cependant s'empêcher de glisser un mot en faveur du Coupable, mais d'une maniere si générale, qu'elle ne pouvoit lui préjudicier : c'est qu'en témoignant qu'il souhaitoit que cet événement ne troublât point le repos de Sa Majesté, il ajoûtoit ces mots, » & qu'il n'al- » teràt pas la douceur de son naturel. »

Lorsque je montrai cette Lettre au Roi ; il crut qu'on pouvoit s'en servir pour engager Bouillon à venir le trouver. Il n'avoit osé se servir de son autorité pour le lui commander ; parce que sur son refus, il se trouvoit comme forcé d'aller tirer raison de sa désobéïssances par les Armes : ce que Sa Majesté ne vouloit, ni ne devoit faire. Il me dit donc que puisque Bouillon me demandoit conseil sur ce qu'il avoit à faire dans cette conjoncture, je lui répondisse, Qu'il étoit vrai qu'on avoit fait entendre au Roi, qu'il n'avoit pas ignoré les menées du Duc de Biron : Mais que cela lui devoit faire prendre encore plus fortement le parti de venir trouver Sa

Majesté, soit pour lui faire connoître son innocence, soit pour obtenir le pardon de sa faute, en la lui avouant: Que je l'assûrois ; que je lui donnois même ma parole ; & s'il le falloit, me rendois caution, qu'il seroit reçu du Prince à bras ouverts, bien-loin qu'il eût rien à en apprehender. Comme Henry en me parlant de la sorte, n'ignoroit pas ma délicatesse sur ces sortes de paroles qu'il me faisoit porter ; il me prévint de lui-même, & me dit qu'il me donnoit sa parole royale que le Duc de Bouillon seroit traité de la même maniere que je lui manderois : Et non-content de cette promesse verbale, Henry m'en donna une par écrit en ces termes : » Je promets à M. de Rosny, que si M. de Bouil-
» lon vient me trouver sur les Lettres qu'il lui aura écrites
» de sa main, & sur les assûrances qu'il lui donnera, & les
» promesses qu'il lui fera ; je les observerai toutes sans y
» manquer, ou lui permettrai de se retirer librement où bon
» lui semblera, sans qu'en venant, ni retournant, il lui soit
» fait aucun déplaisir, ni empêchement : De quoi je donne
» ma foi & ma parole Royale audit Sieur de Rosny. Fait à
» Paris, ce 24 Juin 1602. «

J'écrivis au Duc de Bouillon ; & sans lui donner connoissance de l'engagement que Sa Majesté venoit de prendre avec moi par rapport à lui, je le pressois dans les termes & par les motifs les plus forts de venir se fixer auprès de la Personne du Roi. Bouillon reçut cette Lettre à-peu-près dans le même temps que la réponse verbale, que le Roi lui fit faire par son Député ; & il prit occasion de ce que ce Prince ne le pressoit plus lui-même de venir, de me répondre que les conseils que je lui donnois ne s'accordant pas avec les ordres de Sa Majesté, il n'avoit pu les suivre, quelqu'envie qu'il en eût ; & qu'il s'étoit contenté d'envoyer, comme Sa Majesté le souhaitoit, une personne au rapport de laquelle on pouvoit ajoûter foi comme au sien même. Cette personne étoit un Gentilhomme, nommé Rignac, qui vint en effet à la Cour au même temps que la replique de Bouillon à ma réponse ; & qu'il fallut défrayer, comme si son voyage eût été fort-important ; parce qu'il paroissoit être venu sur l'ordre de Sa Majesté. Pour le Duc de Bouillon, au-lieu de venir, il s'éloigna encore, & s'en alla à Castres.

# LIVRE TREIZIEME.

1602.

Je ne m'étonne pas que mes raisons n'ayent eu en cette occasion aucun pouvoir sur son esprit, moi qu'il regardoit comme son ennemi mortel : c'est ainsi qu'il s'en expliquoit publiquement : Et le Roi le sçavoit bien, pour me l'avoir mandé lui-même dans une Lettre du ving-huit Décembre de cette année. Je ne suis pas plus surpris de la conduite que Bouillon tenoit en tout cela avec Sa Majesté. Dès qu'il eut pu s'appercevoir, ce qui n'étoit pas bien difficile, qu'elle prenoit le parti de dissimuler avec lui ; il comprit qu'il lui étoit aisé de jouer le Roi & son Conseil, sans aucun risque. Il ne s'agissoit que de (25) répondre toujours à l'extérieur par beaucoup de soumission, sans jamais rien faire de ce qu'on n'osoit lui prescrire formellement : Il se trouva bien de ce manége ; & s'en servit long-temps. Il n'y avoit rien de si modeste, ni de si soumis, que la Lettre qu'il écrivoit sur ce sujet à Du-Maurier ; & qui des mains de Sa Majesté passa dans les miennes, pour être commuiquée au Chancelier & au Duc d'Epernon, avec lesquels je traitois par ordre du Roi cette affaire très-méthodiquement. Le Roi s'y employoit lui-même tout entier ; & voulut bien entretenir sur le sujet du Duc de Bouillon, Constant & Saint-Aubin toute une après-dînée, mais aussi inutilement.

Un jeu plus singulier encore, est celui que jouèrent en cette rencontre le Roi d'Espagne & le Duc de Savoie. Toutes les Puissances Amies d'Henry, sur-tout l'Angleterre & l'Ecosse, dont les Ambassadeurs étoient encore à Paris, faisant faire à Sa Majesté des complimens sur le bonheur avec lequel elle avoit étouffé une aussi dangereuse conspiration ; Philippe & Charles-Emmanuel se montrerent des plus empressés. Je ne sçais pas par quel motif, si ce n'est celui de la crainte, ils purent avoir recours à un manége aussi grossier. Henry fut plus sincère avec eux : Il leur déclara qu'il étoit bien informé de la part qu'ils avoient euë dans tout ce complot, dont ils imputerent tout le tort au Comte de Fuentes aussi hardiment, que s'il leur avoit été possible de faire

---

(25) Les Lettres du Duc de Bouillon au Roi sont rapportées dans le troisième tome des Memoires d'Etat de Villeroi, *pag.* 158. *& suiv.* Voyez aussi les raisons dont se sert l'Historien de sa vie, pour se justifier sur l'accusation d'avoir trempé dans la conspiration du Maréchal de Biron, sur son refus de venir trouver le Roi, sur sa fuite à Castres, &c. *liv.* 5. *pag.* 222. *& suivantes.*

*Tome II.* S

croire que cet Espagnol eût pu agir avec le Maréchal de Biron & les autres Conjurés, de son propre mouvement.

Le Roi étant venu à l'Arsenal quelques jours après l'exécution du Maréchal de Biron ; j'eus avec ce Prince un entretien qui mérite bien d'être rapporté. " Vous voyez, me dit ce Prince, en commençant par les réfléxions qu'il lui étoit ordinaire de faire sur l'ingratitude de Messieurs de Biron, d'Auvergne, de Bouillon, & de trois autres des plus distingués de la Cour, auxquels il avoit pardonné, & qu'il nomma ; " vous voyez que ceux à qui j'ai fait le plus de fa-" veurs, sont ceux-là mêmes dont l'ambition, le caprice & " la cupidité m'ont fait le plus souffrir. « Sur quoi il me fit observer que ces six personnes avoient reçu de lui à différentes fois, des sommes plus considérables que les cinq Rois ses prédécesseurs, en exceptant seulement Henry III. accusés d'être si prodigues, n'en avoient donné à leurs Favoris. Henry ajoûta, que pour fermer la bouche à ceux qui relevoient à tout propos les services de ces six Messieurs, il falloit que je lui fisse un mémoire des gratifications qu'il leur avoit accordées depuis qu'ils le servoient : Car il ne prétendoit y comprendre que ce qui étoit de pure libéralité, & non point ce que son secours & sa protection leur avoient mérité de biens en différentes occasions : telle est, par éxemple, la Principauté de Sedan, sur laquelle Bouillon lui avoit la double obligation de la lui avoir procurée, & ensuite assûrée, comme on l'a vû ci-devant, dans un pas assez embarrassant.

Le Roi qui n'avoit commencé ce propos, que pour le faire tomber sur mon propre chapitre, me dit, qu'il n'avoit pas prétendu par ce discours, qui pouvoit avoir quelque rapport à la situation présente de ma fortune, me faire une leçon; parce qu'il sçavoit que j'étois assez fidèle pour n'en avoir pas besoin : cependant, qu'après avoir fait de mûres réfléxions sur la maniere dont il devoit se comporter avec moi, pour ne point s'exposer à voir affoiblir la confiance qu'il avoit en moi, il croyoit devoir prendre deux précautions à mon égard dans les bienfaits que méritoient mes services & ma Maison, ainsi le disoit ce Prince : l'une à l'égard des autres, & l'autre par rapport à moi-même : La premiere, que ces bienfaits ne fussent ni si prompts, ni si excessifs, qu'ils me rendiffent l'objet de la haine publique, toujours 1602. difposée à éclater contre les premiers Miniftres : Et la feconde, que ces biens & ces honneurs fuffent de nature, que fi quelque jour par le motif de la Religion, ou autrement, je devenois capable de m'écarter de mon devoir, ils ne me miffent pas en état d'embarraffer mon bienfaiteur même, ou de nuire après fa mort à fon fucceffeur, & de mettre l'Etat en danger. » En un mot, me dit ce Prince, après m'avoir prévenu que comme il alloit me parler fans détour, il vouloit que je lui diffe auffi librement ma penfée, » je » veux m'ôter à moi-même jufqu'au moindre foupçon con- » tre vous, afin que rien n'altère mon amitié pour vous : » J'effuye tous les jours tant d'infidélités auxquelles je ne » m'attendois point, que je fens que malgré moi elles me ren- » dent défiant. Ne vous attendez donc pas que je vous rende » maître de grandes Villes & de fortes Places, qui avec vo- » tre crédit & votre capacité vous miffent en état de vous » paffer de moi, & de troubler un jour la tranquilité du » Royaume, quand bon vous fembleroit : Je ne peux point » faire pour vous plus que ne doit faire pour un Ser- » viteur, quelque fidèle qu'il foit, un Roi qui a foin de » fon honneur, de fa réputation, & du foin de fes peu- » ples.

Henry ajoûta encore avant que j'euffe eu le temps de lui répondre, qu'en attendant les occafions d'ajoûter ce qui manquoit encore à ma fortune, il joignoit dès ce moment à mes gages & à mes penfions, qui ne fuffifoient qu'aux dépenfes de ma Table & de ma Maifon, un extraordinaire de cinquante ou foixante mille livres tous les ans ; afin que les uniffant à mon propre revenu, je puffe en acquerir encore quelques Terres, les bâtir, les meubler & les embellir ; & de plus établir avantageufement mes Enfans, fur lefquels Sa Majefté me dit avec beaucoup de bonté qu'elle fe réfervoit encore à me donner des marques de fa bienveillance & de fa libéralité. » J'ai d'autant moins de regret à » tout cela, pourfuivit-elle, que je fçais bien que vous ne » dépenferez pas follement ces fommes en feftins, en chiens, » chevaux, oifeaux & Maîtreffes. «

Pendant ce difcours affez long de Henry, je m'étois fenti agité de plufieurs penfées différentes, qui me l'avoient

S ij

fait écouter sans rien dire. Les réflexions que je fis, me laisserent plus touché encore de sa franchise & de sa confiance, que mécontent d'une délicatesse, que mille autres en ma place auroient peut-être trouvée excessive. Je répondis enfin, ce Prince m'ayant encore ordonné de le faire avec toute la sincerité dont j'étois capable : Que quoique j'eusse dès ce moment une entiere certitude, que ni lui, ni ses Successeurs, ni l'Etat, n'auroient jamais rien à craindre de ma part de tout ce que sa sagesse lui avoit fait envisager ; je trouvois cependant moi-même qu'elle n'alloit pas trop loin : l'une des principales Maximes du Gouvernement étant selon moi, que le Prince ne doit jamais se livrer trop aveuglément à une seule personne, quelques services qu'il en ait reçus ; parce qu'il est presqu'impossible que personne réponde jamais de ses dispositions pour l'avenir : Qu'ainsi au-lieu de me plaindre, je ne trouvois lieu dans tout ce que Sa Majesté venoit de me dire, qu'à admirer sa prudence, & à la remercier de ce que ses récompenses, quelques bornes qu'elle y mît, surpasseroient toujours de beaucoup mon attente & mes services.

Comme je ne pouvois douter que les insinuations malignes des Courtisans jaloux de ma faveur n'eussent eu quelque part aux craintes que le Roi venoit de témoigner à mon égard ; je pris ce moment pour une explication sur cet Article, à laquelle je prévis dès ce moment qu'il seroit nécessaire de revenir plus d'une fois. Je priai Sa Majesté qu'elle me permît de lui représenter, qu'elle ne pouvoit sans injustice ajoûter foi aux rapports empoisonnés des délateurs, sans avoir bien avéré mon tort auparavant, & sans m'avoir entendu moi-même : Je l'assûrai qu'elle me trouveroit d'une sincerité à les avouer, qui méritoit seule qu'elle en usât ainsi avec moi ; & qu'elle verroit que ce que mes Ennemis me supposoient de vûës criminelles, se réduisoit au-plus à un tort, dont je ne faisois aucune difficulté de convenir en ce moment, & pour lequel j'avouois avoir besoin de son indulgence : c'est lorsque dans l'impatience de l'obstacle, ou du retardement, que je voyois apporter à quelque disposition que je jugeois nécessaire, il m'échappoit quelque parole d'aigreur & de plainte contre la trop grande facilité du Roi, dont mes envieux ne manquoient pas de tirer avantage contre moi ; quoique la pureté de mes intentions fût facile à appercevoir dans l'action même qui servoit de fondement à la calomnie.

1602.

Ce que je disois en ce temps-là au Roi, je le dis aujourd'hui à mes Lecteurs ; & non point par un air de modestie affectée, qui me tienne lieu de justification : je sens que je n'en ai réellement aucun besoin ; mais parce que quelque irréprochable qu'ait été ma conduite, j'ai pourtant été obligé plus d'une fois de me justifier auprès du Prince que j'ai servi. Si cet aveu n'empêche pas qu'on ne me rende toute la justice qui m'est duë ; il ne fera pas non-plus juger moins favorablement d'Henry ; pour peu qu'on fasse attention aux conjonctures, & aux Maximes du temps où nous avons vécu l'un & l'autre. En tout temps il n'y a rien dont il soit si difficile de se défendre, que d'une calomnie travaillée de main de Courtisan : Quel effet ne devoit-elle pas produire dans l'esprit d'un Prince, qui se rappelloit mille éxemples de trahison, d'infidelité & de désobéïssance ; & presque pas un de véritable attachement ? Pour connoître le fond des sentimens de Henry le grand pour moi ; je puis dire qu'il ne faut pas le considérer dans ces momens, où le souvenir de tant d'ingratitudes réveillé par d'adroites impostures, ouvroit son cœur comme malgré lui au soupçon & à la défiance ; mais lorsque revenu de l'impression que lui causoient ces complots, dans lesquels on cherchoit à m'embarrasser, il me donnoit les marques les moins équivoques de sa tendresse. Au-reste qu'on juge comme on voudra de ces petites disgraces que j'ai eües à essuyer pendant le cours de ce qu'on appellera ma gloire & mes prosperités, & que tout autre auroit peut-être supprimées, pour se faire honneur d'avoir tourné à son gré tous les penchans de son Maître ; pour ne rien déguiser, ni supprimer sur ce sujet, il me suffit de la vérité & de l'instruction : l'une est mon guide, & l'autre mon objet.

Le Duc de Luxembourg ayant eu cette année un procès au Parlement ; les Avocats qui avoient plaidé sa Cause furent assez hardis pour éxiger quinze cens écus. Il en porta ses plaintes au Roi, qui enjoignit au Parlement de donner un Arrêt, par lequel le salaire des Avocats fût réduit & taxé ; eux obligés de donner Quittance de l'argent qu'ils re-

1602.

*Ordonnance de Blois, art. 162.*

cevroient, & un Récépissé de toutes les Piéces qu'on leur auroit mises aux mains; afin qu'on pût les contraindre à rendre celles qu'ils gardoient ordinairement jusqu'à ce qu'ils fussent satisfaits. Il avoit toujours paru si nécessaire de mettre un frein à la cupidité de ces Messieurs, que les Etats avoient déja ordonné la même chose, sans qu'on y eût eu aucun égard. Le Parlement accorda l'Arrêt qu'on lui demandoit: Mais les Avocats au-lieu de s'y soûmettre, allerent au nombre de trois ou quatre cens, remettre leurs Chaperons au Greffe: ce qui fut suivi d'une cessation d'Audiences. Il se fit un murmure presque général dans Paris, sur-tout de la part des Pédans & des Badauds: deux misérables espèces dont cette Ville abonde; & qui se croyant plus sages que le Roi, le Parlement, l'Assemblée des Pairs, & les Etats, décidoient contre eux en faveur des Avocats (26). Ceux-cy trouverent bien-tôt des partisans jusques à la Cour, qui sçurent si bien grossir un mal très-peu considérable en soi, & d'un reméde très-facile, que le Roi étourdi de leurs clameurs, commença à s'alarmer sur les conséquences.

Pendant que cette affaire étoit encore en branle; un jour que Sa Majesté s'en entretenoit dans son Cabinet avec les Courtisans, & qu'elle rapportoit toutes les instances qui lui avoient été faites en faveur des Avocats: » Pardieu! Sire,
» je ne m'en étonne pas, dit Sigogne en élevant sa voix, &
» de l'air d'un homme piqué: ces gens-là montrent bien
» qu'ils ne sçavent à quoi s'occuper; puisqu'ils se tourmen-
» tent tant l'esprit d'une chose si frivole: Vous diriez à les
» entendre criailler, que l'Etat seroit perdu, si on n'y voyoit
» plus ces Clabaudeurs: comme si le Royaume sous Charle-
» magne, & tant de grands Rois, pendant le régne desquels
» on n'entendoit parler ni d'Avocats, ni de Procureurs, n'a-
» voit pas été aussi florissant qu'il peut l'être aujourd'hui,
» que nous sommes mangés de cette vermine. » Sigogne apporta ensuite pour preuve que l'établissement des Avocats n'est pas fort ancien en France, le Protocole de la Chancel-

---

(26) P. Matthieu en rapportant cet incident, *tom. 2. liv. 3. pag. 478*, semble aussi prendre le parti des Avocats: Ce qui n'empêche pas que tous les bons esprits ne soient du sentiment du Duc de Sully. Il proposera dans la suite de ces Mémoires, des moyens de diminuer considérablement le nombre des procès: Et c'est à cela en effet qu'on doit d'abord s'appliquer pour remédier aux abus dont il se plaint.

# LIVRE TREIZIEME. 143

lerie, dont la premiere Lettre est intitulée, *Lettre de Grace à plaidoyer par Procureur*: Et comme il vit qu'on l'écoutoit avec plaisir, il ajoûta que cet art s'étoit établi à la ruine de la Noblesse & du Peuple, & au dépérissement du Trafic & du Labourage : » Il n'y a, dit-il, ni Artisan, ni Pasteur, ni
» Laboureur, ni même simple Manouvrier, qui ne soit plus
» utile que cette fourmilliere de gens qui s'enrichissent de
» nos folies, & des raffinemens qu'ils ont inventés pour étouf-
» fer la vérité, & renverser le bon droit & la raison : Si nous
» sommes si aveugles, continua-t-il avec une vivacité tout-
» à-fait plaisante, que nous ne voulions, & si malheureux
» que nous ne puissions nous en passer tout-à-fait ; il n'y a
» qu'à leur ordonner de se remettre dans huit jours tout-au-
» plus-tard à continuer leurs fonctions, aux conditions por-
» tées par la Cour, sous peine d'être obligés de retourner
» reprendre la Boutique, où la Charruë, qu'ils ont quittées,
» ou de s'en aller servir l'Etat en Flandre un mousquet sur
» l'épaule : & je vous réponds qu'on les verra bien-tôt courir
» pour reprendre ces magnifiques Chaperons, comme ver-
» mine vers un tas de froment. «

Il n'y avoit personne dans la compagnie qui pût s'empêcher de rire de la saillie de Sigogne : le Roi s'en divertit le premier, & convint que ces raisons étoient bonnes : Mais soit qu'il se fût laissé aller aux sollicitations (27), ou ébranler par la crainte, de joindre encore ce nouveau trouble à ceux qui agitoient déja l'intérieur du Royaume ; ou, comme il s'en expliqua, qu'il se réservât à faire quelque jour sur cette matiere un Réglement général, dans lequel non-seulement les Avocats, mais encore les Procureurs, & tout le Corps même de la Justice fussent compris; il consentit que pour cette fois l'Arrêt demeurât sans effet : Et c'est ainsi que se termina cette risible affaire, sur laquelle je renvoie pour les

---

(27) Le temperament que firent apporter dans cette affaire les Gens du Roi, qui sous-main favorisoient les Avocats, fut, que le Roi renvoya de nouvelles Lettres au Parlement, par lesquelles il étoit enjoint aux Avocats de reprendre & continuer leurs fonctions, à condition pourtant d'obéïr aux Arrêts du Parlement, & à l'Ordonnance des Etats : Mais comme ces Lettres leur permettoient en même temps de faire les remontrances qu'ils croiroient justes par rapport à l'éxercice de leurs Charges; & qu'on leur assûra en particulier, & qu'en attendant ils pouvoient agir comme auparavant, ils n'eurent aucune peine à s'y soûmettre. *De Thou, liv.* 128. *Septen. ann.* 1602.

1602.

réfléxions, au propre discours de Sigogne : aussi-bien demeura-t'on persuadé dans le monde, que c'étoit moi qui l'avois fait parler (28).

Matthieu, ibid. 462.

Ce sujet amène à propos le grand procès intenté cette année par le Tiers-Etat de Dauphiné contre le Clergé & la Noblesse, sur la maniere dont les Impôts sont assis & repartis dans cette Province. Je fus nommé pour en connoître avec treize autres Commissaires, choisis par les personnes les plus distinguées du Royaume : mais il se passa six ans, avant qu'il pût être vuidé ; l'animosité des Parties étant si grande, qu'on fut obligé de renvoyer une seconde fois informer sur les lieux. Je fis une plus prompte justice du nommé Jousseaume, Receveur Général des Finances, qui avoit fait banqueroute, & emporté les deniers Royaux : Je le fis saisir à Milan, où il s'étoit retiré, & attacher à une potence. Toute action capable d'entraîner avec soi la ruine d'une infinité de Familles, ne peut être poursuivie trop sévèrement. Le Roi prit encore l'intérêt de ses Finances, dans l'affaire des Receveurs & Trésoriers Généraux de Bourgogne. On leur avoit donné quelques Assignations pour le payement des Garnisons, & Ouvrages de Fortifications, qu'ils n'avoient point acquités, par négligence, ou malversation. Sa Majesté envoya suivant mon conseil, un Commissaire, honnête homme, qui commença par interdire ces Employés ; fit lui-même la Charge de Trésorier ; & commit quelqu'un à la

(28) Le Journal d'Henry IV. rapporte une petite Histoire, qui trouvera sa place ici. Henry chassant du côté de Grosbois, se déroba de sa compagnie, comme il faisoit souvent ; & vint seul à Créteil, qui est une lieuë par-de-là le pont de Charenton, sur l'heure de midi, & affamé comme un Chasseur. Il entra dans l'hôtellerie, & demanda à l'hôtesse si elle avoit quelque chose à lui donner à dîner. Elle répondit que non, & qu'il étoit venu trop tard : Elle ne le prenoit que pour un simple Gentilhomme. Henry lui demanda pour qui donc étoit une broche de rôti qu'il voyoit au feu. L'hôtesse lui dit que c'étoit pour des Messieurs qui étoient en haut, & qu'elle croyoit être des Procureurs. Le Roi les envoya prier fort civilement de lui céder un morceau de ce rôt pour de l'argent, ou de lui donner place au bout de leur table, en payant son ecot : ce qu'ils refuserent. Henry IV. envoya chercher secrettement Vitry & huit ou dix autres de sa troupe, auxquels il dit de prendre ces Procureurs, de les mener à Grosbois, & de les bien fouetter, pour leur apprendre à être une autrefois plus civils avec les Gentilshommes : » Ce » que le dit Sieur de Vitry éxécuta » fort bien & promptement, dit » l'Auteur, nonobstant toutes les » raisons, prieres, supplications, re- » montrances & contredits de MM. » les Procureurs. «

(29) L'écu

la Recette générale. Tous les frais qui furent faits dans cette occasion, furent pris sur les gages de ces Receveurs & Tréforiers : « Afin, dit Henry, que je ne paye pas la peine de la faute qu'ils font contre mon service & leur devoir. «

Je trouvai un remède plus court & moins violent que les châtimens & les confiscations, pour empêcher le transport des especes d'or & d'argent hors du Royaume : ce fut de les hausser (26). Ne pouvant y avoir d'autre cause de cet abus, que la trop grande proportion entre la valeur de

---

(26) L'écu d'or au Soleil, qui valoit soixante sols tournois, fut mis à soixante-cinq : l'écu d'or nommé l'écu pistolet, de cinquante-huit sols, à soixante-deux, & ainsi des autres especes d'or. Le franc d'argent de vingt sols, haussa d'un sou quatre deniers ; & le reste à proportion. C'est au mois de Septembre que fut portée cette double Ordonnance du surhaussement des Monnoies, & du rétablissement du compte par livres : Car le compte par écus n'avoit lieu que depuis vingt-cinq ans, c'est-à-dire, depuis l'Ordonnance de 1577, qui avoit aboli le compte par livres. Matthieu approuve fort ces deux opérations du Duc de Sully, *tom. 2. liv. 3. pag. 540.* Le-Blanc prétend au contraire, *p. 351. 372. & suiv.* qu'en dérogeant dans tous ses points à cette fameuse Ordonnance de 1577, quelques fortes raisons qu'on ait cru avoir, on fit un très-grand mal ; soit dans la Monnoie, parce que les especes d'or & d'argent hausserent ensuite autant en sept années seules, qu'elles avoient fait pendant les soixante-quinze années précédentes ; soit dans le Commerce, parce que les Marchandises & Denrées enchérirent à proportion. Le sentiment de ce dernier me paroît appuyé sur de meilleures raisons. Le compte par écus avoit été établi en faveur de ceux qui avoient leur revenu en argent, de ceux qui le faisoient valoir par la voie de constitution & autrement, de ceux qui vendoient à terme des effets, &c. L'Ordonnance de 1577, assuroit les biens de ce nombre considérable de Citoyens : Et d'ailleurs si l'on avoit vu du desordre dans les Monnoies, elle n'en étoit, ni pouvoit être la cause, mais uniquement l'état violent où les Guerres Civiles avoient réduit ce Royaume.

Le Duc de Sully imagina les deux opérations dont il est ici question, pour arrêter ces desordres, qui étoient. selon lui, la trop grande abondance des Especes étrangeres qui prenoient la place des nôtres dans le Commerce ; en second lieu, le surhaussement des denrées ; enfin le transport des espèces d'or & d'argent chez nos Voisins. Il est également facile de lui faire voir que ses plaintes à tous ces égards ne portent sur rien, non plus que le remède qu'il veut y apporter. Nous avons déja montré plus haut, en quel sens c'est un bien que cette quantité de Monnoie Etrangere qui abonde dans notre Commerce : Et si on pouvoit l'appeller un mal, l'augmentation de la valeur numéraire des especes, à laquelle il a recours, étoit plus propre à l'augmenter qu'à le faire cesser.

Pour ce qui est de l'enchérissement des denrées, la même augmentation ne pouvoit qu'y donner lieu encore davantage ; & la raison pour y obvier, qu'il tire de la stipulation par livres, paroîtra à tout le monde très-insuffisante & même frivole. D'ailleurs il me semble que l'enchérissement des denrées suit comme un effet nécessaire de la multiplication qui s'est faite

*Tome II.* T

nos especes d'or & d'argent, & celles de nos Voisins. J'établis en même temps dans le Royaume le compte par livres, qui auparavant s'y faisoit par écus. Quelqu'un trouvera peut-être cette idée trop subtile ; l'une & l'autre maniere de

en Europe des métaux d'or & d'argent depuis la découverte de l'Amérique. Pour que cela ne fût pas, il faudroit que nous nous interdissions tout Commerce, non-seulement avec l'Espagne, dont les mines nous fournissent ces métaux, mais encore avec tous nos Voisins, chez lesquels ils circulent, aussi-bien que chez nous. L'Etat où l'on se conduiroit suivant ce principe, feroit avec tous les autres Etats de l'Europe, la même figure que faisoit la République de Sparte avec les autres Républiques de la Gréce. La seule attention qu'on doit avoir ( & elle est d'une extrême conséquence) est, que toutes les Marchandises & Denrées, & généralement tout ce qui fait partie du Commerce, hausse en même temps & dans la même proportion. Si l'on enchérit le produit des Manufactures, sans enchérir le bled, par exemple ; l'Agriculture est négligée : Si l'on ne proportionne pas à l'un & à l'autre le salaire des Journaliers, ils ne peuvent plus se nourrir, & payer les Impôts.

Quant au transport des Espèces hors du Royaume, qui paroît avoir été le principal objet du Duc de Sully, il est vrai que l'augmentation de leur valeur numéraire pouvoit en quelque sorte le prévenir, en anéantissant ou diminuant le profit des Billonneurs : & il y a apparence que ce fut cette seule raison qui le détermina. Les lumieres bornées de son siècle sur les Finances, & plus encore sur le Commerce, ne lui permirent point d'envisager qu'il détruisoit un abus léger par un beaucoup plus grand, ni de remonter jusqu'à la source du mal. Il auroit senti, qu'il est tout naturel que l'avantage du Commerce, & conséquemment la plus grande quantité d'or & d'argent, demeure à la Nation qui aura mis toutes les autres dans la plus grande dépendance des richesses, soit naturelles, soit acquises ; & que tant que la balance du Commerce sera en faveur de quelqu'un de nos Voisins, cette défense de transporter les matieres d'or & d'argent, n'est ni juste ni pratiquable. Aujourd'hui que nous commençons à voir un peu plus clair sur cette matiere, il n'y a plus personne qui ne convienne que toutes ces opérations, & toute cette façon de penser, ne frapoient guére droit au but.

Quoique l'exigence des cas, qui est infinie, ne permette ni de tout prévenir, ni de tout assujettir à une seule règle ; on peut dire cependant qu'il y a sur l'article de la Monnoie & du Commerce, deux maximes générales & très-simples, qu'on doit regarder comme invariables : C'est d'éviter avec le plus grand soin de toucher aux Monnoies; & de travailler sans relâche à rendre le François le plus laborieux, le plus industrieux, & le plus œconome qu'il est possible.

Les fréquentes variations dans les Monnoies portent des playes mortelles au Commerce intérieur, & étranger, par l'extinction de la confiance, le resserrement des bourses, les embarras, & le desavantage du Change, le renversement des fortunes, &c. Tout cela est palpable & connu. On peut y ajouter, que le Roi qui paroît être le seul qui gagne à ces opérations, à bien examiner la chose, y perd toujours considérablement plus qu'il n'y gagne. Outre que l'insolvabilité de ses Sujets est un mal qu'il partage toujours avec eux, & même dont il se sent plus long-temps qu'eux; toutes ses dépenses augmentent avec la Monnoie, pour ne plus diminuer, lors même que ces espèces diminuënt.

L'autre principe a encore moins besoin de preuve. Il semble que la Nature a réservé à la France l'Empire du Commerce, par l'avantage

compter devant revenir au même. Je n'en juge pas ainsi ; sur l'expérience que je crois avoir faite, que l'habitude de nommer un écu, faute d'une dénomination plus propre aux petits détails, porte insensiblement toutes les parties du Com-

de sa situation, & par l'excellence de son terroir, qui met une grande partie de ses Voisins dans la nécessité d'avoir recours à elle, pour toutes les choses qui sont les premiers & essentiels besoins de la vie. Il ne s'agit plus pour elle que de partager du-moins également avec eux, le Commerce de toutes celles qui ne sont que de simple commodité, ou que le luxe a introduites en Europe. Si la consommation de celles-cy absorbe au-delà du produit des premieres ; mal-à-propos nous plaindrions-nous de notre état : Car prétendre empêcher le transport de nos matieres d'or & d'argent chez l'Etranger, lorsque c'est nous qui redevons à cet Etranger ; c'est vouloir faire cesser l'effet sans ôter la cause : Mais appliquer le François au Commerce qui se fait par la Mer, aux Manufactures, aux Arts ; l'empêcher autant qu'il se peut, de trop dépenser aux choses qui viennent de l'Etranger, & qui ne sont que superflues ; & d'un autre côté augmenter ses richesses propres, en animant la culture de ses Terres : voilà ce qu'on appelle tirer parti du Commerce.

Outre Le-Blanc & Matthieu, consultez sur le sujet de cette Note, De-Thou, *liv.* 129. Le-Grain, *liv.* 8. Péréfixe, & autres Ecrivains de ce temps-là ; mais seulement pour y chercher l'historique de ces opérations de Finances & de Commerce : Car dans la vérité, les raisonnemens de ces Ecrivains sur toute cette matiere ne sont guère satisfaisans. On pourroit dire d'eux ce que disoit le Duc de Sully du Parlement de Paris : » Ce sont des Maîtres-ès-Arts qui » tous n'y entendent rien. « *Mémoir. pour l'Histoire de France.*

Comme M. de Sully ne revient plus à traiter les affaires de la Monnoie, j'y suppléerai par les mêmes Mémoires, *tom.* 2. *pag.* 275. *& suiv.*

quoique cet Ecrivain paroisse ne pas même entendre l'état de la Question, & qu'il parle peu avantageusement du Roi & de son Ministre. » En ce » temps, dit-il ( & il parle de tous » les mouvemens qui se firent à ce su- » jet en 1609 ), » fut mis sur le Tapis » du Conseil, & proposé un nouvel » Edit des Monnoies, lesquelles on » vouloit decrier & changer, c'est-à- » dire, les affoiblir, & par même » moyen ruiner le peuple. Chacun » en murmuroit : le Roi seul pour » avoir son compte, en rioit, & se » moquoit de tout le monde, mê- » me de ses Officiers, & de leurs » remontrances ; comme il fit du » Premier Président des Monnoies » ( Guillaume le Clerc ), lequel s'é- » tant troublé en sa harangue ; ayant » été deux fois interrompu par Sa » Majesté ; le Roi se prenant à ri- » re, le fit demeurer au beau milieu » de sa harangue : ce que Sa Ma- » jesté voyant, lui dit : continuez » M. le Président : car ce que je ris » n'est pas que je me moque de » vous ; mais c'est que mon Cousin » le Comte de Soissons qui est près » de moi, me disoit qu'il sentoit l'é- » paule de mouton. Laquelle rechar- » ge lui ôta tout-à-fait la parole : Et » le Roi se prenant à rire s'en alla, » & le laissa-là. Un Périgourdin, le- » quel étoit un des principaux qui » avoit donné au Roi l'invention de » cet Edit, en pressoit fort l'exécu- » tion. Le Roi qui connoissoit bien » l'iniquité de l'Edit, se voyant con- » tinuellement occupé de ce Rustre » de Partisan, lui demanda enfin de » quel Pays il étoit : Je suis de Pé- » rigord, répondit ce vilain : Ven- » tresaintgris ! repartit Sa Majesté, » je m'en suis toujours douté : car en » ce pays-là ce sont tous Faux-mon- » noyeurs. « Le Samedi 5 Septem- « bre, la Cour assemblée sur l'Edit » de Monnoies, le rejetta tout-à-fait :

T ij

merce dans les ventes & dans les achats, au-delà de leur vraie valeur.

Le Commerce se trouva encore interessé dans la Nouvelle que le Roi reçut de plusieurs endroits du Royaume, que ceux qui avoient été préposés pour y chercher des Minieres d'or & d'argent, en avoient trouvé de fort-abondantes (30). Le bruit en fut répandu à la Cour avec tant d'apparences de certitude, que chacun se figurant la Direction de ce nouveau travail, comme une source de richesses immenses; il n'y eut presque personne qui n'employât tout son crédit pour se la faire accorder. Monsieur Le-Grand en obtint la Surintendance, & Béringhen, le Contrôle-Général : Ce qui fit dire à La-Regnardiere, Bouffon aussi mordant que plaisant, qu'il ne pouvoit être fait un choix plus heureux pour la Direction des Mines, que celui d'un homme, qui étoit lui-même un composé de mines. La culture de la Soie, sur laquelle j'aurai plus l'occasion de parler l'année suivante, peut trouver son commencement en France, dans cette année : Il y eut même un Edit porté pour la plantation de Meuriers.

» *Nec debemus, nec possumus*, conclu-
» rent-ils tous d'une même voix.
» MM. des Monnoies y furent man-
» dés : entre lesquels, un de la Reli-
» gion, nommé Bizeul, triompha
» de parler, & opina fort-librement;
» dont il fut grandement loué : M. le
» premier Président dit, *Non in parobo-*
*» lis iste locutus est nobis*... Est à noter
» qu'aussitôt que Messieurs de la Mon-
» noie furent entrés dans la Cham-
» bre, le Premier Président leur dit :
» séez vous, & vous couvrez, puis
» vous parlerez.. Le Mardi 8. sur le
» soir, M. de Sully alla voir le pre-
» mier Président, pour le prier d'in-
» duire la Cour à passer les Edits;
» surquoi il le trouva inflexible : Et
» comme le Président lui en remon-
» troit l'injustice ; M. de Sully lui
» répondit : Le Roi ne doit estimer
» injuste ce qui accommode ses af-
» faires.. Le Mardi 15 Septembre,
» le Roi envoya ses Lettres-Patentes
» à la Cour, pour prolonger encore
» le Parlement de huit jours ; pen-
» dant lequel temps il leur étoit en-
» joint de vaquer à la vérification des
» Edits, deux desquels étoient com-
» me évoqués, & des autres on espé-
» roit qu'ils iroient à veau l'eau &c. «

(30) Le Septénaire, nomme ainsi les endroits où furent trouvées ces Mines de toute espéce : » Ez Monts-
» Pirenées, des Mines de talc & de
» cuivre, avec quelques Mines d'or
» & d'argent : aux Montagnes de
» Foix, des Mines de geais & des
» pierres précieuses, jusques aux es-
» carboucles, rarement : Ez terres de
» Gevaudan & ez Sevenes, Mines
» de plomb & d'étain : En celles de
» Carcassonne, Mines d'argent : en
» celles d'Auvergne, Mines de fer :
» en Lyonnois près le Village Saint-
» Martin, celles d'or & d'argent :
» en Normandie, d'argent & fort-
» bon étain : Annonay, en Vivarais,
» Mines de plomb : en la Brie & Pi-
» cardie, Mines de marcassites d'or
» & d'argent. « Quelques-unes de ces Mines, mais sur-tout celles d'or & d'argent, sont d'un travail si pénible & en même temps si infructueux, que M. De-Thou avoit raison de dissuader dès ce temps-là de s'y attacher. *liv.* 129.

De tous ces différens Edits, aucun ne fit tant de bruit, que celui qui fut donné contre les Duels (31). Sa Majesté s'y porta, jusqu'à ordonner la peine de mort contre les Coupables: En quoi elle ne suivit pas mon avis. J'ai assez donné à connoître ce que je pense de ce cruel & barbare abus, pour n'être pas accusé d'avoir cherché à le tolérer: C'est que je prévoyois au contraire que l'excès de sévérité dans les moyens seroit cela même d'où naîtroit le principal obstacle à l'éxécution. Lorsqu'il s'agit de manifester la volonté du Souverain à ses Sujets; je trouve qu'il n'y a rien de si important, que de bien éxaminer si la chose défendüe est de nature, que le risque de la vie soit capable d'arrêter la désobéïssance; parce qu'autrement je crois que les moyens extrêmes sont alors bien au-dessous de la simple perte de l'honneur, ou même d'une amende pécuniaire un peu forte. Si on fait une sérieuse attention au Duel, on trouvera qu'il est de cette nature; parce que ne regardant pour l'ordinaire que des personnes de qualité, souvent même de la premiere distinction, dont les sollicitations sont d'autant plus vives & plus efficaces, que la peine dont on est menacé est grande & infamante; il est indubitable qu'il s'accordera beaucoup d'abolitions, dont l'éxemple & l'espérance suffisent de reste pour encourager à désobéïr aux loix: Souvent les peines qui font le plus d'impression, sont celles pour lesquelles on n'ose, ou l'on ne peut demander grace.

1602.

Outre les Ambassades dont j'ai parlé au commencement de cette année, le Roi en reçut une très-solemnelle des treize Cantons Suisses. Quarante-deux Députés de cette Nation vinrent à Paris, pour le renouvellement d'Alliance (32), qui avoit été le sujet du voyage du Maréchal de Biron dans ces Cantons. Je fus nommé, avec Sillery, de Vic & Caumartin, pour traiter avec eux: Ce que je ne fis pas assidûment, à

(31) Cet Edit où le Duel est déclaré crime de Lèze-Majesté, fut rendu à Blois, au mois de Juin. Il est très sévère. C'est cet Edit qui a attribué le premier au Connétable & aux Maréchaux de France, le pouvoir de défendre les voies de fait, & d'ordonner sur la réparation de l'injure: Ce que le Parlement restreignit en le vérifiant, aux seules entreprises réputées intéresser le point d'honneur; & en excepta tous autres crimes, délits, voies de fait, &c. M. de Sully reviendra dans ces Mémoires à traiter plus au long la matiere du Duel.

(32) Voyez toutes les Cérémonies d'Entrées, d'Audiences, de prestations de Serment, &c qui furent observées en cette occasion, dans le Septénaire. Ann. 1602. Matthieu, tom. 2. liv. 3. 471. &c.

cause de mes occupations. Je me contentois d'être éxactement informé par Sillery, de ce qui se passoit dans leurs Assemblées. La seule difficulté que j'y fis naître, fut que sur les trois millions qu'on leur accorda, outre les quarante mille écus, à quoi fut portée leur pension ordinaire, j'aurois du-moins souhaité qu'on défalquât quelques sommes acquitées à leur décharge, pendant la Campagne de Savoie, & dans quelques autres occasions. Du reste faire grande chère à ces Messieurs-là, & boire largement avec eux, a été de tout temps une des parties essentielles de leur réception. Le Roi leur fit présent de chaînes & de médailles d'or. Il renvoya de même comblé de présens le Camerier du Pape, qui vint visiter le Roi de la part de Sa Sainteté. Il donna son consentement à l'Alliance que la République de Venise fit avec les Ligues des Grisons contre l'Espagne.

Les Armemens & autres préparatifs considérables, qu'on voyoit faire à cette Couronne pour l'année suivante, tenoient toujours le Conseil de France extrêmement attentif; & furent cause que Henry, dont le principe a toujours été que la seule puissance militaire rend un Etat florissant, non-seulement rejetta la proposition que je lui fis de réformer une partie de ses Troupes, & sur-tout de diminuer les Compagnies de ses Gardes de douze ou quinze cens hommes; mais encore, qu'il prit la résolution de faire une nouvelle levée de six mille Suisses, que j'obtins à grande peine qu'on différât jusqu'au mois de Septembre. Il veilla plus éxactement qu'auparavant au payement de ses Gens de Guerre: & j'eus obligation à M. le Connétable d'avoir sollicité fortement pour celui de ma Compagnie de Gendarmes: Enfin il se détermina encore à faire le voyage de Calais: c'est le plus considérable de tous ceux que Sa Majesté fit cette année, après celui qu'elle avoit fait dans les Provinces.

Henry prit sa route par (33) Verneuil, sur la fin du mois d'Août; laissant la Reine son Epouse dans le même état que l'année précédente, lorsqu'il fit le même voyage; c'est-à-dire fort avancée dans sa grossesse, puisqu'elle accoucha de Madame, sa Fille aînée, dans le mois de Novembre (34). Aussi

(33) Verneuil près de Senlis, Château qu'il avoit donné à Mademoiselle d'Entragues, sa Maîtresse, & d'où elle prit le nom de Marquise de Verneuil.

(34) Elizabeth de France, née le 22. Novembre 1602. & mariée à Philippe IV. Roi d'Espagne, en 1615.

ne me recommanda-t'il rien tant que de me rendre assidu auprès d'elle, pour lui faire goûter ce voyage, & lui procurer tous les divertissemens propres à la désennuyer pendant les premiers jours de son absence. Il ne m'écrivit point pendant sa route, sans s'informer de l'état de la santé de cette Princesse, & de la maniere dont elle passoit le temps. On peut dire qu'il n'oublioit rien du côté des égards & de la circonspection, de ce qui étoit capable de lui faire oublier les sujets de chagrin qu'elle recevoit de ses galanteries : Je crois que la légitimation du Fils que ce Prince avoit eu de la Marquise de (35) Verneuil, qui fut faite en ce temps-là, ne fut pas un des moins sensibles à la Reine. Henry fut obligé de s'arrêter à Monceaux, ayant gagné la fiévre à se refroidir en se promenant la nuit, & à voir travailler ses Maçons. Le remède dont il se servit pour s'en guérir, fut d'aller à la Chasse le lendemain. Lorsque je lui eus mandé à Boulogne, que les choses étoient de la part de la Reine dans la situation où il les souhaitoit ; il m'écrivit de l'aller trouver en cette Ville, avec le Président Jeannin, dont il comptoit avoir besoin.

C'est de cet endroit que Sa Majesté fut témoin d'une partie des évènemens & des exploits de la Campagne, entre les Espagnols & les Flamands, sans vouloir désarmer, quelqu'assurance que lui fît donner le Roi d'Espagne ; jusqu'à ce qu'il eût vu quelle face prendroient les affaires des Pays-Bas. Elles y continuerent sur le même pied que l'année précédente. Le Siége d'Ostende fut poursuivi avec plus de vigueur du côté des Assiégés, que des Assiégeans. Le Prince Maurice de Nassau après être demeuré quelque temps à Berg, incertain de ce qu'il devoit entreprendre, alla le dix-neuf Septembre investir Grave, devant laquelle il se retrancha, ne doutant point qu'il ne dût être troublé dans ce Siége. En effet l'Amirante d'Arragon, en l'absence de l'Archiduc Albert, qui étoit demeuré malade à Bruxelles, essaya par le moyen d'un pont qu'il jetta sur la Riviére, d'emporter un des Quartiers des Assiégeans, & de secourir la Place : à quoi il ne réussit pas : Il eut même le chagrin de voir plusieurs de ses Compagnies Espagnoles se mutiner, &

---

(35) Henry de Bourbon, Duc de Verneuil : Il fut d'abord Evêque de Metz, & se maria ensuite à Charlotte Seguier.

1602.

s'emparer d'Hoëstrate & de Dèle, après s'être séparées du gros de son Armée. Il s'y prit si mal pour les ramener, qu'il les porta à rechercher le Prince d'Orange. Celui-cy leur donna pour retraite la Ville de Grave, qu'il avoit prise, & que ces Espagnols lui rendirent, lorsqu'à force de ravages & de violences sur les Terres de l'Archiduc, ils l'eurent comme forcé de traiter avec eux, & de les recevoir à des conditions tout-à-fait étranges (36).

L'envie d'avancer la Guerre, faisoit cependant résoudre dans le Conseil d'Espagne à faire de nouveaux efforts. Une Escadre de douze grandes galeres & pataches, équippée en Sicile avec beaucoup de soin, & chargée du nombre de soldats, & de toutes les provisions nécessaires, partit à cet effet des ports d'Espagne, pour venir croiser dans la Manche. Le commandement en fut donné à Frédéric Spinola, Cousin du Marquis de ce nom, qui conduisoit le Siége d'Ostende. Il se flatoit de se rendre le maître de la Mer, & de porter le dernier coup aux Flamands. Vaine espérance! Des douze Bâtimens, il en périt deux, avant qu'ils eussent seulement quitté les Côtes d'Espagne. Les dix autres rencontrerent ensuite une Escadre Hollandoise, qui les prit, ou coula à fond presque tous. Le dernier qui échapa, & dans lequel étoit Spinola lui-même, vint échoüer à la vuë de Calais, si maltraité du Canon, & si délabré, que les Forçats qui le remorquoient s'étant révoltés & enfuis, le Général se vit obligé d'aborder seul & avec beaucoup de peine à Calais; d'où il alla à Bruxelles se plaindre à l'Archiduc, de la Mer & des Vents.

L'Espagne se racquita de ces infortunes, en faisant saisir par le Comte de Fuentes le Marquisat de Final. Cette usurpation ne pouvoit être colorée par aucun prétexte : ce petit Etat, qui est sur la Côte de Gènes, étant incontestablement Fief de l'Empire : Cependant lorsque l'Empereur pour conserver du moins en apparence le droit de l'Empire, offrit d'envoyer des Commissaires sur les lieux, pour discuter cette affaire, son offre fut rejettée avec mépris par le Roi d'Espagne (37). Il usa de la même violence à l'égard de
Piombino,

---

(36) Voyez dans les Historiens les particularités de toutes ces Expéditions, qui ne sont marquées ici qu'en abrégé.

(37) Le Marquis de Final obtint seulement à force de se plaindre, une pension, sa vie durant.

(38) Il

# LIVRE TREIZIEME. 153

Piombino, auſſi Fief de l'Empire, qui lui donnoit un Port à ſa bienſéance. Il avoit ſans doute de pareilles vûës ſur Embden, lorſqu'il entreprit de ſoûtenir contre les Bourgeois, le Seigneur (38) de cette Ville quoiqu'il s'avouât Proteſtant: mais il ne réüſſit pas: Ceux d'Embden ſe maintinrent en liberté, malgré l'un & l'autre; & ſe joignirent aux Etats.

Le Duc de Savoie n'eut pas un meilleur ſuccès dans l'entrepriſe qu'il fit faire par (39) d'Albigny ſur la Ville de Genève. Cette Expédition finit très-malheureuſement pour les Aggreſſeurs. Quoiqu'ils ſe fuſſent ouvert un paſſage dans la Ville par eſcalade, & qu'ils y fuſſent même déja entrés au nombre de plus de deux cens, après avoir égorgé la Sentinelle, qu'ils obligerent de leur dire le mot du guet: ce qui leur ſervit encore à ſe défaire de la Ronde; enfin qu'ils euſſent paſſé ſur le ventre au premier Corps-de-garde: ce qui ſembloit devoir le mettre en poſſeſſion de la Ville; les Bourgeois tirant de nouvelles forces de l'extrêmité où ils ſe voyoient, les aſſaillirent avec tant de furie, qu'ils les rechaſſerent, & leur firent abandonner la Ville. Une partie de ces Savoyards ſe précipita par-deſſus les murs, pour échaper à ſes Ennemis: Pluſieurs autres furent pris par les Vainqueurs, qui les pendirent ſans miſéricorde. L'Eſpagne trempa bien avant dans ce noir deſſein, qui fut ſuivi de la Paix entre le Duc de Savoie & la République de Genève (40).

La révolte de Battori contre l'Empereur fit continuer la Guerre en Hongrie. Le Duc de (41) Nevers y paſſa, croyant aller ſuccéder à la place & à la réputation du Duc de Mercœur: Mais s'étant attaché au Siége de Bude, après celui de Peſt pris par les Chrétiens; les Turcs, qui de leur côté

---

(38) Il s'appelloit le Comte d'Ooſt-Friſe. Voyez l'origine de ces troubles dans la Chronol. Septén. Ann. 1598 & leur fin, Ann. 1601.

(39) Charles de Simiane-d'Albigny. De Thou, liv. 129. Septénaire ann. 1602. Matthieu, ibid. 544.

(40) Le Traité en fut paſſé l'année ſuivante à Rumilly, par la médiation des Cantons Suiſſes. Siri, ibid. p. 100.

(41) Charles de Gonzague, Duc de Mantoüé, de Nevers, de Cleves & de Rhetel, mort en 1637. Voyez comment la Chronologie Septénai-re rapporte une action, dont M. de Sully parle avec une eſpèce de mépris: » Le Duc de Nevers penſant par » ſon éxemple rehauſſer le courage « à ceux qui s'en retiroient pour le » péril, & y amener les autres; alla » droit à la bréche, traverſant d'un » même pas le nombre des morts, » que celui des bleſſés & des fuyards: » mais il y reçut une grande arque-» buſade, tirée parmi une extrême « quantité, d'une des épaules de la-» dite bréche, qui l'atteint juſtement » au côté gauche, pénétrant dans la » Thorax, près du cœur & du pou-

Tome II.                 V

1602.

*Autrement Niſſa, Place forte en Tranſilvanie.*

s'étoient enfin mis en poſſeſſion d'Albe-royale, y accoururent avec de ſi grandes forces, qu'ils firent lever ce Siége. Le Duc de Nevers ſe retira bleſſé. On a beaucoup loué un trait de George Baſte, Général des Impériaux. Les Révoltés du Parti de Battory ayant emporté Biſtrith ; Baſte reprit cette Place par une Capitulation, qui fut violée pendant ſon abſence par quelques Soldats Allemans : Ce qu'il n'eut pas ſi-tôt appris à ſon retour, qu'il fit pendre tous ces Soldats, & paya de ſes deniers aux habitans le dommage qui leur avoit été fait. Cette action toucha ſi fort les Révoltés, qu'ils ſe ſoûmirent tous à l'Empereur, ſans demander d'autre caution que la parole de Baſte.

» mon ; mais ſi divinement condui-
» te, que ne lui rompant ni offen-
» ſant aucune partie noble, lui laiſſa
» pour jamais autant de gloire, que
» de miracle de ſa conſervation. «
Ecoutons auſſi cet Ecrivain ſur la mort du Duc de Mercœur : » Deſi-
» rant, dit-il, revenir en France, ſe
» préparer à une plus grande Expé-
» dition contre les Turcs ; il paſſa
» de Vienne à Prague, là où il prit
» congé de l'Empereur : mais étant
» à Noremberg, il fut ſaiſi d'une fié-
» vre peſtilente, jettant le pourpre...
» Il n'eut pas plûtôt vû le Saint-Sa-
» crement, que tout languiſſant &
» foible de corps, mais fort & ferme
» d'eſprit, *ayant plus de foi que de vie,*
» (la deviſe du Duc de Mercœur étoit,
» *Plus fidei quam vitæ*) il ſe jetta hors
» de ſon lit ; & ſe proſternant en
» terre, il adora ſon Sauveur, plein
» de larmes, de paroles dévotes, &
» de mouvemens religieux. «Tout ce que cet Auteur ajoûte ſur les actions, les diſcours & les ſentimens du Duc de Mercœur juſqu'au moment de ſa mort, eſt tout-à-fait touchant, & ſuffit pour faire un grand Eloge.
» L'Oraiſon funèbre fut prononcée
» dans l'Egliſe Notre-Dame de Paris,
» par Meſſire François de Salles, Co-
» adjuteur & élu Evêque de Genève..
» Les Turcs eſtimoient que les affai-
» res des Chrétiens ne ſuccédoient
» heureuſement que là où ce Prince
» étoit.« Après l'éloge de ſa Maiſon, l'Hiſtorien paſſe à celui de ſes vertus.
» Il étoit des plus tempérans en ſon
» vivre, attendu qu'il ne mangeoit
» que comme par force, & ne buvoit
» preſque que de l'eau : Il ne l'étoit
» pas moins aux autres voluptés tem-
» porelles.. Sobre en la poſſeſſion des
» grandeurs & faveurs immenſes dont
» le Ciel l'avoit comblé, & n'en abuſa
» jamais... Il donnoit un accès éga-
» lement facile & gracieux aux petits
» & aux Grands. Il étoit ſobre en ſes
» récréations... Les Aſſemblées inuti-
» les lui étoient en extrême mépris :
» Tellement que le temps qui lui re-
» ſtoit pour ſon plaiſir, il l'employoit
» partie à la lecture des bons Livres..
» Il avoit une éxacte connoiſſance &
» pratique des Mathématiques... Il
» avoit auſſi l'uſage de l'Eloquence,
» & la grace de bien exprimer ſes bel-
» les conceptions, non-ſeulement en
» la Langue Françoiſe, mais même en
» l'Allemande, Italienne & Eſpagno-
» le, éſquelles il étoit plus que médio-
» crement diſert ; & néanmoins il
» n'employa jamais ſon bien dire qu'à
» la perſuaſion des choſes utiles, loua-
» bles & vertueuſes.« La deſcription que cet Ecrivain fait enſuite de ſa maniere de vivre par rapport aux devoirs de ſa Religion & de ſa Condition, de ſa piété, de ſa prudence & de ſes autres vertus, forme un tableau qui pourroit ſervir de modèle à tous les Grands ; en retranchant de la vie du Duc de Mercœur, ce qu'un peu trop d'ambition, & de zèle de Religion mal entendu, lui fit entreprendre contre ſon Souverain. Matthieu *ibid.* 456. en parle de même,

*Fin du treiziéme Livre.*

# MEMOIRES
## DE
## SULLY.

✦✦✦✦✦✦✦✦✦✦✦✦✦✦✦✦✦✦✦✦✦✦✦✦✦✦✦✦

### LIVRE QUATORZIEME.

A Ville de Metz étoit agitée depuis quelque temps de diffentions inteſtines, qui éclaterent au commencement de cette année. Le Duc d'Epernon, qui en étoit Gouverneur, & de tout le Pays Meſſin, y avoit établi pour ſes Lieutenans, Sobole (1) & ſon Frere. Ceux-ci uſerent ſi mal de leur autorité, qu'ils ſe firent bien-tôt haïr de toute la Bourgeoiſie. La différence des Religions ſe joignant à cette averſion; il ſe fit un cri général, tant de la part des Bourgeois, que des habitans de la campagne, qui obligea d'Epernon à ſe tranſporter ſur les lieux, pour connoître des griefs des uns & des autres, & tâcher de les concilier. Sobole ſe plaignoit de ce que la Ville lui refuſoit les proviſions de bouche néceſſaires aux Gens de Guerre; & la Ville rejettoit à ſon tour ce tort ſur Sobole. Il étoit encore

1603.

(1) Raimond de Comminges, Sieur de Sobole, & ſon Frere, Gen- | tilshommes Gaſcons.

question d'un certain Provençal, prisonnier à Vitry. A quoi l'aigreur, & l'envie de se venger, avoient joint une infinité d'autres sujets moins considérables, qui avoient amené la chose au point, qu'on commençoit à appréhender une ré-révolte.

Le Duc d'Epernon comprit aisément que la justice n'étoit pas du côté des (2) Soboles, du moins quant au premier grief, qui étoit le principal; & qu'ils n'occasionnoient cette querelle, que pour avoir un prétexte d'ouvrir les Magazins de la Citadelle, auxquels il n'est permis de toucher que dans les cas de la Guerre, ou d'un Siege; & pour s'en rendre les maîtres. Il eût bien voulu pacifier toutes choses; sans être obligé de chasser ses deux Créatures: Il comprit même que ce coup d'autorité étoit au-dessus de ses forces; les deux Freres se trouvant à la tête d'un Parti capable de résister au Gouverneur, aussi bien qu'aux Bourgeois.

Les choses étoient en cet état, lorsque la nouvelle en fut apportée au Roi, qui me fit sçavoir qu'il viendroit en communiquer avec moi à l'Arsenal, où il me demanda à souper pour lui, & six autres personnes dont il se feroit accompagner. Il me mena seul dans les grandes halles aux Canons & aux Armes, proche la Bastille; où après avoir commencé comme d'ordinaire, par l'état des affaires quant aux séditieux du Royaume, il m'entretint sur les nouvelles qu'il venoit de recevoir de Metz. Henry prit sans peine la résolution de se transporter jusques-là; sur la réflexion, que si Metz, qui est une Ville assez fraîchement démembrée de l'Empire, venoit malheureusement à se séparer de la France dans la conjoncture présente, on seroit assez embarrassé à se la faire rendre. La Politique lui conseilloit encore ce voyage par plusieurs autres motifs, outre celui d'ôter au Duc d'Epernon une Citadelle dont il pouvoit abuser, & un Pays considérable, où il s'étoit comporté sous le Régne d'Henry III. moins en Gouverneur qu'en Prince Souverain. Si quelque jour ses grands desseins venoient à s'exécuter; il falloit trouver toutes les facilités possibles dans le Gouverneur de ce Pays important par sa situation: ce qu'il ne se promet-

---

(2) Sobole accusoit la Ville de Metz d'intelligence avec le Comte de Mansfeld, pour se donner au Roi d'Espagne: La fausseté de cette accusation fut découverte. *Vie du Duc d'Epernon*, pag. 217.

toit pas du Duc d'Epernon. Il pouvoit de plus se présenter quelqu'occasion favorable de joindre la Lorraine à la France, qui demandoit que Sa Majesté prît par elle-même connoissance de cet Etat, & qu'elle eût un homme de confiance dans celui de ces Gouvernemens qui le confine. Enfin ce voyage lui serviroit à connoître une partie des Princes d'Allemagne ; à les sonder au sujet de la Maison d'Autriche, pour voir s'il pouvoit en attendre quelque chose dans une conjoncture avantageuse ; & même à se les attacher, en les réconciliant entr'eux sur plusieurs différends, qu'il n'ignoroit pas.

Il fut convenu entre nous, que Sa Majesté se mettroit en marche sans perdre de temps ; afin que se faisant voir à Metz avec toute sa Cour ( car nous arrêtâmes que la Reine même seroit du voyage, ) dans un temps où les deux factions n'avoient point encore pu se porter jusqu'à prendre un parti contraire au Roi, de part & d'autre on ne songeât qu'à justifier sa conduite, & à se soumettre. Le Roi ne voulut pas même attendre que les hoquetons de ses Gardes, que l'on faisoit habiller de neuf, fussent prêts. Je demeurai à Paris pour la correspondance. Villeroi fut celui de ses Secrétaires d'Etat, dont Sa Majesté se fit accompagner : & sans plus de délai, elle partit à la fin de Février, malgré l'incommodité de la Saison, qui rendoit les chemins bien mauvais pour faire voyager des Dames ; prenant sa route par La-Ferté-sur-Jouarre, Dorman-sur-Marne, Epernai, Châlons-sur-Marne & Clermont. La Cour arriva à Verdun, d'où elle vint quatre ou cinq jours après à Metz, par Fresne en Verdunois.

L'arrivée de Henry imposa silence à tout le monde ; & on ne parla que de soumission. Ce n'est pas que Sobole, qui connut que cette affaire ne finiroit que par son expulsion, n'eût assez d'ambition & de résolution pour entreprendre de se maintenir dans la Citadelle, malgré Sa Majesté : Il s'en ouvrit à ses Amis particuliers : Mais les plus prudens lui représenterent tous, qu'il se perdroit sans ressource par ce dessein. De sorte que souscrivant à l'Arrêt de son bannissement, il remit la Citadelle sans aucunes conditions ; & sortit de Metz, & de tout le Pays-Messin. Le Roi nomma en sa place (3) Montigny, pour son Lieutenant dans la Province, & d'Arquien, son Frere, pour servir de Lieutenant au Gouverneur dans la Ville de Metz & dans le Château. Montigny se défit pour cela de son Gouvernement de Paris, dont il toucha pourtant encore les appointemens cette année. L'ancienne Garnison fut remplacée par une autre, composée dans le Régiment même des Gardes. Le bruit courut que d'Epernon n'avoit pas vû de trop bon œil tous ces changemens : ce qui n'est pas difficile à croire ; les deux Lieutenans ne lui ayant aucune obligation de leur élévation : Mais il n'eut rien à répondre ; parce que lui-même ayant par nécessité demandé le premier, qu'on chassât les Soboles ; il paroissoit qu'il ne s'étoit rien fait que de son consentement.

J'ai pris tout ce détail dans les Lettres que Sa Majesté me fit l'honneur de m'écrire. Elle s'y étendoit bien davantage sur la maniere dont elle avoit été reçue à Metz, & sur cette Ville elle-même, trois fois plus grande qu'Orleans, belle & bien située ; mais dont elle trouvoit que le Château ne valoit rien. Elle me mandoit encore, qu'elle me souhaitoit dans ce Pays, pour me faire visiter toute la Frontiere ; & qu'avant six jours elle auroit mis les choses en état de pouvoir quitter Metz. Le Roi n'y mit en effet guère plus de temps, & il ne fut retenu que par une indisposition qui l'obligea de prendre une médecine, dont il se trouva très-bien ; quoiqu'elle fût suivie d'un accès de fiévre, que ce Prince attribua au rhûme. Madame sa Sœur, Duchesse de Bar, vint l'y trouver le seize Mars ; & le Duc de Deux-Ponts y arriva trois jours après, avec sa Femme & ses Enfans. Le reste du temps que Sa Majesté séjourna dans cette Province, fut employé à conclurre le Mariage de Mademoiselle de Rohan avec le jeune Duc de (4) Deux-Ponts ; à accommoder le

(3) François de la Grange, Seigneur de Montigny, Sery &c. Il fut premier Maître-d'hôtel de Henry III. Gouverneur de Berry, Blois &c. Chevalier du Saint-Esprit, Mestre de Camp général de la Cavalerie-Légere, Gouverneur de Paris, ensuite de Metz, Pays Messin, Toul, & Verdun, enfin Maréchal de France ; & mourut en 1617. Son Frere est Antoine, Seigneur d'Arquien, Commandant de la Citadelle de Metz, Gouverneur de Calais, Sancerre &c. Il est appellé mal-à-propos par quelques-uns, Jean-Jacques d'Arquien, & d'Arcy, par le P. Daniel. Jean-Jacques d'Arquien étoit Neveu du Maréchal de Montigny.

(4) Jean II. Duc de Deux-Ponts, branche de la Maison de Baviére, épousa Catherine, Fille de Henry, Duc de Rohan.

# LIVRE QUATORZIEME.

1603.

différend entre le Cardinal de Lorraine & le Prince de (5) Brandebourg; au sujet de l'Evêché de Strasbourg : Ce qui se fit, en partageant également entre eux le revenu de cet Evêché, sans égard à leurs Titres & à leurs prétentions; à pacifier cette Ville & quelques autres; & à rendre service à tous les Princes qui l'en requirent. Le nom de Henry en devint si respectable dans cette Contrée, que plusieurs Souverains d'Allemagne résolurent de le venir saluer, lui offrir leurs services, & lui demander sa protection : Ce qu'ils ne purent faire que depuis, & par Ambassadeurs; le temps qu'il leur falloit pour se mettre en Equipage, étant trop long pour celui que Sa Majesté avoit destiné de passer à Metz. Il n'y eut que le Cardinal de Lorraine, le Duc de Deux-Ponts, le Marquis de Brandebourg & de Poméranie, le Landgrave de Hesse, & trois ou quatre autres des plus voisins du Rhin, qui y vinrent en personne.

Les Jésuites, qui depuis leur bannissement n'avoient point cessé de mettre tout en usage pour se faire rétablir en France, ne se montrerent pas les moins empressés à faire leur cour à ce Prince. Ils firent agir fortement leurs Peres de Verdun (6), secondés de La-Varenne, qui s'en déclaroit le protecteur, afin qu'un jour ils pussent être les siens, & payer son zèle par l'élevation de ses Enfans, pour lesquels il convoitoit déja les plus brillantes & plus éminentes Dignités dans l'Eglise. D'Ossat, pour être éloigné de France, n'en travailloit pas non-plus avec moins de vivacité, ni de suc-

(5) Jean Manderscheidt, Evêque Catholique de Strasbourg, étant mort en 1594. le Cardinal Charles de Lorraine obtint cet Evêché du Pape; & les Protestans firent élire de leur côté Jean George, Frere de l'Electeur de Brandebourg; d'où s'ensuivit une Guerre qui dura jusqu'en cette année. Voyez les Historiens. Mém. de Bassompierre, tom. 1. Septénaire, &c.

(6) Les Peres Ignace Armand, Provincial, Châteiller, Brossard, & La-Tour, conduits par La-Varenne, vinrent le Mercredi-Saint se jetter aux pieds du Roi, pour le supplier de leur accorder leur rétablissement en France. Henry IV. ne voulut pas souffrir que le Provincial, qui portoit la parole pour tout l'Ordre, lui parlât à genoux. Lorsqu'il eut achevé, ce Prince leur répondit, que pour lui il ne vouloit aucun mal aux Jésuites : Il leur demanda par écrit ce qu'ils venoient de lui dire, & les fit demeurer tout le jour auprès de lui. Ils revinrent le Lundi de Pâques : Et le Roi leur promit de les rétablir : Il dit même au Pere Provincial de venir le trouver à Paris, & d'amener avec lui le Pere Cotton. » Je vous » veux avoir, ajoûta ce Prince, vous » estime utiles au public & à mon » Etat. « Il les congédia après les avoir embrassés tous quatre. De-Thou, liv. 129. Chronologie Septén. ann. 1603. Mss. Bibliot. Royale, vol. 9129. &c. P. Matthieu, tom. 2. liv. 3. p. 556.

1603. cès en leur faveur. L'ambition d'être l'Arbitre des affaires de l'Europe, a souvent fait que cet homme s'est ingéré de traiter des choses absolument étrangeres à sa commission. Les difficultés qu'on a vu qui furent faites à Rome au sujet du Mariage de Madame, Sœur de Sa Majesté, en font une preuve ; ses sollicitations pour les Jésuites en font une seconde : c'est que le rétablissement de cette Société étoit regardé de lui, aussi bien que de Villeroi, de Jeannin, & des autres créatures de la Cour Romaine en France, comme la partie peut-être la plus essentielle du système politique, qu'ils s'efforçoient d'y faire prévaloir sur celui qu'ils voyoient qu'on suivoit dans le Conseil.

D'Ossat en faisant imprimer ses (7) Lettres, qui font foi que je ne lui impute rien à tous ces égards, paroît même ne s'être

---

(7) Pour prouver ses accusations contre le Cardinal d'Ossat, l'Auteur cite quatorze Lettres tirées du Recueil imprimé de ces Lettres en 1627, huit au Roi ; & six à M. de Villeroi ; & de ces six dernieres, il s'attache principalement à deux, dont il donne même un Extrait. Il y a quelques fautes dans ces citations, qu'on peut mettre sur le compte de l'impression : Mais la vérité oblige d'avouer, qu'il y a ici quelque chose à objecter au prétendu Auteur de ce Mémoire de Rome, de plus grief que des fautes d'impression;& que quoique l'Extrait de ces Lettres soit conforme aux paroles du Texte, cependant on peut dire qu'il n'en est pas plus fidèle ; puisqu'on y remarque une affectation visible à supprimer les explications & les correctifs, qui adoucissent, & quelquefois même sauvent tout-à-fait le mauvais sens qu'on veut y faire trouver. Je crois qu'il est nécessaire de faire ici de courtes remarques sur chacune de ces Lettres, tant pour suppléer à une discussion plus satyrique qu'historique, que j'ai cru devoir supprimer, que pour rendre justice à qui il appartient, & achever de faire connoître les véritables sentimensd'un homme réputé parmi nous très-grand Négociateur, & très-habile Politique.

La premiere des huit Lettres au Roi (& cependant l'Auteur n'en cotte que sept), est du 19 Février 1600. Elle ne renferme que quelques plaintes du Pape, dont le Cardinal d'Ossat rend compte à Sa Majesté, de ce qu'elle a fait, M. de la Trémouille qui est un Protestant, Duc & Pair, & de ce qu'elle a envie de le faire ensuite Amiral. comme on le lui a fait entendre. D'Ossat en tout ceci ne met rien du sien, & s'attache même à justifier Henry, La seconde du 25 Avril : c'est encore le Pape qui insiste sur la publication du Concile de Trente, & sur le retour des Jésuites en France ; & qui se plaint en même temps de quelques abus dans l'Eglise Gallicane : à quoi cette Eminence ne répond rien autre chose, sinon que Sa Majesté travaille sincèrement à satisfaire Sa Sainteté. La troisiéme du 22 Mai, la quatriéme du 17 Juin, & la cinquiéme du 30 du même mois, roulent sur l'affaire de la Dispense de Monsieur & de Madame de Bar. Il y entretient le Roi des difficultés que souffre cette affaire à Rome : Il y joint son sentiment, qui dans la vérité n'est pas favorable à l'intention de Sa Majesté, mais qui n'empêche pas qu'il ne se prépare à la seconder par toutes les raisons qu'il peut imaginer ; & surtout qu'il ne se montre extrêmement sensible à la honte qui rejailliroit sur la

s'être pas embarrassé que le Public connût ses véritables sentimens : Mais s'il est inexcusable d'avoir presque toujours marché par un chemin contraire à celui que lui marquoit la reconnoissance qu'il devoit au Prince, son Maître & son la Maison de France, si, comme M. le Duc de Bar le disoit quelquefois, on se déterminoit à la Cour de Lorraine à renvoyer la Princesse en France. Nous avons marqué ci-devant que M. D'Ossat auroit fort souhaité la Conversion de cette Princesse. La sixième du 16. Novembre 1601, ne rend ce Prélat coupable de rien, sinon tout au plus d'exposer peut-être avec trop de complaisance à Henry, le dessein qu'avoit formé Sa Sainteté, de transporter après la mort d'Elisabeth, la Couronne d'Angleterre dans la Maison de Parme. La septième du 11. Décembre de la même année : C'est peut-être aussi avec un peu trop de zèle que D'Ossat y soûtient certains droits du Pape, à l'occasion des Elections. Son sentiment qui paroîtra singulier en France, m'oblige à rapporter quelques-uns des termes dont il se sert. « Si les Papes, dit-il, » ont entrepris sur les Libertés de l'E-» glise ; les Rois, Sire, ( je ne le dis » qu'à vous, & en cela même je » montre quelle opinion j'ai de vo-» tre générosité & bonté ) n'en ont » pas fait moins sur leurs Royaumes » & sur leurs Eglises mêmes : Et s'il » falloit remettre les choses comme » elles étoient au commencement, « ainsi qu'on voudroit remettre par-» de-là le Pape aux Elections ; les » Rois y perdroient encore plus que » les Papes. «

La première des six Lettres adressées à M. de Villeroi, est du 23. Juillet 1601. Ce qui a fait peine à l'Auteur dans cette Lettre, c'est que D'Ossat y soûtient avec assez de feu, qu'on ne doit pas souffrir les Protestans dans les Villes Italiennes, cédées au Roi par le Traité de Savoie. La deuxième du 23. Septembre, est faussement datée. Si c'est celle du 3 Septembre dont l'Auteur a voulu parler, il a d'autant plus de tort, que les Espagnols y sont fort maltraités : Mais il y a apparence que c'est celle du 17. de ce même mois ; parce qu'il y est encore parlé de la Religion Prétendue Réformée, & des Villes de Savoie. La troisième du 16. Décembre 1602. Sur l'affaire de Madame la Duchesse de Bar, a cela de favorable à D'Ossat, qu'il y déclare les soupçons qu'il a, que le Duc de Lorraine peut avoir en cela de mauvaises intentions. Je dis la même chose de la quatrième du 30. Décembre, où cette Eminence paroît persuadée que l'Espagne ne semble entrer avec le Pape si avant dans l'affaire de la succession à la Couronne d'Angleterre, que pour couvrir ses propres desseins du manteau de la Religion. Quant à la cinquième du 7, ou plûtôt du 17. Janvier 1603, qui est l'une des deux que l'Auteur s'attache à censurer particulierement, parce qu'elle marque, en termes pourtant assez généraux, les abus du Gouvernement de France ; il a doublement tort de nous cacher que D'Ossat ajoûte en même-temps, que la sagesse de Henry IV. en avoit déja corrigé une partie ; parce que ces paroles renferment la véritable pensée, & l'explication des sentimens de ce Cardinal, & aussi une louange qu'il pouvoit faire rejaillir sur M. de Rosny. La sixième du 10. Février, nous est indiquée comme la plus véhemente. En effet c'est dans celle-là qu'il s'explique le plus librement, sur les maux dont l'intérieur du Royaume est travaillé ; sur l'injustice de la Guerre qu'on entretient en Flandre contre l'Espagne ; & sur l'avantage d'unir d'intérêt & de Politique les deux Royaumes de France & d'Espagne, par le mariage du Dauphin avec l'Infante : Cependant en rassemblant tous ces traits sous un coup d'œil peu favorable, comme a fait l'Auteur, l'équité demandoit qu'il avertît, Que D'Ossat expose dans cette Lettre, le

Bienfaiteur : il a encore de plus grands reproches à essuyer sur la mauvaise impression, qu'on voit qu'il a cherché à donner par toutes ses paroles & ses Ecrits, du Roi & de ses Ministres ; lorsqu'éloigné du centre des Affaires, il ne pouvoit rien en connoître que par le canal de gens, dont le témoignage devoit être suspect à un homme d'esprit. On voit bien que cet Article tend en partie à faire ma propre apologie contre D'Ossat. Ce Cardinal écrivit en ce temps-là une Lettre Pour & le Contre des deux sentimens : Qu'il y dit, que l'envie que les Espagnols témoignent avoir de notre Alliance, n'est, comme il en est persuadé, que pour avoir le temps de faire leurs affaires, & d'endormir le Roi par un Traité, pour pouvoir après le mieux surprendre : Qu'il invective peut-être avec autant de force contre la rapacité, l'ambition, l'arrogance & la perfidie du Conseil de Madrid. Ce n'étoit point dans le temps qu'il balance ainsi les raisons de part & d'autre, qu'il falloit montrer ce Prélat ; mais lorsque résumant lui-même tout ce qu'il a dit dans cette Lettre qui est fort longue, il parle enfin en son nom. Et voici comme il le fait. " J'estime en somme, » dit-il, qu'il faut détromper Sa » Sainteté, en ce qu'il croit à tort de » nous ; garder de notre côté sincère-» ment & de bonne foi la Paix faite » & jurée avec le Roi d'Espagne & » les Archiducs, pourvû qu'ils la gar-» dent aussi de leur côté, comme ils » s'y offrent par la bouche de Sa » Sainteté ; étreindre encore cette » Paix par toutes les sortes de liens » honorables & profitables, sans toutesfois s'y fier plus que de raison, » ni en être moins vigilans & pour-» voyans ; mais au reste laisser le Roi » d'Espagne & les Archiducs comme » ils font avec les autres, non par » aucune mauvaise affection ni in-» tention, mais pour notre propre » conservation, & pour ne donner » moyen à qui en a montré la volon-» té, de tourner toutes ses forces con-» tre la France ; & pendant que les » autres feront la Guerre entr'eux, » employer la Paix, & le repos que » Dieu nous a donné, à bien faire, » & à redresser dans le Royaume les » bonnes choses, & en extirper les » mauvaises.«

Cette discussion me confirme encore dans l'opinion que j'ai exposée plus haut, des sentimens du Cardinal D'Ossat. Sur les Espagnols, joignez aux Lettres citées, ce qu'il en dit, *pag.* 51, 504, 542, 692, 705 *&c.* Sur la publication du Concile de Trente, 217, 256, 354, 396, 400, 443, 466, 613, 615, & beaucoup d'autres endroits. Sur les Jesuites, 69, 302, 303, 287, 309, 351 *& suiv.* 613 *& suiv.*

Quand même le Cardinal D'Ossat eût pensé comme le prétend son adversaire ; il n'est point dans le caractère d'un Négociateur aussi sage & aussi reservé qu'on convient qu'il l'étoit, de faire éclater hautement des sentimens si reprochables. Sa prudence paroît dans ses Lettres, entr'autres occasions, lorsque contre son propre avis sans doute, il défend devant le Pape l'Edit de Nantes, *pag.* 391, 393, 400. qu'il approuve la prison du Maréchal de Biron, 705. & qu'il prend le parti de la Reine Elisabeth, 243.

Au reste ce qui acheve de prouver que cette Eminence n'en veut point à M. de Rosny personnellement, comme on voudroit l'insinuer, c'est que jamais son nom n'est prononcé en mauvaise part. Il en est fait mention, *pag.* 440, 377, 724. Ce dernier endroit est le seul où il se plaigne, mais avec toute la modération possible, de ce qu'il suspend le payement de sa pension.

à Villeroi, dans laquelle il n'héſite point à attribuer la ré- 1603. volte du Maréchal de Biron, & le mécontentement des autres Seigneurs François, au peu de ſatisfaction que la Nobleſſe recevoit de Henry, & à l'oppreſſion ſous laquelle ſon Conſeil faiſoit gémir le Peuple. Pour ne rien faire à demi ; cet homme qui ſe piquoit d'un fin diſcernement dans les Affaires, donne en même tems le conſeil au Roi, en priant Villeroi de montrer ſa Lettre à Sa Majeſté, de remettre ſa confiance & ſon autorité dans d'autres mains. Peut-être que ſi on approfondiſſoit la choſe, on trouveroit qu'il y a ici plus que de l'erreur & de la ſurpriſe dans le fait de d'Oſſat. Un homme auſſi bien informé de tout ce qu'il l'étoit par Villeroi, pouvoit-il ignorer, que ce qu'il repréſente comme une conſpiration générale de toutes les parties de l'Etat, ſe réduiſoit à un petit nombre de Têtes gâtées par l'ambition & la licence des derniers temps ? Que tout le reſte de la Nobleſſe Françoiſe faiſoit hautement ſa gloire & ſon bonheur de ſon attachement à ſon Prince : Que le Clergé de ſon côté ne s'en louoit pas moins, & n'avoit pas en effet moins ſujet de s'en louer, puiſqu'il venoit de recevoir une gratification conſidérable : qu'enfin le Peuple, outre le ſou pour livre que Sa Majeſté avoit ſupprimé, venoit pareillement d'être ſoulagé de deux millions ſur la Taille.

 Je n'ignorois aucune de ces tracaſſeries de d'Oſſat, ni des plaintes qu'il faiſoit perſonnellement de moi dans ſes Lettres, de ce que ſes penſions n'étoient pas toujours éxactement payées. Villeroi ſe chargea de me recommander ce payement, & s'en acquitta en m'exaltant à ſon ordinaire les talens & les ſervices de cette Eminence. Quelques jours après cette recommandation, je fus abordé par un Banquier, qui me propoſa d'acquiter certaines penſions faites par le Roi à Rome, entr'autres celles de d'Oſſat : ce qu'il fit avec ce ton d'impoliteſſe & même de bruſquerie, que la cabale de mes Adverſaires affectoit de prendre avec moi. Il y a certaines places capables par elles ſeules d'attirer la conſidération & les égards ſur ceux qui les occupent. Je ne fus pas fâché que le Banquier le ſentît : Il fut renvoyé aſſez froidement. D'Oſſat ſe vit obligé de m'écrire lui-même, quatre mois après. Sa Lettre me vint avec une de celles de mon Frere, Ambaſſadeur en cette Cour ; & aſſûrément elle ne mé-

X ij

ritoit pas d'être mieux traitée que l'avoit été le Banquier, par la maniere dont d'Offat s'y expliquoit. Je crus pourtant devoir paffer fur le ftyle ; & je travaillois à expédier l'Affignation, lorfque j'appris à n'en pouvoir douter, jufqu'à quel point étoient offenfans pour moi les difcours que d'Offat tenoit publiquement. Je l'avouë ; je retirai dans le moment l'Ordonnance, qui étoit fort bonne, & je lui en fubftituai une autre d'un payement plus douteux : & depuis je pris le parti de n'en plus expédier du tout, que fur le commandement exprès du Roi. C'eft ce que j'écrivis à Villeroi, à Metz, en lui envoyant une apoftille des paroles & des Lettres de d'Offat, qui me regardoient : & dans ma jufte indignation je donnai à ce Cardinal, en parlant à fon Ami, les qualifications d'ingrat & d'imprudent, qu'il méritoit, fi tout cela étoit véritablement de lui : Si c'étoit une fauffe imputation, je mandois à Villeroi, que j'aurois égard aux prieres qu'il me faifoit pour d'Offat. Il fut plus touché de la menace que je lui faifois en même temps, de faire connoître à Sa Majefté l'infolence de fon Agent : Il me conjura de n'en rien faire : & j'y confentis, me contentant pour toute vengeance, de rendre les brigues de d'Offat à Rome inutiles : celles en faveur des Jéfuites ne le furent que cette année feulement, puifque l'année fuivante ils furent rétablis.

Je toucherai cet article en fon temps ; & celui de d'Offat s'y trouvera encore une fois mêlé, à l'occafion d'un Mémoire qui me fut adreffé de Rome contre lui. Ce qui me refte à en dire pour le préfent, regarde la Coadjutorerie de Baïeux, & l'Abbaïe de Coulon : fi pourtant la chofe mérite qu'on entre dans un grand détail. Il fuffit de dire que d'Offat ayant obtenu d'être fait Coadjuteur de Baïeux, & ayant traité de fon Abbaïe de Coulon avec les Maintenons, par un accord qui, ce femble, n'étoit pas très-favorable à ceux-ci ; Sa Majefté me donna cette Abbaïe, après avoir retiré la parole qu'elle avoit donnée aux Maintenons, qui n'y perdirent rien ; puifqu'ils en obtinrent l'équivalent fur l'Evêché d'Evreux. Villeroi follicita fort Sa Majefté pour d'Offat, & voulut m'intéreffer pour fon Ami : Maintenon au contraire ne le vit qu'à regret obtenir cette faveur.

Le Nonce du Pape me fit une autre plainte en l'abfence du Roi, fur le voyage que Sa Majefté venoit d'entrepren-

# LIVRE QUATORZIEME. 165

dre. Sa Sainteté ne s'y intéressoit, que parce que l'Espagne, la Savoie, & leurs partisans, joignans l'idée qu'ils se formoient du sujet de ce voyage, avec celle qu'ils avoient conçuë des armemens & des trésors de Sa Majesté, que la renommée avoit fort grossis, faisoient passer leurs alarmes jusqu'au Saint Pere. Henry à qui je mandai l'inquiétude du Nonce, m'écrivit de le rassûrer sans m'embarrasser de tirer l'Espagne & la Savoie de leur opinion.

1603.

Nous traitâmes de la même maniere par Lettres, Sa Majesté & moi, plusieurs différentes affaires, & entr'autres celles de Flandre. On compta que jusqu'au dernier Février de cette année, les Espagnols avoient perdu dix-huit mille hommes, & tiré plus de deux cens cinquante mille coups de canon devant Ostende; dont le Siége étoit néanmoins si peu avancé, qu'ayant voulu donner dans le mois d'Avril un assaut général; ils furent repoussés avec une grande perte. L'Archiduc jugea dès-lors, que malgré tous ses efforts, il n'y auroit que le temps & le manque d'hommes & de munitions, tant de guerre que de bouche, qui lui livreroient cette Place. Après Grave, Nassau de son côté assiégea Rhinberg : de-là, il alla investir Bosleduc, sans avoir fait assez de réflexion, que cette entreprise passoit ses forces ; Bosleduc ne pouvant, comme je l'ai déja remarqué, être pris avec si peu de troupes : Aussi pensa-t-il y perdre sa réputation & toute son armée : mais il eut en revanche le plaisir de chasser les Espagnols du Château de Vactendonck. Ils en étoient déja pour ainsi dire, les maîtres : la garnison de cette Place, trop foible pour leur résister, ne songeant plus qu'à se retirer, avoit abandonné à leur discrétion la Ville & le Château ; lorsqu'elle fut jointe par quelques troupes Hollandoises, qui passoient par-là pour aller joindre l'armée du Prince Maurice ; & tous ensemble ils attaquerent les Espagnols, & les délogerent du Château.

*De Thou, & Septén. ann. 1603.*

Il est aisé de comprendre que toute cette guerre ne se faisoit pas de la part des Provinces-Unies, sans de grands frais d'hommes & d'argent, auxquels il étoit besoin que la France continuât à contribuer. Le Siége d'Ostende leur avoit coûté seul cent mille coups de canon, & sept mille hommes. Pour l'intérêt des deux Puissances, Sa Majesté tenoit dans ces Provinces, Buzenval, qui étoit alors sur le point

*Paul Choart de Buzenval.*

1603.

de revenir en France : & les Etats avoient pour Agent auprès du Roi, un nommé (8) Aërsens. Aërsens vint me représenter que ses Compatriotes alloient se voir hors d'état de pouvoir se remettre en campagne, si Sa Majesté ne leur permettoit de recruter de François, les Compagnies Françoises qu'ils avoient à leur service. Le Roi me répondit de Châlons-sur-Marne, qu'il y consentoit; à condition que, pour ne pas paroître rompre ouvertement avec l'Espagne, ce seroit Aërsens qui se chargeroit lui-même de faire ces recruës, le plus secrettement qu'il pourroit; & non les Officiers, qui l'auroient fait avec trop d'éclat: ce qui avoit déja attiré des reproches au Roi, de la part du Roi d'Espagne : Que la chose se fît fort promptement : que les soldats engagés, dont il voulut sçavoir le nombre, défilassent à petit bruit jusqu'au lieu où se devoit faire leur embarquement, au nombre de six par bande au plus, sans autres armes que leurs épées; ni d'argent, que ce qu'il leur en falloit pour les conduire jusques-là : qu'on préférât pour l'embarquement, Dieppe à Calais ; cette derniere Ville étant trop remplie d'Etrangers : & qu'on en donnât avis au Commandeur de Chastes, qui en étoit Gouverneur, & au Vice-Amiral de Vic, qui devoient concourir dans ce dessein; & pour lesquels il m'adressoit une Lettre à cachet volant. Il y eut quelques changemens apportés à ces ordres. Aërsens ne put suffire seul à cette levée : & parce que je ne crus pas devoir m'en charger; les Officiers la firent, mais avec tout le secret possible. Sa Majesté songea qu'il ne seroit pas mauvais de faire passer en Flandre, la garnison qu'elle faisoit sortir de Metz, & jetta les yeux pour la conduire sur Béthune, mon Cousin, de peur qu'elle ne prît parti avec les Archiducs. A l'égard de la pension, dont Aërsens m'importunoit beaucoup, Henry remit à en résoudre à son retour.

---

(8) François Aërsens, Résident, & ensuite Ambassadeur des Etats d'Hollande en France. Les Mémoires de ce temps-là le représentent comme un homme d'un esprit extrêmement subtil, habile, & même dangereux. Le Cardinal de Richelieu parle de lui, d'Oxenstiern, Chancelier de Suede, & de Guiscardi, Chancelier de Monferrat, comme des trois seuls Politiques qu'il eût connus en Europe. » C'étoit l'opi- » nion commune de ce temps-là, » dit Amelot de la Houssaye, que » Henry IV. couchoit avec la fem- » me d'Aërsens; & que le mari en » demeuroit content, à cause du » grand profit qu'il en tiroit. Ce » commerce fut le commencement » de sa fortune. Il laissa cent mille « livres de rente à son Fills, appellé » de Sommerdick.

# LIVRE QUATORZIEME.

Le Duc de Bouillon mit aussi ses propres affaires sur le Tapis, pendant le séjour de Sa Majesté à Metz. Il étoit alors retiré en Allemagne, chez l'Electeur Palatin, dont il étoit Allié par l'Electrice. Il engagea cet Electeur à entreprendre sa justification ; ou à tromper de nouveau Henry, par une Lettre, que Sa Majesté m'envoya aussi-tôt, en m'en demandant mon avis. La teneur de cette Lettre, où l'Electeur Palatin avoit assez mal-à-propos affecté de traiter avec le Roi de France, comme avec son égal, étoit, que le Duc de Bouillon étoit au desespoir que sa fidelité fût soupçonnée de Sa Majesté ; & qu'il l'avoit convaincu, lui Electeur, de son innocence, par des preuves qui lui paroissoient sans replique. Pour justifier le Duc, de ce que le Roi lui ayant mandé de venir s'expliquer avec lui, & ensuite fait sçavoir par La-Trémouille de s'arrêter du-moins à Sedan, Bouillon n'avoit fait ni l'un ni l'autre ; le Palatin alléguoit quant au premier Grief, la qualité de ses Accusateurs, auxquels le Duc n'avoit pu avec prudence s'abandonner : Et pour le second, il disoit, que le Gentilhomme chargé de la Lettre de Sa Majesté, avoit trouvé Bouillon à Geneve, d'où il avoit eu très-sincérement intention de venir l'attendre à Sedan : mais qu'ayant cru devoir prendre sa route par l'Allemagne, pour éviter les Païs de la dépendance de l'Espagne & de la Lorraine, & aussi pour saluer l'Electeur, son Parent, & l'Electrice, qu'il n'avoit point encore vuë ; ce trajet lui avoit fait manquer l'occasion de recevoir Sa Majesté à Sedan. La Lettre finissoit par de nouvelles assûrances de l'attachement du Duc, dont l'Electeur apportoit en preuve la Parenté qui étoit entre eux deux.

Henry répondit à cette Lettre plus poliment que l'Electeur ne devoit s'y attendre ; & promit, comme il avoit toujours fait, de rendre ses bonnes graces au Duc de Bouillon, mais à des conditions, que Bouillon se sentoit trop coupable pour accepter. En effet, dans le même temps qu'il faisoit faire à Sa Majesté ces nouvelles protestations ; elle reçut à Metz un avis d'Heidelberg, qu'elle m'envoya : Qu'un nommé Du-Plessis-Bellay, Frere du Gouverneur du jeune Châtillon, avoit été dépêché par le Duc de La-Trémouille vers le Duc de Bouillon, avec des Mémoires tout-à-fait intéressans pour Sa Majesté : Que ce Courrier, qui étoit parti

*1603.*

*Histoire de Henry, Duc de Bouillon. l. 5.*

1603.

de Longjumeau, avoit ordre de passer par Sedan, sans se donner à connoître à personne, pas même à Du-Maurier : Qu'il devoit au retour repasser par Sedan, & ensuite par Paris, portant la réponse de sa dépêche à La-Trémouille, qu'il devoit trouver à Comblat. Sa Majesté n'entroit dans tout ce détail, que parce qu'elle auroit souhaité (ce qui pourtant ne put s'éxecuter) que j'eusse fait de concert avec Rapin, arrêter ce Courrier, non avant qu'il fût arrivé à Paris, mais dans le chemin de Paris à Thouars, après qu'il se seroit chargé dans cette Ville, de Lettres qui donneroient les derniers éclaircissemens sur la nature de sa commission.

<small>Nicolas Rapin, Prevôt de la Connétablie.</small>

Ce n'est pas que Sa Majesté eût encore besoin de preuves contre le Duc de Bouillon : On peut assûrer, sans crainte de porter un jugement téméraire, que ce qu'il paroissoit y avoir de soûmis dans la démarche qu'il venoit de faire par l'Electeur Palatin, n'avoit pour but que deux choses ; d'inspirer au Roi de la sécurité sur sa personne ; & de continuer à en tirer l'argent qu'il en avoit reçu pendant fort-long-temps, pour l'entretien de ses Places. Il renouvella cette demande par Saint-Germain, auquel Henry en sçut fort-mauvais gré. Sa Majesté m'enjoignit expressément d'être sourd à toutes les instances qui pourroient m'être faites à ce sujet de la part de Bouillon ; sans lui témoigner que je sçusse rien de ce que je viens de rapporter. Je n'avois pas besoin d'ordre sur tout cela : Il me suffisoit des découvertes que je venois tout fraîchement de faire des nouvelles mutineries, que Bouillon & La-Trémouille avoient excitées dans les Provinces, parmi les Protestans, & du résultat de l'entretien que j'avois eu à l'Arsenal avec Henry, avant son départ pour Metz, dont je n'ai touché en son temps, que ce qui concerne ce voyage.

Ce que j'ai à y ajoûter ici ; c'est qu'après bien des réfléxions sur l'esprit de la Cabale, qui perçoient d'un trait mortel le cœur de Henry, je réüssis à la fin à le tranquiliser, en lui faisant voir qu'elle se dissiperoit après de vains efforts, quelque terrible que fût l'appareil avec lequel elle se montroit alors. C'est que sous quelque idée de légereté & d'inconsidération qu'on se plaise à nous représenter le Peuple ; j'ai éprouvé que souvent il embrasse à la vérité certaines vûës, vers lesquelles il se porte avec chaleur, ou

plustôt

# LIVRE QUATORZIEME.

plustôt avec fureur : mais que ces vuës ont pourtant toujours pour objet, un intérêt commun, & d'une certaine généralité ; jamais un intérêt purement particulier, comme peuvent être les ressentimens & les passions d'un seul homme, ou d'un petit nombre de personnes. Je hazarde même de dire, que sur ce point, le juge le moins faillible est la voix de ce Peuple même. Selon cette Maxime, le Parti séditieux n'étoit véritablement à craindre, que par les mauvaises impressions qu'il répandoit dans les Provinces, contre le Roi & contre le Gouvernement, & par les craintes d'oppression & de servitude qu'il y faisoit naître : Et comme ces impressions & ces craintes s'affoiblissoient tous les jours par les effets qu'on voyoit du contraire, & n'avoient pas même passé jusques dans les principaux Gouvernemens, & dans les grandes Villes ; on ne devoit s'attendre à avoir en tête tout-au-plus qu'une vile canaille, & des Places si peu considérables, qu'elles ne pouvoient tenir quinze jours devant une Armée Royale.

Les premieres Nouvelles de la maladie de la Reine d'Angleterre, trouverent encore le Roi à Metz. Elles lui furent envoyées par le Comte de (9) Beaumont, notre Ambassadeur à la Cour de Londres : & elles lui firent précipiter son départ. Sur les instances de Madame sa Sœur, il vint de Metz à Nancy, où elle lui avoit fait préparer un magnifique Ballet. Il s'y arrêta quelques jours, fort-inquiet des Nouvelles qu'il attendoit sur la santé d'Elizabeth ; & qui furent celles de la (10) mort de cette grande Reine : perte irréparable pour l'Europe, & pour Henry en particulier, qui ne

1603.

---

(9) Christophe de Harlay, Gouverneur d'Orleans, mort en 1615.
(10) Elizabeth mourut le 4 Avril, âgée d'un peu moins de soixante-dix ans. Le bruit public de ce temps-là, & l'opinion commune des Historiens, font que la cause de sa mort vint d'un fond de tristesse & de mélancolie secrette, qu'elle ne put surmonter, & qu'on attribuë aux remords qu'elle sentit, & aux reproches qu'elle se fit d'avoir fait mourir le Comte d'Essex, celui de ses Favoris qu'elle paroissoit avoir le plus aimé. C'est l'opinion de P. Matthieu, *tom. 2. liv. 3. p. 570.* M. De-Thou & quelques autres, ne parlent point de ce prétendu desespoir ; & disent au contraire, qu'elle mourut comme Auguste, sans douleur, sans crainte, & par le seul épuisement de la nature. Sa haine contre notre Religion, & la cruauté avec laquelle elle fit mourir la Reine Marie, sa Cousine germaine, ont terni la gloire de son regne : Ce qui ne m'empêcheroit pas de souscrire à l'éloge que De-Thou lui donne, lorsqu'il termine le dénombrement de ses grandes qualité, par dire qu'elle avoit celle d'un Roi & d'un très-grand Roi. Elle parloit en Latin, en Grec, en François, Italien & Espagnol : Elle avoit de grandes connoissances dans les

Tome II.

pouvoit se flater de trouver dans le successeur d'Elizabeth, les mêmes dispositions favorables pour tous ses desseins, que dans cette Princesse, *l'Ennemie irréconciliable de ses irréconciliables Ennemis, & un second lui-même*: ce sont les termes dont se servoit Henry, dans la Lettre qu'il m'écrivit sur cet Evénement ; & qui est également remplie des marques de sa douleur, & des éloges de cette Reine.

Sa Majesté, qui sentit dès le premier moment, combien ce grand coup pouvoit influer sur les affaires politiques de l'Europe, se détermina à m'envoyer en qualité d'Ambassadeur Extraordinaire à Londres. Elle me prévient sur ce voyage, dans cette même Lettre ; & craignant peut-être les mêmes oppositions que j'y avois apportées autrefois, elle se sert des motifs les plus pressans, & qu'elle connoissoit les plus propres à faire impression sur mon esprit. J'étois le seul sur lequel Henry pût jetter les yeux : je le dis après lui ; & parce qu'il s'agissoit en effet de traiter des matieres dont j'étois le seul homme en France qui avois connoissance. Ma Religion avoit déja disposé le nouveau Roi en ma faveur, & m'ouvroit un libre accès auprès de lui : Je n'ose rapporter ce qu'ajoûte Sa Majesté sur la réputation d'honneur & de bonne-foi, qu'elle dit que je me suis acquise chez les Etrangers. Henry suivit de fort-près sa Lettre ; & partant de Nancy, il revint par Toul, Vitry, Rheims, Villers-cotterets & Saint-Germain-en-laye, à Fontainebleau : ce voyage ayant duré quelques jours moins de deux mois.

J'avois reçu ordre par une seconde Lettre, qui vint aussitôt après la premiere, d'aller à la rencontre de Sa Majesté, à quinze ou vingt lieuës de Paris. Le bruit s'étoit répandu, qu'Elizabeth n'avoit pas eu si-tôt les yeux fermés, que les Espagnols avoient commencé à mettre tout en usage pour gagner le nouveau Roi d'Angleterre. On verra dans la suite que ce bruit n'étoit que trop bien fondé. Henry avoit là-dessus mille choses à me dire, qui lui faisoient souhaiter de pouvoir s'entretenir librement avec moi. Je le joignis dans la maison de Monglat, où il n'avoit presque personne avec

---

Mathématiques, l'Histoire, la Politique &c. Voyez outre les Histoires particulieres de la vie de cette Princesse, De-Thou, Perefixe, le Journal de Henry IV. Le Septenaire *ann.* 1603. les Mémoires d'Etat de Villetoi, *tom.* 3. *p.* 209. & autres Historiens François.

lui, dont il me parut fort-content. Il m'embraſſa étroitement trois fois ; me dit deux mots en public ſur la réüſſite de ſon voyage ; & s'informa plus ſoigneuſement de ſes (11) bâtimens de Saint-Germain & de Paris. On travailloit alors à tranſporter des terres pour la conſtruction de ſa grande Galerie du Louvre, de l'Arſenal, & des Travaux que j'y faiſois continuer : toutes choſes, ſur leſquelles avoient roulé en partie les Lettres que j'avois reçuës de lui : Il m'avoit encore averti de faire travailler à la Sale du Louvre, qu'on appelle des Antiques.

Après que je lui eus répondu ſur tous ces Articles, en peu de mots, & de maniere à le ſatisfaire ; il me prit par la main, & me mena dans le jardin, à la porte duquel il ordonna que ſe tinſſent des Archers de ſa Garde. L'Ambaſſade en Angleterre fut le ſeul ſujet de notre entretien. Sa Majeſté s'étoit d'abord déclarée devant les Courtiſans, ſur le deſſein de cette Ambaſſade, ſans nommer la perſonne qu'elle avoit envie d'en charger. Cette propoſition avoit excité les murmures des partiſans du Pape & de l'Eſpagne ; & fait dire que Henry ſembloit ne s'attacher qu'à l'Alliance des Princes d'une Religion contraire à la ſienne : Mais ç'avoit été encore pis, lorſque malgré ces cris, le Roi avoit déclaré que c'étoit moi dont il prétendoit ſe ſervir en cette occaſion. Toute cette Cabale, qui ne m'avoit pas donné ſujet de la regarder autrement que comme mon Ennemie déclarée, repréſenta hautement à Sa Majeſté, que c'étoit compromettre l'Etat, que d'envoyer un Huguenot traiter des intérêts de l'Etat avec un Prince de même Religion ; & ſur-tout en lui donnant un plein pouvoir. Voyant qu'ils ne pouvoient faire révoquer ma nomination ; ils ſe réduiſirent à faire en ſorte que ma Commiſſion ne s'étendît pas plus loin qu'à des condoléances ſur la mort de la feuë Reine, & à des complimens pour le nouveau Roi ; tout-au-plus à une inſpection de l'Etat des affaires de la Grande-Bretagne, ſans aucun pouvoir de parler & d'agir quant à ce point.

Après m'avoir appris ces menées de Cour, que j'ignorois, le Roi m'aſſûra de-nouveau, qu'elles ne lui faiſoient chan-

(11) C'eſt Henry IV. qui a fait bâtir le Château neuf de Saint-Germain, étendu ſes jardins juſqu'au bord de la Seine, & conſtruit ſes belles terraſſes.

ger d'avis, ni sur l'Ambassade, ni sur mon choix, ni enfin sur l'objet particulier qu'il avoit eu d'abord en vûë : Ce qu'il appuya de la réfléxion judicieuse, qu'une Ambassade qu'on borneroit à une Commission de pur Cérémonial, étoit une démarche à peu près inutile ; & que s'il y avoit quelqu'espérance de voir un jour marcher le nouveau Roi d'Angleterre sur les traces d'Elisabeth, quant aux engagemens politiques formés par cette Princesse ; il n'y avoit presque pas de doute, que la chose ne dépendît de la maniere dont on préviendroit dans l'abord ce Prince contre la Maison d'Autriche, & en faveur de l'Alliance avec la France & ses anciens Partisans : Mais il ne me nia point ensuite, Que cette affaire lui paroissoit si remplie de difficultés à tous égards, qu'à moins d'être maniée avec une extrême dextérité, soit dans le Conseil de France, soit à la Cour d'Angleterre ; il vaudroit peut-être mieux n'y avoir point pensé du tout : Qu'il s'agissoit en premier lieu, de faire si bien illusion aux ennemis que j'avois dans la Cour & dans le Conseil, qu'ils ne soupçonnassent rien dans ma Commission au-delà de ce qui me seroit déclaré en leur présence, & de leur consentement même. Sa Majesté rapporta à ce sujet le bon mot de La-Riviere, qu'elle avoit assez souvent à la bouche, que le Royaume de France est semblable à une Boutique de Droguiste, où l'on trouve également les remèdes les plus salutaires, & les poisons les plus subtils ; & que c'est au Roi à tirer parti des uns & des autres, comme fait un habile Artiste, en les mixtionnant à propos : Qu'il s'agissoit de plus d'user dans les propositions que je pourrois faire aux Ministres d'Angleterre, de tout le ménagement nécessaire pour ne pas exposer le Souverain du premier Royaume de l'Europe, à la honte d'avoir fait des avances méprisées, & peut-être à la nécessité de les venger : Ce qui étoit encore infiniment plus difficile, par rapport aux propositions plus secrettes, dont j'aurois ensuite à m'ouvrir à Sa Majesté Britannique ; afin de ne pas avancer par imprudence son engagement avec l'Espagne, peut-être jusques-là incertain, ou du moins très-éloigné. Sa Majesté crut avoir satisfait à tout, autant qu'il étoit possible, en imaginant de me faire recevoir en plein Conseil, & par écrit, des Instructions générales & de simple civilité sur le sujet de mon Ambassade, que je

pourrois produire en Angleterre comme en France ; mais qui ne m'empêcheroient pourtant pas de seconder les intentions particulieres de Sa Majesté, toutes les fois que l'occasion s'en présenteroit, auprès du Roi d'Angleterre ; pourvû que je fisse comme de moi-même, & sans donner à connoître à ce Prince, que j'y fusse autorisé par le Roi mon Maître.

Ce que je venois d'entendre de la bouche de Sa Majesté, me parut d'une si grande importance, que je lui demandai quatre jours pour lui rendre ma réponse : & je vins faire mes réfléxions à Paris, dont je pris le chemin en poste ; pendant que Henry prenoit le sien par Jully. Je gagnai aisément sur moi de me conformer aux volontés du Roi sur tout ce qu'il m'avoit fait entendre ; excepté que je crus devoir prendre la précaution de me faire avouer par Sa Majesté sur toutes ces propositions, qu'il m'étoit enjoint de faire au Roi d'Angleterre, comme de moi-même ; sans quoi je trouvai que je courois de trop grands risques. Pour me faire écouter favorablement de Sa Majesté Britannique, je devois commencer par m'attirer sa confiance. Ma Réligion étoit mon meilleur titre pour l'obtenir : mais je sentois qu'il m'en coûteroit pour cela de franchir les bornes de la circonspection, dont j'usois en France sur cet article, par respect pour la Religion du Prince. J'étois sûr que tout ce qui m'échaperoit de paroles un peu libres à cet égard, ne seroit pas moins soigneusement révélé par les ennemis que j'aurois en cette Cour, qu'il eût pu l'être en France. J'avois raison de craindre que ces paroles ne fussent ensuite rapportées de maniere à m'en faire un crime auprès de Sa Majesté, qui avoit comme les meilleurs Princes, ses momens de défiance & de mauvaise humeur. Il ne faut quelquefois qu'un seul de ces momens pour perdre le Ministre le mieux soûtenu : Je l'avois pensé éprouver à mes dépens.

Toutes ces considérations me confirmerent dans la pensée de ne point partir sans un écrit signé de Sa Majesté, & connu seulement de nous deux ; par lequel je pusse dans l'extrême besoin justifier, que quelle que fût ma conduite à la Cour de Londres, & de quelques termes que je me fusse servi en parlant au Roi d'Angleterre, je n'avois rien fait que pour le bien des affaires, & par ordre exprès de Sa Majesté.

1603.

C'est ainsi que je le déclarai à Henry, lorsqu'au bout de quatre jours, il vint lui-même prendre ma réponse à l'Arsenal, & sans autrement enveloper la proposition, que de dire, que je portois la crainte à l'excès dans les choses qui pouvoient me ménacer du malheur de sa disgrace.

Nous étions seuls en ce moment. Henry après s'être promené quelques momens dans la grande allée, au milieu des Ouvriers, dont il louoit le travail, m'avoit appellé, & conduit selon sa coûtume, jusqu'au bout de cette allée, qui se termine en forme de balcon, d'où l'on découvre Paris. Ma proposition le fit rêver quelques instans : Il convint cependant qu'elle étoit raisonnable : & quelques jours après il vint lui-même m'apporter l'Ecrit que je lui demandois ; & me le remit, après m'en avoir fait la lecture. Il étoit assez fort pour porter ce Prince à ne pas m'obliger de le rendre public. Il m'y étoit permis de me montrer zèlé avec le Roi d'Angleterre & ses Ministres, pour la Réligion Réformée, au point de leur assûrer que je la préferois à ma Patrie, & à mon Roi, & qu'elle ne m'attachoit pas moins au Roi d'Angleterre qu'au mien-propre. Après cela étoient détaillées les propositions que je pouvois faire à ce Prince : Ce sont les mêmes qu'on a vûës, que je fis à la Reine Elizabeth à Douvres, & que je ne mets point ici ; parce qu'elles seront mieux dans l'endroit où je parlerai des grands desseins de Henry. Il m'y étoit marqué, que je prierois Sa Majesté Britannique de ne rien révéler en France de ce que je lui disois, si elle ne l'approuvoit pas ; parce que je le lui disois sans aveu : & encore, que je feindrois au Roi d'Angleterre de remettre à proposer au Roi mon Maître le Projet fait entre nous ( en supposant qu'il le goûteroit ), jusqu'à ce que j'eusse vu s'il seroit aussi favorablement reçu des Couronnes du Nord, & des Etats Généraux des Princes-Uníes, que de Sa Majesté Britannique.

Telle étoit ma Lettre de Créance. Je trouvai pour le moment que c'étoit beaucoup obtenir ; comme sans doute Sa Majesté trouva que de son côté c'étoit beaucoup accorder : Cependant il est vrai que ni l'un ni l'autre nous n'en faisions pas encore assez : Il falloit prévoir le cas d'un entier consentement du Roi d'Angleterre aux intentions de Sa Majesté, & se disposer à profiter d'un moment qui peut ensuite ne se retrouver plus : en un mot, je devois emporter avec moi un blanc-signé du Roi pour un Traité : la crainte de la faction que nous avions à combattre dans le Conseil, nous en ôta la pensée.

Pour les instructions générales dont j'ai parlé, le Roi remit à les dresser à Fontainebleau, dont il prit le chemin, suivi de toute sa Cour ; & devant l'être trois jours après, par tout son Conseil. Il fut contre-mandé, à cause d'une violente maladie qui saisit ce Prince, si-tôt qu'il fut arrivé à Fontainebleau, environ le vingt Mai (12.) : ce fut une rétention d'urine si douloureuse, que ses Médecins désespérerent d'abord de sa vie. Le Roi fortement persuadé lui-même que sa derniere heure n'étoit pas éloignée, & résolu de partager le peu d'instans qu'il croyoit avoir encore à vivre, entre le soin de son ame, & celui de son Etat, se tourna avec ferveur vers Dieu ; & dicta cette Lettre, qui me fut envoyée en toute diligence à Paris, où j'étois demeuré pour faire les préparatifs de mon voyage, & où je ne m'attendois à rien moins qu'à un message si triste : » Mon Ami, je me
» sens si mal, qu'il y a apparence que Dieu veut disposer de
» moi. Or étant obligé après le soin de mon Salut, de pen-
» ser aux arrangemens nécessaires pour assûrer ma Succession
» à mes Enfans, & les faire regner heureusement, à l'avan-
» tage de ma Femme, de mon État, de mes bons Serviteurs,
» & de mes pauvres Peuples, que j'aime comme mes chers
» Enfans ; je désire conférer avec vous sur toutes ces choses :
» Venez donc me trouver en diligence, sans en rien dire à
» personne : faites seulement semblant de venir au Prêche
» à Ablon ; & y ayant fait secrettement trouver des chevaux
» de poste, rendez-vous ici dès aujourd'hui. «

Je partis précipitamment, saisi du plus vif chagrin. En entrant dans la Chambre du Roi, je le trouvai dans son lit : la Reine assise à son chévet tenoit une des mains de ce Prince entre les deux siennes : il me tendit l'autre, & me dit :

---

» (12) Le Roi, dit le Maréchal de » Bassompierre, eut une rétention » d'urine, la veille de la Pentecôte, » qui le mit en peine ; mais il en fut » bien tôt délivré. « « Les Médecins » s'étant assemblés, « (ce sont les paroles qu'on lit dans le Journal de l'Etoile » ) leur conclusion fut en ces termes : *Abstineat à quavis muliere, etiam Reginâ : sin minus, periculum est, ne ante tres menses elapsos, vitam cum morte commutet.* » Henry IV. » n'observa guére cette Ordonnance, » & ne s'en trouva pas plus mal. »

» Venez m'embrasser mon Ami : je suis merveilleusement
» aise de votre venuë : c'est une chose singuliere, comment
» deux heures après que je vous ai écrit, j'ai commencé à
» être un peu soulagé de mes grandes douleurs : elles s'en
» vont peu à peu, ayant déja uriné trois fois, & la derniere
» presqu'à plein canal, & sans forte douleur. Voilà, dit-il
» ensuite, en se tournant vers la Reine, celui de mes Servi-
» teurs qui a le plus de soin & d'intelligence des affaires
» du dedans de mon Royaume, & qui vous eût le mieux
» servi & mes Enfans aussi, si je vous eusse manqué. Je sçais
» bien qu'il est d'une humeur un peu austere, & quelque-
» fois un peu trop libre pour un esprit fait comme le vô-
» tre ; & que force gens lui eussent rendu sur cela de mau-
» vais offices auprès de mes Enfans, & de vous, afin de l'en
» éloigner : mais si jamais cette occasion se présente, & que
» vous vous serviez de tels & tels ( il s'approcha de son
» oreille, & les lui nomma ) ; que vous croyiez absolument
» leurs conseils, au lieu de suivre ceux de cet homme-là ;
» vous ruinerez les affaires de l'Etat, & peut-être même le
» Royaume, mes Enfans & vous-même : Je l'avois mandé
» exprès, afin d'aviser avec vous & lui, aux moyens de pré-
» venir ces malheurs : mais grace à Dieu, je vois qu'il ne
» sera point encore besoin cette fois de mes précautions. «

On dépêcha le lendemain Courriers sur Courriers, pour dissiper les bruits fâcheux qui s'étoient déja répandus partout. Je ne repartis moi-même pour Paris, qu'après que j'eus vû uriner le Roi : il le voulut ainsi ; & il le fit deux fois avec tant de facilité, que je compris que tout le danger étoit passé. Trois jours après, c'est-àdire le vingt-quatre Mai, je reçus une autre Lettre de ce Prince, par laquelle il me mandoit qu'il s'étoit bien trouvé de la saignée que La-Riviere lui avoit fait faire du bras gauche, la veille, qu'après avoir reposé toute la nuit, il se sentoit à chaque moment aller de mieux en mieux. Il me remercie de l'intérêt que j'avois paru prendre à son état, & des conseils que j'avois pris la liberté de lui donner en cette occasion, de modérer son ardeur pour la chasse ; & il me promet de les suivre. Il étoit déja en état d'entrer dans les détails, dont ses Lettres étoient ordinairement pleines. Il me mande dans celle-ci d'envoyer deux cens écus pour chacun des malades des écrouelles, que

sa

sa maladie avoit empêché qu'il ne touchât ; & qu'il n'avoit pourtant pas voulu qu'on renvoyât. Il m'y remercie encore des portraits des nouveaux Roi & Reine d'Angleterre, que je lui avois envoyés. Les Médecins de Sa Majesté s'unirent tous en cette occasion pour lui faire les mêmes représentations que je lui avois faites, sur le tort que le trop grand éxercice de la chasse causoit à sa santé. Il les crut, & s'en trouva bien. Il reçut aussi du soulagement des eaux de Pougues, qu'on lui fit prendre cette année, pendant laquelle la petite Princesse sa Fille fut aussi assez malade pour qu'on crût qu'elle en mourroit : le Roi l'alla voir souvent, & le Dauphin son Fils.

Avec la Lettre de Sa Majesté dont je viens de parler, j'en reçus une beaucoup plus grande, que Villeroi m'écrivoit par son ordre, sur les affaires d'Angleterre. Il me faisoit sçavoir, que Sa Majesté venoit de mander sa convalescence au Comte de Beaumont, afin qu'il en informât le Roi d'Angleterre : que j'étois attendu de Sa Majesté Britannique, qui avoit attribué mon retardement à l'indisposition du Roi, & à ce que le Baron Du-Tour n'avoit point encore notifié en forme au Roi la mort d'Elizabeth, & l'avènement de (13) Jacques V. ( c'est le nom du nouveau Roi ) à la Couronne d'Angleterre. Ce Baron Du-Tour étoit celui que Jacques avoit député à cet effet vers Sa Majesté très-Chrétienne : il avoit dû partir de Londres, le lendemain du jour que ce Prince y

1603.

(13) Henry Stuart, Baron de Barnley, Duc de Rothway, &c. épousa Marie Stuart, veuve de François II. lorsqu'elle se fut retirée en Ecosse : par ce mariage il devint Roi d'Ecosse. Il fut étranglé dans son lit en 1567. Jacques Stuart, d'abord Roi d'Ecosse, & ensuite d'Angleterre, est son Fils : il mourut en 1625. M. de Rosny écrivit à cette occasion, la Lettre suivante de compliment à l'Archevêque de Glasco, dont l'Original est dans le Cabinet de M. le Duc de Sully :

*A Monsieur l'Ambassadeur d'Ecosse.*

MONSIEUR,

L'intérêt que vous avez au bonheur des affaires du Roi d'Ecosse, avec le désir que j'ai de vous rendre service, m'a fait vous écrire, pour vous prier de voir par la Lettre que j'ai présentement reçuë du Gouverneur de Dieppe, comme la Reine d'Angleterre est décédée, & le Roi d'Ecosse reçu & reconnu au Royaume, & que toutes choses y sont paisibles, dont je me réjouis avec vous ; étant chose qui nous est à tous fort utile, & souhaitée des gens de bien.

MONSIEUR,

Votre très-humble Cousin & Serviteur, *signé*, ROSNY.

fit son entrée; c'est-à-dire, le dix-huit Mai. Il arriva peu de jours après à Fontainebleau, où il s'acquita de sa Commission. Villeroi me mandoit encore, que mon départ pour l'Angleterre ne pouvant plus pour ces raisons être reculé ; le Roi m'appelloit près de lui, pour en sçavoir le jour de sa bouche : mais il changea d'avis sur ce point, & vint lui-même à Paris ; parce qu'il trouva les sablons de Fontainebleau trop incommodes pour un convalescent : la chaleur étoit fort grande ; & avoit commencé cette année de bonne heure.

Deux jours après que Sa Majesté fut arrivée à Paris, elle fit assembler pour le sujet de mon départ, le Chancelier de Bellièvre, Villeroi, Maisse & Sillery, afin que je reçusse mes instructions publiques en leur présence. En entrant dans le Cabinet du Roi, où se tenoit ce Conseil, je dis à Sa Majesté, que je venois de voir M. le Comte de Soissons dans la chambre ; & qu'il me paroissoit convenable qu'il fût aussi introduit, pour y être le témoin de ma députation. Henry me répondit, qu'il ignoroit que le Comte fût là ; & qu'il se serviroit de ce que je venois de dire, pour nous remettre bien ensemble : car ses ressentimens duroient toujours. En effet, M. le Comte me rencontrant deux jours après, comme j'entrois chez le Roi, me dit, Qu'il avoit sçu de bon lieu que je lui avois rendu un office qu'il n'attendoit pas de moi : qu'il m'en remercioit : qu'il oublioit le passé ; & vouloit être mon Ami à l'avenir. Il ne persista pas long-temps dans ces sentimens.

L'objet de l'instruction publique étoit toujours une Alliance étroite de la France avec l'Angleterre, contre l'Espagne, quoi qu'eussent pu faire les partisans de cette Couronne en France. Tout ce qu'elle avoit de différent de l'instruction secrette que je tenois du Roi, c'est que dans celle-là Sa Majesté cachoit le véritable motif de cette Alliance. Je ne la transcrirai point ici : on y entre dans un trop grand détail. En voici seulement le précis : Entretenir le Roi d'Angleterre de tous les procédés injustes & violens de l'Espagne ; afin de lui donner de l'aversion pour cette Couronne ; représenter tout ce qu'elle avoit fait pour brouiller l'Europe ; ses usurpations nouvelles en Italie ; ses menées en Angleterre, par le moyen des Jésuites ; ses brigues en Irlande & en Ecosse, soûtenuës des droits que le Pape prétend avoir sur ces Royau-

mes; ses vuës sur Strasbourg, en forçant le Cardinal de
Lorraine à consentir que le Pape en donnât la Coadjutorerie au Beau-frere du Roi Catholique ; enfin toutes ses démarches pour parvenir à la Monarchie universelle, qui n'étoient que trop bien avérées.

1603

Sur ces représentations, le Roi d'Angleterre ne pouvoit
prendre qu'une des résolutions suivantes ; de la Paix avec
l'Espagne ; d'une Guerre déclarée, ou d'une Guerre couverte avec cette Couronne. Dans le premier cas, faire sentir à
ce Prince que la Paix mettroit l'Espagne en état de s'assûrer
les Pays-bas ; après quoi elle ne manqueroit point de tourner ses armes contre l'un ou l'autre des deux Rois, mais
en premier lieu contre celui d'Angleterre, que le Pape haïssoit depuis long-temps : détromper ce Prince du bruit que
l'Espagne faisoit courir, qu'elle ne cherchoit point à s'emparer des Pays-Bas, mais à en fonder un Royaume particulier, tel qu'avoit été celui de Bourgogne, qu'elle donneroit
à l'Archiduc : pour derniere ressource, se retrancher à demander qu'on fît du moins acheter cher cette Paix à l'Espagne, ou qu'elle en eût obligation aux deux Rois ; sur tout
qu'elle abandonnât Ostende : dans le cas d'une Guerre ouverte, découvrir à quelle intention le Roi d'Angleterre prenoit ce parti ; chercher à éluder ; & faire toujours commencer par secourir puissamment les Etats.

Enfin dans le cas d'une Guerre secrette, qui étoit le parti
dans lequel je devois confirmer ou amener ce Prince : lui
faire envisager, que la prudence demandoit qu'il commençât par s'affermir sur le Trône, & l'assûrer à ses descendans ; & par mettre l'Europe dans son Parti ; afin qu'un
jour l'Espagne se vît attaquée de maniere à ne pouvoir résister : qu'il falloit se contenter jusqu'à ce temps, de tenir
cette Puissance en échec, & de lui faire user ses forces contre la Flandre, sans fruit : qu'on pouvoit cependant convenir
dès-à-présent des conditions de l'Union ; la cimenter par un
double Mariage des Enfans des deux Rois, qui ne seroit déclaré que lorsque ces deux Monarques mettroient la main
à l'éxécution de leurs desseins, regler sur toutes choses, la
nature des secours qu'on donneroit provisionnellement aux
Etats : empêcher le Conseil d'Angleterre de demander les
trois cens mille livres que cette Couronne avoit prêtées aux

1603.

Provinces-Unies, de peur de jetter celles-cy entre les bras de l'Espagne: Au-contraire, porter Sa Majesté Britannique à faire de nouveaux frais, de moitié avec Sa Majesté T. C. en faveur de ces Peuples, & à les assister des mêmes vaisseaux qu'avoit fait la Reine Elizabeth: Obtenir que les quatre cens cinquante mille liv. que cette Reine avoit prêtées à la France, seroient appliquées aux besoins de la Flandre; qu'il y en fût ajoûté trois cens mille autres de la part de l'Angleterre, pour faire en tout un fond de quinze cens mille livres, avec sept cens cinquante mille livres, que Henry s'obligeoit d'y joindre, pour les nécessités présentes des Etats-Généraux: Se retrancher en cas de refus sur ces Articles, à décharger les Etats de leurs trois cens mille livres de dette envers l'Angleterre: la France consentant à en demeurer obligée: Faire en sorte que le Roi d'Angleterre ne se fît point livrer par les Hollandois leurs Places Maritimes, pour caution de ces secours; & le fonder sur ce qu'il prétendoit faire de celles qu'il avoit déja en Zélande: Communiquer & agir sur ce plan avec Barnevelt & les Députés des Etats à Londres; se les attacher; les entretenir de bonnes espérances: leur faire sentir qu'on prenoit leurs intérêts dans le Conseil Britannique, sans donner d'ombrage à celui-ci; & profiter des lumieres qu'ils pouvoient avoir acquises sur le Roi & la nouvelle Cour.

C'étoient-là les points principaux de l'Instruction. Il y en avoit encore quelques autres, qui ne regardoient pas le même sujet, ou ne le regardoient qu'indirectement: Tel étoit celui des Pirateries des Anglois. J'étois chargé de porter mes plaintes, de ce que depuis la Paix de Vervins, ils avoient pris sur la France plus d'un million; & d'essayer de faire casser le Traité sur le Commerce, fait par Charles IX. en 1572. entre les deux Couronnes, comme désavantageux à la France, qui n'avoit pas les mêmes priviléges & immunités en Angleterre, que les Anglois en France. L'étroite union d'Elizabeth & de Henry avoit fait que sous le régne de cette Princesse, tout avoit été égal de part & d'autre, & ce Traité regardé comme nul, quoiqu'il n'eût pas été annullé formellement. Mais je devois user d'une grande discrétion sur cet Article; & même le supprimer tout-à-fait, si je voyois qu'en le traitant je courusse risque de donner au nouveau Roi, un soupçon, dont Elizabeth elle-même n'avoit pas été exempte, que le Roi de France ne cherchoit qu'à embarquer l'Angleterre dans une Guerre avec l'Espagne, dont il sçauroit ensuite se retirer lui-même adroitement. Si ce que le Baron Du-Tour avoit mandé en France, que Sa Majesté Britannique étoit résolue à secourir Ostende, se trouvoit fondé ; je pouvois m'épargner une partie de ces précautions.

La maniere dont je devois traiter avec les Ambassadeurs du Roi d'Espagne & des Archiducs ; l'attention que je devois apporter aux affaires d'Irlande & d'Ecosse ; & la justification de Beaumont, contre lequel on avoit prévenu le Roi Jacques, & que j'étois chargé de faire jouir auprès de ce Prince, des mêmes droits dont jouissoit son Agent en France, étoient les autres Articles de l'Instruction. Un dernier regardoit le Duc de Bouillon, sur lequel il m'étoit ordonné de garder le silence ; à-moins que le Roi d'Angleterre ne m'en parlât, engagé à le faire par l'Electeur Palatin. Je devois alors faire connoître Bouillon pour tel qu'il étoit, & n'engager à rien le Roi de France à son sujet. On voit que ma négociation étoit d'un objet assez étendu ; puisqu'il s'agissoit de connoître les dispositions non-seulement du Roi & du peuple d'Angleterre au sujet de l'Espagne & de la Flandre, mais encore des Rois du Nord. Pour bien dire, l'Etat politique de toute l'Europe étoit interessé dans la démarche que j'allois faire, & dans l'issue qu'elle devoit avoir.

Cette Instruction (14), dans laquelle Sa Majesté joignit à toutes mes autres Qualités le titre de Marquis, m'ayant été lue hautement, me fut remise en présence de M. le Comte de Soissons, de Sillery, & de Jeannin, signée de Sa Majesté & de Villeroi. Henry y joignit six Lettres : une de Sa Majesté au Roi d'Angleterre ; outre une seconde au même Prince, contre-signée pour la forme : deux semblables du Roi pour la Reine d'Angleterre : & deux de la Reine de France au Roi & à la Reine d'Angleterre. Sa Majesté

---

(14) L'Original de cette Instruction, signé de la propre main de Henry IV. existe encore aujourd'hui ; ainsi qu'une autre Piece, dont le Titre, écrit de la main de M. de Rosny, porte: *Mémoire par moi fait & baillé à M. de Villeroi, suivant ce qu'il a désiré, afin de lui aider à dresser mon Instruction.* Cette Piece n'est en effet qu'une Récapitulation de tous les points qui font l'objet de son Ambassade à Londres. *Cabinet de M. le Duc de Sully.*

me donna un Chiffre connu du Conseil ; mais elle m'en donna sécrettement un second, dont elle seule & moi avions la Clef. Lorsque j'allai prendre congé de ce Prince, il me donna sa main à baiser, & m'embrassa en me souhaitant un heureux voyage, & me répétant qu'il se reposoit sur moi, & qu'il attendoit un succès favorable.

Je pris au commencement de Juin, le chemin de Calais où je devois m'embarquer, ayant avec moi une Suite de plus de deux cens Gentilshommes, ou soi-disant tels, dont une partie étoit en effet de la premiere distinction. Le vieux Servin vint me présenter son Fils, en me disant qu'il me supplioit d'essayer à en faire un honnête-homme : mais qu'il ne pouvoit s'en flater, non faute d'esprit & d'étoffe dans le jeune homme, mais à cause de son inclination naturelle pour toutes sortes de vices. Il avoit raison. Ce qu'il venoit de me dire m'ayant donné la curiosité de connoître à fond le jeune Servin ; je vis tout ensemble un Miracle & un Monstre : je ne puis donner d'autre nom à l'assemblage des plus rares talens avec les plus vicieux. Figurez-vous un esprit si vif, qu'il n'ignoroit presque rien de ce qu'on peut sçavoir ; une compréhension si prompte, qu'il saisissoit tout dès la premiere fois ; & une mémoire si prodigieuse, qu'il n'oublioit jamais rien. Il possédoit toutes les parties de la Philosophie, les Mathématiques, particulierement les Fortifications, & le Dessein ; & jusqu'à la Théologie, qu'il sçavoit si bien, qu'il étoit quand il vouloit excellent Prédicateur, & habile Controversiste pour & contre la Religion Réformée indifféremment. Il avoit appris non-seulement le Grec, l'Hebreu, & toutes les Langues qu'on appelle sçavantes, mais encore tous les différens jargons : il en prenoit si naturellement la prononciation & les accens, que cela joint à une parfaite imitation, soit du geste, soit des différentes manieres, tant des peuples de l'Europe que des Provinces de la France, auroit pû le faire regarder comme étant de tout Pays. Il avoit appliqué cette disposition, à contrefaire toute sorte de personnes, & s'en acquittoit singulierement : Aussi étoit-il le plus parfait Farceur & le meilleur Comédien qu'on pût voir. Il faisoit bien des vers. Il jouoit de presque tous les instrumens ; sçavoit la Musique à fond, & chantoit aussi agréablement que méthodiquement. Il disoit la Meſſe : car il vouloit tout faire, auſſi-bien que connoître tout. Son corps étoit parfaitement bien aſſorti à ſon eſprit. Il étoit adroit, ſouple, léger, & propre à tous les éxercices : Il montoit paſſablement à cheval : & on l'admiroit dans la danſe, la lutte, & le ſaut : Il n'y a point de jeux de récréation qu'il ne ſçut ; & il s'aidoit de preſque tous les métiers méchaniques. Tournez la médaille : Il étoit menteur, double, traître, cruel, lâche, pipeur, yvrogne & gourmand ; brelandier, débauché en tout genre, blaſphêmateur, Athée : En un mot on y trouvoit tous les vices contraires à la Nature, à l'honneur, à la Religion & à la ſociété : & il s'eſt montré tel juſqu'à la fin, qu'il eſt mort à la fleur de ſon âge, en plein Bordel, corrompu par la débauche, & tenant encore le verre en main ; jurant & reniant Dieu.

Depuis le moment de mon départ juſqu'à celui de mon retour, j'écrivis reglément à Sa Majeſté, & lui rendis un compte éxact de tout ce qui m'arrivoit. Mes Lettres étoient de trois ſortes : Je me ſervois du Caractère ordinaire pour les choſes indifférentes ; de mon Chiffre général, pour celles qui ne devoient être connuës que du Conſeil ; de mon Chiffre ſecret, dans ce que j'adreſſois au Roi lui-même, & pour n'être vu que de lui ſeul. Ce Prince auroit ſouhaité que j'euſſe écrit de cette ſorte la plus grande partie de mes Lettres ; quoique la difficulté de les déchiffrer lui parût ſi grande, qu'il en donna enfin la Clef à Loménie, qu'il encourageoit de temps en temps à s'y rendre verſé: mais j'en ſentois encore davantage toute la difficulté, lorſque j'avois à entrer dans des détails, qui me faiſoient paſſer de beaucoup la longueur ordinaire des Lettres. Je ne laiſſai pas de me conformer autant que je pus, à l'intention de Sa Majeſté, ſur-tout depuis l'aventure de la Dépêche perduë. Pour informer éxactement le Public ſur mon voyage de Londres, & ſur ma Négociation auprès du Roi Jacques, il ne m'en coûtera que de tourner en récit, toutes ces Lettres que j'ai conſervées.

Je ſéjournai tout le 14 à Calais, attendant Saint-Luc, & quelques autres, qui me faiſoient l'honneur de m'accompagner. Je trouvai les Vaiſſeaux du Vice-Amiral (15) de Fran-

*Thimoléon d'Epinay de ſaint-Luc.*

(15) Dominique de Vicq, Seigneur d'Ermenonville, Gouverneur de Saint-Denis, de Calais & d'A- | miens, Vice-Amiral de France : Il mourut en 1610.

ce prêts à me recevoir : & les Vice-Amiraux Anglois & Hollandois vinrent en même-temps me prier de m'embarquer dans les leurs. Le bruit qui couroit à Calais de la bonne intelligence des Anglois avec les Espagnols, fondé apparemment sur ce qui s'étoit passé à l'embarquement du Comte d'Aremberg, Ambassadeur des Archiducs, & les plaintes que je voyois faire à de Vic, des entreprises des Ecumeurs de Mer Anglois sur la Côte de France, me firent résoudre d'abord à refuser leurs offres : mais ne voyant rien dans les Lettres que je reçus de Beaumont à Calais, de tout ce qu'on vouloit me faire croire contre la nouvelle Cour de Londres, je changeai d'avis ; & j'acceptai les deux grandes Ramberges que le Vice-Amiral Anglois m'avoit amenées, pour ne pas commencer par donner un sujet de mécontentement à ceux-ci.

Je m'embarquai donc le 15 Juin, à six heures du matin. Je trouvois dans les Anglois qui me servoient, un respect qui me paroissoit dégénerer en bassesse. Cette idée ne dura pas long-temps. Au moment même qu'ils me prioient de leur commander comme s'ils avoient été François ; de Vic qui ne cherchoit qu'une occasion de témoigner aux Anglois le ressentiment qu'il conservoit de toutes les violences de leurs Pirates, s'étant avancé, portant à son grand mât le pavillon de France ; je vis tous ces Anglois si polis entrer en fureur, d'une offense qui selon eux regardoit également le Roi d'Angleterre, & celui de France dont je tenois la place. Ce que je trouvai encore plus brusque, c'est que sans daigner me consulter, cinquante Canons furent dans l'instant portés contre le Vaisseau de Vic (16). J'eus beaucoup de peine à me faire écouter ; & ce ne fut qu'à force

(16) M. De Thou, & la Chronologie Septénaire, dont le témoignage a beaucoup de force, sur-tout lorsqu'ils conviennent ensemble, assûrent que le Capitaine Anglois du Vaisseau où étoit M. de Rosny, fit tirer en effet sur le Vaisseau François du Vice-Amiral. Comme je soupçonne nos Mémoires d'avoir un peu adouci ce fait, pour l'honneur de la Nation, ou peut-être par vanité, je vais le rapporter comme on le voit détaillé dans le Septénaire. » De Vic,

» Vice-Amiral de France, peu après
» qu'il eut mouillé l'ancre à la rade
» de Douvre, ( où il venoit de débar-
» quer une partie de la Suite de M.
» de Rosny ) fit aussi-tôt voile pour
» revenir à Calais, & passant près la
» Ramberge, pour ce que M. de Ros-
» ny étoit encore dedans, fit lever
» le pavillon, & le salua d'un coup
» de Canon, & tout aussi-tôt le pa-
» villon fut relevé. Le Capitaine An-
» glois qui étoit dans la Ramberge,
» voyant le pavillon de France levé,
» commanda

# LIVRE QUATORZIEME.

ce de leur repréfenter que de Vic n'agiffoit ainfi, que pour me faire plus d'honneur, & auffi pour me donner une plus grande marque de déférence, en abaiffant fon pavillon à mon premier commandement. C'eft le biais que je crus devoir prendre. Je gagnai fur eux, qu'ils fiffent leur décharge à coup perdu. Je fis un fignal à de Vic, qu'il entendit parfaitemeut bien. Il abbaiffa fon pavillon; mais en jurant, à ce qui me fut rapporté depuis, de s'en venger fur les Anglois, lorfqu'il les rencontreroit une autrefois : Je doute fort qu'il s'en fut tiré celle-ci à fon avantage. Quoiqu'il en foit, la querelle fut éteinte par ce moyen; & notre paffage s'acheva tranquîlement.

J'arrivai à Douvres fur les trois heures après midi. Beaumont m'y attendoit avec le Sieur de Lucnau, qui exerçoit en Angleterre la même fonction que Gondy en France : c'eft cette partie de la réception des Ambaffadeurs, qui ne confifte qu'à leur faire trouver des logemens, des vivres, des

» commanda aux fiens de tirer fur » le Vice-Amiral de France; jurant » Dieu en Anglois, qu'il ne fouffri- » roit aucun pavillon en la mer Ocea- » ne que celui d'Angleterre: Un coup » de canon fut incontinent tiré con- » tre le vaiffeau où étoit ledit Sieur » de Vic, qui en demanda l'occa- » fion : après l'avoir fçuë, il fe pré- » para à fe défendre : M. de Rofny » s'en plaignit au Capitaine Anglois, » & fe tint offenfé de ce qu'il avoit » fait tirer ce coup de canon : mais » il parloit à un homme fans difcré- » tion, qui ne lui répondit que de » furie & de colere : il fallut qu'il » cédât lors au plus fort, & fit figne » au Vice-Amiral de France d'abaif- » fer fon pavillon : ce qu'il fit ... Le » Sieur de Vic en ayant demandé » raifon ; l'Amiral d'Angleterre lui » dit, Que le Roi d'Angleterre, fon » Maître, n'avouoit point ce que le » Capitaine avoit fait par préfomp- » tion, le pria d'excufer fon indif- » crétion, &c. & que cela n'advien- » droit plus. Cette réponfe appaifa » l'aigreur de ce rencontre. « *Chron. Septén. & De-Thou*, année 1603. Le Cardinal de Richelieu dans fon Teftament politique, fe fert de cet éxemple, pour prouver à Louis XIII. l'obligation où il eft d'avoir une puiffante Marine. » Les coups de canon, » dit-il, perçant le vaiffeau, perce- » rent le cœur aux bons François ... » Si les paroles du Roi Jacques fu- » rent plus civiles, elles n'eurent » pourtant pas autre effet, que d'o- » bliger le Duc à tirer fatisfaction de » fa prudence, feignant être guéri, » lorfque fon mal étoit plus cuifant, » & que fa playe étoit incurable. Il » fallut que le Roi votre Pere ufât » de diffimulation en cette occafion ; » mais avec cette réfolution pour au- » tre fois de foûtenir le droit de fa » Couronne, par la force, que le » temps lui donneroit le moyen d'ac- » querir fur la mer. « 2. *Part. chap. 9. fect.* Pour ce qui regarde le fait qui eft auffi rapporté dans ce Teftament, il y eft altéré dans prefque toutes fes circonftances. Je remarque auffi que M. de Sully, apparemment pour ne pas paroître avoir été auffi grièvement offenfé, paffe très-légèrement dans fes Mémoires, fur l'endroit où il parle de la fatisfaction qu'il pria le Roi d'Angleterre de lui faire donner.

*Tome II.*

chevaux ou des chariots, & autres choses de cette nature. Le Maire de Douvres vint aussi me faire compliment ; & le peuple faisoit tant d'acclamations, qu'il ne s'étoit jamais, disoit-on, passé rien de semblable pour aucun Ambassadeur : mais je ne m'y laissai plus tromper, après l'échantillon que je venois de recevoir de la politesse Angloise, dont j'eus une seconde preuve, avant même que de sortir de Douvres.

Le Gouverneur de cette Ville m'envoya son neveu me prier de venir voir le Château, ne pouvant venir lui-même me voir, à cause de la goutte qui le retenoit au lit : cette invitation fut suivie d'une seconde, qui me donna bonne opinion de celui qui me la faisoit. J'aurois cru mettre le tort du manque de civilité de mon côté, si après cela j'étois parti de Douvres sans avoir salué ce Gouverneur. J'y menai le lendemain tout mon monde. Je connus bien-tôt qu'on ne nous avoit appellés si honnêtement, que pour profiter de la rançon, qu'on éxige de ceux qui ont la curiosité de voir le Château de Douvres. On l'éxigea de chacun des gens de ma suite avec assez de rudesse : ce qui fut suivi de la cérémonie de faire quitter l'épée à tous, excepté à moi. Présentés au Gouverneur, dont le nom est Thomas Wimes, qui nous reçut assis dans sa chaise, nous lui vimes faire une si laide grimace, d'abord que quelqu'un voulut attacher seulement les yeux sur les tours & les murailles du Château, que je me retirai dans le moment, sans vouloir en voir davantage ; prenant pour prétexte, la peur de l'incommoder. J'avois exhorté mon escorte à se bien souvenir des regles de la politesse Françoise, quelque chose qu'on pût faire ou dire ; & il me parut que cet avertissement n'avoit pas été hors de saison.

Lorsqu'il fut question de prendre la route de Londres, Lucnau ne parut plus cet homme poli & plein d'attention, qui un moment auparavant avoit demandé la liste de ceux qui m'escortoient, afin, disoit-il, de leur distribuer des chevaux & des chariots. Il m'obligea à croire qu'il n'avoit par-là cherché qu'à surprendre cette liste, pour l'envoyer à Londres ; puisqu'il laissa tous mes gens se pourvoir de chevaux, comme ils purent, & à leurs frais : & ce peuple si doux les loua si cherement, & en même temps avec tant d'arrogance, qu'il sembloit encore qu'on nous fît grace. Aucun de nos François ne fit semblant de s'appercevoir de l'incivilité de ces procédés : pour moi j'entrai dans le carrosse du Comte de Beaumont.

J'eus plus lieu d'être satisfait de la Noblesse des environs de Cantorbéry. Elle accourut sur mon passage : & pour me faire tous les honneurs imaginables, elle feignit d'en avoir reçu l'ordre du Roi d'Angleterre. Cantorbéry est une petite Ville extrêmement peuplée, & si polie, que je n'ai reçu nulle part un traitement si distingué. Les uns venoient m'embrasser la botte ; les autres baiser les mains ; d'autres me présentoient des fleurs : ce qu'il faut attribuer, non aux Anglois de cette Ville : ils conservent par-tout leur caractère d'aversion pour les François ; mais aux Vallons & aux Flamands, qui s'étant réfugiés de tout temps en cette Ville, pour le sujet de la Religion, l'ont à la fin presque toute changée ; & en composent aujourd'hui les deux tiers. Je visitai l'Eglise de Cantorbéry, & j'y assistai au Service. Cette Eglise est très-belle; & j'y entendis une excellente Musique. Les Chanoines me caresserent encore bien davantage, lorsqu'ils sçurent que j'étois de leur Religion. L'un d'eux se montra assez affectionné à la France pour me faire donner un avis, qui fut ensuite confirmé par Aërsens à Henry lui-même. Ce Chanoine avoit connu particulierement Arnaud, pere de celui que j'avois avec moi pour un de mes Sécretaires. Il vint trouver celui-ci, lorsqu'il eut appris que c'étoit le fils de son ami ; & lui dit qu'il avoit sçu du Sécretaire du Comte d'Aremberg (17), Ambassadeur de l'Archiduc, qui venoit de passer il n'y avoit que peu de jours par Cantorbéry, que son Maître devoit représenter au Roi d'Angleterre, pour l'engager dans une Ligue avec l'Espagne, que Henry avoit de grands desseins contre l'Angleterre, qui devoient éclorre avant deux ans ; & offrir en même temps à Sa Majesté Britannique de puissans secours du Roi d'Espagne, pour prévenir ces desseins en s'emparant de certaines Provinces de France, qu'il disoit lui appartenir à bien plus juste titre.

Milord Sidney vint me complimenter en cet endroit, de la part du Roi d'Angleterre, & me faire mille offres obli-

(17) Jean de Ligne, Prince de Barbançon, Comte d'Aremberg.

A a ij

geantes. Comme je fçus que celui qui avoit été chargé du même office pour le Comte d'Aremberge, étoit Milord Howard, fort au-deffus de Sidney pour la Condition, puifqu'il étoit Neveu du Duc de Norfolk, Oncle du Grand-Chambellan, Membre du Confeil privé; je craignis d'abord dans cette Députation, quelque mépris du Roi d'Angleterre: mais confidérant enfuite que celui qui avoit reçu l'Ambaffadeur d'Efpagne même, étoit encore de moindre Condition que Sidney, je conclus que tout cela pouvoit bien être un effet du hazard : ne fe pouvant rien ajoûter d'ailleurs aux marques d'honneur, que Sidney me rendit & me fit rendre par la Nobleffe. Je ne laiffai pas de m'en ouvrir à Beaumont, en lui recommandant de tirer cette explication fi adroitement, qu'il ne donnât pas fujet d'appercevoir de la méfintelligence là où perfonne n'en avoit vu. Beaumont s'adreffa à Sidney même; & fçut fi bien le tourner, qu'il fut le premier à écrire à la Cour de Londres, qu'on devoit envoyer au-devant de moi un Comte, & du Confeil privé : Ce qui fut éxécuté. Le Comte de Southampton, l'un des Miniftres & des Confidens de Jacques, vint me trouver à Gravefend, au nom du Roi, avec une nombreufe efcorte de Nobleffe. Nous paffâmes par Rochefter pour venir en cette Ville. Nous trouvâmes une grande différence pour l'accueil, entre Rochefter & Cantorbéry : Les Bourgeois de cette Ville effaçoient les marques que les Fourriers du Roi d'Angleterre avoient faites à leurs maifons pour nous y loger.

J'entrai dans Gravefend dans les Barges du Roi : ce font des bateaux couverts, très-propres & très-ornés : Et je remontai de cette forte la Tamife jufqu'à Londres, où en arrivant, la Tour feul nous falua de plus de trois mille coups de Canon, fans compter les décharges de plufieurs petites Pieces de Vaiffeau, ni la Moufqueterie du Mole & de la Place, qui eft devant cette Tour. Je n'ai guére vu de plus beau feu. Je pris terre au pied de la Tour, où quantité de carroffes, dont Southampton & Sidney faifoient les honneurs, m'attendoient pour me mener avec toute ma Suite à l'Hôtel du Comte de Beaumont que j'avois choifi pour ce jour-là. L'affluence du peuple étoit fi grande, qu'à peine nous pûmes nous ouvrir un paffage.

J'eus dès ce soir-là même, occasion de connoître les deux Anglois qu'on m'avoit adressés. Arrivé chez Beaumont, Milord Southampton me prit à part; & après m'avoir dit que le Roi qui étoit à Windsor, Château à vingt milles de Londres, lui avoit ordonné d'aller l'y trouver ce jour-là, quelque tard qu'il fût, pour l'informer de mon arrivée, & lui en rapporter les particularités; il me demanda avec empressement, & après m'avoir fait valoir son zèle, que je le chargeasse de quelques paroles particulieres pour Sa Majesté, sans doute dans l'intention de s'en faire honneur. Après lui Milord Sidney vint me faire la même requête, en me représentant fort affectueusement, que l'honneur qu'il avoit eu de m'être député le premier, & l'attachement dont il faisoit profession pour Sa Majesté très-Chrétienne, méritoient que je réservasse pour lui du moins quelques-unes des bonnes paroles dont j'étois chargé; &, ajoûta-t-il, que je ne m'ouvrisse pas entièrement à Southampton. Je vis bien qu'il y avoit entr'eux de la jalousie à qui porteroit la premiere parole au Roi. Je les remerciai tous deux très-poliment; & je donnai la préférence à Sidney: c'est-à-dire, que le premier n'eût que de fausses, & celui-ci que de générales confidences, que je ne me souciois & que j'étois même bien-aise qui devinssent publiques.

Ils en userent tous les deux comme ils jugerent à propos; Pour moi, je soupai & couchai ce soir chez Beaumont; & j'y dînai encore le lendmain; parce que si peu de temps ne suffisoit pas pour me trouver & me préparer un logement, en attendant celui qu'on me destinoit au Palais d'Arondel, l'un des plus beaux & des plus commodes de Londres, par le grand nombre de ses appartemens de plein-pied, & qu'on faisoit accommoder à cet effet. Cela mit dans un grand embarras tout mon Cortège, qui ne pouvoit loger chez Beaumont. On chercha des maisons dans tout le Quartier. La difficulté étoit d'en trouver: tous les Bourgeois se défendant de recevoir nos François, à cause du traitement qu'ils se souvenoient d'avoir reçu assez récemment des Gens du Maréchal de Biron: La plus grande partie pensa passer la nuit dans la ruë.

Il faut convenir que si tout ce que j'entendis sur ce sujet dans tout ce Quartier, étoit vrai, Biron n'avoit pas mal travaillé à justifier l'animosité de la Nation Angloise contre la nôtre, par les excès ausquels il avoit souffert que toute sa Maison se portât. Je ne veux rien dire à demi, prinpalement lorsque ce que je dis peut-être utile pour la correction de nos mœurs. Nos jeunes François ne se sont point encore défait de cet air étourdi & évaporé, de ces manieres libres & même effrontées, dont on nous a fait de tout temps le reproche. Le malheur est qu'ils ne sont pas plus capables de circonspection chez les Etrangers que chez eux, où ils sont accoûtumés à passer leur vie dans les brelans & les autres lieux de débauche, & à n'y garder aucune mesure.

Je me répondis bien à moi-même, que si ma conduite ne lavoit pas la France de ce reproche, du moins je ne l'encourrois pas dans ceux sur lesquels j'avois autorité : & je résolus d'éxercer cette autorité d'une maniere à contenir toute ma Maison dans une police sévère. J'en fis publiquement la déclaration : & comme les leçons sur ce sujet sont presque toujours inutiles, j'y joignis l'éxemple dans une occasion qui se présenta presque dans le moment, & que je vais rapporter.

Ayant été logé le lendemain dans une belle maison, qui répondoit à une grande Place, autour de laquelle furent distribués les logemens de tous ceux de ma Suite ; quelques-uns s'en allerent faire la débauche chez des femmes publiques. Ils y trouverent quelques Anglois, avec lesquels ils prirent querelle, se battirent, & laisserent un Anglois tué sur la place. Le peuple déja assez mal disposé, & encore excité par la famille du mort, qui étoit un bon Bourgeois, s'attroupa, & commença à menacer hautement de venir faire main-basse sur tous les François, jusques chez eux. La chose parut bien-tôt des plus sérieuses ; parce qu'en un moment ce peloton se grossit jusqu'au nombre de plus de trois mille : ce qui fit résoudre nos François à venir chercher un asyle dans la maison de l'Ambassadeur. Je n'y pris pas garde d'abord : Il commençoit à être nuit ; & je jouois à la prime avec le Marquis d'Oraison, Saint-Luc & Blérancourt : Mais en les voyant arriver par pelotons de trois ou quatre ensemble, & avec beaucoup d'émotion, je jugeai à la fin qu'il y avoit quelque chose d'extraordinaire : & ayant queſtionné du Terrail & Gadancourt, je ſçus le ſujet de cette rumeur.

L'honneur de la Nation, le mien, l'intérêt de ma Négociation, furent les premiers objets vers leſquels mon eſprit ſe porta, avec un vif ſentiment de chagrin que mon entrée dans Londres fût marquée par un début ſi fâcheux. Je ſuis perſuadé que tout ce qui parut en ce moment dans mon extérieur, exprimoit fidelement ce qui ſe paſſoit dans mon cœur. Je me levai de ma place, guidé par mon premier mouvement ; je pris un flambeau ſur la table ; & ordonnant à tous ceux qui étoient dans l'appartement, de ſe ranger le long des murs ( ils étoient bien une centaine ) je comptai que le meurtrier n'échapperoit pas à mes recherches. En effet je le connus aiſément à ſon agitation & à ſa peur. Il voulut nier au commencement ; mais je le mis bientôt au point de tout avouer. C'étoit un jeune homme, Fils unique du Sieur de Combaut, Grand-Audiencier de la Chancellerie, très-riche, & de plus Parent de Beaumont, qui entra dans le moment même, & me pria de le lui remettre entre les mains, afin d'eſſayer à le ſauver. » Je ne m'é-
» tonne pas, répondis-je à Beaumont avec autant d'autorité
» que d'indignation, s'il y a du mal entendu entre vous &
» & les Anglois, puiſque vous êtes capable de préférer vo-
» tre intérêt & celui de vos Parens, à celui du Roi & du
» Public. Je ne veux pas que le ſervice de mon Maître &
» de tant de Gentishommes de bonne Maiſon, ſouffre pour
» un petit Damoiſeau Bourgeois ſans cervelle. « Je déclarai tout net à Beaumont, que dans quelques momens Combaut alloit avoir la tête coupée. » Comment ! Monſieur,
» s'écria Beaumont, faire trancher la tête à un de mes Pa-
» rens, qui a deux cens mille écus ! un Fils unique ! C'eſt
» bien mal le récompenſer de la peine qu'il a priſe, & de
» la dépenſe où il s'eſt mis pour vous accompagner. Je n'ai
» que faire de pareille compagnie, « lui dis-je encore auſſi abſolument : Et pour couper court, j'ordonnai à Beaumont de ſortir de mon appartement ; parce que je ne voulois pas qu'il aſſiſtât au Conſeil que j'allois aſſembler dans le moment même, pour y porter un Arrêt de mort contre Combaut.

Je n'y appellai que les plus vieux & les plus ſages : &

la chose ayant été concluë en un instant ; j'envoyai Arnaud en informer le Maire de Londres, & le prier de faire tenir prêts le lendemain six Archers, pour conduire le Coupable au lieu de l'éxecution, & d'y faire trouver le Ministre de la Justice. Le Maire me fit réponse, qu'il avoit commencé par arrêter la populace mutinée, comptant bien que je lui ferois raison ; & qu'il alloit partir pour venir me la demander, quand il avoit reçu la Lettre & la Sentence. Il m'exhortoit à la modérer ; soit que ma séverité l'eût désarmé, ou, comme il y a toute apparence, qu'il se fût déja laissé gagner par les Présens de la famille du Criminel. Je renvoyai dire à ce Magistrat, que je ne révoquerois pas un Arrêt, qu'aucune autorité supérieure & aucun respect humain n'avoit pu ni m'obliger, ni m'empêcher de porter, & qui justifioit au Roi mon Maître, & à toute la nation Angloise, que j'avois fait tout ce qui étoit de mon devoir en cette occasion : Que je ne pouvois plus rien dans cette affaire, que de m'en décharger en l'en chargeant lui-même, & lui abandonnant le prisonnier, pour le punir comme il croiroit le devoir faire suivant les régles de la Justice Angloise. Et je le lui envoyai effectivement : Ce qui fit de cette procédure, une affaire particuliere entre le Maire & Combaut, ou plustôt Beaumont, qui acheva aisément de gagner le Magistrat, & d'en obtenir l'élargissement de son Parent, sans qu'on pût m'accuser de lui avoir prêté la main. Je m'apperçus au contraire que les François, aussi-bien que les Anglois, demeurerent persuadés qu'entre mes mains cette affaire ne se seroit pas passée si doucement : Ce qui produisit deux effets tout différens : les uns commencerent à m'en aimer, & les autres à m'en craindre davantage.

C'étoit déja un obstacle de moins au succès de ma Négociation : Et il en restoit assez d'autres, tant de la part de la Nation en général, que de celle du Roi, & des autres Particuliers, différemment intéressés à la traverser. Il est certain que les Anglois nous haïssent, & d'une haine si forte & si générale, qu'on seroit tenté de la mettre au nombre des dispositions naturelles de ce peuple. Elle est plus véritablement l'effet de leur orgueil & de leur présomption ; puisqu'il n'y a point de peuple en Europe, plus hautain, plus dédaigneux, plus enyvré de l'idée de son excellence. Si on les en croit,

l'esprit

# LIVRE QUATORZIEME.

1603.

l'esprit & la raison ne se trouvent que chez eux : Ils adorent toutes leurs opinions, & méprisent celles de toutes les Nations ; & il ne leur vient jamais en pensée, ni d'écouter les autres, ni de se défier d'eux-mêmes. Au-reste ils se font par ce caractere, bien plus de tort à eux-mêmes qu'à nous : Ils sont par-là à la merci de tous leurs caprices. Environnés de la Mer, on diroit qu'ils en ont contracté toute l'instabilité : tout change chez eux, au gré de leurs dispositions actuelles ; & la seule différence entre eux & les peuples de l'Europe, qui passent pour les plus changeans, c'est que chez eux le changement n'est point un effet de légereté, mais d'une vanité qui se reproduit sans cesse sous mille formes. Esclaves par amour propre de toutes leurs fantaisies : ce qu'ils croyoient avoir très-sensément arrangé, ou très-constamment résolu, se trouve anéanti, sans qu'ils en sçachent, ni puissent apporter de raison. Aussi sont-ils si peu d'accord avec eux-mêmes, que vous ne les prendriez pas pour les mêmes personnes ; & qu'ils paroissent quelquefois surpris de se retrouver toujours dans l'irrésolution. Examinez ce qui s'appelle chez eux Maximes d'Etat ; vous n'y trouvez que les Loix de l'orgueil même, adoptées par arrogance, ou par paresse.

Sur ce portrait, il semblera d'abord qu'il ne doit pas être extrêmement difficile à un Ambassadeur, de leur inspirer de nouvelles résolutions ; & cela est vrai, mais seulement pour le moment présent : passé ce moment, ils ne se souviennent plus de ce que vous leur avez le plus fortement persuadé : ensorte qu'il faudroit qu'un Roi de France eût continuellement auprès d'eux une personne d'esprit & d'autorité, qui s'en fît écouter comme malgré eux, & les forçât pour ainsi dire, à être raisonnables : encore resteroit-il toujours dans ce cas à combattre leur orgueil, qui leur inspire de se croire infiniment supérieurs à tous les peuples de l'Europe (18).

Ainsi la France ne doit pas plus compter sur les Anglois,

(18) J'aurois souhaité de tout mon cœur pouvoir supprimer tout ce qu'il y a dans ce tableau, & dans toute cette Relation, de peu avantageux à une Nation, qui ne s'est pas renduë moins respectable par ses vertus, qu'estimable par ses talens. Tout ce qu'on peut dire, pour mettre la vérité d'accord avec la bonnefoi de l'Auteur, c'est qu'il a peint les Anglois tels qu'ils lui ont paru être en ce temps-là. C'est un des plus heureux effets de la culture des Arts, & du progrès des Sciences, d'avoir

*Tome II.*                                          B b

que sur ses autres Voisins : & la vraie bonne Politique qu'elle a à suivre, pour le dire icy en passant, est de se mettre au-dedans d'elle-même en état non-seulement de n'avoir besoin de personne, mais encore de contraindre toute l'Europe à sentir le besoin qu'elle a d'elle : Ce qui n'est difficile après tout que pour les Ministres, qui n'imaginent point d'autre moyen pour arriver à ce point, que la force & la guerre. Loin de cela, que le Souverain se montre ami du repos, désinteressé dans ce qui le regarde, plein d'équité à l'égard des autres ; il est assûré de tenir ses Voisins dans cette dépendance qui est seule durable, parce qu'elle gagne les cœurs, au-lieu d'assujettir les personnes (19.)

Je vais plus loin ; & je soûtiens que la Paix est le grand & commun intérêt de l'Europe. Ses petits Princes doivent être continuellement occupés à y maintenir les plus puissans, par les moyens les plus doux ; & les plus puissans, à y forcer les Petits, s'il est nécessaire, en prenant le parti des foibles & des opprimés : c'est le seul usage qu'ils doivent faire de leur supériorité. J'admire combien l'Europe, pour être composée de peuples si civilisés, se conduit encore par des principes sauvages & bornés. A quoi voyons-nous que se réduit la profonde Politique dont elle se pique, sinon à se déchirer elle-même sans cesse ? De toutes parts elle revient à la guerre : elle ne connoît aucun autre moyen, & n'imagine aucun autre dénouëment. C'est la ressource unique du moindre Souverain, comme du plus grand Potentat. La seule différence entr'eux, est que celui-là la fait à plus petit bruit, & en second ; & celui-cy, avec grand appareil, & souvent seul, pour faire montre de sa grandeur : ce qui est assûrément la plus insigne méprise. Eh ! pour-

dissipé ces préjugés & ces partialité, qu'ont produites la haine & la jalousie. Voyez ce que nous avons dit sur ce sujet, dans la Préface de cet Ouvrage.

(19) Il n'est pas surprenant d'entendre raisonner de cette maniere, aujourd'hui qu'on a pris des idées plus saines sur la Politique & la Guerre ; & que la France est parvenuë à un si haut dégré de gloire, que les Conquêtes ne peuvent y ajoûter rien, ou fort-peu de chose : Mais quelle opinion ne doit-on pas avoir des vuës & de la pénétration de M. de Sully ; lorsqu'on le voit établir des principes, si peu propres en apparence à l'état de misère & d'épuisement dans lequel étoit alors ce Royaume, ou du moins d'où il ne faisoit que sortir ? C'est par des Maximes si vraies, si solides & si sages, que les Mémoires de Sully sont devenus la source, où ont puisé tout ce que nous avons eu depuis d'habiles Ministres. *Voyez la Préface.*

quoi faut-il que nous nous soyons imposés la nécessité de passer toujours par la guerre, pour arriver à la paix? Car enfin la paix est le but de quelque guerre que ce soit: & c'est la preuve toute naturelle qu'on n'a recours à la guerre, que faute d'un meilleur expédient. Cependant nous confondons si bien cette vérité, qu'il semble tout au contraire que nous ne faisons la paix que pour avoir la guerre. Mais retournons à nos Anglois.

1603.

On pouvoit compter à la Cour de Londres quatre sortes de personnes, qui composoient autant de factions différentes: & de cela seul on peut déja conclurre, ce qui est vrai, que tout y étoit plein de soupçons, de défiance & de jalousie, de mécontens secrets, & même publics. Je puis assûrer au reste que je ne vais rien dire, dont je ne croie avoir eu une pleine connoissance, soit par moi-même, soit par les discours des partisans de la France, de ceux qui se disoient l'être, des mécontens, enfin par toutes sortes d'autres moyens. La premiere de ces factions, étoit la faction Ecossoise, qui rouloit sur le Comte de Mare, Milord Montjoy, le Chévalier Asquins, Kenlos, & autres Gentilshommes de la Chambre, ou, comme on les appelloit, de la Couche. Ils tenoient pour la France; & ils pouvoient attirer à ce parti le Roi, qui paroissoit d'humeur à se laisser entièrement gouverner. Quelques-uns d'eux étoient assez bons hommes de guerre; mais ils n'avoient aucun usage des affaires du Cabinet. Je n'ai point mis le Comte de Lenox de ce nombre, parce que quoiqu'il fût aussi porté d'inclination pour la France, il avoit pourtant parmi les Ecossois, un Parti séparé de celui du Comte de Mare, & même qui lui étoit opposé, non pas à la vérité quant à la Politique, mais quant à l'avantage d'avoir l'oreille du Maître: & ils se haïssoient fort. Ainsi la faction Ecossoise se subdivisoit en deux.

La seconde, tout-à-fait contraire à celle-ci, étoit la Faction Espagnole: tous les Howards y entroient; ayant à leur tête l'Amiral de ce nom, le Grand Chambellan, le Grand Ecuyer, les Humes, & autres moins distingués. La troisiéme étoit composée d'un nombre de vieux Anglois, qui mettant la France & l'Espagne au même niveau ou également jaloux de ces deux Nations, ne s'attachoient ni à l'une, ni à l'autre; & songeoient à rendre la Flandre indépendante

B b ij

d'elles, en reſſuſcitant l'ancien Royaume de Bourgogne. Les principaux mobiles de cette faction étoient, le Chancelier, le Grand Tréſorier, & le Sécrétaire d'Etat Cecil, du moins autant qu'on le pouvoit conjecturer d'un homme, qui étoit tout myſtère : car il ſe ſéparoit des uns & des autres, ou ſe réüniſſoit à eux, ſelon qu'il le jugeoit à propos, pour l'intérêt de ſes affaires particulieres. Il avoit eu la principale part dans l'ancien Gouvernement ; & il prétendoit avec la même ſubtilité parvenir à gouverner le nouveau : ſon expérience, auſſi-bien que ſon adreſſe, le faiſoient déja regarder du Roi & de la Reine, comme un homme néceſſaire. Enfin on en formoit une quatriéme, de ceux qu'on voyoit ſe mêler des affaires, ſans aucune liaiſon avec tous ceux qui viennent d'être nommés ſans même aucun accord fixe entr'eux, ſinon qu'ils ne ſe ſépareroient point, & qu'ils ne s'uniroient avec perſonne : gens ſéditieux, de caractère purement Anglois, & prêts à tout entreprendre en faveur des nouveautés, fût-ce contre le Roi même. Ils avoient à leur tête les Comtes de Northumberland, de Southampton, de Cumberland, Milords Cobham, Raleich, Greffin, & autres.

Il n'y avoit encore de bien clair dans toutes ces factions, que la jalouſie & la haine mutuelle des unes envers les autres : & il étoit impoſſible de deviner laquelle prendroit le deſſus dans la ſuite, & auroit le Prince pour elle. A en juger par les apparences, ſa faveur ne pouvoit être diſputée qu'entre les Gens de plume, & les favoris de la Chambre : les premiers, parce qu'étant fins & intelligens, ils s'y prennent ordinairement mieux que les autres, pour s'attacher leur Maître : les ſeconds, parce qu'ils avoient l'avantage de la familiarité, & d'être admis aux parties de plaiſir. Mais l'humeur & les inclinations du Roi n'étoient elles-mêmes pas encore aſſez bien connuës : & ſon avènement à une Couronne telle que l'Angleterre, pouvoit d'ailleurs y apporter trop de changemens, pour qu'on pût s'aſſûrer d'avoir deviné juſte.

Tout ce qui étoit à craindre pour moi, étoit que de tous les ſentimens qu'on cherchoit à faire prendre à Jacques, le plus difficile ne fut celui qui l'attacheroit à la France. Il avoit penſé juſques-là comme faiſoient les Puiſfances du Nord, qui divifoient en trois la Maifon d'Autriche; celle d'Efpagne, celle d'Allemagne, & celle de Bourgogne. Ils déteftoient la première, comme trop puiffante & trop entreprenante. Ils méprifoient la feconde ; & s'en feroient pourtant bien accommodés, en la défuniffant d'avec le Pape, l'Efpagne & les Jéfuites. Pour la troifiéme, qui n'étoit pour eux qu'en idée, elle étoit fi fort de leur goût, qu'ils n'auroient rien épargné pour la rétablir ; pourvû qu'ils l'euffent auffi féparée d'intérêt d'avec l'Efpagne & l'Allemagne ; ou du moins, que ces Puiffances euffent renoncé à rien prétendre les unes fur les autres.

Jacques I. n'étoit pas enfuite fi bien prévenu à beaucoup près en faveur de Henry, que l'avoit été Elizabeth : On lui avoit rapporté qu'il l'appelloit par dérifion. , *Capitaine ès Arts, & Clerc aux Armes*. Il étoit affez difficile qu'il ne donnât pas dans les commencemens quelqu'accès dans fon efprit à ces anciennes prétentions de l'Angleterre fur la France, dont on n'avoit pas manqué de l'entretenir fort férieufement. A mon égard, on avoit fait entendre à ce Prince, que mon frere & moi nous avions tenu des difcours peu refpectueux fur fa Perfonne. Ajoûtons, pour faire connoître plus particulierement ce Prince, qu'il étoit droit & confcientieux ; qu'il avoit de l'éloquence, & même de l'érudition, moins pourtant que de pénétration, & de difpofition à être fçavant. Il aimoit à entendre parler des affaires d'Etat ; & qu'on l'entretînt de grandes entreprifes, qu'il pefoit lui-même avec un efprit de méthode & de fyftême, mais qu'il étoit bien éloigné de pouffer plus avant : car il haïffoit naturellement la guerre, & encore plus à la faire ; étoit indolent dans fes actions, excepté lorfqu'il étoit à la chaffe, & inappliqué dans les affaires : tous indices d'un efprit doux & timide, & qui ne peut guère manquer de fe laiffer gouverner. Il étoit facile de le conclurre de la conduite qu'il avoit tenuë à l'égard de la Reine fon Epoufe. (20)

Cette Princeffe n'avoit dans fon caractère, aucun trait de rapport avec fon mari. Elle étoit d'un naturel hardi & entreprenant : elle aimoit l'éclat & la pompe, le tumulte

(20) Anne, Fille de Frédéric II. Roi de Dannemarc, Reine d'Ecoffe, & enfuite de la Grande Bretagne, morte en 1619.

& la brigue. Elle étoit entrée fort avant dans toutes les factions civiles, non-seulement en Ecosse, au sujet des Catholiques qu'elle soûtenoit, qu'elle avoit même recherchés; mais encore en Angleterre, où les mécontens, qui n'étoient pas en petit nombre, n'étoient pas fâchés de s'appuyer d'une Princesse, destinée à devenir leur Reine. On sçait que les femmes, qui ne sont que des instrumens assez foibles dans les affaires solides, jouent souvent un rôle dangereux dans les brouilleries. Le Roi ne pouvoit l'ignorer: mais il avoit le foible de ne pouvoir jamais lui résister, ni la contredire en face; pendant qu'elle ne faisoit aucune difficulté de témoigner publiquement de son côté, qu'elle n'étoit pas toujours d'accord avec lui. Il vint à Londres long-temps avant elle. Elle étoit encore en Ecosse, lorsque j'arrivai dans cette Ville: & l'intention de Jacques auroit été qu'elle n'y fut point venuë si-tôt; persuadé qu'il étoit, que sa présence ne pouvoit qu'empirer les affaires. Il le lui envoya signifier, & d'un air d'autorité, qui ne coûte rien à prendre contre les absens; mais dont elle ne s'émut pas beaucoup.

Au lieu d'obéïr, la Reine se disposa à quitter l'Ecosse; après s'être donné de son propre mouvement, & contre la volonté du Roi, un Grand Chambellan de sa Maison. Les Comtes d'Ortenay & de Liscois, deux Ecossois, l'accompagnoient par honneur. Elle faisoit apporter avec elle le corps de l'Enfant mâle, dont elle étoit accouchée en Ecosse; parce qu'on avoit voulu persuader au Public, que sa mort n'étoit que supposée: & elle amenoit le Prince son aîné, qu'elle affectoit en public de gouverner absolument; & auquel on disoit qu'elle n'inspiroit que des sentimens Espagnols: car on ne doutoit point que son inclination ne se déclarât entièrement de ce côté. Il est vrai pourtant, que le jeune Prince ne lui donnoit aucun lieu de se louer de sa déférence: il haïssoit naturellement l'Espagne, & affectionnoit la France: augure d'autant plus heureux qu'il paroissoit, par le mélange d'ambition, d'élevation & de générosité, qu'on remarquoit déja en lui, tout propre à devenir quelque jour un de ces Princes, qui font beaucoup parler d'eux. Il connoissoit de réputation le Roi de France, & se proposoit de le prendre pour son modèle: ce qui étoit un supplice pour sa Mere, qui avoit résolu, dit-on, de lui faire perdre l'air François, en le faisant transporter & nourrir en Espagne.

Voilà quel étoit l'état de la Cour de Londres, lorsque j'y commençai ma Négociation. Le caractère du reste des principales personnes qui y eurent part, se decouvrira dans la suite, autant qu'il en est besoin pour ces Mémoires. J'ajoûte seulement, qu'outre le Comte d'Aremberg de la part des Archiducs, & le Prince Henry de Nassau, avec les autres Députés des Etats Généraux, que j'y trouvai arrivés avant moi, on y attendoit incessamment l'Ambassadeur de Sa Majesté Catholique, & les Envoyés de Suéde & de Dannemarc : Ces derniers y arriverent un jour après moi. Il y en avoit encore quelques autres, mais qui n'y figurerent pas assez, pour être nommés ici : Il semble que tous les Princes de la Chrétienté regardoient comme un coup de partie, de s'assûrer de l'Angleterre.

Les premiers que je vis, furent ceux de l'Electeur Palatin; qui ayant déja fait leur compliment au nouveau Roi, & étant prêts à retourner chez eux, vinrent prendre congé de moi, presqu'aussi-tôt après mon arrivée : Il n'y eut rien de particulier entre nous. Quelque temps après qu'ils furent sortis, Cecil envoya son premier Commis sçavoir de Beaumont, à quelle heure commode il pourroit me trouver chez moi : Il y vint l'après midi. Tant que nous eumes des témoins, il ne me parla que de l'affection du Roi d'Angleterre pour le Roi de France ; du desir qu'il avoit de lui en donner des marques ; & autres choses sur le même ton, qui ne doivent être prises que pour compliment. Je feignis pourtant de les regarder comme très-sérieuses, lorsqu'il fut dans ma chambre seul avec Beaumont ; afin d'avoir une occasion naturelle de lui représenter tout l'avantage, qui résulteroit pour les deux Couronnes de l'union des deux Rois, & de faire valoir leurs services, & leurs engagemens déja contractés.

Ce début général devant me servir du moins à asseoir quelque jugement sur les dispositions de celui qui me parloit ; sa réponse me fit voir qu'elles ne m'étoient pas favorables. Cecil me fit un long discours, dont le but étoit de me prouver, que son Maître ne devoit se mêler en rien des affaires de ses Voisins; mais laisser la Hollande s'expliquer comme elle le trouveroit bon, de ses démêlés avec l'Espagne. Il parla d'Ostende, comme d'une Ville peu digne de tous les soins qu'on apportoit pour la conserver; & du Commerce des Indes, comme d'un avantage, dont la Politique demandoit qu'on dépouillât les Pays-Bas. Je combattis son sentiment: Il me parut satisfait de mes raisons, mais fort peu disposé à les appuyer auprès du Roi son Maître. Il m'apprit, en changeant de propos, que Sa Majesté Britannique étoit partie de Grenwich, afin d'éviter les sollicitations, que le Comte d'Aremberg n'auroit pas manqué de faire, pour obtenir une audience avant la mienne: ce que Sa Majesté n'auroit pu lui refuser, étant arrivé avant moi, & qu'elle étoit pourtant bien-aise de ne lui point accorder. Cecil joignit à cette faveur, qu'il me fit beaucoup valoir, celle de m'offrir mon audience, qui n'étoit pas d'un moindre prix: la coûtume obligeant les Ambassadeurs à la faire demander au Roi. Il ne tint pas à lui que je ne regardasse aussi comme une grace singuliere, la députation qu'on m'avoit faite d'un homme tel que lui. Je remerciai autant de fois Monsieur le Député; & le priai de se charger d'en témoigner ma gratitude au Roi.

Au travers de tout ce que fit ce Sécretaire, pour me faire entendre que personne, après le Roi, ne pouvoit autant que lui, & même qu'il présidoit aux Conseils de ce Prince; je crus voir le contraire. Je devinai encore, que craignant que quelqu'un de ses Concurrens ne lui ravît les Emplois brillans, il avoit sollicité, & peut-être très-instamment, auprès de son Maître, celui de traiter avec moi, dont il parloit comme s'il se fût dégradé en l'éxerçant. La-Fontaine & les Députés des Etats-Généraux, qui entrerent comme Cecil sortoit, porterent sur sa manœuvre, le même jugement que moi: & elle ne nous parut pas un mauvais présage; non plus que la remarque qu'ils avoient faite, que depuis que Jacques avoit appris mon départ de France pour Londres, il avoit commencé à les traiter plus favorablement: Avant cela, il n'avoit voulu ni parler, ni voir le Prince de Nassau: il avoit même donné publiquement aux Etats, l'épithete de révoltés & de séditieux. Ils voulurent ensuite me persuader à leur tour, que le Roi de France ne devoit pas se borner à

inspirer

inspirer au Roi d'Angleterre des sentimens modérés pour eux; mais se porter ouvertement pour leur défenseur. Il y avoit bien des choses à dire là-dessus; il étoit tard; les tables étoient servies: je les congédiai, avec une assûrance générale qu'ils seroient satisfaits.

Je leur rendis une réponse plus positive le 21, que Barneveld (21) me vint voir au Palais d'Arondel, dont je venois de prendre possession. Barneveld commença, comme ses Collègues, à m'éxagérer la misère à laquelle étoient réduites les Provinces-Unies; les dépenses qu'elles avoient faites depuis la Paix de Vervins; leurs dettes; leur épuisement. Il assûra que les Etats ne pouvoient plus ni retenir Ostende, ni résister aux Espagnols, si le Roi de France ne faisoit avancer sans délai une armée puissante, qui entrât par terre en Flandre, soit par la frontiere de Picardie, ou par les terres appartenantes à l'Archiduc; parce qu'il n'y avoit que ce seul moyen de chasser les Espagnols de vive force de devant Ostende: l'expérience ayant appris, disoient-ils, qu'il étoit facile aux Espagnols de défaire l'un après l'autre tous ces petits secours qu'on leur envoyoit par mer, à mesure qu'ils faisoient leur descente. Il conclut après toutes ces plaintes, comme avoient fait ses Collègues, que Henry devoit se déclarer leur Protecteur, en faisant une Ligue offensive & défensive avec eux.

Je répondis nettement à Barneveld, qu'il falloit qu'ils renonçassent à cette espérance; Henry n'étant nullement d'humeur à s'attirer par complaisance pour eux toutes les forces de l'Espagne, ni à soûtenir seul le fardeau d'une guerre, dont il ne devoit recueillir aucun fruit: ce qui étoit indubitable, dans la supposition que le Roi d'Angleterre ne voulût entrer dans cette affaire pour rien. Je lui dis que par cette raison je ne pouvois, ce qui étoit vrai, ni prendre de résolution, ni leur rien dire de positif, jusqu'à ce que j'eusse du moins pressenti les dispositions de ce Prine à leur égard. Je lui demandai ce qu'il en avoit pû découvrir, lui qui séjournant à Londres depuis plus long-temps, pouvoit mieux connoître la Personne du Roi. Il me répéta, que ce Prince entraîné dans le commencement à l'avis de la Paix, par ses Conseillers & par son propre penchant, leur avoit long-

(21) Jean d'Olden de Barneveld, Sieur de Tempel.

temps ôté toute espérance : mais qu'ayant apparemment fait réfléxion, que cette Paix coûteroit bien cher à l'Angleterre, s'il falloit que par son inaction les Flamands retournassent sous la domination Espagnole, ou qu'ils ne pussent s'en délivrer qu'en acceptant celle de la France, leur protectrice ; & ayant peut-être senti ce que l'Angleterre avoit à craindre elle-même d'une Puissance, qui s'attachoit sans droit ni raison, à tout ce qui étoit à sa bienséance, lorsque d'ailleurs tous autres objets manquoient à sa convoitise ; ces considérations avoient paru le jetter dans une incertitude, d'où il n'étoit pas encore sorti sans doute ; puisqu'il n'avoit pu leur dire autre chose, sinon qu'il ne se sépareroit pas de la France : que bien loin de cela, il ne faisoit qu'attendre l'arrivée de l'Ambassadeur François, pour s'unir plus étroitement avec Henry, & former les nœuds d'un double mariage dans leurs Familles.

Ce que me disoit Barneveld, auroit pu dissiper une partie de mes craintes, si le Roi d'Angleterre avoit été un de ces Princes sur lesquels on peut compter : mais je ne pouvois voir de sa part en tout cela, que de la dissimulation, ou du moins de l'irrésolution ; lorsque ceux de ses Ministres que je devois croire le plus au fait des affaires secrettes de son Cabinet, n'avoient point d'autre discours à me tenir, sinon qu'on cherchoit en vain à leur faire craindre l'Espagne ; la situation seule de leur Isle les mettant à couvert contre les entreprises de quelque Prince Etranger que ce fût. Il eût même été de la derniere imprudence aux Etats & à Barneveld d'en juger autrement, & d'attendre à prendre les mesures pour prévenir leur dernier malheur, que Jacques se fût déterminé : je croyois les Etats trop fins Politiques, pour avoir fait cette bévuë. M'attachant à cette idée, que je communiquai à Barneveld, je le conjurai par tout l'intérêt de sa Patrie, de ne me rien déguiser des résolutions les plus secrettes qu'on y avoit prises ; dans la supposition que l'Angleterre les abandonnât ; ou même, ce qui n'étoit que trop possible, qu'elle cherchât à augmenter leur embarras, en prenant ce temps pour demander les Places d'ôtage, offertes à Elisabeth.

Barneveld se sentant pressé, & me regardant comme le Confident d'un Prince, qui étoit le seul véritable Ami de sa

Patrie, ne balança plus à m'avouer tout : & après s'être seulement fait un mérite auprès de moi de ce secret important, il m'apprit, Que le Conseil des Province-Unies avoit résolu d'éluder, à quelque prix que ce fût, la remise des Places d'ôtage : que les termes de leur Traité avec Elisabeth leur en fourniroient des moyens, par le temps qu'il faudroit mettre à en éxaminer la teneur : que s'ils se trouvoient trop pressés par les Anglois ou les Espagnols, ils chercheroient à faire remettre sur le tapis le Traité de Brunsvich & Vandrelep ; offrant de mettre Ostende en sequestre, jusqu'à ce que ce Traité eût été amené à sa fin : que pendant cet intervalle, il se présenteroit peut-être quelque conjoncture favorable ; & qu'ils y gagneroient du moins d'arrêter pour le temps présent, le puissant secours préparé en Espagne contre Ostende.

Pour l'intelligence de ce qui vient d'être dit des Traités avec Elisabeth & avec l'Espagne, il faut sçavoir que la feuë Reine d'Angleterre avoit demandé aux Etats certaines Villes, pour lui servir de caution des sommes qu'elle leur avoit prêtées ; avec cette clause gracieuse pour ceux-ci, qu'ils ne les lui remettroient entre les mains, qu'au cas qu'ils fissent sans elle leur accommodement avec l'Espagne : & pour ce qui regarde l'autre Traité : il fut proposé dans le fort des hostilités entre l'Espagne & les Provinces-Unies, de remettre les Pays contestés sous la puissance de la Maison d'Autriche, non de celle qui regne en Espagne, mais de celle qui tient l'Empire d'Allemagne. Ce Traité qui fut entamé par le Duc de Brunswich, & continué par le Comte de Vandrelep, n'eut aucun effet ; soit qu'il tînt aux Etats, ou à l'Espagne, ou assez vraisemblablement à tous les deux : les premiers demanderent que dans ce Traité fussent comprises les Provinces & les Villes, dont l'Espagne étoit demeurée ou rentrée en possession en Flandre ; parce que, dirent-ils, ils risquoient trop à demeurer si voisins de l'Espagne, qui à la faveur d'une fausse Paix, se refaisiroit aisément de ce qu'elle sembloit abandonner : & celle-là ne voyant qu'à regret démembrer un si beau fleuron de sa Couronne.

L'après-midi de ce jour, je fus visité par le Résident de Venise, qui étoit le Sécrétaire de cette République. Il me parla avec la même ouverture que Barneveld ; parce que son Etat

*Flessingue & La Brille.*

étoit dans le même cas de plainte & de jalousie contre l'Espagne, & de liaison avec la France. Il me confirma encore tout ce que je pensois de l'esprit d'irrésolution de Jacques. Il me dit, Que ce Prince, qui faisoit sonner si haut & si souvent ce grand mot de Politique de l'Europe, ne s'embarrassoit de rien moins dans le fond: & que toute la dissimulation dont on lui faisoit un mérite, n'avoit jamais consisté qu'à donner des espérances à tout le monde, & jamais d'effets à personne: Qu'il ne changeroit pas de Maxime; lui à qui on avoit souvent entendu dire qu'il n'y avoit que ce manége adroit, qui lui eût fait parer les dangers qu'il avoit courus, étant Roi d'Ecosse: Qu'il en feroit même encore plus d'usage qu'auparavant, dans un commencement de régne, & à la tête d'un grand Royaume, dont il ne connoissoit encore ni les peuples, ni les affaires, ni les Voisins : toutes circonstances favorables à son principe.

Ces réfléxions du Vénitien étoient sensées. Il m'instruisit ensuite de la conduite du Duc de Bouillon avec le nouveau Roi : Qu'il l'avoit fait solliciter par les Envoyés de l'Electeur Palatin, de parler pour lui: Mais que Jacques leur avoit répondu, en coupant court sur cette proposition, qu'il ne convenoit point à un grand Prince de s'entremettre pour un Sujet rebelle. Je ne sçais ce que pensa après cela Bouillon, d'une idée, que lui, La-Trémouille, d'Entragues & Du-Plessis avoient trouvée fort heureuse : c'étoit de faire le Roi d'Angleterre Protecteur du Parti Calviniste en France, & l'Electeur Palatin, son Lieutenant. Bouillon avoit pour Agent à Londres, un Anglois nommé Wilem, qui avoit passé à son service, après avoir quitté celui de Sa Majesté, dont il étoit Sonneur de Cor, & l'un des Valets de sa Chambre, connu sous son nom François de Le-Blanc. Celui de d'Entragues étoit un nommé Du-Panni: il hantoit fort chez Beaumont ; & sa principale correspondance étoit avec le Duc de Lenox & son Frere. C'est Henry qui me donna tous ces avis dans ses Lettres ; & après les recherches que j'en fis par son ordre, il ne s'y trouva rien que de très-vrai. Certainement d'Entragues gagnoit à négocier ainsi par seconds : il auroit été bien-tôt connu à Londres pour ce qu'il étoit ; c'est-à-dire, pour un homme de beaucoup de paroles, & de peu d'esprit. Le Certificat que je lui rendis là-dessus en toute occasion, n'avança pas ses affaires:

# LIVRE QUATORZIEME.

Le Comte d'Aremberg m'envoya auſſi faire viſite ce même jour; s'excuſant de n'y pas venir lui-même, ſur ce que la coûtume ne vouloit pas qu'on en fît aucune, avant que d'avoir reçu la premiere Audience du Roi. Elle ſe paſſa toute en courtoiſie, en aſſûrances de ſervices, de paix & d'amitié, auxquelles il ne manquoit que la ſincérité.

Le Roi d'Angleterre qui m'avoit déja fait ſçavoir qu'il me donneroit Audience le vingt-deux, qui étoit un Dimanche, envoya un Gentilhomme me le confirmer; me dire que je ne m'ennuyaſſe point; & ſçavoir de ſa part, comment j'étois logé, & ſi rien ne me manquoit. A cette faveur fut joint le préſent d'une moitié de Cerf, qui étoit le premier, à ce que me fit dire ce Prince, qu'il eût pris en ſa vie, quoique grand Chaſſeur; n'y en ayant point en Ecoſſe. Il prit de-là occaſion de me faire un compliment pour Henry, en diſant, Qu'il attribuoit ſa bonne fortune à l'arrivée d'un homme, qui venoit de la part d'un Prince, régardé comme le Roi des Veneurs. Je fis réponſe, que cette conformité d'inclinations entre Leurs Majeſtés, m'étoit un garand de l'union de leurs Perſonnes; à moins que la jalouſie de la Chaſſe n'y mît obſtacle: qu'en ce cas, je prenois la liberté de m'offrir pour arbitre entre Leurs Majeſtés; étant ſi déſintéreſſé & ſi froid ſur cet article, que quand le Roi mon Maître partoit pour une partie de Chaſſe, bien loin de penſer comme le Roi d'Angleterre, que ma préſence pût porter bonheur, il me renvoyoit ordinairement me mêler d'autres affaires dans mon Cabinet, où il diſoit que j'étois plus heureux. Quoiqu'il n'y eût rien de ſérieux dans ces paroles, je ne fus pas fâché qu'elles puſſent ſervir à me donner quelque crédit auprès de Sa Majeſté Britannique. Je tournai encore à deſſein mon compliment, de maniere à ſatisfaire l'amour propre de Jacques, qui ſe ſentoit extrêmement flaté, comme je le ſçavois bien, de toute comparaiſon avec le Roi de France. J'envoyai la moitié de mon préſent au Comte d'Aremberg, en lui rendant ſa civilité.

Un des ordres que j'avois donnés pour la diſpoſition de la Cérémonie de mon Audience, étoit de faire prendre l'habillement de deuil à toute ma ſuite; pour ſatisfaire à la premiere partie de ma Commiſſion, qui conſiſtoit à complimenter le Roi ſur la mort d'Eliſabeth: quoique j'euſſe appris dès Calais, que perſonne, ni Ambaſſadeur, ni Etranger, ni même

1603. Anglois, ne s'étoit préfenté devant le nouveau Roi, en noir; & que Beaumont m'eût encore repréfenté depuis, que certainement mon deffein feroit vu de mauvais œil dans une Cour, où il fembloit qu'on eût fi fort affecté de mettre en oubli cette grande Reine, qu'on n'y faifoit jamais mention d'elle, & qu'on évitoit même de prononcer fon nom.

J'aurois bien voulu pouvoir me cacher la néceffité où j'étois de paroître dans un habillement, qui fembloit faire un reproche au Roi & à toute l'Angleterre; mais mes ordres là-deffus étoient pofitifs, & d'ailleurs très-juftes : C'eft ce qui fit que je n'eus aucun égard à la priere que me fit Beaumont, d'attendre à faire cette dépenfe, qu'il en eût écrit au Chevalier Afquins & à quelques autres, qui étoient le plus au fait du Cérémonial de la Cour : ce qu'il ne laiffa pas de faire. Il ne reçut aucune réponfe le Jeudi, le Vendredi, ni même le Samedi de tout le jour; & je perfiftai dans ma réfolution, malgré les raifons qu'il ne ceffoit point de m'apporter. Le Samedi au foir, veille du propre jour de l'Audience, & fi tard que je me couchois, Beaumont vint me dire qu'Afquins lui avoit mandé que tous les Courtifans regardoient mon action, comme un affront que je voulois leur faire; & que le Roi m'en fçavoit fi mauvais gré, qu'il n'en falloit pas davantage pour faire échouer ma Négociation dès le commencement. Cet avis fe rapportant à ceux de Milord Sidney, du Vicomte de Saraot, de La-Fontaine & des Députés des Etats; il me fut impoffible d'en douter : De peur d'un plus grand mal, je fis changer d'habillement à toute ma Maifon, qui s'en fournit d'autres par-tout où elle put. Lucnau étant venu m'avertir le lendemain matin, que je ferois préfenté au Roi, fur les trois heures après-midi; je connus à la joie qu'il témoigna du nouvel ordre que j'avois donné, qu'il avoit été indifpenfable de vaincre ma répugnance : Elle me fit pourtant prefqu'autant d'honneur dans le public, que fi je l'avois pouffée jufqu'au bout; parce qu'on n'ignora pas que je n'avois cédé qu'à la feule néceffité.

*Fin du quatorzieme Livre.*

# MEMOIRES
## DE
## SULLY.

❖❖❖❖❖❖❖❖❖❖❖❖❖❖❖❖❖❖❖❖❖❖❖❖❖❖❖❖❖❖❖❖

### LIVRE QUINZIEME.

Es Gardes du Roi d'Angleterre, ayant à leur tête le Comte Derby, vinrent me prendre au Palais d'Arondel; & me servirent d'escorte jusqu'à la Tamise, dont ils borderent le Quai, pendant que je me rendois à Grenwich. Je fis ce trajet sur les Barges du Roi; ayant avec moi cent vingt Gentilshommes, choisis sur tout mon monde. Le Comte de Northumberland me reçut au débarquement, & me conduisit au Palais du Roi, au travers d'une multitude infinie.

1603.

J'entrai dans une Chambre, où l'on nous présenta la Collation; contre la coûtume établie en Angleterre, de ne point traiter les Ambassadeurs, ni même de leur offrir un verre d'eau. Sa Majesté m'ayant fait avertir d'entrer dans sa Chambre, je fus plus d'un quart-d'heure avant que de pouvoir arriver au pied de son Thrône; tant par l'affluence de ceux qui y étoient déja, que parce que je fis marcher ma Maison devant moi. Ce Prince ne m'eut pas plustôt apperçu, qu'il descendit deux dégrés : Il alloit les descendre tous ; tant il montroit d'empressement de m'embrasser ; si l'un des Ministres qui étoient à ses côtés, ne lui avoit dit tout bas, qu'il ne devoit pas aller plus loin. » Quand j'honorerois, dit-il tout » haut, cet Ambassadeur-cy outre la coûtume ; je ne préten- » drois pas que cela tirât à conséquence pour les autres : Je » l'estime & aime particulierement, par l'affection que je sçais » qu'il a pour moi, par sa fermeté dans notre Religion, & sa » fidélité envers son Maître. « Je n'ose rapporter tout ce qu'il dit encore à mon avantage. Je reçus avec tout le respect que je devois, une déclaration si obligeante ; & j'y répondis, non par une Harangue, telle qu'on s'attend peut-être à en voir ici, & que les pédans de Cour trouveroient plus de leur goût ; mais par un simple Compliment, qui en disoit bien autant, & convenoit mieux à mon état. Le regret de Henry sur la mort d'Elizabeth ; sa joie de l'avènement à la Couronne du Roi régnant ; les louanges des deux Rois ; tout cela fut achevé en deux mots : Je m'excusai sur mon insuffisance, & sur ce que Sa Majesté Très-Chrétienne avoit elle-même expliqué ses sentimens. Je présentai en même temps les Lettres de Leurs Majestés ; parmi lesquelles je fis remarquer à Sa Majesté Britannique, celle qui étoit de la main de Henry : Elle les lut elle-même ; & ensuite les donna à Cécil, en témoignant combien elle étoit sensible à ce qu'elles contenoient, par ces paroles : » Qu'elle n'avoit pas laissé en Ecosse la passion » avec laquelle elle avoit toujours chéri le Roi de France, & » désiré la prospérité de sa Couronne. «

Je continuai à complimenter ce Prince, mais sur le ton ordinaire de la conversation : celui de harangueur me peinoit extraordinairement. Je lui dis, Que Henry avoit fait éclater publiquement sa joie, de voir le Thrône d'Angleterre rempli par un Prince, qui en étoit si digne ; & de ce qu'il avoit été si promptement & si unanimement reconnu : Que s'il avoit été besoin de la présence de Sa Majesté Très-Chrétienne, elle se seroit transportée avec plaisir par-tout où elle auroit pu être nécessaire ; pour lui donner des preuves d'un sincère attachement à ses intérêts, & d'union à sa Personne. Je ne dus pas me repentir de ce compliment : Jacques répondit, que quand bien même il auroit trouvé les Anglois

en

# LIVRE QUINZIEME.

1603.

en guerre avec les François, il n'auroit dû songer qu'à vivre en paix avec un Prince, qui de la Couronne de Navarre avoit été appellé, de même que lui, à celle de France : » Etant » raisonnable, dit-il, de faire toujours vaincre le mal par le » bien : « Mais qu'il avoit eu une double joie, de quitter une Couronne amie de la France, pour une autre qui ne l'étoit pas moins. La feuë Reine fut citée en cette occasion, mais sans un seul mot de louange.

Comme ce Prince voulut après cela m'entretenir plus long-temps, & plus familierement ; il me fit monter sur le plus haut dégré de son estrade. Je pris ce moment, pour lui faire mon compliment particulier ; dont il me remercia affectueusement. Il ne me cacha pas ce qu'on lui avoit mandé de Paris, des discours attribués au Roi, à moi & à mon Frere, après son retour d'Ecosse : il m'avoua qu'il les avoit cru vrais pendant quelque temps ; mais qu'il avoit découvert que tout cela n'étoit qu'un artifice des ennemis communs, qui lui rendoit plus odieux ceux qui avoient recours à de pareils moyens, pour s'ouvrir un chemin à la domination universelle. Il tomba icy d'une étrange maniere sur les Espagnols : ce qui dut faire un grand plaisir à Nassau, qui n'étoit pas assez éloigné, pour qu'il n'en pût entendre quelque chose, & aux Députés Flamands, qui se tenoient *incognito* dans la foule ; parce qu'ils n'avoient pu jusqu'à ce jour, obtenir Audience. Il qualifia en toute rigueur, leur malignité à allumer le feu dans tous les Etats voisins du leur : Il protesta qu'il s'opposeroit à leurs injustes desseins : Il parla du Roi d'Espagne, comme d'un homme trop foible d'esprit & de corps, pour donner entrée dans sa tête aux grandes chimeres de ses Prédécesseurs. Je prenois assez de plaisir à ce discours, pour chercher à le faire durer : Je dis au Roi d'Angleterre, qu'il étoit fort-heureux de n'avoir appris à si bien peindre les Espagnols, que sur le malheur d'autrui : qu'il n'en étoit pas de même du Roi de France : J'apportai pour preuve, ce qu'ils avoient fait depuis une Paix aussi solemnelle que celle de Vervins ; la révolte de Biron, la Guerre de Savoie, & quelques autres Griefs. J'ajoûtai que tel étoit l'artifice du Conseil d'Espagne, que pour donner le change à l'Europe sur ses propres torts, on le voyoit toujours commencer par se plaindre le

Tome II.                                D d

premier : Conduite aussi dangereuse, que celle que les Espanols pratiquoient encore ordinairement, de ne traiter avec leurs Voisins, que dans l'intention de les perdre, par la sécurité même que donne un Traité. Jacques repartit qu'il sçavoit bien tout cela. En un mot, je ne pus plus douter que le ressentiment qu'il montroit contre l'Espagne devant tant de témoins, ne fût aussi sincere que violent. Le premier rayon d'espérance commença de ce moment à luire pour moi.

De ce propos, le Roi d'Angleterre passa à celui de la Chasse, pour laquelle il me fit voir une passion extrême. Il me dit qu'il sçavoit bien que je n'étois pas un grand Chasseur : que la part qu'il m'avoit attribuée dans sa prise ne me regardoit pas comme Monsieur de Rosny, mais comme Ambassadeur d'un Roi, qui n'étoit pas moins le plus grand Chasseur, que le plus grand Prince du monde : A quoi il ajoûta avec la derniere politesse, que Henry avoit raison de ne pas me mener à la chasse ; parce que je lui étois plus utile ailleurs ; & que si j'étois Chasseur, le Roi de France ne pourroit pas l'être. Je lui répondis, que Henry aimoit tous les exercices ; mais sans qu'aucun lui fît jamais abondonner le soin de ses affaires, ni l'empêchât de se faire rendre un compte éxact par ses Ministres : bien éloigné de l'aveugle crédulité du Roi d'Espagne pour le Duc de Lerme. Surquoi Jacques me dit, que sans doute j'avois eu bien de la peine à régler les Finances, & à résister aux importunités des Grands du Royaume : & il en rapporta des traits, dont j'avois moi-même perdu la mémoire. Il me demanda ensuite brusquement, & en s'interrompant lui-même, comment se portoit le Roi de France. Je jugeai aisément, à l'air dont cette question me fut faite, qu'il étoit vrai qu'on avoit voulu persuader à ce Prince, que Henry ne pouvoit pas vivre long-temps après sa derniere maladie ; qu'il y avoit ajoûté foi ; & que cette prévention seroit le plus puissant motif, qui l'empêcheroit de contracter avec la France : ne pouvant faire beaucoup de fond sur un Roi enfant. Je m'attachai à le détromper de tous ces faux bruits ; & j'y réüssis. Il ajoûta seulement, qu'on lui avoit encore dit une chose de Henry, dont il étoit bien fâché : que les Physiciens de ce Prince, (c'est le nom qu'il donna à ses Médecins) lui avoient interdit la Chasse. Je repliquai à Sa Majesté, que ce n'étoit qu'un conseil, dont lui

# LIVRE QUINZIEME.

même feroit bien de profiter : En effet, il avoit failli à se rompre un bras, à la Chasse ; & il me rapporta la maniere dont cet accident lui étoit arrivé.

Lorsque je mandai au Roi cet endroit de notre conversation sur la Chasse, & sur sa santé ; il m'écrivit de dire au Roi d'Angleterre, que suivant l'avis des Médecins, il chassoit plus modérément qu'auparavant ; & qu'il s'étoit trouvé depuis que j'étois parti, à la mort de cinq ou six Cerfs, sans la moindre incommodité. » Hé bien ! me dit le Roi d'An-
» gleterre, toujours sur la Chasse ; vous avez envoyé de ma
» Chasse au Comte d'Aremberg : Comment pensez-vous qu'il
» ait pris cette courtoisie ? elle ne lui a été nullement agréa-
» ble : Il dit que vous ne l'avez fait, que pour montrer qu'on
» faisoit plus de cas de vous que de lui : En quoi il a raison :
» car je sçais bien faire différence entre le Roi mon Frere,
» & ses Maîtres, qui m'ont envoyé un Ambassadeur, qui ne
» peut ni marcher, ni parler : Il m'a demandé Audience
» dans un Jardin ; parce qu'il ne peut monter dans une Cham-
» bre. « Jacques me demanda, si l'Ambassadeur Espagnol qu'on lui envoyoit, avoit passé par la France ; & sur ce que je lui répondis, qu'Oui : » L'Espagne, dit-il, m'envoye un Am-
» bassadeur Postillon ; afin qu'il aille plus vîte, & qu'il fasse
» nos affaires en poste. « C'est ainsi qu'en toute occasion il invectivoit contre les Espagnols. Taxis, Courrier-Major de Sa Majesté Catholique, avoit en effet pris la route de Flandre, par la France, pour se rendre de-là à Londres ; & il avoit fait ce voyage avec beaucoup de précipitation : mais il n'avoit ordre que de découvrir les intentions du Roi d'Angleterre : Le véritable Ambassadeur, étoit Velasque, Connétable de Castille, qui partit après lui.

Jacques voulut sçavoir après tout cela ( car il n'arrêtoit pas long-temps sur une même matiere) si j'allois au Prêche à Londres. Sur la réponse que je fis, que j'y allois : » Vous
» n'êtes donc pas résolu, me dit-il, de quitter la Religion,
» comme on me l'a fait entendre, à l'éxemple de Sancy,
» qui a cru par-là bien assûrer sa fortune, & par une per-
» mission de Dieu, a fait tout le contraire. « Je traitai ce rapport, de calomnie ; & je dis que ce qui y avoit peut-être donné lieu, c'est qu'on me voyoit en France, ami de plusieurs Ecclésiastiques, & souvent visité par le Nonce du

*Jean Taxis, Comte de Villa-Mediana.*

*Jean-Ferdinand de Velasco, Duc de Frias.*

D d ij

1603. Pape : » Traitez-vous le Pape de Sainteté ? reprit-il : Ouï,
» repartis-je, pour m'accommoder à l'usage établi en Fran-
» ce. « Il voulut me prouver que cet usage offensoit Dieu,
auquel seul convient cette qualité. Je repliquai, que je ne
croyois pas faire un plus grand mal, que lorsqu'on donne,
comme on fait souvent, aux Princes, des qualités qu'on sçait
bien qu'ils ne méritent pas. Il me parla de Du-Plessis ; & parut
prendre quelqu'intérêt à sa fortune & à son état : Il me dit
que je ne devois pas l'oublier tout-à-fait : qu'il avoit à la
vérité très-grand tort, d'avoir publié son dernier Livre sous
son nom ; parce que, par les qualités qu'il y prenoit, il obligeoit le Roi de France à s'élever contre ce Livre : mais
que cela n'empêchoit pas qu'on ne dût toujours se souvenir des services qu'il avoit rendus à l'Eglise Réformée. Il ne
me dit rien, ni de la Hollande, ni du Duc de Bouillon : il
trouva seulement que Henry avoit fort-bien fait de châtier
le Duc de Savoie, qui étoit, dit-il, un homme inquiet &
ambitieux.

Je crois n'avoir rien oublié d'important, de tout ce qui
me fut dit par le Roi d'Angleterre, dans ma premiere Audience. Quand il voulut qu'elle finît ; il rentra dans son Cabinet, en me disant qu'il étoit temps que j'allasse souper &
me reposer. Je fus salué & abordé en sortant de la Chambre, par l'Amiral Howard, Milords Montjoy & Stafford,
& le Grand Chambellan. Le Chevalier Asquins, en me re-
conduisant hors l'enceinte du Château, me parla de son dévoüement à Sa Majesté Très-Chrétienne, & de la passion qu'il
avoit d'être de mes amis. Le Comte de Northumberland
m'en dit autant, en me remenant jusqu'à la Riviere : Aucun
de tous les Seigneurs Anglois, n'a plus d'esprit, de capacité,
de courage, & même d'autorité. Il me témoigna avoir beaucoup d'envie de conférer avec moi, dans un tête à tête, sur
les Affaires présentes. Il me donna assez à entendre, quoiqu'il parlât en mots couverts, qu'il n'étoit pas content du
Gouvernement ; qu'il blâmoit la plus grande partie des
actions du Roi ; enfin qu'il n'avoit pas, pour le dire, un fort-
grand fonds de fidélité, ni même d'estime pour Jacques. Il
n'est pas nécessaire de dire, avec quelle réserve & quelle circonspection, j'entendis tenir un pareil discours.

La déclaration si précise du Roi d'Angleterre contre l'Espagne, avoit commencé à me donner quelque espérance qu'on se tourneroit insensiblement à la Cour de Londres, contre cette Cour: il se passa dans l'intervalle de ma premiere & de ma seconde Audience, plusieurs choses qui augmenterent encore mes espérances. Un Catholique Anglois, & Jesuite, ( c'est ainsi que fut d'abord divulguée cette Histoire ) fut arrêté sur les terres d'Angleterre, dans un bâtiment de passage; & ayant subi l'interrogatoire, il confessa, Qu'il s'étoit ainsi déguisé, pour délivrer l'Eglise Catholique de l'oppression du nouveau Roi d'Angleterre; s'il ne rétablissoit la Religion Romaine dans ses Etats, seule, ou du moins, avec un avantage égal à celui dont y jouissoit la Réformée; & s'il ne se déclaroit de même contre les Protestans de Hollande : Que huit autres Jesuites avoient conspiré avec lui dans le même dessein; & qu'ils étoient actuellement répandus aux environs de Londres, pour chercher les occasions de se défaire de ce Prince. Il est certain que ce bruit étoit faux, quant à la personne de cet Anglois si suspect, qui n'étoit point un (1) Jesuite, mais un simple Prêtre Séminariste. Si l'on avoit bien approfondi de même toutes les autres circonstances, je crois qu'il se seroit réduit à fort peu de chose : mais c'est ce qu'on ne fit pas. Jacques prenant d'abord ombrage, suivant le caractère de son esprit, s'imagina que si le Comte d'Aremberg ne lui demandoit pas son Audience, ce n'étoit point qu'il fût malade, mais qu'il feignoit de l'être; & qu'il attendoit que les prétendus Conjurés achevassent leur coup, ou du moins que par leurs brigues dans le Royaume, ils occasionnassent une révolution, qui l'auroit dispensé de rechercher le Roi.

On ne sçauroit croire jusqu'à quel point fut poussé à la Cour ce soupçon, tout frivole qu'il étoit. La Reine approchoit de Londres dans le même-temps : C'étoit, dit-on, pour favoriser la brigue Espagnole : & le Roi en parut si troublé, qu'il fit partir incontinent le Comte de Lenox, avec expresse défense à cette Princesse, de continuer son voyage. Soit que ce Comte ne pût, ou qu'il n'eût pas envie de réüssir; la Reine n'obéït point. Lenox fut rappellé; & le Roi n'en demeura

---

(1) M. De Thou, non plus que M. de Sully, ne donne aucune part aux Jesuites dans cette conspiration qui est la même, dont il va être parlé plus bas. Liv. 129.

que plus intrigué. A son exemple, les Courtisans, les Ministres, & particulierement la vieille Cour, imbuë des Maximes du régne précédent, commencerent à s'élever fortement contre la Reine & contre l'Espagne. On rappella la conduite & la Politique d'Elisabeth, qui avoit vécu dans une perpétuelle défiance avec la Cour de Madrid: On lui prodiguoit en ce moment les louanges, dont on avoit été si avare: & l'on murmuroit de l'indifférence, qu'on avoit montrée pour sa mémoire; sans oublier qu'il avoit presque fallu me faire violence, pour me ranger à l'exemple commun.

Je crois que pendant tout cela, les Partisans Espagnols n'étoient pas peu en peine : Car au lieu qu'on ne parloit auparavant, que de Paix & de Neutralité avec tout le monde; rien n'étoit plus commun alors, que d'entendre dire, Qu'il n'y avoit aucune sûreté à contracter avec l'Espagne; bien loin qu'on pût faire un fond sur ce qu'elle appelloit son amitié & son alliance: Que l'Ambassadeur de cette Cour n'avoit osé se présenter dans Londres, & qu'assûrément il n'y viendroit pas; dans la crainte d'y être l'objet, & peut-être la victime de l'indignation publique. On opposoit à la conduite de Sa Majesté Catholique, celle de Sa Majesté Très-Chrétienne: On trouvoit de la part de Henry un procédé si franc & si éloigné de toute superchérie, qu'il se feroit sentir par lui-même: Il n'auroit pas, disoit-on, envoyé en Angleterre, l'homme de son Royaume qui lui étoit le plus nécessaire, pour tramer une fourberie indigne de tous les deux : Je n'aurois pas moi-même, en quittant la Cour, laissé le champ libre à la malignité de mes envieux; pour venir jouer un de ces personnages, dont la suite la plus ordinaire, est de se voir en même-temps dèshonoré, & sacrifié à la haine publique : Enfin si l'union des deux Couronnes, que je proposois, n'étoit pas tout ce qu'on pouvoit faire de mieux; c'étoit du moins ce que l'on pouvoit faire de plus sûr : Car que pouvoit l'Espagne, tant que l'un des deux Rois alliés ne courroit aucun hazard, qui ne lui fût commun avec l'autre? C'est ainsi qu'on discouroit quelquefois dans le Conseil, & en présence du Roi d'Angleterre; à la satisfaction de ceux de ses Conseillers qui prenoient nos intérêts, & qui ne négligeoient aucune occasion d'y amener ce Prince. Milord Montjoy, dont je fis mon ami intime, parce qu'il faisoit une profession presque publique d'attachement à la France, s'y employoit de tout son pouvoir.

Mais tout cela ne dissipoit qu'une partie de mes craintes : je trouvois tant d'autres obstacles que je retombois presque aussi-tôt dans le décoûragement. La Reine m'en paroissoit elle seule, un presque absolument insurmontable. Je ne craignois guère moins le Sécrétaire Cecil. Il étoit alors séparé de ses anciens amis ; & il s'étoit réüni aux Ecossois : je tâchois de pénétrer le vrai motif de ce changement : car j'étois fortement persuadé, qu'il ne falloit rien attendre de sincère, de cet homme artificieux. Peut-être espéra-t-il se rendre maître en assez peu de temps, du Parti Ecossois, pour n'en faire ensuite qu'un seul avec les Anglois, qu'il n'avoit abandonnés qu'en apparence : mais ces Seigneurs Ecossois étoient si difficiles à manier, & si fort en garde contre les Anglois, qu'il ne pouvoit ne pas échouer au milieu de ses efforts ; & lui-même étoit trop pénétrant, pour ne l'avoir pas senti mieux que personne. Aussi, disoit-on, & je me rangeai de ce sentiment, lorsque j'eus mieux connu les allures de ce Sécrétaire, qu'il n'avoit recherché les Ecossois, actuellement confidens & favoris de Sa Majesté, que pour se faire connoître, & se rendre nécessaire à ce Prince : que quand il en seroit venu là, il sçauroit bien attirer tout à lui ; se servir du nom & de l'autorité du Roi, pour réduire au silence la Reine, les Anglois, & les Ecossois eux-mêmes ; ou du moins ne laisser à ceux qu'il jugeroit à propos, que quelque ombre de faveur ; & de reprendre alors son véritable caractère. Ce qu'il y a en ceci de plus singulier, c'est qu'il n'est pas hors de vraisemblance, que cet homme si rusé, ne fût lui-même la dupe des Ecossois, qui feignoient d'être la sienne. Etoit-il possible que Cecil, connu de toute l'Angleterre, pour l'esprit le plus ambitieux & le plus convoiteux de gouverner, qui ait jamais été, ne fût méconnu que d'eux seuls ? Mais ils sçavoient aussi, que l'oreille seule du Prince ne suffit pas pour se maintenir à la tête des affaires : ils n'en avoient pas la moindre teinture ; & le Sécrétaire seul pouvoit la leur donner.

En supposant la faction Ecossoise un parti assûré à la France ; il restoit un grand doute à lever : sçavoir, si les Anglois, ce Peuple si fier, se lairseroit donner la loi dans son propre Etat, par des Etrangers ; & encore par les Ecossois, de tout temps l'objet de leur aversion. Il eût fallu de plus, être affûré que ceux-ci demeureroient toujours en poffeffion de la perfonne du Roi : au lieu que l'amitié qu'il avoit déja commencé à témoigner au Comte d'Effex & de Southampton, & à Milord Montjoy, prouvoit affez qu'il pouvoit leur échapper. Pour dernier malheur, les deux Rois de Suéde & de Dannemarc, dont les repréfentations auroient pu être d'un grand poids pour fixer ce Prince ; fi conftamment unis avec Henry, en les avoit vûs concourir dans tous fes deffeins ; ou ne le faifoient pas ; ou le faifoient fi foiblement, que leur éxemple n'étoit pas capable d'infpirer une grande réfolution. Dans les fréquentes conférences que j'eus avec eux, en préfence du Comte de Mare, de Milord Montjoy & du Chevalier Afquins, qui s'y trouverent trois fois, fans aucune qualité que celle d'amis communs ; ils me donnerent les meilleures paroles du monde : leur averfion pour l'Efpagne, parut égaler la mienne : ils en vinrent jufqu'à compofer une efpéce de Projet, dans lequel ils ratifioient tout ce que Henry pourroit faire pour eux tous, & même jufqu'au partage des conquêtes, qu'ils convenoient qu'il feroit facile de faire, moyennant une liaifon durable & bien cimentée : mais hors de-là, il ne fe fouvenoient plus de ce qu'ils venoient de promettre. Ils ne voyoient plus que des obftacles ; fur lefquels ils gardoient en ma préfence un profond filence : conduite bizarre, & qui me fit connoître à quels efprits j'avois affaire.

Milord Montjoy me dit un jour confidemment, qu'il s'étoit trouvé à une Affemblée de ces Ambaffadeurs ; à laquelle on n'avoit admis que des Confeillers de Sa Majefté, & les Députés des Etats : qu'au lieu d'y travailler à fe fortifier mutuellement dans de bonnes réfolutions, chacun n'avoit cherché qu'à tirer fon épingle du jeu. Il me fit un Précis de leurs Délibérations. Le Député Danois repréfenta, Que fon Maître poffédoit à la vérité une grande étendue de pays, mais ftérile pour la plus grande partie, & plus à charge que profitable, par la bizarrerie de fa fituation : que la foûmiffion & la docilité qu'il trouvoit dans fes Peuples, étoient un avantage inutile pour lui ; parce que la prodigieufe différence de leurs coûtumes & de leurs mœurs, faifoit qu'il ne pouvoit ni les entendre, ni eux s'entendre eux-mêmes : qu'il étoit actuellement occupé à chercher les moyens d'établir un Règlement

glement général & uniforme, qui ne lui permettoit pas d'y mêler aucune autre entreprife. Le Suèdois excufa le fien, fur ce que le Roi de Pologne fon Neveu, n'ayant pas oublié fes prétentions fur la Couronne de Suéde, & au contraire paroiffant difpofé à les renouveller plus vivement qu'auparavant ; il ne pouvoit fans une extrême imprudence, s'engager dans une Guerre Etrangère ; lui qui avoit tout à craindre dans le fein de fes Etats. Barneveld au nom de tous fes Confrères, s'expliqua d'une maniere fi différente de fes complaintes ordinaires, que j'avouë que je ne fçais quel pouvoit être le but de cet étrange procédé. Il ne parla qu'avec mépris de l'Efpagne : Il trouva dans la mutinerie des Efpagnols, & dans les forces des Etats, des reffources fuffifantes pour les tirer de l'oppreffion : Il parut ne plus défefpèrer du fuccès d'Oftende, comme auparavant ; & fit entrevoir que fes Maîtres avoient conçu un deffein, capable de les dédommager avec avantage de cette perte, quand même elle leur arriveroit. Les Miniftres Anglois prenant pour leur Texte, cette parole du Roi d'Angleterre, Que tout nouveau Roi, s'il a tant foit peu de conduite, doit du moins laiffer paffer l'an & jour, avant que de faire la moindre innovation ; conclurent tous d'une voix, qu'il falloit attendre : & l'on s'en tint à cette conclufion. Examinez un peu attentivement tous ces efprits du Nord ; (2) vous trouverez qu'ils fe reffentent toujours quelque chofe du climat : peu de vivacité dans l'efprit ; peu de reffources dans l'imagination ; peu d'arrêt dans la réfolution ; aucune teinture de bonne politique. L'exemple d'Elifabeth eft une exception à cette regle, qui n'en eft que plus glorieufe pour cette grande Reine.

Il ne me manquoit plus que d'être auffi parfaitement au fait du Confeil d'Efpagne, que je l'étois de ceux de la Grande-Bretagne & du Nord ; c'eft-à-dire, de fçavoir au jufte, quel étoit le véritable objet de cette Couronne ; quelles propofitions elle avoit déja faites au Roi d'Angleterre ; comment elles avoient été reçûës ; enfin quel biais elle alloit prendre, pour arriver à fes fins : Car c'étoit ne fçavoir rien, ou fort peu de chofe, que d'être inftruit que le Roi

1603.

---

(2) Les temps font changés ; & je ne doute pas que fi l'Auteur vivoit aujourd'hui, il ne rendit juftice à la fageffe & à la Politiqu de quelques-unes des Cours du Nord.

d'Espagne cherchoit à détacher l'Angleterre de la France & des Pays-Bas. On soupçonnoit qu'il se tramoit quelque chose de bien plus important : L'avis du Chanoine de Cantorbery en insinuoit déja quelque chose ; & il paroissoit d'autant moins à négliger, qu'Aërsens & Barneveld en assûroient tous les deux en même-temps la vérité, l'un à Paris, & l'autre à Londres. Je fis sur cela toutes les recherches possibles. Milords Cobham & Raleich, me parlerent conformément à cet avis : & ce qui dut me faire le plus d'impression, c'est que le Comte de Northumberland, que j'avois gagné par l'offre d'une pension considérable, à titre de présent, m'envoya fort secrettement, & à l'heure que je me couchois, faire par son Sécretaire le rapport qu'on va voir.

Depuis le moment où le Roi Jacques est monté sur le Thrône d'Angleterre, me dit ce Sécretaire, le Roi d'Espagne n'a point cessé de le solliciter, soit par ses propres Agens, ou ceux des Archiducs, soit par les Catholiques Anglois, d'entrer avec lui dans une Ligue offensive & défensive contre la France & les Provinces-Unies, qu'il appelle leurs ennemis communs. Il n'a rien oublié pour lui persuader qu'ils avoient l'un & l'autre, mais particulierement Sa Majesté Britannique, des droits si clairs sur plusieurs Provinces de la France, qu'il lui seroit honteux de ne s'en pas servir, dans un temps où l'épuisement de cette Couronne lui donnoit si beau jeu. Voici pour en venir à bout, l'accommodement qu'il lui a d'abord proposé : Demander conjointement & en même-temps, à la France, la restitution de la Normandie, de la Guyenne & du Poitou, pour le Roi d'Angleterre, de la Bretagne & Bourgogne, pour le Roi d'Espagne : Sur le refus, fondre dans ces Provinces, avec toutes leurs forces réünies. Sa Majesté Catholique a même offert de retirer pour cet effet, toutes celles qu'elle a dans les Pays-Bas ; bien plus, de renoncer à tous ses droits sur les Provinces-Unies, & de leur accorder la liberté, après laquelle elles soupirent : comptant bien que moyennant cette grace, elles voudront bien grossir la Ligue, & concourir dans tous ses desseins. Le Roi d'Angleterre n'ayant rien répondu à toutes ces magnifiques propositions, sinon qu'elles étoient prématurées, & qu'il vouloit commencer par connoître ses nouveaux Sujets, & affermir sa domination;

l'Espagne a bien vû que cette réponse étoit un honnête refus ; & s'est rabbatuë à tâcher d'obtenir de ce Prince, puisque son goût ne le porte pas à rentrer de vive force dans les anciennes possessions, de favoriser du moins les Provinces Françoises, dans le dessein où elle lui a fait entendre qu'elles étoient, de s'ériger, à l'éxemple des Suisses, en République indépendante. On lui a fait la chose toute facile. Les Provinces, a-t'on dit, ne font qu'attendre impatiemment l'occasion de secouer un joug insupportable : Les Emissaires Espagnols, secondant ces dispositions, y ont fait entendre par-tout, qu'il ne tenoit qu'à elles de jouir d'un calme profond, sans Taille, Aides, ni Garnisons Militaires, à l'abri des deux Couronnes leurs protectrices ; & qu'elles n'avoient aucun sujet d'appréhender, ni le ressentiment de Henry, ni les violences de ses Troupes : parce qu'on alloit lui susciter tant d'autres embarras, qu'il seroit bien obligé de les laisser se prescrire à elles-mêmes des loix. On ne dit point, ajoûtoit le Sécrétaire du Comte de Northumberland, ce que Jacques a répondu à cette seconde proposition : On conjecture qu'elle n'a pas été mieux reçuë que la premiere ; puisque les Emissaires Espagnols ont été contraints de changer plusieurs fois de système, en parlant à Sa Majesté Britannique ; ou de présenter de nouveau le même, successivement avec plusieurs modifications. Tantôt ils lui ont offert toutes les forces, & lui ont ouvert tous les Trésors de l'Espagne, pour s'en servir contre la France, à telle expédition qu'il voudroit : sans rien éxiger pour retour, sinon qu'il ne feroit aucun Traité, sans l'y appeller ; & qu'il ne se mêleroit en aucune maniere de son différend avec la Flandre : Tantôt ils se sont réduits à demander pour toute grace, qu'il ne donnât aucun secours aux Provinces-Unies.

Si ce rapport & tout cet exposé étoient vrais, il faudroit en conclurre que la France venoit de courir, sans le sçavoir, un fort-grand danger ; puisqu'un seul mot d'approbation du Roi Jacques, faisoit fondre sur elle l'orage le plus terrible. Mais j'avouë que pour moi, je trouvai la chose si extravagante, & si dépourvuë de toute vrai-semblance, que de quelques endroits qu'elle ait été confirmée, je ne crois pas que l'Espagne ait jamais songé à rien proposer au Roi Jacques, de pareil aux premieres propositions qu'on vient

E e ij

de voir. Suppoſons toutes difficultés levées entre l'Eſpagne & l'Angleterre, pour l'armement & le partage : ce qui n'étoit pourtant pas d'une petite diſcuſſion : conçoit-on tout ce que la différence de Religion, d'intérêts, de Maximes & de mœurs, auroit fait naître de difficultés, ſoit entre elles, ſoit avec les Provinces Françoiſes, qu'on ſuppoſe d'accord avec elles ?

L'article qui concerne les Provinces-Unies, détruit lui ſeul tout ce Projet. Si l'Eſpagne commence par les ſubjuguer ; cette Couronne & celle d'Angleterre ne pouvoient ignorer que cette entrepriſe ſeule étoit capable d'anéantir, ou de reculer juſqu'à un temps conſidérable, l'éxécution de leurs communs deſſeins : parce que la France ayant une fois connu que le retardement de cette conquête faiſoit ſon ſalut, feroit ſon affaire propre de celle des Etats. Si l'Eſpagne comptoit mettre dans ſes intérêts ces Provinces ; elle ne ſe trompoit pas moins lourdement : Il n'y a point d'offre, ſans en excepter celle même de la liberté, qui eût été capable de les rapprocher de leur plus mortelle Ennemie ; encore moins de les porter à l'aider dans ſes conquêtes : Et quelles conquêtes ? Contre leur ancien & unique Allié. Je ſçais de quelle maniere ont toujours penſé les Députés des Etats : Jamais ils n'ont ceſſé de dire que l'Eſpagne les trompoit ; que l'Angleterre les jouoit ; que la France étoit la ſeule, qui fût bien intentionnée pour eux : Si quelquefois ils ont parlé d'une maniere différente ; comme dans la Conférence, dont il vient d'être fait mention : c'étoit, ou pour faire faire de plus grands efforts encore aux François, en leur faveur ; ou pour faire prendre aux Anglois les mêmes ſentimens pour eux, que la France. Croit-on d'ailleurs, que l'Eſpagne elle-même eût pu ſe porter à relâcher des Pays, qui lui étoient acquis ?

A l'égard des avis donnés à Henry & à moi ſur ce ſujet : ni le Chanoine de Cantorbery, ni Barneveld, qui ne doit avec Aërſens être compté que pour un ; parce que celui-cy le tenoit de l'autre ; ne ſont pas des cautions ſuffiſantes. Le premier peut bien avoir été trompé ; & le ſecond, avoir cherché à nous tromper : Cette tromperie n'étoit pas inutile à l'avancement de leurs affaires. Pour les trois Milords : je défere ſi peu à leur rapport, que je les ſoupçonne au-contraire d'avoir été les seuls véritables auteurs de toute cette pièce; de l'avoir concertée ensemble; & ensuite de l'avoir présentée, avec différens changemens, au Roi d'Angleterre, à moi, aux Députés des Etats, & au Public, pour jouer le rôle d'importans: elle est tout-à-fait dans leur caractère. Quant à l'Espagne: je croirois aisément qu'elle n'auroit pas été fâchée de voir courir ces bruits; & même, qu'elle auroit volontiers travaillé à les accréditer: non dans l'intention qu'ils parvinssent jusqu'aux oreilles de Sa Majesté Britannique; bien-loin de l'en entretenir sérieusement: mais pour souffler la discorde, & pour augmenter le nombre des séditieux dans les Provinces de France, qui s'y trouvoient interessées. C'est en ces termes que j'en écrivis à Henry, qui tantôt prenoit tout ceci pour une supercherie des Etats, afin d'accélérer la rupture entre lui & l'Espagne; tantôt le croyoit vrai de la part de l'Espagne, à qui rien ne coûtoit à entreprendre, dans l'envie de le perdre, & dans l'espérance de profiter de l'inexpérience du Roi d'Angleterre. Je lui mandai qu'en traitant tous ces complots de chimériques: ce qui étoit le parti qu'il devoit prendre; il n'en falloit pas moins faire attention à tout ce qui se passoit du côté du Poitou, de l'Auvergne, du Limosin, du Pays d'Aunis, enfin de toute la Guyenne, où ils étoient capables de produire les mêmes mauvais effets, que s'ils avoient été véritables.

Le lendemain de mon Audience, 23 Juin, jour où Sa Majesté Britannique fit une promotion de Chevaliers; elle me fit dire, Qu'elle m'accordoit une seconde Audience, pour le jour où je la lui avois demandée, c'est-à-dire, le Mercredi 25: Que je m'y rendisse à deux heures après midi, avec peu de monde, pour éviter la foule; & afin de pouvoir, disoit-elle, s'entretenir plus librement avec moi, seul à seul. Je fus accompagné cette fois depuis Londres jusqu'à Grenvich, par Milord Humes, Grand Ecuyer d'Ecosse, qui avoit eu l'honneur de voir & d'entretenir en France Sa Majesté Très-Chrétienne. Je pris quelque rafraîchissemens dans une Chambre, en attendant qu'on m'introduisît chez le Roi. Je fus abordé en cet endroit, par le petit (3) Edmont, qui me tint

---

(3) Cet Edmont, ou plûtôt, Egmond, avoit été Agent, depuis Ambassadeur d'Elisabeth auprès de Henry IV. pendant les Guerres de la Ligue; & il avoit en effet une parfaite connoissance des affaires de France.

de longs discours ; en se plaignant qu'on ne le traitoit pas, comme le méritoient ses services passés, & son intelligence dans les affaires de France. Le Comte de Northumberland mit fin à cette conversation, en venant m'avertir de passer dans la Chambre du Roi.

Je n'y fus pas plûtôt entré, que ce Prince se leva ; & après avoir commandé que personne ne le suivit, il me conduisit au travers de plusieurs cabinets & appartemens dérobés, dans une petite galerie, d'un assez mauvais goût : c'est en cet endroit que se passa notre entretien. Je le commençai par des remercimens à ce Prince, de ce qu'il me donnoit une occasion de m'ouvrir à lui sur le sujet de ma Commission, sans réserve & sans témoins » Non pas, lui dis-je, que » le Roi mon Maître m'eût envoyé pour rien exiger de lui ; » mais pour sçavoir ses intentions dans les choses où Leurs » Majestés pouvoient avoir un égal intérêt ; & pour s'y con- » former, comme fait un bon Frere, aux désirs de son Frere. « Le Roi d'Angleterre me répondit, Que la maniere dont il voyoit bien que le Roi de France & moi agissions avec lui, méritoit qu'il n'eût rien de caché pour moi ; & qu'il alloit en effet me découvrir tout ce qu'il avoit de plus secret dans le cœur. Il fit après cela en deux mots, le plan assez juste des affaires Politiques de l'Europe : » Dans laquelle il s'agissoit, » dit-il, de conserver l'équilibre entre trois Puissances éga- » les, à peu de choses près : « ( il vouloit parler des Maisons de Bourbon, d'Autriche & de Stuard ). Il dit, Que de ces trois Puissances, la Maison d'Autriche en Espagne, étoit la seule qui cherchât à le faire pancher de son côté, par l'esprit de domination dont elle étoit possédée : que la connoissance de cet injuste dessein faisoit que le Roi de France & lui, quoiqu'en apparence en paix avec cette Couronne, étoient pourtant réellement, mais couvertement, en guerre avec elle : que l'Espagne ne l'ignoroit pas : mais qu'elle ne pouvoit s'en plaindre ; leur en ayant donné l'éxemple la premiere à tous deux : à Henry, par ses liaisons avec le Maréchal de Biron & les mal-intentionnés de France ; par le secours qu'elle avoit donné au Duc de Savoie, en guerre avec Sa Majesté Très-Chrétienne ; par l'entreprise sur Genève ; enfin par plusieurs autres manœuvres semblables : à lui, en déchaînant les Jésuites & la faction Catholique Angloise.

L'aventure du Jésuite, comme on voit, n'avoit obtenu que trop de créance dans son esprit : que de part & d'autre tout cela n'étoit regardé que comme des causes imparfaites de guerre, qu'on ne pouvoit mieux faire que de laisser tomber ; parce qu'on étoit à deux de jeu : en continuant comme auparavant, à favoriser sous main les ennemis de l'Espagne : sauf à prendre des mesures plus efficaces ; si elle s'avisoit de faire la premiere, la démarche d'une rupture ouverte.

1603.

Je louai un discours si sensé ; & effectivement il méritoit de l'être : je n'aurois même rien eu à y répliquer ; si je n'avois apperçu en même temps, dans celui qui me le tenoit, un panchant à la paix, ou plûtôt à la paresse & à l'inaction, qui démentoit ses paroles, & sembloit me dire qu'après avoir peu promis, il ne tiendroit rien du tout. C'est ce qui me fit répondre à Sa Majesté Britannique, Que le plan de conduite qu'elle venoit de tracer avec l'Espagne, étoit fort du goût de Sa Majesté Très-Chrétienne : que Henry craignoit seulement, qu'il ne fût pas suffisant pour les empêcher d'éprouver un jour les cruels effets du ressentiment de cette Couronne. Je m'attachai en ce moment à lui en peindre le caractère, avec les couleurs les plus naturelles. Je fis envisager à Jacques tout ce qu'elle avoit dévoré depuis cent ans ; Comtés de Flandre & de Bourgogne ; Royaumes de Grenade, de Navarre & de Portugal ; Empire d'Allemagne ; Etats de Naples & de Milan ; toutes les Indes ; & peu s'en étoit fallu, la France & l'Angleterre : l'une & l'autre de ces deux Couronnes n'ayant l'obligation de leur conservation, après la fermeté d'Elisabeth & de Henry, qu'à l'heureux incident de la révolte des Pays-Bas : & je conclus, Que comme il seroit indispensable, pour Jacques aussi bien que pour Henry, d'entrer un jour en guerre déclarée avec l'Espagne, afin de saper les fondemens d'une si vaste domination ; il étoit de toute nécessité d'en concerter aujourd'hui les mesures, pour ne rien faire de contraire à cet objet : que c'étoit tout ce que j'avois à demander à Sa Majesté ; avec un moyen qui assûrât provisionnellement la conservation des Provinces-Unies. » Mais, dit le Roi d'Angleterre, quelle meilleure
» assistance voulez-vous que le Roi de France & moi nous
» donnions aux Pays-Bas, que de les comprendre avec nous
» dans un Traité général de pacification, & de partage en-

« tr'eux & l'Espagne ; à des conditions, dont nous nous ren-
» dions cautions ? afin que s'il arrive que l'Espagne y man-
» que la premiere, ce prétexte juste nous mette les armes à
» la main, pour l'en chasser tout-à-fait. Je consens, ajoûta-
» t'il, en supposant que cela arrive, à régler avec vous dès-
» à-présent, avec quelles forces nous l'éxécuterons, & quels
» moyens nous employerons. « Jacques ne sentoit pas tous
les inconvéniens de cet accord de partage, qu'il proposoit
entre l'Espagne & les Etats ; ou bien, il cherchoit adroitement se défaire de moi. Le Conseil d'Espagne n'auroit pas
manqué de paroître déferer à cette proposition : mais pendant les longueurs de cette discussion, sur-tout dans une
Cour, qui fait d'une extrême lenteur l'un des points de sa
Politique ; Ostende qui étoit aux abois, tomboit au pouvoir
de son ennemi, & y entraînoit une partie de la Flandre ; la
Hollande & Zélande se désunissoient du Parti : l'Espagne
s'affermiroit cependant dans ce qu'elle possédoit, & prépareroit d'une maniere plus infaillible, le coup dont elle en-
gloutiroit le reste de cet Etat.

Je priai Sa Majesté Britannique de vouloir bien faire une
réfléxion sérieuse sur ces considérations, que je venois de lui
expliquer. Ce Prince demeura quelque temps dans le silence, comme un homme qui pense profondément : Après quoi
il me dit d'un ton de voix foible & hésitant, Qu'il convenoit
que j'avois raison ; Que la chose étoit de grande conséquence : Qu'il y avoit souvent réfléchi : malgré cela, qu'il n'y
avoit pas encore assez pensé ; & qu'il m'avoit attendu, pour
lui aider à se déterminer. Je sentis en ce moment tout ce que
ce Prince ne vouloit pas me dire ; & je crus que je ne devois
pas balancer à l'attaquer jusques dans son dernier retranchement. Je lui dis donc, en répondant plûtôt à sa pensée qu'à
ses paroles, Que toutes les fois que cette question avoit été
agitée dans son Conseil ; lorsqu'il avoit vu ses Ministres lui
tenir un langage différent du mien, Sa Majesté auroit pu
aisément se convaincre qu'ils y étoient poussés par quelqu'intérêt personnel : Qu'il n'y avoit point ici de matiere à l'irrésolution : Qu'après une infinité d'éxamens il ne seroit
pas plus clair qu'après un seul, qu'il étoit d'une nécessité
indispensable d'empêcher l'Espagne de subjuguer le reste des
Pays-Bas ; parce qu'après cela elle pourroit, avec les seules
force

forces qu'elle employoit à cette conquête, tomber fort rudement sur la France & l'Angleterre. Sans rendre ici tous les mauvais offices que je pouvois rendre à ces Conseillers Anglois, en dévoilant une partie de leurs intrigues ; j'en dis assez sur ce sujet au Roi d'Angleterre, pour lui faire sentir que je n'ignorois pas, qu'ils avoient cherché à lui faire employer contre la France, les forces que je voulois lui persuader de tourner contre l'Espagne.

1603.

Jacques entra de lui-même, dans ce que je voulois lui faire juger de ce conseil. Il me dit, Qu'il étoit fort éloigné de penser comme quelques-uns des ses Courtisans, au sujet de ces vieilles prétentions de l'Angleterre sur la France : Qu'outre que la conjoncture & la politique présente des affaires, ne permettoient pas qu'il s'en occupât sérieusement ; il regardoit ces prétendus droits, comme annullés par la Divine Providence, qui donne & transporte à son gré les Couronnes ; & par le temps, qui y a mis une prescription plus que centénaire : paroles qu'il répeta plusieurs fois : Que cette considération ne l'arrêtant point, il pouvoit m'assûrer d'avance, que quelle que pût être sa derniere résolution, du moins il ne laisseroit point les Provinces-Unies, ni même Ostende, au pouvoir des Espagnols : Que je ne pouvois lui en demander davantage, pour le moment présent ; ni le presser de conclurre, sans en avoir communiqué avec deux ou trois de ses Ministres, dont les lumieres, aussi-bien que le désintéressement, lui étoient connus : Qu'il étoit d'ailleurs en état, après les réfléxions que je venois de lui faire faire, de ne plus se laisser surprendre par la voix de la passion & des préjugés : Enfin qu'il m'instruiroit dans peu, de ce qui pouvoit me rester à connoître de ses sentimens, & de sa derniere volonté.

J'aurois bien souhaité de ne pas finir si-tôt sur cette matiere : Mais Jacques coupa court ; en me répétant que nous acheverions le reste une autrefois, & qu'il vouloit me parler du Duc de Bouillon. Il m'avertit que les Députés de l'Electeur Palatin l'avoient fort sollicité en faveur de ce Duc ; mais que n'étant pas assez au fait de toute cette affaire, il n'avoit voulu s'engager à rien, dans la crainte de favoriser un rebelle. Il me fit rapporter tout ce qui s'étoit passé ; ce que je fis succinctement : la chose parloit d'elle-

*Tome II.*                                                                       F f

1603.

même. Ce Prince me donna sa parole, qu'il ne se mêleroit jamais de cette affaire, quelque instance que pût lui en faire le Palatin; non plus qu'il souhaitoit, dit-il, qu'on se mêlât mal-à-propos des affaires des Catholiques en Angleterre. Je connus aisément, par le ton dont ces dernieres paroles furent proférées, qu'elles renfermoient une espèce de reproche.

Il faut sçavoir, pour entendre de quoi il est ici question, que quelque temps avant la mort d'Elisabeth, les Partisans de l'Espagne, ayant, comme à l'ordinaire, les Jésuites à leur tête, exciterent des brouilleries dans les trois Royaumes de la Grande-Bretagne. La Religion leur servit de prétexte; quoique la Politique en fût le véritable objet: soit que le Roi d'Espagne, comme ses flateurs le lui faisoit entendre, crût avoir des droits assez bien fondés sur la Couronne d'Angleterre, pour se porter ouvertement comme Prétendant, après la mort de la Reine: soit qu'il ne cherchât qu'à susciter au Successeur d'Elisabeth, des embarras assez grands, pour ne pas lui permettre de s'occuper d'autre chose. Les Jésuites se firent assez mal-à-propos, ce semble, des querelles à cette occasion, avec les Prêtres Catholiques Anglois séculiers: La principale fut, qu'ils voulurent créer un certain Archiprêtre (4), dont ceux-ci ne purent s'accommoder. La chose fut portée au Pape, qui par des raisons que j'ignore, ne favorisa en cette rencontre, ni les Jésuites, ni l'Espagne; au contraire il écouta très-favorablement les Prêtres séculiers, qui avoient députés à Rome trois des leurs, ayant un passe-port de la main du Sécretaire Cécil lui-même: Ce qui est une preuve qu'Elisabeth crut devoir appuyer les Séculiers; & qu'elle regarda les autres, comme ses véritables ennemis. Henry en jugea comme Elisabeth; & l'intérêt commun lui dicta d'abord de soûtenir auprès du Pape, les Prêtres Anglois, contre la Cabale Espagnole.

Voilà de quoi les ennemis de la France avoient abusé au-

(4) Le Cardinal d'Ossat dans sa Lettre du 28 Mai 1601 à M. de Villeroi, dit, " qu'à la suggestion d'un " Jésuite Anglois, appellé le Pere " Personio (ou Parsons) Recteur du " Collége des Anglois à Rome, & " dévot du Roi d'Espagne, s'il en " fut oncques; le Pape créa en Angle- " terre un certain Archiprêtre, auquel " il veut que tous les Ecclésiastiques, " & encore tous les autres Catholi- " qués d'Angleterre, répondent & " croient. Par ce moyen, ajoûte-t-il, " on pense faire ce qu'on voudra de " la plus grande partie des Catholi- " ques d'Angleterre.

près du Roi Jacques (5); pour lui infinuer que Henry n'avoit prêté son appui aux Prêtres Anglois, qu'à deſſein de ſe les attacher à lui-même, avec les mêmes vuës que l'Eſpagne. Il ne me fut pas difficile de détromper le Roi d'Angleterre : Je lui fis entendre que Henry regardant comme une choſe de la dernière conséquence, de ne pas jetter le Corps entier des Catholiques de la Grande-Bretagne, dans le Parti de l'Eſpagne; il n'avoit pu ſe diſpenſer de paroître les autoriſer en pluſieurs points : mais que bien loin d'avoir porté la choſe jusqu'à entrer avec eux dans des complots préjudiciables à ſon autorité ; il n'avoit eu en vuë au-contraire, que de s'oppoſer à leur Ennemi commun; & qu'il auroit abandonné ces Catholiques, dès le moment qu'il les auroit vus eux-mêmes s'écarter de leur devoir.

Jacques ſe montra ſi ſatisfait de cette explication, qu'il m'entretint des Réglemens qu'il méditoit d'apporter, dans les affaires des Catholiques Romains de ſon Royaume, » par » mes avis, diſoit-il, & du bon plaiſir de Henry. « Il eut dans la ſuite, pluſieurs occaſions de ſe convaincre encore mieux, que je ne lui en avois point impoſé ; ſur-tout par le moyen d'une Lettre, que lui écrivit de Paris, le Nonce du Pape, au ſujet des Catholiques Anglois. Jacques y répondit plus obligeamment que n'a coûtume de faire la Cour de Londres, aux Lettres de celle de Rome : & non-ſeulement il prit dans l'affaire dont il vient d'être parlé, le même parti que la bonne Politique avoit ſuggéré à Henry, déterminé peut-être par les raiſons que je lui en avois apportées ; mais il ſemble encore, que pour s'aſſûrer du Parti Catholique Anglois, il aima mieux avoir recours au Pape & à ſes Miniſtres, qu'à aucun Prince étranger. Le Pape ne fut pas de ſon côté, inſenſible à cette avance (6). Un nommé Colville

---

(5) Le Roi d'Angleterre n'avoit pas tort de prendre de mauvaiſes impreſſions contre la France à ce ſujet. Le même Cardinal donne à entendre, que l'objet des Politiques du Parti Eſpagnol, étoit de s'en ſervir, pour unir enſemble le Pape, le Roi de France, le Roi d'Eſpagne & les Catholiques Anglois ; afin de mettre ſur le Thrône d'Angleterre un Roi Catholique. Mais il eſt vrai auſſi, que Henry IV. non-ſeulement igno-

roit cet objet, mais encore qu'il s'accordoit avec Eliſabeth dans des vuës toutes contraires. Ce fait eſt rapporté dans le Septénaire, ann. 1604.

(6) Il faut croire, ou que Sa Sainteté n'avoit eu aucune part dans le deſſein Politique que je viens de marquer, après le Cardinal D'Oſſat; ou que voyant qu'il avoit échoué, elle forma celui de gagner, s'il étoit poſſible, le Roi d'Angleterre ; qui montra au commencement tant de

lui ayant dédié un Livre, qu'il avoit composé contre ce Prince n'étant encore que Roi d'Ecosse; Sa Sainteté ne voulut, ni recevoir cet Ouvrage, ni permettre que l'Auteur demeurât dans Rome. Je tiens ce fait de Henry qui me le manda, afin que j'en fisse usage auprès du Roi d'Angleterre; & Sa Majesté l'avoit sçu par les Lettres que mon Frere lui écrivoit de Rome.

J'appris en sortant de chez le Roi, que ce Prince devoit partir le Lundi suivant, pour aller au-devant de la Reine. Je jugeai que ce voyage de Sa Majesté, pouvoit faire que l'Audience qu'elle venoit de me promettre pour le Dimanche 29, fût la derniere que j'obtiendrois; & comme je craignois de ne pouvoir consommer ma Négociation dans une seule, je me déterminai à lui en faire demander une, avant celle du Dimanche. Jacques me fit répondre, qu'il ne pouvoit l'accorder; tout son temps étant rempli jusqu'au Dimanche: mais qu'il enverroit ses Ministres me trouver le Vendredi 27, pour conférer avec moi, & pour préparer les matieres.

Je vis en effet arriver chez moi, le Vendredi à trois heures après midi, l'Amiral Howard, les Comtes de Northumberland & de Mare, Milord Montjoy, Lieutenant-Général en Irlande, & le Sécrétaire Cecil, qui porta la parole. Après le premier compliment, il me dit que le Roi d'Angleterre croyoit ne pouvoir mieux montrer à Sa Majesté Très-Chrétienne, qu'il connoissoit parfaitement, & sa bonne foi en traitant avec lui, & en-même-temps sa capacité dans les grandes affaires, qu'en se remettant sur elle, de tout ce qu'il y avoit à faire pour secourir Ostende, & pour soûtenir les Etats.

Je vis d'abord où tendoit cet artifice du Sécrétaire, de donner aux paroles que j'avois dites au Roi d'Angleterre de moi-même, un sens & une étendue, que je n'avois point voulu y mettre. Je lui répondis, qu'à la vérité le Roi mon Maître auroit fort-souhaité qu'on prît en Europe quelques mesures, pour empêcher l'invasion de la Flandre par l'Espagne: mais que bien éloigné de m'envoyer faire la loi à Sa

bonne volonté aux Catholiques, que le bruit se répandit qu'il alloit le devenir lui-même; & qu'il n'avoit feint d'être de la Religion Prétendue Réformée, que pour monter sans obstacle sur le Thrône.

# LIVRE QUINZIEME.

Majesté Britannique ; il ne sçavoit pas lui-même à quoi s'en tenir sur les affaires de ces Provinces, dont l'état actuel ne lui étoit pas même bien connu : Qu'on pouvoit donc s'épargner la peine de chercher à pénétrer ce que Henry avoit décidé dans son esprit, par rapport aux Etats ; parce que dans la vérité, il n'avoit encore rien décidé : Qu'il n'y avoit rien autre chose à conclurre de ce que j'avois dit à Sa Majesté Britannique, sinon que quand elle voudroit bien s'y prêter, je croyois pouvoir lui répondre, qu'elle ne trouveroit point Sa Majesté Très-Chrétienne dans des dispositions contraires aux siennes : & qu'en un mot, je n'étois venu pour rien autre chose, que pour sçavoir les intentions du Roi & du Parlement d'Angleterre.

Cecil repartit, Que dans ce qu'il venoit de dire, il n'avoit eu aucun dessein de me surprendre ; mais seulement de m'entendre parler sur les Affaires présentes, pour voir si l'on n'avoit point imaginé dans le Conseil de France, quelque moyen propre à lever les difficultés, dont on trouvoit à Londres que toute cette entreprise étoit si remplie, qu'elle paroissoit impossible. Il convient, en exposant ces prétenduës difficultés, qu'un accord pacifique des Provinces-Unies avec l'Espagne, étoit dans les circonstances présentes, la perte de ces Provinces. Ensuite raisonnant sur la fausse supposition, qu'entre cet Accord & une Guerre déclarée avec l'Espagne, il n'y avoit aucun milieu ; il fit voir que la Guerre convenoit encore moins que l'Accord, à l'Angleterre, déja épuisée, & dans la conjoncture des grandes dépenses qu'entraîne un Couronnement : Et il conclut encore plus clairement que la premiere fois, que c'étoit à la France à entrer seule dans l'éxecution de ses Projets. Il ajoûta seulement, que l'Angleterre pourroit être en état de les seconder dans un an. Le lieu commun des richesses & de la puissance de la France, ne lui manqua pas : Il chercha à me piquer de vanité : Enfin il s'y prit avec toute l'adresse possible, pour m'amener au point de déclarer que le Roi de France, résolu à faire de l'affaire des Etats la sienne propre, ne demandoit à l'Angleterre d'autre grace, que celle de la Neutralité, qu'il auroit sans doute accordée avec joie.

Je montrai à Cecil, en souriant à ses dernieres paroles, qu'il m'avoit tendu inutilement ce piége. Je lui dis, que sans répondre sérieusement à des propositions, que je voyois bien qu'il n'avoit faites que pour me faire parler; il me suffisoit de lui faire remarquer une chose, qu'il devoit sentir aussi-bien que moi: c'est que l'Angleterre, en laissant agir quelque temps la France seule, avant de se joindre à elle, au lieu de jetter des fondemens d'alliance avec elle, n'en jettoit que de divorce : parce que l'une voudroit jouir des conquêtes, qu'elle auroit faites pendant ce temps-là ; & que l'autre demanderoit sans doute à les partager. Je dis, en m'adressant à Cecil personnellement, Que cela n'empêchoit pas que je ne me trouvasse d'accord avec lui, si la proposition de s'unir avec la France dans un an, avoit été sincère de sa part ; parce que le Roi de France ne demanderoit pas mieux que de différer jusqu'à ce temps-là, la déclaration de guerre contre l'Espagne, dont il me parloit : la guerre ouverte ne convenant pas mieux à la France, dans la situation présente de ses affaires, qu'elle convenoit à l'Angleterre.

Je crus devoir encore répéter en cet endroit, & de la manière la plus intelligible, que je n'étois pas venu proposer au Conseil d'Angleterre, une déclaration de guerre des deux Rois de France & d'Angleterre à l'Espagne ; mais représenter seulement, que la bonne Politique ne vouloit point qu'on laissât opprimer les Provinces-Unies, faute d'un secours, qu'on pouvoit leur donner, sans intéresser le repos du reste de l'Europe ; & conférer avec Sa Majesté Britannique, uniquement sur la nature de ce secours, & sur les autres moyens, dont on pouvoit se servir, pour le présent & pour l'avenir, en faveur des Flamands. Les Conseillers du Roi prirent la parole, pour me remercier de la sincérité avec laquelle je venois de parler : & Cecil ne trouvant rien à me répondre, me dit qu'il en alloit conférer avec Sa Majesté : qu'ensuite il en communiqueroit avec les Députés des Etats, & en ma présence même, si je le souhaitois ; à quoi je n'eus garde de m'opposer. Cela dit, nous nous séparâmes.

Le Comte d'Aremberg ayant long-temps remis de jour en jour, à demander son Audience, envoya enfin prier le Roi d'Angleterre de l'en dispenser tout-à-fait, à cause de son incommodité ; & de lui envoyer seulement une personne de son Conseil, pour conférer avec lui. Jacques ne se montra pas content de cette façon de procéder : il lui accorda pourtant ce qu'il demandoit ; & ce fut Cecil qu'il chargea de cette Commiſſion. Cecil qui étoit bien informé des bruits qui couroient déja ſur lui, ne voulant pas en cette occaſion donner priſe à la médiſance, chercha à s'en excuſer ; & il pria qu'on lui donnât du moins un Adjoint, c'eſt-à-dire, un témoin de ſes actions & de ſes paroles ; quoiqu'il ne fît pas ſemblant de le recevoir en cette qualité. Ce ſeul fait prouve ſans réplique contre Cecil, qu'il n'étoit rien moins qu'aſſûré de la faveur, qu'il vouloit qu'on crût en public qu'il poſſedoit ſans réſerve : on lui aſſocia Kainlos, Ecoſſois.

D'Aremberg ne ſortit point du compliment, ni des paroles les plus générales. Loſqu'on le preſſa de venir au fait, il répondit, Qu'il étoit homme d'épée ; qu'il n'entendoit rien à négocier : qu'il n'étoit venu que pour entendre ce que le Roi d'Angleterre voudroit lui faire dire ; & qu'après lui, ſon Maître enverroit un homme du métier : paroles qui furent relevées & coururent dans Londres, avec toute la riſée & le mépris qu'elles méritoient. Jamais peut-être Ambaſſadeur n'a rien dit en effet de ſi imprudent : on a peine à le croire de gens auſſi fins que ſont les Eſpagnols. Cette lourdiſe leur nuiſit beaucoup dans le Conſeil du Roi d'Angleterre : elle fit donner de mon côté, une partie de ceux qui le compoſoient : ſi elle ne fit pas échouer d'un ſeul coup, les deſſeins de l'Eſpagne, comme elle pouvoit le faire ; c'eſt qu'elle fut réparée par l'adreſſe des autres Partiſans de cette Couronne, ayant Cecil lui-même à leur tête ; quoiqu'il pût faire pour perſuader le contraire : on l'oublia même tout-à-fait, lorſqu'on entendit dire que l'Ambaſſadeur Eſpagnol, qu'on commençoit à ne plus attendre, alloit arriver. Cecil attendoit ſans doute cette arrivée, pour travailler à ce dénouëment qu'il me préparoit ; & le reſte des Conſeillers parut retomber dans leur premiere irréſolution. Je ſçus même de fort bonne part, que ne doutant point que cet Ambaſſadeur ne fît à Sa Majeſté Britannique, des propoſitions accompagnées d'offres, auſquelles rien ne réſiſteroit ; une partie de ces Conſeillers ſe mit à travailler à liquider le Mémoire des dettes de la France & des Etats envers l'Angleterre : afin que d'un côté, les ſommes contenuës dans ce Mémoire; de l'autre,

1603.

1603.

les trésors de l'Espagne, répandus dans Londres, ne trouvassent rien à leur épreuve.

Ce qu'il y eut de particulier dans ma réception du Dimanche 29 Juin, c'est que tous les Gentilshommes de ma suite eurent l'honneur d'être traités à dîner chez le Roi, & moi, celui d'être admis à sa table. Sa Majesté m'en ayant fait avertir, j'arrivai à Grenwich sur les dix heures. J'assistai avec ce Prince au Service divin, où il y eut Sermon. Il ne me dit rien en particulier, jusqu'au moment où l'on se mit à table, l'entretien ne roula que sur la chasse, & sur le temps qu'il faisoit: la chaleur étoit excessive, & beaucoup plus grande, qu'elle n'a coûtume de l'être à Londres, dans ce mois. Jacques ne fit asseoir que moi & Béaumont à sa table ; où je ne fus pas peu surpris de voir qu'on ne le servit qu'à genoux. Le milieu de la table étoit occupé par un Surtout en pyramide, couvert des plus riches vaisselles, & même enrichi de pierreries.

Le discours fut le même, pendant une grande partie du repas, qu'il avoit été auparavant : jusqu'à ce que s'étant présenté une occasion de parler de la feuë Reine d'Angleterre, le Roi le fit ; & à mon grand regret, avec quelque sorte de mépris. Il alla jusqu'à dire, que dès long-temps avant la mort de cette Princesse, il conduisoit d'Ecosse tout son Conseil, & disposoit de tous ses Ministres, dont il étoit mieux servi & mieux obéï qu'elle-même. Il demanda ensuite du vin ; sa coûtume est de n'y mettre jamais d'eau : & tenant son verre à la main vers Beaumont & moi, il but à la santé du Roi, de la Reine & de la Famille Royale de France. Je lui rendis son salut ; & je n'oubliai pas non plus ses Enfans. Il s'approcha de mon oreille, lorsqu'il les entendit nommer, & me dit tout bas, que le premier coup qu'il alloit boire, seroit à la double union qu'il méditoit de faire, entre les deux Maisons Royales : Il ne m'en avoit jusques-là pas dit un seul mot ; & il ne me parut pas que le moment qu'il prenoit pour m'en parler, fût bien choisi. Je ne laissai pas de recevoir cette proposition, avec toute les marques possibles de joye ; je répondis aussi tout bas, que j'étois sûr que Henry ne balanceroit pas, lorsqu'il s'agiroit de faire choix entre son bon Frere & Allié, & le Roi d'Espagne, qui l'avoit déja fait rechercher

cher pour le même sujet. Jacques surpris de ce que je venois de lui apprendre, m'apprit à son tour, que l'Espagne lui faisoit pour son Fils, les mêmes offres de l'Infante, qu'au Roi de France, pour le Dauphin. Ce Prince me parut être encore dans tous les sentimens où je l'avois laissé; quoiqu'il ne me donnât aucune occasion de l'en entretenir en particulier : Il me dit seulement devant tout le monde, qu'il approuvoit tout ce qui s'étoit dit dans la derniere Conférence, entre ses Conseillers & moi : Qu'il ne laisseroit point accabler les Etats ; & qu'on arrêteroit le lendemain, la maniere de leur prêter du secours. Il donna ordre pour cet effet, que ses Conseillers vinssent le lendemain après midi à Londres, pour y conclurre cette affaire chez moi ; & je crus que ces paroles m'autorisoient suffisamment à remettre sur l'heure entre les mains de Sa Majesté Britannique, un modèle de Traité, que j'avois apporté tout dressé : ce que je fis en présence de ses Ministres. Ayant trouvé le moyen de répandre dans la conversation, quelques plaintes contre les pirateries des Anglois sur les François ; le Roi témoigna que cela étoit arrivé contre son intention : Il se fâcha même contre l'Amiral Anglois, qui voulut soûtenir ce qui avoit été fait. Il quitta enfin la compagnie, pour aller se mettre au lit, où il lui étoit assez ordinaire de passer une partie de l'après-dînée, quelquefois même jusqu'au soir.

Le voyage que Jacques devoit faire, ayant été rompu, ou différé, je comptai que je retrouverois aisément le moment de lui dire ce qui me restoit ; & je me consolai d'avoir fait si peu de chose ce jour-là : Car malgré tout ce qui venoit d'être dit, de conclusion, & de secours aux Etats, je ne me dissimulois pas que les choses n'étoient encore nullement au point, où je les aurois voulues ; puisque le Roi d'Angleterre me renvoyoit encore pour les finir, aux mêmes personnes que je sçavois n'être rien moins que bien intentionnées. Barneveld & les Députés n'en tiroient pas non plus un heureux présage ; loin de se croire parvenus à la ligue offensive & défensive de la France & de l'Angleterre avec eux, dont ils s'étoient quelquefois flatés : Ils résolurent de faire un dernier effort auprès de moi, pour s'assûrer du moins de la France.

Barneveld eut soin pour cela, de se rendre chez moi, avant

tous les autres. Après m'avoir témoigné ses alarmes sur la disposition présente des affaires, & sur les effets de l'arrivée de l'Ambassadeur Espagnol, qu'on disoit toujours fort-proche ; il me dit que les Hollandois désespérés, alloient tout abandonner, & chercher un asyle hors de leurs Provinces. Barneveld connut par ma réponse, que je n'étois point la dupe de ses exagérations : Je lui dis, que c'étoit le Conseil Anglois, & non pas moi, qu'il étoit question de persuader ; parce qu'au fond, je sentois assez que la situation des Etats étoit embarrassante. Il voulut me prouver que si l'on n'obtenoit rien du Roi d'Angleterre, la politique demandoit que la France se chargeât seule & ouvertement, de la cause des Provinces-Unies ; pendant que leurs forces n'étoient pas encore parvenuës au dernier dégré d'épuisement. Je répondis à Barneveld, qu'il me demandoit une chose, qui n'étoit pas en mon pouvoir ; n'étant venu à Londres, que pour faire, s'il étoit possible, une association avec les Anglois, ou pour connoître les raisons qui la leur feroient refuser.

Nous parlâmes ensuite des Villes marquées pour ôtage. Barneveld m'apprit, que Cecil étant en conférence avec Caron, l'un des Députés Flamands, lui avoit fait entendre que l'Angleterre étant résoluë de maintenir la Paix avec l'Espagne, elle vouloit que les Hollandois lui fissent cession de ces Places, pour sa sûreté : & que tout ce qu'il lui avoit promis, c'étoit de les tenir en neutralité, jusqu'à fin de payement. Barneveld qui vit que cet objet me paroissoit aussi intéressant qu'il l'étoit en effet, me fit connoître, mais avec toute la réserve que doit avoir un homme, chargé sous le serment du secret de son Conseil, que les Etats y avoient mis si bon ordre, qu'il resteroit bien des difficultés à lever au Conseil de Londres, avant qu'il pût se voir en possession de ces Villes : Mais aussi il en inféra, pour me faire arriver à son but, que devant s'ensuivre une nouvelle Guerre entre l'Angleterre & les Provinces-Unies ; c'étoit pour cela même qu'il me pressoit instamment de joindre les forces de la France avec les leurs : sans quoi il n'y auroit aucune égalité entre les parties. J'avouai au Député, que je ne pouvois blâmer la résolution de ses Maîtres : mais que le Roi de France ne pouvoit que les plaindre en cette occasion ;

n'étant pas en état de les foûtenir de vive force, contre l'Espagne & l'Angleterre ensemble.

Tous les Députés Flamands revinrent en corps l'après-midi, pour assister à la Conférence ; & peu de momens après eux, arriverent les Conseillers Anglois, nommés par Sa Majesté. Cecil portant la parole pour tous, comme à l'ordinaire, commença par dire très-succinctement, que le Roi d'Angleterre vouloit bien s'intéresser en faveur des Etats : & se tournant vers moi, il me demanda si ce n'étoit pas là ce que je souhaitois, & le véritable objet de ma Commission. Je cachai ce que l'air brusque de ce Secrétaire ne me faisoit déja que trop deviner : & au-lieu de lui répondre directement, j'adressai la parole aux Députés, & leur dis, que deux grands Rois voulant bien prendre part dans leurs affaires, c'étoit à eux à en marquer l'état au juste ; afin qu'on pût avec une pleine connoissance, proportionner le secours au besoin qu'ils en avoient. Barneveld fit à son ordinaire, un tableau des miseres où l'Espagne les réduisoit, qu'il rendit le plus touchant qu'il put. Pour venir à quelque chose de plus précis, il dit, qu'il s'agissoit de chasser entierement les Espagnols de la Flandre : Que les Etats s'assûroient de pouvoir y parvenir dans l'espace d'un an, par les moyens qu'il déduisit en cette sorte : Que toutes les forces des Provinces-Unies montoient à douze ou quinze mille hommes d'Infanterie, non compris les Garnisons, & à trois mille de Cavalerie ; outre cinquante Vaisseaux, en état de servir actuellement, avec une Artillerie & des munitions proportionnées : Qu'il ne s'agissoit de rien autre chose, sinon que les deux Rois fissent monter toutes ces forces au double ; en fournissant pareil nombre de tout ce qui est marqué cy-dessus.

Je me doutai bien que de pareilles propositions n'alloient être reçues guère favorablement : & pour ne pas paroître autoriser les Députés, dans des prétentions véritablement excessives ; je dis à Barneveld, qu'il auroit dû avoir plus d'égard à ne demander que ce qu'on pouvoit lui accorder. Je demandai ensuite à Cecil, d'un ton qui renfermoit une espéce de sommation, qu'il me dît nettement la volonté de son Maître, sur ce qu'on venoit de lui exposer. Cecil me répondit, que Sa Majesté Britannique n'auroit pas été fâchée de se maintenir avec tous ses Voisins, dans une paix réelle &

sincère : qu'autant qu'on pouvoit juger de l'état de la France, par les simples apparences ; Sa Majesté Très-Chrétienne étoit sans doute dans les mêmes sentimens : cependant que sur les remontrances que j'avois faites au Roi d'Angleterre, ce Prince se déterminoit à prendre le milieu entre les désirs des Etats & les siens propres ; c'est-à-dire, qu'il consentoit à prêter sous main du secours aux Provinces-Unies : qu'il viendroit peut-être un temps, où l'on pourroit faire mieux ; mais que pour le présent, elles n'avoient rien à attendre davantage.

Les Députés ne pouvant douter que cette résolution ne fût très-sérieuse, se retirerent pour conférer entr'eux sur la proposition de Cecil ; qui continuant son discours pendant ce temps-là, me dit que le Roi d'Angleterre étoit bien d'accord à la vérité de favoriser les Etats, mais qu'il n'avoit nulle envie de se ruiner pour eux. Il évita d'entrer dans aucun détail sur la nature de ces secours prétendus ; afin qu'on ne pût dans la suite le rappeller à ses promesses, & à quelque engagement positif : il dit seulement, qu'en cas que l'Espagne portât son ressentiment jusqu'à attaquer personnellement les Rois protecteurs de la liberté de la Flandre ; afin que toutes choses fussent égales des deux côtés, il falloit que pendant que la France contribuëroit de huit mille hommes d'Infanterie & de deux mille chevaux, l'Angleterre n'en fournît pour sa portion, que la moitié, non plus que d'une escadre qu'il seroit besoin de tenir sur la côte d'Espagne, & d'une seconde dans les Indes : encore déclara-t'il, que l'Angleterre n'avoit aucun autre fond pour l'entretien de ces forces, que l'argent que la France lui devoit ; lequel lui feroit rendu dans deux ans ; & qu'elle vouloit bien sacrifier à la cause commune.

Je ne vis qu'avec beaucoup de mécontentement, que le Sécrétaire Anglois cherchoit ainsi à rompre tout accord ; en s'éloignant de dessein formé, de l'état de la question ; & en ne faisant que des difficultés anticipées. Je lui répondis, en cachant mon indignation le mieux que je pus, qu'un discours si vague, n'étoit point ce qu'il falloit présentement : qu'il s'agissoit avant toutes choses, de régler sans équivoque, ce qu'on feroit actuellement en faveur des Provinces-Unies, pour le secours d'Ostende : qu'après cela, soit que le Conseil de Sa Majesté Britannique se portât à la guerre, ou qu'on s'y vît forcé par l'Espagne ; il y auroit bien d'autres considérations à faire, sur les suppositions suivantes : que cette Couronne n'attaquât qu'un de ces deux Rois, ou qu'elle les attaquât tous deux : qu'ils se déclarassent eux-mêmes les aggresseurs : qu'ils fissent des conquêtes dans les Pays-Bas sur les Espagnols.

Pour faire voir encore davantage à Cecil, qu'il n'effleuroit pas seulement la matiere ; je lui fis remarquer, Qu'en cas de la rupture de l'Espagne, dont il venoit de parler ; afin que la supériorité fût du côté des deux Rois, celui de France, outre vingt mille hommes qu'il faudroit qu'il jettât en Flandre, ne pourroit se dispenser d'en envoyer autant sur les frontieres de Guyenne, Languedoc, Provence, Dauphiné & Bresse : sans parler des escadres de Galeres, qu'il faudroit avoir pour s'assûrer la Méditerrannée : qu'il étoit nécessaire d'entrer dès-à-présent dans ces détails ; tant afin de prendre plus sûrement toutes ses mesures ; que pour ne pas s'exposer à mille discussions, capables de troubler la bonne intelligence entre les deux Princes alliés.

Répondant ensuite plus directement aux paroles de Cecil, je lui dis, que je ne voyois pas par quelle raison il vouloit faire porter au Roi de France, tout ou la plus grande partie de la dépense de la Guerre, qui lui seroit commune avec le Roi d'Angleterre : que si par de pareilles prétentions, le Conseil Britannique cherchoit à ruiner Henry, il entendoit bien mal ses propres intérêts : que ce Conseil ne faisoit pas encore attention, qu'en stipulant de part & d'autre toutes dépenses égales ; la France ne pouvoit d'ailleurs manquer d'en faire de particulieres, peut-être plus grandes encore : telles étoient celles pour la défense de ses côtes de terre & de mer ; qui en tenant une partie des forces ennemies diverties de ce côté, ne seroient pas moins utiles à l'Angleterre qu'à la France elle-même. J'ajoûtai, que pour toutes ces raisons, il me sembloit que le Conseil d'Angleterre prenoit bien mal son temps, pour redemander les sommes prêtées à la France : que Henry bien éloigné de cette idée, ne m'avoit donné aucun ordre là-dessus : que je sçavois seulement, par la place que j'occupois dans le Conseil des Finances, que son intention étoit de s'acquitter par payemens d'année en année; selon qu'il en étoit convenu avec la feuë Reine; & qu'il s'attendoit à rembourser dans le courant de la présente, deux cens mille livres : mais qu'encore une fois le Conseil Britannique prenoit une fort mauvaise voie, pour parvenir à cet acquit ; en montrant par des défiances & des difficultés déraisonnables, qu'il ne visoit qu'à épuiser la France de plus en plus : conduite odieuse, & bien éloignée de celle de Henry, qui dans toutes ses actions ne montroit que de la bonne foi, & ne travailloit que pour l'utilité publique.

Mes paroles ne firent aucune impression sur les Assistans : au contraire, je vis mes Anglois prendre feu, & protester que si on vouloit les obliger à quelque chose de plus, l'Angleterre abandonneroit tout-à-fait les Etats. Cecil acheva sur-tout de se faire connoître à moi, dans cette Conférence, pour ce qu'il étoit. Il n'usa que d'expressions doubles, de propos vagues, & de faux donnés à entendre ; parce qu'il sentoit bien que la raison n'étoit pas de son côté. La modération & la sincérité que j'opposois à ses mauvaises subtilités, l'obligeoient à se jetter dans des contradictions, dont il rougissoit lui-même, lorsque d'un mot je lui faisois sentir le ridicule de ses paroles. Tantôt croyant m'intimider, il m'éxagéroit les forces de l'Angleterre : tantôt il cherchoit à faire valoir les prétenduës offres de l'Espagne à sa Nation. Quelquefois il s'étudioit à arracher aux Députés & à moi, quelqu'aveu dont il pût tirer avantage : il supposoit même malignement, que nous avions dit des choses, auxquelles nous n'avions jamais pensé. Il alla jusqu'à vouloir mettre la division entre les Députés & moi ; en faisant tomber sur moi seul, le refus d'assister ouvertement les Etats : il s'avisa de demander & de faire demander par ses Collègues, que la France payât sur l'heure à l'Angleterre, en déduction de ses dettes, quarante ou cinquante mille livres sterling ; & il dit aux Députés, que c'étoit pour les employer à leurs besoins les plus pressans : à quoi ils ajoûterent, que le refus que j'en faisois, ne devoit être imputé qu'à moi seul; parce que je disposois, disoient-ils, de tout l'argent de France. Si tout le mérite de ceux qu'on appelle ordinairement de fins Politiques, est de chercher ainsi à surprendre les cœurs droits, & à leur faire porter la haine de leur propre méchanceté, pendant que tout le fruit leur en reste à eux-

## LIVRE QUINZIEME.

mêmes; c'est en vérité quelque chose de bien méprisable qu'un Politique. Ce qui me piquoit le plus, étoit de voir que ces Ministres, qui n'étoient là que pour exposer les intentions du Roi, y substituoient impudemment les leurs propres : car je sçavois bien, & la manière seule dont ce Prince leur avoit parlé en ma présence, me persuadoit, qu'il leur avoit commandé tout le contraire de ce qu'ils faisoient.

Les Députés, qui étoient rentrés pendant ce temps-là, s'étant retirés fort mécontens, comme on le juge aisément, & dans une plus grande perplexité qu'ils n'étoient auparavant; Cécil changea une dernière fois de batterie. Il me dit, Que puisque les choses étoient telles, que le Roi de France ne pouvoit entrer en Guerre que conjointement avec l'Angleterre; que celle-ci ne pouvoit le faire, si elle n'étoit payée de la France & des Etats : ce que ni l'un ni l'autre ne pouvoit faire actuellement; le mieux étoit que les deux Rois continuassent à vivre Amis, mais sans entrer dans aucun démêlé étranger. C'étoit-là vrai-semblablement le véritable but du Secrétaire; & depuis un si long-temps qu'il parloit, ces deux mots étoient tout ce qu'il avoit dit de sincère.

Comme je ne jugeai pas à propos de répondre à ce discours; les Anglois, croyant peut-être m'avoir amené à leur point, dirent, Qu'ils feroient rapport au Roi, de tout ce qui s'étoit passé dans la Conférence; & qu'ils lui demanderoient une Audience pour moi, où tout seroit conclu en deux mots, sur ce pied : Que suivant les apparences, cette Audience seroit la dernière; & que j'y recevrois mon congé : ne restant plus rien à faire après cela. Si je gardai le silence en cette occasion, ce ne fut pas assurément que j'acquiesçasse à leurs raisons : Au contraire, la manière dont ils venoient encore de se décéler eux-mêmes, & de s'avouer en quelque façon menteurs & imposteurs, m'avoit donné pour eux le dernier mépris : Mais je jugeai qu'en contestant & en m'échauffant, loin de leur faire quitter une résolution, qu'ils avoient concertée ensemble, je pousserois peut-être la chose jusqu'à une rupture : au lieu que dans les termes où nous étions restés, l'amitié subsistant du moins entre les deux Rois, & pouvant encore être cimentée par un double Mariage, ( car on en parloit publiquement; ) il se présenteroit peut-être dans la suite, quelque occasion plus favorable. Je ne désespérois

1603.

pourtant pas encore abſolument du ſuccès de ma Commiſſion; parce que je croyois voir que le Roi n'entroit pour rien, dans les deſſeins que ſes Conſeillers s'efforçoient de faire réüſſir.

C'eſt de quoi je me propoſai de m'aſſûrer dans ma troiſiéme Audience: car je ne donne point ce nom à ma réception du Dimanche. Je l'avois fait demander par Cécil au Roi. Ce Prince envoya le Chevalier Aſquins me dire, Qu'il me l'accordoit pour le lendemain même de la Conférence, dont il vient d'être parlé; & que je ne menaſſe avec moi que peu de perſonnes; parce qu'il vouloit s'entretenir particulierement avec moi: ce qui me fut encore confirmé de ſa part, par Milord Oreladoux, Ecoſſois, l'intime Ami du Comte de Mare, qui étoit le mien. Milord Humes & le Vicomte Savard vinrent me prendre à Londres, ſur le midi; & me remirent, en débarquant à Grenwich, entre les mains du Comte Derby, de la Maiſon Royale, qui me conduiſit dans la Chambre du Roi: Je n'avois avec moi, que quatre Gentilshommes & deux Sécretaires.

Le Roi d'Angleterre me prit par la main; & défendant qu'on le ſuivît, il me fit rentrer par ſon Cabinet, dans ſes galeries, dont il ferma les portes. Il m'embraſſa deux fois, avec des expreſſions qui marquoient combien il étoit ſatisfait du Roi de France & de moi; & combien il étoit touché de ce que Sa Majeſté Très-Chrétienne lui avoit envoyé l'homme de tout ſon Royaume, qui lui étoit le plus néceſſaire. Il éxigea que profitant de l'occaſion préſente, je lui parlaſſe ſans aucune reſerve. Ce moment me parut favorable, pour me plaindre à Sa Majeſté, de ſes Miniſtres: Je lui dis, après les remercimens ordinaires, Qu'il m'étoit plus avantageux en toutes manières de traiter avec Elle, qu'avec ſes Conſeillers; qui après avoir fort mal éxécuté ſes ordres dans la dernière Conférence, n'avoient pas manqué ſans doute, de lui faire encore un rapport infidèle de ce qui s'étoit paſſé entr'eux & moi, & les Députés Flamands: & je lui promis de lui faire un récit ſincère de tout, ſi elle vouloit me le permettre.

Le Roi ayant agréé ma propoſition; je n'omis rien de ce qui s'étoit dit la véille. J'inſiſtai en particulier, ſur la propoſition de rembourſer actuellement l'Angleterre, de l'argent prêté; & ſur la calomnie contre Sa Majeſté Très-Chrétienne ne & moi, dont on l'avoit accompagnée. J'ajoûtai, que si 1603. après avoir rempli mes Lettres à Henry, d'éloges de la générosité, de la prudence & de la parfaite amitié du Prince, auquel j'avois l'honneur de parler; & cela, parce qu'il m'y avoit autorisé par ses actions & ses paroles ; je venois ensuite à tenir subitement un langage tout opposé, sans avoir rien à apporter, que des difficultés toutes frivoles ; le Roi mon Maître ne pourroit guére penser autre chose, sinon que j'avois traité en Ministre flateur, & peut-être infidèle, les intérêts qui m'avoient été confiés : outre qu'une pareille déclaration ne pouvoit passer que pour l'effet d'une intelligence décidée avec l'Espagne ; d'où s'ensuivroit peut-être une rupture entre les deux Rois, qui n'avoient pas moins d'intérêt que d'inclination, à demeurer toujours parfaitement unis. Je ne crus pas devoir balancer à révéler au Roi d'Angleterre, qu'il y avoit plusieurs de ceux qu'il admettoit dans son Conseil, qui n'étoient ni bien intentionnés, ni bien affectionnés à sa personne : que sans les lui nommer, il devoit regarder comme tels, tous ceux qui se montroient assez peu zélés pour sa gloire & pour l'honneur de sa Couronne, pour lui conseiller de se rendre, sous le nom d'Allié, l'esclave de l'Espagne : que le plus sûr pour lui, étoit de se défier de tous ceux qu'il ne connoîtroit pas parfaitement, & d'en croire toujours plûtôt ses propres lumieres, que la voix de ses Ministres.

Ce n'étoit pas une chose bien difficile, que de faire entrer le Roi d'Angleterre en défiance de ses Ministres ; il n'y étoit que trop naturellement porté. Le changement que je remarquai sur son visage, en entendant mes dernieres paroles ; quelques gestes, quelques mots entrecoupés qui lui échaperent, me le persuaderent assez : je crus même sentir, à n'en pouvoir douter, que soit par l'effet de cette défiance, ou par celui des louanges que je lui avois données ; ce Prince étoit enfin dans la disposition la plus favorable où je pouvois le souhaiter. Je saisis cet instant, pour jetter dans la conversation quelques propos généraux d'un projet, par lequel la tranquilité de l'Europe entiere, quant à la politique & à la Religion, pouvoit naître par le moyen de Sa Majesté Britannique. Je m'arrêtai court après ce peu de paroles ;

*Tome II.* H h

comme si j'avois appréhendé de fatiguer ce Prince par un trop long discours : mais je voyois bien qu'il n'étoit pas possible que la curiosité de Jacques ne fût piquée du peu que je venois de dire. Aussi me répondit-il, que je ne l'ennuyois point ; & qu'il falloit sçavoir quelle heure il étoit. Il sortit, & le demanda à ceux de ses Courtisans, qu'il trouva au bout de la galerie. On lui répondit, qu'il n'étoit pas encore tout-à-fait trois heures : » Monsieur l'Ambassadeur, me dit-il, je » veux rompre la partie de chasse que j'avois faite aujour-» d'hui, pour vous entendre jusqu'au bout ; je suis persuadé » que cette occupation me sera plus utile que l'autre. «

Ce qui me détermina à faire un pas aussi hardi, que celui de communiquer au Roi Jacques, les grands desseins sur l'Espagne & sur toute l'Europe, qui avoient été concertés entre Henry & Elisabeth ; c'est que j'étois persuadé que ce Prince, déja porté intérieurement à l'Alliance avec la France, n'avoit plus besoin pour le fixer dans cette résolution, que d'y être engagé par un motif grand & noble ; & que d'un autre côté, ses Ministres le rameneroient toujours à leur façon de penser, tant qu'il ne se soûtiendroit pas contr'eux, par la persuasion qu'ils ne combattoient son avis, que parce qu'ils l'ignoroient. Cela ne m'empêcha pas de prendre une précaution, que je jugeai essentielle ; & on va la voir.

Je repris donc la parole, si-tôt que le Roi se fut rapproché ; & je lui dis, Que sans doute il avoit quelquefois pensé, & avec beaucoup de raison, qu'un homme qui possede les emplois & les dignités, dont on sçavoit que j'étois revêtu, ne quitte point sa place, sans un très-grand sujet : que j'étois dans ce cas : Que quoique ma Commission se bornât à demander l'union du Roi d'Angleterre avec celui de France ; je m'étois cependant proposé, avant que de sortir du Royaume, d'entretenir Sa Majesté Britannique de quelque chose d'infiniment plus considérable ; sur l'opinion que la Renommée m'avoit donnée, de ses talens & de ses lumieres : Mais que ce que j'avois à lui dire étoit tel, que je ne pouvois le lui révéler, sans m'exposer à me perdre, qu'après que ce Prince se seroit engagé en secret, par le serment le plus solemnel. Jacques plus attentif que je ne sçaurois le dire, balança pourtant à faire le serment que je lui demandois, & pour

# LIVRE QUINZIEME.

s'en difpenfer, il chercha à deviner de lui-même, ce que je pouvois avoir de fi intéreffant à lui communiquer. Lorfqu'il eut vu que les différentes queftions qu'il me fit coup fur coup, ne le mettoient pas plus au fait; il me fatisfit enfin par le plus terrible de tous les fermens; je veux dire, par celui du Sacrement de l'Euchariftie.

1603.

N'ayant plus à craindre d'indifcrétion, je mefurai pourtant encore toutes mes paroles : & commençant par un point, que je fçavois intéreffer le plus le Roi d'Angleterre, je veux dire, par la Religion ; je lui dis, que quelque occupé que je lui paruffe des affaires & des grandeurs purement mondaines ; & quelqu'indifférent qu'il m'eût peut-être cru fur le chapitre de la Religion ; il n'en étoit pas moins vrai que j'étois attaché à la mienne, jufqu'à la préférer à ma fortune, à ma Famille, à ma Patrie & à mon Roi même : que je n'avois rien négligé, pour porter le Roi mon Maître, à l'établir en France par de folides fondemens ; dans la vive appréhenfion où j'étois, de la voir un jour fuccomber fous les efforts d'une faction auffi puiffante, que celle de réünir le Pape, l'Empereur, l'Efpagne, les Archiducs, les Princes Catholiques d'Allemagne, & tant d'autres Corps & Communautés, intéreffés dans cette caufe : Que j'avois affez bien réüffi jufqu'à ce jour : mais que peut-être je n'en avois obligation qu'aux conjonctures de pure politique, qui jettoit Henry dans le parti oppofé à la Maifon d'Autriche : Que ces circonftances venant à changer ; ou moi, qui étois le feul à entretenir Henry dans ce plan de politique, venant à perdre ma place ou ma faveur ; je ne voyois pas de quelle maniere le Roi de France pourroit réfifter à un parti, que tout le monde & fa propre Religion lui dictoient d'embraffer : Que cette confidération m'avoit fait fonger depuis long-temps, à chercher pour l'éxécution de ce deffein, une perfonne plus propre par fon rang & fa puiffance, que je ne l'étois, à accomplir, & à fixer Henry dans fes fentimens : Que trouvant dans le Prince auquel j'avois l'honneur de parler, tout ce que je cherchois, mon choix n'avoit pas été difficile à faire : en un mot, qu'il ne tenoit qu'à Sa Majefté Britannique d'immortalifer fa mémoire, en fe rendant en quel-

H hij

que manière l'Arbitre du fort de toute l'Europe, par un deſſein, auquel elle paroîtroit toujours avoir mis la derniere
main; quoique l'éxécution ne la regardât pas davantage, que
Sa Majeſté Très-Chrétienne.

Il ne reſtoit plus qu'à dire quel étoit ce deſſein. J'en
donnai d'abord au Roi d'Angleterre une idée générale,
ſous celle d'un Projet d'aſſociation entre tous les Etats &
Pays intérèſſés à abaiſſer la Maiſon d'Autriche; dont le
fondement étoit une Ligue offenſive & défenſive entre la
France, l'Angleterre & la Hollande, cimentée par l'u-
nion la plus étroite des deux Maiſons Royales de Bourbon & de Stuart. Je fis enviſager du premier coup d'œil,
cette aſſociation comme très-facile à faire. Elle ne ſouf-
froit aucune difficulté, par rapport au Danemarc, à la
Suéde, en un mot, à tous les Princes & Etats Proteſtans.
On pouvoit la rendre aſſez avantageuſe aux Princes Catholiques, pour la leur faire embraſſer; par éxemple, au
Duc de Savoie, en flatant ſon humeur inquiette & am-
bitieuſe, de l'eſpérance qu'il obtiendroit le titre de Roi;
aux Princes d'Allemagne, en partageant entr'eux ce qu'y
poſſédoit la Maiſon d'Autriche, la Boheme, l'Autriche,
la Hongrie, Moravie, Silèſie &c, & en rétabliſſant leurs
anciens Priviléges; au Pape lui-même, en lui accordant
la propriété des Pays, dont il ne poſſéde que la féodalité.
Quant au Roi de France: quoique je cherchaſſe à perſuader à Sa Majeſté qu'il n'avoit eu encore juſques-là aucune
part au Projet, que je feignois avoir imaginé ſeul; je répondois pourtant que lorſque je lui en aurois fait part, il ne
ſongeroit, ni a rien retenir pour lui de ſes conquêtes, ni
à en tirer aucune récompenſe; quoique ſuivant toutes les
apparences, la plus grande partie du fardeau dût retomber ſur lui; ſoit que l'on enviſage les frais d'argent néceſſaires pour cette entrepriſe, ou les ſervices qu'il rendroit
de ſa Perſonne même. Voilà le biais dont je crus devoir prendre la choſe, par rapport à Henry, pour ne pas trop le compromettre.

Le Roi d'Angleterre propoſa tout d'abord quelques difficultés, ſur une union de tant de têtes ſi différentes, &
ſi différemment intentionnées; les mêmes à peu près, que

Henry y avoit faites, lorsque nous en avions parlé ensemble; & en dernier lieu, à Monglat, à son retour de Metz: Mais il ne laissa pas de prendre beaucoup de goût à ce dessein, sur la simple ouverture que je venois d'en faire; & il voulut que j'entrasse jusque dans le plus petit détail. Le discours suivant renferme à peu près en essence, ce que je dis à Sa Majesté Britannique.

1603.

L'Europe est partagée en deux Factions, qui ne sont pas aussi justement distinguées par leur Religion differente; puisque les Catholiques & les Protestans se trouvent confondus ensemble presque par-tout, qu'elles le sont, par leur intérêt politique. La premiere est composée du Pape, de l'Empereur, de l'Espagne, de la Flandre Espagnole, d'une partie des Princes & Villes d'Allemagne & Suisse, & de la Savoie, des Etats Catholiques d'Italie, qui sont Florence, Ferrare, Mantouë, Modène, Parme, Gênes, Lucques, &c. Il ne faut pas manquer d'y comprendre, ce qu'il y a de Catholiques répandus dans les autres endroits de l'Europe, à la tête desquels est cet ordre si turbulent des Jésuites, dont on ne peut douter que le but ne soit de tout assujettir à la Monarchie Espagnole. La seconde renferme les Rois de France, d'Angleterre, d'Ecosse, d'Irlande, de Danemarc & de Suéde, la République de Venise, les Provinces-Unies, & l'autre partie des Princes & Villes d'Allemagne & de Suisse. Je ne donne point ici de part à la Pologne, la Prusse, la Livonie, la Moscovie & la Transilvanie; quoique ces Pays soient assujettis à la Réligion Chrétienne: parce que la Guerre qu'ils ont presque continuellement avec les Turcs & les Tartares, en fait des peuples, en quelque manière étrangers, à l'égard de ceux de l'Occident de l'Europe.

A mesurer la puissance sur les Titres pompeux, sur l'étenduë du terrein, & sur le nombre des hommes; le premier coup d'œil ne sera pas favorable à la seconde de ces Factions; & on ne pourra s'empêcher de décider pour la supériorité, en faveur de la premiere: Cependant il n'y auroit rien de si faux que cette idée; & en voici la preuve. L'Espagne, qu'il faut nommer ici la premiere de sa Faction, quoiqu'elle ne soit que la troisiéme, par le rang & la dignité;

parce qu'en effet elle en eſt l'ame; l'Eſpagne, dis-je, jouit à la vérité, en y comprenant ce qu'elle poſſéde dans les Indes Orientales & occidentales, d'une étenduë de terre, bien auſſi grande que ſont la Turquie & la Perſe enſemble : mais s'il eſt vrai, comme on ne peut en douter, que le nouveau Monde, en récompenſe de l'or & des richeſſes qu'il lui apporte, la dépouille & de vaiſſeaux & d'hommes ; cette étenduë immenſe lui eſt plus à charge, qu'elle ne lui ſert.

Parcourons de même les autres Puiſſances de ce Parti : on trouvera par-tout beaucoup à rabattre des idées communes. Le Pape paroît attaché à l'Eſpagne : & c'eſt en effet ce qu'il a de mieux à faire ; environné, comme il l'eſt de toutes parts, par cette redoutable Puiſſance ; ſans avoir aucun ſecours à prétendre des autres Potentats Catholiques : Mais comme il regarde au fond ſon état, comme peu différent d'une ſervitude véritable ; & qu'il n'ignore pas que le Roi d'Eſpagne & les Jéſuites, ne font qu'une vaine montre de ſoûtenir ſon autorité ; on ne hazarde rien à aſſûrer, qu'il ne cherche que les occaſions de ſecouër le joug Eſpagnol ; & qu'il embraſſeroit volontiers un parti qui les lui offriroit, ſans courir de trop grands riſques : & l'Eſpagne elle-même a de lui cette opinion.

Venons à l'Empereur. Il n'a de commun avec l'Eſpagne, que ſon nom : ce qui ſemble ne ſervir qu'à rendre plus vives les jalouſies & les querelles, qui s'élevent ſi ſouvent entre les deux branches de la Puiſſance Autrichienne. Quel eſt d'ailleurs ſon pouvoir ? Il réſide tout dans ſon ſeul Titre : La Hongrie, la Bohême, l'Autriche & autres Pays voiſins, ne ſont preſque que de vains noms ; expoſé, comme il l'eſt, d'un côté, à voir fondre ſur ſes Etats, les formidables Armées du Grand-Seigneur ; ſujet d'un autre côté, à voir les Pays de ſa domination ſe déchirer eux-mêmes, par la multiplicité & la diverſité des Religions qui y ont cours ; dans de perpétuelles appréhenſions, que les Princes Electeurs ne ſe ſoûlevent pour rétablir leurs anciens priviléges. L'Empereur peut être mis aujourd'hui, après avoir tout évalué à ſon prix, dans la Claſſe des moindres Puiſſances de l'Europe. Je vois de plus, cette branche Autrichienne, ſi dépourvuë de bons Sujets, que s'il ne lui vient dans peu, un Prince assez brave, ou assez bon politique, pour sçavoir tenir unis les différens Membres, dont l'Allemagne est composée; elle a tout à craindre des Princes de ces Cercles, qui n'aspirent qu'à regagner leur liberté, sur le chapître de la Religion, & sur celui de l'Election. Je n'en excepte pas l'Electeur de Saxe lui-même; quoiqu'il paroisse le plus sincèrement attaché à l'Empereur, comme à celui dont il tient sa Principauté; parce qu'il est indubitable que sa Religion le mettra tôt ou tard, aux prises avec son Bienfaicteur : Mais en supposant que l'Empereur peut tout attendre de la reconnoissance de cet Electeur; celui-cy ne pourra rien, ou très-peu de chose, tant qu'il aura en tête la branche de Jean-Frédéric, qu'il a dépouillée de cet Electorat.

C'est ainsi qu'à tout bien éxaminer, on trouve que presque toutes les Puissances, dont l'Espagne paroît s'aider, ou lui sont peu attachées, ou lui sont d'un foible secours. Personne n'ignore qu'en général l'objet de toutes les Villes & des Princes, soit de l'Allemagne, soit de la Suisse, est de se délivrer de la domination de l'Empereur; & même de s'aggrandir à ses dépens. Il ne peut pas plus compter sur les Princes Ecclésiastiques, que sur les autres : Un Empereur Etranger, est tout ce qu'ils souhaitent le plus; pourvû qu'il ne soit point de la Religion. Rien ne feroit tant de plaisir aux Archiducs, tout Espagnols qu'ils sont, qu'un arrangement, par lequel ils deviendroient en Flandre, Souverains indépendans de l'Espagne : ils se lassent à la fin de n'être que ses valets. Quel est le lien, qui attache le Duc de Savoie aux Espagnols ? La crainte seule de la France : car il les hait naturellement; & il n'a jamais pardonné au Roi d'Espagne, d'avoir partagé celle de ses Filles qu'il lui a donnée, si différemment de la Cadette. Il ne se présente rien autre chose à dire de l'Italie, sinon qu'elle ne peut que suivre la loi du plus fort.

Il est donc vrai que la seconde des factions que nous venons de marquer, n'a réellement rien à craindre; pourvû qu'elle entende assez bien ses intérêts, pour demeurer toujours unie. Or il est certain que ces motifs si naturels de désunion, ne s'y rencontrent point; ou qu'ils doivent tous, &

même celui de la différence de Religion, qui est en quelque sorte l'unique, céder à la haine contre l'Espagne, qui est le grand & commun motif qui les anime. Quel est le Prince tant soit peu jaloux de sa gloire, qui refuseroit d'entrer dans une Association ; dans laquelle on verroit quatre Rois, tels que ceux de France, d'Angleterre, de Suède & de Danemarc, se tenir par la main ? Elisabeth avoit coûtume de dire, qu'il n'y avoit rien qui pût résister à ces quatre Têtes réünies.

Ces vérités supposées ; il ne reste plus qu'à éxaminer, par quels moyens l'on pourroit réduire la Maison d'Autriche, à la seule Monarchie Espagnole ; & la Monarchie Espagnole, à la seule Espagne. Ces moyens consistent dans l'adresse, ou dans la force ; & j'en trouve deux, pour l'une & pour l'autre.

Le premier des moyens secrets, est de travailler à enlever les Indes à la Maison d'Autriche. Comme l'Espagne n'a pas plus de droit d'interdire ces Contrées au-reste des Européens, qu'elle en a d'y détruire les habitans naturels ; & qu'il est libre d'ailleurs à tous les Peuples de l'Europe, de se faire des établissemens dans les Terres de nouvelle découverte, dès qu'une fois ils ont passé la Ligne : cette entreprise seroit facile à exécuter, en mettant seulement sur pied trois Flottes, de huit mille hommes chacune, bien équipées & ravitaillées tous les six mois : L'Angleterre fourniroit les Vaisseaux ; la Flandre, l'Artillerie & les Munitions, & la France, comme la plus puissante, l'argent & les soldats. La seule convention à faire, seroit de partager également les Pays conquis.

Pendant ce temps-là, on prépareroit sécrettement le second de ces moyens, à l'occasion de la succession de Clêves, & de la mort de l'Empereur, qui ne peut être éloignée : de maniere qu'à la faveur des conjonctures, que feroient naître ces deux incidens, on trouveroit des raisons pour enlever à la Maison d'Autriche, l'Empire & ses autres dépendances en Allemagne ; & pour y rétablir la forme libre de l'Election, telle qu'elle étoit anciennement.

Le premier des deux moyens déclarés, est de prendre ensemble les armes, pour chasser les Espagnols de la Flandre; afin

afin d'ériger cet Etat en République libre & indépendante, portant feulement le titre de Membre de l'Empire. La chofe eft peu difficile, avec les forces des Alliés. Les Provinces-Unies, y compris le Liégeois, Juliers & Clèves, font un triangle, dont le premier côté, depuis Calais jufqu'à Embden, eft entierement fur la Mer : Le fecond eft borné par la France*; fçavoir, par la Picardie, jufqu'à la Somme, & par le Pays-Meffin, jufqu'à Mézieres : Le troifieme s'étend depuis Metz, par Trèves, Cologne & Maïence, jufqu'à Duffeldorp. Il ne s'agit que de garder ces trois côtés, de maniere qu'on les rende inacceffibles à l'Efpagne : Ce que l'on peut faire fans peine : l'Angleterre fe chargeant du premier ; la France, du fecond ; les Electeurs & autres Princes intéreffés, du troifiéme. Toutes les Villes qui peuvent fe trouver fur cette ligne, à l'exception peut-être de Thionville, qui obligeroit à la forcer, céderoient d'abord qu'on les menaceroit de les mettre à contribution.

1603.

Le fecond moyen des deux derniers, eft de déclarer de toutes parts & d'un commun concert, de la part de la Ligue marquée cy-deffus, la Guerre à l'Efpagne & à toute la Maifon d'Autriche. Le détail de cette entreprife eft fans doute infini : Ce n'eft pas ici le lieu de le faire : il trouvera fa place ailleurs. L'obfervation la plus effentielle au fujet de cette Guerre, c'eft que la France & l'Angleterre doivent renoncer à rien prendre dans le partage des Conquêtes, & les abandonner aux Puiffances, qui ne peuvent par elles-mêmes donner d'ombrage aux autres. Ainfi la Franche-Comté, l'Alface & le Tirol, font le partage naturel des Suiffes : la Lombardie doit échoir au Duc de Savoie, pour être érigée, avec fes autres Etats, en Royaume ; le Royaume de Naples, au Pape, comme ne convenant bien qu'à lui ; la Sicile, aux Vénitiens, avec ce qui les accommode dans l'Iftrie & le Frioul. Le fondement le plus folide de cette Conféderation, eft, comme on le voit, qu'il y auroit à gagner pour tous les Conféderés. Le refte de l'Italie, qui eft affujetti à fes petits Princes, peut être laiffé dans la forme de Gouvernement, où il eft : pourvû que tous ces petits Etats ne fuffent cenfés compofer enfemble qu'un feul Corps, ou République, dont ils feroient tous autant de Membres.

*Tome II.*                                               I i

Voilà à-peu-près comment j'exposai à Sa Majesté Britannique, le dessein que je voulois lui faire goûter. J'y ajoûtai tout ce que je croyois capable de lever ses doutes, & de le persuader. Je lui dis, que j'avouois que cette matiere excédoit la portée de mon esprit : Que je n'étois pas surpris que Sa Majesté y trouvât dans l'abord, de grandes difficultés : Que Henry ne manqueroit pas d'y en trouver aussi beaucoup ; mais qu'elles ne venoient que de ma propre foiblesse, & de l'impossibilité de faire bien sentir, ce qui pour être parfaitement expliqué, demandoit beaucoup de temps & de longs discours : Que j'étois intérieurement convaincu, que non-seulement ce dessein étoit possible, mais encore que le succès en étoit infaillible : Que s'il s'y trouvoit quelque chose de défectueux, dans la maniere dont je l'avois conçu ; il seroit aisément rectifié par les lumieres de quatre grands Rois, & des plus fameux Capitaines de l'Europe, auxquels on le donneroit à exécuter.

Je revins encore à l'Alliance des deux Rois de France & d'Angleterre ; & je dis à Sa Majesté Britannique, que cette Alliance étant le premier & le nécessaire fondement de la Confédération que je venois de lui proposer ; c'étoit par celle-là qu'il falloit nécessairement qu'elle commençât : sans s'arrêter aux discours des gens passionnés, ni se laisser toucher par des considérations aussi frivoles, que celles des dettes de la France & de la Flandre à l'Angleterre. Je l'assûrai que l'Angleterre n'avoit rien à perdre du côté de la France ; puisque Henry ne faisoit tant de provisions d'Armes & de Munitions, & n'amassoit de si grandes sommes, que pour se voir un jour en état de satisfaire à tout, & d'accomplir par lui-même la plus grande partie de cet important Projet : du-moins que je croyois pouvoir me flater de l'y engager, par le motif de la gloire & de l'utilité publique, si puissant sur l'esprit de ce Prince. J'attaquai Jacques par son endroit le plus sensible ; je veux dire, par l'ambition d'immortaliser sa mémoire, & par le désir qu'il avoit, de paroître ressembler à Henry, & d'avoir part à ses louanges.

Enfin l'envie que j'avois de réüssir, fit que je rendis à ce Prince la chose si palpable, que m'embrassant avec un espéce de transport, qui provenoit d'amitié pour moi, & de ressentiment des mauvais conseils, qu'on avoit essayé jusques-

là de lui faire fuivre : » Non, Monfieur l'Ambaffadeur, me 1603.
» dit-il, ne craignez pas que je vienne jamais à manquer à
» ce que nous avons accordé enfemble. « Il me protefta fur
le même ton, qu'il ne voudroit pas pour beaucoup, n'avoir
pas entendu ce que je venois de lui dire : Qu'il ne démen-
tiroit pas la bonne opinion, que le Roi de France & moi
avions conçuë de lui : Qu'il étoit tel, que je l'avois penfé :
Que les réflexions qu'il alloit faire, fur tout ce que je venois de lui dire, ne feroient que le confirmer davantage
dans les fentimens, que je lui avois infpirés : Qu'il s'engageoit à moi d'avance, à figner le modelle du Traité d'Alliance, que je lui avois préfenté le Dimanche ; & où il avoit fait
quelques petits changemens, de fa main : Que je le figne-
rois de mon côté, au nom du Roi de France ; fi je n'aimois
mieux le remporter avec moi fans être figné, pour le faire
voir à Sa Majefté Très-Chrétienne : auquel cas il me donnoit fa parole Royale, que le renvoyant, ou le rapportant au
bout d'un mois ou fix femaines, approuvé, & figné de la
main de Henry ; il y joindroit fa fignature, fans la moindre
difficulté. Il finit, en m'affûrant obligeamment, qu'il
ne vouloit plus rien faire à l'avenir, que de concert avec le
Roi de France. Il me fit promettre le même fecret, que j'a-
vois eu la hardieffe d'éxiger de lui, pour toute autre perfonne, que pour le Roi mon Maître ; & il l'étendit jufqu'à me
défendre de mettre jamais fur le papier, certaines chofes
qu'il me confia, & que je fupprime à caufe de ce ferment.

Notre entretien avoit commencé à-peu-près à une heure,
& en avoit duré plus de quatre. Le Roi appella l'Amiral
Howard, les Comtes de Northumberland, de Southampton &
de Mare, Milord Montjoy, & Cecil : & il leur déclara, qu'a-
près avoir mûrement pefé mes raifons, il étoit réfolu à
faire une Alliance étroite avec la France, contre l'Efpagne.
Il reprocha hautement à Cecil, d'avoir agi & parlé au contraire de tout ce qu'il lui avoit commandé : explication, dont
le Sécretaire fe tira tout-à-fait mal : » Je vous ordonne à vous,
» M. Cecil, lui dit ce Prince, que fans autre replique ni
» conteftation, vous faffiez dreffer en conformité, toutes
» Expéditions néceffaires ; fuivant lefquelles, *j'en donnerai la*
» *dextre* (7), & toutes fortes d'affûrances, aux Ambaffadeurs

---

(7) Cette expreffion fignifie le Ser- | fait, en préfentant la main droite.
ment, ou promeffe d'Alliance, qu'on |

» de Messieurs les Etats : » C'est la premiere fois qu'il les avoit traités avec cette distinction. Après quoi se tournant vers moi, & me prenant les mains, il me dit : » Hé bien ! Mon- » sieur l'Ambassadeur, n'êtes-vous pas maintenant bien con- » tent de moi ? «

Je répondis par une inclination très-profonde ; & en faisant à Sa Majesté, les mêmes protestations de fidélité & d'attachement, que j'aurois pu faire à mon Roi : je le priai de permettre que je les lui confirmasse, en lui baisant les mains. Il m'embrassa, & me demanda mon amitié, avec un air de bonté & de confiance, qui déplut fort à plusieurs des Conseillers présens : & en me congédiant, il donna ordre au Comte de Northumberland, de m'accompagner jusqu'à la Tamise ; & à Sidney de m'escorter jusqu'à Londres.

*Fin du quinziéme Livre.*

# MEMOIRES
## DE
## SULLY.

✥✥✥✥✥✥✥✥✥✥✥✥✥✥✥✥✥✥✥✥✥✥✥✥✥✥✥✥✥

### LIVRE SEIZIEME.

L ne s'agiſſoit plus que de donner une derniere forme aux Conventions, qui venoient d'être arrêtées entre le Roi d'Angleterre & moi, & ſignifiées par ce Prince à ſes Miniſtres ; & d'en compoſer un Traité, ou pour parler plus juſte, un Projet de Traité entre les deux Rois. On ne pouvoit en effet appeller d'un autre nom, une Piéce qui ne devoit obtenir ſon dernier & principal effet, que de l'acceptation de Sa Majeſté Très-Chrétienne ; entre les mains de laquelle il falloit qu'elle paſſât auparavant. C'eſt ici que je ſentis quel tort faiſoit à ma Négociation, la malheureuſe précaution, que la néceſſité nous avoit obligés Henry & moi de prendre dans le Conſeil de France, de ne rien propoſer, que comme de moi-même, au Roi d'Angleterre.

1603.

Ce Prince beaucoup mieux perſuadé que je ne l'aurois ſouhaité, que dans toutes les propoſitions que je lui avois faites, je n'avois agi que de mon ſeul mouvement, & pour assûrer la Réligion Proteftante, contre tous les évènemens de la Politique; n'avoit garde de me regarder dans tout ce que je lui avois dit de fecret, comme l'organe du Roi mon Maître : & il croyoit faire beaucoup, en s'engageant le premier, fur des apparences très-fortes à la vérité, que le Roi de France en feroit autant, avec encore plus de plaifir. Mais quelle différence entre un pareil engagement général, & fujet à mille interprétations; & celui d'un Traité, dans lequel, en vertu d'un plein pouvoir du Roi, j'aurois inféré avec toute l'attention & le détail poffibles, toutes les claufes & conditions, & où je ferois entré dans toutes les explications, qui forment les liens irrévocables d'un Traité politique : Je ne ferois pas fi hardi à affûrer qu'au lieu d'une fimple formule de Traité; j'étois en droit d'attendre en cette occafion de Sa Majefté Britannique, la fignature d'un Traité complet de tout point; & contre lequel il ne lui auroit pas été poffible à elle-même de revenir : fi les regrets, dont les Lettres du Comte de Beaumont au Roi font pleines, fur ce manque d'un Blanc-figné, n'étoient pas un témoignage authentique, que l'amour propre ne me fait rien dire ici de trop.

Je me ferois pourtant un reproche, fi je paroiffois foupçonner la bonne foi du Roi Jacques: j'avouë au contraire, qu'aucun Prince de l'Europe ne fe montre en être plus jaloux: Mais il arrive, par je ne fçais quelle fatalité, que la chofe du monde qui paroît devoir être la moins expofée aux caprices du fort; je veux dire, un Accord Politique, pur ouvrage de l'efprit, libre dans fes opérations, & maître de fes fentimens; eft pourtant ce qu'on connoît de plus fragile. Ceux qui le contractent, ne voudroient en aucune autre occafion, encourir le blâme d'avoir manqué à leur parole : & cependant elle fe trouve prefque toujours fans éxécution, pour peu qu'on trouve quelque couleur au parjure : comme fi éluder une promeffe folemnellement engagée, n'étoit pas la même chofe que la violer. Je ne pouvois douter que fitôt que je ferois parti, les Confeillers de Sa Majefté Britannique ne fiffent tous leurs efforts, pour détruire un travail, qu'ils n'avoient pu empêcher. Je m'attendois bien que Cécil feroit un des plus ardens : La victoire que je venois de remporter fur lui; le chagrin qu'il avoit effuyé de la part du Roi, à mon fujet; la confufion dont l'avoit couvert la con-

# LIVRE SEIZIEME.

1603.

verfation que j'avois euë avec lui, lorfqu'elle avoit été répanduë dans le monde; étoient autant de traits, qui avoient achevé d'ulcérer fon efprit.

On conviendra fans peine malgré tout céla, que j'avois fujet d'être fatisfait du fuccès de ma négociation. (1) Si je me confidérois moi-même dans cette affaire; la maniere dont elle fe terminoit, étoit tout ce qui pouvoit m'arriver de plus avantageux: puifqu'en remportant la gloire d'avoir réüffi dans une entreprife, regardée comme très-difficile; je ne courois point le rifque d'être accufé d'avoir paffé les bornes de ma Commiffion. Le Roi & fon Confeil étoient les maîtres de retrancher & de changer tout ce qu'ils jugeroient à propos, dans un accord, dont je n'avois rendu ni eux, ni moi-même, garands: ainfi j'avois fait tout ce que je pouvois faire. A l'égard du bien de la chofe, envifagée felon les deffeins & l'intention du Roi, aufquels j'aurois facrifié fans peine toute autre confidération: fi je n'avois pas complettement réüffi; c'eft que je ne pouvois aller plus avant, fans m'écarter des termes, je ne dis pas de mon inftruction publique, mais de l'inftruction fecrette même. Il en réfultoit toujours un avantage réel & fenfible: c'eft que dans une conjoncture, où l'on avoit eu tant de juftes fujets de craindre une union intime de l'Angleterre avec l'Efpagne; ce deffein fe trouvoit abfolument ruiné; & Sa Majefté Britannique, engagée dans un autre, d'où elle ne pouvoit revenir fi-tôt, ni fi facilement, au premier.

Je me mis donc incontinent à rédiger la Formule de Traité. Je la remis enfuite, pour être vûë & examinée une derniere fois, au Roi d'Angleterre & à fes Confeillers; qui la lû-

(1) Il eft fait mention avec éloge, de cette Ambaffade de M. de Rofny en Angleterre, dans prefque toutes les Hiftoires & Mémoires du temps: fans parler de plufieurs Ecrivains modernes, qui y ont joint leur fuffrage; dont quelques-uns, comme l'Auteur des Mémoires d'Etat de Villeroi, & de l'Hiftoire du Duc de Bouillon, n'ont aucun intérêt à élever la gloire de ce Miniftre. Le récit qu'en fait P. Matthieu, eft conforme à celui qu'on vient de lire, jufques dans les moindres circonftances. *Tom.*

2. *liv. pag. 577. & fuiv.* Voyez auffi les Mff. de la Bibl. du Roi. *Vol.* 9590. & le premier volume de Siri ( *Mém. Recond.* ) Outre le détail de l'Ambaffade du Marquis de Rofny à Londres, qui de tout point fe rapporte avec celui qu'on vient de lire ( *pag.* 126. *& fuiv.* ) On trouve par-tout dans cet Hiftorien, des particularités très-curieufes, fur le Confeil & fur la perfonne du Roi Jacques; ainfi que fur les affaires de la Cour d'Angleterre.

rent plusieurs fois ; y retoucherent l'un après l'autre ; & y firent quelques changemens de nulle importance : enfin, elle fut arrêtée de la maniere qu'on va voir.

Le Roi d'Angleterre, après de grands remercimens à Sa Majesté Très-Chrétienne, de la maniere dont elle l'avoit prévenu, & de la qualité de l'Ambassadeur qu'elle lui avoit envoyé ; renouvelloit & confirmoit les anciens Traités d'alliance, tant d'Elisabeth avec Henry, que de l'Ecosse avec la France ; & entendoit se les appliquer personnellement par celui-ci, qui en quelque sorte les réünissoit tous, & avoit de plus, pour objet particulier, la défense commune de leurs Personnes contre l'Espagne ; celle de leurs Etats, de leurs Sujets & de leurs Alliés réciproques, tels & en quelque temps qu'il plût aux deux Rois de se les désigner. Les Provinces-Unies étoient déclarées jouir de cet avantage : & c'étoit les seuls Alliés, qui fussent ici nommément exprimés. Il étoit stipulé, par rapport à eux, qu'on prendroit des moyens convenables, ou pour assûrer pleinement leur liberté, ou du moins pour faire ensorte que s'ils étoient réputés Sujets de l'Espagne, ou de l'Empire, ce ne fût qu'à des conditions, qui leur procurassent une parfaite tranquilité, & qui ôtassent aux deux Rois Alliés, la crainte d'une domination trop absoluë de la Maison d'Autriche dans ces Provinces.

Pour tout cela, outre que les deux Princes s'engageoient mutuellement à se déclarer ouvertement, à la réquisition de l'un d'eux : afin de ne pas se laisser surprendre aux artifices de la Cour de Madrid ; on convenoit dès-à-présent, de fournir aux Etats Généraux, un secours suffisant pour les tirer de l'oppression : le nombre des hommes qui devoient le composer, n'étoit pas réglé : il y étoit seulement marqué, que ces Soldats seroient tirés de l'Angleterre seule ; & que tous les frais de cet armement, seroient à la charge de Sa Majesté Très-Chrétienne ; une moitié, purement de l'argent de France ; l'autre moitié, en déduction des sommes dûes par la France à l'Angleterre. On n'oublioit pas de marquer, que cette manœuvre des deux Couronnes en faveur des Pays-Bas, se feroit sans aucun éclat, & le plus secrettement qu'il seroit possible ; pour ne pas enfreindre directement le Traité de Paix, fait avec l'Espagne. Si cette Puissance traitant cette

action

action d'infraction formelle, s'en prenoit aux Rois Protecteurs ; voici ce qui étoit résolu. Dans la supposition que le Roi d'Angleterre fût attaqué seul ; le Roi de France lui fourniroit une Armée de six mille François, soudoyés & entretenus à ses frais, pendant tout le temps de la Guerre ; & alors il payeroit à l'Angleterre, en quatre ans, & par portions égales, ce qui lui resteroit de dû. L'Angleterre agiroit précisément de la même manière avec la France, au cas que l'orage tombât sur celle-ci : le choix de la Mer ou de la Terre, seroit à la Partie attaquée ; & alors aussi, l'Angleterre ne pourroit lui rien demander de ses dettes. Enfin si l'Espagne déclaroit la Guerre aux deux Princes alliés, à la fois ; pour en tirer raison, & utilement pour la Flandre, Sa Majesté Très-Chrétienne tiendroit une Armée de vingt mille hommes sur les Frontieres de Guyenne, Provence, Languedoc, Dauphiné, Bourgogne & Bresse : elle en jetteroit pareil nombre du côté de Flandre ; & divertiroit les forces de l'Espagne, en croisant avec ses Galeres, dans le Levant de la Méditerrannée. Sa Majesté Britannique de son côté, outre une Armée de Terre de six mille hommes au moins, qu'elle tiendroit sur pied, enverroit une Flotte dans les Indes Occidentales, & croiseroit avec une seconde, sur les Côtes d'Espagne. Tout payement des dettes seroit sursis ; &, chacun demeureroit chargé de ses propres frais. De secrette qu'auroit été l'alliance jusqu'alors, elle seroit renduë publique, par un Traité offensif & défensif entre les deux Rois intéressés : & l'un ne pourroit, sans l'autre, ni désarmer, ni diminuer les forces convenuës, ni entamer aucun Accord.

Tel étoit en substance le Projet du Traité, qui m'avoit causé tant d'inquiétudes & de peines. Le Roi Jacques le signa : je le signai après lui ; & je ne songeai plus après cela, qu'à repasser au plûtôt en France, où il devoit être converti en un Traité solemnel. Je n'oubliai pas d'en donner avis à Henry, auquel pourtant je cachai, ou déguisai une partie de cette importante Nouvelle, ainsi que le détail de ce qui venoit de m'arriver en dernier lieu, chez le Roi d'Angleterre, en présence de ses Conseillers. Mes Dépêches étoient déja si longues, si fréquentes, si interrompuës & écrites avec tant de hâte, que ce n'étoit peut-être pas mal faire, que d'en épargner le travail à Sa Majesté, qui devoit avoir beaucoup de patience en les lisant. Ce n'étoit pourtant pas là le véritable sujet de mon silence : L'éxactitude avec laquelle Henry m'écrivoit lui-même; tant pour m'informer de ce qui se faisoit d'important dans le Conseil de France, que pour me donner de nouveaux ordres & de nouvelles instructions, conformes aux différens changemens, qui arrivoient dans les affaires de ma Négociation; me persuadoit assez que rien sur ce sujet ne le lassoit, ni ne le rebutoit. Mais outre que c'est un trait d'une assez bonne Politique, que de réserver en ces occasions quelque chose de nouveau à apprendre à son retour, pour être mieux reçu de son Maître; je ne voulois pas exposer le dernier secret de ma Négociation à être découvert, ni en aucune maniere, divulgué : Ce qui venoit d'arriver, étoit un avis pour moi, de me conduire avec une extrême circonspection. C'est un fait, dont je n'ai pas parlé en son temps; pour ne pas interrompre un récit plus intérèssant.

Parmi le grand nombre de Lettres, que je faisois partir de Londres, les unes adressées à Villeroi & au Conseil, les autres pour n'être vûës que du Roi seul; il s'en trouva une de ces dernieres, datée du 20 Juillet, qui ne fut point remise à Henry : ce qu'il comprit par la Dépêche de l'Ordinaire suivant; & il me le manda aussi-tôt. Cette Lettre étoit de la derniere conséquence. Je connoissois parfaitement le Courrier que j'en avois chargé : C'étoit un de mes Domestiques, aussi simple que fidèle; & qui me servoit même à ma chambre. Je le questionnai; & il me répondit, Que le Roi étant à la Chasse, au moment de son arrivée; il avoit porté le Paquet chez Monsieur de Villeroi, & l'avoit donné à un de ses Commis : Qu'il avoit oublié de demander le nom de ce Commis, qu'il ne connoissoit point; parce que dans le même moment, Louvet parloit aussi au Commis, & lui remettoit plusieurs autres Paquets, à l'adresse de son Maître. Voilà ce que je mandai au Roi; en le priant de faire faire de son côté, toutes les recherches nécessaires. Après bien des mouvemens & des informations, je ne reçus d'autres éclaircissemens de Sa Majesté, sinon qu'on lui avoit dit, & qu'elle croyoit que la faute venoit du Maître de la Poste d'Ecouan.

Je me doutois déja de quelque chose : & ce manége de

## LIVRE SEIZIEME.

Commis, dont la friponnerie m'étoit déja particulièrement connuë, achevant de m'ouvrir les yeux ; je demeurai frappé de l'idée, qu'il y avoit un Traître, employé dans les Bureaux du Roi ; & même, que ce ne pouvoit être qu'un de ceux qui travailloient fous Villeroi. J'écrivis à Henry, Que quelque chose qu'il pût me dire, cette souſtraction ne s'étoit faire qu'en cet endroit seul ; & qu'aſſûrément elle ne pouvoit pas avoir été faite par inadvertance, & sans deſſein. Ce Commis, quel qu'il fût, gagné par les Ennemis de l'Etat, pour découvrir le contenu des Lettres que j'écrivois de Londres à Sa Majeſté, ne put réſiſter à l'envie de décacheter celle-ci, dont l'adreſſe piqua ſa curioſité ; y ayant écrit ſur l'envelope du Paquet : *Paquet pour être mis ès mains propres du Roi, ſans être ouvert.* Il s'en repentit ſans doute, lorſqu'il vit qu'il n'en pouvoit faire aucun uſage ; ce qu'il y avoit d'eſſentiel dans la Lettre, étant exprimé avec un Chiffre, dont rien ne lui pouvoit expliquer le ſens : & c'eſt ce qui me conſoloit dans ce malheur : Mais la faute étoit faite ; & il aima mieux apparemment jetter la Lettre au feu, que de la rendre décachetée. On verra par les Mémoires de l'année ſuivante, que j'avois deviné juſte.

Henry auroit ſouhaité que j'euſſe pratiqué la Reine d'Angleterre & le Prince ſon Fils, comme j'avois fait le Roi Jacques ; pour bien connoître leur caractère & leurs inclinations, à l'un & à l'autre : Mais comme malgré tous les bruits qui avoient couru, cette Princeſſe étoit encore du côté de l'Ecoſſe, & ne pouvoit arriver ſi-tôt ; Sa Majeſté ne jugea pas ce motif ſuffiſant, pour me faire faire un plus long ſéjour à Londres ; pendant que pluſieurs autres affaires, preſque auſſi importantes, demandoient ma préſence à Paris : & elle fut la premiere à me preſſer de revenir au plûtôt. Cet ordre étoit parfaitement de mon goût : L'envie triomphe ſur-tout des abſens : mes amis perdoient encore plus que moi, de ce que j'étois éloigné. Je chargeai Vaucelas (2), mon Beau-frere, de porter à la Reine d'Angleterre les Lettres

---

(2) André de Cochefilet, Baron de Vaucelas, Comte de Vauvineux &c. Il fut depuis Conſeiller d'Etat, Ambaſſadeur en Eſpagne & en Savoie : Il étoit Frere de la ſeconde Femme de M. de Sully. La Maiſon de Cochefilet eſt marquée dans Du-Cheſne, pour l'une des plus anciennes du Perche ; originaire d'Ecoſſe ; & alliée des Rois d'Ecoſſe, de la Maiſon de Bailleul, en Normandie.

de Leurs Majestés, que j'avois apportées pour elle; & je l'instruisis de ce qu'il avoit à dire & à faire, pour parvenir à ce que le Roi désiroit sçavoir touchant cette Princesse.

Ma blessure à la bouche se rouvrit, comme je disposois tout pour mon départ : la fièvre qu'elle me causa, me retarda de quelques jours, & m'empêcha même d'écrire au Roi, comme à l'ordinaire. Dès que je sentis mes forces revenuës, je fis demander mon Audience de congé au Roi d'Angleterre, qui eut la bonté de m'épargner la peine d'aller cette fois jusqu'à Grenwich : il me fit sçavoir par Milord Oreladoux, qu'il se transporteroit exprès à Londres : qu'il m'attendroit à Westminster ; & que quelque matin que j'y vinsse, je le trouverois prêt à me donner Audience ; parce qu'il comptoit partir ce jour-là de très-bonne heure pour la chasse, » afin de dissiper, ajoûtoit obligeamment ce Prince, » le chagrin que mon départ lui causeroit. «

Je m'y rendis si matin, que le Roi n'étoit pas encore habillé. Je l'attendis près d'une heure ; & j'employai ce temps à visiter les sépultures magnifiques & les autres morceaux rares, qui rendent célebre l'Eglise de Westminster. Je fus reçu de Sa Majesté Britannique, avec toutes sortes de caresses : Jacques répondit au compliment que je lui fis, sur le regret que j'avois de m'éloigner de lui, que ce qu'il m'avoit mandé du sien, étoit très-véritable ; d'autant plus qu'il ne s'attendoit point à me voir repasser la mer, à cause des fonctions qui m'arrêtoient en France : mais il jura, & par tout ce que la Religion a de plus sacré, que par quelque personne que Sa Majesté Très-Chrétienne lui renvoyât le Traité, dont j'emportois la formule, il le signeroit sans autre discussion. Il parla de sa nouvelle Alliance avec Henry, d'une maniere très-touchante : & en disant qu'il prenoit ce Prince pour son unique modèle, aussi-bien que pour son ami; il s'engagea à mettre au rang de ses propres ennemis, tous les ennemis de ce Prince. Il fit une espèce de récapitulation de toutes ses promesses ; pour me donner la satisfaction de voir qu'il n'en avoit oublié aucune. Il s'obligea de ne donner ni intercession, ni accès auprès de lui à aucun des Sujets du Roi de France, dont ce Prince auroit le moindre sujet de se plaindre : & il éxigea la même déférence du Roi de France; sur-tout par rapport à tout Jésuite, qui seroit trouvé déguisé, soit dans ses Etats, soit sur ses vaisseaux. Il loua extrêmement Henry, d'avoir chassé cet Ordre de son Royaume, & dit qu'il lui conseilloit de tout son cœur, de ne pas commettre la faute de les rappeller : c'est l'article sur lequel il insista le plus. Aussi haïssoit-il ces Religieux, de toute la haine qu'il portoit à l'Espagne, jointe à celle que l'on a contre ceux, que l'on regarde comme ses ennemis personnnels : & il ne fut bien satisfait, que lorsque je me fus engagé, autant qu'il étoit en moi, à lui envoyer écrites, ces assûrances qu'il éxigeoit de Sa Majesté Très-Chrétienne. Il me remit deux Lettres pour le Roi & la Reine, de pur compliment, en réponse à celles qu'il en avoit reçuës, où l'article de l'Ambassadeur François ne fut pas traité légèrement. (3)

Chargé de ces Lettres, & du modèle du Traité, je ne voulus pas attendre plus long-temps à partir, que jusqu'au lendemain. Je sortis de Londres, après avoir reçu les adieux de tous les honnêtes gens ; & je repris la même route, par laquelle j'étois venu. Sidney & le Vice-Amiral Anglois, me servirent d'escorte jusqu'à la mer; & ils eurent soin de me fournir tout ce qui m'étoit nécessaire, à moi & à toute ma suite, tant pour le voyage de terre, que pour le trajet de mer.

J'oubliois l'article des présens, que je fis au nom de Sa Majesté Très-Chrétienne, en Angleterre. Celui du Roi fut six chevaux, parfaitement beaux & bien dressés, & richement caparaçonnés : Henry y joignit un autre don, qui devoit être estimé bien plus considérable encore ; je veux dire, la personne de Saint-Antoine, le plus excellent homme de cheval, qu'on connût : Celui de la Reine d'Angleterre, une des plus grandes & des plus belles glaces de Venise, qu'on ait vuës, dont le quadre d'or étoit couvert de diamans ; & celui du Prince de Galles, une lance & un heaume d'or, aussi enrichis de diamans, un Maître d'armes & un Baladin. Le Duc de Lenox, le Comte de Northumberland, en un mot, tous ceux que j'ai eu occasion de nommer, & quelques autres encore ; eurent, les uns des boëtes, les autres des enseignes, boutons, aigrettes, bagues & chaînes d'or & de diamans : plusieurs femmes eurent aussi des bagues & des colliers de

(2) L'Historien Matthieu dit que le Roi d'Angleterre fit présent au Marquis de Rosny, d'une chaîne de pierreries, de grand prix. Ibid.

perles. La valeur de tous ces préfens, y compris douze cens écus, que je laiſſai à Beaumont, pour être répandus en quelques endroits, étoit de foixante mille écus. L'objet du Roi, en faifant tant de riches préfens, dont même une bonne partie fut continuée aux Seigneurs Anglois, en forme de penfion, étoit de les retenir, & de les attacher de plus en plus à fon parti. Je les fis fur ma propre connoiſſance, & fur les recommandations de Beaumont : & ma principale attention fut de les diſtribuer, de maniere qu'ils ne fiſſent naître aucune jaloufie entre ces Seigneurs Anglois ; & que le Roi lui-même n'en prît aucun foupçon : la précaution dont j'uſai, fut de lui demander la permiſſion de reconnoître par quelque légere gratification, les fervices que j'avois reçus dans fa Cour.

Je reçus à Douvres une Lettre de Henry, par laquelle il me faifoit ſçavoir qu'il étoit arrivé le 9 Juillet, à Villers-côterets, où il m'attendoit avec impatience : il y paſſa quelques jours, pendant leſquels la Reine fit un voyage à Lieſſe. Je ne voulus point me repofer à Douvres ; & j'ordonnai l'embarquement pour le lendemain. Il fit un fi mauvais temps la nuit, que le Vice-Amiral Anglois me confeilla très-férieufement de changer de réfolution. Le plus petit délai ne paroiſſoit pas moins infupportable à toute ma fuite, qu'à moi-même ; fur-tout à ces Damoifeaux de Ville, qui fe trouvent hors de leur élément, lorfqu'ils ont perdu le pavé de Paris : ils me firent tous de fi fortes inſtances de quitter Douvres ce jour-là ; & la Lettre de Sa Majeſté me flatoit moi-même d'un accueil fi favorable, que je voulus qu'on appareillât. Le repentir fuivit de bien près une fi grande précipitation. Nous fûmes aſſaillis d'une tempête fi violente, qu'elle nous mit dans le dernier danger. Nous fûmes le jour tout entier à faire le trajet de la Manche ; & fi maltraités de la maladie de la mer, que fi trois cens que nous étions, nous avions été attaqués feulement par une vingtaine d'hommes, nous aurions été obligés de nous rendre.

Un fecond Billet que je reçus de Henry à Boulogne, m'obligea à ne pas perdre un feul inſtant. Je congédiai en cet endroit, ceux qui m'avoient accompagné, après les avoir remerciés de l'honneur qu'il m'avoient fait ; & je les laiſſai les maîtres d'aller où bon leur fembloit. Pour moi je profitai de l'attention qu'avoit euë Sa Majefté, de faire tenir prêts des chevaux de pofte, dans tous les endroits de mon paffage, au cas que ma fanté me permît de m'en fervir : Je pris la pofte à Abbeville, à trois heures après midi ; & j'arrivai le lendemain, fur les huit heures du matin, à Villerscôterets.

1603.

Je ne voulus point me repofer, fans avoir eu l'honneur de faluer Sa Majefté. Je la trouvai dans l'allée du Parc, qui aboutit à la Forêt, où elle avoit fait partie d'aller fe promener fur des chevaux, qu'on devoit lui amener. Meffieurs de Bellièvre, de Villeroi, de Maiffes & de Sillery, fe promenoient avec ce Prince ; & dans une allée prochaine, Monfieur le Comte de Soiffons, avec Roquelaure & Frontenac. Du plus loin qu'il m'apperçut, il dit, à ce que Maiffes me rapporta : » Voici l'homme que j'ai tant fouhaité, qui eft » enfin arrivé : Il faut faire appeller mon Coufin le Comte » de Soiffons ; afin qu'il foit préfent à la relation qu'il va » nous faire en gros, de ce qu'il a vu, entendu, dit & fait ; » dont il ne m'a rien écrit : Qu'on renvoie mes chevaux ; je » n'irai point dans la Forêt. «

Sa Majefté me releva, avant que j'euffe eu le temps de m'agenouiller pour lui baifer la main ; & elle m'embraffa deux fois étroitement. Ses premieres paroles furent, qu'elle étoit auffi fatisfaite qu'on le pouvoit être, de la maniere dont je l'avois fervie : Que mes Lettres ne l'avoient point ennuyée ; & qu'elle prendroit plaifir à entendre tout ce que je n'avois pas compris dans ces Lettres. Je répondis au Roi, que ce récit étoit un peu long, & ne pouvoit bien fe faire, qu'à mefure que l'occafion fe préfenteroit de parler de toutes ces différentes chofes. Je commençai par la Perfonne du Roi d'Angleterre, que je lui dépeignis tel à-peu-près que je l'ai fait dans ces Mémoires : Je n'omis, ni l'admiration que ce Prince marquoit pour Sa Majefté, ni fa joie, lorfqu'on le comparoit à elle, ni fa paffion de fe rendre digne de cette comparaifon : Je rapportai les preuves qu'il m'avoit données, de fon attachement à la France ; de fon mépris pour les chimeres, dont l'Efpagne avoit cherché à le remplir ; de fon éloignement d'époufer jamais le Parti des Calviniftes François révoltés. Ce Prince fentoit par fes propres befoins, combien ce dernier procédé eût été déraisonnable : y ayant un si grand nombre de séditieux dans ses Etats, que j'étois fort-trompé, s'ils ne lui donnoient un jour bien des affaires. J'ajoûtai, que si moi-même j'avois été d'humeur à leur prêter l'oreille, les principaux de cette faction m'avoient fait assez beau jeu, pour entrer avec eux dans des entreprises toutes des plus sérieuses. Je me souvins de la dépêche perduë ; & j'en dis hautement mon sentiment. Je revins au Roi d'Angleterre, pour rapporter à Sa Majesté, ce qu'elle ignoroit de ma derniere audience ; & je lui présentai, avec la formule de Traité signée de nous deux, les deux Lettres de Sa Majesté Britannique, & une autre Lettre, écrite à Sa Majesté, depuis mon départ de Londres, par le Comte de Beaumont ; & que j'avois reçuë dans la route. Henry se fit lire toutes ces Lettres par Villeroi.

Beaumont mandoit au Roi, que ce jour-là même, on attendoit à Londres la Reine d'Angleterre, avec ses Enfans : Qu'elle devoit descendre droit à Windsor, & y faire sa demeure avec le Roi : Qu'on n'étoit pas sans appréhension, que son arrivée ne mît bien du trouble dans les affaires, & ne rendît le courage aux mutins : Qu'heureusement, il n'y avoit aucun homme de tête parmi eux : Que l'Ambassadeur d'Espagne étoit enfin sur les Terres d'Angleterre, & à ce qu'on disoit, actuellement à Gravesend, avec celui du Duc de Brunswich ; d'où ils alloient prendre incessamment la route de Londres ; Sa Majesté Britannique ayant envoyé des Vaisseaux à l'Ambassadeur Espagnol, pour assûrer son trajet contre ceux des Etats : Que le Comte d'Aremberg comptoit si bien sur le changement que cet Ambassadeur apporteroit dans les affaires, que sçachant son arrivée, il étoit venu d'avance l'attendre à Windsor. Beaumont ne dissimuloit pas lui-même sa crainte des effets qui en pouvoient arriver, auprès d'un Prince susceptible de nouvelles impressions, moins encore par l'intérêt qu'il trouveroit dans des offres capables de l'éblouir, que par sa timidité naturelle, par sa foiblesse, & même par son scrupule de ne soûtenir qu'un Parti de rébelles, en appuyant celui des Provinces-Unies.

Beaumont parloit ainsi, sur la communication qu'il avoit euë d'un plan d'Accord entre l'Espagne & les Etats, imaginé & dressé en Allemagne : il en donnoit même la teneur, dans cette Lettre : Mais il paroissoit persuadé que les Députés des
Pays-Bas

Pays-Bas n'y confentiroient jamais, quand même l'Empereur fe rendroit garant de cet Accord: parce qu'ils ne le jugeoient, ni affez fort pour obliger l'Efpagne à l'obferver, ni même affez impartial, pour en efpérer une bonne Paix avec cette Couronne, & qu'ils fe défieroient en général de toute propofition, dans laquelle la France & l'Angleterre n'interviendroient pas. Il marquoit, que ces Députés étoient auffi fur le point de s'en retourner chez eux, bien réfolus d'y animer leur République à une vigoureufe défenfe ; dans l'affûrance que leur donnoient mes conventions avec Sa Majefté Britannique, de n'être pas abandonnés des deux Rois ; & fur la permiffion que venoit de leur donner ce Prince, de lever en Ecoffe des Soldats, commandés par Milord Bucloud, qu'ils avoient accepté pour Colonel de cette recruë. Beaumont avertiffoit en finiffant fa Lettre, que pour être encore mieux informé de tout ce qui fe pafferoit, & pour faire fouvenir le Roi d'Angleterre de fa promeffe, s'il en étoit befoin ; il alloit lui-même fe rendre à Vindfor. Je ne parle point des endroits de cette Lettre, où Beaumont fe répandoit en éloges de ma conduite & de ma Négociation.

» Hé bien! mon Coufin, dit Henry, en s'adreffant à M. le Comte de Soiffons, après que Villeroi eut achevé la lecture du Projet de Traité ; » que vous femble de tout cela? » dites m'en librement votre avis. « Je devinois fans peine la réponfe ; & Monfieur le Comte ne me trompa point : » Puifque vous le voulez, Sire, répondit-il ; je vous dirai, » Qu'il me femble que Monfieur le Marquis de Rofny a un » fort-grand crédit auprès du Roi d'Angleterre ; & qu'il eft » en une merveilleufement bonne intelligence avec les An- » glois : au-moins fi fa relation, & tout ce qu'on vous mande, » eft véritable : Qu'il vous devoit par cette raifon, apporter » des Conditions beaucoup plus avantageufes, & un Traité » en meilleure forme, que celui qu'il vous a préfenté ; qui » n'eft en effet qu'un fimple Projet d'efpérances & de » belles paroles, fans aucune affûrance que l'éxecution s'en- » fuive. Tout ce que vous dites-là, eft bel & bon, reprit Hen- » ry ; il n'y a rien de fi aifé, que de trouver à redire aux » actions d'autrui. « Sa Majefté continua à parler, comme fi elle avoit entrepris de faire mon apologie, & tout enſemble mon éloge. Elle dit, qu'il n'y avoit que moi en France, qui avec un pouvoir auſſi limité, eût pu faire ce que j'avois fait : Que l'on ne m'avoit pas même demandé mes Lettres de créance, à la Cour de Londres : choſe qui étoit ſans éxemple : Qu'elle s'étoit bien attenduë aux difficultés que j'avois euës à eſſuyer ; & qu'elle n'avoit pas eſpéré que je vinſſe ſi facilement à bout de les lever : Qu'elle étoit pleinement ſatisfaite ; & qu'elle ne ſe repentoit que d'une choſe, qui eſt de ne m'avoir pas donné carte-blanche. » Je connois par cet exem- » ple, dit ce Prince, la vérité d'un Proverbe Latin, que j'ai » entendu dire mille fois ; mais je ne ſçais ſi j'en prononce- » rai bien les mots : *Mitte ſapientem, & nihil dicas* : En tout » cas, je ſuis aſſûré que ſi ſa préſence devient encore néceſ- » ſaire par-de-là, il ſera toujours prêt d'y retourner, & de » me ſervir avec la même dexterité, qu'il a fait. « Je ne dis pas à-beaucoup-près, tout ce que le bon cœur de Henry lui inſpira en ce moment, pour ma défenſe : Ce que je trouvai de plus flateur, & infiniment au-deſſus des loüanges dont ce Prince m'accabla ; c'eſt d'ajoûter, comme il fit, qu'il ne craignoit point de me loüer ainſi en ma préſence ; parce qu'il ſçavoit qu'au lieu de me rendre par-là plus vain, & moins attentif, cela ne faiſoit qu'accroître l'envie que j'avois de mieux faire encore. Ces paroles fermerent la bouche à Monſieur le Comte.

Je ſatisfis enſuite à pluſieurs queſtions, que le Roi, en changeant de ton, me fit ſur la nature & la puiſſance des trois Royaumes de la Grande-Bretagne, ſur le caractere des Anglois, & ſur ce qu'ils penſoient de leur nouveau Roi. La converſation ſe tourna après cela ſur l'affaire de Combaut : Henry après me l'avoir fait conter en détail, donna toute ſon approbation à la maniere dont je m'y étois conduit ; trouvant un égal inconvenient, ſoit à favoriſer, ou à feindre de ne pas voir l'évaſion du Coupable ; ſoit à l'excuſer, ou à le ſoûtenir hautement. Je rapportai à Sa Majeſté, des traits du jeune (4) Servin, conformes au porttrait que j'en ai fait

---

(4) L'Etoile en fait mention : » On » s'étonnoit, dit-il, comment il ſe » pouvoit faire que la Peſte eût trou- » vé à mordre ſur une auſſi grande » Peſte que celle-là. »

plus haut. Le Roi avoit déja demandé deux fois, si l'on avoit servi : il rentra, pour se mettre à table ; en disant à Villeroi, de me donner à dîner ; & à moi, d'aller me reposer jusqu'au lendemain ; devant en avoir fort grand besoin, après une course en poste, suivie d'une aussi longue promenade : Qu'il continuëroit à m'entretenir le lendemain matin : & qu'il chargeroit Frontenac & Parfait, mes bons Amis, de me faire servir de sa cuisine, jusqu'à ce que mes équipages fussent arrivés.

1603.

L'après-midi, le Roi fit dans la Forêt la promenade, qu'il avoit eu dessein d'y faire le matin. Le soir, il m'envoya pour mon souper, deux excellens melons & quatre perdreaux ; & il me manda que j'allasse le trouver le lendemain de fort grand matin, avant qu'aucun de ses Conseillers eût pu se rendre au Château : ce que je fis. Sa Majesté étoit pourtant déja habillée, & avoit pris son bouillon, lorsque j'entrai dans son appartement : Elle regardoit jouer une partie de Paûme, dans la petite cour du Château, qui servoit de jeu de Paûme. » Allons nous promener, me dit ce Prin- » ce ; pendant qu'il fait encore frais : j'ai des questions à vous » faire, & des particularités à vous demander, sur lesquelles » je n'ai fait que rêvasser toute la nuit : Je me suis levé dès » quatre heures ; parce que toutes les imaginations qui me » sont venuës dans l'esprit là-dessus, m'empêchoient de dor- » mir. « Il me prit par la main, & me conduisit dans le Parc, où nous fûmes près de deux heures, seuls. Bellièvre, Villeroi & Sillery étant arrivés ; le Roi se promena encore une heure avec nous quatre. Notre occupation du matin fut la même, pendant les trois jours suivans, que Sa Majesté passa à Villers-côterets : C'est dans ces entretiens, que je lui rendis compte de ce que j'avois à lui dire de plus secret.

Je reçus plusieurs Lettres de Beaumont, dont le contenu va servir de supplément à ce que j'ai déja dit des affaires d'Angleterre. L'arrivée de la Reine à Londres, n'y apporta point tout le dérangement, dont on s'étoit prévenu : Les mécontens ne la trouverent point telle qu'ils s'étoient imaginés. Il semble qu'en changeant d'état & de pays, elle changeât tout d'un coup, d'inclination & de manieres : Par un effet des délices de l'Angleterre, ou de celles de la Royauté, son esprit se tourna vers les amusemens & la volupté; de maniere qu'elle parut ne s'occuper que de cela uniquement. Elle oublia si bien la politique Espagnole, qu'elle donna sujet de croire qu'au fond elle n'y avoit semblé attachée, que par la nécessité des conjonctures. Kainlos, qui l'avoit amenée, continua dans la profession qu'il faisoit ouvertement, d'attachement à la France. Quelques Dames, en qui cette Princesse avoit le plus de confiance, dirent confidemment à Beaumont, qu'elle n'étoit pas autant Espagnole, qu'on le croyoit. Il se fit présenter à elle, & lui fit des excuses pour moi, de ce que je n'avois pu l'attendre, ni aller moi-même lui remettre les Lettres de Leurs Majestés.

Cependant l'Ambassadeur Espagnol, qu'on avoit assûré si positivement être sur les terres d'Angleterre, n'arrivoit point. Le Comte d'Aremberg, trompé dans cette attente tout le premier, jusqu'à être venu séjourner à Vindsor, se vit enfin obligé de demander, sans lui, son Audience au Roi, qui la lui accorda. Je ne sçais comment elle se passa: je sçais seulement qu'il en demanda une seconde, pour laquelle le Roi lui fit essuyer mille remises: ce qu'on ne pouvoit pourtant attribuer qu'à son peu de goût pour les affaires, & à sa passion pour la chasse, qui sembloit lui faire tout oublier: puisque dans ce même temps, bien loin que sa conduite & ses discours eussent de quoi désespérer les Partisans Espagnols; il parut au contraire retomber dans ses premieres irrésolutions. Beaumont ne sçavoit à quoi attribuer ce changement; à son tempéramment; ou aux insinuations de Cecil, qui cherchoit tous les moyens possibles de le porter à manquer à sa parole. Heureusement il arriva mille nouveaux incidens, qui soûtinrent ce Prince contre cette tentation; & les Espagnols furent assez indiscrets, ou assez mal-adroits, pour que les principaux vinssent d'eux-mêmes.

L'Ambassadeur Espagnol ne fut pas plûtôt arrivé à Londres, car il y vint enfin; qu'on vit les brigues, les méchantes intrigues, les soupçons & la défiance, remplir la Cour & la Ville, & toutes les affaires dans un état violent. Il multiplia le nombre de ses créatures, parce qu'il fit des libéralités extraordinaires à tous ceux, dont il crut avoir besoin. Il chercha à traiter avec les Troupes Ecoſſoiſes, & à les engager dans l'Armée Eſpagnole, comme avoit fait les Etats: coup déciſif; & que la Hollande ne pouvoit guére éluder, qu'en les retenant pour elle-même, avec l'aide de ſes protecteurs. Toutes ces démarches de l'Eſpagnol, faites avec un air de hauteur & d'indépendance, aigriſſoient d'autant plus le Roi, que ſa foibleſſe naturelle le faiſoit répugner à les arrêter, en prenant le ton de Maître : Il auroit donné toute choſe au monde, pour ſe voir hors de cet embarras, par le départ de l'Ambaſſadeur. Il y eut plus : On parla ſourdement d'une Conſpiration des Anglois Catholiques (5) contre ſa Perſonne. Beaumont a toujours traité cette imputation de calomnie : & toute perſonne, qui aura connu l'état véritable de ce Corps en Angleterre, au temps dont je parle, trouvera dans ſa foibleſſe, & dans la baſſeſſe de ſes ſentimens, une preuve ſans replique pour le diſculper.

Mais une Conſpiration plus réelle, fut celle de quelques Seigneurs Anglois, qui formerent le complot de poignarder le Roi. Leurs Chefs ; car elle fut avérée ; & l'on fut perſuadé de plus, qu'ils ſuivoient les impreſſions des Archiducs & de l'Eſpagne (6); étoient Milord Cobham, Raleich, Gray, Markham, & pluſieurs autres, des principaux Serviteurs, & même des plus intimes Confidens de la feuë Reine; quoiqu'ils euſſent paru les plus empreſſés à faire hommage à ſon Succeſſeur : On ne nommoit pas néanmoins Cécil, dans cette Cabale. La choſe fit tout l'éclat, qu'on peut s'imaginer. Une diſpute de Religion, élevée dans les Conférences des Proteſtans avec les Puritains, vint augmenter le déſordre. On n'entendoit parler à la Cour que de démêlés particuliers. Le Comte de Northumberland cracha au viſage du Colonel Vere, en préſence de toute la Cour, & fut mis aux arrêts à Lambec, par ordre du Roi, juſtement irrité de

---

(5) Elle fut cauſe de l'Edit, par lequel le Roi Jacques chaſſa les Jéſuites de tous les Etats : Cet Edit eſt rapporté dans le troiſiéme Tome des Mémoires d'Etat de Villeroi, pag. 217.

(6) De Thou & la Chronologie Septénaire ſont de ce ſentiment. Le Roi Jacques ſe contenta qu'on fît mourir Milord George Brooke, & deux Prêtres, nommés Watſon & Clark : Il envoya le pardon aux autres, ſur l'échaffaut : action de clémence, qui lui mérita de grandes louanges, ann. 1603. Mem. Recond. vol. 1. pag. 243.

ce trait insultant. Le Comte de Southampton & Milord Grey se donnerent plusieurs démentis, aux yeux de la Reine, & se dirent des injures atroces : Pour ceux-cy, ils en furent quittes auprès du Roi, pour demander pardon de leur impudence, à cette Princesse ; & auprès d'eux-mêmes, pour faire intervenir l'autorité Royale contre les voies de fait : après quoi, on les vit se parler de bonne amitié, sans être autrement satisfaits. Ces Messieurs sont dans l'opinion, que le nom du Roi sauve l'honneur, à qui ne peut pas le sauver à soi-même.

Lorsque par le détail que me faisoit Beaumont dans ses Lettres, de tous ces démêlés publics & particuliers, je vis la chose au point le plus favorable, où je pusse la souhaiter ; je pris ce moment, pour mettre la derniere main à l'œuvre que j'avois commencée à Londres. Je me donnai l'honneur d'écrire à Sa Majesté Britannique : Je lui mandai, Que le Roi de France avoit ratifié avec plaisir, le Projet de Traité, passé entre Sa Majesté & moi ; & qu'il envoyoit au Comte de Beaumont, le pouvoir nécessaire pour le réduire en telle forme, que Sa Majesté le jugeroit expédient. Je lui réiterai les protestations d'obéissance & d'attachement, que je lui avois faites : & je l'assûrai qu'en le faisant, non-seulement je n'offensois pas le Roi mon Maître ; mais que je lui rendois service, & lui obéissois.

J'écrivis en même-temps à Beaumont. Je l'instruisis d'abord, de ce qui m'étoit arrivé, à mon retour en France ; de mes conversations avec le Roi ; & de la disposition où paroissoit être ce Prince, de me renvoyer quelque jour en Angleterre. Comme je lui envoyois en même-temps le Traité, signé de Sa Majesté ; je lui donnois là-dessus, les instructions nécessaires pour maintenir la bonne intelligence, que cette Pièce établissoit entre les deux Couronnes. Elle dépendoit en quelque maniere, de celle qui régneroit entre l'Ambassadeur de France à Londres, & celui d'Angleterre à Paris. Celui-ci s'étoit tenu fort offensé de la suscription d'une Lettre, où on lui donnoit un titre qui ne lui plut pas : Je voulus bien prendre le tort sur moi ; & je le réparai.

Beaumont ayant reçu le Traité, en donna avis au Roi d'Angleterre, qui l'adressa d'abord à Cécil. Il fut bien surpris de voir que ce Sécretaire, devenu tout d'un coup traitable, y donna les mains de fort bonne grace, & sans faire la moindre difficulté : il n'entendit que des éloges de Sa Majesté Très-Chrétienne, & de moi. Tout concourant dans les mêmes vuës; le Traité fut reçu, signé, & revêtu de la forme la plus authentique. J'en remerciai Sa Majesté Britannique, par une seconde Lettre; lorsque Dauval fut venu, de la part de Beaumont, apporter cette bonne nouvelle en France : & pour user de toutes sortes de contre-batteries, contre les Espagnols, qui faisoient des présens à toutes mains; on en fit aussi, & même des pensions, à tout ce qu'il y avoit d'Anglois distingués à la Cour du Roi Jacques : on continua à faire chercher pour ce Prince, les plus beaux chevaux qu'on pût trouver; & on les lui envoyoit, avec des harnois superbes, après qu'on les avoit dressés en France.

1603.

C'est ainsi que l'Espagne se vit frustrée des brillantes espérances qu'elle avoit conçues contre nous, de l'avènement du Roi d'Ecosse à la Couronne d'Angleterre; & qui étoient peut-être le motif des armemens immenses, qu'elle fit cette année. Une escadre de douze galeres Espagnoles, montées par trois mille hommes, & équipées de tout point, venoit d'être battuë le 27 Mai, par quatre seuls vaisseaux Hollandois : c'étoit le second échec en ce genre : Frédèric Spinola, Commandant de cette escadre, y perdit la vie. L'Espagne, pour réparer ces pertes, fit de tous côtés des prépatifs de guerre, capables de répandre la terreur : elle se rendit maître de la Méditerrannée, au moyen des galeres, qu'y commandoit Charles Doria : & pendant ce temps-là, on la voyoit s'occuper à préparer dans le Port de Lisbonne, des vaisseaux pour embarquer vingt mille Soldats; avec un travail si infatigable, que les Dimanches & les Fêtes y étoient employés.

*De-Thou. Septén. Ann. 1603.*

Chacun raisonnoit à sa maniere, sur l'objet d'un appareil si terrible. Les uns vouloient qu'il regardât la Flandre, & Ostende particulièrement : les autres le destinoient à conquérir la Barbarie; parce que le Roi de Cusco avoit promis au Conseil de Madrid, de lui faciliter la prise de l'importante Ville d'Alger, moyennant un secours d'hommes & d'argent, que ce Prince garda pour lui-même, sans beaucoup s'embarraſſer de tenir ſa parole. Bien des perſonnes étoient perſuadées, que l'Eſpagne en vouloit à la France elle-même. Le premier avis en fut donné à Sa Majeſté, avec celui de veiller au Château d'If, & aux Iſles de la Côte de Marſeille, pendant que j'étois en Angleterre, où ce Prince me le manda, ſans pourtant y ajoûter beaucoup de foi : quoiqu'il ſçût que le Duc de Savoie ne négligeoit rien pour lui rendre ce mauvais office : mais il ſçavoit auſſi, que l'Eſpagne trouvoit ce conſeil du Duc, intéreſſé : & d'ailleurs le Pape lui donnoit coup ſur coup, des aſſûrances du contraire, qu'on pouvoit vraiſemblablement regarder comme venant indirectement du Conſeil même d'Eſpagne, qui avoit ſes raiſons pour ne pas pouſſer ce Prince à bout.

Dans la vérité, le dénouëment de tout cela étoit renfermé dans celui que devoit avoir la double négociation de la France & de l'Eſpagne auprès du Roi Jacques : & Sa Majeſté prit là-deſſus le parti le plus ſage ; qui fut de donner de nouveaux ordres pour la diſcipline, dans le Languedoc, la Provence & le Dauphiné. Monſieur le Grand, qui venoit d'obtenir que l'artillerie de la Ville de Beaune n'en fût point tirée, fut envoyé dans ſon Gouvernement de Bourgogne ; avec ordre d'agir de concert avec Leſdiguieres, & de ſe jetter dans Genève, ſi le Duc de Savoie paroiſſoit vouloir faire quelque nouvelle entrepriſe ſur cette Ville : quoiqu'en même temps le Conſeil de France conſeillât fort à cette petite République, d'entendre à la médiation que lui avoient offert quelques Cantons Suiſſes, pour terminer enfin par un bon accord, cette eſpece de guerre lente & oiſive, qu'elle avoit depuis long-temps avec la Savoie. Il fut défendu cependant de faire paſſer aucunes armes de France en Eſpagne, ou dans la Flandre Eſpagnole : & Barrault fit arrêter à Saint-Jean-de-Luz, quatre mille cinq cens piques de Biſcaye ; qu'un Marchand François de Dieppe embarquoit pour les Pays-Bas, en fraude de cette Ordonnance.

*Emeric Gobier de Barrault.*

C'étoit un ſecond myſtère, que le long ſéjour qu'on voyoit faire à Doria ſur la Côte de Gènes, avec les galeres dont nous venons de faire mention. Il s'avança du côté de Villefranche ; comme pour prendre ſur ſon bord les trois Fils du Duc

Duc de Savoie, qui ne faifoient qu'attendre à Nice, l'occafion de paffer en Efpagne. Leur Pere les y envoyoit, dit-on, pour y être nourris, & élevés aux premiers grades (7) : Il convoitoit avec ardeur ceux de Gouverneur de Milan, & de Viceroi de Naples & de Sicile ; peut-être parce qu'il fe flatoit d'en démembrer quelque piéce pour lui, à la faveur de ces Titres. Tout le monde fut trompé. Doria paffa outre, fans defcendre, ni s'arrêter à Ville-Franche : Quelques-uns perfifterent néanmoins à croire que ç'avoit été fon deffein ; mais qu'il ne l'avoit pas voulu éxécuter, par reffentiment de ce que la Savoie n'avoit pas fait tout le cas de fa perfonne, ni ne lui avoit rendu tous les honneurs, qu'il croyoit mériter. D'autres foûtenoient qu'il en ufoit ainfi, d'intelligence avec le Duc de Savoie même ; afin que ce Prince eût un prétexte de demeurer plus long-temps à Nice; où, difoient ces fpéculatifs, il ne faifoit qu'attendre l'occafion d'éxécuter une entreprife fur la Provence. Enfin d'autres croyoient avoir trouvé la raifon de fon départ, dans un ordre qu'ils fuppofoient qu'il avoit reçu, d'aller joindre fon Efcadre au refte de la grande Armée de Mer des Efpagnols. Qui fçait fi le but du Confeil de Madrid, n'étoit pas fimplement d'accoûtumer les yeux à des mouvemens, dont on ne pût deviner la caufe ? Quoiqu'il en foit, le voyage des Enfans de Savoie ne fut pas rompu pour cela : Après s'être encore ennuyés quelque temps à Nice, ils pafferent le 20 Juin, à la vuë de Marfeille, fans faluer le Château d'If. Leur Equipage étoit de neuf Galeres, quatre de Malthe, trois du Pape, & deux de Savoie.

D'autres Troupes de Terre Efpagnoles, étoient cependant en marche, pour fe rendre d'Italie en Flandre. Sa Majefté étoit attentive, à tous leurs mouvemens ; d'autant plus qu'elle étoit inftruite que Hébert, forti de France & retiré à Milan, continuoit fes premieres brigues avec le Comte de Fuentes : Le fecret en fut découvert par une Lettre, qu'il écrivoit à fon Frere, Tréforier de France en Languedoc. Ces Troupes, ainfi que je l'appris à Londres de Sa Majefté elle-même, fortirent de la Savoie, & pafferent le Pont de

---

(7) Le fecond de ces Princes fut fait Viceroi de Portugal; & le troifiéme, Archevêque de Tolede, & Cardinal.

1603.

Grèsin le 1. Juillet, au nombre de dix Compagnies Napolitaines, commandées par Dom Inigo de Borgia. Dom Sanche de Lune demeura seulement dans ce Canton, avec un petit Corps de Troupes ; sans doute pour accélerer le Traité entre la Savoie & Genève, qui fut en effet conclu vers le quinze du même mois. Le reste des Troupes Espagnoles, qu'on tira d'Italie, consistoit en quatre mille Milanois, commandés par le Comte de Saint-George, qui prit la même route.

Malgré ces secours, qui devoient bien fortifier les Archiducs, Henry jugea que les Espagnols ne viendroient point encore cette année à bout de leur entreprise d'Ostende. Ils paroissoient eux-mêmes ne plus attendre cet évènement que du temps ; leurs forces étant considérablement diminuées. Les mille Chevaux que conduisoit le Duc d'Aumale, étoient réduits à moins de moitié, par la désertion ; & le reste étoit si fort à charge à ses propres Chefs, qu'ils alloient être obligés de les licencier au plûtôt. Telle fut la situation des Provinces-Unies, pendant cette année ; où elles remporterent encore un autre avantage contre leurs Ennemis. Quelques Vaisseaux Hollandois, en petit nombre, qui alloient charger des Epiceries, rencontrerent quatorze Galéres Portuguaises de Goa ; leur donnerent la chasse ; en prirent cinq, où ils trouverent de grandes richesses ; & disperserent le reste.

*De Thou. Septen. ann. 1603.*

L'Europe ne fut pas plus tranquile pendant le cours de cette année dans l'Orient, qu'elle l'étoit en Occident. Mahomet III. avoit cru bien s'assûrer le Trône, en faisant égorger vingt de ses Freres. Renfermé dans le fond de son Serrail, il ne s'appercevoit pas que sa Mere, à qui il avoit entierement abandonné le soin du Gouvernement, abusoit de son autorité. Il en fut instruit par les Janissaires, qui vinrent un jour en Corps, & d'un air qui ne souffroit ni refus, ni même de délai, lui demander la tête de deux Capi-Aga, qui servoient de Conseil à la Sultane Mere, & le bannissement de cette Sultane elle-même : ce qu'il fut obligé de faire éxécuter en leur présence. Il fit ensuite mourir son propre Fils, & la Sultane sa Femme. Enfin il mourut lui-même, frappé de Peste.

# LIVRE SEIZIEME.

1603

Reprenons la suite des Affaires du Royaume. De Villers-côterets, Sa Majesté étant revenuë à Fontainebleau; je la laissai en cet endroit, & je vins à Paris, vaquer à mes occupations ordinaires : c'est-à-dire, faire rendre des Comptes éxacts aux Receveurs-Généraux des Généralités, & autres personnes en place : En destituer sur de bonnes preuves de malversation comme il arriva à Palot, Receveur dans le Languedoc & la Guyenne : Pourvoir aux sommes nécessaires, à conserver les anciens Alliés de la Couronne, & à en acquérir de nouveaux ; & à l'entretien de ceux qui résidoient dans les Cours Etrangeres pour ce sujet : Enfin trouver à force d'œconomie, les moyens d'enrichir l'Epargne, en acquitant les dettes que le Roi avoit faites pendant la Ligue, & les autres engagemens de l'Etat. Sa Majesté mettoit ordinairement en tête, les pensions qu'on faisoit aux Cantons Suisses ; & elle avoit grand soin de s'informer s'ils étoient satisfaits : Moins nous avions d'Alliés du côté d'Italie; plus ce Prince croyoit qu'il étoit important de les ménager. Il fit présent aux Résidens de Venise à Paris, d'une paire de ses Armes, qu'il avoit portées un jour de combat. Cette République l'en avoit instamment prié ; & elle fit si grand cas de ce présent, qu'elle attacha avec une espèce de pompe, ces Armes dans un endroit, où elles fussent exposées à la vuë, & servissent de monument à la postérité, de sa vénération pour un Prince, si recommandable par ses vertus guerrieres.

Comme cette nouvelle œconomie répanduë dans toutes les parties des Finances, retranchoit la plus grande portion des profits, que les Courtisans & les autres personnes qui approchoient du Roi, tiroient des différens endroits ; & qu'elle diminuoit les libéralités, que Sa Majesté leur faisoit de sa propre bourse : ils imaginerent des moyens de remplir ce vuide ; auxquels ce Prince, charmé de les satisfaire, consentit d'autant plus volontiers, qu'il ne lui en coûtoit rien : C'étoit de faire rendre à Sa Majesté une infinité d'Ordonnances, portant création de milles petits droits & éxactions, sur différentes parties du Commerce, dont elle leur abandonnoit la jouissance. Cet usage n'eut pas été une fois introduit, qu'il n'y eut plus de sortes d'idées, qui ne vinssent à ceux, qui

M m ij

se croyoient en droit d'attendre quelque gratification de Sa Majesté. L'intérêt rendit tout le monde ingénieux : & bientôt tout se trouva plein de ces monopoles ; qui pour n'être pas considérables en soi, n'en portoient pas certainement, pris ensemble, un moindre préjudice à l'Etat, & plus directement au commerce, auquel on n'apporte point impunément les obstacles les plus légers. Je crus devoir faire à Sa Majesté de fréquentes & de fortes remontrances, & je ne craignis point de m'exposer à ce sujet, à tout le ressentiment de M. le Comte de Soissons ; avec lequel j'ai remarqué que je n'ai jamais pu vivre trois mois de suite, sans quelque querelle.

M. le Comte de Soissons présenta à Fontainebleau une Requête au Roi ; par laquelle il lui proposoit d'établir en sa faveur, un droit de quinze sols sur chaque ballot de Marchandises qui sort du Royaume. Cette idée n'étoit venuë assûrément à M. le Comte de Soissons que par suggestion ; & il n'en connoissoit pas toutes les suites : du moins il assûra au Roi, que cette imposition ne lui rapporteroit pas plus de trente mille livres par an ; & il le lui persuada si bien, que Sa Majesté qui croyoit lui devoir une gratification d'une pareille valeur ; vaincuë d'ailleurs par de continuelles importunités, lui accorda sa demande, sans m'en dire rien (j'étois alors à Paris) : & tout de suite, pour ne plus en entendre parler, Henry lui en fit expédier l'Edit, qu'il signa & fit sceller. Un reste de scrupule par rapport au commerce, dont il sentoit intérieurement l'importance, lui fit réserver verbalement une condition, en accordant cette grace : c'est qu'elle n'excédât pas cinquante mille livres ; & qu'elle ne se trouvât point trop fatigante pour le peuple, & trop à charge au trafic.

Ce que ce Prince venoit de faire, lui revint à l'esprit dès le soir même ; & il commença à avoir quelque soupçon, qu'on lui avoit imposé. Il m'en écrivit à l'heure même, & il me proposa la chose, comme on propose une question indifférente ; sans me dire ce qui s'étoit passé, ni nommer personne. Je ne sçavois qu'imaginer sur une pareille demande. Je me mis à supputer : & m'aidant dans ce calcul des Comptes des Traites-Foraines & Domaniales, & Entrées des gros-

# LIVRE SEIZIEME.

1603.

ſes denrées; je trouvai que le produit annuel de cet impôt, ne pouvoit être moindre que de trois cens mille écus : & regardant cette affaire comme infiniment plus ſérieuſe encore, pour le commerce des lins & chanvres, qu'elle me parut capable de ruiner dans la Bretagne, la Normandie & une grande partie de la Picardie ; je n'héſitai pas à prendre le chemin de Fontainebleau, pour en faire mon rapport à Sa Majeſté.

Ce Prince m'avoua tout ce qui s'étoit paſſé, avec de grandes marques d'étonnement, de ce qu'on avoit ainſi abuſé de ſon peu de défiance. Le véritable reméde eût été de ſe faire rapporter l'Edit, & de le ſupprimer, comme obtenu ſur un faux énoncé : mais pour ne pas me commettre avec M. le Comte de Soiſſons, qui n'auroit pu ignorer que c'étoit moi, qui avois ouvert les yeux à Sa Majeſté ; nous préférâmes celui d'empêcher que l'Edit ne fût vérifié au Parlement. Il ſuffiſoit pour cela, de ne pas y joindre, en l'envoyant à cette Cour, une Lettre de la main du Roi, ou de la mienne : c'étoit une convention faite de long-tems, entre le Roi & les Cours Souveraines : & ſans cette formalité, quelqu'ordre qu'on pût produire d'ailleurs, le Parlement ſçavoit à quoi s'en tenir, & n'enregiſtroit rien. Je vis pourtant bien, & je le dis à Sa Majeſté, que cet expédient ne me ſauveroit pas du reſſentiment de M. le Comte, ni de celui de la Marquiſe de Verneuil, que je découvris être intéreſſée pour un quint dans cette affaire, mais je lui parus réſolu à tenir bon contre M. le Comte, pourvû qu'il en fît autant contre les ſollicitations de ſa Maîtreſſe : ce qu'il me promit ; & de plus, qu'il me ſoûtiendroit hautement.

De retour à Paris, je vis arriver chez moi, deux ou trois jours après, M. le Comte de Soiſſons, qui me cajola fort, » pour avoir, diſoit-il, un *Maximilien de Bethune* tout au » long, dont il avoit beſoin. « Il crut qu'en me careſſant, & en me permettant l'air de familiarité avec lui, il obtiendroit aiſément cette ſignature ; ſans même être obligé de me dire à quelle fin il me la demandoit. Je répondis froidement, & en feignant de tout ignorer, que je n'avois jamais rien ſigné ſans connoiſſance. Il fallut avoir recours à un autre moyen. M. le Comte m'apprit ce que Sa Majeſté venoit de faire pour lui : & il me dit, que comme il n'ignoroit pas le mot du guet entre le Roi, les Cours Souveraines & moi ; la signature qu'il me demandoit, étoit une Lettre au Parlement de Bretagne, & à la Cour des Aides de Rouen.

Je pris un air encore plus sérieux, à cette déclaration : & affectant d'être fort étonné de ce que le Roi ne m'avoit en aucune maniére fait part de cette affaire, & de ce qu'il n'en avoit été fait aucune mention dans le Conseil, où les résolutions de cette importance devoient être portées ; j'en pris occasion de répondre à Monsieur le Comte, qu'un Edit de cette nature ; qui portoit si fortement sur l'intérêt public, devant être excepté de la régle commune ; je ne pouvois en prendre les risques sur moi : qu'il devoit s'adresser directement à Sa Majesté ; ou du moins, m'apporter un ordre de sa main, qui pût servir à me justifier contre les reproches, qu'une pareille condescendance ne manqueroit pas de m'attirer quelque jour. Monsieur le Comte n'insista plus, que pour dire d'un ton piqué & amer, qu'il voyoit bien que je me couvrois de cet air de circonspection, pour faire échouer son dessein, & pour rompre avec lui. Ces paroles ne m'ayant rien fait rabattre de ma résolution ; il sortit en grondant : je l'entendis rappeller entre ses dents, quelque chose de nos vieux démêlés ; & il alla décharger toute sa bile chez la Marquise de Verneuil.

Cette Dame, quoiqu'aussi irritée que Monsieur le Comte, ne laissa pas de m'aborder, comme je sortois de mon Cabinet pour aller trouver le Roi, qui étoit revenu au Louvre. Elle ne pouvoit prendre plus mal son temps. Le Roi trop facile, venoit encore de se laisser arracher une vingtaine d'Edits, dans le goût du premier ; tous à la vérité de fort peu de conséquence, j'en tenois le Mémoire, roulé autour de mes doigts ; & je partois dans le dessein de faire une nouvelle tentative auprès du Roi, en faveur du Peuple, que toutes ces tracasseries empêchoient de payer la Taille. Elle me demanda quel étoit le papier que je tenois : » Ce sont de » belles affaires, Madame, lui répondis-je en colère, & fei- » gnant de l'être encore bien davantage ; où vous n'êtes pas » des dernières ; « Son nom faisoit en effet le sixiéme Article. Je déroulai le Mémoire; & lui lus tous ces noms, avec l'intitulé des Edits: » Et que penſez-vous faire de tout cela, » me dit-elle ? Je penſe, lui repartis-je, à faire des remon- » trances au Roi. Vraiment ! reprit-elle ( car elle ne pou- » voit plus ſe contraindre ); il ſeroit bien de loiſir de vous » croire, & de mécontenter tant de Gens de qualité, pour » ſatisfaire vos caprices : Et pour qui voudriez-vous donc » que le Roi fît quelque choſe, ſi ce n'eſt pour ceux qui » ſont dans ce Billet, qui ſont tous ſes Couſins, Parens & » Maîtreſſe? Tout ce que vous dites, Madame, lui repliquai- » je, ſeroit bon, ſi Sa Majeſté prenoit l'argent dans ſa bour- » ſe : mais lever cela de nouveau ſur les Marchands, Arti- » ſans, Laboureurs & Paſteurs; il n'y a aucune apparence : » C'eſt eux qui nourriſſent le Roi & nous tous : ils ont bien » aſſez d'un Maître, ſans avoir tant de Couſins, de Parens & » de Maîtreſſes à entretenir.

Madame de Verneuil ne laiſſa pas tomber mes paroles ; & ſur-tout ces dernieres : elles lui ſervirent à faire mille mé- chans rapports, dans la rage qui la tranſportoit : Elle cou- rut redire au Comte de Soiſſons, que j'avois dit que le Roi n'avoit que trop de Parens ; & qu'il ſeroit heureux, lui & ſon Peuple, ſi l'on en étoit défait. Monſieur le Comte ne ſe poſ- ſéda plus. Dès le lendemain matin, il alla demander à parler au Roi ; & lui dit, après une longue énumération de ſes ſer- vices, que je l'avois ſi cruellemeut offenſé dans ſon hon- neur, qu'il falloit qu'il eût ma vie, ſi Sa Majeſté ne lui fai- ſoit pas juſtice elle-même. Hênry ſe montrant d'autant plus tranquile, qu'il le voyoit hors de lui, lui demanda ce que j'avois donc dit & fait ; & s'il le tenoit de moi, ou d'un au- tre : A quoi Monſieur le Comte, ſans vouloir entrer en ex- plication, répondit, que ſi nous avions été tous deux en préſence de Sa Majeſté ; quelques égards qu'il eût pour une perſonne qu'elle aimoit ; il n'auroit pu s'empêcher de s'en faire raiſon lui-même : Que ce qu'il diſoit étoit vrai : Qu'il devoit en être cru ſur ſa parole ; n'étant pas ſujet à mentir. » Si cela étoit, mon Couſin, lui dit Henry, d'un ton » tout propre à le déconcerter ; vous ne tiendriez pas de » ceux de votre Maiſon : car nous en donnons tous des plus » belles : Votre Frere aîné ſur-tout, y excelloit. Mais puiſ-

1603.

» que c'est un rapport qu'on vous a fait ; dites moi quel est
» celui qui vous l'a fait, & ce qu'il vous a dit, & puis je
» verrai ce que je devrai faire, & je vous contenterai, si vous
» voulez vous payer de raison. « Monsieur le Comte repartit, qu'il avoit fait serment de ne point nommer la personne ; mais qu'il la croyoit comme lui-même. « Quoi donc !
» mon Cousin, répliqua le Roi, vous ne voulez pas me dire
» ce que je vous demande, sous ombre de serment : Et moi, je
» fais aussi serment de ne rien croire, de tout ce dont vous
» vous plaignez, que ce que Monsieur de Rosny m'en dira
» lui-même : car je le tiens pour aussi vrai, que vous pouvez
» faire, celui qui vous a fait ces beaux contes. «

Monsieur le Comte de Soissons laissa voir, en se retirant, des marques d'un transport si violent, que le Roi crut devoir m'en donner avis par Zamet & La-Varenne ; qu'il chargea en même temps de sçavoir de moi, si je n'avois point tenu en effet quelque discours offensant contre Monsieur le Comte. Je répondis, que depuis la visite que j'en avois reçuë à l'Arcenal, je ne lui avois point parlé, ni à aucun de ses Gens, depuis plus de quinze jours : Qu'il étoit bien vrai que Madame de Verneuil étoit venuë chez moi ; mais que Monsieur le Comte n'avoit été nommé ni d'elle, ni de moi.
» Oh ! dit le Roi, lorsqu'on lui rapporta ces paroles ; il ne
» faut plus demander d'où vient la brouillerie ; puisqu'on
» nomme Madame de Verneuil : c'est un bon bec : Elle est si
» remplie de malice & d'invention, que sur le moindre mot
» que Rosny lui aura dit, elle en aura ajoûté cent, & même
» mille : Mais pour cela, il ne faut pas négliger cette affaire. »
Dans l'état où Sa Majesté venoit de voir Monsieur le Comte, elle avoit quelque sujet de craindre qu'il n'embrassât le parti le plus violent contre moi : Elle renvoya La-Varenne me dire, de ne sortir que bien accompagné, & de ne rien épargner pour ma sûreté : ajoûtant avec bonté, que tout ce qu'il emploieroit pour me garder, seroit toujours fort-au-dessous de ce qu'il lui en coûteroit, s'il me perdoit (8).

Je

(8) Le Journal de l'Etoile traite au long de ce différent ; que le Roi termina, en obligeant M. le Comte de Soissons de se contenter d'une Lettre de satisfaction, que lui écrivit M. de Rosny : Et selon Matthieu, Henry IV. fit venir dans sa Chambre, M. le Comte de Soissons & le Marquis

# LIVRE SEIZIEME.

1603.

Je ne sortirai point de l'Article de ces Edits de nouvelle création, sans parler de l'Arrêt du Conseil, beaucoup plus ancien, qui ordonne la levée du droit d'Ancrage, sur tous les Vaisseaux Etrangers, qui mouillent dans nos Ports. Ce n'est au fond, que le même que nos Vaisseaux payent chez les Etrangers : Cependant ce ne fut qu'à regret, & par un ordre exprès de Sa Majesté, que j'en poursuivis l'exécution ; comme une des éxactions les plus capables d'ôter la vigueur à notre Commerce. Les Parlemens de Rouen & de Rennes firent tous leurs efforts, pour ne point l'enregistrer ; & le Maréchal d'Ornano s'y donna bien des mouvemens : aussi y étoit-il intéressé pour les sommes que l'Etat lui devoit, qui lui avoient été assignées sur cette Partie. L'établissement des Commissaires-Examinateurs, des Lieutenans-Particuliers, des Assesseurs-Criminels & autres Officiers de Justice, ne rencontra pas moins de difficulté, à la même Cour de Rouen, qui montra le plus d'opposition à tous ces nouveaux Edits. Ces derniers furent faits, pour satisfaire & renvoyer les Colonels & Capitaines des Compagnies ; qui attendirent long-temps à Paris, pour être payés, en exécution de ces Réglemens. C'est peut-être à cause de tous ces obstacles à sa volonté, que Henry s'occupa long-temps & sérieusement, du projet de supprimer la Chambre des Requêtes dans tous ses Parlemens : & il commença effectivement cette année, par celle du Parlement de Toulouse, qui demeura éteinte, malgré toutes les difficultés que ce Prince trouva dans son propre Conseil, dont toutes les Déliberations lui furent contraires.

La dispute que j'avois euë avec Monsieur le Comte de Soissons, avoit fait grand bruit. Le Roi pour donner à connoître qu'elle n'avoit alteré en rien son amitié pour moi, me fit dire quelques jours après par Beringhen, qu'il avoit

Marquis de Rosny ; & les accorda. *Ibid.* 592. De-Thou en parle aussi. *Livme.* 129. Cette fermeté de M. de Rosny, lui a mérité de grands éloges dans nos Histoires. » Il ne considéra jamais, dit le Pere Chalons, » que l'intérêt de Sa Majesté ; & la » considération d'aucune personne » de qualité, ni des Princes, ni mê- » me de la Reine, ne le purent porter à la moindre complaisance ; » lorsqu'il crut qu'il y alloit de l'intérêt, ou de la gloire du Roi : Ce » qui lui fit des Ennemis, & fut cause qu'après la mort du Roi, la Reine lui ôta le maniement des affaires. » *Hist. de Fr,* tom. 3. p. 255.

1603

projetté de passer par Rosny, en faisant le voyage qu'il étoit sur le point d'entreprendre en Normandie; & qu'il vouloit qui je l'y traitasse avec sa Cour. La partie devoit se faire dans quatre jours; & il n'y eut d'admis, que les Princes & Princesses, & M. le Connétable. Je fis une dépense digne de celui qui me faisoit l'honneur de venir loger chez moi: Mais la fête fut troublée par un accident. Un orage subit enfla si prodigieusement les Eaux, qu'elles entrerent dans les Offices de Rosny (9), & y gâterent le fruit & tout le travail des Officiers. La frayeur passa dans le cœur des Dames, qui se crurent dans un danger bien plus grand : Je la dissipai, en faisant ouvrir un conduit, par lequel l'eau avoit coûtume de s'écouler; & que j'avois fait combler pour rendre le passage plus commode à Sa Majesté, & plus facile pour les Voitures. J'avois déja commencé la route & le pont qu'on voit à l'abord de Rosny; mais ni l'un ni l'autre n'étoient encore acheyés. L'eau fit de fort grands ravages à dix lieuës aux environs : J'en fus quitte en mon particulier pour deux ou trois cens écus.

Bernardin Gigault de Bellefonds.

Sa Majesté alla jusqu'en Basse Normandie; mais elle ne passa pas Caën. Elle en ôta le Gouvernement à Crevecœur-Montmorency, accusé d'avoir des intelligences avec MM. de Bouillon & d'Auvergne, & sur-tout avec la Tremouille, dont il étoit Parent; & elle en revêtit Bellefonds. De Caën, le Roi passa par Rouen (10), où il acheva de mettre ordre aux affaires de la Province. Il se déclara en cette Ville, sur le mariage de ma Fille, qu'on a vu ci-devant, que Madame avoit proposé de marier au Duc de Rohan; & qui depuis ce temps-là, avoit été recherchée par Monsieur & Madame de Fervaques, pour M. de Laval, Fils de cette Dame : Sa Majesté m'ordonna à Rouen de préférer Laval ; mais elle changea encore une fois de sentiment.

Les affaires de la Réligion eurent la principale part au

(9) Je crois que L'Etoile éxagère un peu cet accident, lorsqu'il dit qu'on eut peine à en sauver Leurs Majestés. » Le Roi, ajoûte-t'il, dit » en riant à M. de Rosny, que le » Ciel & la Terre s'étoient bandés » contre lui, & qu'il prît garde har- » diment à soi. »

» (10) Le Roi fut malade à Rouen » d'un grand dévoîment jusques au » sang, que les Médecins disoient » provenir de trop d'huîtres à l'é- » caille qu'il avoit mangé. « *Journal de L'Etoile*, ann. 1603.

# LIVRE SEIZIEME.

1603.

voyage que Sa Majesté venoit de faire ; & le Duc de Bouillon va encore trouver place ici (11). Il ne s'étoit pas rebuté de ses tentatives auprès du Roi d'Angleterre. Il étoit toujours retiré à la Cour de l'Electeur Palatin ; auquel il conseilla de faire bâtir sur le terrein qui le sépare de la France, une Citadelle, pour la défense, disoit-il, de la vraie Religion. Il osa, sans l'aveu de Sa Majesté, solliciter Erard, premier Ingénieur du Roi, de venir lui faire un plan de cette Fortéresse : Et afin de n'avoir rien à se reprocher, du côté du Sacré, ainsi que du Profane ; il fit courir cette année un Ecrit, dans lequel on se déchaînoit d'une furieuse maniere contre tout le Corps des Protestans. Il s'étoit déja servi fort-utilement de cet artifice, qu'il secondoit de son côté, en contrefaisant parfaitement l'homme alarmé des malheurs, qui alloient tomber sur les Réformés, par l'effet des nouvelles résolutions du Conseil de France, d'où il faisoit partir ces Libelles. Il n'étoit pourtant pas bien difficile de prouver, que c'étoit ses Amis qui les avoient fabriqués, & répandus jusqu'en Angleterre ; dans le dessein de rendre inutiles, les démarches que Sa Majesté y faisoit auprès du Roi Jacques : Mais Bouillon en imposoit toujours aux plus simples & aux plus passionnés, & ne perdoit pas toute sa peine. Il se tint, à l'occasion de la derniere maladie du Roi, des Assemblées de Protestans, à Saumur & en Poitou ; où Du-Plessis préconisa ce Duc, d'une maniere non-seulement affectée, mais encore pleine de témérité & d'insolence ; puisqu'il sembloit ne louer son héros, qu'aux dépens du Roi, qu'il calomnia sans aucun respect.

De toutes ces Assemblées, aucune ne fit tant de bruit, que celle qui se tint à Gap, sur la fin de cette année. L'Electeur Palatin & le Duc de Bouillon, par leurs Lettres & par leurs Créatures, y firent agiter des questions, qui étoient très-capables de rallumer la Guerre. Le Ministre Ferrier s'y donna mille mouvemens par leur ordre, pour faire inférer aux Protestans, parmi les Articles de leur Confession, que le Pape est l'Antechrist. Est-ce l'esprit de Re-

*De-Thou, l. 129. Matth. t. 2. l. p. 592. & suiv.*

(11) Il ne faut plus s'embatrasser à chercher de quoi justifier le Duc de Bouillon. Son Historien lui-même abandonne sa défense, depuis la déposition du Comte d'Auvergne. *Liv.* 5.

ligion ; n'eſt-ce pas plûtôt viſiblement , celui de cabale & de diviſion , qui préſidoit à la déciſion de ce dogme ridicule , qu'on prétendoit encore envoyer imprimé à toutes les Univerſités de l'Europe ? Ce ſcandale ne fut pas ſi-tôt porté juſqu'aux oreilles du Roi ; qu'il me manda de Fontainebleau, où il s'étoit rendu à ſon retour de Normandie , d'arrêter cette licence des Réformés ; & d'empêcher ſur toutes choſes , qu'on ne décidât le nouveau Point de Foi (12) Villeroi m'en fit encore des inſtances par ſon ordre. J'en écrivis à Saint-Germain (13) & à Deſbordes : & je ne ſçais ſi ce fut ſur les raiſons que j'employois , pour leur faire honte de cette imagination ; ou pour ne pas irriter Henry , qu'ils voyoient réſolu de ne les pas épargner ; mais enfin ils ſupprimerent l'article en queſtion. Je crois que le Pape en eut toute la peur ; car il s'en courrouça ſi fort , que Sa Majeſté n'eut pas peu de peine à l'appaiſer : & c'eſt peut-être à cet incident que les Jéſuites ont eu la principale obligation de leur rétabliſſement en France. Le Saint Pere eut la conſolation de voir ſon Domaine ſe remplir de nouveaux Moines de toute eſpéce ; Auguſtins Réformés , Récolets , Carmes-Déchauſſés , Freres Ignorans ; & dans l'autre ſexe, Feuillantines , Carmelites , Capucines : jamais on n'a tant vu d'Ordres Religieux inſtitués à la fois , qu'il y en eut cette année.

On ſera moins ſurpris de la hardieſſe des Proteſtans , en cette occaſion , lorſqu'on ſçaura qu'ils eurent celle de propoſer au Roi leur médiation, en faveur de certains Princes étrangers , dont Sa Majeſté n'avoit pas lieu d'être ſatisfaite. Je ne ceſſois de leur répèter , que cette mutinerie retomberoit quelque jour ſur eux ; & qu'ils s'en ſentiroient long-temps : mais ils avoient leurs Prophètes , dont la voix leur étoit plus agréable. Bouillon, La-Trémouille , Leſdiguieres & Du-Pleſſis, pour leur faire fermer l'oreille à mes repréſentations , & pour me rendre l'objet de leur averſion ; alloient ſemant par-tout, que je ſacrifiois en toute occaſion

---

(12) Voyez la Vie de Du-Pleſſis-Mornay, *liv.* 2. *pag.* 296. où l'on voit les démarches de Mornay dans ce Synode, pour faire recevoir ce dogme abſurde.

(13) Députés du Parti Calviniſte , pour réſider à la Cour ; ſelon l'uſage de ce temps-là.

cette même Religion, pour laquelle je feignois d'être si zélé; & que je m'enrichissois par-là, de tous les biens & dignités, que les autres avoient mieux mérités. Ce n'étoit pas non plus les Catholiques, si l'on excepte peut-être un assez petit nombre, qui me tenoient compte de ce que je faisois par un principe d'équité : ainsi par le malheur de mon étoile, ou par celui de ma place; je l'avoue franchement, de tous côtés je perdois ma peine.

1603.

Pendant le fort de ces plaintes des Protestans à mon sujet; j'allai un jour trouver Sa Majesté, dans l'intention de la prévenir sur les effets de leur mauvaise volonté. Le Roi étoit dans la première galerie qui touche à sa chambre, se promenant du côté du balcon, avec M. le Duc de Montpensier, le Cardinal de Joyeuse & le Duc d'Epernon : il me fit signe d'approcher; & me demanda si je pourrois bien deviner de quoi il s'entretenoit avec ces trois Messieurs. Je ne répondis que par un compliment : » Nous parlions, me » dit le Roi, du Gouvernement de Poitou; & ils me con-» seilloient de vous le donner : l'auriez-vous bien cru ? eux » étant si bons Catholiques; & vous si opiniâtre Hugue-» not. « Je ne sçavois pas seulement que ce Gouvernement fût à remplir; Sa Majesté venoit d'en recevoir la nouvelle. Lavardin qui étoit Gouverneur du Perche & du Maine, en avoit la survivance, après la mort de Malicorne, qui étoit fort vieux & très-infirme : il comptoit alors se défaire du sien : mais faisant réflexion que tous ses biens y étoient situés; il rendit la parole à Malicorne : & tous deux étoient venus remettre ce Gouvernement au Roi, pour en disposer en faveur de l'un de ses enfans naturels.

Henry voulut encore que je devinasse par quels motifs il me préféroit pour remplir cette place, à toute autre personne ; & encore à des personnes, qui le touchoient de si près. Je n'eus rien à alléguer, que la connoissance qu'avoit Sa Majesté, de ma fidélité & de mon ardeur à la servir. Le Roi reprit, que c'étoit précisément parce que j'étois Huguenot ; mais Huguenot raisonnable, & zélé pour le bien de ma Patrie : Qu'en cette qualité, les Protestans ne pouvoient qu'être fort contens de son choix : mais qu'il comptoit que tout le Royaume ne le seroit pas moins ; parce que de mon côté, je sçaurois leur inspirer de meilleurs sentimens : que je leur ferois connoître leur Roi ; leur apprendrois à le respecter, à se fier à lui, & à l'aimer : & qu'en faisant passer par mes mains, les gratifications qu'il accordoit aux principaux Membres de ce Corps ; on détruiroit l'autorité, que le Duc de Bouillon s'étoit conservée parmi eux. Sa Majesté ajoûta, sans doute à cause des trois Messieurs présens, ausquels venoient de se joindre Brissac, Ornano & Roquelaure ; Que quoiqu'elle se sentît affectionnée à sa Religion, jusqu'à desirer avec la plus forte passion, de la voir embrasser par tous les Huguenots, & principalement par moi ; cela ne lui feroit jamais oublier que Dieu s'étoit servi de ce Corps, & sur-tout des Villes de la Rochelle, Bergerac & Montauban, pour le tirer de l'oppression de l'Espagne ; pour l'aider à faire valoir ses droits ; & pour sauver sa vie même, des fureurs de la Ligue : que cette raison faisoit, que quoique mécontent au dernier point, de voir que ces Villes n'avoient plus rien conservé de leurs premiers sentimens d'honneur ; il croyoit pourtant leur devoir les mêmes gratifications, qu'il leur avoit toujours faites, pour leurs fortifications & leurs Collèges. Ce Prince rapporta plusieurs traits d'un inviolable attachement de la Province de Poitou à son Prince légitime, au temps dont il parloit ; » lorsqu'on n'y écoutoit, » dit-il, ni les Bouillons, ni les brouillons : « & il ne put s'empêcher de dire, qu'encore aujourd'hui, il étoit persuadé que le bien du Royaume dépendoit d'entretenir une bonne paix avec les Protestans.

Sa Majesté me dit ensuite, que je pouvois traiter avec Messieurs de Lavardin & Malicorne ; en répétant, qu'elle aimoit mieux, pour le bien de son service, me donner ce Gouvernement, qu'à ses propres enfans. Chacun des Assistans dit un mot, en signe d'approbation & de louange. Je remerciai tout le monde, de la parole, ou du geste ; & je vins travailler à la conclusion. Je dépêchai Montmartin vers Messieurs de Lavardin & de Malicorne : & il s'y prit si adroitement, que moyennant un millier d'écus, donnés à propos à ceux qui leur servoient de Conseil ; je tirai d'eux ce Gouvernement pour vingt mille écus. Sur leur démission, DeFresne m'envoya le 16 Décembre, les Provisions de Gou-

# LIVRE SEIZIEME.

verneur de Poitou, Châtelleraudois, Loudunois &c : Ce qui me fit un revenu de trente mille livres, en Gouvernemens : fçavoir, douze mille livres, ceux de Mante & de Gergeau, dont j'étois déja pourvu ; tous deux affez lucratifs, pour des Gouvernemens particuliers ; principalement Gergeau, à cause des Garnifons : & dix-huit mille livres, celui de Poitou : J'ai pourtant toujours compris dans cette fomme, le revenu de mes deux Charges de Surintendant des Fortifications & des Bâtimens.

1603.

Je n'omettrai point ce qui fe fit cette année en France, pour l'établiffement des Manufactures d'étoffes, fur-tout des étoffes de foie. Henry qui embraffoit avec paffion, tout ce qui lui fembloit pouvoir contribuer à la gloire & à l'utilité du Royaume, fe laiffa perfuader par les Bourgs & des Cumans, qu'il n'y avoit rien de fi facile, non-feulement que de fe paffer des Pays Etrangers, pour nous fournir ce qui fe confomme en France d'étoffes de foie, qu'on étoit dans l'ufage d'aller chercher au loin ; mais encore de faire chez les Etrangers un Commerce confidérable de cette Marchandife. Il ne falloit pour cela, difoit-on, que faire venir chez nous des Ouvriers en foie ; y multiplier la femence des vers ; planter des Meuriers ; & conftruire de grands Bâtimens, propres à ces fortes de Manufactures. Je me récriai fortement contre ce Projet, que je n'ai jamais goûté : mais le Roi étoit prévenu; tout ce que je pus dire, fut inutile.

Je me fouviens qu'un jour, que Sa Majefté me fit l'honneur de venir me voir à l'Arcenal, pour convenir avec moi des moyens de faire cet établiffement, qui entraînoit de grandes dépenfes ; nous conteftâmes enfemble affez vivement. » Je ne fçais pas, me dit-il, voyant que je recevois toutes les propofitions qu'il me faifoit à ce fujet, avec cet air froid & réfervé, qui m'étoit ordinaire, lorfque je n'étois pas de fon avis ; » Je ne fçais pas quelle fantaifie vous a » pris, de vous oppofer à un deffein, propre à embellir & à » enrichir le Royaume, à détruire l'oifiveté parmi le Peu- » ple ; & dans lequel je trouve de plus ma fatisfaction. « Je répondis au Roi, que le dernier motif qu'il m'alléguoit, me touchoit fi fenfiblement, que fi j'avois vu d'ailleurs de la poffibilité dans le projet de la Soie, je me ferois contenté de lui repréfenter, qu'il achetoit cette fatisfaction un peu cher ; & qu'elle faifoit tort à celle qu'il s'étoit promife de l'éxécution des grands deffeins, que j'avois ébauchés par fon ordre avec le Roi d'Angleterre : Mais que je le priois de ne pas me fçavoir mauvais gré, fi j'ofois être d'un fentiment contraire, fur cette gloire & cette utilité, qu'il venoit de dire qui réfulteroient de cet établiffement : & je lui demandai s'il auroit agréable, que je lui en expofaffe les raifons. » Oui-» dà, je le veux bien, me dit-il : mais à condition que vous » entendrez auffi les miennes après : car je m'affûre qu'elles » vaudront mieux que les vôtres. « Je fis donc faire à Sa Majefté, à peu près les obfervations fuivantes.

C'eft par une fage difpofition de la Providence, qui a voulu que tous les Peuples de la Terre, ou d'un Continent, fuffent attachés les uns aux autres, par leurs communs befoins ; qu'une Contrée fe trouve propre à rapporter telle chofe ; & celle-ci, une autre, privativement à toutes les autres. La France a le bonheur de fe voir fi heureufement diftinguée dans ce partage ; qu'excepté peut-être l'Egypte, c'eft le pays le plus univerfellement abondant en ce qui eft de néceffité, ou de fimple commodité pour la vie, qui foit au refte de la Terre. Ses bleds, grains & légumes ; fes vins, cidres, lins, chanvres, fels, laines, huiles, paftels ; cette quantité innombrable de gros & menu Bétail, dont l'homme fait fa nourriture la plus ordinaire ; la metttent en état, non-feulement de n'avoir rien à envier à fes Voifins, fur chacune de ces denrées ; mais même de le difputer à ceux, qui font de quelques-unes d'elles, leur commerce unique : telles que font l'Italie, l'Efpagne, la Sicile.

Il eft vrai que fon Climat lui refufe la foie. Le Printemps y commence trop tard ; & y eft prefque toujours, d'une humidité extrême : Et cet inconvénient, abfolument irrémediable, ne regarde pas moins les vers à foie, qui par cette raifon n'y éclofent que difficilement ; que les Meuriers dont ces Infectes fe nourriffent, qui demandent une température d'air fort douce, dans la faifon où ils pouffent leurs feuilles. La peine à les multiplier, dans une Contrée où il n'en croît aucun, ne peut qu'être fort grande : Pendant cinq ans au-moins, qu'il leur faut pour leur affûrer la vie ; on rifque de

perdre

# LIVRE SEIZIEME.

1603.

perdre son temps, son travail, & le produit de la terre qu'on y destine. Mais ces difficultés, qui doivent nous rebuter, par l'impossibilité presqu'absoluë qu'elles apportent à cette entreprise, doivent-elles autant nous fâcher? Voilà de quoi il s'agit.

Il est certain que tous les travaux & les occupations de la vie champêtre, ne laissent en France d'oisifs, que ceux qui veulent l'être absolument. Ainsi il faut commencer par retrancher ce motif de l'oisiveté du Peuple, seul digne d'attention en cette matière, s'il étoit fondé. Que fait on encore, en présentant à ce Peuple, la culture de la soie pour l'éxercer? Premierement, on lui fait quitter une profession, d'un revenu assûré & abondant, pour un autre, d'un produit casuel & douteux; & qu'on n'aura pourtant point de peine à lui faire préférer à la premiere: parce qu'on n'est que trop naturellement porté à quitter un genre de vie dur & laborieux, tel qu'est celui de l'Agriculture, consideré dans toutes ses parties, pour un autre qui ne fatigue par aucun mouvement violent, comme celui de travailler la soie. Mais cela même est une seconde raison, qui montre combien il est dangereux de laisser les Peuples de la Campagne s'y occuper. On a remarqué de tout temps, que les meilleurs Soldats se tirent de ces familles de robustes Laboureurs, & d'Artisans nerveux: Substituez-y des hommes, qui ne connoissent qu'un travail, que des enfans peuvent faire; vous ne les trouverez plus propres pour l'Art Militaire, qui demande, suivant la remarque que j'en avois souvent entendu faire à Sa Majesté elle-même, bon juge en cette matiere, une constitution forte, entretenuë par un travail propre à nourrir toutes les forces du corps: Et cet Art militaire, la situation de la France & son état Politique, lui font une nécessité indispensable d'empêcher avec le dernier soin, qu'il ne vienne à dépérir, ni dégénerer.

En même-temps que vous énerverez les Peuples de la Campagne, qui en toute maniere sont les vrais soûtiens de l'Etat; vous introduirez par ceux de la Ville, le luxe avec toute sa suite, la volupté, la mollesse, l'oisiveté, & cette ruine domestique, qui n'est point à appréhender pour ceux qui ont peu, & qui sçavent se passer à peu. Eh! n'avons-nous

*Tome II.*          O o

1603. pas déja en France, un assez grand nombre de ces inutiles Citoyens, qui sous un habit d'or & d'écarlate, nous cachent toutes les mœurs de véritables femmes ?

Ce qu'on objecte sur les sommes immenses d'argent, qui passent de France dans les Pays Etrangers, pour l'entretien de ce luxe, est une preuve de ce que je viens d'observer; & ne rend point juste, la conséquence qu'on prétend en tirer. Veut-on raisonner juste sur l'inconvénient, qui naît de cet achat & de ce transport de Marchandises précieuses ? On verra que tout ce qu'il y a de mieux à faire, est de s'en passer tout-à-fait, & d'en défendre rigoureusement toute entrée en France : de fixer en même-temps, par de bons & sévères Règlemens, la qualité des habits & des ameublemens; & de remettre toutes choses à cet égard, sur le pied où elles étoient du temps de Louis XI. Charles VIII. & Louis XII. (14) La nécessité qu'on s'impose de s'habiller de telles étoffes, plûtôt que d'autres, n'est qu'un vice de fantaisie; & le prix qu'on y met, est un mal qu'on se fait à soi-même, avec pleine connoissance : Et quelqu'un qui voudroit un peu étudier d'où part en premiere source, ce qu'on appelle les Modes, verroit à notre honte, qu'un petit nombre de gens, de la plus méprisable espèce qui soit dans une Ville, laquelle renferme tout indifferemment dans son sein ; pour qui, si nous les connoissions, nous n'aurions que le mépris qu'on a

---

(14) Il fut porté à différentes fois sous le regne de Henry IV. plusieurs de ces Edits ; sur lesquels les Marchands de soie de Paris, firent inutilement plusieurs représentations au Roi & à M. de Rosny. Les Mem. Hist. de France rapportent la maniere dont ce Ministre reçut » le sire » Henriot, qui portoit la parole, » bon & ancien Marchand; dont la » façon & l'habit sentoient la simpli- » té & prud'hommie de ces bons » Marchands du temps passé. . . . . » Le lendemain, dit cet Ecrivain, » ils allerent trouver M. de Sully, » qui ne leur fit réponse que de dé- » dain & de mocquerie : Car ce bon » homme Henriot ayant mis un gé- » nouil en terre, ledit Seigneur le » releva aussi-tôt ; & l'ayant tourné » de tous côtés, pour mieux contem- » pler son habit à l'antique, vêtu de » sa petite robe de Marchand des » bonnes fêtes, doublée de taffetas, » son saye & le reste bigarré de di- » verses sortes de soies, comme on » l'a vu autrefois aux Marchands » lui dit : Eh ! comment, mon bon- » homme, venez-vous ici avec vo- » tre Compagnie, pour vous plain- » dre, vû que vous êtes plus brave » que moi ? Voici du damas ; voici » du taffetas, &c : Et tournant tout » en risée, ne purent avoir aucune » raison ; tellement que s'en retour- » nans, ils disoient : le Valet est plus » rude & plus glorieux que le Maî- » tre. « *Tom.* 2. *pag.* 278.

pour les gens sans mœurs, où la pitié qu'on a pour les fous disposent pourtant de nos bourses, & nous tiennent assujettis à tous leurs caprices.

Mais ce n'est pas sur les seuls habillemens de soie, qu'il seroit besoin que la main du Prince agisse. Il y auroit bien une autre réforme à faire sur les diamans, pierreries, statuës, tableaux, &c; si l'on se plaint que l'Etranger nous épuise d'or & d'argent : sur les équipages, les vaisselles, les meubles, & autres Piéces où ces matieres s'emploient ; si l'on envisage la prodigieuse consommation qui s'en fait en France ; si l'on examine ce qui s'en dépense follement, en jardins, bâtimens, ouvrages somptueux, festins, liqueurs, parfums ; que sçais-je ? Offices éxorbitamment achetés ; mariages mis comme à l'enchere : Car sur quoi ne trouveroit-on pas à travailler ? Les Manufactures Etrangeres n'emportent pas la dixiéme partie de l'or qui se dissipe en France, ou qui s'y prodigue, sans la moindre nécessité. Les seules opérations qu'il y auroit à faire sur la Robe & la Finance, nous jetteroient dans une digression infinie. Ces deux Corps, dont il semble que l'un doive être le dépositaire du bon ordre, & l'autre de l'épargne, paroîtroient aujourd'hui n'avoir été formés, que pour anéantir l'un & l'autre. La richesse n'est connuë que d'eux : & seulement par l'usage qu'ils en font, on connoît comment elle leur est venuë. Les anciens Chanceliers, Premiers Présidens, Conseillers d'Etat, & autres Chefs de la Justice & de la Finance ; s'ils revenoient sur la Terre, chercheroient inutilement ceux qui occupent leur place aujourd'ui ; leur nom est tout ce qu'ils ont de commun avec eux. (1)

1603.

(15) Quoique la soie & les autres instrumens du luxe, ne soient dans la rigueur, ni bons, ni mauvais, que par le bon ou mauvais usage qu'on en fait : cependant comme il est réellement plus ordinaire d'en faire un mauvais, qu'un bon usage; on ne sçauroit donner trop de louanges à la bonté d'intention, & à la pureté de la Morale de l'Auteur. Les rigides défenseurs de la Morale Chrétienne, sont & seront toujours de son sentiment : Mais il faut avouer que les Politiques mêmes les plus sévères de notre temps, pensent différemment. Ils ne trouvent rien de convainquant, dans les exemples de l'Antiquité, qu'on allégue contre le luxe; pour le temps où on les cite ; encore moins pour celui-ci. D'autres causes ont produit, selon eux, les révolutions qu'on lui attribuë : & ces causes n'ayant plus lieu aujourd'hui, ces révolutions ne doivent conséquemment plus arriver; comme en effet elles n'arrivent plus. La multiplica-

O o ij

1603.

Je traitai cette matiere, avec toute l'étenduë possible; pour faire entrer le Roi dans mes sentimens : mais je ne le persuadai pas. » Sont-ce-là, me dit-il, les bonnes raisons que » vous avez à m'apporter ? J'aimerois mieux combattre le » Roi d'Espagne en trois batailles rangées, que tous ces Gens » de Justice, d'Ecritoire & de Ville, & sur-tout leurs Fem- » mes & Filles, que vous me jetteriez sur les bras, avec tous » vos bizarres Réglemens. Vous le voulez absolument, Sire, » lui repliquai-je : je ne vous en parlerai plus : le temps & la » pratique vous apprendront que la France n'est point fai- » te pour ces colifichets. « Je me réduisis à faire du moins changer à ce Prince, le dessein qu'il avoit formé, de prendre les Tournelles & toute cette enceinte, pour la faire servir à la construction des nouveaux Bâtimens qu'il projettoit, pour ses Ouvriers en soie. Je lui représentai qu'il seroit dé- truire un jour, ce qui lui auroit tant coûté à construire : Je le fis même souvenir, que jettant ensemble les fondemens d'un dessein plus juste & bien plus noble, nous avions desti- né les Tournelles pour un autre Bâtiment, d'un genre bien différent. (16) » Alors comme alors, « me répondit Henry: & c'est tout ce que j'en pus tirer. Il suivit Zamet, qui étoit

tion des matieres d'or & d'argent en Europe, occasionnée par les mines de ces métaux, découvertes dans le Nouveau-Monde, & dont elle s'est enrichie depuis deux siecles ; a intro- duit, par un effet tout naturel, le Lu- xe, ou superflu; lequel n'est qu'un con- tr'échange nécessaire de l'argent, qui sans cela, demeureroit inutile aux hommes. La face de l'Europe s'en est trouvée changée : Elle a eu une influence indispensable sur le Gouvernement : & même elle n'a laissé à un Etat, pour se rendre flo- rissant, que le moyen du Commer- ce, qui ouvre toutes les portes au Luxe. Celui-cy ne devient abus, que lorsqu'il ne se trouve plus en propor- tion avec les facultés & le produir du Commerce. L'expérience d'ail- leurs a montré, mieux que tous les raisonnemens, qu'il n'est incompa- tible, ni avec l'ordre, ni avec la su- bordination, ni avec l'humeur guer-

riere.
Pour la Soie : quand même on pen- seroit avec M. de Sully, que la Fran- n'est pas propre à la former ; son rai- sonnement est toujours défectueux, en ce qu'il semble ignorer ce que la main d'œuvre ajoûte à la matiere premiere ; & de quel profit elle est pour ce Royaume. Si cette vérité trouvoit encore quelque incrédule; il ne faudroit que le renvoyer à nos Manufactures d'Etoffes de soie à Lyon, à Tours &c: Et malgré ce que dit ici l'Auteur ; ce sera toujours un fort-grand sujet de louange pour Henry IV. que cet établissement des Manufactures d'étoffes de toute es- pece, qui a commencé sous son Ré- gne. Voyez sur cet Article, *l'Essay Po- litique sur le Commerce, ch. 9. pag.* 105. *seconde Edition* 1736.
(16) Ce Bâtiment étoit la constru- ction d'une magnifique Place, de soixante - douze toises en quarré,

# LIVRE SEIZIEME.

venu l'avertir que tout étoit prêt pour le dîner, qu'il devoit faire chez lui.

Je l'avouë : je voyois avec un regret profond, diffiper un argent, qui auroit pu être fi utilement employé. J'ai calculé ce que Henry dépenfoit ordinairement chaque année, en Bâtimens, pour fon jeu, pour fes Maîtreffes, pour fes chiens de chaffe ; & j'ai trouvé qu'il ne s'en alloit pas en tout cela, moins de douze cens mille écus : fomme fuffifante pour entretenir quinze mille hommes d'Infanterie. Je ne pouvois m'en taire à lui-même ; au hazard de le réfroidir à mon égard. Il me commanda de donner fix mille livres à Madame de Verneuil : trop heureux encore, d'acheter à ce prix, la paix dans le ménage, entre fon Epoufe & fa Maîtreffe, qui heureufement ne fut point troublée cette année ! On crut long-temps, & c'étoit le grand bruit à Fontainebleau, que la Reine étoit redevenuë groffe : ce qui ne fe trouva point : Le Roi me fit l'honneur de me le mander.

Je mets au nombre des chofes faites contre mon opinion, la Colonie qui fut envoyée cette année en Canada. Il n'y a aucune forte de richeffe à efpérer, de tous les Pays du Nouveau-Monde, qui font au de-là du quarantiéme dégré de Latitude. Ce fut le Sieur (17) Du-Mont, que Sa Majefté mit à la tête de cette expédition.

qu'on devoit appeller *Place de France:* L'on y feroit entré par huit ruës, larges de fix toifes, portant le nom d'autant de Provinces. On en forma le deffein en 1608. La mort de Henry le Grand empêcha qu'il ne fût exécuté : ou du moins il ne l'a été qu'en partie, par la Place-Royale, fous le Régne fuivant.

(17) Voyez dans le Septénaire, la defcription du voyage, que fit en Canada le Sieur Du Mont. Il s'y trouve auffi une Relation des mœurs des habitans de cette pattie du Nouveau-Monde ; mais peu fidèle, & remplie de fables. M. de Sully fe trompe encore en ce point : Nos Colonies nouvelles en font la preuve. Nous renvoyons fur toute cette matiere, à l'Effay Politique fur le Commerce.

*Liberté* & *Protection* : ces deux mots, qui renferment les feuls vrais moyens de rendre floriffant le Commerce intérieur d'un Etat, peuvent s'appliquer, en un autre fens, au Commerce qui fe fait dans les deux Indes : C'eft-à-dire, comme le marque en quelques endroits, l'Auteur de ces Mémoires, qu'aucune des Nations commerçantes de l'Europe n'en doit être excluë ; mais qu'elles doivent toutes le partager indifféremment : Et que le moyen d'en tirer tout le parti poffible, eft de l'éxercer par des priviléges exclufifs, accordés non à de fimples Particuliers, mais à des Compagnies entieres, agiffant fous le nom & par l'autorité du Roi.

Je ne dois pas oublier ici de remarquer, que c'eft fous le règne de Henry le Grand, & l'année fuivante, que fut établie en France la premiere

1603.

Compagnie pour le Commerce des Indes Orientales, Elle fut formée par un Flamand, nommé Gerard-le-roi. l'Edit, dont la date est du 1. Juin 1604. accorde plusieurs sortes d'éxemptions & de priviléges à cette Compagnie. Les cinquième & sixiéme Articles sont remarquables, en ce qu'il y est porté, que les Gentilshommes pourront entrer dans cette association, sans déroger. La difficulté de trouver les fonds nécessaires, la désunion des Associés, & toutes les autres causes qui ont depuis fait échouer tant de fois cet établissement ; firent dès ce temps-là, qu'il n'eut point l'effet qu'on s'étoit proposé : Il étoit réservé au célebre M. Colbert, de le rendre plus solide & plus durable. L'historique de cette Compagnie, dont on connoît aujourd'hui plus que jamais tous les avantages, me méneroit trop loin ; & se voit d'ailleurs dans plusieurs bons Ouvrages.

*Fin du seizième Livre.*

# MEMOIRES
## DE
## SULLY.

✧✧✧✧✧✧✧✧✧✧✧✧✧✧✧✧✧✧✧✧✧✧✧✧✧✧✧✧

### LIVRE DIX-SEPTIEME.

E commençai cette année, comme toutes les autres, par un devoir auquel ma Charge m'obligeoit ; c'est de présenter à Leurs Majestés deux bourses de jettons d'argent, en leur faisant le salut ordinaire le premier jour de l'année. J'entrai de si grand matin dans leur chambre, que je les trouvai encore au lit. Outre les bourses d'argent, j'en avois fait faire deux de jettons d'or, qu'Elles reçurent avec plaisir. Roquelaure, Frontenac & La-Varenne étant entrés dans ce moment, l'on ne parla que de ces jettons d'or ; dont l'emblême étoit une grenade ouverte, & la devise faisoit allusion à un trait sur Darius (1) & Zophire, connu dans l'ancienne Histoire. Cette idée

1604.

---

(1) Je ne donne point ici l'explication de ces jettons, comme n'ayant rien d'intéressant : je n'en parle pas même au commencement de toutes les autres années. Ceux à qui cet ob- jet fait plaisir, peuvent voir la suite de ces jettons, à la page sixième du second volume des anciens Mémoires, où l'Auteur les a rassemblés.

fut d'autant plus du goût du Roi, qu'il y trouva ce rapport avec les féditieux de France, qu'il m'avoit ordonné quelques jours auparavant de tâcher d'y faire entrer. Sa Majefté me fit préfent le lendemain de fon portrait dans une boête ornée de diamans; & la Reine envoya à mon époufe une chaîne de diamans parfumée, & des bracelets d'un grand prix.

La mort de Madame la Ducheffe de Bar, (2) fœur unique de Sa Majefté, qui arriva dans le commencement de cette année, fut le premier évènement auquel la Cour s'intéreffa. Henry en parut fenfiblement touché : il en porta le grand deuil ; & il voulut, non-feulement que toute la Cour le

(2) C'eft fans aucun fondement, qu'on a voulu trouver de l'empoifonnement dans cette mort : d'autres l'attribuënt à des potions, que la Princeffe prit pour devenir mere : c'eft plûtôt, parce que les Médecins de Nancy la traiterent comme groffe, quoiqu'elle ne le fût point. André Du-Laurens, que le Roi lui envoya, n'y fut pas trompé comme eux : mais la Princeffe étoit elle-même fi fort perfuadée qu'elle l'étoit, par l'extrême envie qu'elle en avoit, qu'elle réfiftat à tous les remèdes; s'imaginant que ce Médecin ne cherchoit qu'à lui fauver la vie, aux dépens du fruit qu'elle croyoit porter; au lieu qu'elle n'avoit aucun regret de la perdre, pourvû qu'on pût conferver cet enfant prétendu : elle perfifta dans cette idée & dans ces fentimens, jufqu'au dernier moment qu'elle rendit l'ame, en difant toujours : « Sauvez mon fruit.« Le corps ayant été ouvert, on vit clairement que Du-Laurens avoit jugé avec beaucoup d'habileté, qu'au lieu d'une groffeffe véritable, la maladie ne provenoit que d'une tumeur ou enflure; d'où s'étoit enfuivi une inflammation ; pour n'avoir pas appliqué les remèdes propres à la diffiper.

Cette Princeffe a été un exemple rare d'amour conjugal. Lorfqu'elle voyoit de nouvelles mariées, ou qu'elle en entendoit parler ; elle faifoit ce vœu en leur faveur, qu'elles aimaffent autant leur époux, qu'elle aimoit le fien. Elle répétoit fouvent ce vers de Properce, en changeant le mot *Venus*, en celui de *Deus* : *Omnis amor magnus, fed aperto in conjuge major : hanc Venus, ut vivat, ventilat ipfa facem.* Son corps fut apporté à Vendôme, & mis à côté de celui de la Reine Jeanne d'Albret, fa Mere. Le Pape venoit enfin d'accorder cette Difpenfe. fi long-temps follicitée : mais la Ducheffe mourut, avant qu'elle fût arrivée en Lorraine.

Henry IV. trouva fort mauvais que le Nonce du Pape, au lieu du compliment de condoléance ; qu'il recevoit de tous les Princes de l'Europe, fur cette mort, ne lui parlàt que de la crainte de Sa Sainteté, fur le falut de cette Princeffe, morte hors le fein de l'Eglife : & il lui répondit, avec quelque mouvement d'indignation, mais très-judicieufement, que pour penfer dignement de Dieu, il falloit croire que le moment même où l'on rend le dernier foupir, fuffit à fa Grace, pour mettre quelque pécheur que ce foit en état d'entrer dans le Ciel : « Je ne mets point ; dit-il, le falut de « ma Sœur en doute : « *De-Thou & Chronol. Septén. ann.* 1604.

C'eft contre l'opinion de ces Hiftoriens, qu'Amelot de La-Houffaye dans fes notes fur les Lettres du Cardinal d'Offat, avance en plus d'un endroit, que cette Princeffe n'aimoit pas plus fon Mari, qu'elle n'en étoit aimée. Il juge plus fenfément,

# LIVRE DIX-SEPTIEME. 297

1604.

le portàt auſſi ; mais il le fit encore prendre au Premier Gentilhomme & aux Officiers de ſa Chambre, au Grand-Maître & aux Officiers de ſa Garde robe, aux Pages, en un mot, à tous ceux qui étoient de quartier : & la même diſpoſition s'obſerva dans toute la Maiſon de la Reine.

Madame la Ducheſſe de Bar avoit laiſſé, en ſortant de France, des dettes contractées dans Paris, qui n'étoient point encore acquittées, ſans doute, parceque cette Princeſſe avoit été prévenuë par la mort ; puiſqu'elle avoit envoyé de Lorraine des joyaux pour être engagés & ſervir à ſatisfaire ſes Créanciers, qui avoient fait arrêt, tant ſur les maiſons, que ſur les meubles & autres effets de Madame. Ces maiſons conſiſtoient en ſon hôtel de Paris, une maiſon à Fontainebleau, & une autre à Saint-Germain, dont le Roi ſon Frere lui avoit fait préſent : & entr'autres meubles, il y avoit dans ſa galerie, ſa chambre & ſes cabinets, des Tableaux qui méritoient d'être conſervés dans les Maiſons Royales, & que le Roi ſouhaitoit avoir pour cet effet : mais on lui avoit fait les dettes de la Ducheſſe, ſi conſidérables, qu'il ne crut pas devoir penſer à ſes meubles, avant qu'elles les euſſent liquidées : elles ne ſe trouverent monter qu'à vingt mille livres.

Je travaillai enſuite, par commiſſion de Sa Majeſté, à faire l'inventaire des meubles & des joyaux de cette Princeſſe. Ce qui rendoit cette diſcuſſion embarraſſante, outre la nature différente des dettes & des effets ; c'étoit la ſpécification de la part que pouvoient avoir à ceux-ci, le Roi de France & le Duc de Bar ; & la revendication qu'ils faiſoient l'un & l'autre, des bagues que la Princeſſe avoit engagées à Paris. Un Mémoire très-exact, que Madame de Pangeas nous communiqua, des bagues & joyaux de Madame, ſoit avant, ſoit depuis ſon ar-

---

fément, que le but du voyage que fit le Duc de Bar à Rome, étoit moins de ſolliciter la Diſpenſe de ſon mariage, que de l'empêcher, mais que le Pape n'eut garde de donner dans ce panneau. L'Hôtel dont il eſt parlé ici, eſt l'Hôtel de Soiſſons, appellé auparavant l'Hôtel de la Reine ; parce qu'il avoit appartenu à la Reine Catherine de Medicis, qui le laiſſa par legs à ſa petite-fille Chriſtine de Lorraine : mais à cauſe des dettes de Catherine, il fut vendu en 1601. & acheté par Madame la Ducheſſe de Bar. il fut revendu en 1604. cent mille livres, ou environ, à M. le Comte de Soiſſons ; dont la fille, Marie de Bourbon, le porta en 1624. pour dot, au Prince Thomas-François de Savoie-Carignan, Grand-pere du Prince Eugene.

*Tome II.*               P p

rivée en Lorraine, & de la consistance de ses meubles de France; fut la piéce qui nous conduisit dans cet Inventaire. Le tout fut éxactement vérifié, en présence de deux ou trois personnes du Conseil, nommées par Sa Majesté, & des Commissaires de M. le Duc de Lorraine : & cela fait, chacun des deux Princes se remit en possession de ce qui lui appartenoit, ou devoit lui revenir de ces effets. Sa Majesté destina l'Hôtel de Paris à être vendu : aussi-bien en étoit-il encore dû une partie du prix de l'achat : la somme qui proviendroit de cette vente, partagée en trois, suffisoit à satisfaire le premier Vendeur avec tous les autres Créanciers. La maison de Fontainebleau fut donnée par le Roi à la Reine en propre ; & celle de Saint-Germain à la Marquise de Verneuil. Mais comme cette vente ne pouvoit être consommée si-tôt ; & que les Créanciers demandoient des sûretés : il fut convenu de leur consentement, entre les deux Princes, que les bagues & joyaux seroient mis en dépôt entre mes mains ; sans aucune autre caution que ma parole. Ils y resterent jusqu'à l'année suivante, que la Reine s'en étant accommodée, j'en fus déchargé, par un Acte daté du 28 Juin 1605. & signé de Des-Marquets & de Bontemps.

Je vais satisfaire à la promesse que j'ai faite, de parler du rétablissement des Jésuites. Malgré l'Arret, qui sembloit devoir leur ôter à cet égard toute espérance ; ils avoient trouvé les moyens de se rapprocher de la Cour, & de s'y faire, jusques dans le Conseil même de Sa Majesté, un fort grand nombre de Protecteurs & de Partisans ; dont la voix, jointe aux sollicitations pressantes & presque continuelles du Pape, de la Maison entière de Lorraine, & d'une infinité d'autres personnes, soit du Royaume, soit des pays étrangers, se trouva à la fin si forte, qu'il ne fut plus possible à Henry d'y résister : il faut même convenir que ce Prince ne se faisoit pas en cela une grande violence. Quelques Jésuites ausquels ce qui s'étoit passé l'année précédente, pendant le voyage de Metz, avoit donné accès auprès de lui ; en avoient profité avec tant d'adresse, qu'ils étoient parvenus jusqu'à s'en faire voir avec plaisir, (3) & même, jusqu'à approcher

---

(3) Ce fut principalement par leur talent pour la Prédication, que les Jésuites se firent voir avec tant de plaisir, à la Cour & à Paris. Ceux qui sont nommés ici, étoient tous d'excellens sujets. Nous parle-

# LIVRE DIX-SEPTIEME.

ensuite de lui familièrement. Ceux qu'on envoya ainsi tenter la fortune, & qu'on peut croire avoir été choisis avec tout le discernement d'une Société, qui se connoît bien en hommes, étoient les Peres Ignace, Mayus, Cotton, Armand & Alexandre: car le Pere Gonthier ne se montra pas d'abord: le caractère de son esprit, plus ardent que souple, n'étoit pas alors de saison.

Lorsque les Jésuites se furent assûrés de cette manière, d'une grande partie de la Cour; & qu'ils crurent pouvoir se flater que ce qui leur restoit d'ennemis dans le Conseil, ou seroient les plus foibles, ou ne pourroient contredire une proposition, qu'on sçauroit être agréable au Roi: ils présenterent en forme leur Requête à Sa Majesté; qui ayant en effet pris le parti le plus favorable pour eux, ordonna un jour à Monsieur le Connétable, d'assembler chez lui un Conseil, composé de M. le Chancelier, Messieurs de Château-neuf, Pont-carré, Villeroi, Maisses, le Président De-Thou, Calignon, Jeannin, Sillery, de Vic & Caumartin; pour y entendre par la bouche de La-Varenne, le plus zèlé solliciteur des Jésuites, les propositions de la Société, & les raisons sur lesquelles elle s'appuyoit; en délibérer, & lui en faire son rappport. (4)

rons bien-tôt du Pere Cotton. Le Pere Laurent Mayus, ou Mayo, étoit un Provençal, de beaucoup d'esprit & de conduite; & l'un de ceux qui travailla le plus efficacement, avec le Nonce du Pape, au rétablissement des Jésuites. » Ce Jésuite faisant res-
» souvenir Henry IV. qu'il avoit
» promis de les rappeller en temps:
» Sire, lui dit-il, il est temps: car
» il y a neuf mois que vous l'avez
» promis: les femmes accouchent
» au bout de neuf mois. Comment!
» Pere Mayo, lui répondit ce Prin-
« ce, ne sçavez-vous pas que les Rois
» portent plus long-temps que les
» femmes. « *Chron. Septén. ann.* 1603.

(4) Le Parlement de Paris ayant été informé de la résolution du Roi, au sujet du rétablissement des Jésuites, députa vers Sa Majesté, le Premier Président de Harlay, pour lui faire des remontrances. Le discours de ce Président fut très-véhement: On peut en voir la substance, dans M. de Thou; qui après avoir rapporté en témoin oculaire, ce qui se passa dans cette occasion, entre le Roi & son Parlement; se plaint d'un Ecrit qu'on répandit alors, sous le nom de Réponse du Roi aux Remontrances du Parlement; & qui n'est qu'un tissu de reproches, de la part de ce Prince, au Premier Président, & de louanges des Jésuites: Sa Majesté n'ayant rien répondu autre chose aux Députés du Parlement, sinon, qu'elle les remercioit du soin qu'ils paroissoient avoir de sa vie; & qu'elle sçauroit prendre toutes les mesures, pour ne courir aucun danger. La longueur & le tour de cet Ecrit déposent en faveur de M. de Thou: mais d'un autre côté, cette Réponse, vraie ou prétenduë de Henry IV. est rapportée dans le quatrième tome des Mémoires d'Etat de Villeroi, *p.* 400: elle est confirmée par

1603.

Sa Majesté avoit bien pensé à moi, pour cette Délibération : & si elle ne m'avoit point nommé à M. le Connétable, avec ces autres Messieurs ; c'est qu'elle jugea, comme elle le dit à l'Oserai, son premier Valet de Chambre, qui me le redit, que cette nomination ne me feroit pas plaisir : Mais Sillery me servit ici un plat de sa façon. Il affecta, en parlant au Roi, une surprise si naturelle, de ce que ce Conseil dût se passer sans moi ; & il l'assaisonna si bien de toutes les perfides louanges, dont se servent l'envie & la malignité, qu'il mit ce Prince dans la nécessité de dire, que j'en serois aussi. Le but de ce rusé Courtisan, étoit de faire retomber sur moi seul, toutes les suites fâcheuses, qu'on prévoyoit également, & du refus, & de l'acceptation de la demande des Jesuites : Car tout le monde sentoit bien que le pas étoit glissant. Je devinai le motif de ce procédé de Sillery ; & je ne fus pas long-temps, sans l'appercevoir bien plus clairement.

Ces Messieurs étant assemblés, & moi avec eux ; lorsqu'il fut question d'opiner, Bellièvre, Villeroi & Sillery jetterent les yeux sur moi : & Sillery prenant la parole, dit, que ces Messieurs me remettoient l'honneur de la Délibération ; comme à celui de la Compagnie, qui étoit le plus intelligent dans les affaires, & le mieux informé des volontés du Roi. Ce dernier trait de Sillery, envers lequel je n'étois pas déja trop bien disposé, acheva de me mettre de mauvaise humeur. Au-lieu du compliment, dont un Courtisan auroit payé sa flaterie, je répondis sans déguisement à sa pensée : Je dis, que je ne voyois pas de raison à changer l'usage reçu, d'opiner selon le rang ; & encore moins, dans un sujet, où ma Religion devoit rendre mon sentiment suspect de partialité : à moins que ce ne fût à dessein de donner dans le public, une interprétation peu avantageuse de mes paroles ;

Matthieu, Historiographe de ce Prince, auquel Henry IV. fournissoit lui-même des Mémoires pour son Histoire. *tom. 2. liv. 3.* C'est sur cette autorité, qui est d'un grand poids, que le Pere Daniel l'a citée dans son Histoire de France, *in-fol. tom. 3. pag.* 1939. Ce qui porte à croire que cette Réponse de Henry IV. est véritable, du moins quant au fond ; c'est que M. De Thou ne laisse pas de convenir, qu'après la réponse du Roi, qui renfermoit un ordre d'enregistrer son Edit ; le Parlement ayant encore cherché les moyens d'éluder cet enregistrement, Sa Majesté fit venir une seconde fois les Gens du Roi, auxquels elle déclara sa volonté avec autorité, & même avec colere ; & qu'ensuite elle envoya André Hurault de Maisses, l'un de ses Sécrétaires d'Etat, au Parlement, pour y faire vérifier son Edit, sans aucune modification.

comme je fçavois que plufieurs des Affiftans s'attendoient à le faire, & même l'avoient déja fait d'avance, par des imputations bien gratuites fur un fujet, dont on ne m'avoit pas même entendu parler. J'ajoûtai encore plus clairement, que quand j'opinerois le premier, je ne donnerois pas autant de prife à celui qui me parloit, qu'il l'avoit efperé : mais qu'enfin je ne le ferois point, que je n'euffe auparavant confulté mon Oracle : C'eft que je voulois effectivement avoir un entretien avec Sa Majefté, avant que de rien ftatuer fur la matiere propofée. » A ce que je vois, reprit Sillery, en foûriant malicieufement, & feignant d'ignorer le fens de mes dernieres paroles ; » il faudra que nous attendions à fçavoir vo- » tre avis, que vous ayez fait un voyage fur le rivage de la » Seine, à quatre lieuës d'ici : « il défignoit Ablon, où fe faifoient les Affemblées des Proteftans. » Monfieur, lui re- » pliquai-je, votre Enigme n'eft guère bien enveloppée : Et » pour vous fatisfaire, je vous dirai que comme en matiere » de Religion, les hommes ne font point mes oracles, mais » la feule Parole de Dieu ; en fait d'Affaires d'Etat, je n'en ai » point d'autres que la voix & la volonté du Roi, dont je » veux être particulierement informé, avant que de rien » conclurre fur un fujet de cette importance. « Je pris enfuite un ton moins élevé ; & en m'adreffant à toute la Compagnie, j'ajoûtai qu'en effet la précipitation ne pouvoit caufer ici que de grands inconvéniens.

Après ce difcours, qui pouvoit bien paffer pour cet Acte de Déliberation, que je n'avois pas voulu faire ; le Connétable parla. Profitant de l'ouverture que je venois de lui fournir ; n'étant pas fâché d'ailleurs, de me rendre fervice : car depuis celui que je lui avois rendu dans l'affaire du Maréchal de Biron, il avoit changé fa prévention contre moi, en une affection fincere : il dit, qu'il étoit de mon fentiment, fur l'obligation de fçavoir, avant que de rien ftatuer, la difpofition particuliere de Sa Majefté : A quoi il ajoûta, qu'il ne feroit pas même hors de faifon, de la prier d'affifter aux Déliberations mêmes ; ne fût-ce que pour arrêter les petits mouvemens de vivacité, dont on venoit de voir un échantillon, dans le début de la premiere féance. Villeroi montrant une impatience d'aller en avant, qui furprit tous ceux qui connoiffoient fon caractere, dit, que cette affaire ne pouvant finir que par le rétabliſſement des Jéſuites ; il étoit inutile de traîner la choſe en longueur. Après avoir fait valoir de toutes ſes forces, le poids de l'intervention de Sa Sainteté, & cautionné la vérité des promeſſes que faiſoit la Société, il expliqua les motifs de la conduite du Roi, qui n'avoit pas, diſoit-il, référé la choſe à un Conſeil, dont il avoit nommé tous les Membres, pour être contredit ; mais pour ne pas demeurer chargé lui-même, d'avoir anéanti par la force de ſon autorité, un Arrêt du Parlement auſſi ſolemnel, que celui qui avoit été porté contre les Jéſuites : Et il conclut avec la derniere complaiſance, qu'il falloit épargner à Sa Majeſté, l'embarraſſante néceſſité de décider ce point de ſon propre & ſeul mouvement : Villeroi nous faiſoit beaucoup d'honneur à tous ; & le Conſeil lui devoit un remerciment. De Thou fronda cet avis, comme Villeroi avoit frondé le nôtre. Il dit, en branlant la tête, Que ſi le deſſein de Sa Majeſté avoit été tel, que Villeroi venoit de le dire, de ne point ſe mêler de cette affaire ; il l'auroit renvoyée à décider, & toutes les propoſitions des Jéſuites à examiner au Parlement, qui en avoit été ſaiſi par Sa Majeſté elle-même : Et faiſant de ces paroles ſon opinion ; il ajouta, Qu'il n'y avoit point d'autre parti à prendre pour le Roi, s'il vouloit éviter, & le blâme qu'il encourroit en agiſſant autrement, & le danger qui en réſulteroit, tant pour l'Etat, que pour ſa Perſonne même : Ce n'eſt pas là aſſûrément parler en homme de Cour. Mais ni ſon ſentiment, ni celui de Villeroi, ne furent ſuivis : Le reſte des Conſeillers témoigna d'un ſeul mot, Qu'avant que de paſſer plus avant, ſur le fond, il en ſeroit parlé à Sa Majeſté. Ainſi ſe termina cette Séance.

J'allai le lendemain, chercher à parler à Sa Majeſté, en particulier : & ayant mis tout d'abord ſur le tapis, la Délibération de la veille ; je vis que ce Prince attendoit que je lui diſſe ce que j'en penſois. Je ne balançai point ſur le parti que j'avois à prendre ; & la vérité m'oblige à dire qu'il ne fut pas favorable aux Jéſuites (5). Je dis à Sa Majeſté, Que je ne comprenois pas comment, après un Arrêt du Parlement, qu'elle-même avoit fait donner, & pour une cauſe auſſi gra-

---

(5) Il eſt marqué dans les Mſſ. de la Bibliot. du Roi, que nous avons déja cités, que Meſſieurs de Sully, de Bouillon, de Maupeou, &c. firent tout leur poſſible, pour détourner le Roi de ſa réſolution.

ve & aussi juste; elle se laissoit encore prévenir en faveur 1604.
d'un ordre, dont elle n'avoit que du mal à attendre, & pour
l'Etat, & pour elle-même. Je ne pus m'empêcher de la faire
souvenir du Roi d'Angleterre. Comme je n'avois pas intention de m'étendre en longs discours; je me contentai de
supplier ce Prince de me dispenser de délibérer dans une affaire si odieuse; ou du moins, de me commander si absolument & si précisément ce que j'avois à faire, que je trouvasse mon excuse dans la nécessité de mon obéïssance. » Oh
» bien, oh bien! me dit Henry, puisque nous avons le loisir
» de discourir là-dessus, & que vous êtes ici tout seul; dites
» moi librement ce que vous appréhendez de ce rétablisse-
» mens: & puis je vous dirai aussi ce que j'en espére; afin de
» voir de quel côté penchera la balance. « Je voulus encore
m'en défendre, en disant qu'il n'y avoit rien de si inutile,
que ce que demandoit Sa Majesté, puisqu'elle avoit déja
pris son parti. Il repliqua qu'il ne laisseroit pas d'avoir égard
à mes raisons : & enfin, il m'ordonna si absolument de le
faire, qu'il n'y eut plus moyen de reculer.

Il n'y a aucun avantage pour l'Etat à espérer dans le rétablissement des Jésuites (6) en France, qu'on ne puisse se
promettre de tous les autres Ordres Religieux : & les Jésuites
ont de plus, des raisons particulieres d'exclusion, fondées sur
les inconvéniens, qui suivent de leur établissement dans ce
Royaume. Ces raisons & ces inconvéniens ont rapport à
quatre Chefs, dont on va d'abord sentir toute l'importan-

(6) Le Discours suivant n'a rien de plus, ni même d'aussi fort, que celui du Président de Harlay, qu'on voit dans M. De Thou; ni que tous les autres, dont les Ecrits, soit alors, soit depuis ce temps-là, sont remplis, contre les Jésuites. Je n'en sens pas moins à le transcrire, toute la répugnance, sur laquelle je me suis expliqué dans la Préface de cet Ouvrage. Mais le Lecteur distinguera aisément ici, qu'on veut lui faire recevoir de pures conjectures pour des faits certains, & de simples possibilités pour des desseins avérés. Dix pages d'une vaine déclamation, ne vaudront jamais le plus petit fait, prouvé en quatre mots: Et pour bien dire, M. de Sully ne prouve ici que sa passion & son animosité contre les Jésuites. Ce qu'il avance de fer & de poison, fait horreur à rapporter, & seulement à penser; & ne peut être sorti que de la bouche d'un Calviniste & d'un cruel ennemi : mais il doit d'autant moins nous surprendre, que M. de Rosny s'étoit solemnellement engagé envers le Roi d'Angleterre, d'agir & parler de la sorte, lorsqu'il seroit question du rétablissement des Jésuites; pour l'intérêt de la cause Commune, qui étoit l'Hérésie, & dont il étoit un des plus zélés Partisans; comme le Roi de la Grande-Bretagne, étoit un des ennemis les plus déclarés de l'Eglise.

ce : la Religion : la Politique extérieure : la Politique intérieure, ou le Gouvernement du dedans du Royaume : enfin, la Personne du Roi.

Ce qu'on peut dire sur la premiere : c'est que l'union & la paix entre les deux Religions dominantes en France, paroissant aujourd'hui, à tous égards, le seul vrai fondement, sur lequel doit s'appuyer le systême, qu'on suivra dans le Conseil ; il faudroit supposer, en faveur des Jésuites, qu'ils adopteront ces vuës : Mais c'est ce qu'on doit attendre d'eux, moins que de toute autre personne, qu'on puisse imaginer. Le premier de leurs Statuts les assujettit si aveuglément à leur Général, ou plustôt au Pape ; (7) que quand ils auroient personnellement, sur cet article, les intentions les plus droites & les plus pacifiques, ils ne peuvent se mouvoir que par l'intention de ces deux Supérieurs ; dont l'un, qui est le Pape, peut nous faire beaucoup de mal ; & l'autre, qui est leur Général, est toujours un Espagnol naturel, ou Créature

(7) Il faut remarquer par rapport à l'Article de l'Institut des Jésuites, qui regarde la soûmission aveugle à leur Général, que par cette soûmission, ou obéïssance aveugle, on entend 1°. Le Vœu qu'ils font après deux ans de Noviciat. Or ce Vœu est précisément comme celui de tous les autres Religieux. La nature en est parfaitement la même ; & l'on ne recommande chez les Jésuites, que la soûmission, l'obéïssance, que les SS. Peres prêchoient aux Fideles, qui se consacroient plus particulierement au service de Dieu. Au-reste, cette obéïssance ne doit être aveugle, que sur des points de perfection & d'observance Religieuse : Elle ne peut jamais déroger aux Loix naturelles, à celles d'institution Divine, d'institution Ecclesiastique, d'institution Civile, pour le bon ordre des Etats. Par cette soûmission ou obéïssance, on entend encore 2°. Le quatriéme Vœu que font les Profès de la Compagnie, & qu'ils ajoûtent aux trois Vœux ordinaires de Religion. Or ce quatriéme Vœu ne leur impose d'autre obligation, par rapport au Souverain-Pontife, que celle de lui obéïr, lorsqu'il leur commandera d'aller travailler au salut des ames dans les Missions. En voilà toute la substance ; quoiqu'en disent une infinité de personnes, qui représentent tous les jours ce Vœu, avec les traits les plus odieux ; & qui en prennent sans cesse occasion d'invectiver contre la Société: *Insuper promitto specialem obedientiam summo Pontifici, circà Missiones :* » de plus, je promets une spéciale » le obéïssance au Souverain-Pontife, » touchant les Missions : « C'est en ces termes que le Vœu est exprimé, & qu'il est proferé. Il renferme quatre circonstances, qui en font toute l'étenduë ; & que l'on peut voir dans le Livre de l'Institut des Jésuites, ou dans son abrégé, imprimé à Bruxelles, en 1690. *Part.* 3. *ch.* 3. *sect.* 3. Ces circonstances sont, 1. Il est défendu aux Jésuites de solliciter par eux-mêmes, ou par quelqu'autre, le Souverain-Pontife, afin qu'il les envoie dans une Contrée, plustôt que dans une autre. 2. Ils doivent obéïr ; soit qu'on les envoye, ou chez les Turcs, ou chez les autres Infidéles, dans les Indes mêmes ; soit qu'ils soient obligés d'aller travailler à la conversion des Hérétiques, des Schismatiques, ou à la perfection des Fidèles. 3. Ils doivent

# LIVRE DIX-SEPTIEME.

ture de l'Espagne. Or on ne peut présumer que le Pape & ce Général des Jésuites, voient jamais de bon œil la Religion Protestante marcher en France sous ses Bannieres particulières. Il arriva donc que les Jésuites, imbus de maximes Ultramontaines, adroits d'ailleurs & intelligens, & pour comble, jaloux de donner la victoire à leur Parti, feront un Schisme perpétuel dans le Peuple, par leurs Confessions, leurs Prédications, leurs Livres & leurs Discours : d'où naîtra une altération entre les différens Membres du Corps Politique, qui tôt ou tard reproduira les Guerres Civiles, dont on vient de sortir.

Ils ne sont pas moins capables de susciter des Guerres Etrangeres ; c'est le second endroit, par lequel la bonne Politique s'oppose à leur rappel. Le Pape porté d'inclination pour l'Espagne, ou dépendant malgré lui de cette Couronne, sur-tout depuis les dernières invasions qu'elle a faites en Italie : les Espagnols n'ayant de vûes que pour la destruction de la Monarchie Françoise : les Jésuites liés avec l'un & l'autre, par principes, par habitude, par Religion : que conclurre de tout cela ? sinon que la France aura dans ce Corps, un ennemi d'accord avec ses ennemis pour la renverser. La Religion rentre une seconde fois dans ce motif : en ce que les projets de Henry pour la gloire & la tranquilité de toute l'Europe, demandant qu'on porte quelque jour en Italie une armée capable de tirer le Pape, & même malgré lui, des entraves où le tient la domination Espagnole ; & que ce Prince s'aide dans ce dessein, des Puissances Protestantes, sans lesquelles on ne peut rien contre l'Espagne ; les Jésuites ne goûteront jamais un plan de Politique universelle, qui rendra les Protestans nécessaires, & les affermira en Europe.

Plûtôt que de voir un pareil dessein s'exécuter ; c'est le troisiéme motif ; plûtôt que de passer à la haine, qu'ils seroient obligés en ce cas, de prendre contre l'Espagne ; ils

doivent partir promptement, autant qu'il dépendra d'eux, sans excuse & sans délai. 4. Ils ne peuvent point exiger de Viatique : mais ils doivent être prêts d'aller à pied ou à cheval, avec de l'argent ou sans argent, ainsi que Sa Sainteté le jugera convenable ; ne considérant que le plus grand service de Dieu. Un pareil Vœu a-t-il de quoi autoriser tout ce qu'on a écrit, tout ce qu'on a dit, à son occasion, d'injurieux contre la Société, depuis deux siécles.

Tome II.

chercheront à confumer les forces du Roi, contre fes propres Sujets. Un mal prefqu'auffi grand dans l'intérieur du Royaume, c'est que leur accès auprès du Prince, & les facilités qu'ils trouveront à difpofer de fon autorité, leur feront commencer une autre efpèce de guerre, contre les Miniftres & toutes les perfonnes en place; fur le foupçon qu'ils n'entreront pas dans leurs fentimens. Je me mis moi-même du nombre de ceux qui feroient les premiers facrifiés à ces nouveaux Favoris.

Enfin Sa Majefté n'avoit-elle pas fait elle-même une cruelle épreuve de leur haine, fans leur ouvrir encore une nouvelle voie au fer & au poifon? Et ignoroit-elle les raifons qu'avoient les Jéfuites de lui fubftituer au Trône de France un autre Prince, qu'ils puffent fe flater de faire concourir plus facilement dans leurs projets, tant généraux que particuliers? Si elle en doutoit encore; j'offris de lui en donner la preuve, dans un Mémoire qui m'avoit été adreffé de Rome, contre le Cardinal d'Offat, dont je parlerai dans un moment: & je me contentai d'ajoûter encore quelques réfléxions que me fournit ce Mémoire.

Le Roi me répondit, qu'il verroit volontiers cet Ecrit; & il m'ordonna même de le lui communiquer: mais il demeura ferme dans fon deffein contre toutes les raifons que je pus lui apporter. Il me dit, qu'à un difcours, dont il voyoit que j'avois médité de longue main toutes les parties, il n'avoit que deux chofes à oppofer: la première, qu'il n'étoit pas furprenant que les Jéfuites fe fuffent dévoués à l'Efpagne; la feule Puiffance qui les avoit recherchés & careffés, lorfqu'ils étoient méprifés ou déteftés prefque par tout ailleurs: & que s'ils avoient trouvé le même agrément en France, ou fi on le leur procuroit aujourd'hui; ils oublieroient bien-tôt (8) l'Efpagne. Sa Majefté avoit pour garant de cette vérité, ainfi qu'elle me le dit, le Pere Mayus, qui le

---

(8) Sans vouloir rien imputer aux Jéfuites François de ce temps-là; je remarque feulement que Henry IV. jugeoit bien des difpofitions, où ils feroient à l'avenir. Les fervices qu'ils ont rendus à la France, ont fait tomber abfolument ce reproche, qu'on trouve fi fouvent dans la bouche des ennemis qu'ils avoient alors, d'avoir cherché à élever l'Efpagne, fur les ruines de la Monarchie Françoife. Au refte, ce n'eft point le rapport intime que les Jéfuites avoient avec les Etrangers, qui les avoient rendus Ligueurs; c'étoit la fituation préfente des affaires de la Religion. S'ils crurent, par une fuite de l'erreur, qui leur étoit commune avec

lui avoit avoué confidemment, & en même tems confirmé au nom de toute la Société, par les sermens les plus terribles; se soûmettant, pour lui & pour tous ses Confreres, à être regardés, si la chose n'arrivoit pas, comme les plus insignes Traîtres.

Henry ajoûta, que tous ces sermens & ces promesses, ne me fermeroient pas apparemment si bien la bouche, que je ne trouvasse encore quelque chose à répliquer contre ce premier motif : mais que le second devoit le faire. Il le déduisit de son propre intérêt, & de la conservation de sa (9( Personne, qui lui persuadoient, disoit-il, qu'il devoit recevoir en grace les Jésuites, & même les bien traiter ; parce que s'il les réduisoit au désespoir, en leur ôtant tous les moyens d'obtenir leur retour en France ; il n'y avoit rien, à quoi ils ne se portassent contre lui : le crédit, la subtilité, les ressources de ces Peres, furent un point, que Sa Majesté traita fort au long ; pour me faire convenir, comme elle en paroissoit convaincuë elle-même, que malgré toutes ses précautions, il resteroit à cette Société, toute bannie & éloignée qu'elle seroit, mille moyens d'attenter à sa vie : ce qui jetteroit ce Prince dans des appréhensions continuelles, qu'il vouloit s'épargner. Il conclut par cette parole de Jules-César : *Qu'il vaut beaucoup mieux s'abandonner* (10) *une fois, à ceux dont*

---

la Sorbonne & la plûpart des meilleurs François, devoir chercher de l'appui au dehors ; ce n'étoit point qu'ils fussent ennemis de la Nation, de la Patrie, de l'Etat, c'est qu'ils croyoient ces relations nécessaires, pour soûtenir les intérêts de la Religion : c'est qu'ils s'imaginoient mal-à-propos, comme plusieurs Catholiques qu'un excès de zèle aveugloit, qu'il étoit permis de tout entreprendre, pour la défense de la Foi, encore gardèrent-ils plus de mesures, qu'un grand nombre d'autres ; puisqu'ils ne parurent point dans Paris le jour des Barricades ; & qu'on ne les vit point assister à la Procession ridicule & bizarre de 1590. *Histoire de France du Pere Daniel. Tom. 3.*

Autre observation à faire:c'est qu'on persécutoit les Jésuites en Espagne, comme trop zélés pour la France ; tandis qu'en France on leur faisoit un crime, de leurs liaisons trop étroites avec l'Espagne. Ce fut en effet le Cardinal Tolet, Jésuite Espagnol, qui travailla le plus efficacement à obtenir l'absolution de Henry IV. & à sa réconciliation avec le Saint Pere : ce qui est prouvé par les Lettres du Cardinal d'Ossat, depuis 1595. jusqu'en 1603. Voilà ce qui piqua l'Espagne & Philippe II. contre les Jésuites, contre le Pere Aquaviva, leur Général, à qui l'Espagne suscita par cette raison, toutes sortes d'affaires.

» (9) Ventre-saint-gris! disoit Henry IV. à ceux qui tâchoient de le dissuader de rappeler les Jésuites ; » me répondez vous de ma Personne ? Ces paroles fermoient la bouche à tout le monde. « *Mss. de la Biblio du Roi*, vol. 9033.

(10) *Insidias undique imminentes subirè semel confestim satius esse, quam cave-*

1604. *on se défie, que d'avoir à se précautionner continuellement contr'eux.*

Je compris par ces paroles de Sa Majesté, & par le ton dont elle les prononça, qu'elle s'étoit décidée sur le rétablissement des Jésuites, & que rien ne l'en pouvoit détourner: Ainsi au-lieu de nouvelles objections, que j'aurois encore pu lui faire, en très-grand nombre, & très-solides; je lui dis, Qu'il me suffisoit qu'elle eût paru faire dépendre la sûreté de sa Personne, & le bonheur de sa vie, du rappel des Jésuites, pour m'y faire travailler avec autant & plus de zèle, que La-Varenne même; & qu'elle en auroit des preuves, dès que le Conseil se rassembleroit. La joie parut sur le visage de ce Prince, en m'entendant parler ainsi. Et afin que ce sacrifice que je lui faisois, ne demeurât pas sans récompense; loin qu'il retombât sur moi, comme j'avois paru le craindre; il me promit en ce moment deux choses, sur sa parole royale : L'une, que ni les Jésuites, ni personne au monde, ne lui feroient jamais déclarer la guerre aux Protestans; à-moins que je ne la lui conseillasse moi-même: L'autre, que rien ne seroit capable non plus, de lui faire éloigner de sa Personne, un Ministre dont il seroit satisfait, de quelque Religion qu'il fût; » & sur-tout, ajoûta ce Prince, avec une » familiarité tout-à-fait obligeante, un homme, dont je dirois » volontiers, ce que vous me disiez l'autre jour, que Darius » disoit de son (11) Zopire.« Il m'assûra encore, qu'il alloit travailler à faire passer dans l'esprit des Jésuites, tous les sentimens qu'il avoit pour moi; & que je connoîtrois, avant qu'il fût peu, de quelle maniere il leur apprendroit à se comporter à mon égard.

Je ne sçais s'il n'y travaillat pas dès le même jour : car je reçus le lendemain matin, une visite de La-Varenne, qui me demanda la grace qu'un Jésuite, qu'il m'assûra être encore plus François d'inclination que de nom, vint me baiser les mains. Je répondis à La-Varennne, qu'il sçavoit bien que

---

*re semper*, dit Suetone : Ce qui ne signifie pas tout-à-fait, que la mort la moins prévûë est la meilleure; comme il y a dans le texte des anciens Mémoires, & qui se rapporte mieux à ce qui précéde.

(11) Zopire, Satrape Perse, s'é-

tant fait couper le nez, les oreilles & les lèvres, pour faire réüssir un stratagême, qui mit Darius en possession de la Ville de Babylone; ce Prince avoit coûtume de dire depuis, *qu'il eût donné vingt Babylones, pour un Zopire. Herodote. liv.* 5.

# LIVRE DIX-SEPTIEME.

1604.

tout le monde étoit bien reçu chez moi ; & que les Ecclésiastiques en particulier, ne s'étoient jamais apperçus de ma Réligion, que par le devoir que je croyois qu'elle m'imposoit, de les mieux traiter encore : sans tout cela, Que le caractère, dont il me dépeignoit ce Jésuite, lui répondoit qu'il ne seroit point réfusé à ma porte. Ce Jésuite François, étoit le Pere (12) Cotton, qu'il m'amena dès le jour suivant, comme je sortois pour donner mon Audience ordinaire après le dîner. J'en fus abordé, avec toutes les démonstrations possibles de vénération & de respect : Il n'y eut sorte de louanges & de flateries, dont il ne m'accablât, sur mon esprit, sur mes services, & aussi sur la protection, qu'on lui avoit assûré, disoit-il, que j'étois disposé à accorder à sa Société. Il entremêloit de fréquen-

(12) Pierre Cotton, né en 1564, à Neronde, d'une famille des plus distinguées du Forez. Il y a beaucoup à changer à l'idée, que l'Auteur cherche à nous en donner, ici & ailleurs. C'étoit un homme de beaucoup d'esprit, & singulièrement doué du don de la parole, & de tout ce qui fait réüssir à plaire. » Le Roi, dit la » Chronologie Septénaire, le prit » en telle affection, aussi-tôt qu'il » l'eut vû, qu'incontinent il ne se » faisoit rien, qu'il n'y fût appelé. » Il prêcha à Fontainebleau, puis » après dans Paris, où il n'y eut bon- » ne Paroisse qui ne l'ait desiré ouïr; » & de fait aussi il a une grace at- » trayante, qu'on ne se peut lasser » de l'écouter. «

Il pensa être assassiné dans ce même temps, par des Pages de Sa Majesté, qui lui donnerent plusieurs coups d'épée, comme il venoit en carosse au Louvre, parceque quelques Seigneurs de la Cour s'étant plaints au Roi, que des Pages crioient en le voyant passer : *Vieille laine, vieil coton* (cri de Paris); ce Prince en avoit fait fouëtter quelques-uns : Il auroit même fait punir cet assassinat avec beaucoup de severité, si le Pere Cotton n'avoit instamment prié Sa Majesté de leur pardonner; ils furent seulement chassés de la Cour. » Le Roi, dit le mê- » me Ecrivain, en augmenta encore » les faveurs, qu'il faisoit aux Jésui- » tes : Il voulut même donner un » Evêché au Pere Cotton, qui sur » cette offre, fit un trait d'état qui » est revenu au bien de son Ordre, » à sçavoir, de ne pas l'accepter. «

La Chronologie Septénaire auroit parlé plus exactement, si elle avoit dit que le Pere Cotton étoit obligé étroitement de refuser l'Evêché que le Roi lui offroit, & qu'il le refusa en effet, en vertu de cette obligation qu'il avoit contractée : Car les Jésuites font un Vœu exprès, de renoncer à ces Dignités Ecclésiastiques; & ils ne peuvent même être dispensés de ce Vœu, que par le Souverain Pontife. Le Pere Cotton, à en juger par sa vie, qu'a écrite le Pere d'Orleans, étoit trop Religieux, pour se conduire dans le refus qu'il fit, par d'autres vûes, que par ces principes de désintéressement & de modestie. P. Matthieu parle aussi du Pere Cotton, avec de fort grands éloges. Tom. 2. Liv. 3. Henry IV. le prit en cette année pour son Confesseur, par la retraite de René Benoît, Curé de Saint-Eustache : Et il éxigea, dit-on encore, que la supériorité du College de Navarre, qui avoit toujours été attachée à la qualité de Confesseur du Roi, en fût désunie.

tes & profondes inclinations, les affûrances réitérées qu'il me faisoit de reconnoissance, de dévouëment, & d'obéissance. Je ne demeurai pas en reste de complimens & de cérémonie : Je m'étudiai à ne rien omettre, de tout ce que je jugeai convenir à la personne & aux circonstances présentes.

Le lendemain, le Conseil toujours composé des mêmes personnes, se rassembla pour la seconde fois. Jamais affaire ne fut si promptement expédiée : Sans me jetter dans un grand étalage de vaines raisons ; je dis succinctement, Que la conjoncture présente réquéroit que les Jésuites fussent rétablis en France. On éxigea d'eux le serment, qu'ils prendroient tous les sentimens de bons Compatriotes ; & qu'ils n'éliroient point de (13) Provincial, qui ne fût François. Ils jurerent ; & tout le passé fut mis en oubli. Je n'ajoûterai

---

(13) Je ne vois pas qu'il soit fait mention dans les Lettres pour la réhabilitation des Jésuites, de cetteElection d'un Provincial François, du moins qu'implicitement. Voici les conditions qui y sont exprimées : Que les Jésuites ne pourront fonder aucun College en France, sans la permission du Roi : Qu'ils seront tous naturels François ; & qu'il n'en sera souffert aucun autre dans le Royaume : Qu'il en résidera continuellement un près de la personne de Sa Majesté ; pour lui répondre de la conduite de tous les autres : Qu'ils feront en entrant dans le Corps, certains sermens, entre les mains des Officiaux ; de ne point attenter à sa Personne ; de ne se mêler de rien, au désavantage de l'Etat &c. Qu'ils ne donneront atteinte, ni aux loix du Royaume, ni à la Jurisdiction des Evêques, ni aux droits du Clergé, des Universités &c : Qu'ils ne pourront prêcher, ni administrer les Sacremens, dans aucun Diocèse, que de l'aveu de l'Evêque Diocésain : Qu'on leur restituëra ce qui leur avoit été ôté : mais qu'ils ne pourront rien acquérir de plus, sans une Approbation expresse de Sa Majesté ; non plus que prétendre partager avec leurs Parens, les successions & biens de famille. Les Villes de Lyon & de La-Flèche, étoient les seules, où on leur permettoit de s'établir de nouveau. Celles où ils étoient fondés par ci-devant, y sont énoncées, au nombre d'onze : sçavoir, Toulouse, Auch, Agen, Rhodès, Bordeaux, Périgueux, Limoges, Tournon, Le-Puy-en-Velai, Aubenas & Beziers. Il est permis à M. De Thou de se plaindte qu'une partie de ces Conditions ont été depuis annullées ; mais non pas, d'en prendre droit contre les Jésuites, de dire qu'ils ont manqué à les observer.

Quant à ce Général Etranger, qui fait tant de peine à M. de Sully : On ne pouvoit éxiger d'eux, qu'ils n'en eussent jamais, qui ne fût François de Nation : l'Election de ce Général se faisant par divers Membres de la Société, députés à cet effet, & qui sont pris des différentes Nations ; ç'eût été éxiger l'impossible. Au regard de cette Election ; il n'y a rien de réglé, ni par les loix, ni par les pratiques de la Société, pour le Sujet qu'on doit choisir : c'est-à-dire, que tout Jésuite, qu'on juge propre à cet Emploi, François, ou autre, peut y parvenir ; parce que la chose dépend d'une Election, qui est pleinement libre. Si l'avant-dernier Général ne fut pas le Pere d'Aubenton, François, Confesseur de Sa Majesté Catholique ; c'est que les Jésuites François, eux-mêmes s'y opposerent.

rien de plus, sinon, que je me tins enveloppé pendant tout ce temps-là ; & que je me conduisis avec une extrême circonspection, soit par rapport à cette affaire ; soit à l'égard du sentiment du Pere Molina sur la Grace, qui fut rendu public cette année ; soit enfin sur quelques Propositions de trois Jésuites, dont le pour & le contre furent débattus avec beaucoup de chaleur, & sur-tout celles-cy : Qu'il n'est point de foi, que le Pape soit le Successeur de Saint Pierre ; &, que la Confession peut se faire par Lettres. Les Jesuites sentirent en cette occasion, le besoin qu'ils avoient déja, que l'autorité Royale intervînt en leur faveur : Si on les avoit livrés au Parlement, à la Sorbonne, aux Universités, & au plus grand nombre des (14) Evêques & des Villes du Royaume ; leur Doctrine n'y auroit pas jetté de profondes racines : Mais le Roi n'abandonna pas ses nouvelles Créatures : Il leur donna même, à la sollicitation de La-Varenne, son Château de La-Flèche ; où ils eurent bien-tôt un beau Collége.

Le rétablissement des Jésuites fut un vrai triomphe pour Villeroi, Jeannin, Du-Perron, & sur-tout pour d'Ossat, qui ne les avoit point oubliés à Rome, où il résidoit toujours pour les Affaires de Sa Majesté. C'est ici le lieu de parler du Mémoire, qui me fut adressé d'Italie, contre cet Ecclesiastique ; & dont on vient de voir que j'avois déja entretenu Sa Majesté.

Ce Prince étoit allé passer quelques jours du mois d'Avril, à Chantilly ; dont l'air pur, le séjour agréable, la chasse commode, joints aux autres délassemens de la campagne,

---

Le Pere Charles de Noyelle qui l'étoit en 1685. étoit un Gentilhomme d'Artois, Sujet du Roi de France.

(14) Le Septénaire nous apprend au contraire, que les Jésuites furent demandés, aussi-tôt après leur rappel, par plusieurs Villes, Evêques &c. *ibid. fol.* 438. » C'étoit, dit encore l'Historien Matthieu, *ibid. p.* 606. » le commun désir des Catholiques » de les revoir : leur absence ayant » fait connoître le bien & le profit » de leur présence, en l'Instruction » de la Jeunesse, & au maniement » des Consciences. . Leurs ennemis » n'eurent point de prise, ni sur leurs » mœurs, ni sur les actions de leur » vie, qui s'accordent si bien à leur » doctrine, qu'il n'y a un seul mau- » vais accord qui en rompe l'harmo- » nie ; leur cœur & leur langue étant » montés au même ton &c. « Cet Ecrivain en avoit déja parlé dans les termes les plus avantageux. *Tom. 2. liv.* 2. *pag.* 270: Et ce qui le rend moins suspect ; c'est qu'il avoit eu lui-même, quelque démêlé particulier avec cette Société ; comme on le voit au même Livre 3. *p.* 681.

parurent à ses Médecins, nécessaires pour sa santé. Sur quelques Lettres que je lui écrivis, & dans lesquelles je ne pus me dispenser de lui marquer, que son absence laissoit indécises un grand nombre d'affaires, il revint incontinent à Paris ; quelque chose que pûssent faire ses Médecins, pour l'arrêter. Il se souvint, le soir même de son arrivée, du Mémoire en question, & me le demanda : Il ne faisoit que me prévenir ; mon dessein étant de le lui montrer ce jour-là. Je le tirai d'entre mon habit & ma camisole ; & je le lui laissai éxaminer à loisir. Je n'y avois rien changé, ni rien ajoûté ; excepté peut-être quelques réflexions, dont cet Ecrit n'avoit pas besoin, pour attirer contre celui qui en étoit l'objet, toute l'indignation de Sa Majesté.

 L'Auteur de ce Mémoire, qui avoit eu ses raisons pour n'y faire paroître, ni son nom, ni celui de la personne à laquelle il l'adressoit, s'attachoit à faire voir que d'Ossat avoit prévariqué dans tous les points de sa Commission ; & qu'il ne s'en étoit chargé, que pour amener les choses, au point d'obliger le Roi à entrer dans les vuës des Catholiques Ligueurs de son Conseil ; dont il étoit l'Instrument, & à embrasser un Plan de Politique, tout différent de celui qu'on lui voyoit suivre. Ce nouveau Plan, où l'on découvroit encore l'esprit de la Ligue, qui lui avoit donné naissance, consistoit à unir la France d'intérêt & d'amitié avec le Pape, l'Espagne, les Archiducs & la Savoie, contre les Puissances Protestantes de l'Europe en général, & contre les Réformés de ce Royaume en particulier : à faire concourir Henry avec le Pape, pour mettre un Roi Catholique sur le Trône de la Grande-Bretagne : à lui faire abandonner la protection des Provinces-Unies ; employer son autorité à soûmettre tout au Concile de Trente : en un mot, à lui faire adopter toute la Politique Autrichienne, & toutes les Maximes Ultramontaines. On chargeoit les Jésuites, du soin de serrer les nœuds de cette union ; dont le fondement devoit être le mariage des Enfans de France & d'Espagne ; & le premier fruit, le détrônement du Roi Jacques (15).

 L'Auteur, pour prouver qu'il n'avançoit pas des accusations si graves, en vain déclamateur, les justifioit par les
Lettres

---

(15) Je ne vois rien à ajoûter sur ces articles, à ce que nous en avons || dit dans les Notes cy-devant.
                (16) La

# LIVRE DIX-SEPTIEME.

1604.

Lettres même de d'Ossat, tant celles dont j'ai parlé ci-devant, que plusieurs autres qu'il avoit ramassées ; par ses discours, soit publics dans Rome, soit particuliers à mon frere, Ambassadeur en cette Cour, & à d'autres. Il dévoiloit le mystère de ces difficultés presqu'insurmontables, rencontrées auprès du Saint-Pere, sur l'Absolution du Roi & sur le Mariage de Madame : il montroit qu'elles étoient venuës de d'Ossat lui-même, qui pendant ce temps-là, pour abuser plus impunément de la confiance de son Maître, & pour prévenir les reproches qu'il avoit sujet d'en appréhender, lui faisoit entendre qu'il étoit indispensablement obligé de faire croire à Rome, que Sa Majesté étoit dans tous ces sentimens ; & qu'il n'étoit pas médiocrement embarrassé à étouffer les bruits, qui de temps en temps s'y répandoient du contraire.

Il y a certainement en tout ceci, un grand raffinement de la part de d'Ossat : il n'y en avoit guére moins dans les insinuations qu'il faisoit sous main au Roi, que l'Espagne n'avoit à son égard que des vuës toutes pacifiques ; & que le Pape étoit prêt à s'en rendre caution. Tout cela est si positif, & appuyé par l'Auteur sur de si fortes preuves, qu'il se fait croire, malgré la passion & la haine, qu'on ne peut disconvenir qui n'éclatent de toutes parts dans cette piéce contre d'Ossat. On lui reproche de trancher du grand Politique & de l'homme d'État, lorsqu'il devroit rougir de son ignorance & de son incapacité ; & l'on ne veut reconnoître dans cet Ecclésiastique, avant qu'il fût élevé à la Pourpre, qu'un Pédant & un Valet, (16) qui doit tous les différens dé-

---

(16) La passion, l'injustice & la fausseté, se font voir si sensiblement dans ces derniers traits, qu'ils achevent de détruire la foi, qu'on auroit pû ajoûter à ce prétendu Mémoire venu de Rome, contre ce Cardinal d'Ossat. Sa reconnoissance l'oblige à nommer à plusieurs endroits M. de Villeroi, son protecteur, & à faire une profession presqu'ouverte d'attachement pour lui : que peut-on conclurre de cela ? rien certainement contre les qualités de son esprit, & tout en faveur de son cœur. On ne sçauroit s'empêcher de remarquer, que l'Auteur fait un abus sensible du principe de la liberté de penser. Il s'étudie à le faire régner sur les matieres de Religion, qui sont presque les seules, où il ne doit point être admis ; & il paroît vouloir l'exclurre de la Politique, qui est la chose du monde peut-être, où le pour & le contre doivent être le plus permis ; parce que rien n'est plus incertain, plus fortuit, plus sujet à varier.

Quant à la personne du Cardinal d'Ossat ; on convient qu'il étoit de la plus basse extraction. Les uns le font fils d'un Opérateur ; les autres, Bâtard du Seigneur de Cassanabere ; & d'autres, ce qui paroît mieux fon-

grés de sa fortune, à la bassesse de ramper auprès de Villeroi, & de servir en esclave, l'aversion des autres Catholiques Ligueurs, contre les Réformés. L'Auteur, en finissant ce Mémoire, conjure celui entre les mains duquel il doit tomber, de le faire passer dans celles de Sa Majesté.

Mettant à part tout ce qu'il peut y avoir d'outré dans cet Ecrit, qu'on voit bien venir d'un ennemi déclaré : il sera toujours vrai, que d'Ossat ne sçauroit parer le reproche d'ingrat & de calomniateur, par rapport à son Souverain & à son Bienfaiteur; & qu'il laisse même sans y penser, à la postérité, tous les moyens de le convaincre de ces deux vices, dans les Lettres que sa vanité lui a fait imprimer, lorsqu'il y traduit Henry IV. comme un Prince qui opprime le Clergé, détruit la Noblesse, ruine le Tiers-État, & se rend le Tyran de son Peuple.

La vérité n'est pas moins blessée dans tout ce que sa bile exhale contre les Protestans. Que veut-il qu'on pense des épithetes d'impies, d'horribles, de détestables, de sacrileges, &c. qu'on y voit entassées, pour flétrir un Corps, qui fait profession de convenir avec lui-même, dans tous les points fondamentaux de la doctrine de Jesus-Christ, & de n'avoir pas une moindre vénération pour tous les divins monumens, où ils sont exprimés, le Symbole des Apôtres, le Décalogue, l'Oraison Dominicale (17).

A l'égard des fautes purement de politique, elles peu-

dé, fils d'un Maréchal ferrant, du Diocèse d'Auch. Il fut Précepteur du jeune Seigneur de Castelnau-Magnoac; ensuite il alla à Rome, en qualité de Sécretaire de Paul de Foix, & y devint Sécretaire du Cardinal Louis d'Este, protecteur à Rome des affaires de France. Il fut encore envoyé de Sa Majesté à Florence, Ambassadeur à Venise, à Rome, &c. l'Evêché de Rennes lui fut conféré en 1596. & en 1600. celui de Bayeux, dont M. de Rosny lui obtint auprès de Henry IV. la permission de se démettre. Il avoit dessein de passer le reste de ses jours à Rome; comme en effet il y mourut le 13 Mars 1604. un mois après la mort de la Duchesse de Bar, âgé de 68 ans. Sa derniere Lettre, est celle qu'il écrivit à M. de Villeroi,

six jours avant sa mort. voyez les autres particularités de sa vie, dans Amelot de la Houssaye, à la tête de l'Edition qu'il nous a donnée des Lettres de ce Cardinal. Il n'a eu garde de ne pas prendre le parti de cette Eminence, dans les petites discussions qu'elle eut avec le Duc de Sully; & il avance, je ne sçais sur quel fondement, que si ce Ministre ne lui écrivoit pas, c'étoit probablement, parce qu'il ne vouloit pas l'appeller, Monseigneur. *Note sur la Lettre* 329.

(17) Cette raison de l'Auteur est bien foible : mais on sçait que c'est un des points de la nouvelle doctrine, de ne reconnoître ni les Saints Peres, ni les Conciles, ni les autres sources de la tradition & de la Foi.

vent bien ne venir dans d'Offat, que d'une vuë trop bornée; mais elles ne font pas moins palpables. Dans le temps que les projets ambitieux de la Maifon d'Autriche font, pour ainfi dire, affichés par toute l'Europe ; il expofe la France à en être la premiere Victime, en détachant d'elle fans retour, tout ce qu'elle a d'Alliés, capables de la foûtenir contre cette orgueilleufe Monarchie. Ce qu'il y a de plus furprenant, c'eft que cette Politique ruineufe n'ait pas laiffé de fe communiquer, comme par contagion, à la plufpart de ceux qui font employés dans l'adminiftration des Affaires publiques, & ce qu'il y a en même temps de plus trifte, c'eft qu'enfin elle a prévalu fur la plus faine, mais la plus petite partie. (18)

Elle expofa Villeroi, dans le mois d'Avril de cette année, à un déboire des plus fâcheux, pour un homme en place. Le Roi, en partant pour Fontainebleau, où il avoit coûtume de faire fa Pâque, & de paffer cette Fête folemnelle, pendant laquelle toute affaire ceffoit au Confeil; congédia fes Confeillers jufqu'au Dimanche de Quafimodo : mais dès le Vendredi-faint, il me rappella par une Lettre, dans laquelle il me mandoit, qu'il venoit de découvrir une trahifon dans fa Cour, fur laquelle il vouloit conférer avec moi : Qu'il feroit trouver à cet effet, des chevaux de pofte à Ablon, le jour de

(18) Il n'en eft point arrivé tous les malheurs, que M. de Sully en appréhendoit : au-contraire, l'événement a été tout auffi favorable à ce fyftème, qu'il pouvoit l'être. Il eft vrai ; & cette raifon peut bien fervir à juftifier le raifonnement de l'Auteur ; qu'en fuppofant l'éxecution de ces deffeins, dont l'extinction du Proteftantifme en France, étoit le principal, remife en toutes autres mains, que celles du Cardinal de Richelieu ; il eft très-douteux, non-feulement fi le fuccès s'en feroit enfuivi, mais encore, fi une entreprife de cette conféquence, manquée, n'auroit point replongé la France dans toutes les horreurs du Regne des Enfans de Henry II.

Le Cardinal de Richelieu ne fuivit pourtant pas en tout, les vuës qu'on attribuë aux d'Offat, Villeroi &c ; puifque toute fa vie, il eut guerre avec l'Efpagne. La connoiffance parfaite qu'il avoit des reffources particulieres à la France, & qu'il avoit puifée, fuivant toutes les apparences, en grande partie dans les Mémoires de Sully, fit qu'il embraffa, & en quelque forte, qu'il concilia ces deux fyftèmes oppofés ; en exécutant de l'un, le projet d'abaiffer la Maifon d'Autriche, & de l'autre, celui de détruire le Calvinifme en France. Il me femble qu'aucun exemple ne prouve auffi clairement que celui-ci, de quoi un homme feul eft capable. Les Religionnaires de France, qui s'étoient fait tolerer, après trente ans de perfécution ; après trente ans de repos, font fubjugués, & prefque tout d'un-coup : C'eft que d'un côté, il fe trouva un Cardinal de Richelieu ; & que de l'autre, il ne fe trouva plus un Henry de Navarre.

Pâques ; afin que je ne manquaſſe pas de me rendre à Fontainebleau, au ſortir de la Cène : ce que j'éxecutai ponctuellement. Voici de quoi il étoit queſtion.

*Autrement dit, Du-Portail.*

Villeroi avoit à ſon ſervice un Commis, nommé Nicolas L'Hôte. De Pere en Fils, cette Famille avoit été attachée aux Villeroi : mais celui dont il s'agit ici, avant que d'entrer chez lui, avoit été Sécretaire du Comte de La Rochepot, lorſqu'il étoit Ambaſſadeur de France en Eſpagne. L'Hôte, qui avoit de l'eſprit, mais un eſprit porté à l'intrigue, ſe fit, pendant ſon ſéjour en Eſpagne, des intelligences avec les Sécretaires d'Etat Eſpagnols, D. Juan Idiaques Francheſes & Prada ; auxquels il découvroit les ſecrets de l'Ambaſſadeur ſon Maître. La-Rochepot ayant repaſſé en France, L'Hôte qui ſe vit ſans emploi, demanda à Villeroi, dont il étoit filleul, une place dans ſon Bureau ; & fut commis par lui, au déchiffrement de ſes Dépêches : ce qui plut très-fort à L'Hôte, & lui donna les moyens de continuer encore plus ſûrement, ſon premier métier.

Barrault (19) qui avoit relevé le Comte de La-Rochepot en Eſpagne, s'apperçut quelque temps après, que les ſecrets de ſon Prince étoient éventés à Madrid ; & il ſe donna la torture, pour deviner de quelle part cela pouvoit provenir. Ne pouvant arrêter les yeux ſur perſonne en particulier, il pria Sa Majeſté par un Billet ſimple, adreſſé à elle-même, de tenir pour ſuſpects tous les Commis de ſes Bureaux, & en particulier, ceux de Villeroi. La choſe influoit juſques ſur nos autres Ambaſſadeurs dans les différentes Cours de l'Europe, qui étoient dans une ſurpriſe extrême, & ſe plaignoient au Roi, ainſi que Barrault, de ce que le contenu de leurs Dépêches étoit ſçu dans ces Cours, au même temps qu'ils les recevoient, ſouvent même avant qu'ils les reçuſſent de France.

Mais ni eux, ni Barrault, ne pouvoient pénétrer plus avant ; juſqu'à ce que Barrault ſe vit un jour, abordé par un François

---

(19) Emeric Gobier de Barrault. On rapporte de cet Ambaſſadeur, qu'aſſiſtant un jour en Eſpagne à une Comédie, où l'on repréſentoit la Bataille de Pavie ; & voyant un Acteur Eſpagnol, terraſſer celui qui repréſentoit François I. lui mettre le pied ſur la gorge, & l'obliger à lui demander quartier, dans des termes tout-à-fait outrageans ; il monta ſur le théâtre, & en préſence de tout le monde, paſſa ſon épée au travers du corps de cet Acteur. *Notes d'Amelot ſur d'Oſſat.*

de Bordeaux, réfugié en Espagne, nommé Jean de Leyré, & mieux connu par le nom de Rafis, qu'il avoit porté dans le temps qu'il servoit la Ligue, dont il avoit été l'un (20) des boute-feux: & c'est pour cette raison, que n'ayant pu se faire comprendre dans l'Amnistie, il s'étoit vu obligé de passer en Espagne; où ses services, qui consistoient en quelques avis qu'il recevoit encore de ses Associés en France, furent recompensés par une bonne pension, que cette Cour lui faisoit: Ce qui dura jusqu'à ce que le Conseil d'Espagne ayant sçu tirer d'ailleurs, des lumieres plus sûres, que de Rafis; il s'apperçut, par le mépris qu'on commençoit à témoigner pour lui à Madrid, & par le retranchement de ses gratifications, que son crédit venoit de tomber tout-d'un-coup. Il en pénetra la véritable cause: & à l'instant changeant de batterie, il ne s'occupa plus qu'à découvrir quel étoit le Traître en France, qui venoit ainsi s'enrichir de son bien; ne faisant point de doute que s'il y réüssissoit, cette découverte lui vaudroit son rappel dans sa Patrie, qu'il n'avoit point perduë de vuë, & peut-être mieux que ce qu'on lui ôtoit en Espagne.

Les gens nourris dans l'intrigue, ont des talens pour ces sortes de choses, que les autres n'ont pas. Rafis s'accosta d'un autre François, domicilié en Espagne, nommé Jean Blas; qui lui apprit comment L'Hôte avoit abusé de la confiance de son premier Maître. Rafis frappé de cette idée, s'attacha, comme par instinct, sur cet homme: & s'étant fait instruire par d'autres endroits, qu'il étoit actuellement l'un des Sécretaires de Villeroi; tout éloigné qu'il étoit, sa seule pénétration lui dévoila ce qui demeuroit caché à tant d'autres, qui étoient sur les lieux mêmes.

Le soupçon qu'il avoit s'étant tourné en certitude, il alla trouver Barrault, & lui offrit de lui faire connoître le traître dont il se plaignoit, & qu'il se donnât bien de garde de lui laisser seulement soupçonner: à condition, si son avis se trouvoit vrai, qu'on lui accorderoit une abolition en forme, & une pension honnête. L'importance du sujet fit que Barrault n'hésita pas à lui promettre l'un & l'autre. Rafis éxigea encore de Barrault, & cela en vuë de sa propre sûreté, qu'il prendroit sa commodité; & que lorsqu'il écri-

(20) L'Etoile dit qu'il avoit été l'un des seize.

roit en France, sur les propositions qu'il venoit d'entendre, il ne s'adresseroit qu'au Roi lui-même : Mais Barrault ne prit ces dernieres paroles que pour un excès inutile de précaution, qui n'excluoit pas la communication avec les principaux Ministres de Sa Majesté ; & ce fut à Villeroi lui-même, qu'il s'ouvrit de l'offre & des propositions de Rafis. Villeroi, qui ne se doutoit point que le Traître dont on lui parloit, étoit dans son propre Bureau, renvoya promptement la Dépêche au Roi : Pour L'Hôte qui visa droit au but, en ouvrant avec son Maître, ce Paquet de Barrault ; il fit ses réfléxions sur cet avis important, & prit le parti, que Rafis avoit justement appréhendé ; c'est d'écrire à l'heure même à ses Correspondans en Espagne, afin qu'ils prissent sans perdre de temps, toutes les mesures nécessaires, pour empêcher Rafis d'en dire davantage : C'est tout ce qu'il imagina de plus sûr pour lui, & de plus propre à prévenir les suites de cette affaire : & la chose auroit peut-être réüssi, avec toute autre personne que Rafis.

Celui-ci, en recevant son abolition, que Sa Majesté lui fit envoyer, avec une acceptation de ses propositions, remarqua qu'elle n'étoit point signée de Lomenie ; auquel Sa Majesté l'auroit remise naturellement, si elle ne lui avoit été proposée par un autre canal : & concluant de-là, qu'elle avoit passé par le Bureau de Villeroi, il courut incontinent chez l'Ambassadeur, & se plaignit à lui qu'il l'avoit trompé. Il ne lui fit plus mystère de rien. Il lui apprit pour quelle raison il l'avoit pressé de s'adresser directement à Sa Majesté, & à Villeroi moins qu'à tout autre : il lui donna tous les éclaircissemens qu'il avoit promis sur les menées de l'Hôte. Cela fait, & en peu de mots ; il dit à Barrault, que pour parer, s'il en étoit temps encore, le danger où il se trouvoit à Madrid ; il ne trouvoit point d'autre moyen, que de tâcher de gagner au plus vîte les Terres de France ; & il monta en effet à cheval, dans l'instant même : dont bien lui prit : car dès le lendemain matin, la maison où il demeuroit fut investie par des Archers ; & l'on fit courir après lui en toute diligence pour le joindre, avant qu'il eût atteint la frontiere. Mais Rafis échappa heureusement ; ou plûtôt, grace à la grande diligence qu'il fit, avec Descartes, Sécretaire de Barrault, que l'Ambassadeur lui donna pour l'accom-

# LIVRE DIX-SEPTIEME.

pagner, & pour le préſenter en France. Ils ne ſe repoſerent point, qu'ils ne ſe viſſent à Bayonne ; d'où continuant leur route, ſans perdre de temps, ils vinrent à Paris, & de-là à Fontainebleau, où on leur avoit dit qu'étoit Sa Majeſté.

1604.

Ils rencontrerent en chemin Villeroi, qui ſe rendoit auſſi de Fontainebleau à ſa maiſon de Juviſy, & ils ne crurent pas devoir lui rien cacher. Ils le prierent même de faire toujours arrêter ſon Commis, par proviſion ; & afin d'avoir ſeuls tout l'honneur de cette affaire, ils lui offrirent de retourner à Paris, & de l'arrêter eux-mêmes. Villeroi, après les avoir entendus, ne goûta, ni leur propoſition, ni l'offre qu'ils faiſoient de leurs perſonnes : c'eſt un trait d'une fort grande imprudence ; il faut en convenir : mais ſans doute, qu'il s'imagina que L'Hôte ne pouvoit échapper. Il dit aux deux Courriers, Que ce Commis qu'il avoit laiſſé à Paris, devoit venir le trouver le lendemain : Qu'il ſeroit aſſez tôt pour lors, de s'en aſſûrer : qu'auſſi-bien, il croyoit qu'il étoit néceſſaire d'en parler auparavant à Sa Majeſté : Qu'ils ne riſquoient rien ; pourvû qu'ils gardaſſent un profond ſilence. Ce procedé les ſurprit, & les mécontenta au dernier point : mais c'étoit à eux à obéir. Ils lui remirent les Paquets, dont ils étoient porteurs, afin qu'il les donnât à Sa Majeſté : ce qu'il fit le lendemain.

Le Roi n'avoit pas encore reçu ces Paquets, le jour de Pâques que j'arrivai à Fontainebleau ; ni ſçu par conſéquent, l'arrivée des deux Courriers, & le nom de celui qui le trahiſſoit : Il n'avoit rien de plus poſitif, que l'avertiſſement de ſe défier des Commis de Villeroi. Comme je n'arrivai que fort tard à Fontainebleau, & extrêmement fatigué, je ne vis Sa Majeſté, que le lendemain matin. Je la trouvai habillée ; quoiqu'il fût à peine ſoleil levant : l'avis de Barrault lui donnoit de l'inquiétude. Ce Prince me prit par la main ; & entrant dans la galerie qui joint ſa Chambre, il m'entretint fort au long, des Nouvelles qu'il venoit de recevoir de ſon Ambaſſadeur. La Dépêche de Londres perduë, lui revint à l'eſprit : & tout ce que je lui avois dit en taxant de ce coup, les Gens de Villeroi, qu'il n'avoit pris que pour un effet de jalouſie & d'inimitié, lui parut en ce moment, ſi fort, qu'il m'avoua qu'il commençoit à y ajoûter foi, & à concevoir mille choſes déſavantageuſes contre ce Sécretaire d'Etat.

1604.

Comme il ne s'attendoit pas à voir arriver si-tôt Defcartes & Rafis; il m'ordonna de travailler à approfondir cette Affaire, de quelque maniere que ce fût.

Il y avoit trois jours qu'elle nous occupoit, Sa Majefté & moi; lorfque Villeroi, arriva chargé des Paquets, dont je viens de parler. Je me promenois avec elle dans la longue galerie du Jardin des Pins, où je prenois congé de ce Prince, pour m'en retourner à Paris; au moment que Villeroi l'aborda. Il portoit fur fon vifage, toute la triftefle qu'on doit avoir, lorfqu'on a de pareilles Nouvelles à annoncer à fon Maître: & je puis dire que pour un homme, qui avoit quelque fujet de chercher à humilier un Concurrent, ou du moins, de me réjouir de fon humiliation; j'entrai bien dans fa peine. Pendant la lecture qu'il fit de ces écritures, Sa Majefté me regarda, & me ferra la main trois ou quatre fois. Elle ne lui donna pas le tems d'achever. Au nom de L'Hôte: » Et où eft-il donc cet Hôte, votre Commis, lui » dit le Roi vivement? ne l'avez-vous pas fait prendre? Je » crois, Sire, répondit Villeroi confterné, qu'il eft chez » moi; mais qu'il n'eft pas encore pris. Comment! reprit » Henry, d'un ton irrité; vous croyez qu'il eft chez vous; » & vous ne le faites par arrêter? Pardieu! c'eft trop de né- » gligence: Hé! à quoi vous êtes-vous amufé, depuis que » vous fçavez fa trahifon? Il falloit y pourvoir fur l'heure » même: Retournez en diligence; & vous-en faififfez. «

Villeroi fe retira, avec toutes les marques poffibles de douleur & de confufion: Pour moi, je n'en retardai pas d'un feul moment, mon départ pour Paris, où je reçus le lendemain, une Lettre de Sa Majefté, qui chargea Defcartes de m'inftruire de fa part, en me la rendant de tout ce qui s'étoit enfuivi. Puifque je me trouve engagé à en informer le Public: afin qu'il ne me foit point reproché d'appuyer les Rélations, que les ennemis de Villeroi en ont faites; je fuivrai, pour ce qui me refte à dire, le détail qu'il en a fait, dans l'Apologie de fa conduite, qu'il s'eft cru obligé de rendre publique. (21) Voici comment il y rapporte la fuite de ce fait;

après

ᶠ La Galerie d-Ulyffe.

(21) Voyez l'original de cette Apologie, dans les Mémoires d'Etat de Villeroi. *tom. pag.* 522: La date en eft du 3. May. On ne fçauroit douter qu'elle n'exprime fidellement les fentimens & les démarches de ce Sécretaire d'Etat: le récit en étant exactement conforme à celui de M. De Thou,

NICOLAS DE NEUFVILLE,
Seig.r de Villeroy, Secretaire et Ministre
d'Etat mort le 12. 9.bre 1617. agé de 74 ans.

A Paris chez Odieuvre M.d d'Estampes rue Danjou entrant par la rue Dauphine la derniere P. Cochere.

# LIVRE DIX-SEPTIEME.

après qu'il a expofé à fon avantage, ce qui fe paffa depuis le moment où il parla aux deux Courriers, jufqu'à celui où il alla trouver le Roi.

En rentrant chez lui, Villeroi trouva l'Evêque de Chartres & quelques autres perfonnes de diftinction, qui l'attendoient & qui l'arrêterent fort long-temps dans fon cabinet ; parce qu'il étoit queftion entr'eux, de ce qui devoit s'obferver dans la Cérémonie prochaine de l'Ordre de la Jarretiere : Ce qui fit que quand Defcartes monta à fon appartement, pour lui donner avis que L'Hôte venoit d'arriver de Paris, avec Defnots ; il n'ofa entrer, par refpect pour cette compagnie. L'Hôte, falué tout-d'abord de la Nouvelle des deux Courriers arrivés d'Efpagne, garda affez de préfence d'efprit, pour ne paroître que médiocrement troublé de ce contre-temps : Il feignit d'avoir befoin de manger un morceau dans la cuifine ; mais il ne fit qu'y paffer : il donna le change au Maître-d'hôtel, en lui difant que c'étoit à l'Auberge qu'il vouloit aller fe rafraîchir, afin de s'y débotter en même temps, & de fe mettre en état de paroître devant fon Maître. Villeroi s'étant informé, après que fa compagnie l'eut enfin quitté, où étoit L'Hôte ; & lui ayant été répondu qu'il étoit dans les Offices, comme tout le monde en étoit perfuadé : il crut ne pouvoir mieux faire, que d'envoyer un Domeftique dire à fon Maître-d'hôtel qu'il entretînt L'Hôte, & qu'il ne le perdît pas de vuë ; & de fortir lui-même pendant ce temps-là, pour aller prier Lomenie de lui donner Du-Broc, Lieutenant du Prévôt, par lequel il comptoit le faire faifir. Il ramena Lomenie lui-même, & alla fe placer avec lui à une fenêtre, qui donnoit fur la cour, où le coup devoit s'éxecuter ; Précautions trop tardives ! L'Hôte s'étoit déja évadé.

Quelqu'un qui jugera affez favorablement de Villeroi, pour l'en croire fur fa parole, dans ce récit, fe récriera peut-être ici du moins, fur la lenteur, avec laquelle il trouvera que ce Sécrétaire d'Etat éxecute des ordres, qu'il vient de recevoir de la bouche du Roi, & d'un ton auffi abfolu que preffant. Il feroit bien plus coupable encore, fi mille circonftances de l'évafion de L'Hôte, publiées par Defcartes &

de-Thou, de la Chronologie Septénaire, de Matthieu, & de ce que || nous avons d'Hiftoriens de ce temps-là, les plus dignes d'être crus.

*Tome II.*          S f

Rans, qui ne se trouvent point dans son Apologie, étoient vraies. Certainement il y auroit de l'injustice à croire tout ce qui fut publié à cette occasion contre Villeroi (22) : ses ennemis avoient un trop beau champ, pour n'en pas tirer avantage : Les Protestans sur-tout, le peignirent avec des traits tout-à-fait odieux : c'est une vengeance qu'ils ne purent se refuser, de ce qu'il avoit contribué plus que personne, à enlever autrefois le Roi à leur Religion. Mais d'un autre côté, il ne faut pas le disculper, comme faisoient ses dévoués Partisans, jusqu'à ne trouver rien de répréhensible dans sa conduite. Tous ceux qui m'étoient attachés, dirent hautement que si pareille chose étoit arrivée dans ma maison, la médisance se seroit bien autrement déchaînée contre moi. Les Ambassadeurs Etrangers en France, & le Nonce même du Pape, vinrent me trouver à Paris ; & dirent, que si après une pareille découverte, il falloit que leurs Dépêches passassent encore par les mains de Villeroi, leurs Maîtres n'oseroient plus rien y mettre de quelque importance.

Pour achever ce qui regarde la personne du Traître : Tout ce qu'on put faire, fut de détacher après lui des Archers, qui le poursuivirent de si près, qu'étant arrivé sur le bord de la Marne, assez près du Bac de Fay, avec un Espagnol qui l'accompagnoit ; il ne vit plus d'autre moyen de se dérober à leur poursuite, qu'en se jettant dans la Riviere, qu'il comptoit peut-être passer à la nage ; mais il s'y noya. L'Espagnol aima mieux se laisser prendre ; & il fut ramené à Paris, avec le Corps de L'Hôte, qu'on retira de l'eau. Villeroi parut très-véritablement fâché, qu'on n'eût pu saisir son Commis vif : il avoit raison ; c'étoit le seul moyen de fermer la bouche aux médisans. Il fut le premier à me proposer, en m'écrivant sur cette affaire, de traiter le cadavre (23) avec la derniere ignominie, & de faire un exemple sur l'Espagnol.

[22] De-Thou marque que M. de Villeroi ne fut pas en effet exempt de soupçon : mais il dit en même-temps, que Henry IV. loin de s'en laisser prévenir, le consola dans ce malheur. *Liv.* 132. P. Matthieu assure de même, que Henry IV. connoissoit trop bien la fidélité de ce Ministre, pour concevoir le plus petit soupçon contre lui. *Tom.* 2. *liv.* 3. *pag.* 637.

[23] Les Chirurgiens qui firent la visite du corps, conclurent tous, si nous en croyons L'Etoile, qu'il n'avoit point été noyé : & comme il ne paroissoit point non plus, qu'il eût été poignardé, ni étranglé ; ils jugerent qu'on l'avoit étouffé, & en-

# LIVRE DIX-SEPTIEME.

Cela ne fut point capable d'appaiser la colère du Roi, qui ne sçut long-temps, de quel œil il devoit regarder Villeroi, après cette avanture : il balança trois jours, s'il ne le chasseroit point d'auprès de sa Personne : Mais Villeroi se jetta aux pieds de Sa Majesté, avec tant de marques d'une profonde douleur ; y versa tant de larmes ; y fit tant de protestations d'innocence, que Henry le crut ( le Public a toujours été persuadé qu'il feignoit seulement de le croire ) ; & qu'avec sa bonté ordinaire, il lui accorda le pardon, qu'il lui demandoit avec de si vives instances.

Voilà l'état où je trouvai qu'étoient les choses, lorsque je retournai à Fontainebleau, dire à Sa Majesté, comme je ne pouvois m'en dispenser, les repréfentations que m'avoient fait les Ambassadeurs Etrangers. Le Chiffre de tous les nôtres fut aussi changé : Et le Roi ne songea plus qu'à profiter de cette occasion, pour rendre Villeroi plus diligent ( je parle d'après ce Prince ), plus circonspect dans le choix de ses Commis, & moins fier, qu'il n'étoit auparavant. Sa Majesté concerta avec moi une Lettre, qu'elle jugea propre à produire cet effet ; parce que je devois la rendre publique. Cette Lettre me fut apportée à Paris, par Perroton, de la part du Prince, comme pour me faire part de l'indulgence, dont il avoit jugé à propos d'user à l'égard de Villeroi : J'y lus, Que Sa Majesté n'avoit pu refuser un pardon, aux larmes & aux prieres de Villeroi : Que je ne devois pas conserver après cela pour lui, plus de défiance, qu'elle-même : Que dans l'état où il étoit, c'étoit une action de charité, que de lui écrire une Lettre de consolation & d'assûrance de mon amitié ; & qu'elle m'en prioit.

---

suite jetté dans la Riviere. Il n'est point fait mention dans le Septénaire, de cette visite de Chirurgiens : mais les particularités de l'évasion de L'Hôte, & de la maniere dont il fut trouvé, qui sy sont amplement détaillées, détruisent ce rapport de L'Etoile, qui paroît d'ailleurs assez mal-intentionné pour M. de Villeroi, & ne sçauroit pourtant s'empêcher de convenir, que Henry IV. n'en fit pas plus mauvais visage à M. de Villeroi : » prenant bien la » peine, dit-il, d'aller jusques chez » lui, pour le consoler, & conforter » en son ennui ; ne lui montrant au- »cun soupçon de défiance pour ce qui »s'étoit passé, non plus qu'aupara- »vant, encore moins : tellement » qu'on disoit à la Cour, que l'heure » lui en vouloit bien, d'avoir un si » bon Maître ; parce qu'en matiere » d'un fait d'Etat de telle conséquen- » ce, les Rois & les Princes veulent » coûtumierement que les Maîtres »répondent de leurs Valets. « *Ann.* 1604. *pag.* 24.

Je secondai l'intention de Sa Majesté, sans aucune répugnance; je pourrois même dire, avec une sincérité, qu'elle ne me demandoit pas: excepté que je ne pus pas me résoudre à écrire à Villeroi, que je le tenois entièrement disculpé; ce qui eût été, ce me semble, ridiculement flateur; je lui en dis assez, pour qu'il pût persuader au Public, par ma Lettre, que je ne le regardois nullement comme coupable du crime capital, dont il s'étoit vu accuser. Je lui donnois l'idée du Manifeste, qu'il fit paroître quelques jours après. Je lui représentois, Qu'il devoit s'attacher à fermer la bouche aux Protestans, auxquels il avoit donné prise: Qu'il ne pouvoit mieux y parvenir, qu'en adoucissant le caractère un peu violent, qu'il avoit montré à leur égard; en inspirant pour eux, aux Catholiques, des sentimens plus humains; enfin en se portant publiquement pour le promoteur du Règlement, que j'avois tant de fois proposé, pour établir une parfaite concorde entre ces deux Corps. Si j'ajoûtois dans cette Lettre, Que son entiere justification auprès de Sa Majesté, dépendoit de la maniere, dont il se comporteroit dans la suite; & si je citois là-dessus, l'éxemple du Maréchal de Biron: ce n'étoit uniquement que pour satisfaire au commandement du Roi, qui vouloit bien passer pour indulgent, mais non pas pour foible.

Villeroi répondit à ma Lettre, en me remerciant de mes conseils, qu'il assûra qu'il suivroit éxactement, & de mes bons offices, qu'il protesta qu'il n'oublieroit jamais: Il y convient, qu'il n'avoit pas dû se fier aussi aveuglément qu'il l'avoit fait, à un jeune homme, tel que L'Hôte: & il ne dissimule pas que quoique sa conscience ne lui reproche rien de grief, la faute qu'il a commise en cette occasion, est capable de jetter une tache sur sa réputation; jusque-là, que tous les services, qu'il est dans la disposition de continuer à rendre à Sa Majesté le reste de sa vie, ne l'effaceront jamais entierement: Il se défend, sur ce que L'Hôte lui ayant des obligations essentielles, il n'a pu se porter à croire qu'il dût jamais lui manquer. Il arriva souvent depuis à Villeroi, lorsqu'il m'écrivoit, de rappeller sa faute, son malheur, & son innocence; & presque toujours, l'obligation qu'il crut m'avoir en cette occasion.

Il paroît que Barrault n'a pas non plus ajoûté foi aux

calomnies des ennemis de Villeroi ; puisqu'il lui écrivit peu de temps après, ce qui s'étoit dit dans une conversation entre lui & Prada, au sujet de L'Hôte. Rafis n'eut pas sujet de se plaindre : outre les quinze cens soixante livres, qu'il avoit reçues de Barrault, pour sortir d'Espagne ; il toucha encore une gratification de mille écus au-delà des conditions que l'Ambassadeur lui avoit accordées. Cela ne nuisit pas à Barrault lui-même pour être payé du dernier quartier de sa pension : Descartes représenta au Roi qu'il en coûtoit beaucoup pour s'entretenir en Espagne ; & que quelques Lettres que j'eusse écrites, son Maître n'avoit pu rien tirer de ce quartier.

Le Mémoire sur la Religion, dont il vient d'être fait mention, consistoit en quelques articles, dont l'acceptation par les Catholiques & les Protestans m'avoit paru capable de réünir les deux Religions, ou du moins de les maintenir en paix, en détruisant cet odieux préjugé, par lequel l'une traite l'autre d'hérétique & de pernicieuse à l'Etat, & en est traitée à son tour d'impie & d'idolâtre. Je l'avois composé de l'aveu de Sa Majesté ; & je le lui avois fait voir plusieurs fois, en présence de l'Evêque d'Evreux, de Bellièvre, de Villeroi, de Sillery & du Pere Cotton.

Si les Protestans ne croient pas tout ce que les Catholique croient, du moins ceux-ci ne peuvent-ils nier que nous ne croyons rien, qu'ils ne croient comme nous ; & que ce que nous croyons, renferme ce que la Religion Chrétienne a d'essentiel : le Décalogue, le Symbole des Apôtres & l'Oraison Dominicale, étant le grand & général fondement (24) de notre commune croyance. En voilà assez : pourquoi ne pas abandonner le reste, comme autant de points problématiques, sur lesquels le pour & le contre doivent être permis avec une entiere liberté : Nous sommes persuadés qu'il est inutile & même téméraire, de vouloir sonder les secrets réservés à Dieu seul : ici nous ne les sondons pas seulement ; nous nous en rendons les juges, en nous faisant un crime les uns aux autres des différens sentimens & des différentes lumières, que nous avons tous reçus de lui, sur des vérités

---

(24) Il n'est pas besoin, je crois, de s'arrêter sérieusement à repondre aux argumens de l'Auteur. En lui accordant la qualité d'homme d'Etat ; on peut sans injustice, lui refuser celle de profond Théologien. Tout ce qu'il dit en cet endroit s'appelle, traiter politiquement la Religion.

toutes spéculatives. Laissons-en la connoissance, comme la dispensation, à lui seul : donnons seulement aux Souverains, pour l'utilité commune, le pouvoir de punir ce qui blesse la charité dans la société. Il n'est point du ressort de la Justice humaine, de s'ériger en vengeurs de ce qui appartient à la cause de Dieu.

Autre considération : Si malheureusement pour nous, c'est nous qui sommes dans l'erreur ; les Catholiques peuvent-ils s'imaginer que ce soit en nous injuriant & en nous persécutant, qu'ils nous ameneront à leur façon de penser ? La compassion & la douceur sont les seuls moyens qui servent véritablement la Religion, & les seuls qu'elle enseigne : le zèle n'est qu'un entêtement ou un emportement déguisés sous un beau nom. Voilà tout le fond de ce Mémoire. Rien n'est si vrai, ni si simple. Mais malheureusement, les droits que les hommes donnent à la vérité sur eux-mêmes, se réduisent à fort peu de chose ; & ce qu'ils sont convenus d'appeller, Raison & Religion, à bien l'examiner, dans presque tous, n'est rien que leur propre passion.

Si la conciliation des deux Religions est comme impossible, à parler moralement ; elle ne l'est pas moins, à parler politiquement ; puisqu'elle ne peut guére se faire, sans que le Pape y concoure : & c'est à quoi l'on ne doit point s'attendre, puisqu'on ne l'a pas vu arriver sous le Pontificat de Clément VIII. Pape le plus impartial, qu'on ait vu depuis long-temps occuper le Siége de Rome, & le plus attaché à cette douceur & à cette tendre compassion, dont l'Evangile fait un précepte à ses Disciples.

Ce Saint Pere se trouvoit alors si vieux & si infirme, que personne ne doutant que sa fin ne dût être très-proche, le Roi jugea à propos de faire partir pour Rome, les Cardinaux de Joyeuse & de Sourdis ; afin de soûtenir les intérêts de la Nation dans le prochain Conclave. Sa Majesté donna au second de ces Cardinaux, par le conseil du premier, neuf mille livres pour son équipage & pour les frais de son voyage ; avec deux mille quatre cens écus de pension, pendant tout le temps que le besoin de son service le retiendroit à Rome.

Une des dernieres actions de Clément VIII. fut une promotion de dix-huit Cardinaux d'une seule fois. Ce nombre parut si fort, qu'on crut dans le monde, que ce Pape se sentant approcher de son terme, voulut donner au Cardinal Aldobrandin son neveu, une derniere marque de son affection, qui devoit, suivant toutes les apparences, le porter sur le Trône Pontifical, par le grand nombre de Créatures de sa Maison, qu'elle introduisoit dans le Conclave, ou y placer du moins un Sujet, sous lequel ce Cardinal pût gouverner. De ces dix-huit Chapeaux, deux devant être accordés à la France; le choix des deux hommes que Sa Majesté nommeroit à Sa Sainteté pour les recevoir, fut le sujet d'une forte brigue à la Cour, entre l'Evêque d'Evreux & Séraphin Olivari, d'une part, & Messieurs de Villars, Archevêque de Vienne, & de Marquemont (25), de l'autre. Ces derniers avoient pour eux Bellièvre, Villeroi, Silleri, & tous leurs amis : je crus devoir me ranger du côté de M. du Perron, qui étoit mon Evêque & mon ami, & pour d'Olivari, qui étoit connu par une éminente pieté : ces deux-ci furent préférés, malgré tous les mouvemens du Parti opposé. Du Perron ne laissa pas d'écrire, par mon conseil, une Lettre de remerciment à Villeroi, comme s'il l'eût vétitablement servi : tel est l'usage de la Cour.

Les affaires si pressées qui obligerent Sa Majesté à quitter le séjour de Chantilly, & dans le commencement d'un beau Printemps étoient l'appurement & la signature des Etats ordinaires de dépense pour ses Bâtimens, sa Vénerie, ses menus plaisirs; outre ceux des fortifications, de l'artillerie & de la grande Voirie. Lorsque le jour fut pris pour cette opération; afin d'éviter la foule des solliciteurs, qui n'attendoient que le moment de nous voir ensemble, Sa Majesté & moi, elle envoya le jeune Lomenie me dire que je ne vinsse point au Louvre, parce qu'elle se rendroit elle-même le lendemain à l'Arsenal : & elle y vint en effet de si grand matin, qu'elle y prévint une partie des Officiers, intéressés dans les matières qu'on y alloit traiter, & que j'avois tous mandés : le nombre n'en étoit pas peu considérable; Gouverneurs de Places, Ingénieurs, Intendans & Contrôleurs

(25) Seraphin Olivaty Cazailla, Italien d'origine, mais né à Lyon Patriarche d'Alexandrie. Jerôme de Villars.

Denis de Marquemont, Archevêque de Lyon; il fut aussi Cardinal dans la suite, & Ambassadeur de France à Rome.

des Bâtimens; tous les différens Employés dans l'Artillerie; Directeurs des Ponts & Chauffées, & autres.

Henry avoit des choses fort-importantes à me communiquer en particulier. J'en jugeai par un morne chagrin, qu'il ne pouvoit si bien cacher dans son cœur, que je ne l'apperçusse sur son visage & dans toutes ses paroles; & plus encore, parce qu'il me conduisit dans la grande galerie des Armes, l'endroit où il me faisoit ordinairement ses grandes confidences. On peut s'attendre ici à un de ces entretiens singuliers, tels qu'on en a déja lu quelques-uns dans ces Mémoires.

Notre conversation ne roula pas tout d'abord, sur ce qui causoit à ce Prince la principale de ses peines. Le cœur enveloppé dans sa propre amertume, a besoin dans ces premiers instans, de s'aider d'autres objets pour en sortir: principalement, si ce qui la cause, y mêle aussi un peu de confusion. Il ne fut donc question d'abord, que des Ducs de Bouillon & de la-Trémouille, & du reste de cette Cabale; à qui sa malice venoit de faire imaginer, de s'unir d'intérêt avec le Prince de Condé, la Marquise de Verneuil & les d'Entragues; ce qu'on avoit offert de prouver à Sa Majesté, par leurs propres Lettres, & par des témoins irréprochables.

Comme je demandai à ce Prince, qu'il me donnât un jour entier, pour penser au conseil, qu'il vouloit que je lui donnasse, sur cette nouvelle menée; il passa à m'entretenir de son séjour à Chantilly, de sa chasse; ensuite des pertes qu'il avoit faites au jeu, de l'argent qu'il avoit employé en présens à ses Maîtresses, & d'autres dépenses superflues, qui devoient avoir leur place dans les Etats de dépense de l'année courante; aussi bien que de celles pour les Manufactures, & pour d'autres Bâtimens, qui ne l'étoient pas moins. Tout cela rapproché, composoit une somme si considérable, que Henry, qui se la reprochoit intérieurement, ne trouva point de meilleur expédient, pour prévenir la confusion que mes paroles alloient lui donner, que d'ajoûter, avant que j'eusse eu le temps de lui répondre, que je pouvois aussi y employer une gratification de six mille écus, qu'il m'accordoit. Cette précaution ne m'ayant point empêché de faire voir

sur

# LIVRE DIX-SEPTIEME.

sur mon visage, beaucoup d'étonnement & de peine, sur une augmentation de dépense si frivole; Henry chercha encore à prévenir l'éclaircissement, en disant qu'après tous les travaux, dont sa vie avoit été remplie, il méritoit bien quelque indulgence pour ses plaisirs.

Je répondis au Roi, avec ma sincérité & ma fermeté ordinaires, Qu'il avoit raison, supposé qu'en la place des desseins qu'il m'avoit communiqués, & moi, par son ordre, au Roi d'Angleterre, il eût mis celui de passer le reste de sa vie dans les délices & la mollesse : mais que s'il se souvenoit encore de ses anciens Projets; c'étoit assûrément se tromper, que de les croire compatibles avec des amusemens si coûteux : Qu'il falloit choisir entre l'un ou l'autre. Je m'arrêtai après ces paroles, que Henry écoutoit sans y répondre, plein d'agitation, & comme un homme qui fait dans ce moment de profondes réfléxions : Mais la disposition actuelle du cœur, qui a toujours tant de part à nos mouvemens, tourna le sien au dépit & à la colère. Il se contenta pourtant de me dire, qu'il s'appercevoit que je prenois des sentimens peu avantageux de lui : & de me commander de porter sur les Etats, les sommes dont il venoit de me parler, sans m'en embarrasser davantage.

Je ne me rebutai point. Je connoissois ce Prince, presque à l'égal de moi-même ; je ne l'avois jamais trouvé insensible, ni à la gloire, ni à la vérité : Je ne pus croire qu'il le fût devenu en si peu de temps. Au lieu donc de recourir aux palliatifs ordinaires ; après lui avoir dit que je voyois bien que la liberté, dont j'avois usé dans mes représentations, lui avoit déplu ; je ne fis que le remettre de nouveau, sur la même matiere. Je lui parlai des moyens qu'on mettoit en œuvre, en Allemagne & en Italie, pour préparer les voies aux glorieuses actions qu'il comptoit faire un jour, & des succès qu'y trouvoient ceux qui y travailloient par son ordre : Je lui répétai, Qu'inutilement on se donnoit toute cette peine, si un argent, qui y devoit être précieusement destiné, s'en alloit en de folles dépenses : Je lui fis toucher au doigt, par un calcul fort détaillé, Qu'on ne pouvoit entamer ce grand ouvrage, sans avoir devant soi, quarante-cinq millions, tout faits ; c'est-à-dire, le revenu de deux années, conservé avec la plus étroite œconomie :

*Tome II.*                               T t

& qu'avec cette fomme, on devoit fuppofer encore, que la Guerre ne dureroit que trois ans; Qu'autrement, il faudroit anticiper fur les revenus Royaux, ou furcharger les peuples par des impofitions extraordinaires. En voici le calcul & la preuve.

Une Armée de cinquante mille hommes de pied ( c'eft le moins qu'on puiffe employer en cette occafion ) coûte neuf cens mille livres par mois à entretenir, & neuf millions par an; l'année compofée de dix mois feulement. Six mille Chevaux, qui eft la quantité répondante à cette Infanterie, reviennent à trois cens quarante mille livres par mois, & par an, à trois millions quatre cens mille livres. Une Artillerie de quatre Pieces de canon, ne peut être bien fervie, à moins de cent cinquante mille livres par mois, & de quinze cens mille par an. Ces trois articles font feuls, près de quatorze millions chaque année, & par conféquent, près de quarante-deux millions pour trois années, qu'on fuppofe que la Guerre doit durer. Les frais de levées, d'achapts, de voitures, d'affemblage de vivres &c, indifpenfables en commençant la guerre, ne fçauroient être évalués à moins de cent cinquante mille livres; & le déchet de ces mêmes vivres, avec les autres frais imprévus dans les munitions, à pareille fomme. Le refte des quarante-cinq millions, paffe fans peine en dépenfes extraordinaires, qu'il feroit trop long de détailler ici.

Le Roi répondit encore, qu'avant que tout fût prêt pour l'éxécution, il fe préfenteroit tant d'embarras, qu'on auroit travaillé inutilement: Mais dans le moment où il parloit de la forte, je lifois déja fur fon vifage, que fa premiere colère étoit éteinte, & qu'il goûtoit parfaitement tout ce que je lui difois. Il en convint bien-tôt; & il avoua en même-temps, avec une fincérité tout-à-fait louable dans un Prince abfolu, que les difficultés qu'il m'avoit faites, & ce qu'il m'avoit dit de dur, ne partoient véritablement que d'un cœur accablé d'un poids bien plus grand, que celui dont il s'étoit plaint d'abord, en parlant de la Cabale féditieufe: c'eft celui des chagrins domeftiques, que lui caufoient la Reine & la Marquife de Verneuil. Ces paroles qui ne me parurent malheureufement que trop fincéres, firent changer de fujet à notre converfation.

L'amour que Henry avoit pris pour Mademoiselle d'Entragues, fut un de ces coups malheureux, qui répandent un poison lent sur toute la vie ; parce que le cœur attaqué dans le vif, sent à la vérité tout sont mal, mais par une fatalité cruelle, n'a ni la force, ni la volonté d'en guérir. Ce Prince essuya toutes les hauteurs, les inégalités (26), les caprices, dont est capable une femme fière & ambitieuse. La Marquise de Verneuil avoit assez d'esprit, pour connoître tout l'ascendant qu'elle avoit sur le Roi ; & elle n'en usoit, que pour le désespérer. Elle ne l'entretenoit que de ses scrupules, sur la facilité avec laquelle elle s'étoit renduë à ses desirs : scrupules, qui l'impatientoient avec d'autant plus de raison, qu'il n'ignoroit pas qu'elle les oublioit sans peine, avec des personnes d'un assez médiocre étage : Bien-tôt ils ne se firent plus l'amour, qu'en se grondant. Henry achetoit fort chèrement des faveurs, que rien n'assaisonnoit de ce qui fait le plaisir des cœurs tendres ; & qui, pour comble, entretenoient un divorce presque continuel, entre lui & la Reine son Epouse.

Cette Princesse de son côté, qui tenoit de la nature une humeur assez peu prévenante, & de sa nation, un penchant violent à la jalousie, ne pouvant faire sentir à sa Rivale, tous les effets de sa haine, s'en prenoit à son Epoux ; & ce malheureux Prince étoit ainsi exposé à deux femmes, qui n'avoient rien de commun entr'elles, que de conspirer séparément à lui ôter toute sorte de satisfaction. Toute la peine qu'on se donnoit pour les rapprocher l'une de l'autre, étoit perduë presque dans le moment même. La Reine revenoit

1604.

(26) Il les lui reproche dans quelques-unes des Lettres, qui nous ont été conservées parmi les Mss. de la Bibliotheque du Roi, où on les voit écrites de la main même de ce Prince. » J'ai bien connu par votre Lettre, écrit-il à cette Dame, que » vous n'aviez pas les yeux bien ouverts, ni les conceptions aussi ; car » vous avez pris la mienne d'un autre biais que je ne l'entendois ; » Il faut cesser ces brusquettes, si » vous voulez l'entiere possession de » mon amour ; car comme Roi & » comme Gascon, je ne le sçais pas » endurer : aussi ceux qui aiment » parfaitement comme moi, veulent être flatés, non rudoyés &c. » Vous m'aviez promis, di-il dans » une autre, d'être sage; puisque vous » ne pouvez douter que le style de » votre autre Lettre ne m'ait offensé » &c. « Entr'autres Originaux de Lettres de Henry le Grand, que possède M. le Duc de Sully d'aujourd'hui ; il y en a une de ce Prince à sa Maîtresse. Voyez le Recueil des Lettres de Henry le Grand, nouvellement imprimé.

aussi-tôt à éxiger de Henry un sacrifice, qu'il ne pouvoit lui accorder : & le refus qu'il lui en faisoit, quoiqu'accompagné de toute la douceur, & assaisonné de toutes les complaisances possibles, lui étoit si sensible, qu'elle en oublioit tout ; & qu'elle travailloit elle-même à entretenir la cause de ses propres chagrins, en retranchant des droits d'Epoux, tout ce que le cœur doit y mettre de tendre & de prévenant.

Elle fut bien-tôt informée de la promesse de mariage, que le Roi avoit faite à Mademoiselle d'Entragues : c'est celle dont on a vu plus haut, que je déchirai l'Original, qui fut refait par ce Prince ; & elle n'eut point de repos, qu'il ne lui eut promis de retirer des mains de sa Maîtresse, cette Piéce, que tous les Ecclésiastiques lui assûroient pourtant être nulle de plein droit : Et Henry, par pure complaisance, prit enfin sur lui de la redemander à la Marquise, & d'un ton, à lui marquer qu'il ne vouloit pas être refusé. Il venoit de franchir ce pas, lorsqu'il vint à l'Arcenal : l'effort qu'il s'étoit fait, le peu de fruit qu'il en avoit retiré, & les discours dont sa Maîtresse avoit accompagné son refus, dans la conversation qu'il avoit euë la veille avec elle, étoient ce qui avoit porté dans son cœur, une atteinte si profonde.

La Marquise de Verneuil entra dans un emportement furieux, lorsqu'elle entendit parler de rendre la promesse en question ; & sans ménager ses termes, elle dit à Henry, qu'il pouvoit la chercher ailleurs. Ce Prince, pour n'en pas faire à deux fois de ce qu'il avoit de désobligeant à lui dire, se mit à lui reprocher ses liaisons avec le Comte d'Auvergne son Frere, & avec les séditieux du Royaume. Elle ne daigna pas répondre à cette accusation : & prenant à son tour le ton de reproches, elle lui dit, qu'il lui étoit impossible de vivre davantage avec lui : Qu'en devenant vieux, il devenoit défiant & soupçonneux : Qu'elle alloit rompre avec plaisir un commerce, qui n'étant pas assez bien récompensé, pour lui être agréable, » ne lui produisoit pour tout, disoit-» elle, que la jalousie & l'indignation publiques. « Elle s'émancipa à parler contre la Reine, en des termes si méprisans, que s'il en faut croire Henry, il fut sur le point de la souffleter. Il la quitta brusquement, pour n'en pas venir jusque-là ; mais plein d'un dépit, qu'il ne s'embarrassa pas de

# LIVRE DIX-SEPTIEME.

1604.

lui cacher, & en jurant qu'il lui feroit bien rendre la Promeffe, qui avoit excité cet orage.

Après tout ce détail, qui rallumoit encore le courroux de Henry, en me le faifant ; il fut forcé de convenir, & je m'en ferois bien douté fans cela, qu'il fe réfoudroit bien difficilement à tenir tout ce qu'il avoit promis dans fa colere : Et fuivant la pente des Amans, qui n'ont jamais tant d'envie de louer ce qu'ils aiment, qu'après qu'ils en ont dit tout le mal poffible ; il retomba fur les bonnes qualités de fa Maîtreffe, lorfqu'elle étoit une fois fortie de ces accès de fougues & de caprices. Il loua avec tranfport les charmes de fon commerce, l'enjouëment de fon efprit, fes reparties pleines de vivacité & de fel. Ce que difoit ce Prince, n'étoit pas fans fondement ; & l'oppofition qu'il y joignoit, de l'humeur de la Reine, le lui rendoit encore plus fenfible : » Je
» ne trouve point tout cela chez moi, me difoit-il ; je ne re-
» çois de ma Femme, ni fociété, ni amufement, ni conten-
» tement ; elle n'a ni complaifance dans l'efprit, ni douceur
» dans la converfation ; elle ne s'accommode en aucune ma-
» niere, ni à mon humeur, ni à mon tempérament. Lorf-
» qu'en rentrant chez moi, je veux commencer à lui par-
» ler familièrement, & que je m'approche pour l'embraffer
» ou la careffer ; elle me fait une mine fi froide, que je fuis
» obligé de la quitter là de dépit, & de m'en aller chercher
» quelque confolation ailleurs : Ma pauvre Coufine de Guife
» eft tout mon refuge, lorfqu'elle eft au Louvre ; quoiqu'el-
» le me dife bien mes vérités quelquefois ; mais c'eft de fi
» bonne grace, que je ne m'en offenfe nullement, & que je
» ne laiffe pas de rire avec elle. « Telle étoit en effet l'humeur de ce Prince : & peut-être que la Reine n'a dû s'en prendre qu'à elle-même, de ne l'avoir pas tiré des filets de fa Rivale, & dépris de tout autre commerce de galanterie : Dumoins, il me paroît que c'eft avec toute la fincérité & la bonne intention poffibles, qu'il me preffa, en achevant ce difcours, d'engager la Reine fon Epoufe, à s'accommoder à fes manieres, & au caractère de fon efprit.

Je prenois la parole pour répondre, & il y avoit en effet bien des chofes à dire fur tout cela ; lorfque nous fûmes interrompus par MM. De-Vic, de Trigny, de Pilles, de Fortria & autres, qui entrerent en ce moment, & dirent, qu'il y avoit plus d'une heure, que tout le monde attendoit ; & qu'il étoit si tard, qu'on ne pourroit pas tout finir dans la matinée. Le Roi les suivit, après m'avoir recommandé le silence ; & il entra dans la Salle, où le reste du jour & les deux suivans, furent donnés tout entiers, aux affaires qui l'avoient amené.

La Lieutenance de la Grande-Voierie en Guyenne, fut accordée, à ma sollicitation, à Biçose, qui étoit à son service. On nomma un Commissaire, pour aller démolir le Fort de Craon. Je laisse le détail des autres petites dispositions semblables.

*N. de Biçose, ou Vissouse, étoit Sécretaire des Finances.*

Au premier moment de loisir, le Roi ne manqua pas de renouer avec moi la conversation interrompuë. Ce qui en étoit l'objet, tenoit si fortement au cœur de Sa Majesté, qu'elle m'avoit écrit Billets sur Billets, pour m'enjoindre d'entreprendre ce rapprochement de lui & de la Reine, qu'il m'avoit proposé. Je voyois bien qu'il y avoit des risques à lui obéïr : Un zèle trop ardent & trop franc, auprès de deux Personnes de ce rang, exposé souvent au ressentiment de l'une des Parties, & quelquefois, de toutes les deux : d'ailleurs, je me rendois justice, cet emploi me convenoit moins qu'à personne ; parce que toutes ces petites tracasseries ne sont point dans mon humeur.

Je résolus donc de ne rien oublier, de ce que je crus capable de porter Henry à prendre de lui-même, le seul parti raisonnable : Raisons, exhortations, exemples ; tout fut employé de ma part, pour lui prouver, qu'il ne tenoit qu'à lui de se mettre une bonne fois, & pour toujours, l'esprit en repos : Qu'il ne s'agissoit que de prendre le ton de Maître avec tout le monde ; d'obliger la Reine à renfermer en elle-même sa mauvaise humeur, ses reproches, & sur-tout ses plaintes en public, qui aboutissoient toujours à des éclats scandaleux ; & à l'égard de ceux qui empoisonnoient l'esprit de cette Princesse, de punir sévèrement la plus petite parole, qu'ils oseroient lui rapporter, ou proférer contre Sa Majesté. Je représentai à ce Prince, qu'il ne lui en coûteroit, pour assurer sa tranquillité, que la plus petite partie de ce courage & de cette force d'esprit, dont il avoit donné tant de preuves, dans des occasions d'une tout autre conséquence : Que sa réputation souffroit d'une foiblesse presqu'incompréhensible dans un si grand Prince. Je lui fis voir, que tout Souverain peut fans tyrannie, & par le feul droit de la place qu'il occupe, éxiger de fes Sujets & de fes Courtifans, auffi bien pour fa Perfonne, que pour fon Etat, l'obéïffance néceffaire à tenir tout dans la fubordination & le refpect ; & qu'il n'eft nullement blâmable, de châtier rigoureufement ceux qui fe mêlent de troubler le repos de fa Maifon. Aux repréfentations, je joignis les prieres : je conjurai Henry, à jointes mains & les larmes aux yeux, deffayer l'ufage de fon autorité. L'état où je le voyois, excitoit toute ma fenfibilité.

Il eft certain que ce Prince n'avoit que ce parti à prendre ; & je n'ai jamais bien compris pourquoi il y répugnoit fi fort. Il fe fouvint des confeils que je lui avois donnés à Blois : & la différence qu'il y trouvoit avec ceux que je voulois lui faire fuivre en ce moment, lui donnant une efpèce d'avantage fur moi ; il me fit entendre avec quelque forte de fatisfaction, que j'étois peut-être autant que lui, la caufe de tout ce qui arrivoit. Mais cette différence, à bien l'éxaminer, n'avoit rien de réel : & lorfque je détournai Sa Majefté de recourir à une voie, dont les fuites pouvoient être fort dangereufes (c'eft tout ce que je puis dire fans trahir le fecret, que je lui vouai alors) ; j'étois bien éloigné d'exclurre des moyens fi faciles & fi peu violens, qu'on ne les blâmeroit pas dans un fimple Pere de famille, pour la tranquilité de fon Domeftique. Auffi Henry fut-il réduit à me dire, que fi je le connoiffois, je verrois qu'il lui étoit impoffible d'ufer de la moindre rigueur envers des perfonnes qu'il avoit accoutumées à vivre familièrement avec lui, & fur-tout envers une femme.

Il ne me reftoit plus qu'à lui dire, qu'il chaffât donc fa Maîtreffe, & qu'il donnât toute forte de fatisfaction à fon époufe. Il me prévint encore, en me difant qu'il étoit prêt, s'il le falloit, d'ôter à la Reine tout ombrage ; pourvû qu'il fût affûré de la trouver après ce facrifice telle qu'il le fouhaitoit : mais qu'il prévoyoit qu'il fe gêneroit le refte de fa vie fans la corriger ; parce que cette Princeffe, en croyant fuivre les mouvemens de la raifon, ne fuivoit en effet que ceux de fa bile. Pour me le prouver, Henry rentra dans une longue énumération des défauts de la Reine, dans laquelle il ne me répéta prefque, que ce qu'il m'avoit déja dit, fur le

1604.

plaifir qu'elle trouvoit à le contrarier & à le fâcher. Il ajoûta feulement, qu'elle lui avoit fait voir en toute occafion, une haine fi forte contre fes enfans naturels, quoique nés avant qu'elle fût venuë en France, qu'affûrément elle n'en reviendroit point. Il s'étendit fur le peu de gratitude qu'elle avoit toujours montré, tant pour fes bons traitemens, que pour l'attention qu'il avoit à la prévenir dans tous les befoins qu'elle pouvoit avoir d'argent; quoiqu'il n'ignorât pas qu'elle ne le recevoit que pour le répandre fur la Léonor & fon Mari, & fur quelques autres qui donnoient les plus mauvais confeils. Il me prit à témoin, que jamais Reine de France n'avoit reçu tant de libéralités: & il eft vrai que j'avois été le premier à les favorifer, & à les faire folliciter par mon Epoufe: en quoi je n'agiffois uniquement qu'en vuë de la paix, qui s'achete fouvent par ce moyen, & toujours par l'ordre même du Roi. De la manière dont ce Prince s'emporta contre Conchini & fa femme, qu'il traita de Créatures d'Efpagne, & d'Efpions du Duc de Florence; perfonne n'auroit voulu certainement être en la place de ces deux Italiens: mais Henry s'en tint à fe reprocher à lui-même de n'avoir pas fuivi le confeil, que j'avois pris la liberté de lui donner, lorfque la Reine vint en France, d'empêcher toute cette race Italienne de paffer les Monts avec elle.

La conclufion de tout ce long difcours fut la même que du précédent: qu'il falloit que je tentaffe par les voies les plus douces, d'amener la Reine à condefcendre à tous les defirs du Roi; & fans qu'elle pût foupçonner que j'agiffe par des ordres fupérieurs. Henry m'en pria, & me le recommanda avec toutes fortes d'inftances; en difant qu'il ne doutoit que je n'y réüffife. Il fe rappella une occafion femblable, où j'avois gagné fur cette Princeffe, qu'elle écriroit au Roi fon Mari une Letttre, à laquelle aucun de ceux qui s'en étoient mêlés, n'avoit pu la réfoudre.

*Fin du dix-feptiéme Livre,*

# MEMOIRES
## DE
## SULLY.

❖❖❖❖❖❖❖❖❖❖❖❖❖❖❖❖❖❖❖❖❖❖❖❖❖❖❖❖❖❖❖❖

### LIVRE DIX-HUITIEME.

E hazard m'offrit, précisément dans le temps   1604.
que tout ceci se passoit, une occasion, qui me
parut tout-à-fait favorable à l'éxecution de
la commission, dont je venois d'être chargé auprès de la Reine. La maniere la plus ordinaire
d'accorder des gratifications à cette Princesse,
c'étoit, ou en créant en sa faveur, des Edits pareils à ceux
dont j'ai parlé cy-devant ; ou en lui faisant toucher des Pots-
de-vin sur des marchés & des traités, qu'elle faisoit réüssir, par
la protection qu'elle leur donnoit : & c'étoit toujours par mes
mains, que ces Edits ou ces marchés passoient, avant que
d'avoir leur effet ; soit qu'il fallût nommer, éxaminer, ou
autoriser les personnes qui y avoient part.

On vint un jour offrir à la Reine quatre-vingt mille livres, pour faire rendre un Edit, qui concernoit les Officiers
des Gabelles du Languedoc. Elle envoya (1) d'Argouges me

(1) Florent d'Argouges, Trésorier de la Maison de la Reine : Son Fils

*Tome II.*                                                    V u porter l'Edit, & me faire part de la proposition. Je répondis à d'Argouges, que Sa Majesté pouvoit, sans un grand préjudice du bien public, lui accorder la grace qu'elle demandoit : mais que je ne croyois pas que la Reine prît bien son temps pour l'obtenir ; le Roi m'ayant paru si mécontent de quelques-uns des derniers procédés de cette Princesse, que je craignois bien qu'il n'eût pas cette complaisance pour elle, si elle ne commençoit du moins par l'appaiser : en quoi je prenois la liberté de lui offrir mes conseils & mes peines ; supposé qu'elle crût qu'ils pussent lui être utiles en cette rencontre, comme ils l'avoient été quelques autres fois. La Reine accepta & promit tout, tentée par une somme si considérable. Elle crut qu'elle réüssiroit, comme auparavant, en écrivant au Roi une Lettre fort-soûmise : Elle l'écrivit, & m'envoya chercher pour me la faire voir ; en se montrant disposée à y changer tout ce que je jugerois à propos.

Jamais démarche ne lui avoit tant coûté à faire. Elle avoit une si grande aversion pour la Marquise de Verneuil, qu'elle daignoit à peine prononcer son nom : mais si quelque chose lui en rappelloit l'idée ; tous ses gestes, ses mouvemens, & son silence même, exprimoient au naturel ce qu'elle ne vouloit pas dire. Comme il étoit nécessaire de l'accoûtumer à entendre parler de son ennemie ; je la mis tout ouvertement sur ce chapitre : & alors elle se soulagea, en donnant à la Marquise mille épithetes, des plus fortes : Elle dit, qu'elle ne se résoudroit jamais à regarder de bon œil une femme, qui osoit se comparer à elle ; qui élevoit ses Enfans, dans les mêmes airs d'orgueil & de manque de respect pour elle ; qui brouilloit l'Etat, en encourageant les séditieux ; sans que le Roi, aveuglé par sa passion, se mît en état de la réprimer.

Je commençai par prendre part à ses chagrins : mais en les liant avec sa conduite envers le Roi, je ne laissai pas de lui faire sentir si bien son tort, qu'elle refit une seconde Lettre, telle que je la lui dictai. Elle l'envoya porter au Roi, qui l'avoit laissée à Fontainebleau, d'où il étoit revenu à Paris. Dans la joie qu'il en eut, il y fit une réponse assez douce & assez polie, pour qu'il dût naturellement s'attendre à une replique, sur le même ton, de la part de la Reine : Mais mal-

---

fut premier Président du Parlement de Bretagne, & mourut Conseiller d'Etat & du Conseil Royal.

heureusement, dans le temps qu'on la rendoit à la Reine, ses Emissaires lui firent entendre, que le Roi n'en étoit pas moins allé, à son ordinaire, chez la Marquise : qu'on s'y étoit diverti de sa crédulité ; & le reste : Ce qui lui fit oublier tout ce qu'elle venoit de promettre. Elle dit, que le Roi la trompoit : & au-lieu d'écrire, elle se contenta de répondre au porteur de la Lettre de Sa Majesté, d'un ton sec & dédaigneux, qu'elle n'écrivoit point, parce qu'elle s'attendoit à voir le Roi le lendemain, comme il le lui mandoit. Le Roi fut piqué, comme il le devoit être, de ce procédé : Il ne put s'en taire. Ceux qui l'entendirent, n'étoient pas gens à tenir la chose secrette, comme moi, à qui il écrivit dans le premier mouvement : Tout fut rapporté de part & d'autre ; & les cartes encore plus brouillées qu'auparavant.

Me revoilà en campagne, pour appaiser ce nouveau débat : Mais que pouvois-je attendre ? tout-au-plus, un intervalle de calme, qui ne dureroit pas plus long-temps que tous les autres, tant que Sa Majesté ne prendroit pas le seul parti efficace. Je le lui proposai encore, un jour que m'ayant envoyé chercher par La-Varenne, pour chercher ensemble quelque consolation à ses chagrins, qui devenoient cuisans de plus en plus ; je le trouvai dans l'Orangerie des Tuileries, où une ondée de pluie l'avoit obligé d'entrer. Comme il me répétoit sans cesse, de lui dire ce que je lui conseillois de faire ; & que sur mon refus, il me le commanda absolument : » Faire passer la Mer, lui dis-je, d'un côté, à » quatre ou cinq personnes, & de l'autre, les Monts à au-» tant. « Le Roi me répondit, que la moitié de ce conseil pouvoit s'éxecuter sans peine ; rien ne l'empêchant d'user de rigueur envers des séditieux, qui conspiroient dans sa Cour : mais qu'il n'en étoit pas de même des Italiens ; parce qu'outre qu'il auroit tout à craindre de cette Nation vindicative, il perceroit la Reine d'un trait, qui la rendroit implacable, lorsqu'elle se verroit enlever ses Favoris. Un tempérament fort-singulier, que ce Prince crut pouvoir apporter, en réflechissant sur ma proposition, fut de faire consentir cette Princesse elle-même, à ce que je lui conseillois. Il s'y arrêta, comme si la chose eût été possible ; & il voulut encore que je m'employasse de toutes mes forces, à opérer ce miracle : en me promettant que si je réüssissois, il

V u ij

renonçoit dès ce moment à toutes ses amourettes. Voilà la nouvelle commission que je reçus de ce Prince, qui me laissa méditer, dit-il, sur les moyens d'y réussir, & continua seul sa promenade dans le jardin ; la pluie s'étant passée pendant notre entretien.

Je ne débutai pas auprès de la Reine par lui demander de prime abord un consentement, que je ne la voyois pas disposée à donner : je crus que si l'on pouvoit trouver le moment favorable pour l'obtenir, ce ne seroit qu'à la faveur d'un parfait raccommodement entre Leurs Majestés : J'y travaillai avec tant d'assiduité, que je les remis enfin dans la meilleure intelligence où elles eussent jamais été : on convint d'oublier le passé, & de fermer à l'avenir l'oreille à tous les délateurs. Ce calme dura trois semaines ; & pendant ce temps-là, la Cour fut pleine de joie & de divertissemens : mais de nouveaux stratagêmes de la Marquise de Verneuil, ayant ensuite produit leur effet ordinaire auprès de la Reine, par le moyen des mauvais rapports ; toutes ces bonnes résolutions s'évanouïrent encore : & il fallut revenir à tenter, comme une dernière ressource, l'expédient que le Roi avoit proposé.

On peut juger de quel air la Reine reçut la proposition, de renvoyer avec quelque sorte de honte, les personnes de sa Maison qu'elle aimoit le plus. Je m'y étois bien attendu ; & je n'avois rien espéré, que de mon opiniâtreté à revenir souvent à la charge : mais cette Princesse fut toujours infléxible : & pour tout dire, Henry tenoit si mal de son côté la parole qu'il m'avoit donnée, de payer ce sacrifice, par celui de tout autre attachement qu'à son Épouse ; qu'elle tiroit de-là ses meilleures raisons, pour ne pas se rendre aux miennes.

Ce que j'avois prévu, arriva. La Reine, aigrie par ceux que j'attaquois directement, commença à me chercher querelle à moi-même. Elle se plaignit que je ne lui avois pas tenu parole ; comme s'il avoit été en mon pouvoir de séparer Henry de sa Maîtresse : mais je ne manquai pas de lui faire remarquer, qu'elle tenoit bien plus mal la sienne ; & que par un caractère de froideur & d'antipathie, que tant de récidives faisoient regarder au Roi, comme incorrigible, elle étoit elle-même la cause du mal qu'elle m'imputoit. Je

lui citai Madame de Guife, comme un éxemple qu'elle au- 1604.
roit dû fuivre, pour fixer fur elle le cœur & l'efprit de Sa
Majefté. Elle fe plaignit enfuite dans le public, que je ne
faifois pas de fes Lettres, tout le cas que je devois : j'en fus
averti par la femme de Conchini, la moins déraifonnable
encore, de celles à qui elle donnoit tout pouvoir fur elle. Je
répondis à ce grief, qu'il étoit vrai que je n'avois pas toujours égard à celles, que je voyois écrites de la main de quelqu'un de fes Sécretaires ; parce qu'elles étoient, ou dictées fans fa participation, par d'injuftes folliciteurs qui abu-
foient de fon nom, ou écrites dans l'intention de me faire
porter la haine d'un refus auprès de cette Princeffe : mais
que pour celles qui m'étoient écrites de fa propre main, je
défiois qu'on pût me convaincre de n'y avoir pas répondu,
avec tout le refpect & la déférence poffibles.

 Et pour ne rien diffimuler ; il étoit befoin que je me rap-
pellaffe mon devoir auffi fortement que je faifois, pour ne
pas m'en écarter à l'égard de cette Princeffe. Il n'y avoit
aucune fin à fes demandes. La feule dépenfe pour le courant de fa Maifon, coûtoit au Roi tous les ans, trois cens
quarante-cinq mille livres. Tant de gratifications, de Pots-
de-vin, d'Edits créés en fa faveur, ne pouvoient fuffire
à toutes fes autres dépenfes. Elle engagea un jour, de dépit, fes bagues & joyaux, ou plûtôt ceux des Reines de
France ; & l'on fut obligé de prendre au Tréfor Royal, de
quoi les retirer. L'Edit des Exempts en chaque Paroiffe,
fut paffé à fon profit. Quelques Receveurs de Rouergue &
de Quercy, étant demeurés arriérés dans le payement de
leurs deniers ; elle les fit appliquer à fon profit. Elle voulut
faire les frais de la nôce de l'Italien Santi, fon jardinier ;
& elle me demanda pour cela fix cens livres, ce qui n'eft
qu'une bagatelle : mais c'eft principalement dans ces bagatelles, qu'on peut juger des difpofitions de l'efprit des Princes, par rapport à l'œconomie. Que pouvois-je faire, trouvant un inconvénient égal, à lui accorder tout, ou à tout
lui refufer ? finon, de refufer en effet tout ce qui intéref-
foit véritablement la juftice & le bien de l'Etat ; & d'empêcher, dans ce qu'on ne pouvoit fe difpenfer d'accorder, &
fur-tout par rapport à ces Edits, toute véxation dans la
levée des deniers. Quant aux démêlés perfonnels de Leurs

Majestés : on peut dire que le Roi avoit des foiblesses incompréhensibles ; & la Reine, des travers inexcusables.

En voyant combien peu j'avois avancé, depuis le temps que je m'occupois de toutes ces tracasseries domestiques ; je compris à la fin, que c'étoit-là de ces choses, qu'il faut laisser aux seuls intéressés à démêler entr'eux. Je retirai donc tout doucement mon épingle du jeu ; & je laissai de grand cœur le champ libre à Sillery, dont le Roi se servoit aussi : il trouvoit quelquefois qu'il manioit l'esprit de ces deux Dames plus doucement que moi : je n'ai pas de peine à le croire. Je ne sçais ni flater, ni déguiser ma pensée ; & ce manége ne demande que complaisance & dissimulation : sans quoi il n'y a rien à espérer, & tout à craindre, & doublement à craindre, par la part qu'ont ici l'Epouse & la Maîtresse. On vient de le voir, quant à la premiere : je puis aussi en parler avec pleine connoissance, pour ce qui regarde celle-ci. Si je n'avois pas pris mes mesures bien justes ; je venois de risquer, il n'y avoit que peu de jours, de me trouver la victime de l'Amant & de la Maîtresse. Voici en quelle occasion.

Dans le temps que les sujets de plainte se multiplioient de jour en jour entre Henry & la Marquise de Verneuil ; je fus député par le Roi, pour faire à cette Dame les plus sanglans reproches. Au lieu de fléchir & d'avouer son tort ; elle le prit sur un ton si haut, que je ne désespérai pas cette fois, que la scène ne finît par une rupture éclatante : ce qui étoit tout ce que je souhaitois le plus. Non seulement elle refusa de donner la satisfaction que Sa Majesté lui demandoit ; mais elle parut encore si résolue à rompre tout commerce avec le Roi, qu'elle alla jusqu'à me solliciter avec les plus fortes instances, de travailler à lui faire agréer cette résolution, comme important également à tous les deux ; & à vouloir que j'écrivisse, aussi-tôt que j'allois être retourné chez moi, une Lettre à Sa Majesté, que nous concertâmes ensemble, & où elle employa des termes assez forts, pour me faire juger qu'elle agissoit sincèrement. Cependant la connoissance que j'avois du caractère de cette femme, me faisant craindre qu'elle ne désavouât ce que je manderois au Roi, & qu'elle ne me fît passer pour avoir cherché par de sourdes pratiques, à la brouiller avec ce Prince : ce qu'il ne m'auroit pas pardonné, tout indulgent qu'il étoit ; parce qu'il sur l'article du cœur, il pouſſoit la vivacité fort loin : je pris la précaution d'envoyer cette Lettre à la Marquiſe, avant que de la faire remettre à Sa Majeſté ; & je lui fis dire en même-temps, Qu'elle la lût & l'éxaminât attentivement, afin qu'elle vît que je n'avois rien mis dans cette Lettre, qui étoit fort longue, au-delà de ce qu'elle m'avoit dicté elle-même ; & qu'elle me mandât, ſi je n'avois pas obſervé ſcrupuleuſement la teneur de ſes paroles. J'enjoignis ſur toutes choſes au porteur, de ne me rien rapporter de bouche, mais d'obliger cette Dame à me marquer par écrit, ce qu'elle trouveroit à y changer, & tout ce qu'elle avoit à me dire.

Elle avoit déja beaucoup relâché de la ſévérité de ſa premiere réſolution : mon Domeſtique s'en apperçut, en ce qu'elle chicana ſur les termes, & lui témoigna n'en être pas ſatisfaite ; quoiqu'elle ne parlât point de ſupprimer la Lettre. Mon Commiſſionnaire, qui vit qu'elle le renvoyoit, après toute cette vague déclamation, ſans rien de poſitif, & qui ſe ſouvenoit de mes ordres ; lui dit, qu'il avoit la mémoire mauvaiſe, & la pria de mettre par écrit, ce qu'elle venoit de lui dire ; afin de ne pas l'expoſer à être grondé, pour avoir oublié, ou mal rapporté ſes paroles. Elle comprit bien tout ce qu'on ne vouloit pas lui dire ; mais elle étoit engagée trop avant, pour reculer. Elle prit la plume, & m'écrivit, Qu'elle approuvoit la Lettre, à un mot près, qui étoit capable, diſoit-elle, de faire monter le Roi aux nuës. Je mandois au Roi, Qu'elle le ſupplioit de lui accorder encore l'honneur de le voir quelquefois ; mais de n'avoir aucune privauté avec elle : C'eſt ce mot qu'elle adouciſſoit, en ajoutant, *aucune privauté, qui pût lui nuire* : ce qui n'étoit pas bien différent.

Je ſerrai ſoigneuſement la Lettre de la Marquiſe, & j'envoyai la mienne au Roi, avec quelque eſpérance que par fierté, ſi ce n'eſt par raiſon, il donneroit les mains au parti que prenoit ſa Maîtreſſe, & qu'il ſe laſſeroit enfin de recevoir la loi d'une femme. En effet, il lut deux fois ma Lettre, avec toute l'indignation & le dépit, qu'elle devoit lui donner : » Hé bien ! elle le veut, diſoit-il, je le ſouhaite en-
» core davantage : elle ſera priſe dans ſes propres filets. «
Le Roi parloit ainſi ſeul, entre ſes dents, & à demi bas,

mais mon Courrier ne laiſſa pas de l'entendre. Il demanda du papier & une écritoire; & il m'écrivit par le même homme, un billet, par lequel il me promettoit que le Lundi ſuivant, la Marquiſe de Verneuil recevroit une Lettre de ſa main, qui feroit foi qu'il ſçavoit encore commander à ſes paſſions.

Cette Lettre eſt du 16 Avril; mais celle du Lundi ne vint point: Bien plus, ce Prince étant lui-même venu à Paris, il courut auſſi-tôt chez ſa Maîtreſſe; ſe flatant du-moins, qu'il alloit la couvrir de confuſion, & lui arracher mille repentirs: Point du tout; c'eſt lui-même qui joua ce perſonnage. Il déſavoua tous ſes Agens; il ſe condamna lui-même: en un mot, il ſe mit à la merci de celle, qu'il venoit de traiter avec le dernier mépris. Ce fut alors, que je me trouvai fort heureux d'être ſaiſi d'une Lettre de la Marquiſe de Verneuil, qui mît un frein à ſon reſſentiment contre moi: Elle crut pourtant, que cette Lettre ne l'empêchoit pas de chercher à me faire paſſer pour un fourbe & un calomniateur. Je ne garantis pas que Henry n'en crût rien en ce moment: La Lettre que je lui montrai à l'Arſenal, le déſabuſa; mais elle ne lui ouvrit point les yeux, ſur ſa perfide Maîtreſſe. Il me dit en me quittant, qu'il alloit bien lui laver la coëffe: Je ne le crus point; & le devois-je, après ce qui venoit de ſe paſſer?

Après la réconciliation entre le Roi & la Reine, qui ſe fit, comme on l'a vu il n'y a qu'un moment, aux dépens de la Marquiſe de Verneuil; cette femme, qui pour cette fois ſe crut abandonnée, entreprit de troubler la paix: & elle n'en vint que trop bien à bout. Il eſt étonnant combien de reſſorts elle fit jouer, pour réveiller l'amour du Roi, pour exciter ſa jalouſie, pour s'en faire rechercher, & même, pour s'en faire craindre. Elle employa le ſacré & le profane: elle ſe jetta dans la dévotion: elle ſe mêla dans le Parti des factieux, la tête levée: elle chercha toutes les filles, auxquelles Henry avoit rendu quelques aſſiduités; & elle leur fit ſuppoſer des Promeſſes de mariage, pareilles à celle qu'elle avoit elle-même: Elle abuſa de la ſienne, au point de prétendre en tirer un droit chimérique, de faire caſſer le Mariage de la Reine: & ce qu'on ne croiroit jamais, elle trouva des Eccléſiaſtiques, qui la ſoûtinrent dans ſes extravagances,

gances; & qui oferent faire publiquement les bans de Mariage, qu'elle se vantoit d'obliger le Roi à contracter avec elle. En même temps, on répandoit dans le public une infinité de Lettres & de Mémoires, dans lesquels on prêtoit des raisons aux ridicules prétentions de cette femme (2). Henry auroit donné beaucoup pour pouvoir découvrir quels en étoient les Auteurs: il employa à cette recherche presque toute sa Cour; & j'y fus employé comme les autres.

Je ne finirois point, si je voulois épuiser tous les incidens liés à cette affaire; & qui, tout frivoles qu'ils sont pour la plus grande partie, ne laisserent pas d'attirer des affaires bien sérieuses à quelques-uns de ceux qui y eurent part: mais je me lasse moi-même de traiter un pareil sujet, & de parler au désavantage d'un Prince, qui m'a donné ailleurs tant d'occasions de louer la fermeté héroïque de son cœur. Tout ce vacarme, qui n'avoit d'autre cause qu'un simple dépit amoureux, se termina à l'ordinaire par un redoublement de passion de Henry pour son indigne Maîtresse, qui porta au plus haut point la mésintelligence entre lui & la Reine (3). Il étoit décidé, que par une contradiction bien bizarre, ce Prince chercheroit toute sa vie ses plaisirs & sa satisfaction, aux dépens de son repos & de sa santé. Je ne m'y intéressai plus que par ces deux motifs: pouvois-je voir, sans la plus vive sensibilité, dépérir à vuë d'œil la santé d'un Prince, dont la personne m'étoit précieuse? Il n'eut point de maladie mortelle pendant le cours de cette année; mais il ne donna jamais tant d'occupation à La-Riviere & à Du-Laurens. Il fut obligé d'user souvent de saignées, de diette, de bouillons rafraîchissans, pour prévenir les mauvais effets d'un sang noir & brûlé, qu'on lui tiroit dans les fré-

---

(2) Voyez les plaintes que fait à cette occasion le Cardinal d'Ossat, contre l'Espagne, la Savoie, & surtout contre un Capucin, nommé le Pere Hilaire, de Grenoble, qui cabaloit à Rome, en faveur des Partisans de la Marquise de Verneuil *Lettres du 22 Février & 15 Octobre 1601. & du 1 Avril 1602.* La licence des Libèles satyriques n'a jamais été portée plus loin qu'elle l'étoit dans ce temps-là.

(3) » Le Duc de Sully m'a dit plusieurs fois (c'est l'Auteur de l'Histoire de la Mere & du Fils qui parle » ainsi) qu'il ne les avoit jamais vus » huit jours sans querelle. Il m'a dit » aussi, qu'une fois entr'autres, la colère de la Reine la transporta jusqu'à » tel point, étant proche du Roi, » que levant le bras, il eut si grand » peur qu'elle passât outre, qu'il le » rabattit avec moins de respect qu'il » n'eut désiré, & si rudement, qu'elle disoit par après qu'il l'avoit frappée, &c. « *Tom. I. pag. 8.*

quentes indispositions qu'il eut. La colère, le chagrin, l'impatience, le mettoient dans une telle agitation, qu'un jour qu'il avoit un violent dépit de quelque procédé de la Marquise de Verneuil, le bras dont il avoit été saigné la veille, se rouvrit, comme il se mettoit à table pour dîner. Il fit le voyage de Monceaux avec la Reine, pour prendre commodément les Eaux de Pougues & de Spa. (4)

Il n'auroit plus rien manqué à ces brouilleries domestiques, pour y mettre le comble, si la Reine Marguerite y étoit entrée de son côté : c'est le seul malheur qui n'arriva point à Henry. On ne sçauroit au contraire, donner trop de louanges à la douceur de cette Princesse, à sa soûmission, & sur-tout à son désintéressement; dans une situation, où elle n'auroit pas manqué de motifs de se faire accorder tout ce qu'elle auroit désiré. Elle demandoit rarement, & ne demandoit que des choses peu considérables & justes, l'accomplissement des engagemens, qu'on avoit pris avec elle, & quelques exemptions pour son Bourg d'Usson. Sa principale sollicitation fut au sujet de la Succession de la Reine Catherine sa Mere. Cette Princesse, par son Contrat de Mariage avec Henry II. donnoit ce qu'elle avoit d'effets en propre, après ses Enfans mâles, à ses Filles, par préférence aux Enfans naturels de son Mari : il n'y avoit rien dans cette disposition, que de juste. Cependant Charles de Valois, Comte d'Auvergne, (5) prétendoit en dépouiller Marguerite. Elle manquoit de la principale piéce, qui pouvoit justifier son droit : Le Roi interposa son autorité, pour lui en faire donner communication, & pour lui faire rendre la justice qui lui étoit dûë.

Marguerite garda cette conduite de droiture & de désintéressement le reste de sa vie. On ne s'apperçut jamais qu'elle

---

(4) Les Eaux de Spa sont dans l'Evêché de Liége.

(5) En vertu d'une donation, que Henry III. lui avoit faite de ces biens. Le Parlement confirma en 1606. le testament de Catherine de Médicis, & les adjugea à Marguerite de Valois. Brantôme, dans le septiéme tome de ses Mémoires, *pag.* 38. fait l'énumération de ces biens, consistant dans les Comtés d'Auvergne, Lauragais, Leverous, Douzenac, Choussac, Gorreges, Hondocourt, &c. qu'il fait monter à cent vingt mille livres de revenu ; sans compter la dot de cette Princesse, de plus de deux cens mille écus, ou ducats, « qui en vaudroient aujourd'hui, dit-il, plus de quatre cens » mille ; avec grande quantité de » meubles, richesses, & précieuses » pierreries & joyaux, &c.

eut appartenu de si près au Roi. Je la louërois davantage, si je ne craignois de me faire accuser de partialité à son égard. On sçait quel intérêt la bonté de cette Princesse lui a toujours fait prendre à ma situation & à ma fortune. Les Lettres qu'elle m'écrivoit, sont comme celles qu'on écrit à un véritable & solide Ami : » Vous êtes toujours, c'est ainsi » qu'elle s'y exprimoit, mon recours, & après Dieu, l'appui » sur lequel je fais le plus de fond. «

Passons à d'autres sujets d'inquiétude, qu'une cabale séditieuse donna au Roi pendant cette année : Madame de Verneuil y trouvera encore sa place. Sans répéter éternellement les noms des Ducs de Bouillon, de La-Trémouille & de Rohan, du Comte d'Auvergne, de d'Entragues & de sa femme, de Du-Plessis, &c. on voit bien que c'est de toutes ces personnes-là que je veux parler. Le même esprit, qui les avoit conduits dans les menées qu'ils avoient fait faire au Parti Protestant dans le Synode de Gap, dirigeoit encore toutes leurs entreprises; & leur faisoit mettre en œuvre tout ce qu'ils jugeoient propre, soit à soûlever les Sujets du Roi, soit à lui susciter de nouveaux ennemis au-dehors. On auroit de la peine à croire, combien le mensonge & la calomnie répandirent & autoriserent de bruits injurieux à ce Prince, & combien il se tramoit de complots contre le Gouvernement sous l'autorité de ces Chefs.

Sa Majesté en m'envoyant à Paris par D'Escures, un avis qu'elle venoit de recevoir à Saint-Germain-en-laye, me mandoit, que quoique je n'eusse pas déja trop bonne opinion de tout ce Corps, j'aurois de la peine à croire ce qu'elle m'en écrivoit. Je ne puis m'empêcher de dire que les Protestans agissoient en France, de manière à n'être pas plaints, si quelque jour ils y recevoient un châtiment un peu sévère. Ils se vantoient presque hautement, d'obliger Sa Majesté, non seulement à recevoir le Duc de Bouillon dans son Royaume; mais encore à le revêtir des honneurs & des emplois, dignes d'un Chef de la Religion : Du-Plessis, l'ame de ce Corps, ne leur inspiroit point d'autre pensée. La Trémouille avoit préparé ses Créatures à tout entreprendre; en leur persuadant qu'on étoit sur le point de voir arriver en France, la révolution la plus surprenante : pendant que le Duc de Rohan se chargeoit de donner cours à ce bruit, dans les Pays

1604.

Etrangers, sur-tout en Angleterre, par un homme de confiance, nommé Durand, qui cherchoit avec soin tous les moyens de détacher Sa Majesté Britannique du parti de Henry. Cet homme, qui se faisoit appeller à Londres, M. de Haute-fontaine, se montra si bon valet, que le Roi demeura persuadé avec tout le monde, qu'il en avoit beaucoup plus fait qu'on ne lui en avoit enjoint: car il fut avéré qu'il avoit traité des conditions de l'établissement de son Maître en Angleterre, où il vouloit le faire naturaliser: Si cette idée n'est pas de Durand seul, elle ne peut être partie que de la Duchesse de Rohan, la Mere. Il est encore certain que le Duc de Rohan fit présenter de sa part au Roi d'Angleterre, par ce Durand, un cheval de prix: ce qui dans la conjoncture présente, ne lui étoit nullement permis, sans l'aveu de Sa Majesté.

Celui de tous qui méritoit le plus d'être éclairé, étoit le Comte d'Auvergne, dont les liaisons avec l'Espagne n'étoient presque plus ignorées de personne. Il étoit alors en Auvergne, où il ne s'endormoit, ni sur la cause commune, ni sur la sienne: Il avoit fait servir à ses desseins, la promesse de mariage, faite par le Roi à la Marquise de Verneuil, sa Sœur: (6) & en y joignant un conte sur lui-même, encore

(9) Les Historiens ne disent rien de bien positif, sur la teneur du Traité fait par le Comte d'Auvergne, avec le Conseil d'Espagne ; mais Amelot de La-Houssaye va suppléer à cet article : Il est d'autant plus croyable, que, comme il nous l'apprend, c'est à son Bisaïeul maternel, nommé Antoine-Eugene Chevillard, Thrésorier-Général de la Gendarmerie de France, que le Comte d'Auvergne & la Marquise de Verneuil confierent l'Original de ce Traité, comme à leur Parent & intime Ami. Il nous apprend encore, que Chevillard ayant été enveloppé dans la disgrace du Comte d'Auvergne, & mis à la Bastille; il y tint si bien caché, dans la basque de son pourpoint, cet Original de Traité, que personne n'en eût connoissance ; & que voyant qu'on le traitoit en criminel d'État, il s'avisa de manger peu-à-peu, avec la soupe & la viande qu'on lui servoit à ses repas, le Traité, & la ratification de l'Espagne qui y étoit jointe. Le Roi d'Espagne y promettoit au Comte d'Auvergne, de l'assister de Troupes & d'argent, pour mettre sur le Trône Henry de Bourbon, son Neveu : c'est le Fils que Henry IV. avoit eu de la Marquise de Verneuil, & qui est appellé dans cet écrit, Dauphin de France, & héritier légitime de la Couronne. *Art. Entragues-Balsac, Touchet.* Amelot de La-Houssaye, assure de plus, *note sur les Lettres du Cardinal d'Ossat, cy-dessus,* que deux Capucins, nommés le Pere Hilaire, de Grenoble, & le Pere Archange; l'un à Paris & l'autre à Rome, conduisoient cette Conspiration.

M. de Sully semble insinuer encore quelque chose de plus, en faveur du Comte d'Auvergne personnellement. Ce Comte auroit-il supposé quelque Pièce, ou quelque dis-

# LIVRE DIX-HUITIEME.

1604.

plus ridicule que cette Piéce ; mais qui avoit pourtant trouvé des gens aſſez crédules en Eſpagne, pour traiter l'un & l'autre ſérieuſement ; il eſt certain qu'il s'y étoit acquis une fort-grande confiance. Nous verrons dans peu, à quoi elle le conduira.

Les moyens que Sa Majeſté employoit contre toutes ces brigues, conſiſtoient à veiller avec ſon attention ordinaire, aux affaires du dedans & du dehors du Royaume ; & à ne remplir les Intendances & autres places publiques, que de perſonnes connuës par leur mérite, par leur probité, & en même temps par leur attachement à ſa perſonne : On en vit un exemple dans Boucault, qui de ſimple Avocat, fut fait Préſident à la Cour des Aydes de Montpellier, pour avoir utilement ſervi Sa Majeſté en Languedoc. Henry m'ordonna encore de faire aſſembler le Chancelier, Villeroi & Sillery, qui avec moi, faiſoient une eſpèce de Conſeil, chargé particulierement de cette Affaire. J'entretenois auſſi toujours par ordre de ce Prince, un commerce de Lettres, avec les principaux Proteſtans ; dont je conviens, quelque choſe que dît Sa Majeſté, qu'il ne lui revenoit pas un grand avantage : Mais il compta ſur-tout, & avec raiſon, ſur le voyage, qu'il ſe propoſa de faire cette année, du côté de la Provence & du Languedoc ; pendant que de mon côté, je me rendrois en Poitou, & viſiterois la Côte Occidentale de la France.

Je goûtai extrêmement cette idée, lorſque Henry me la communiqua ; & nous nous occupâmes long-temps, à tout préparer pour ce double voyage. La priſe de poſſeſſion de mon Gouvernement, qu'il étoit néceſſaire que je fiſſe, devoit me ſervir de prétexte pour le mien : Le Roi n'en avoit pas beſoin pour le ſien ; au-contraire, il devoit paroître inſtruit du ſujet, qui rendoit ſa préſence néceſſaire dans les Provinces Méridionales de ſon Royaume, & s'en promettre publiquement tout l'effet qu'elle devoit produire. Je viſiterois, ſoit ſur la route, ſoit en m'en écartant ſur quelque raiſon, l'Orleanois, la Touraine, l'Anjou, le Poitou, la Saintonge, l'Angoumois & la Guyenne ; & Sa Majeſté s'écarte-

---

poſition de Charles IX. ſon Pere ; en vertu de laquelle, il eût prétendu lui-même à la Couronne ? Voyez auſſi ſur ce ſujet, les *Mémoires de la*

*Vie du Préſident De-Thou, & ſur-tout ſon Hiſtoire*, ann. 1605. *Mém. Recond. de Vitt. Siri. vol.* I. *p.* 297.

roit aussi dans le Berry, le Bourbonnois, le Lyonnois & le Dauphiné (7) : en sorte que nous verrions l'un ou l'autre, presque toute la France. Nous réglâmes le temps de notre départ, celui de notre séjour, & jusqu'à l'endroit où nous pourrions nous rejoindre, qui devoit être Toulouse : & je tenois le voyage de Sa Majesté pour si assûré, que je ne songeai plus qu'à venir promptement de Fontainebleau, où tout ceci fut arrangé, à Paris, pour mettre ordre aux affaires du Gouvernement ; afin que rien ne retardât notre départ, qui devoit être au plus tard, dans le courant du mois de Juin. Les Particuliers qui avoient des affaires pendantes au Conseil du Roi, en presserent la conclusion de toutes leurs forces, si-tôt que le dessein de Sa Majesté eut été rendu public ; & les Conseillers furent ravis de cet empressement : parce qu'une grande partie d'eux devant suivre le Roi dans ce voyage, ils ne vouloient pas laisser la décision des affaires qu'ils avoient entamées, au nouveau Conseil, que Sa Majesté nommeroit pour le temps de son absence.

Ce projet si bien arrangé, n'eut pourtant aucun effet, quant au voyage de Henry. La déclaration qu'il en fit devant les Courtisans, mit d'abord tout en rumeur, & causa à l'ordinaire, de grands mouvemens à la Cour. Il n'y eut presque personne, qui n'entendît avec peine ce discours de Sa Majesté, & qui ne travaillât par toutes sortes de moyens, à la détourner de ce voyage ; les uns, comme les Ministres & autres principaux Employés près de la Personne du Roi, pour s'épargner les frais d'un voyage coûteux ; & tous les délicats de la Cour, pour éviter la fatigue & les autres incommodités, ordinaires dans ces sortes d'expéditions : En sorte que lorsque Sa Majesté proposa la chose en forme à ses Conseillers d'Etat, qu'elle fit venir exprès à Fontainebleau, & aux Principaux de sa Cour, qu'elle assembla tous pour cet effet ; on ne lui opposa que des difficultés, sans toucher le véritable point.

On allégua l'incertitude des Sieges d'Ostende & de l'Ecluse ; la crainte d'une Ligue entre l'Angleterre & l'Espa-

---

(7) Voyez l'Original d'une Lettre écrite par Henry IV. à M. de Rosny, au sujet de ce voyage en Poitou, datée du 20. Juillet 1704, & apostillée, comme elles le sont presque toutes, sur le revers, de la main de ce Ministre. *Lettres de Henry le Grand.*

# LIVRE DIX-HUITIEME.

gne ; l'affaire du Commerce, entre la France & cette Couronne ; celle du Comte d'Auvergne & de la Marquise de Verneuil ; le différend nouvellement survenu entre la République des Grisons & le Comte de Fuentes, au sujet de La-Valteline, dans lequel la France ne pouvoit se dispenser d'entrer, à cause des Vénitiens & des Suisses : Toutes affaires, dont j'ai déja parlé, ou dont je parlerai bien-tôt. Enfin on imagina de si grands inconvéniens dans ce voyage, & on sçut si bien les grossir, que le Roi se laissa engager à le rompre.

On trouva même le moyen de lui faire changer aussi d'avis sur le mien : Les affaires qui s'agitoient au Conseil, commencerent à lui paroître d'une si grande importance, que pour ne pas les perdre de vûë pendant un trop long-temps, il voulut que je me renfermasse pour cette fois, dans ce que je pouvois faire, sans sortir du Poitou ; & que je remisse à un autre temps, la visite des Côtes Maritimes. Je ne nie pas qu'une partie des raisons, qui furent alleguées en cette occasion, pour détourner le Roi de son entreprise, ne fussent d'un grand poids : Mais je crois pourtant en avoir marqué la principale & la véritable ; & je persiste encore dans mon premier sentiment, sur l'utilité dont elle auroit été pour l'Etat.

Un homme qui dut n'être pas peu embarrassé, à la Nouvelle de ce voyage de Sa Majesté, & dont on ne s'attendoit peut-être pas à voir le nom ici, c'est Lesdiguieres ; & d'autant plus, qu'on y en joignoit une autre en public, Que M. le Comte de Soissons alloit être revêtu du Gouvernement des Places de sûreté, données à Lesdiguieres : Il pouvoit même craindre que cette démarche peu pacifique de Sa Majesté, ne le regardât personnellement. On venoit d'être informé de ses correspondances avec le Duc de Bouillon ; Morges, qui en avoit donné secrettement avis de Dauphiné, en fournit des preuves, lorsqu'il fut venu à Paris, qui ont rendu ce fait d'autant plus incontestable, qu'elles furent encore confirmées par le nommé Du-Bourg.

Je partis dans le mois de Juin, & je pris le plus court chemin, pour me rendre en Poitou ; accompagné de plusieurs personnes de qualité de la Province, qui se rangerent auprès de moi, sur le bruit de mon voyage. Quelques-uns d'eux

1604.

n'avoient d'autre intention dans cette démarche, que de me faire tout l'honneur, qu'on croit devoir à un Gouverneur: mais quelques autres, du nombre desquels je mets sans hésiter (8) Richelieu & Pont-courlai, ne la faisoient, que pour être plus à portée de sçavoir mes desseins, soit par ma propre bouche, soit en questionnant mes Gens, sur tout ce qui se feroit & se diroit chez moi ; pour en informer ensuite les Chefs du Parti Protestant ; pour s'opposer à tout ce qu'ils supposoient que j'étois chargé d'entreprendre contre eux, en faveur des Catholiques ; enfin pour profiter de mes plus petites inadvertences, s'il m'en échappoit quelqu'une, & tâcher de me rendre, ou criminel, ou suspect auprès du Roi. Si mes ennemis réüssirent dans quelques-uns de leur mauvais desseins ; ce ne fut pas du moins, quant à ce dernier point. Le commerce que Sa Majesté me faisoit l'honneur d'entretenir reglément avec moi, dès que j'étois éloigné de sa Personne, continua comme à l'accoûtumée : Je n'en eus même que plus d'occasions encore d'entrer dans sa confidence, & de connoître jusqu'à quel point elle s'intéressoit à ma personne ; Sa Majesté me faisant souvenir avec beaucop de bonté, que j'étois dans un Pays, où, quelque semblant qu'on fît, on me vouloit beaucoup de mal, & que je ne devois pas cesser un moment d'être sur mes gardes.

Il est vrai que les Ennemis du Roi & les miens, eurent soin de prendre les devants, pour rendre tous mes soins inutiles, & pour animer la populace contre moi. Ce qu'ils trouverent de plus capable de produire cet effet, fut de répandre le bruit, Que je n'allois en Poitou, que pour obliger les Propriétaires des (8) Marais salans, à s'en défaire, & pour les acheter tous pour le Roi. Je ne découvris nulle part, plus de mauvaise volonté à mon égard, que dans ceux qui en devoient le moins avoir ; je veux dire, dans les Réformés, mes Confreres ; je ne parle toujours que des principaux : quoiqu'ils affectassent à l'extérieur de me rendre tous les honneurs possibles. S'ils refusoient de m'instruire du secret de leurs

---

(8) François Du-Plessis de Richelieu, Pere du Cardinal de Richelieu. François de Vignerod de Pont-courlay.

(9) Pérefixe ne doute point que Henry IV. n'ait eu véritablement ce dessein ; & il le loue fort, comme le véritable moyen de délivrer le peuple de la Gabelle, qu'il assure que ce Prince songeoit très-sérieusement à abolir, aussi bien que la Taille, *pag.* 369.

(10) Claude

leurs délibérations ; c'étoit toujours fur des prétextes fi bien palliés, que je devois feindre de ne pas en être mécontent. Ils craignirent Parabere, qui s'étoit plus particulièrement attaché à ma perfonne que les autres, quoiqu'ils le connuffent fort zélé pour fa Religion ; parce qu'il étoit naturellement franc, & qu'il avoit des vûes plus droites : ils chargerent d'Aubigné & Conftant de ne point le quitter, tant qu'il feroit auprès de moi.

Mais toutes ces difpofitions malignes à mon égard, ne s'étendirent point au-delà de ce petit nombre de perfonnes, ou furent cachées avec beaucoup de foin. Je fus reçu avec toutes les marques de la plus haute diftinction, dans tous les endroits où je fis quelque féjour, & dans ceux où je ne fis que paffer : on vint à ma rencontre : on m'efcorta avec pompe : on me harangua. Les Eccléfiaftiques même fe montrerent les plus empreffés ; & jamais je n'entendis un mot équivoque fur ma Religion. Ceux de Poitiers, qui ont la réputation d'être naturellement durs & infociables, me donnerent une toute autre idée de leur caractère, par leurs manières refpectueufes & polies.

Je fus encore plus furpris de ceux de La-Rochelle. Cette Ville orgueilleufe, qui fe vante ordinairement de n'avoir que le Roi lui-même pour Gouverneur, & fous lui, ce Maire important, qui eft toujours élu néceffairement fur les trois fujets qu'elle propofe à Sa Majefté, pouvoit faire valoir avec moi ces belles prérogatives, d'autant plus juftement, qu'à la rigueur elle ne fe trouvoit point comprife dans mon Gouvernement. Cependant elle me fit une réception telle qu'elle l'auroit pu faire à un Gouverneur, qu'elle fe feroit choifi elle-même : J'y entrai avec une fuite de douze cens chevaux. On ne craint guére avec une pareille efcorte les attentats, contre lefquels Sa Majefté m'avertiffoit de me précautionner. Les Rochellois ouvrirent leurs portes à tout ce cortége, fans diftinction de perfonnes ni de Religion ; il le logerent tout entier, & prefque tous en maifon Bourgeoife. Dans un repas public, qu'ils donnerent à mon occafion, & auquel je fus convié avec cérémonie ; ils dirent, en buvant à la fanté du Roi, que fi Sa Majefté leur avoit fait l'honneur de fe préfenter à leurs portes, eût-elle été fuivie de trente mille hommes, ils les lui auroient ouvertes, & que fi elles ne s'étoient pas trouvées assez grandes, ils auroient abattu trois cens toises de leurs murailles : je ne vis que des respects, & je n'entendis que des éloges de ce Prince. Ils m'assûrerent aussi, avec les louanges les plus flateuses, que quand j'aurois eû avec moi deux ou trois fois plus de monde que je n'en avois, ils n'auroient pas agi différemment.

Le repas dont je viens de parler, fut de dix-sept tables; la moindre de seize couverts : & le lendemain, on me donna une collation, tout aussi superbe que l'avoit été le repas. On y joignit le spectacle d'un Combat naval, entre Coreilles & Chef-de-Baye, dans lequel vingt Vaisseaux François attaquerent pareil nombre de Vaisseaux Espagnols. Les Espagnols vaincus furent amenés pieds & mains liés devant un Tableau du Roi, exposé publiquement; & ils me furent présentés, comme à son Lieutenant Général. Rien ne fut oublié de ce qui pouvoit rendre ce divertissement parfait; Habits, Armes, Livrées, Pavillons, Pannonceaux différens. Je payai cette bonne réception des Rochellois, en leur accordant au nom du Roi, dont je fis l'éloge publiquement, la délivrance de leurs Prisonniers : excepté eux & le Sieur de Lussan, je punis sévèrement tous ceux qui avoient contrevenu aux Traités du Commerce : Sa Majesté se contenta d'avoir obligé la Ville de La-Rochelle à lui demander cette grace, qu'elle sçut bien d'ailleurs lui faire acheter. J'appris à Poitiers des circonstances, qui me firent trouver le Comte d'Auvergne beaucoup plus coupable encore que je ne le croyois.

Le peu de temps que le Roi avoit laissé en ma disposition, pour régler les affaires de la Province, me fit remettre à un autre temps à visiter le haut & le bas Poitou : je ne pus obtenir de Sa Majesté, que la permission d'aller à Saint-Jean d'Angely & à Brouage; en lui représentant la nécessité de de ce voyage, ne fut-ce que pour détromper le Peuple de ce canton, de l'opinion que le Roi vouloit s'emparer de leurs Salines. Je partis de la Rochelle pour ces deux endroits, où je fus reçu de Messieurs de Rohan & de Saint-Luc, mieux encore que je ne m'y étois attendu. Je fis tout mon possible, pour ramener Rohan à son devoir : je lui parlai de ses brigues en Angleterre, d'où je l'exhortai à rappeller Durand au plûtôt. Il témoigna à ce discours une extrême surprise, feinte ou véritable : il se plaignit des impostures de ses ennemis ; il désavoua Durand ; & pour me persuader de sa sincérité, il convint de quelques faits, comme du cheval donné en présent au Roi Jacques ; mais en assûrant qu'il en avoit obtenu une permission de Sa Majesté, dont il la feroit facilement souvenir.

De Saint Jean, je repris le chemin de Paris par Thouars, où je voulus m'aboucher avec le Duc de la Trémouille. Je n'attendois pas de lui un accueil aussi gracieux que je le reçus ; sçachant combien il avoit été mortifié de me voir posséder un Gouvernement, & recevoir des honneurs auxquels il avoit aspiré jusqu'à les briguer publiquement. Je l'entretins plusieurs fois de tous les sujets de plainte, que le Parti Réformé donnoit au Roi, & en présence même de Parabere, Saint-Germain-de-Clan, Besses, La-Valliere, Constant, d'Aubigné ( ceux-ci ne se quittoient presque jamais ) & de Préaux, La-Ferriere & La-Saussaye. Toutes ces personnes se récrierent fortement sur la fausseté des imputations qu'on leur avoit faites auprès du Roi ; protestant hardiment de leur fidélité & de leur attachement à Sa Majesté : & pour mieux m'en imposer, ils accompagnerent toutes ces assûrances de tant de civilités à mon égard, & même de basses flateries, qu'ils tomberent dans l'autre excès, d'une affectation trop marquée.

Au travers de tous leurs déguisemens, je ne laissai pas de pénétrer leurs desseins, en mettant en leur présence la conversation sur l'état des affaires d'Espagne & d'Angleterre : ils se trahissoient malgré eux ; & il me fut impossible de douter que toute cette petite Cour de gens attachés aux Ducs de Rohan & de La-Trémouille ne fut dans les sentimens de mécontentement & de désobéïssance, dont on les avoit accusés auprès de Sa Majesté. Mais je découvris en même temps ; & les lumières que je tirai de la place que j'occupois dans la Province, m'en donnerent dans la suite toute la certitude possible ; qu'heureusement ces Messieurs ne disposoient en aucune manière du reste du Parti Protestant. Ce n'étoit plus, comme autrefois, ces Chefs absolus, qui d'un seul mot entraînoit tous les suffrages : on les fuyoit au contraire, comme des pestiférés, lorsqu'ils venoient déliberer dans les Assemblées : c'est qu'il s'étoient détruits

Y y ij

eux-mêmes, par leur propre imprudence, en jettant tout le Corps dans des démarches si hazardées & si risibles, qu'ils avoient enfin ouvert les yeux aux moins clairvoyans : Et tout ce qu'on peut dire de plus avantageux pour eux, c'est qu'ils composoient encore un Parti, dans le Parti même ; mais un Parti très-foible, & qui ne se soûtenoit plus, que par la vaine démonstration d'une autorité, dont il ne lui restoit que l'ombre.

Je n'avois garde de négliger de si favorables dispositions. J'achevai de désabuser le peuple : Je détruisis les bruits dangereux, qui avoient été semés au sujet des Salines, de la Gabelle & des autres Monopoles ; & dont on s'étoit servi, pour le mettre en fureur. On commença à mieux connoître le Roi : Toutes les idées de tyrannie & de servitude, s'effacerent. Je fis comprendre aux Protestans personnellement, qu'il étoit faux que Henry eût jamais songé à les exclurre des Charges & Dignités de l'Etat : Que sa grande maxime avoit toujours été au contraire, de tenir éxactement la balance égale entre les deux Religions. Je leur fis voir encore, comment la prévention les avoit aveuglés sur le compte de Clément VIII. qui avoit en toute occasion, dissuadé de faire la guerre aux Réformés ; bien loin de n'avoir pensé & travaillé qu'à les exterminer.

Les effets acheverent ce que j'avois commencé par mes discours. Je distribuai des Pensions à ceux du Parti, qui avoient conseillé la Paix, & bien servi le Roi : & pour achever de les convaincre qu'ils ne s'étoient pas trompés, sur les intentions droites & équitables de leur Souverain ; je leur montrai le Mémoire des réformations, qu'il méditoit de faire dans l'Etat, tel qu'on l'a vu plus haut, qui les remplit de satisfaction. Je puis dire que par tous ces moyens, j'ébranlai si fort le Parti du Duc de La-Trémouille, qu'il ne put pas après cela, se faire fort de six personnes de quelque considération. Le Duc de Bouillon fut si sensiblement touché de voir qu'il avoit perdu ce reste de crédit ; qu'il avoit jusque-là conservé dans ce Canton de la France ; qu'il se détermina à passer le reste de ses jours, dans cette espéce d'éxil, qui l'arrêtoit à la Cour de l'Electeur Palatin, tranquile malgré lui. Ce fait n'est pas risqué : Saint-Germain, qui n'ignoroit aucun des secrets du Duc, l'écrivit à La-Saussaye,

# LIVRE DIX-HUITIEME.

1604.

dont il fe croyoit auffi affuré que de lui-même ; mais La-Sauffaye me remit la Lettre de Saint-Germain, que je montrai à Sa Majefté.

Ayant fait de cette maniere, tout ce que la conjoncture préfente & la brièveté du temps me permettoient ; j'obéïs aux inftances, que le Roi me faifoit dans toutes fes Lettres, de revenir au pluftôt ; & je fuivis de fort près la derniere, que j'écrivis à Sa Majefté, de Thouars, le 16 Juillet : J'en partis, après avoir fait une derniere vifite au Duc de La-Trémouille. Il ne fe portoit pas bien, quand j'arrivai à Thouars; je le laiffai à l'extremité, lorfque j'en partis : Il mourut (10), fans avoir jamais pu être engagé à venir trouver le Roi ; & fa mort ôta une tête aux féditieux.

J'arrivai le 22 Juillet à Paris, où je trouvai un Billet de Sa Majefté, du 18 ; par lequel elle m'enjoignoit d'envoyer dans tous les endroits de Normandie, de Bretagne & de Poitou, où j'avois eu deffein de me tranfporter, deux perfonnes de confiance ( je choifis Nicolaï & Bois ) ; & de venir la trouver à Monceaux, où elle m'attendoit, en achevant de prendre les Eaux. Je connus, par l'accueil gracieux & careffant que me fit ce Prince, que j'avois eu le bonheur de le fatisfaire (11). Je l'entretins trois jours de fuite, fur les affaires qui avoient été le fujet de mon voyage ; & j'achevai de lui dire ce qui pouvoit encore manquer aux détails, que je lui avois fait dans mes Lettres, foit à lui, foit à Villeroi.

On a voulu dire que le Duc d'Epernon tint alors en Guyenne, une conduite qui le rendit plus fufpect que jamais à Sa Majefté : Que j'y ajoûtai foi ; & que je lui rendis, en cette occafion, tous les mauvais offices d'un ennemi mortel. Je m'infcris fortement ici contre ce bruit, quant à ma perfonne : je le tiens faux, quant au fait qu'on y énonce, contre l'honneur de d'Epernon ; & je ne le crois guère plus fondé, quant aux fentimens qu'on y impute à Sa Majefté, contre lui. Il femble que pour établir ces fentimens, il devroit fuffire de la Lettre, que ce Prince écrivit au Duc, au fujet de la dif-

---

(10) Claude de La-Trémouille, Duc de Thouars, mourut de la goutte, n'étant âgé que de trente-quatre ans. Voyez fon éloge dans De-Thou, Liv. 31 & Matthieu. Tom. 2. liv. 3. pag. 663.

(11) De-Thou dit que ce voyage du Marquis de Rofny, délivra Henry IV. de grandes inquiétudes. Liv. 31.

pute de Du-Plessis avec l'Evêque d'Evreux ; dans laquelle il le traite d'Ami : qualité qu'il ne donnoit pas volontiers, à ceux qu'il n'en croyoit pas dignes.

Ajoûtons-y une vérité, dont j'ai pleine connoissance : c'est que depuis ce temps-là, Sa Majesté avoit prévenu obligeamment d'Epernon, sur mille choses ; & qu'elle me disoit souvent de lui rendre les visites & les autres devoirs de l'amitié, même avant que je les reçusse de lui. Si l'on fit entendre à Henry quelque chose au désavantage de ce Duc, pendant son séjour en Guyenne ; c'est surquoi je ne puis rien nier, ni assurer : Ce que je sçais seulement encore, c'est qu'il ne resta plus de soupçon à Sa Majesté, après les Lettres que d'Epernon lui envoya & à moi, par Perronne : La sincérité & le témoignage d'une bonne conscience, y paroissent si clairement, dans la soûmission qu'il y fait, d'aller au premier ordre de Sa Majesté, se présenter devant elle, pour y servir de caution de sa personne, & de garant de ses sentimens, qu'il ne laisse rien à répliquer. Tout le monde a sçu ce qui s'étoit passé entre le Roi & le Duc d'Epernon, du vivant, & même quelques années après la mort de Henry III ; & combien ce Prince lui en avoit témoigné de ressentiment : Il n'en faut pas davantage : l'oubli des injures, est une vertu rare chez les Souverains ; & qu'on y croit communément, bien plus rare encore. On n'a pas fait attention aux preuves sensibles, que Henry a données en plus d'une occasion, de cette véritable grandeur d'ame, qui fait pardonner : Et tout ce qu'il a fait dans la suite pour d'Epernon, acheve de montrer qu'il l'a éxercée à son égard.

Pour moi, loin d'avoir été l'ennemi de d'Epernon, au temps dont on parle ; je pourrois citer mille témoignages de bonne intelligence entre nous : Mais il me semble que ma parole suffit, & pour être cru, & pour le justifier : on m'a toujours trouvé jusqu'ici, aussi incapable de déguiser mes véritables sentimens d'amitié & de haine, que de charger un innocent, & de prendre le parti d'un Criminel d'Etat. D'Epernon fit une chute si malheureuse en Guyenne, qu'il se rompit la cuisse & le pouce, & se blessa encore à l'épaule & au coude : ce qui l'obligea de se tenir quarante jours au lit, couché sur le dos. Je lui écrivis sur ce fâcheux accident ; & il m'en remercia avec la même affection, dont toutes ses

Lettres étoient ordinairement remplies : car il me traitoit alors en Ami ; & j'étois aussi son Confident, dans tout ce qui regardoit la Personne de Sa Majesté (12). Un autre de mes Amis, mais sans avoir cessé de l'être, dont je reçus aussi cette année, des Lettres également remplies de confiance, d'amitié & de politesse ; c'est Bellegarde : Elles sont datées de Dijon ; il étoit alors dans son Gouvernement de Bourgogne. Je reviens au Comte d'Auvergne, pour traiter cette affaire plus particulierement.

Il n'avoit tenu qu'au Roi, d'ôter à ce Sujet mutin, tout moyen de conspirer contre l'Etat. La douceur dont Sa Majesté usa mal-à-propos à son égard, lorsqu'elle fit punir le Maréchal de Biron, fut la cause de sa rechute ; comme le foible, qu'elle avoit toujours montré pour toute cette Famille, à cause de la Marquise de Verneuil, l'avoit autorisé dans sa premiere révolte. Il n'eût peut-être pas été encore bien difficile de retrouver l'occasion, que Sa Majesté avoit laissé échapper ; lorsque les avis des nouvelles brigues du Comte d'Auvergne en Espagne, lui furent donnés, & qu'on put attendre plus de lumieres sur cette affaire, de la prison de Morgan (13) son homme d'intrigue, qui fut arrêté en ce temps-là. Mais le Roi se contenta de faire partir, par mon ordre, D'Escures pour l'Auvergne, où étoit alors le Comte ; afin de découvrir le complot, & de lui persuader par la voie de la douceur, de venir se jetter aux pieds de Sa Majesté.

D'Auvergne comprit en effet, qu'il n'avoit point d'autre parti à prendre : La prise de Morgan l'avoit déconcerté : ses mésures n'étoient pas prises assez justes, pour espérer que ses desseins demeureroient cachés ; ni ses desseins assez avancés, pour pouvoir lever le masque. Il craignit d'exposer par sa fuite, le Comte & la Comtesse d'Entragues & toute sa Famille, à un traitement ignominieux. Il se rendit donc aux raisons de D'Escures, & s'engagea à se laisser mener par lui à la Cour, & à y révéler au Roi ses plus intimes secrets, jusqu'à certaine Lettre de sa Sœur, qu'il disoit être de la derniere importance ; moyennant la grace, que Sa Majesté pro-

(12) Voyez l'Original de ces Lettres dans les anciens Mémoires : Ils paroissent se contredire un peu, sur l'article du Duc d'Epernon.
(13) Thomas Morgan, Anglois. Voyez M. De-Thou. *ibid.*

mit de lui accorder. L'Original de cette Lettre de la Marquise de Verneuil, ne me tomba que l'année suivante entre les mains ; & on ne sçut pas trop bien, qu'elle foi on y devoit ajoûter ; parce que le Frere & la Sœur paroissoient, tantôt de concert, tantôt brouillés, jusqu'à ne pouvoir se souffrir : Ce qui semble le plus digne d'y être remarqué, c'est qu'elle exhorte son Frere à une retraite solide chez l'Etranger, à laquelle elle se montre déterminée elle-même.

Une chose bien capable de faire douter de la sincérité du Comte d'Auvergne, dans les promesses qu'il fit à D'Escures ; c'est qu'au même-temps qu'il partit pour venir à Paris avec lui, il dépêcha Yverné en Espagne : L'Evêque de Montpellier découvrit cette menée, & en écrivit au Roi : Mais ce Prince voulut bien une seconde fois se payer de ses belles promesses. Il ordonna seulement que le Parlement instruisît dans toutes les formes, le Procès de Morgan ; afin que le crime rendu public, donnât plus de poids à la grace, qu'il étoit résolu d'accorder à toute la Famille de d'Auvergne, qui s'y trouvoit comprise. Tout ce que ce Prince y gagna, fut de se faire rendre enfin par d'Entragues, cette Promesse (14) de mariage si fameuse, qu'il avoit inutilement pressé sa Maîtresse de lui remettre : ce qui se passa en présence de Messieurs le Comte de Soissons & le Duc de Montpensier, du Chancellier, de Sillery, La-Guêle, Jeannin, Gêvres & Villeroi ; afin qu'on ne pût dans la suite, éluder cette restitution, par aucune restriction, ni désaveu. Il fut même dressé un Acte, pour justifier que c'étoit le vrai & le seul Ecrit, fait par Sa Majesté à ce sujet : la déclaration de d'Entragues, conforme à ce qui étoit énoncé, fut jointe à la Piéce.

Cette conduite de Henry n'étoit pas bien propre à rendre le Comte d'Auvergne sage. Aussi recommença-t'il ses premieres brigues, presque sous les yeux de Sa Majesté : La seule attention qu'il eut, fut de tromper le Roi, qui fut long-temps la dupe de ses apparences de sincérité : Mais enfin, tout le mystère fut encore une fois découvert par des Letrres écrites & reçuës par d'Auvergne, qui tomberent entre les mains de

---

(14) Henry IV fut obligé, pour avoir cette Promesse, de donner à la Marquise de Verneuil, vingt mille écus comptant ; & de promettre le Bâton de Maréchal de France, au Comte d'Entragues, qui n'avoit jamais été à la Guerre. *De-Thou, Liv.* 132.

(15) La

de Loménie, & que Loménie alla auſſi-tôt porter à Sa Majeſté. Ce Prince convint alors de tout ſon tort, mais trop tard : car, ſoit pénétration, ſoit avis de ce qui venoit d'arriver, le Comte eut le temps de ſortir de la Cour, avant qu'on eût pu exécuter le conſeil qu'on prenoit de l'y arrêter ; & il ſe propoſa bien de ne plus s'en approcher après le danger qu'il venoit d'y courir, & même de ſortir tout-à-fait de France au moindre ſigne qu'il ſe trameroit quelque choſe contre lui.

Le Roi me communiqua l'embarras où l'on étoit retombé par ſa faute. On fit repartir d'Eſcures pour l'Auvergne : il y fit même deux voyages coup ſur coup : mais les moyens qui avoient ſi bien réüſſi, furent inutiles cette fois : d'Auvergne ſçut toujours éluder le retour à la Cour, dont on le preſſoit ; & avec un air ſi peu embarraſſé, qu'on ne put pas même tirer de ſon refus la conviction de ſon crime, comme l'on s'y attendoit. Il faiſoit les plus belles promeſſes du monde, & paroiſſoit toujours diſpoſé à partir. Il fallut enfin en revenir au ſeul moyen qui reſtoit à tenter ; c'étoit de s'aſſûrer de ſa perſonne : ce qui ne paroiſſoit pas facile.

Je jettai les yeux ſur un homme qui me parut très-propre à faire réüſſir ce coup : c'eſt le Tréſorier Murat, dans lequel ſa haine perſonnelle pour le Comte d'Auvergne, ſes intelligences dans le pays, la facilité de demeurer long-temps ſur les lieux ſans pouvoir être ſoupçonné, ſa réſolution pour un coup de main, & ſa paſſion de bien ſervir Sa Majeſté, étoient autant d'excellentes diſpoſitions à ſortir à ſon honneur de cette commiſſion : je le nommai au Roi, lorſqu'il me parla de cette affaire ; & Sa Majeſté l'approuva. Je fis venir Murat, avec lequel j'agis d'abord avec toute la précaution, que demandoit cette confidence. Lorſque je vis qu'au lieu d'apporter des raiſons de s'en diſpenſer, il prévenoit de lui-même mes offres ; je m'expliquai clairement : & je connus que la propoſition ne lui déplaiſoit pas. Il n'éxigea que d'être autoriſé par une Commiſſion du grand Sceau : elle lui fut expédiée, & tenuë fort ſecrette. Comme on n'avoit pas encore perdu toute eſpérance, que d'Eſcure pût attirer le Comte d'Auvergne à la Cour ; & qu'en ce cas, Murat n'avoit rien à faire : je lui enjoignis, en lui donnant ſes inſtructions, de n'agir que de concert avec d'Eſcures ; & de cacher à tout le le monde, la part qu'on avoit voulu lui donner dans cette affaire, si l'on cessoit d'avoir besoin de lui.

D'Escures partit le 17 Août pour l'Auvergne : c'étoit le troisiéme ou quatriéme voyage qu'il y faisoit ; & Murat l'y suivit quelque jours après, muni de Lettres en blanc, pour les Villes & Officiers des Présidiaux, qui ne devoient être remplies que sur les lieux. Sur ces entrefaites, on eut communication de Lettres du Comte d'Auvergne, où sa crainte & sa honte étoient exprimées, de manière que le Roi jugea bien qu'il ne se résoudroit jamais à paroître à la Cour ; & qu'il trouva plus à propos que d'Escures se donnât de garde de l'en presser de la part du Roi, pour ne pas l'effaroucher davantage. Murat eut ordre d'agir seul ; & d'Escures, de veiller de son côté, à avoir les plus parfaits éclaircissemens sur les pratiques de d'Auvergne en Espagne ; & s'il étoit possible, à intercepter le Traité, qu'il devoit déja avoir fait avec le Conseil de Madrid : ce que d'Escures éxécuta avec une adresse, qui en déroba toute connoissance au Comte, tout fin & tout alerte qu'il étoit, sur les démarches du Conseil.

Une petite affaire d'intérêt, qui avoit commis un Frere de Murat avec le Comte d'Auvergne, fut le prétexte tout-à-fait plausible, que celui-ci prit pour l'aller trouver. Cette petite discussion ayant été traitée entr'eux ; le Comte passa de lui-même à entretenir Murat de l'état de ses affaires, par rapport à la Cour : ainsi ce fut sur ses propres paroles, que l'Agent de Sa Majesté parut regler les conseils, qu'il lui donna dans la conjoncture présente. D'Auvergne fonda de violens soupçons, sur les insinuations qu'il avoit reçues de la part du Roi, de venir se montrer à la Cour ; & sur ce que d'Escures, en cherchant à lui faire entreprendre ce voyage, lui avoit paru ignorer la part qu'y avoit Sa Majesté : il assûra qu'il ne le feroit point ; & que plûtôt que de se mettre ainsi à la merci de ses ennemis, il passeroit dans les pays Etrangers. Il cita l'éxemple du Maréchal de Biron, qui parut l'effrayer : il dit, qu'ayant eu autrefois le malheur d'offenser son Roi, il ne pouvoit se résoudre à paroître devant lui, sans avoir auparavant effacé par ses services, le souvenir qui pouvoit lui en rester ; & sans avoir reçu, avec une nouvelle vérification, l'abolition que Sa Majesté lui avoit accordée. Enfin, il fit entendre qu'il n'étoit pas dans la disposition de se fier à la Cour; parce que les avis qu'il avoit reçus, du danger qui l'y attendoit, lui avoient été adreffés par des perfonnes de la Cour même: perfonnes de la première diftinction, bien informées, & fur lefquelles il devoit faire fond.

Murat fe voyant ainfi choifi pour Confident, répondit, en affectant beaucoup de fimplicité, que pour lui, il ne voyoit aucun inconvénient pour le Comte à reparoître à la Cour; puifqu'il avoit avoué fa faute au Roi, & qu'il en avoit obtenu le pardon: ce qui mettoit une grande différence entre le Maréchal de Biron & lui: qu'il n'y avoit que le cas de la récidive, qui pût autorifer fon fcrupule; Henry n'ayant encore jamais manqué de parole à qui que ce fût: ce qui faifoit encore, lui difoit-il, que perfonne ne pouvoit fi bien le confeiller, que fa propre confcience. D'Efcures & lui travaillerent avec la même apparence de fincérité à le raffûrer, & le mettre en défiance contre les donneurs d'avis.

A tout cela, le Comte ne répondit autre chofe, finon qu'il ne vouloit rien rifquer, lorfqu'il s'agiffoit de fa tête: qu'il n'étoit aimé, ni du Roi, ni de la Reine, ni des Princes du Sang: que le Grand Ecuyer étoit fon Ennemi mortel: que le filence de fes amis en cette occafion, étoit une preuve que fa perte étoit décidée: que perfonne ne parloit pour lui auprès de Sa Majefté: qu'il ne recevoit aucunes Lettres de Villeroi, de Sillery, ni de moi; parce que nous ne voulions pas qu'on nous reprochât d'avoir été les inftrumens de fa perte: que le Connétable ne lui écrivoit point non plus, de peur de fe rendre fufpect lui-même. La Marquife de Verneuil fut celle dont il parut le plus mécontent: Il dit qu'au défaut de crime véritable, il connoiffoit fa Sœur capable de lui en imputer de faux, pour faire fa paix avec le Roi, à fes dépens. Il conclut par de nouveaux fermens, de ne pas fe laiffer tirer de fa retraite. Comme il ne fe doutoit point que d'Efcures & Murat fuffent venus à deffein de le lui perfuader; il leur dit qu'il avoit fongé que Vitry devoit arriver dans trois jours, dans le deffein de le gagner par de belles paroles; mais qu'il y perdroit fon temps.

Cette retraite étoit Vic, méchante maifon, & fans aucune commodité; mais fituée au milieu d'un bois, où d'Auvergne paffoit les jours entiers, fous prétexte de la Chaffe. Quand on n'auroit pas eu des preuves de fon crime; fes craintes, ses allarmes, son agitation qui alloit jusqu'au dérangement d'esprit, son air, son visage, toute sa personne portoit témoignage contre lui. Il n'y eut jamais de vie plus misérable, que celle qu'il menoit : ce qu'il souffroit intérieurement, vengeoit d'avance le Roi & l'Etat. Il n'osoit, ni demeurer chez lui, ni s'en éloigner : on ne le voyoit plus dans aucune des Villes voisines. Il avoit cessé d'aller chez les Gentilshommes, ses meilleurs Amis : il ne se fioit pas à sa propre Maîtresse, qui étoit une certaine Madame de Château-gay : il ne la visitoit plus chez elle : lorsqu'il vouloit la voir, c'étoit dans un Village écarté, ou dans le milieu de la campagne, qu'il prenoit son rendez-vous ; toujours de nuit, & jamais deux fois de suite, dans le même endroit. Des Valets, postés sur des lieux élevés dans les environs, étoient chargés de l'avertir, lorsqu'ils voyoient paroître quelqu'un, en sonnant du Cor, qui n'étoit destiné qu'à cette usage ; & quelquefois c'étoit aussi des chiens, qu'il employoit à sa garde.

Avec ces précautions, il défioit tous ses ennemis ; & il se vantoit avec fierté, & avec plus d'imprudence encore, de les tromper & de leur échapper toujours. Mais avec cela, il n'avoit rien de fixe dans ses résolutions : Il ne vouloit jamais deux momens de suite, la même chose : & cet homme si avisé, connut si peu ceux qui étoient venus pour le perdre ; qu'il en fit ses Amis ; les prit pour ses conseillers ; & fut prêt mille fois, à se mettre à leur discrétion : C'est que la prudence n'est pas une qualité, donnée à la mauvaise conscience. Pour peu que d'Auvergne en eût pu faire usage ; il auroit vu qu'il n'y avoit plus rien de sûr pour lui, que de se retirer au plus vîte en Espagne : & c'est le seul dessein peut-être, à quoi il ne pensa pas. Au moment qu'il paroissoit à D'Escures & à Murat, déterminé à ne pas s'exposer ; il leur tenoit un langage tout différent. Il leur manda un jour, de venir le trouver, à trois lieuës de chez lui. Cet ordre les jetta d'abord dans l'inquiétude : ils y allerent pourtant : C'étoit pour leur dire, qu'il étoit résolu à aller se présenter au Roi. Sa Majesté, à qui ils le manderent aussi-tôt, & qui en crut encore davantage, sur un faux bruit qu'on y joignit ; m'écrivit le 19 Novembre, que d'Auvergne étoit à Moret, tout prêt à arriver à Paris. Ils n'avoient point été en cela trompés par le Comte ; c'est lui-même qui l'avoit été, par sa propre inconstance : car il étoit le premier à les retenir auprès de lui, lorsqu'ils lui témoignoient vouloir s'en retourner ; & il les remettoit pour derniere réponse, au retour de Fougeu, dont il croyoit tirer de grands éclaircissemens : à quoi les deux Agens paroissoient déférer, par pure complaisance.

Je tire tout ce détail des Lettres de Murat. J'en reçus en même-temps, du Comte d'Auvergne lui-même. Il s'étoit plaint aux deux Agens, de n'avoir point reçu de réponse à quatre Lettres, qu'il disoit m'avoir écrites. Il m'en vint effectivement quatre de sa part ; mais tout à la fois, & d'une écriture si semblable, quoique de dates fort-éloignées l'une de l'autre, que je vis tout d'abord ce que j'en devois croire : Il y a apparence que dans le commencement, d'Auvergne ne songea point à moi, ou qu'il crut avoir des raisons, pour ne pas s'y adresser : mais que dans la suite, croyant ce moyen fort propre à faire sa paix ; car il entretint souvent de moi, les deux Agens ; il y eut recours, avec la finesse usée, d'antidater ses Lettres, pour me prouver qu'il avoit toujours eu cette pensée.

Si l'intention du Comte fut de tirer de moi une promesse, qu'il pût faire valoir de caution, dans l'occasion ; il se trompa fort. Je lui fis réponse à la vérité : mais comme si je n'avois eu rien de meilleur, ni de plus à lui dire, que ce que j'avois dit au Maréchal de Biron, dans un cas semblable au sien ; il se vit traiter de Criminel d'Etat, sans que cela pût augmenter sa défiance : Et pour dire tout ; c'étoit une copie de la Lettre même que j'avois écrite à ce Maréchal, qui composoit en entier, celle que j'écrivis à d'Auvergne : & il ne put l'ignorer, puisque je l'en avertissois formellement. C'est par ce contre-coup d'une invention assûrément fort nouvelle, que je fis entendre à d'Auvergne, Qu'il ne devoit, ni attribuer au Roi des dispositions contre lui, qu'il n'avoit point ; ni négliger les conseils, que je lui avois souvent donnés auparavant, sur la maniere de se conduire ; ni supposer des faits & des bruits, dont il ne trouvoit de fondement, que dans sa propre conscience inquiete & troublée : C'est tout ce que je mandai au coupable ; & il trouva dans sa disgrace, ce procédé si éloigné de toute supercherie, qu'il s'en loua beaucoup.

1604.

MEMOIRES DE SULLY,

1604.

Et mieux,
D'Eurre, ou
D'Eure.

Philibert de
Néreſtang.

D'Eſcures & Murat trouverent enfin une occaſion, telle qu'ils la cherchoient depuis long-temps. On faiſoit une revuë de la Compagnie de Chevaux-legers de M. de Vendôme : Ils communiquerent à D'Erre, qui les commandoit, le deſſein qui leur vint à ce ſujet : & les Officiers Généraux de cette Troupe s'y étant prêtés ; voici comment tous ſe paſſa. D'Erre alla trouver le Comte, & lui dit, qu'étant Colonel-Général de la Cavalerie-legère, il ſe trouveroit ſans doute à cette revuë. D'Auvergne n'y vit aucun danger ; parce qu'outre qu'il étoit monté ſur un cheval, qui alloit, diſoit-il, plus vîte que le vent, & qu'il avoit accoutumé effectivement à faire dix lieuës à toutes jambes, & d'une haleine ; il étoit bien réſolu de n'entrer dans aucun lieu clos, ni étroit ; encore moins, de mettre pied à terre : Il y vint donc. Néreſtan s'avança à lui pour le ſaluer, à la tête de toute ſa Troupe ; monté ſur une fort-petite haquenée, & ſuivi ſeulement de quatre Laquais : mais ces Laquais étoient quatre ſoldats, robuſtes & déterminés, à qui l'on avoit fait prendre l'habit de livrée. Au moment que Néreſtan faiſoit ſon compliment, deux de ces ſoldats ſaiſiſſent les rênes de la bride du Comte d'Auvergne ; en même-temps que les deux autres le prennent par une jambe, & le renverſent de l'autre côté de ſon cheval, & enſuite ſe jettent ſur lui ſi bruſquement, qu'il n'eut ni le temps de mettre la main à ſes piſtolets, ni la liberté de tirer ſon épée, encore moins, de s'enfuir. Il fut conduit ſous ſûre garde à Paris, & reſſerré dans la Baſtille. (15)

(15) » La Comteſſe d'Auvergne
» toute éplorée, autant douce &
» humble, que la Marquiſe étoit
» fière, s'étant jettée aux pieds du
» Roi, pour lui demander la grace
» de ſon Mari ; Sa Majeſté l'ayant
» fort courtoiſement relevée & ſa-
» luée, lui dit ces mots : J'ai pitié
» de votre miſere & de vos larmes ;
» mais ſi je vous octroyois ce que
» vous me demandez, il faudroit
» [ prenant la Reine par le bras ] que
» ma Femme que voilà, fût déclarée
» p...mon Fils, bâtard, & mon
» Royaume en proye. Ladite Dame
» ayant eu la permiſſion du Roi,
» d'envoyer de ſa part viſiter ſon

» Mari, & lui ayant fait demander
» ce qu'il deſiroit d'elle ; il lui fit
» réponſe, qu'elle lui fît ſeulement
» proviſion de bon fromage & de
» moutarde, & qu'elle ne s'embar-
» raſſât d'autre choſe. « *Journal du Regne de Henry IV.*

» Le Comte d'Auvergne, dit Amelot, dans l'endroit que nous avons déja cité, » faiſoit tant de fond ſur
» la fidélité d'Antoine, [ c'eſt le
» Tréſorier Chevillard ], que dans
» les trois Interrogatoires qu'il ſu-
» bit, il dit avec autant de conſtan-
« ce, que s'il eût été innocent quant
» à cet article : *Meſſieurs, montrez-moi
» une ligne d'écriture, par laquelle on*

# LIVRE DIX-HUITIEME.

1604.

D'Entragues fut arrêté en même-temps que le Comte d'Auvergne ; & la Marquife de Verneuil fut en quelque maniere, affociée aux deux coupables ; puifque le Roi voulut qu'on allât auffi l'arrêter dans fa (16) maifon, où elle demeura fous la garde du Chevalier du Guet : Ce fut cette affociation, qui fauva la vie au Beau-pere & au Frere. Ils n'oferent l'efpérer d'abord, & le public ne s'y attendoit pas, après tant de récidives ; d'autant plus, qu'on commença à inftruire leur procès, en toute rigueur. Le Comte d'Auvergne déduifit au Roi toutes fes intelligences, tant au-dehors qu'au-dedans du Royaume : on lui fit remettre cette Promeffe d'affociation de lui avec les Ducs de Bouillon & de Biron, dont j'ai parlé cy-devant ; & que Sa Majefté n'avoit jamais pu lui arracher.

Les allées & venuës commencerent en même temps, de la part de Henry, vers la Marquife de Verneuil ; non pas pour le même fujet : car je crois bien qu'on ne s'attend pas à le voir ufer d'une grande févérité envers elle. Il ne put fe réfoudre à la laiffer un feul moment, douter de fon pardon ; A peine put-il fauver quelques dehors, en faifant dire à la Marquife, par différens Meffagers, qu'elle acheteroit cette grace, par une foûmiffion entiere aux conditions, qu'il lui prefcrivoit. La-Varenne, Sigogne, toute la Cour fut employée à ces Meffages ; qui, de la maniere dont ils étoient faits, n'étoient, à dire vrai, que de véritables avances d'un Amant, qui craint malgré fa colere, d'avoir mis un obftacle trop fort à fon raccommodement avec ce qu'il aime. La Marquife ne s'y méprit pas ; & elle fçut bien en profiter. Je fervis auffi d'interprete à Henry, en cette occafion ; quoique je viffe bien qu'il ne s'en tireroit pas à fon honneur : mais il le voulut abfolument ; & je lui obéis, dans l'intention de lui en rendre s'il étoit poffible, la conclufion moins honteufe.

Le premier ordre que je reçus de Sa Majefté, fut d'aller trouver la Marquife de Verneuil, pour l'entendre fur toutes les chofes, dont on l'accufoit ; tirer d'elle la confeffion de fa faute ; la lui faire fentir : je ne puis dire que ma com-

„ puiffe me convaincre d'avoir traité avec
„ le Roi d'Espagne, ou fon Ambaffadeur ;
„ & je vas figner au-deffous, mon Arrêt de
„ mort, & me condamner moi-même à être

„ écartelé vif. «

[16] Dans la maifon du nommé Audicourt, ruë Saint-Paul.

1604.

mission s'étendît plus loin ; à moins qu'on n'y joigne encore de sanglans reproches, & des conseils assez inutiles, ce semble, sur la maniere dont elle auroit dû se comporter avec un Prince, à qui elle avoit tant d'obligation. Je ne la vis point la premiere fois que j'allai chez elle : elle me fit dire qu'une fluxion qu'elle avoit sur le visage, l'empêchoit de parler à personne. Je renvoyai une seconde fois, sçavoir par un Gentilhomme, quelle heure elle vouloit me marquer. Avant que mon Député fût revenu, j'en reçus un d'elle, qu'elle avoit fait partir dans l'intervalle, pour me dire qu'elle m'attendoit sur les deux heures après midi.

Je trouvai une femme, à qui son humiliation n'avoit rien ôté de sa premiere fierté ; (17) & qui bien loin de vouloir s'abaisser jusqu'à demander grace & se justifier, parloit en femme outragée, & prétendoit se faire à elle-même ses conditions : plaintes & emportemens contre le Roi ; nouvelles demandes ; voilà par où elle débuta, en prenant un air prude, & même dévot. Ce n'étoit pas avec moi, qu'il falloit avoir recours à ce manége : Je ne la flatai, ni ne la ménageai. Commençant par ce qui la rendoit plus coupable ; je lui reprochai ses liaisons avec les Ennemis de l'Etat : Je lui dis, qu'elle auroit lieu de se croire fort heureuse, si l'on bornoit son châtiment, à une permission de se bannir elle-même du Royaume, & de finir ses jours par tout ailleurs qu'en Espagne ; & que cette grace ne lui seroit accordée, qu'après qu'elle auroit subi l'Interrogatoire des Criminels, & demandé pardon au Roi de sa désobéïssance.

Je vins ensuite à ses indignes procédés pour la Reine : Je lui fis voir, que c'étoit s'attaquer au Roi lui-même, & s'exposer à une punition sévere, que d'offenser, comme elle l'avoit fait, une Princesse, qui étoit sa Maîtresse, (18) par mille

---

(17) " Elle disoit qu'elle ne se " soucioit point de mourir, au con- " traire qu'elle le désiroit ; mais que " quand le Roi le feroit, on diroit " toujours qu'il auroit fait mourir " sa Femme, & qu'elle étoit Reine, " avant l'autre : au surplus, qu'elle " ne demandoit que trois choses à " Sa Majesté ; un pardon pour son " Pere ; une corde pour son Frere ; " une justice pour elle. " *Journal du* *Règne de Henry IV*, " Ses coffres fouil- " lés, ajoûte le même Auteur, & " ses papiers tous inventoriés, on y " trouva force petits poulets amou- " reux, [ instrumens du métier ], & " entr'autres de Sigogne, qui furent " cause de le disgracier. "

(18) " Elle disoit quelquefois que " si on lui faisoit justice, elle tien- " droit la place de cette grosse Ban- " quiere. " *Peref.*

[ 19 ] M.

mille discours injurieux. Je lui reprochai son affectation ridicule à se mettre de pair avec la Reine, & à égaler ses Enfans aux Enfans de France; ses airs de hauteur & de mépris; & sur-tout sa malignité à jetter la discorde entre Leurs Majestés: A quoi j'ajoûtai, qu'on ne la dispenseroit pas d'aller se jetter aux pieds de la Reine, pour la prier d'oublier & de lui pardonner toutes ses fautes.

Je ne l'épargnai pas davantage sur la prétendue dévotion, dans laquelle elle se retranchoit; pendant qu'elle ne craignoit pas de manquer à ses principaux devoirs envers le Roi, la Reine & l'Etat : Je tranchai le mot, que cette apparente régularité n'étoit qu'une pure grimace; & je le lui prouvai par le détail de sa vie, qui lui fit voir que j'étois bien informé de ses galanteries. Je les lui particularisai toutes, pour lui ôter son recours ordinaire, de dire qu'elles n'éxistoient que dans l'imagination jalouse du Roi; & j'en tirai un nouveau sujet de confusion pour elle, par rapport au Prince qu'elle jouoit si indignement. Je lui montrai ce qu'elle auroit dû faire, si sa dévotion avoit été un véritable retour vers Dieu : & je l'assûrai que Sa Majesté ne s'y seroit point opposée; si elle y avoit trouvé toutes les marques, dont la vraie dévotion doit être accompagnée.

Je lui donnai enfin toutes sortes de bons conseils, qu'elle ne me demandoit pas, & qu'elle n'étoit pas disposée à suivre : Elle devoit le paroître du moins : mais elle se contenta de me répondre froidement, après m'avoir laissé tout le temps de parler, qu'elle m'en remercioit; & qu'elle prendroit du temps pour y penser. Lorsque je lui demandai si elle avoit quelques sujets de plainte, dont elle s'autorisât à manquer ainsi à ce qu'elle devoit au Roi; sa réponse fut, que si c'étoit le Roi qui lui faisoit cette question, il avoit tort, puisqu'il les sçavoit mieux que personne; & que si c'étoit moi, je n'en avois pas moins, puisque je n'avois aucun moyen de la satisfaire.

Continuant à la questionner, je lui demandai ce qu'elle désiroit de Sa Majesté, Elle répondit, que quoiqu'elle sçût bien que sur cet article, les désirs du Roi ne s'accordoient pas avec les siens; elle persistoit à demander qu'il lui fût permis, aussi bien qu'à son Pere, sa Mere, son Frere & ses En-

*Tome II.* Aaa

1604.

fans, d'aller s'établir en quelqu'endroit hors de France : Elle ajoûta, en nommant son Frere, qu'il ne souffroit, qu'à cause de l'amitié qu'il avoit pour elle. J'avois de la peine à croire que cette résolution fût sincère : Je trouvai le moyen de le lui faire redire cinq ou six fois ; & elle n'y changea rien. Le dépit de l'emprisonnement de sa Famille, & du traitement qu'on lui avoit fait, pouvoit bien lui avoir fait former ce dessein ; & les conditions qu'elle y mettoit, achevoient de me le persuader. En l'obligeant à s'expliquer encore davantage, sur cette retraite hors du Royaume ; elle dit, qu'elle n'iroit pas chez les Etrangers, pour y mourir de faim : qu'elle ne vouloit pas donner à la Reine, la satisfaction de la voir traîner une vie malheureuse : qu'il lui falloit au moins un fond de Terre de cent mille francs, bien assûré : que c'étoit encore bien peu de chose, après tout ce qu'elle avoit pu se promettre légitimement du Roi. Ces paroles qu'elle prononça avec beaucoup de dépit, regardoient sans doute la promesse de mariage, dont la perte lui avoit causé une extrême douleur : Elle tâcha inutilement de me cacher sa colere.

Je n'avois jamais prétendu tirer grand fruit de mon entrevuë avec la Marquise de Verneuil. Je ne pus cependant m'empêcher de m'attacher à ce que je venois de lui entendre dire & redire, sur un établissement hors du Royaume ; parce que plus j'y pensois, plus j'y trouvois le vrai & le seul moyen de donner un dénouëment à toute cette intrigue. (19) Il ne s'agissoit que de faire trouver assez de force à Henry, pour qu'il donnât son consentement à la proposition de

(19) M. de Sully avoit fait manquer à Henry IV. une belle occasion de se défaire honnêtement de sa Maîtresse, s'il en faut croire les Mémoires de Bassompierre, où la chose est rapportée ainsi : *Tom. 1. pag. 90.* » Le Roi demanda s'il donneroit » quelque chose à Madame de Ver- » neuil, pour la marier à un Prin- » ce, qu'elle disoit la vouloir épou- » ser, si elle avoit encore cent mil- » le écus. M. de Bellièvre dit : Sire, » je suis d'avis que vous donniez » cent mille beaux écus à cette Da- » moiselle, pour lui trouver un bon » parti : & comme M. de Sully eut » répondu, qu'il étoit bien aisé de » nommer cent mille beaux écus, » mais difficile de les trouver ; sans » le regarder, le Chancelier repliqua : » Sire, je suis d'avis que vous pre- » niez deux cens mille beaux écus, » & les donniez à cette belle Da- » moiselle, & trois cens mille & » tout, si à moins ne se peut, & c'est » mon avis. Le Roi se repentit de- » puis de n'avoir pas suivi & cru ce » conseil. « Mais supposé que ce pré-

## LIVRE DIX-HUITIEME. 371

la Marquife : par-là, il s'ôtoit de devant les yeux, un éternel fujet de foibleffe ; & pour acheter fon repos & la paix de fa Maifon, il ne lui en coûtoit du moins que de l'argent : Cet effort étoit-il donc fi pénible ? Je me propofai bien d'y employer tous les miens.

J'allai trouver Sa Majefté ; & en lui rendant compte de la commiffion, dont elle m'avoit chargé, je lui propofai l'expédient qui fe préfentoit. Je ne fus pas étonné qu'elle ne le trouvât pas auffi heureux, que moi : mais je m'étois armé des plus fortes raifons en tout genre, pour le lui faire du moins fupporter. Que ne dis-je pas à ce Prince ? Politique, intérêt, repos, raifon ; tous les motifs furent épuifés. Je le rappellai à fa propre opinion fur cette femme, & fur fa famille. Je rapportai des traits, d'autant plus capables de le remuer, qu'ils avoient déja autrefois produit cet effet : les noms qu'il avoit donnés à la d'Entragues & à fes Filles : les avantures avérées, qui y avoient donné lieu : cette fomme d'argent, accordée par fon ordre, pour payer ce je ne fçais quoi de précieux dans la premiere faveur, dont il convenoit en même temps, qu'il n'étoit plus au pouvoir de fa Maîtreffe de difpofer : l'enfant mis au monde à coups de Tonnerre ; & autres anecdotes femblables, très-capables de guérir un cœur délicat. Je n'ai jamais fait de difcours fi pathetique ni, à mon fens, fi perfuafif. La honte que je voyois rejaillir fur Henry, pour le préfent & pour l'avenir, me pénétroit du plus vif fentiment : Je priai, je fuppliai, je preffai ce Prince, en toutes manieres : Je ne me rebutai point d'une tentative inutile : je revins plufieurs fois à la charge : Mon zèle alla jufqu'à la perfécution, & m'emportoit quelquefois hors de moi-même ; comme dans la converfation du jardin de la Conciergerie de Fontainebleau, où nous parlions fi haut, que nous fûmes entendus de Baftien & de Brunault.

Je ne fçais s'il y a jamais eu rien d'auffi incomprehenfible. Un Prince, dont les rares qualités ferviront de modelle aux Rois, nous réduit, ou à dérober aux yeux une partie de

1604.

endu établiffement ne fût point une rufe de la Demoifelle ; je crois qu'il manqua bien plus par la faute de | Henry IV. que par celle de M. de Sully.

ce cœur héroïque, ou à avouer qu'elle ne fert qu'à déshonorer l'autre. Je prends fans balancer, & en déplorant la fragilité humaine, ce dernier parti, parce que je m'y crois obligé : Je m'imaginerois même n'avoir travaillé qu'à demi, pour l'inftruction des hommes, & fur-tout pour celle des Princes, que je me propofe; fi je retranchois quelque chofe à ce tableau. J'ouvre devant eux le cœur, où tant de grandeur fe trouve mêlée avec tant de foibleffe ; afin que l'un leur deviennne plus fenfible par l'autre; & qu'ils fe tiennent d'autant plus en garde contre une paffion dangereufe, qu'ils verront qu'elle peut faire naître en eux mille honteux mouvemens, dont ils ne fe feroient pas crus capables; la timidité, le découragement, la baffeffe, la jaloufie, les fureurs, & même la fauffeté & le menfonge : Oui, le menfonge & la fauffeté : Henry, cet homme, par-tout ailleurs, fi droit, fi vrai, fi franc, les a connus dès qu'il s'eft livré à l'amour. Je me fuis fouvent apperçu qu'il me trompoit par de fauffes confidences, lorfque rien ne l'obligeoit à m'en faire de véritables : qu'il feignoit des retours à la raifon & des réfolutions, que fon cœur défavouoit : enfin qu'il affectoit jufqu'à la honte même de fa chaîne; lorfqu'intérieurement il faifoit ferment de ne jamais la rompre, & qu'il en ferroit plus étroitement les nœuds.

À l'égard de la jaloufie, que fa Maîtreffe lui reprochoit publiquement : il n'en étoit véritablement que trop atteint. Il étoit aifé de le connoître aux efforts qu'il faifoit pour fupplanter des Rivaux, qu'il étoit affez foible pour ne pouvoir méprifer, & affez timide pour ne pouvoir punir : *Aut Cæfar, aut nihil*, m'écrivoit-il, dans une de fes Lettres. Que de contraftes étranges & bizarres ! Il étoit convaincu que la Marquife de Verneuil n'avoit recours à l'affectation de la dévotion, que pour couvrir fon libertinage; & cette conviction perçoit fon cœur de mille traits cruels & infupportables : mais il n'en fentoit pas moins vivement cette pointe, ce ragoût, que donne à un cœur dépravé, l'envie de triompher d'une dévotion véritable.

Une des bizarreries qui m'a toujours le plus frappé, & le plus fait défefpérer de pouvoir guérir ce Prince; c'eft de voir que dans ces momens, où il fembloit ne plus conferver de

# LIVRE DIX-HUITIEME. 373

1604.

ménagement, dans tout ce qu'il difoit de fa Maîtreffe ; ce qu'il écrivoit pour lui être montré, étoit toujours fort différent. J'ai remarqué la même chofe dans la Marquife, mais avec moins de furprife : foit que dans leur plus grande colère, ces Amans ne puffent s'empêcher de compter toujours un peu fur le cœur l'un de l'autre ; & que leur intelligence fe confervât en quelque manière fans qu'ils s'en apperçuffent eux-mêmes : foit que le Prince, ingénieux à s'avilir, eût donné dès long-temps auparavant à fa Maîtreffe, des armes contre lui, dont il ne vouloit pas l'obliger à fe fervir, en la pouffant à bout : foit enfin, & c'eft le jugement le moins défavantageux encore, qu'on puiffe porter de ce Prince, qu'il fe fût paffé entr'eux des chofes fecrettes, fur lefquelles Henry, par peine ou par honte, ne pouvoit fe réfoudre à s'expliquer avec moi, ni avec perfonne.

J'ai mis de fuite tout ce qui appartient au fujet que je viens de traiter ; quoiqu'une partie des faits qu'on a vus, comme la prife du Comte d'Auvergne, & le Procès fait à fa Famille, ne foit arrivée que vers la fin de l'année ; afin de n'être pas obligé d'en couper trop fouvent la narration. (20) Nous la reprendrons au commencement de l'année pro-

(20) Je joins ici une Anecdote de Vittorio Siri, qui regarde & les amours de Henry IV. & la Confpiration du Comte d'Auvergne. Cet Ecrivain avance ( *Mém. Recond. vol.* 1. *pag.* 297. ( Qu'un des points de la Conjuration, étoit de fe faifir de la Perfonne du Roi, & de lui ôter la vie dans une embufcade : & que d'Entragues, qui s'étoit chargé d'éxécuter ce projet, fongea à y faire fervir l'amour, qu'il s'étoit apperçu que ce Prince avoit pris depuis quelque temps pour fa feconde Fille ; qu'on nous préfente comme beaucoup plus belle que fa Sœur. Il envoya donc fa Femme l'enlever de Fontainebleau ; ne doutant point que le Roi ne s'expofât à tout, pour venir la voir à Malesherbes, qui n'eft qu'à trois lieuës de cette Maifon Royale. En effet, Henry envoya d'abord à Mademoifelle d'Entragues, meffages fur meffages, par des Courtifans, déguifés en payfans, auf- quels elle répondit qu'elle étoit obfervée de fi près, qu'il n'y avoit aucune apparence qu'elle pût voir le Roi. Il ne laiffa pas d'y aller lui-même, accompagné du Maréchal de Baffompierre ; & n'ofant entrer de peur d'être reconnu, il fe contenta de lui parler à travers la fenêtre d'une Salle baffe : il lui écrivoit tous les jours, & lui envoyoit des Vers galans, qu'il faifoit compofer par les meilleurs Poëtes de la Cour. Enfin il convint avec elle, qu'un certain jour ils fe verroient en liberté, dans un endroit de la Prairie, qu'il lui défigna, & où il promit de fe trouver déguifé. D'Entragues feignoit de ne rien voir de tout cela : mais n'ayant pu s'empêcher de communiquer, ou de laiffer foupçonner à fa Fille quelque chofe de fon deffein ; foit qu'elle aimât le Roi, foit qu'elle craignît les fuites ; elle rompit la partie, & prit d'autres précautions contre les dangers, aufquels

1604.

chaine, pour en voir la fin; après que nous aurons ajoûté pour celle-ci, quelques autres détails, tout différens de ceux qu'on vient de voir.

Henry se voyoit exposé, à son occasion. Ce Prince, que tant d'obstacles rebuterent aussi de son côté, se renflamma pour la Marquise de Verneuil; &, si nous en croyons Siri, il courut souvent les mêmes risques avec elle. Un jour entr'autres, qu'il étoit parti déguisé de Fontainebleau, pour aller la voir à Verneuil; il pensa tomber entre les mains de quinze ou seize des Parens de D'Entragues, qui l'attendoient dans la campagne pour l'assassiner; & il n'échappa, que par un insigne bonheur. Mais ces circonstances, qu'on ne trouve dans aucun des bons Mémoires de ce temps-là, ressemblent bien à ces traits, dont un Etranger croit pouvoir, sur la foi de quelques bruits populaires, égayer son sujet.

Celle de ses Maîtresses, que Henry IV. a célebrée, sous le nom de Lise, est, suivant les apparences, cette même Damoiselle D'Entragues, dont il vient d'être parlé: Et nous avons encore l'Original de quelques-unes des Pièces de Vers, qu'il lui envoyoit; entr'autres d'un Sonnet, dont je ne rapporterai que les quatre premiers Vers:

> Je ne sçais par où commencer,
> A louer votre grande beauté:
> Car il n'est rien, ni n'a été,
> Que vous ne puissiez effacer &c.

Le reste est sur le même ton. Quoiqu'il soit marqué à la tête de ce Sonnet, qui est écrit de la propre main de Henry IV. qu'il a été fait par Collin, Poëte dont ce Prince employoit en effet assez volontiers la main, pour les Ouvrages de cette espèce; il n'y a dans ces Pièces, ni assez de correction, ni assez de poësie, pour qu'on ne puisse pas croire que c'étoit Henry lui-même qui les composoit; ou du moins, qu'il y mettoit la main. *Cabinet de M. le Duc de Sully.*

*Fin du dix-huitiéme Livre.*

# MEMOIRES
## DE
## SULLY.

❋❋❋❋❋❋❋❋❋❋❋❋❋❋❋❋❋❋❋❋❋❋❋❋❋❋

### LIVRE DIX-NEUVIEME.

ES l'année 1601, le Roi cherchant un lieu sûr & commode, pour y déposer l'argent de ses Finances, & celui qu'il destinoit à l'exécution de ses desseins; avoit jetté les yeux sur la Bastille, où il avoit fait construire des coffres, & pratiquer toutes les autres commodités nécessaires : Il s'étoit même cru obligé de rendre sur cet article, une Ordonnance, pour mettre de l'ordre dans cette nouvelle disposition ; pour prévenir la confusion entre les différens Employés ; & pour empêcher que les Receveurs ne se trouvassent compromis avec la Chambre des Comptes. Voici quelle étoit la teneur de ce Règlement.

1604.

On ne devoit porter à la Bastille, que ce qui demeureroit à Sa Majesté de net, toutes dépenses, soit ordinaires, soit extraordinaires, prélevées sur les revenus du Quartier, où elles échéoient. L'argent étoit remis aux mains du Trésorier en exercice, en présence du Surintendant des Finances, & du Controleur-Géneral : c'eſt Jean de Vienne, qui éxerçoit alors ce dernier Emploi : Nous en prenions chacun une clef, lui & moi ; & il en reſtoit une troiſiéme à ce même Tréſorier. Lorſque ſon année d'éxercice étoit finie, il recevoit un Certificat, ſigné de moi & de Vienne, des ſommes qui étoient entrées dans les Coffres du Roi, pendant ſa geſtion, qu'il remettoit à ſon Succeſſeur alternatif ; & il en retiroit un acquit, pour ſervir à ſa décharge, en le repréſentant. Le Tréſorier entrant pouvoit demander à vérifier le contenu du Certificat, par l'inſpection des ſommes renfermées au Tréſor. Sur la ſimple Quittance, dont je viens de parler, le Tréſorier étoit autoriſé à dreſſer ſon Compte ; & la Chambre des Comptes ne pouvoit refuſer de le lui paſſer, ſans autre éxamen, en cet état.

Sa Majeſté jugea encore, qu'elle devoit une bonne fois rendre ſa volonté publique, & juſtifier ſa conduite, tant ſur cet amas d'argent, que ſur les changemens qu'on avoit déja vus, & qu'on alloit encore voir arriver dans les Finances : Ce qu'elle fit dans un Conſeil, aſſemblé extraordinairement pour ce ſujet. Le Chancelier reçut du Roi, & notifia la liſte de ceux qui devoient le compoſer, conſiſtant en des Députés des Cours Souveraines de Paris, auſſi nommés par Sa Majeſté, les principaux Membres de ſon Conſeil, & les premiers Adminiſtrateurs de la Juſtice, Finance & Police. Ils ſe trouverent au jour marqué, dans le grand Cabinet du Louvre, qui eſt au bout de la Salle des Gardes, joignant celui de la Chambre du Roi.

Sa Majeſté y entra, lorſqu'ils y furent tous aſſemblés ; & ordonnant à tout le monde de s'aſſeoir, elle leur expliqua les motifs de ſa conduite, dans un diſcours, dont la ſubſtance étoit : Que les Guerres Civiles ayant réduit les Finances du Royaume dans un état, où à peine ſes revenus ſuffiſoient à acquitter ſes dettes annuelles ; il étoit indiſpenſable, non-ſeulement de continuer à améliorer les affaires, par le moyen des recherches & des pourſuites, auſquelles on avoit obligation de voir déja une partie des dettes de l'Etat acquittées ; mais encore, de faire des fonds nouveaux : afin qu'arrivant, ou une Guerre conſidérable, ou une Minorité orageuſe ; le Roi ne ſe trouvât point obligé, ou de faire banqueroute, ou de replonger les affaires du Gouvernement

dans

dans leur première confusion, pour soûtenir des dépenses, auſquelles il ne pourroit ſuffire autrement : qu'il étoit plus à propos de profiter du temps de la Paix, pour mettre les choſes au point, qu'on n'eût rien à appréhender de ſembla- ble : que les opérations néceſſaires pour cela ; mais pourtant ſans rien gâter en les précipitant trop, étoient l'amortiſſe- ment des Rentes, faites par l'Etat ſous différens titres, le rembourſement des Offices, & la réintégration dans les Domaines aliénés.

1604.

Comme c'étoit par l'éxamen des Rentes que Sa Majeſté étoit réſoluë de commencer, & qu'on devoit l'entreprendre dès cette année ; elle gliſſa un mot ſur cet article pour pré- parer les eſprits à la juſte ſévérité de cette opération : ce fut de dire, qu'on alloit s'appliquer en premier lieu, à faire une éxacte diſtinction de ceux qui avoient réellement fourni en argent, le principal des arrérages qui leur étoient payés des deniers Royaux, d'avec ceux qui n'avoient que de fauſſes hypotéques ſur le Roi. Henry ajoûta, qu'il faiſoit un ſi grand fond ſur l'œconomie, avec laquelle il prétendoit do- rénavant conduire ſes Finances ; qu'un deſſein qui lui preſ- crivôit d'aſſez grandes ſommes d'argent à amaſſer, ne lui paroiſſoit nullement incompatible avec celui de ſoulager le Peuple par la diminution des impôts qu'il ne perdoit point de vûë. Il exhorta l'Aſſemblée à ſeconder des intentions ſi juſtes & ſi droites : il ordonna qu'on ſe raſſemblât pour cet effet au même endroit pendant huit jours deux fois par jour pour en délibérer mûrement ; & qu'au bout de ce temps-là, on lui fit rapport des délibérations qu'on auroit formées : promettant de ſuivre les bons conſeils qu'on lui donneroit, avec la même ſincérité qu'il leur feroit part des ſiens ; & de ne pas oublier ceux qui dans cette occaſion, ſe ſeroient montrés ſenſibles au bien de l'Etat.

Il me ſemble qu'on a tort de blâmer ces ſortes d'Aſſem- blées, lors même qu'on ne les prend que pour une forma- lité en un ſens aſſez inutile, puiſqu'elles ne ſervent, dit- on, qu'à netifier d'une manière un peu moins abſoluë aux perſonnes apellées à partager le ſoin du Gouvernement, des réſolutions du Souverain, déja arrêtées dans un Conſeil plus particulier. Celle-ci ne fut pas éxempte de ce repro- che ; & le but que Henri s'y propoſoit, quoiqu'aſſûrément

Tome II.          B b b

il n'eût rien que de bon, de louable, & même de néceſſaire, ne fut pas plus approuvé. Je ne ſçais ce que diront à cela les défenſeurs de l'autorité populaire : pour moi, il me ſemble qu'il demeure prouvé par une infinité d'autres éxemples ſemblables à celui-ci, que les vuës d'un Roi bon & ſage, ne doivent point être en tout & dans toutes ſortes de conjonctures, les mêmes que celles du Peuple. Les conſidérations qui déterminent le Peuple, ſont rarement ſans quelqu'intérêt, ou ſans quelque paſſion ; mais jamais, ou preſque jamais, elles ne s'étendent au-delà du préſent. Les perſonnes mêmes les plus raiſonnables, abuſées par leur propre ſentiment, ſemblent conſpirer ſéparément, quoiqu'elles n'en conviennent, ni même ne s'en apperçoivent point, à ſe ſatisfaire : ſans s'embarraſſer des ſuites.

Cet abus eſt fondé dans le déſir naturel même. On veut jouïr & être heureux : c'eſt le partage du préſent : & malheureuſement, il y a telle conjoncture de politique & de Gouvernement, qui demande qu'on recule ſagement cette jouïſſance & l'accompliſſement de ce bonheur, dans dix ans, vingt ans, cinquante ans, & quelquefois plus : Comment faire goûter cette privation à la multitude, & à ce petit nombre de perſonnes, qui pouvant s'élever par leurs lumières au-deſſus de la multitude lui demeurent attachées par les mêmes déſirs ? Il n'en eſt pas ainſi d'un Roi bon & ſage, ou d'un Miniſtre qui le repréſente, & fait ſes fonctions. Il doit travailler, il eſt vrai, pour le bonheur de ſes Sujets : mais il ſçait en même temps, que pour vouloir trop anticiper ce bonheur, on le manque preſque toujours : que quand il eſt manqué, il n'y a plus de proportion entre le mal trop réel, où cette erreur précipite, & le mal ſeulement idéal & imaginaire, dont tous les hommes ſe plaignent, dès-là qu'il leur manque quelque choſe : Qu'un Etat eſt heureux, lorſqu'il ſe conduit par des principes de Gouvernement, qui le mettent ſur la voie de l'être. Il foule aux pieds tout intérêt particulier & paſſager, pour tendre à ce bien général. Sa qualité de Roi ne le rend pas moins le Pere de ſes Sujets, qui ne vivront que dans trois ou quatre générations, qu'il l'eſt de ceux qui vivent aujourd'hui ; & lui fait enviſager la fauſſe tendreſſe, qu'il auroit pour ceux-cy aux dépens des autres, commme la prédilection qu'un Pere

# LIVRE DIX-NEUVIEME.

de famille conferveroit pour quelques-uns de fes enfans, fçachant qu'elle doit ruiner fa famille.

1604.

Le plan que Henry s'étoit tracé pour l'intérêt de l'Etat, exigeant donc qu'il cherchât tous les moyens d'augmenter fes Finances; au lieu d'y faire tous ces retranchemens, dont les prétendus zèlés ne ceffoient de l'entretenir; Sa Majefté me demanda mon avis en particulier fur ces moyens. Les progrès que j'avois faits en matière de Finance m'en firent découvrir, qui fans être trop onéreux aux peuples, me parurent d'une grande reffource. J'en raffemblai neuf des principaux dans un Mémoire que je préfentai à Sa Majefté. Les voici.

1°. Les Traitans qui avoient adminiftré dans les derniers temps les Fermes les plus confidérables des Finances, fous couleur de différens emplois, néceffaires en apparence, en avoient diverti les deniers; enfuite, les avoient fait paffer en compte à la ruine de l'Epargne, qui paroiffoit les avoir reçus, fans pourtant en avoir rien touché. Cet article avoit obéré la Couronne de plufieurs millions. Je demandois une révifion de tous ces Comptes & Etats; afin de pouvoir tomber fur ces Traitans, qui n'étoient pas fi bien cachés fous les différens noms, dont ils s'étoient fervi pour ces vols, que je ne puffe bien remonter jufqu'à eux.

2°. Le Clergé de France venoit de déférer, par la bouche de fes Cardinaux, Archevêques & Evêques, Caftille, fon Receveur Général, comme malverfateur. Leur Requête qui m'avoit été adreffée, étoit accompagnée d'un Mémoire fi net & fi pofitif, des articles d'accufation, qu'il ne tenoit qu'à Sa Majefté de fe faire reftituer les fommes immenfes que ce Receveur avoit détournées.

3°. Tous les Financiers & gens d'affaires, les Tréforiers de France fur-tout, grands deftructeurs de la Finance, pouvoient être affociés avec Caftille, par la création d'une Chambre de Juftice : & elle ne pouvoit manquer de produire de grands avantages; pourvû qu'on fçût en exclurre la brigue & les foûterrains, qui la rendent ordinairement de nul effet.

4°. Les abus dans l'aliénation du Domaine, étoient fi palpables, que plufieurs de ceux qui étoient actuellement en poffeffion, jouïffoient fans titre, & par une pure ufur-

B b b ij

pation ; & les autres avoient acquis à si vil prix, qu'ils avoient été plus que remboursés, dans la seule première année, sur le pied du denier seize, alors courant : C'est ce que je fis toucher au doigt à Sa Majesté, qui empêchoit qu'on ne fît une éxacte vérification de ces aliénations ; afin de l'engager à consentir qu'on retirât tous ces biens, ou qu'on obligeât les Acquéreurs à en solder la juste valeur.

5°. Même abus & même opération, sur différentes Charges & Offices ; dont on forceroit les possesseurs, ou à suppléer, sur le pied de leurs finances, ou à recevoir pour le remboursement, la même somme, que ces Offices leur avoient coûté.

6°. La mauvaise régie avoit fait que jusqu'à présent, les dettes de la Couronne aux Cantons Suisses, loin de diminuer, avoient toujours été en augmentant. J'avois déja si bien fait changer cette Partie de face, qu'un million payé à propos, en avoit acquitté huit, moitié sur les arrérages, moitié sur le Principal. En s'appliquant de même au reste, l'Etat se trouveroit dans peu, libre de cette dette.

7°. Autant qu'il étoit facile de faire rentrer le Roi en possession de son Domaine aliéné, autant lui étoit-il avantageux d'en aliéner je ne sçais combien de petites parties, consistant en fonds de terre & en droits; dont les frais, soit pour réparation, Baux-à-ferme & perception, soit sous prétexte de poursuites, de remises, d'améliorations & autres choses semblables, étoient si prodigieux, par la connivence de Messieurs les Trésoriers des Finances, qui en quelque sorte en profitoient seuls ; que suivant le calcul que j'en avois fait, en réduisant dix années à une commune, il s'en falloit plus d'un cinquiéme, qu'il n'en revînt la première obole au Roi : C'étoit-là le grand brigandage des Bureaux des Finances. En aliénant toutes ces parties au denier prescrit par l'Ordonnance, le Roi y devoit gagner plus que doublement ; puisqu'il n'avoit qu'à racheter des deniers de cette vente, des parties de ses rentes, constituées au denier dix.

8°. Il y avoit plus, par rapport à ces retraits de revenus Royaux aliénés : Un parti de Traitans m'avoit offert d'en faire revenir pour quarante millions au Roi ; sans qu'il fût obligé de rien payer pour le remboursement : moyennant

# LIVRE DIX-NEUVIEME.

1604.

qu'on leur laiſſât le choix de ces parties ; & qu'on convînt d'un certain nombre d'années qu'ils en jouiroient , & après leſquelles ils les remettroient au Roi, francs & quittes de toute dette. Au lieu d'accepter leur propoſition, Sa Majeſté n'avoit qu'à faire par elle-même les profits , qu'apparemment ils y trouvoient.

90. La France avoit en main , un moyen ſûr de s'attirer tout le Commerce de l'Ocean & de la Méditerrannée , & de le voir tout d'un coup , ſans de grands frais , juſqu'au centre de ſes Provinces. Il devoit lui en coûter pour cela , de joindre par des Canaux, la Seine avec la Loire, celle-ci avec la Saône , & la Saône avec la Meuſe (1) : Mais auſſi le premier coup d'œil de ce Projet , n'offre pas moins de deux millions tous les ans , dont nous nous enrichirions ſur l'Eſpagne ſeule : Richeſſes réelles & ſolides , comme ſont toutes celles que produit le Commerce.

J'entrai dans un détail beaucoup plus grand, ſur chacun de ces chefs , lorſque j'en fis mon rapport au Roi ; & j'y

---

(1) Avant le Miniſtere du Duc de Sully, on n'avoit pas encore ſongé en France, à tirer parti des Rivieres; auxquelles on convient cependant que ce Royaume doit ſes richeſſes & ſon abondance. Il commença par le Canal de Briare, comme on verra bientôt ; & il ne put pas aller plus loin. Rien peut-être n'immortaliſera plus le Règne de Louis le Grand, que cet admirable Canal , pour la jonction des deux Mers. L'utilité que l'Etat retire de ces deux entrepriſes, ſi heureuſement exécutées ; ſans parler de l'exemple , que la Hollande nous fournit ; nous inſtruit de ce qui nous reſte encore à faire; & prouve en même-temps, que quelques difficiles que ſemblent être ces projets, ils ne ſont pourtant pas impoſſibles.

La jonction des Rivieres , & la conſtruction de Chemins Royaux, qui facilitent la communication , ſoit des différentes Provinces , ſoit des différentes parties d'une même Province , entr'elles ; ſont peut-être les deux plus importans objets , dont un ſage Gouvernement puiſſe s'occuper, en temps de Paix. En y employant , on les Troupes , inutiles alors , ou ce nombre prodigieux de Mendians, qui le ſont en tout temps pour l'Etat ; on trouve à la fois , le moyen de faire ces ſortes d'Ouvrages à des frais médiocres, & de bannir l'oiſiveté, qui ne fait ordinairement de ces derniers , que des voleurs & des brigands ; en même-temps qu'on introduit le Commerce dans toutes les parties d'un Royaume.

Il paroît néceſſaire qu'il y ait un Centre principal de richeſſes ; mais il ne faut pas non plus ſacrifier toutes les autres Villes , au bien-être de la Capitale : Elle eſt au Corps politique , ce qu'eſt au corps humain, le cœur , qui ſans ceſſe reçoit le ſang , & ſans ceſſe le renvoie juſque dans les parties les plus éloignées : enſorte que celles-ci ne ſçauroient en être privées, que la Machine entiere ne tombe dans la langueur. On s'épargneroit bien de la peine, à étudier ces reſſorts ſecrets, qui font mouvoir juſqu'aux plus petites branches du Commerce ; ſi l'on y ſuppléoit du moins, par l'art ſi ſimple, de mettre les Peuples de la campagne, dans l'aiſance & l'abondance.

ajoûtai celui de la vérification des Rentes, qui n'y étoit point compris. Ce Prince, qui s'étoit sans doute attendu à toute autre chose, & que sa vivacité naturelle empêcha de faire à mes discours, toute l'attention nécessaire, me fit d'abord mille difficultés sur tous ces projets: il les trouvoit grands à la vérité; mais les uns, trop vagues; les autres, de peu de rapport; quelques-uns, de pénible éxécution; quelques autres, difficiles à concilier entr'eux: c'est qu'il ne les comprenoit pas encore. Je sçavois bien ce qu'il falloit à Sa Majesté, & ce qui auroit été plus de son goût; des augmentations d'Impôts, de nouvelles créations d'Offices, de nouvelles aliénations de Domaine: Je pouvois, en lui produisant un projet que j'avois formé sur ces moyens, faire venir quatre-vingt-millions comptant dans ses Coffres; & plus de soixante autres millions, en faisant un Bail de cinq millions par an, dont j'avois augmenté six de ses Fermes: mais je fis facilement convenir Henry, Que si ces moyens étoient fort prompts, ils seroient aussi très-onéreux au Peuple: Qu'on ne devoit y avoir recours, que dans le besoin le plus pressant; & employer le loisir que donne la Paix, à mettre en œuvre ceux qui demandent plus de temps & de soins: tels qu'étoient les neuf, que je venois de lui proposer. Je l'assûrai pourtant que ces Parties, dont il avoit paru faire si peu de cas, en les ménageant à propos, & les faisant suivre l'une par l'autre, pouvoient avec le temps, le faire riche de deux cens millions.

Le Roi revint à mon avis; & nous arrêtâmes qu'on commenceroit par la vérification des Rentes de l'Etat; lorsque j'eus fait voir à Sa Majesté, par de bons extraits, & par d'autres Pièces autentiques de la Chambre des Comptes, de la Cour des Aydes & autres Bureaux, que cette opération pouvoit, sans la moindre injustice, faire revenir six millions au Trésor-Royal. Il y entra si bien dans la suite, qu'il se montra le plus impatient de la voir commencer, & qu'il ne m'écrivit pas une Lettre, qu'il ne m'en parlât.

Pour y réüssir, je crus qu'il étoit nécessaire que Sa Majesté établit pour cela seul, un Conseil, ou Bureau: La Chambre des Comptes s'y opposa; mais on n'eut aucun égard à ses raisons. Ce Conseil fut composé de Château-neuf, Calignon, & Jeannin; des Présidens De-Thou & Tambonneau, alternativement, & de Rebours; d'un Tréforier & d'un Greffier, qui étoient Le-Gras & Regnouard. J'en étois le Chef; & j'y affiftois, lorfque mes autres occupations me le permettoient: mais lorfque je ne pouvois m'y trouver, tout ne laiffoit pas de fe conduire, fuivant le plan que j'en avois dreffé pour fervir de régle (2). Il n'y auroit rien que d'ennuyeux, à le rapporter ici. Il fuffira de dire que j'y avois fait une diftinction très-nette & très-éxacte, entre les Rentes de tant de différentes Créations, & de fonds différens: car il y en avoit d'acquifes, à un tiers d'argent; d'autres, à une moitié; d'autres, tout en argent: il y en avoit, qui avoient peu coûté aux Propriétaires; d'autres entierement frauduleufes; & d'autres fidelles. On ne toucha à celles-cy, que pour les affûrer davantage, fur le pied de leur premiere origine: pour toutes les autres, elles furent, fuivant le dégré de fraude ou d'injuftice, ou tout-à-fait éteintes; ou rembourfées, fur le pied du Principal; ou réduites fur le pied du dénier dix-huit, du dénier vingt, & quelques-unes mêmes du denier vingt-cinq. Il y en eut, dont les poffeffeurs furent affujettis à rapporter les arrérages, qu'ils avoient perçus injuftement; & d'autres, dont les arrérages touchés, furent imputés fur le Principal, qu'ils fervirent à amortir. L'Etat y gagna encore une fuppreffion de quantité de Receveurs-Payeurs des Rentes, qui le chargeoient d'un fardeau inutile: Je n'y en laiffai qu'un feul.

La recherche que j'avois propofée contre les Financiers & les Monopoleurs, fe fit enfuite, par l'érection d'une Chambre de Juftice: mais comme on n'en retrancha point l'abus des follicitations & des interceffions, elle ne produifit que fon effet ordinaire, l'impunité des principaux coupables; pendant que les moins confidérables fubirent toute la rigueur de la Loi. On eut ce remède de moins, dans les temps qui fuivirent immédiatement ma geftion; parce que j'avois grand foin qu'on fît porter fur le champ aux coupables; la peine de leur friponnerie: Il fut informé éxactement de celles qui s'étoient commifes à Rouen. On commença à donner à tous ces tours adroits, le nom qu'ils méritoient; & ces profits illégitimes, qui avoient fi long-temps appauvri la Fran-

---

(2) Ces Réglemens font plus amplement détaillés dans les anciens Mémoires: Les perfonnes de Finance pourront les y confulter.

1604.

cé, en enrichissant les Financiers, furent traités sans façon, de vol & de péculat. La bonne foi commença à se faire jour dans un sanctuaire, où elle n'avoit jamais habité.

Les Tréforiers de France m'ayant présenté cette année leurs Comptes, pleins de non-valeurs; pour les faire revenir d'une méthode, qui m'étoit suspecte au dernier point, je crus qu'il n'y avoit qu'à leur assigner ces prétendues non-valeurs mêmes, pour le payement de leurs Gages de l'année suivante. La destitution de Drouart, en la place duquel Montauban fut établi, & quelques autres coups de cette espéce, avertirent les principaux Préposés dans les affaires, de faire leur devoir, & de le bien faire. Par un Arrêt, rendu contre un nommé Le-Roi, il fut défendu, sous peine de cent mille livres d'amende, d'associer aucun Etranger dans les Fermes de Sa Majesté. Cet Arrêt fut signifié, au nom de Charles Du-Han, Fermier Général des cinq grosses Fermes, à tous les principaux intéressés dans les Finances & les autres Fermes du Roi à Paris, & dans les Villes principales du Royaume.

Je portai mes plaintes au Roi, d'un attentat, que le Parlement de Toulouse avoit fait à son autorité, en défendant de son chef, & contre les Edits de Sa Majesté, de sortir des bleds de la Province de Languedoc. Je fus averti de cette entreprise, par les Tréforiers de France de la Province; parce qu'elle alloit à la ruine des Traites-Foraines, dont les Fermiers demandoient un rabais considérable : Elle mettoit encore en souffrance les Fortifications & les Galères, dont l'entretien se prenoit sur cette Partie.

Les quatre cens mille livres d'augmentation sur les Tailles, en quoi avoit été convertie une moitié du sol pour livre, continuoient encore à se percevoir; aussi bien que la seconde moitié, de pareille somme, imposée sur les Marchandises; quoique l'Edit d'établissement de ces droits, n'eût été vérifié que pour deux ans. Les Bureaux des Finances firent à ce sujet, des représentations à Sa Majesté : Ils se plaignirent du discrédit, où étoient tombées certaines Fermes, qui avoient rapport au Commerce avec l'Espagne, qui venoit d'être interdit; ainsi que de cette multiplicité d'Edits, qui sortoient tous les jours du Conseil de Sa Majesté, & qu'ils représentoient comme plus onéreux au Peuple, que la Taille même. Je ne
dissimule

# LIVRE DIX-NEUVIEME.

1604.

diffimule point que ces plaintes étoient fi juftes, que mes remontrances au Roi avoient déja de long-temps précedé les leurs. Ce Prince écrivit deux Lettres à ce fujet : l'une, à fon Confeil ; par laquelle il lui faifoit fçavoir que les conjonctures préfentes, & fur-tout l'armement de l'Efpagne, ne lui permettoient pas de rien retrancher fur toutes ces Parties, pour l'année préfente : l'autre, à moi ; pour m'ordonner de faire entrer le Confeil dans fes vûës.

Je les fecondois autant qu'il étoit en mon pouvoir, dans ce qui concernoit ma Charge de Grand-Maître de l'Artillerie. L'Arcenal étoit dès-lors pourvu de cent Pièces d'Artillerie : Il y avoit dans fes Galeries, de quoi armer quinze mille hommes d'Infanterie, & trois mille de Cavalerie ; deux millions de livres de Poudre, dans le Temple & à la Baftille, & cent mille Boulets. Je me fouviens qu'un jour que Henry, en fe promenant avec moi dans les grandes Halles de l'Arcenal, paroiffoit s'alarmer du grand nombre d'Ennemis qui le menaçoient, & de leurs forces ; je lui faifois remarquer cet appareil formidable, capable de les mettre tous à la raifon. Il voulut avoir un Etat de fes Armes, de fes Munitions, & de toute fon Artillerie ; avec un Bordereau fommaire de fon argent comptant, & de celui qu'il y pouvoit joindre, pendant les années 1605 & 1606. Il entra dans mon Cabinet, & fit écrire cet Agenda par mes Sécretaires, pour le porter continuellement dans fa poche.

La forme & la difcipline militaire étoient un des articles du Gouvernement, qui avoit le plus de befoin qu'on s'appliquât à y mettre une réformation. On a de la peine à comprendre que dans une Nation, qui depuis fa fondation, n'a prefque jamais ceffé de porter les armes, & qui même en quelque maniere, en a fait fon unique métier ; on eût attendu jufque-là, à y mettre l'ordre convenable. La Milice Françoife n'avoit rien que de rebutant : On enrôloit par force les Soldats dans l'Infanterie, & on les faifoit marcher avec le bâton : on leur retenoit injuftement leur folde : on ne les menaçoit que de prifon ; les gibets étoient fans ceffe devant leurs yeux : on les réduifoit à tout tenter pour leur défertion ; & pour parer cet inconvénient, il falloit que les Prévôts les tinffent comme affiégés fans ceffe dans leur Camp. Les Officiers eux-mêmes, mal payés, étoient en quelque maniere autorisés à la violence & au brigandage. Henry disoit souvent, & il parloit en cela suivant l'expérience qu'il en avoit fait lui-même, qu'il étoit impossible que l'Etat fût jamais bien servi, tant qu'on n'établiroit pas un autre ordre dans les Troupes.

Cet ordre dépendoit en premier lieu, de l'éxactitude du payement. Le Roi commença par l'assûrer pour la suite, de maniere que rien ne pût le retarder, ni divertir ailleurs les fonds, qui y furent destinés. Ce Réglement fut suivi d'un autre, qui n'étoit guère moins juste, ni moins propre à faire aimer le métier des Armes : c'est celui, par lequel on pourvut aux nécessités des Soldats ; lorsque les blessures qu'ils avoient reçuës, ou les maladies qu'ils avoient contractées, en servant Sa Majesté, les avoient mis également hors d'état, & de servir & de travailler : On fit en sorte qu'il ne leur manquât rien, dans cette affligeante situation ; ni pour le nécessaire à la vie, ni pour leur soulagement. (3)

La liberté avec laquelle j'ai parlé des défauts du Roi, m'a acquis le droit de le louer sur ses bonnes qualités. L'ordre & l'œconomie étoient des Vertus, nées avec lui, & qui ne lui coûtoient presque rien. Jamais Prince n'a pu mieux que lui, se passer de Ministre : Le détail des Affaires n'étoit point un travail pour lui, mais un amusement. Les Princes qui entrent par eux-mêmes dans l'administration du Gouvernement, donnent ordinairement dans l'un de ces deux inconvéniens ; ou de ne pouvoir s'abaisser à des objets médiocres ; ou de ne pouvoir s'élever plus haut : L'esprit de Hen-

---

(3) Par Edit du Roi, du 7 Juillet 1605. [ parce qu'apparemment cette affaire ne put être consommée, que l'année suivante ] Sa Majesté donne aux Gentilshommes, Officiers & Soldats, estropiés à son service, la Maison Royale de la Charité-Chrétienne, fondée des deniers provenant des reliquats de comptes des Hôpitaux, Aumôneries, Léproseries &c. & de ceux des pensions des Moines Lais, ou Oblats : La Surintendance en appartenoit au Connétable. Cet établissement a encore été changé, ou pour mieux dire, effacé, par celui que Louis le Grand y a substitué de nos jours, en élevant & dotant l'Hôtel-Royal de Mars, ou des Invalides : Monument, qui suffiroit seul à immortaliser sa mémoire. Cette maison de la Charité Chrétienne, n'étoit auparavant qu'un Hôpital sans revenu, bâti par Henry III. pour les Soldats estropiés : Il étoit situé dans le Faubourg Saint-Marcel, ruë de l'Oursine ; & il tomboit alors en ruine. Deux ans après, Henry IV. fit encore bâtir l'Hôpital de Saint Louis : Il accorda pour cet effet, à l'Hôtel-Dieu, dix sols par minot de Sel ; dans la Généralité de Paris, pendant quinze ans ; & cinq sols, à perpetuité.

ry se proportionnoit, avec la même facilité, au petit & au grand. Toutes ses Lettres en font autant de preuves ; & l'usage où l'on étoit, de s'adresser directement à lui, quelquefois pour de simples bagatelles, le montre encore plus clairement. Il étoit dû depuis long-temps, deux cens cinquante écus, à un Marchand de Vin de Gisors, qui avoit autrefois fourni le vin pour sa Maison ; Sa Majesté me l'envoya, pour le payer, & pour l'indemniser du retardement : » Ma conscience, » m'écrivoit-il, m'oblige à avoir pitié de ce pauvre hom-» me. « Je n'ai peut-être que trop inséré ici, de ces sortes de traits. Ce seroit bien autre chose, si je présentois au public, toutes les Lettres que ce Prince m'a écrites.

Quant à ces autres idées, dont l'objet plus élevé se rapporte, ou à l'intérêt, ou à la gloire, ou au bonheur de l'État ; ce Prince ne les perdoit jamais de vûë, pas même dans le sentiment de ses peines, ni de ses plaisirs. Pour voir si mes idées se rapportoient aux siennes, il me demandoit depuis long-temps, & il voulut que je lui donnasse un Mémoire de tout ce que je croyois capable de renverser, ou simplement de ternir la gloire d'un puissant Royaume. Je crus ne pouvoir mieux répondre à son intention, qu'en lui en présentant un, d'une si grande simplicité, & avec si peu de ces ornemens inutiles du stile, que d'un seul coup d'œil il pouvoit le parcourir tout entier : Ce n'étoit qu'une énumération, sans explication, ni preuves, des abus qui se glissent ordinairement dans les Etats. Je la présente ici à mes Lecteurs, à qui elle peut servir du moins, d'abrégé des principes qu'ils ont vus, & qu'ils doivent s'attendre à voir répandus dans ces Mémoires.

Ces causes de la ruine, ou de l'affoiblissement des Monarchies, sont, les Subsides outrés : les Monopoles, principalement sur le Bled : le négligement du Commerce, du Trafic, du Labourage, des Arts & des Métiers : le grand nombre de Charges ; les frais de ces Offices ; l'autorité excessive de ceux qui les exercent, les frais, les longueurs, & l'iniquité de la Justice : l'oisiveté : le luxe & tout ce qui y a rapport : la débauche & la corruption des mœurs : la confusion des Conditions : les variations dans la Monnoie : les Guerres injustes & imprudentes : le despotisme des Souverains ; leur attachement aveugle à certaines personnes ;

leur prévention en faveur de certaines Conditions, ou de certaines Professions : la cupidité des Ministres & des gens en faveur, l'avilissement des Gens de Qualité : le mépris & l'oubli des Gens de Lettres : la tolérance des méchantes coûtumes, & l'infraction des bonnes loix, l'attachement opiniâtre à des usages indifférens ou abusifs : la multiplicité des Edits embarrassans, & des Réglemens inutiles.

Si j'avois à choisir entre toutes les formes de Gouvernement, dont on a des éxemples dans cette Monarchie ; je proposerois Clovis, Charlemagne, Philippe-Auguste & Charles le Sage ; (4) & je voudrois qu'on détournât les yeux, de dessus tout le temps qui s'est écoulé depuis Charles VIII. jusqu'à nous : & si j'avois un Principe à établir ; ce seroit celui-ci, *Que les bonnes mœurs & les bonnes loix se forment réciproquement.* Malheureusement pour nous cet enchaînement précieux des unes avec les autres, ne nous devient sensible, que lorsque nous avons porté au plus haut point, la corruption & tous les abus en même temps : en sorte que parmi les hommes, c'est toujours le plus grand mal, qui devient le principe du bien.

Les Réglemens pour l'augmentation & la sûreté du Commerce, paroissant à Henry devoir tenir un des premiers rangs dans l'Etat ; c'est aussi de ce côté-là, qu'il employa la meilleure partie de ses soins. Le Projet du Canal pour joindre la Seine à la (3) Loire, ayant été ratifié ; je me trans-

---

(4) Il seroit peut-être plus juste, de retrancher encore les trois premiers, & de s'en tenir au seul Charles V. En éxaminant le caractère de Henry IV. & celui du Duc de Sully ; on trouve dans le premier des principes d'un Romain, & dans le second, ceux d'un bon Lacédémonien : les maximes répanduës ici, tiennent un peu de toutes ces deux idées, mêlées ensemble. J'ai marqué plus haut, quelle modification on pouvoit apporter à l'humeur trop austère de M. de Sully ; je prendrai ici la même liberté, sur l'humeur trop guerriere de Henry. Il est sans contredit, que l'esprit militaire est le défenseur d'un Etat. Il faut l'y nourrir avec soin ; mais comme on nourrit un dogue pour la garde d'une maison, en l'enchaînant, & en ne lui permettant de prendre que très-rarement l'essor ; de peur qu'il ne dévore ses Maîtres mêmes. La seule réputation de valeur, produit presque tous les mêmes effets, que l'usage qu'on en pourroit faire. Un Principe, à mettre au nombre des préceptes naturels, c'est, qu'il n'y a point de moyens, qu'il ne faille préférer à la guerre, lorsque par eux, l'on peut arriver au même but.

(5) C'est le Canal de Briare, lequel prend depuis cette petite Ville, jusqu'à celle de Montargis, qui en est distante de dix lieuës. Il devoit être continué jusqu'à Moret ; mais cette partie du projet n'eut point lieu : le Canal fut même abandonné, après qu'on y eut dépensé plus de trois

# LIVRE DIX-NEUVIEME. 389

portai moi-même fur les lieux, afin qu'il n'y eût aucun mécompte dans les préparatifs, qui devoient précéder l'éxécution ; foit à prendre les hauteurs, & à niveller le terrein ; foit à profiter de toutes les commodités qu'on pouvoit en tirer. Je ne mis pas beaucoup de temps dans ce voyage ; le Roi me rappellant près de fa Perfonne, prefqu'auffitôt que j'en étois parti. Je réglai pareillement plufieurs affaires de Commerce dans le voyage qu'on a vu que je fis en Poitou.

La plus importante & la plus embarraffante, fut celle qui furvint cette année avec l'Efpagne, au fujet du Commerce réciproque des deux Nations. Le Roi d'Efpagne avoit mis l'année précédente une impofition de trente pour cent fur toutes les marchandifes qui aborderoient de France en Efpagne ou en Flandre ; auffi bien que fur celles qui fortiroient de ces deux Etats, pour être apportées en France : Impôt criant, qui révolta autant les Sujets du Roi d'Efpagne, dans les deux Etats de fa dépendance, qu'il fcandalifa les François. Le Roi ripofta par une défenfe expreffe de tout Commerce avec les Sujets du Roi d'Efpagne & des Archiducs ; & par une taxe encore plus forte fur les Marchandifes Efpagnoles abordantes à Calais : mais la défenfe ne fut pas capable d'empêcher le tranfport en fraude de nos denrées dans le pays ennemi. Les Marchands François trouverent encore, malgré le nouveau monopole, de fi grands profits à faire fur nos grains, nos toiles & nos autres Marchandifes, dans la difette que l'Efpagne fouffroit de toutes ces chofes, qu'ils s'expofoient à toute la rigueur de la Loi. Il en arriva même une efpèce de révolte dans la Ville de

1604.

Septen. ann. 1604.

---

cens mille écus ; par la malignité des envieux de M. de Rofny, ou, felon Mezerai, par le changement de Miniftère. Cet Ouvrage étoit alors fort avancé : on l'a repris depuis ; & enfin il a été achevé. M. de Thou donne beaucoup de louanges à M. de Sully ; en le reconnoiffant pour l'Auteur de ce deffein. Liv. 132. Ce qui eft encore mieux prouvé par les plaques ou efpèces de médailles d'argent & de cuivre qu'on a trouvées en 1737. en travaillant aux Eclufes de ce Canal ; & qu'il paroît qu'on n'auroit pas dû ôter. M. le Comte de Buron, l'un des intéreffés à ce Canal, a renvoyé à M. le Duc de Sully, celles de cuivre qu'il garde dans fon Cabinet de Médailles ; & a réfervé celles d'argent, à caufe de leur valeur : l'une de ces Médailles de cuivre, eft empreinte des Armes du Duc de Sully ; & une autre porte cette infcription : 1607. Maximilien de Béthune, fous le Règne de Henry IV. par les mains de Meffire Pierre Ozon, pour lors Maire & Gouverneur de Montargis-le-Franc. M. le Duc de Sully a déja recouvré une partie des Mémoires & des autres piéces, qui concernent ce Canal.

1604.

Marseille, dont le Président Du-Vair donna avis en Cour. Les Marchands de cette Ville voyoient impatiemment que, pendant qu'on les forçoit à demeurer les bras croisés, les Italiens venoient à leur barbe, leur enlever leurs denrées, & leur dérober leurs profits. Cette permission accordée aux Italiens par Sa Majesté, n'étoit pas, ce me semble, bien entenduë.

Les Anglois, ravis de ce nouvel incident, bien-loin de chercher à rapprocher les esprits, fomenterent au contraire sous main la désunion ; parce qu'ils faisoient en fraude, ce que les Italiens avoient fait en vertu d'une permission. On fut informé que huit à neuf Vaisseaux Anglois étoient venus charger des grains aux Sables d'Olone ; d'où ils étoient allés débarquer à Saint-Sébastien. Il falloit bien que les Espagnols eussent compté sur cette ressource secrette ; sans laquelle leur défense seroit tombée sur eux-mêmes. Henry s'y étoit attendu dans le commencement ; & cette espérance, que l'Espagne se feroit plus de tort qu'à nous, jointe à la honte qu'il crut voir rejaillir sur sa Couronne, si son ennemi paroissoit ainsi disposer de son Commerce, lui fit encore tenir la main fort roide à l'observation de sa défense. Il m'ordonna d'envoyer un homme de confiance, revêtu de son autorité, pour punir les contraventions à son Ordonnance, depuis l'embouchure de la Loire, jusqu'à la Garonne, & le long de ces deux Rivieres, où elles se faisoient le plus communément : emploi dont je chargeai La-Font, qui s'en acquitta si bien, que Sa Majesté voulut ensuite l'attacher plus particulièrement à sa Personne.

En même temps, le Roi fit porter ses plaintes au Roi d'Angleterre contre ses Sujets : il lui fit dire, que si, dans l'espérance de s'appliquer tout notre Commerce en Espagne, il se portoit à faire la paix avec cette Couronne ; ( la chose pouvoit en effet lui paroître assez importante pour mériter qu'il fît cette démarche ) ; il sçauroit bien, lui, Roi de France, prendre de telles mesures, que le dommage n'en retomberoit pas sur son Royaume ; & que l'Angleterre y perdroit peut-être plus que lui. C'étoit en quelque manière, lui dire de s'entremettre, pour terminer ce différend entre les deux Couronnes : car Henry n'avoit pas tardé à sentir tout le préjudice qu'il venoit de se faire à lui-même ; & à voir que

# LIVRE DIX-NEUVIEME.

tous les raisonnemens de son Conseil, avoient porté à faux : ce qui le jetta dans un grand embarras. Villeroi & Sillery furent nommés par Sa Majesté pour suivre cette affaire de-près; & j'eus ordre aussi d'en conférer avec le Connétable, le Chancelier, le Commandeur De-Chastes, & le Vice-Amiral De-Vic.

1604.

On trouvoit des inconvéniens des deux côtés; une grande perte pour le Commerce, à maintenir la défense; & de la honte, à la lever. Henry ne pouvoit se résoudre à prendre ce dernier parti, qui lui paroissoit marquer de la timidité avec l'Espagne : cette Couronne n'ayant pas daigné faire la moindre démarche de son côté, auprès de Sa Majesté Très-Chrétienne : Et tout ce qu'on pouvoit espérer de lui, c'est qu'en laissant subsister la défense, on fermeroit les yeux sur les infractions, qu'y feroient les Marchands; quitte à la réïtérer, s'ils en abusoient trop ouvertement, & avec préjudice de l'autorité Royale. Pour moi, la plaie qu'en souffroit le Commerce, étoit presque tout ce que je voyois; & par cet endroit, l'Anglois & l'Espagnol m'étoient égaux : Je représentai à Sa Majesté, Que si elle n'avoit égard qu'au dommage, qui en résultoit pour nous; il ne falloit pas moins user de sévérité avec l'un, qu'avec l'autre.

*Matth. tom. 2. l. 3. p. 634.*

Le Roi d'Angleterre ne refusoit pas sa médiation dans ce différend : il offrit même de se rendre caution des promesses, qui seroient faites sur ce sujet, entre les deux Couronnes : Mais il prétendoit procéder, en qualité d'Arbitre; & le Roi, choqué de cette vanité, ne vouloit lui accorder que celle d'ami commun. Le Pape commença aussi à y prendre beaucoup de part; parce qu'il en craignit sérieusement une rupture, encore plus dangereuse, entre la France & l'Espagne. Il écrivit au Cardinal Bufalo, son Nonce en France, de ne rien négliger pour le prévenir; & ce Cardinal trouva peu de temps après, l'occasion favorable pour y travailler.

Le Comte de Beaumont, qui étoit toujours notre Ambassadeur à la Cour de Londres, avoit souvent mis sur le tapis, l'affaire nouvelle du Commerce, en présence des Comtes de Villa-mediana & d'Aremberg, Ambassadeurs, l'un du Roi d'Espagne, l'autre des Archiducs. Il avoit même ébauché une espèce d'Accord, avec eux, le Président Richardot,

& Louis Vroreylzen; lequel avoit été communiqué au Connétable de Castille, qui étoit aussi à Londres: mais le départ subit de ce Connétable, & quelques autres obstacles, les avoient empêché de venir jusqu'à signer le Préliminaire de cet Accord. Le Connétable de Castille passa par Paris, & y vit le Cardinal Bufalo: qui le pressa par tant de côtés, sur cette affaire, qu'il en obtint qu'elle seroit remise à examiner, entre les mains de Commissaires, qu'il nomma pour le Roi son Maître: Le Conseil de France en nomma de son côté. Mais ce n'étoit point encore-là, la véritable porte pour en sortir: L'affaire, abandonnée à tant de têtes, traînoit en une longueur insupportable. Bufalo obtint de Dom Baltazar Stuniga, Ambassadeur d'Espagne en France, & d'Alexandre Rovidius, Membre du Sénat de Milan, intéressés dans cette cause pour l'une des Parties, qu'ils s'en rapporteroient à lui, de tout ce qui concernoit cette affaire. Cela fait, pour n'avoir de même affaire dans l'autre Partie, qu'à une seule personne; il pria le Roi de me charger aussi, sans aucun second, d'un pouvoir égal au sien: Et dès-lors il regarda la chose, comme fort avancée. J'allai le voir chez lui: J'animai son impatience, d'un nouvel aiguillon; en lui représentant la Guerre, comme prête à se faire, & avec des préparatifs de la part de Sa Majesté, qui la rendroient peut-être plus sérieuse encore, qu'on ne pensoit. En peu de jours, je le fis convenir des Articles, que j'avois dressés sur cette matiere, & qui assûroient pleinement la liberté du Commerce. C'étoient, à peu de chose près, les mêmes, qui avoient été proposés & débattus à Londres.

Ce Traité, car il en devint un véritable, quoique tout se passât entre le Cardinal Bufalo & moi, renfermoit en substance, Que de part & d'autre, l'Edit du Trente pour cent, & celui de l'interdiction du Commerce entre les deux Couronnes de France & d'Espagne, seroient & demeureroient annullés: C'étoit-là le grand point. Mais comme les deux Princes avoient prétendu justifier chacun leur conduite, en faisant plusieurs plaintes réciproques, qui avoient aussi rapport au Commerce; il y avoit beaucoup d'autres Articles avec celui-ci, qui tendoient à y remédier.

Il étoit marqué, Que Sa Majesté Très-Chrétienne défendroit par un Edit, qu'aucun de ses Sujets ne fît, ou autorisât,

le

# LIVRE DIX-NEUVIEME. 393

1604.

le transport des Marchandises de Hollande en Espagne, & dans les dépendances de l'Espagne; en prêtant des Vaisseaux, Chariots, & toute autre voiture : que les Marchandises, véritablement de France, seroient empreintes du sceau de la Ville, d'où elles seroient enlevées ; & qu'elles y seroient inscrites dans un Regiſtre : c'étoit pour obvier à l'inconvénient de la reſſemblance des Marchandises : qu'autrement, elles seroient sujettes à confiscation, sans cependant qu'on pût, sur un soupçon de fraude, arrêter ni retarder le cours de ces Marchandises : que tous les Hollandois, pris dans les Navires François pourroient être arrêtés : que les François ne porteroient aucune Marchandise d'Espagne en Hollande, ni en d'autres lieux des Pays-Bas, que ceux qui seroient marqués sur les Affiches : & que pour sûreté de la parole, que peut-être ils donneroient sans intention de la tenir ; ils s'obligeroient par écrit devant le Magiſtrat Espagnol du lieu d'où ils partiroient de payer le trente pour cent : laquelle obligation leur seroit renduë, en rapportant dans un an le Certificat du Juge de l'endroit, où ils auroient débarqué, soit en France, soit aux lieux de Flandre approuvés : que le Roi de France feroit confisquer ces Marchandises, prises par ses Sujets en Espagne pour être portées dans les lieux défendus, moitié au dénonciateur ; le trente pour cent, prélevé : que le Magiſtrat François qui auroit donné de faux Certificats de décharge, seroit auſſi poursuivi en Juſtice, & puni : que les deux Rois se tiendroient mutuellement les chemins libres. L'Article des Impôts établis depuis la paix de Vervins, sur les Marchandises, portées d'Espagne en Flandre, ou de Flandre en Espagne, par Calais, & lorsqu'elles entreroient dans ce Port, ayant déja été arrêté auparavant devant le même Cardinal ; il n'y avoit rien de nouveau sur cet article. Il étoit ſtipulé, que quarante jours après la date de ce Traité, il seroit publié le même jour, dans les Etats reſpectifs. La date eſt du 12 Octobre ; & il ne fut d'abord ſigné que du Cardinal Bufalo & de moi (6).

(6) Voyez le Traité même dans la Chronologie Septénaire. Le Roi n'y donne d'autres titres au Marquis de Rosny, que celui de Grand-Maître & Capitaine Général de l'Artillerie de France. Le Cardinal Bufa- lo n'y ſigna point ; mais seulement Meſſieurs de Rosny & de Sillery ; D. Baltazar de Cuniga, pour le Roi d'Espagne ; & le Sénateur Rovidius. *Matthieu, tom. 2. liv. 3. pag.* 655.

Tome II. 　　　　　　　　　　　D d d

1604.

J'étois bien sûr qu'Henry l'approuveroit; n'y ayant rien mis, sans en avoir pris son avis auparavant : je craignois davantage la critique de Sillery & des autres Conseillers, à qui la connoissance en avoit été ôtée. L'expédient que je trouvai, fut d'envoyer Arnaud l'aîné porter ces Articles à Sillery, en le priant fort civilement de m'en dire son sentiment. Sillery répondit brusquement, & sans vouloir seulement les lire, que l'affaire étoit en bonne main ; & que celui qui y avoit travaillé seul, pouvoit aussi la conclurre seul. Je ne fus pas content de cette réponse : je renvoyai Arnaud, lui dire, que me paroissant nécessaire que le Traité fût signé de lui & des autres Commissaires nommés d'abord ; je le priois de venir faire cette signature chez moi : qu'à son refus, je ne pouvois me dispenser de faire dire par Arnaud à Sa Majesté, en lui portant le Traité, que la difficulté qu'il en faisoit, auroit retardé la conclusion de deux jours : comme cela étoit vrai. Sillery eut peur que si, pendant cet intervalle, il arrivoit quelque contretemps qui fît échouer l'accord sur le Commerce, il n'en demeurât responsable : il vint chez Bufalo, & fit ce qu'on lui demandoit ; & Villeroi signa aussi le Traité.

Le Roi recevant une copie de ces Articles, fortifiée de ces cinq signatures, se loua beaucoup du Cardinal Nonce, & lui fit présent d'une Croix de diamans : il le recommanda au Pape, par une Lettre des plus avantageuses ; & lui accorda la distinction de le faire manger à sa table. Sa Majesté différa de faire publier le Traité de Commerce, jusqu'à ce que la ratification en fût arrivée d'Espagne ; mais elle fit toujours par provision, lever sous main la défense pour le transport des bleds : ce que les Peuples souhaitoient avec ardeur.

Il se concluoit pendant ce temps-là un autre Traité à Londres, entre l'Espagne & l'Angleterre, auquel la France ne pouvoit manquer de s'intéresser fortement, après ce qui s'étoit passé l'année précédente, entr'elle & la seconde de ces Couronnes. Pour en être bien instruit, il faut reprendre la suite des affaires, tant politiques que militaires, entre l'Espagne & la Flandre ; avec lesquelles celle d'Angleterre ont à cet égard une liaison nécessaire.

Le Siége d'Ostende continuoit toujours avec le même

acharnement. Pendant que les Espagnols le poursuivoient, le Prince d'Orange s'attacha au commencement de la Campagne à l'Isle de Cadsan, dont il se rendit maître le 10 Mai, & ensuite de tous les forts aux environs ; comptant s'ouvrir par-là un chemin jusqu'à la frontiere de Calais : & il vint enfin mettre le siége devant l'Ecluse. On manda de Bruges au Roi, que l'Archiduc, qui ne voyoit cette entreprise qu'à regret, alloit rassembler quinze ou seize mille hommes; avec lesquels il se promettoit de secourir cette Place, en forçant Ardembourg, qui la couvroit : mais que Maurice s'y étoit si bien retranché, qu'on ne croyoit pas qu'il pût en être chassé ; pourvû cependant qu'il eût à-peu-près un monde suffisant pour garder ses retranchemens. Le Général Flamand prit encore la précaution de pousser ses retranchemens jusqu'à Ardembourg : & s'il falloit qu'il fût obligé de divertir ses troupes des opérations du Siége ; il se mit en état de pouvoir réduire la Place par famine au défaut de la force : L'Ecluse se rendit en effet le 10 Août.

Les Espagnols de leur côté, animés par la vive résistance de leurs ennemis, & par le sentiment des pertes immenses qu'ils avoient faites devant Ostende, crurent que leur honneur étoit encore plus intéressé, après ces succès du Prince d'Orange, à ne pas avoir le démenti d'une entreprise, qui duroit depuis si long-temps. De-Vic manda à Sa Majesté, par d'Auval qui revenoit d'Angleterre, qu'ils y avoient fait jouer trois mines ; on ajoûta, qu'elles avoient été sans effet. Cependant il est vrai qu'Ostende étoit alors véritablement aux abois. Les Espagnols s'étoient vantés hautement qu'ils la prendroient avant la fin de Juillet, & qu'ils seroient encore à temps pour aller délivrer l'Ecluse, avec toutes leurs forces réünies. Tout le monde n'ajoûtoit pas foi à cette bravade ; sur-tout depuis que Persi le riche, Capitaine du Régiment de Nérestan, fraîchement arrivé de cette Place, avoit assûré à Paris qu'elle tiendroit encore six semaines ou deux mois : L'Ecluse marcha effectivement avant Ostende : mais c'est que les Flamands se défendoient avec une ardeur, dont on ne voit guère d'éxemples ; secondés d'un secours de onze Compagnies, faisant entre mille & douze cens hommes, tout frais, que les Etats venoient de leur envoyer, sous la conduite du Général Marquette. Ils s'aviserent de construire un retranchement intérieur, qui pût leur servir à obtenir une Capitulation plus avantageuse, en y tenant le fort, lorsqu'ils seroient réduits à cette extremité ; & ils trouverent le moyen, pressés comme ils étoient, d'y faire entrer des munitions & de l'argent.

C'étoit un spectacle nouveau, & surprenant pour toute l'Europe, qu'un petit Etat, qui ne forme qu'un point presqu'imperceptible sur la Carte, eût osé lever la tête du milieu de ses Marais, & bravé pendant un si long temps, cette Espagne si formidable. Où prenoit-il ses forces ? où puisoit-il ses fonds ? car on estimoit que cette Guerre coûtoit aux Etats, vingt mille florins par jour. On ne sçavoit pas dans quel embarras ils s'étoient souvent trouvés ; ne sçachant presque plus où donner de la tête, & étant obligés de frapper à toutes les portes. Le Duc de Bouillon leur ayant promis une somme d'argent, ils envoyerent le Capitaine Sarroques, pour la toucher ; mais il n'en rapporta rien que le regret d'avoir dépensé à ses Maîtres, quatre ou cinq mille florins, que leur coûterent leurs Complimens à la Princesse d'Orange.

Leur refuge ordinaire étoit Henry ; tantôt, pour une centaine de mille écus ; d'autres fois, pour deux cens milliers de poudre : c'est dequoi ils consumoient beaucoup. Leurs demandes n'avoient point de fin. Buzenval, que Sa Majesté entretenoit dans ces Cantons, pour se faire instruire de tout, leur étoit bien utile, pour appuyer leurs sollicitations auprès de ce Prince, qui à la fin leur demeura seul, pendant que tout le reste les abandonna : Aussi ménageoient-ils précieusement Buzenval ; & ils le retinrent comme de force, lorsqu'il eut obtenu son congé pour revenir en France : Et qui ne ménageoient-ils pas ? Ils eurent dessein de me faire un présent considérable. Buzenval, qu'ils consulterent, les assûra que je ne le prendrois point. Ils se contenterent de me marquer leur reconnoissance, en me faisant offrir par Aersens, quelques Coquillages rares, & quelques Jumens de carosse de leur Pays, à mon Epouse. Henry se portoit à les obliger, avec une facilité, qui ne pouvoit partir de son seul intérêt propre ; & qui doit lui faire tenir, dans l'esprit de ce

# LIVRE DIX-NEUVIEME.

1604.

Peuple, le rang de l'un des Fondateurs de sa liberté : Ils seront bien coupables, si jamais ils manquent à une Couronne leur bienfaictrice (7). Ce Prince me mandoit cette année en Poitou, que Buzenval lui faisoit de nouvelles demandes pour les Etats, que peut-être il n'auroit pas dû leur accorder : mais qu'il ne pouvoit se résoudre à les abandonner ; quelques bruits qui se répandissent d'Angleterre, & quelques menaces que lui fît l'Espagne.

On juge aisément tout ce que la Guerre présente coûtoit à cette Couronne, qui étoit la Partie attaquante, par ce que je viens de dire des Provinces-Unies, qui se tenoient simplement sur la défensive, & sans sortir de leurs maisons ; & quel ressentiment l'Espagne en conservoit contre nous. Dans le vif chagrin, que le Conseil de Madrid sentoit d'une Guerre si épuisante, & qu'on y cachoit pourtant avec le dernier soin ; il menaçoit souvent de ne jamais pardonner ce traitement aux François. Henry faisoit semblant de ne rien entendre ; & avec raison : l'impuissance de ce Conseil, se montroit par ce vain dépit ; & l'on sçavoit en France, que les Finances de Sa Majesté Catholique étoient épuisées.

Ostende (8) fut enfin pris, le 22 Septembre : & Henry eut la consolation de voir que, pour cinq ou six cens mille écus, qu'il lui en coûtoit chaque année, depuis que cette Expédition avoit commencé, il avoit considérablement avancé la ruine de l'Espagne, son Ennemie.

¶ Il semblera sans doute, qu'on devoit mieux attendre du Traité, que j'avois négocié l'année précédente en Angleterre. Voici ce qui s'y étoit passé depuis. L'espagne sentit bien que la Flandre étoit perduë toute entiere pour elle, si elle ne trouvoit le moyen d'apporter quelque changement aux dispositions, dans lesquelles j'avois laissé le Roi de la Grande-Bretagne. Elle renouvella toutes ses brigues & ses sollicitations, après mon départ de Londres, pour obtenir du moins une Neutralité dans ce qui concernoit les Provinces-Unies ; si elle ne pouvoit mettre tout-à-fait Sa Majesté Britannique, dans son Parti. D'abord les Espagnols crurent devoir deman-

---

[7] C'est presqu'en ces mêmes termes, que Grotius en parle, dans son Livre, intitulé : *Annales & Histoire des Troubles des Pays-Bas*.

[8] Voyez la reddition d'Osten-de & de L'Ecluse, & les autres expéditions de cette Campagne, dans M. De-Thou, le *Septénaire*, Matthieu, Siri, & autres Historiens, ann. 1604.

D d d iij

der beaucoup, & offrir beaucoup aussi ; pour se faire accorder du moins, une petite partie de leurs demandes. Les premieres propositions furent mises sur le tapis & rejettées, sans seulement les éxaminer. Les Espagnols en firent suivre une, dont ils espérèrent l'abandon des Hollandois par les Anglois ; parce qu'ils sçavoient que ceux-cy n'avoient rien si fort à cœur : c'est celle de rendre le Commerce des Indes également libre à leurs deux Nations. Le coup porta encore à faux ; parce que l'Espagne prévoyant qu'on rabattroit toujours assez de ses demandes, mit pour condition à cette offre, une Ligue offensive & défensive entre l'Angleterre & elle ; & que le Conseil du Roi d'Angleterre, encore frappé vivement des raisons du contraire, ne lui dissimula point que son intérêt lui dictoit de soûtenir la Hollande, bien loin de prendre ouvertement parti contr'elle.

On crut alors la chose absolument manquée : Le seul Beaumont ne s'y méprit point, & prédit, que malgré tous ces obstacles apparens, on pourroit se rapprocher, & qu'on se trouveroit en effet d'accord. Quelque temps après, les Espagnols revinrent à la charge ; pour diminuer toujours quelque chose des premiers refus, suivant leur fine Politique. Il fut nommé des Commissaires de part & d'autre. Les contestations furent si vives, qu'on fut cent fois sur le point de voir tout manqué. Insensiblement, la chose se tourna en Négociation plus paisible : Les Commissaires se radoucirent : ceux d'Espagne, non-seulement ne marquerent aucune aversion pour la France, mais furent les premiers à dire qu'on ne devoit l'exclurre de rien : on ne parloit jamais des deux Rois, sans y joindre le troisieme : On traitoit honnêtement, jusqu'aux Etats mêmes ; & l'on paroissoit disposé à toute sorte d'accord avec eux : Tout cela, afin de dissimuler à Sa Majesté Britannique, ce que cette Négociation avoit de contraire dans son but, à la premiere, & pour lever ses scrupules.

A cette batterie l'on joignit le secours des petits Ecrits anonymes, dans lesquels on s'attachoit à démontrer, que la Paix étoit le seul parti à désirer, pour les trois Rois également. On insinua dans l'un de ces Ecrits, qu'on supposa partir de la main d'un Anglois, parce qu'on y élevoit fort la puissance du Roi d'Angleterre qui peut, disoit-on, se passer de tout le monde, & dont personne ne sçauroit se passer : comme si les Espagnols n'avoient pas pu être capables d'une flaterie, qui pouvoit leur réüssir : On insinua, dis-je, que cette Paix étoit souhaitée également par les trois Têtes Couronnées ; mais que Leurs Majestés Très-Chrétienne & Britannique, souhaitoient en même-temps secrettement toutes deux, qu'elle leur valût la possession de la Flandre. Le trait étoit malin.

On n'étoit pourtant encore convenu de rien, pendant un an entier ; c'est-à-dire, jusqu'au 21 Juin de celui-ci : Mais la Négociation fit des progrès rapides au commencement de Juillet : elle fut poussée si avant, qu'on ne doutoit plus en Angleterre, que la décision n'en fut retardée, que jusqu'à l'arrivée du Connétable de Castille, qui étoit à la veille de passer à Londres, en qualité d'Ambassadeur Extraordinaire, & muni d'un plein pouvoir de Sa Majesté Catholique. On eut la même opinion, à Paris : On y fut même persuadé que non-seulement l'Angleterre, mais les Provinces-Unies elles-mêmes, avoient fait secrettement les conditions de leur Accord avec l'Espagne ; & que les Etats avoient terminé, par l'intervention & à l'arbitrage de Sa Majesté Britannique, les discussions au sujet des Villes d'ôtage ; de la Navigation des Indes ; du Commerce, sans payer le Trente pour cent ; & les autres. Mais pourquoi, si cela étoit, ne voyoit-on, ni lever les Siéges, ni cesser les hostilités de part & d'autre ?

Aussi ce bruit étoit-il faux ; du moins, quant à ces prétendus Accord & Arbitrage : Les Etats ne s'en apperçurent que trop tôt ; & ils connurent en même-temps, que bien loin de cela, ils ne devoient plus rien attendre de Sa Majesté Britannique. Ce Prince s'étoit lassé à la fin, de lutter si long-temps contre son penchant : Il vouloit être l'Ami de tout le monde. Il venoit de faire prendre à ses Etats réünis, le nom de Grande-Bretagne, & de faire son entrée solemnelle dans Londres, où il avoit fait tenir une Conférence, pour concilier les Anglicans & les Puritains : car il étendoit ses idées de pacification, sur-tout. Il ne songea point que par cette conduite, il alloit en exclurre ceux précisément qui en avoient le plus de besoin, les Flamands, qu'il laissoit à la merci de leurs Ennemis. Les Anglois commençoient déja à gourmander ceux de cette Nation, qui se trouvoient dans leurs Ports : & lorsque les Flamands prétendoient, comme à l'ordinaire, que les Anglois ne devoient point se mêler de certains Trafics sur leurs Côtes ; ceux-ci leur répondoient effrontément, qu'ils en avoient la permission du Roi d'Espagne, leur Souverain. Rien n'irritoit si fort les Hollandois, que de pareils discours ; & si l'on avoit laissé faire les Flessingois, on croit qu'ils se seroient défait de tous les Anglois, qu'ils avoient parmi eux : On leur en fit comprendre toutes les suites ; & ils se continrent.

Ce n'est pas-là ce que les Etats avoient espéré, lorsqu'au commencement des Conférences publiques entre les Commissaires, Sa Majesté Britannique voulut qu'on y admît & qu'on y écoutât le Sieur Le-Caron, leur Agent. Le-Caron a avoué qu'il avoit eu d'abord tout sujet d'être content des Commissaires Anglois. Lorsque les Espagnols voulurent les pressentir au sujet des Villes d'ôtage Hollandoises, qu'ils auroient eu bien envie qu'on leur remît aux mains à eux-mêmes ; les Anglois leur dirent, Qu'ils ne pouvoient faire autre chose, que de rendre ces Villes au Conseil des Provinces-Unies, lorsqu'ils recevroient de lui l'argent avancé ; Et sur ce que les Espagnols repartirent avec mécontentement, Que c'étoit à ceux qui les leur avoient engagées, qu'il falloit les restituer ; les Conseillers Anglois n'ajoûterent rien autre chose, sinon, Qu'au refus des Etats de rendre les sommes prêtées, ils se tourneroient vers l'Espagne, pour lui faire la même proposition. On leur fut encore assez favorable, dans l'Article du Commerce, qui les retint long-temps : les Espagnols insistant, Que la Hollande leur couvrît celui de toute la Côte de Flandre, & de la Ville d'Anvers en particulier, qu'ils avoient comme bouclée, par la construction de plusieurs Forts sur l'Escaut, & entr'autres par celui de L'Islot. Mais cette bonne intention ne dura pas long-temps aux Anglois, pour leurs Voisins. Le sentiment de Buzenval, dont les Lettres me fournissent une partie de ces détails, sur l'issuë qu'on voyoit qu'avoient euës toutes ces Conférences Angloises : c'est que les Anglois n'ignoroient pas, qu'elles pouvoient être les conséquences de ces nouvelles Opérations Politiques ; mais qu'un grand fond de jalousie contre nous, & un peu d'étourderie, avoient tout fait en cette occasion.

Les

# LIVRE DIX-NEUVIEME. 401

1604.

Les choses étoient en cet état, lorsque le Roi d'Angleterre jugea à propos d'informer Sa Majesté Très-Chrétienne par son Ambassadeur à la Cour de France, des dispositions où il étoit, de faire un Traité avec l'Espagne : L'Ambassadeur Anglois en présenta en même-temps le Mémoire au Roi. Sa Majesté Britannique y persistoit dans l'opinion singuliére, que ce Traité & celui de l'année précédente, n'avoient rien de contraire l'un à l'autre : Jacques l'avoit voulu de même, persuader à Beaumont. Il promettoit à Henry d'en surséoir la conclusion, jusqu'à celle de l'affaire, qui occupoit alors les deux Couronnes de France & d'Espagne ; c'est l'affaire du Commerce, qui étoit alors fortement agitée. Cependant les Commissaires ne laisserent pas de signer toujours le (9) Traité entre l'Espagne & l'Angleterre ; & ils remirent Beaumont, pour l'affaire du Commerce, à la venuë du Connétable de Castille. On en parla à celui-ci, lorsqu'il passa par Paris, pour se rendre à Londres : mais il fit naître de dessein formé, des contestations, pour ne rien conclurre avec le Cardinal Bufalo, qui déja travailloit à cette affaire. Ce qu'il y a de plus singulier, c'est que ces Commissaires, en ne donnant aucune satisfaction à Beaumont sur ce sujet, osoient encore lui demander de lever par provision l'Impôt du Port de Calais. Beaumont qui sçavoit que l'intention de Sa Majesté n'étoit pas de l'abolir, même après la conclusion de l'affaire du Trente pour cent, avec laquelle il n'avoit rien de commun, éluda leur proposition, en leur rendant la pareille.

Le Connétable de Castille repassa par la France, dans les derniers jours de Novembre, en s'en retournant en Espagne, où il portoit le Traité conclu. Il arriva à Paris, comme le Traité du Commerce s'y concluoit aussi. Il fit demander, le lendemain de son arrivée, la permission de saluer Sa Majesté ; à laquelle il se présenta, la joie & la satisfaction répanduës sur le visage. Il lui fit un Compliment très-étudié, & qui n'en étoit peut-être que d'autant moins sincère : Il prit pour son sujet, les deux Accords fraîchement faits : il

---

(9) Ce Traité n'est en rien différent d'un véritable Traité de Paix. Les Rois d'Espagne & d'Angleterre y comprennent leurs Alliés, c'est-à-dire, tous les Princes & les Etats de la Chrétienté, qui y sont nommés, excepté les seules Provinces-Unies. Il est rapporté en entier dans *le Septénaire*, Ann. 1604. Matthieu, *Ibid.* 650. &c.

Tome II. Eee

s'efforça de perſuader à ce Prince, Que les Rois de France & d'Eſpagne étant les deux plus puiſſans Potentats de la Chrétienté; leur union étroite étoit un moyen néceſſaire & infaillible, pour venir à bout des entrepriſes, qu'ils feroient de concert : ſur quoi, il fit valoir l'alliance, qui avoit été de tout temps, entre la France & la Caſtille. Il s'étendit ſur les avantages de cette aſſociation, qui feroit aux deux Couronnes, les mêmes Amis & les mêmes Ennemis, & ſur les moyens de la rendre inſéparable: C'étoit, diſoit-il, de n'avoir aucune partialité; de ſe défaire de toute jalouſie, ſur l'autorité & la prééminence; d'éclaircir & de vuider à l'amiable, leurs prétentions ſur certains Cantons & certaines Villes de l'Europe. Il n'oublia pas à inſinuer à Sa Majeſté, Que les Proteſtans étoient des Ennemis, que la bonne Politique demandoit qu'on abaiſſât. Il conclut ſon diſcours, pour repréſenter les avantages d'un double Mariage des Enfans des deux Rois, qui ſembloit, diſoit-il, par la conjoncture du temps, être déja arrêté dans le Ciel. En bon Politique, il aſſûra au Roi, Qu'il n'avoit aucun aveu de ſon Maître, pour tout ce qu'il venoit de lui dire : il le pria de vouloir bien lui déclarer ce qu'il penſoit ſur ces choſes; parce que, quoique ce ne fuſſent que de ſimples ouvertures, s'il voyoit qu'elles euſſent le bonheur d'être du goût de Sa Majeſté ; il ſeroit plus hardi à les propoſer enſuite au Roi ſon Maître.

Je n'étois pas préſent à ce diſcours ; mais le Roi voulut bien venir à l'Arſenal, uniquement pour m'en faire part. Il s'arrêta, après m'avoir rapporté les paroles de l'Eſpagnol, pour me dire, Qu'il vouloit ſçavoir la réponſe que j'y aurois faite, avant que de me dire celle qu'il y avoit faite lui-même. Je répondis à Henry, ſur un ton auſſi peu ſérieux, Que je la lui dirois bien ſur l'heure; mais que j'attendois au lendemain à le ſatisfaire; afin d'y mieux penſer encore, & qu'il ne m'accuſât pas de précipitation, comme il faiſoit ſouvent, lorſque mes paroles avoient le malheur de ne pas lui plaire. Sa Majeſté ſoûrit, & y conſentit, en me donnant un petit coup ſur la jouë, ſuivant ſa coûtume, lorſqu'elle étoit de bonne humeur.

J'allai le lendemain au Louvre, dégager ma parole. Je trouvai le Roi, qui ſe promenoit ſur la Terraſſe des Capucins. Je lui dis, Que s'il ſe ſouvenoit encore d'un mot, que j'avois dit sur les Espagnols, & qu'il avoit trouvé assez plaisant, *Qu'ils preferoient les* (1) *œuvres à la foi* ; il ne chercheroit pas long-temps, ce que j'aurois répondu à l'Ambassadeur de cette Nation : Qu'après tous les manques de foi & les parjures, dont elle s'étoit dèshonorée à la face de l'Europe, le discours du Connétable de Castille, ne m'auroit paru qu'un artifice nouveau du Roi d'Espagne, pour mettre le divorce entre Sa Majesté & les Provinces-Unies, & tous ses Alliés Protestans ; afin de retrouver une occasion d'envahir ce Royaume, plus favorable encore, que ne l'avoit euë son Pere. Ce trait étant une de ces noirceurs, qu'on n'ose seulement entreprendre de colorer, je le rappellai à Sa Majesté ; en y ajoûtant, Que sans l'Angleterre, la Hollande, les Protestans François & Etrangers, sans tous les travaux & les peines incroyables de sa propre personne, l'Espagne lui parleroit peut-être aujourd'hui en maître : Que le Conseil de Madrid, accoûtumé à profaner ce qu'il y a de plus sacré dans la Religion, abusoit du nom de Mariage, dont le lien n'avoit rien de capable de le retenir : Sur quoi, je fis faire à Henry une remarque, qui, ce me semble, est juste.

Ce n'est pas un trait d'une aussi bonne Politique, qu'on le croit ordinairement, que de marier les Enfans mâles de la Maison de France, dans des Maisons à peu près égales, comme celle d'Espagne. (11) Outre qu'il n'y a point d'alliance, quelqu'étroite qu'elle soit, qui ne céde à la haine que l'ambition inspire pour un Rival ; l'avantage qu'on pourroit envisager dans ces unions, devient nul, par la raison même qu'il pourroit devenir trop considérable. Il n'en est pas de même de celles, qu'on contracte dans des Maisons inférieures : On peut du moins, compter sûrement sur tous les services, qu'elles sont en état de rendre. L'honneur d'une Alliance avec la premiere Maison du Monde, fait qu'elles se trouvent trop heureuses, de pouvoir contribuer à sa gloire & à sa grandeur. L'Espagne a trouvé dans cette (12) méthode, le secret d'augmenter considérablement sa puissance, d'une manière

---

(10) Par allusion à un des Dogmes de Calvin, réprouvé dans l'Eglise Catholique.

(11) Cette Politique a pourtant valu à la France, la Couronne d'Espagne dans la Maison de Bourbon, après la mort de Charles II.

(12) » La Maison d'Autriche, disoit Guy-Patin, a acquis de grands » héritages, *per lanceam Carnis*, c'est- » à-dire, par Alliances & Mariages.»

1604. moins rapide, mais aussi moins hazardeuse que les armes.

Je ne pense pas, pour le dire ici par occasion, comme le commun, sur le fait de la Loi Salique : cette Loi si renommée, qui pourtant ne se trouve écrite nulle part ; mais dont l'origine se démontre assez par le nom qu'elle porte ; comme son ancienneté se prouve par l'incertitude même de cette origine (13). On la regarde ordinairement comme le plus solide fondement du Royaume & de la Royauté : pour moi, tout ce que j'ai fait de réfléxions sur ce sujet, m'a porté à croire que la situation seule de la France, & les autres

---

(13) » Quant à la Loi Salique : (c'est M. l'Abbé Du-Bos qui parle ainsi, dans son *Histoire Critique de l'établissement de la Monarchie Françoise dans les Gaules.*, tom. 3. liv. 6. pag. 256. 291.) » ce nom lui vient » probablement, de ce qu'elle » étoit déja en usage, parmi les » Francs Saliens, lorsque Clovis in- » corpora dans leur Tribu, à l'ex- » ception de la Tribu des Ripuaires, » toutes les Tribus, qui le reconnu- » rent pour Roi en l'année 510. La » plus ancienne rédaction de cette » Loi que nous ayons aujourd'hui, » est celle qui fut faite par les soins » du Roi Clovis, & retouchée en- » suite par les soins de Childebert » & de Clotaire ses enfans... En » l'année 798. Charlemagne en fit » une nouvelle rédaction, dans la- » quelle il ajoûta beaucoup de San- » ctions, &c. « Cet Ecrivain établit encore (*ibid.* 173.) Que la disposition qui statuë, *Que la Couronne de France ne tombe point de Lance en Quenouille*, est véritablement contenuë dans le soixante-deuxième Titre des Loix Saliques.

Mais l'opinion contraire a été soutenuë, & paroît appuyée sur des raisons encore plus fortes, par un autre Academicien, également judicieux & sçavant (M. de Foncemagne), dans l'excellent Mémoire sur cette matière, inseré dans le Recueil des Mémoires de l'Académie Royale des Inscriptions & Belles Lettres, *ann.* 1727. p. 490. & *suiv.* Il y est prouvé, qu'il n'y a aucun article dans tout le Code Salique, qui excluë les filles de la succession à la Couronne : & que le sixième Paragraphe du Titre soixante-deuxième de ce Code, où il est dit, » Que les mâles seuls pourront jouïr » de la Terre Salique ; & que les fem- » mes n'auront aucune part à l'Hé- » ritage : « ne doit s'entendre, que des seules terres & héritages des Particuliers : mais que c'étoit d'ailleurs, une Coutume établie de temps immémorial, chez les Germains mêmes, que les filles ne succédassent point à la Couronne : qu'il en est fait mention dans Tacite, &c. M. de Foncemagne avoit déja démontré dans un autre Mémoire (*ibid. ann.* 1716. p. 464. & *suiv.*) que le Royaume de France a été successif, héréditaire, & pour les mâles seuls, dans la première Race de nos Rois.

Le sentiment de ces deux Ecrivains, quoiqu'opposés, entr'eux se réünit contre le principe établi dans cet endroit de nos Mémoires : c'est une idée insoûtenable de tout point. Outre qu'elle tend à détruire la prééminence de la nation : elle jetteroit ce Royaume dans des guerres civiles & étrangères, presque continuelles, par les brigues pour le choix d'un Successeur ; dans la confusion de ses Loix, qui ne seroient pas toujours respectées par des Rois étrangers ; & dans plusieurs autres inconvéniens, que l'Auteur n'a sans doute pas apperçus : & je ne puis croire que cette imagination ne soit uniquement des Compilateurs : on n'y reconnoît point les maximes du Duc de Sully. Consultez, sur l'éxistence & la teneur de la Loi Salique,

# LIVRE DIX-NEUVIEME. 405

1.604.

avantages qu'elle a reçus de la nature, font des caufes fuffifantes de la prééminence qu'elle a fur tous les autres Etats de l'Europe ; & que la Loi Salique, bien-loin d'y contribuer, l'a fort fouvent empêchée d'augmenter ces avantages, de ceux qu'on peut y joindre par une fage Politique. Qu'un Prince étranger devienne Roi de France, en époufant l'Héritiere ; il fe pourra bien faire à la vérité, que le premier des Rois de cette Race fera réputé Allemand, Italien, Efpagnol, ou Anglois : mais comme il n'eft nullement à craindre, qu'il foit jamais tenté de tranfférer le Siége de fon Empire, ailleurs que dans une Ville que tous les Princes choifiroient, s'il étoit en leur pouvoir, pour y faire leur réfidence, ce premier Roi ou Prince étranger fera bien-tôt naturalifé François : & dès la premiere génération, fa Poftérité fera tout-à-fait Françoife. La Maifon d'Autriche, établie en Efpagne, & celle de Stuart placée fur le Trône d'Angleterre, en font des exemples très-fenfibles. Ce Prince ou premier Roi étranger, aura cependant uni à notre Couronne, ce qu'il poffédoit auparavant de fon chef, pour n'en plus être jamais féparé. La Loi Salique, en défendant, pour me fervir du terme, que le Royaume de France ne tombe en quenouille, lui ôte donc un moyen de s'agrandir ; & un moyen d'autant moins à méprifer, que la violence n'ayant ici aucune part, il ne fournit aucun fujet, ni aucun prétexte à la Guerre.

Ma réponfe au Connétable Efpagnol, fut fort du goût de Henry : il m'affûra que le même efprit l'avoit infpiré : qu'il l'avoit feulement caché fous de grands mots & de belles paroles ; afin de ne pas faire entrer le Caftillan en foupçon de fes deffeins. (14.)

Venderlin, Eccard Baluze, &c. cités par les deux Académiciens.

(14) Jean De-Serre parlant de la réception, que Henry IV. fit au Connétable : » Le Roi, dit-il, le fit recevoir à la Porte de Paris, par le » Duc de Montbazon, avec une fort » honorable compagnie de Noblef- » fe... Comme Zamet traitoit le » Connétable à fouper ; furvenant » fort à propos, à l'inftant qu'on lui » préfentoit à laver : Je veux, dit Sa » Majefté, fouper avec vous. Le

» Connétable furpris, voulut mettre » le genou en terre, & lui préfenter » la ferviette. Le Roi le releva & » lui dit : Ce n'eft pas à vous de fai- » re les honneurs, mais bien de les » recevoir : vous êtes de la Maifon : » Et de fait , le Roi a de l'alliance » avec la Maifon des Vélafques ; en » laquelle eft héréditaire cet Office, » que les Rois donnent à ceux qu'ils » veulent élever au premier grade, » près de Leurs Majeftés. ... «

Cet Ambaffadeur allant en Flan-

1604.

Ce qui venoit de se passer à Londres entre l'Angleterre & l'Espagne, y nuisoit bien à la vérité; mais pourtant n'ôtoit pas toute espérance d'y réüssir. Ils n'étoient pas encore en état qu'on y mît sérieusement la main : en fait de politique, le temps amene tout, lorsqu'on sçait l'attendre. Je trouvai dans le Cardinal Bufalo, ce que je cherchois depuis long-temps du côté de Rome : aussi ne-fis-je point de difficulté de lui faire pressentir ce qui pourroit arriver un jour, persuadé que le Royaume de Naples, dont je faisois le partage du Saint Siége, étant un motif suffisant pour le rendre discret sur le secret que je lui confiois, & même pour le faire travailler à la réüssite. Cette Eminence me paroissoit d'ailleurs douée de l'esprit d'une parfaite Politique. L'Espagne en s'emparant, comme elle venoit de faire, des Forteresses de Porto-hercole, Orbitello, Talamone, Piombino, Final & Monaco, ouvroit les yeux au Pape malgré qu'il en eût : Si les Romains n'avoient pas vu dans toutes ces invasions des avant-coureurs de leur prochaine servitude; il auroit fallu qu'ils n'eussent rien senti du tout. Il est assez clair, par les démarches qu'on voyoit faire à Clement VIII. qu'il étoit fortement prévenu de ce sentiment. C'étoit-là un Pape tel qu'il le falloit à Henry : aussi ce Prince s'efforçoit-il de lui complaire en toute occasion; & il lui en avoit donné une bonne preuve, en retirant près de lui le Prince de Condé, pour le faire élever & instruire dans la Religion Romaine.

Les Princes d'Allemagne ne prenoient pas de moins bonnes impressions. Sa Majesté m'ordonna de bien traiter l'Ambassadeur du Duc de Wirtemberg, pour en faire un Ami : & quoiqu'elle n'eût pas lieu d'être contente de l'Electeur Palatin, à cause du Duc de Bouillon; elle ne le chicana point sur le payement de quelques deniers qui étoient encore restés dûs à cet Electeur, & que ses Ministres sollicitoient : Henry n'y apporta d'autre condition, sinon que l'Electeur retireroit son Fils de Sedan. A l'égard des Provinces-Unies: il est vrai que l'Angleterre leur manquoit; mais du moins, elle ne se tournoit pas contr'elles : ce qui ne changeoit

---

dre, deux ans auparavant, avoit déja eu l'honneur de saluer le Roi. » Il » demeura; dit l'Historien Matthieu, » à génoux, un peu plus qu'il ne pen- » soit : il dit que le Roi l'avoir reçu » en Roi, & caressé comme son » Parent, « *Tom. 2. liv. 5. pag. 695. Sivi. Ibid. 317.*

presque rien dans leurs affaires; cette Couronne ne les ayant presque jamais assistées en rien. Si l'on vit les Etats se reposer, aussi bien que l'Espagne, après les prises d'Ostende & de L'Ecluse; ce ne fut uniquement, que par lassitude & par épuisement: & ce repos n'étoit pas pour durer long-temps: Ainsi ce sujet de diversion, lorsque la France se porteroit à attaquer l'Espagne, lui demeuroit encore assûré pour long-temps.

 J'ai touché quelque chose d'un différend entre l'Espagne & les Grisons (15), qui fit assez de bruit cette année, pour donner lieu à plusieurs Mémoires, qui furent composés sur ce sujet. Je vais en donner l'explication.

 Les Suisses ont pour voisins & pour alliés, les trois Ligues des Grisons; les treize Communautés du haut & bas Valais, consistant en cinquante-quatre Paroisses, dont l'Evêque, nommé par eux, est Seigneur; Saint Gal, Genève, Neuf-châtel, Bade, & autres Villes Impériales & non Impériales, qui se sont données aux Suisses, à condition de leur conserver leurs priviléges: ces Villes sont comprises sous neuf Bailliages.

 Les Grisons, dont il est seulement question ici, habitent les Alpes, & ce qu'on appelle, La-Valteline; qui est une Vallée, ou pour mieux dire, une espéce de large fosse, entre le pied des Alpes appartenantes à l'Italie, & les Alpes deçà l'Italie; puisque dans sa plus grande largeur, elle n'a pas plus d'une petite lieuë françoise, sur trente, ou environ, qu'elle a de longueur, depuis le Tirol jusqu'au Lac de Côme. Tout le fond de cette Vallée est arrosé par l'Adda, qui la traverse entiere; & qui se grossissant de tous les Torrens qu'il reçoit, n'est guère moindre que la Marne, quand il se décharge dans le Lac de Côme. Elle renferme environ cent mille habitans, presque tous Catholiques-Romains: Elle est très-fertile en bleds, vins, arbres fruitiers, & pâturages. Ses bornes sont du côté de l'Orient, le Comté de Tirol, auquel elle touche; mais les passages en sont également étroits & difficiles: Au midi, Bresse & Bergame, dépendances de la République de Venise: la chaîne de Montagnes qui l'en sépare, est pareillement si roide, & d'un ter-

---

[15] Voyez P. Matthieu, tom. 2. liv. 3. pag. les autres Historiens, & sur-tout Vittorio Siri, qui traite fort au long ce point d'Histoire. Mémor. Recond. tom. 1. pag. 369. & suiv.

rein si rude, qu'elle est inaccessible dans toute cette longueur, excepté par les deux passages de Tiron pour entrer dans le Bressan, & de Morben dans le Bergamasque : Une pareille chaîne des Alpes, habitées par les Grisons mêmes, fait le côté du Septentrion. La disposition de toute cette Plage est telle, que pour aborder en Italie des Pays qu'elle a à son Septentrion, il n'y a de passages, que ceux qui aboutissent dans cette Vallée, qui débouche à l'Occident, dans le Duché de Milan, par une plaine, où est le Lac de Côme, entre le Milanois & La-Valteline.

C'est cet endroit précisément, dont il s'agit ici. A six cens pas du Lac de Côme, l'Espagne venoit de faire construire un Fort, appellé le Fort de Fuentes, du nom de celui qu'elle en avoit chargé ; sur un Rocher de deux cens pieds de haut, dominant sur tout ce terrein, qui sépare le Milanois d'avec La-Valteline ; & qui n'est déja que trop embarrassé, par des marais & des prairies fangeuses : Sur le bord du Lac, qui, en cet endroit, n'est large que de deux ou trois cens pas, elle avoit élevé un second Fort, vis-à-vis le premier, mais beaucoup plus petit. Pour achever de boucher entierement ce passage, elle avoit fait faire de profondes Tranchées, dans l'intervalle depuis le pied des Montagnes jusqu'au Lac. Les Fortifications de ces deux Châteaux étoient bien entendues, à pointes & angles, pour s'accommoder à la forme du Rocher ; qui d'ailleurs ne pouvoit être vu du Canon, d'aucun endroit aux environs.

Il étoit impossible que les Grisons vissent de bon œil une pareille entreprise : Car quoique les Espagnols témoignassent, ou feignissent de ne pas penser à eux, dans la construction de ce nouvel Ouvrage ; & même, que pour montrer qu'ils n'avoient aucun dessein sur ce qui ne leur appartenoit point, ils eussent fait reculer quelques Tranchées trop avancées : il n'étoit que trop visible, que leur objet étoit de chercher à joindre un jour les Etats d'Italie & d'Allemagne, par l'invasion de La-Valteline ; & en attendant, de barrer aux Ultramontains le passage en Italie, par cet endroit ; d'ôter toute communication aux Suisses & Grisons, & aux François leurs Alliés, avec l'Etat de Venise ; enfin de réduire les Grisons à capituler avec eux, & à les reconnoître pour leurs Maîtres.

L'Espagne

L'Espagne avoit déja donné aux Grisons, des preuves de ce dernier dessein. Le Parti Protestant avoit été jusque-là dominant dans les trois Ligues; parce qu'il s'étoit établi dans les Cantons les plus considérables, & qu'il avoit été embrassé par les plus riches Particuliers. Ceux-cy étoient fort attachés à la France, & ennemis mortels de l'Espagne : mais la différence de Religion n'avoit encore mis aucun trouble parmi ces Peuples; parce qu'ils voyoient que toute leur force résidoit dans cette union. Les Espagnols trouverent le moyen de la rompre, en envoyant dans ces Cantons leurs Emissaires ordinaires, les Jésuites & les Capucins; qui par persuasions, par argent, par promesses, réüssirent sans peine à commettre les deux Partis ensemble, & dégoûterent les Catholiques de la forme de Gouvernement de leurs Compatriotes, presqu'autant qu'ils leur firent haïr leur croyance.

L'aliénation des esprits commença à paroître, en ce que le résultat des délibérations de l'Assemblée des Catholiques, tenuë à Bade, se trouva pour la premiere fois, contradictoire à celui des Protestans assemblés en même-temps séparément à Arau : Les uns demandoient qu'on poursuivît ceux qui avoient manié l'argent de la République, & rendirent des Arrêts contre eux ; les autres les soûtenoient ouvertement. Les Catholiques se virent à la fin les plus forts ; & ils éclaterent contre les Réformés, jusqu'à entreprendre de les chasser tout-à-fait de quelques petits cantons, sous prétexte qu'ils cherchoient à livrer le Pays à la France : C'est à quoi la France ne pensoit guère ; mais ce qui s'y passoit, ne pouvoit pourtant lui être indifférent ; & cet intérêt lui étoit commun avec la République de Venise. Nous y avions eu long-temps pour Ambassadeur, le Sieur Pascal, dont les Grisons s'étoient montrés si satisfaits, qu'ils en demanderent un qui lui ressemblât : & comme dans leurs momens de bonne intention, ils demandoient aussi qu'il pût leur apprendre la Guerre ; on leur envoya De-Vic, avec ordre à lui & à Canaye, qui exerçoit la même fonction à Venise, de n'agir que de concert.

Le meilleur & plus court parti, eût été de prêter main-forte aux Ligues, pour empêcher la construction du Fort de Fuentes ; ou du moins, de leur donner les moyens d'en con-

*Tome II.* Fff

struire un de leur côté, qui l'eût rendu inutile : On le fentoit bien ; & ce n'auroit pas été une chose nouvelle pour Sa Majesté, que de répandre de l'argent dans ce Pays-là ; mais les Grisons avoient bien réfroidi tous ceux qui prenoient leurs intérêts. Loin de sçavoir gré à Sa Majesté, de toutes les pensions qu'elle leur distribuoit ; on ne recevoit que plaintes de leur part, de ce qu'elles étoient mal distribuées, & qu'on ne laissoit pas ce soin à leurs Ministres. Les Vénitiens n'étoient pas plus contens d'eux, pour d'autres sujets, que Canaye communiqua à De-Vic ; & il s'en falloit beaucoup, que les Suisses ne les servissent avec leur chaleur ordinaire. Ceux-cy s'étoient laissés prendre au leurre d'une réception gracieuse, qui avoit été faite à leurs Ambassadeurs, à Milan : & l'on ne doutoit pas du moins, que les cinq Cantons de Lucerne ; Schwitz, Zug, Vri & Undervald, ne renouvellassent leur alliance avec le Milanois.

Malgré tout cela, la liberté des Grisons paroissoit à toutes ces parties intéressées, un point qui n'étoit nullement à négliger : & les Espagnols ne pouvoient encore guère compter de venir à bout de fermer les yeux au Sénat Helvétique ; quelque mal partagé qu'elle le supposât, des lumières d'une bonne politique. Pour bien dire, c'étoit dans la Diette, indiquée à Coire pour le 12 Juin, que se devoient frapper les plus grands coups ; & chacune des Parties respectives, qui en attendoit le dénouëment de toute la question, ne manqua pas d'y envoyer un homme de confiance. Alphonse Cazal y vint, de la part du Comte de Fuentes : J'y fis porter par Montmartin, à De-Vic, des Lettres de Sa Majesté, qui ne furent pourtant pas renduës publiques ; parce que Canaye mandoit que la République de Venise étoit à l'égard des Grisons, dans des sentimens bien différens de ceux de Sa Majesté ; & que c'étoit un point, enjoint sur tous les autres à nos Ambassadeurs, de s'unir dans toutes les mêmes demandes. Les Ambassadeurs François & Vénitiens se contenterent donc de solliciter sous-main, & ne parurent presque point. Leur inaction devoit donner beau jeu au Comte de Fuentes : Cependant les brigues & les mouvemens d'Alphonse Cazal, jointes à cela, n'empêcherent point que son Parti n'y échouât. Le résultat de la Diette fut, que les Ligues ne

# LIVRE DIX-NEUVIEME. 411

vouloient entendre parler d'aucun Traité avec l'Espagne, que préalablement le Fort de Fuentes ne fût rasé ; le passage & le Commerce rendus libres ; toutes choses enfin, remises dans leur premier état. L'Alliance avec la France y reçut aussi une nouvelle confirmation. Il est vrai que de cette résolution aux effets, il y avoit encore bien loin ; & les Espagnols avoient encore bien des ressources, pour amuser les Grisons. Montmartin ne s'en revint pas, sans avoir considéré attentivement tout ce qui avoit donné sujet à la contestation ; & sans avoir, par mon ordre, tracé le plan du Fort & des environs : C'est sur son rapport & ses Mémoires, que j'ai formé cet article.

Une contestation assez semblable à celle-cy, excepté qu'elle regardoit directement Sa Majesté, s'éleva cette année, au sujet du Pont d'Avignon. Ce fameux Pont tomboit en ruine & étoit prêt à se détruire, faute des réparations, qui auroient dû y être faites il y avoit long-temps. La raison de ce retardement est que la conjoncture des affaires de France, n'avoit pas permis de travailler à la solution d'une question, entre le Roi de France & le Pape, sans laquelle on ne pouvoit mettre la main à cet ouvrage : C'est que le Pape, en qualité de propriétaire d'Avignon, se prétendoit aussi propriétaire de ce Pont, du port & passage du Rhône, entre Avignon & Villeneuve, & conséquemment, de tous les droits attachés à ces passages (16). Les réparations du Pont ne souffrant plus de délai ; pour sçavoir auquel des deux il appartenoit de les faire, de Sa Majesté, ou du Pape, Sa Majesté voulut que toute cette question fût une bonne fois décidée. Comme elle étoit entierement de ma compétence, elle me fut remise entre les mains : c'est ce qui fait que je suis en état d'en rendre raison au Public.

La Loi reçuë en France, n'a de tout temps accordé aucun droit sur les eaux & cours du Rhône, à ses Riverains, même Princes Souverains : car il y en a qui ont cette qualité ; le Prince Dauphin, le Duc de Savoie, le Comte de Provence & le Prince d'Orange. La question se réduit à sçavoir si le Pape, qui est l'un de ces Riverains du Rhône,

(16) Le Cardinal d'Ossat en parle d'une maniere avantageuse pour | le Pape, dans sa Lettre à M. de Villeroi, du 2. Juin 1703.

Fff ij

est en droit de se faire excepter de cette Règle commune, par quelque Concession particulière.

Je fis consulter, pour décider ce point, les Archives de la Monarchie, les Titres anciens du Domaine, les Régistres de la Sénéchaussée de Nîmes, & toutes les Chartres de la Province. Je fis descendre sur les lieux, des Commissaires éclairés & intégres. Il demeura constant par tout ce travail, Que la Régle, qui partage les Rivières par moitié entre les Riverains, ne regarde point le Roi de France; & en second lieu, Qu'il jouit d'un double droit à cet égard, par rapport au Rhône; dont, en qualité de Souverain, il possède seul le lit, l'ancien & nouveau Canal, avec tous les droits qui en dépendent. Des Provinces que ce Fleuve traverse, le Languedoc est celle sur laquelle ce droit est encore le plus incontestablement établi; parce qu'elle est un ancien Fief de la Couronne, qui n'en a jamais été démembré, & que les Comtes de Toulouse ont toujours tenu en cette qualité : Elle a cela de différent du Dauphiné & de la Provence, qui sont des acquêts. Mais, ni cette raison, ni celle que ces deux Provinces peuvent être aliénées pour Appanage, ou pour Dot, n'empêchent point que la Provence & le Dauphiné ne soient compris sous la même règle que le Rhône ; par le Droit de Régale, que rien ne peut faire perdre à nos Rois. Une infinité d'Arrêts intervenus en leur faveur, contre les Riverains du Rhône, le leur confirment encore ; & le Traité fait avec le Duc de Savoie, après la derniere Guerre, l'établit formellement. Voici ce qui avoit pu rendre la chose douteuse pour le Pape, par rapport à Avignon.

Un fond de quatre mille livres fut autrefois affecté par les Rois de France, pour les réparations de ce Pont. Ce fond fut ensuite délaissé à des Réligieux Hospitaliers, qui se nommerent *Freres desservans l'Hôpital du Pont d'Avignon*, parce qu'en effet cet Hôpital joignoit le Pont : & on leur fieffa en même-temps tous les droits, qui en pouvoient revenir au Roi ; moyennant la soûmission qu'ils firent, de ne rien laisser manquer à l'entretien du Pont. Ils joüirent fort long-temps de ces revenus & de ces droits ; mais sans que les Recteurs du Pont satisfissent à l'obligation qu'ils avoient contractée. A la fin, ce fond primitif se trouva dissipé &

# LIVRE DIX-NEUVIEME.

1604.

perdu ; on ne sçait pas trop comment : & pendant ce temps-là, les Officiers de Sa Sainteté firent différentes entreprises, pour se mettre en possession du Pont & des Droits. Rien ne leur parut plus propre à cela, que de prendre volontairement la charge des réparations qu'il falloit y faire : Ils voulurent y travailler de temps en temps : mais quoique le Conseil de Sa Majesté ne fît pas à beaucoup près, sur cette démarche d'usurpation, tout ce qu'il devoit ; les poursuivans furent pourtant toujours contredits, & déboutés de leurs demandes : Toutes preuves, qui achevent de démontrer le bon droit de Sa Majesté.

Je fis rendre un Arrêt définitif, qui servit de solution à ce différend : Par cet Arrêt, le Rhône & ses Isles, ses Ports, péages, droits & dépendances, notamment le Pont d'Avignon, sont déclarés appartenir uniquement au Roi, par droit de Régale, de Domaine & de Patrimoine de la Couronne. Sa Majesté fit en conséquence, commencer les réparations du Pont, & des recherches pour recouvrer les premiers fonds perdus. Ainsi fut terminée cette affaire, qui importoit presqu'autant à cause du Duc de Savoie, qu'à cause du Pape.

Sa Majesté fit aussi l'acquêt du Comté de Saint-Paul, l'un des appanages de M. le Comte de Soissons. Ce Prince se voyant abîmé de dettes, se détermina à vendre ce Comté, pour satisfaire ses Créanciers, qui le pressoient vivement. Il crut sans doute, qu'après la naissance d'un Fils, que sa Femme venoit de lui donner, il ne lui convenoit plus de vivre dans le dérangement : il reçut avec son air grave & stoïque, les Complimens que lui fit Sa Majesté, sur cette naissance ; & ensuite, il envoya Guillouaire, lui faire offre de son Comté de Saint-Paul. Henry, dans cette acquisition, envisagea premierement son goût ; & ensuite, l'inconvénient pour l'hommage, si il passoit dans les mains de quelque Prince Etranger. Il reçut donc favorablement la proposition de M. le Comte ; & en attendant qu'on convînt du prix avec lui, il lui fit toujours une avance considérable, pour le tirer d'affaire avec ses Créanciers.

Depuis, y ayant fait une plus mûre réfléxion, Sa Majesté, qui jusque-là ne m'avoit point parlé de ce marché, écrivit à M. le Comte de Soissons, qu'il vînt trouver Caumartin & moi, auxquels elle avoit attribué la connoissance de cette affaire; & elle m'écrivit aussi, pour sçavoir ce que j'en pensois. Je ne désaprouvois pas tout-à-fait cet Acquêt, que Villeroi me manda que Sa Majesté avoit fort à cœur; au contraire, je servis M. le Comte de tout mon pouvoir: mais je trouvois qu'il y avoit bien des choses à observer dans la forme. Cette affaire prenant un tour à ne pas se conclurre sitôt, je partis pour mon voyage de Poitou; pendant lequel, Henry n'écoutant que son impatience, & persuadé qu'il ne pouvoit jamais y avoir de grands risques, fit reprendre l'affaire par MM. de Bellièvre, de Villeroi, de Sillery & de Maisse, qui consommerent le marché avec M. le Comte, par un Contrat d'échange. A mon retour, le Roi me l'apprit, & me vit très surpris de ce qu'on avoit été si vîte. Il en voulut sçavoir la cause : il me fit même une espèce de reproche, de ce que je me déclarois contre l'acquisition d'une belle Terre, qui avoit passé aux prédécesseurs de M. le Comte, des mains de mes Ancêtres. C'est pour cette raison que j'étois plus au fait que personne sur cette matière; & voici ce que j'en appris à Sa Majesté.

Du temps que ce Comté étoit encore possédé par les Comtes de ce nom, il y avoit eu de grands débats, pour sçavoir s'il relevoit du Comté de Boulogne, ou de celui d'Artois; c'est-à-dire, de la France, ou de l'Espagne. Cette affaire étant de celles, dont l'éclaircissement ne se fait pas facilement; il fut convenu dans les derniers Traités, faits par François I. & Henry II. avec les Rois d'Espagne, que jusqu'à ce qu'il eût été autrement décidé, il seroit libre aux Seigneurs de Saint-Paul, de relever de celui des deux Comtés, qu'ils aimeroient le mieux. Les Comtes de Saint-Paul suivans, prefererent l'hommage du Comté d'Artois, & donnerent à l'Espagne, par cette préférence, une espèce de droit, qui étoit capable de rallumer la Guerre; d'abord que le Roi de France, possesseur de ce Fief, déclareroit ne vouloir plus relever que du Comte de Boulogne, qui étoit lui-même : & il ne pouvoit, sans une espèce de déshonneur, faire autrement. Il étoit triste de voir recommencer la Guerre, pour une bagatelle de cette nature; & honteux de l'éviter, en se soûmettant à rendre hommage à une Couronne, qui le devoit elle-même à la France. Le Roi avoua que j'avois raison. Le remède qu'on trouva, fut de rompre le premier Contrat; &

d'en passer un second sous le nom d'une tierce personne : remettant à se déclarer, lorsque les choses seroient au point de pouvoir le faire sans se compromettre.

La discussion de cette affaire se fit à Fontainebleau, où Henry fit cette année un long séjour. Il y fit venir de Saint-Germain le Dauphin & ses autres enfans. Sa première idée fut que Monsieur le Dauphin ne passât point par Paris, en faisant ce voyage ; mais je le fis changer d'avis. Les enfans de France vinrent coucher à Saint-Cloud, traverserent Paris, avec Madame de Monglat leur Gouvernante, & se rendirent à Fontainebleau par Savigny.

Sa Majesté fit recevoir dans l'Ordre de Malthe, celui de ses enfans naturels, qu'on appelloit Alexandre Monsieur (17). Elle donnoit de Fontainebleau ses ordres pour ses Bâtimens : on y fit la même dépense cette année que les autres, & plus grande encore ; parce qu'on y ajoûta les Bâtimens destinés aux nouvelles Manufactures : c'étoit à moi à obéïr : j'obéïs à regret, & sans ouvrir la bouche. Je me souviens seulement, que comme dans le même temps, on voyoit aussi s'établir en France par la Mission du Pape, un grand nombre (18) d'Ordres Religieux ; je citai à Sa Majesté l'exem-

(17) Cette cérémonie se fit dans l'Eglise du Temple, en présence du Légat & des Ambassadeurs. Le petit Prince ne pouvant prononcer lui-même ses Vœux, Henry IV, par un mouvement de vivacité, descendit de son Trône, & vint les faire pour lui entre les mains du Grand-Prieur : il promit de les faire ratifier à cet Enfant, lorsqu'il auroit atteint seize ans. *De Thou, liv,* 132.

(18) Tous les Politiques se sont toujours fortemene récriés contre la trop grande multiplication des Ordres Religieux, & le nombre excessif des Moines dans ce Royaume. Si nos Rois & nos plus grands Ministres, n'ont pas suivi cette maxime ; ce n'est pas qu'ils n'ayent goûté la solidité de leurs raisons : mais ils ont cru devoir donner la préférence à la Religion sur la Politique ; puisque s'il est vrai que les Moines sont inutiles à l'Etat, il n'est pas moins incontestable que la Religion souffriroit de leur abolissement. » Ainsi » qu'il faudroit être ou méchant, ou « aveugle, dit le Cardinal de Richelieu, dont le témoignage sur cette matière est moins suspect que celui de M. de Sully, » pour ne voir & » n'avouer pas que les Religions sont » non seulement utiles, mais même » nécessaires ; aussi faut-il être prévenu d'un zèle trop indiscret pour » ne connoître pas que l'excès en est » incommode, & qu'il pourroit venir à un tel point qu'il seroit ruineux. Ce qui se fait pour Dieu, qui en est « la base & le fondement ; réformer les Maisons déja établies, & » arrêter l'excès des nouveaux établissemens, sont deux œuvres « agréables à Dieu, qui veut la règle » en toutes choses. « *Testam. Polit.* 1. *Part. chap.* 2. *sect.* 8.

ple de Charlemagne pour les uns, & les Romains pour les autres.

Mahomet III. étant mort de la peste, Achmet son fils qui lui succéda, âgé seulement de quatorze ans, pour appaiser les rumeurs contre le mauvais Gouvernement, chassa sa grand'mere qui en étoit la cause. Sinan Bacha qui servoit de conseil à cette Princesse, fut cité pour rendre compte de sa conduite; mais au lieu d'obéïr, il prit la fuite. La Perse qui étoit en guerre avec cette Couronne, profita de cette confusion pour s'emparer de quelques Villes. Notre Ambassadeur à la Porte étoit le Sieur de Salignac.

*Fin du dix-neuviéme Livre.*

# MEMOIRES
## DE
## SULLY.

### LIVRE VINGTIEME.

E Procès poursuivi au Parlement contre les Comtes d'Auvergne & d'Entragues, & la Marquise de Verneuil finit par un Arrêt rendu au commencement de cette année, qui condamne les deux Comtes à perdre la tête, & la Marquise à être renfermée pour le reste de sa vie dans une Maison Religieuse cloîtré. J'en reçus la premiere nouvelle de la bouche du Roi, qui m'envoya chercher pour me l'apprendre. Il me tira ensuite vers le balcon de la premiere galerie du Louvre, & me demanda quelle impression je croyois que ce traitement feroit sur l'esprit de sa Maîtresse. Je demandai à mon tour à Sa Majesté, si elle souhaitoit, en me faisant cette question, que je lui disse librement ma pensée: » Ouï, ouï, répondit Henry ; ne craignez point que je m'en » fâche, ce n'est pas de cette heure que je suis accoutumé à »vos libertés. » Je lui dis qu'il pouvoit répondre lui-même à sa question mieux que personne ; parce que s'il avoit donné sujet

1605.

à la Marquise de le croire guéri de sa passion, & animé d'une juste colère ; il la verroit recourir à la soumission, aux prieres & aux larmes pour le fléchir : mais que si au contraire elle pouvoit le soupçonner de n'avoir agi, que par le ressentiment que donne un simple dépit amoureux ; elle ne rabattroit rien de sa premiere hauteur.

J'avouai ensuite naturellement à Henry, que j'étois persuadé que léquel de ces deux partis que prît Madame de Verneuil, la chose reviendroit au même, quant à l'effet, par plusieurs raisons, dont celle de sa facilité naturelle à pardonner, & de la considération des Enfans qu'il avoit eus de sa Maîtresse, ne me paroissoient que les moindres ; » Je » voudrois bien, me dit ce Prince, que vous la vissiez, pour » voir ce qu'elle vous dira, & si elle ne vous priera point » d'intercéder pour elle auprès de moi. « Je suppliai très-instamment & très-sérieusement Sa Majesté de me dispenser & de la visite & de l'intercession : j'étois véritablement las de jouer si souvent un personnage toujours inutile ; & je ne voulois pas achever de me perdre dans l'esprit de la Reine, auprès de laquelle, quoique j'eusse toujours appuyé ses intérêts contre sa Rivale, on m'avoit fait passer pour un fourbe adroit, pour un espion flateur & venal de Henry. J'avois des preuves que ces discours avoient été soufflés aux oreilles de la Reine depuis un mois : je le dis au Roi : je lui nommai trois personnes qui les avoient tenus ; & je lui fis comprendre qu'il ne faudroit plus qu'une seule démarche, comme celle qu'il exigeoit de moi, pour m'ôter dans la suite tous les moyens de le servir auprès de cette Princesse, dans les occasions qu'il sçavoit bien n'être que trop fréquentes. Nous contestâmes Henry & moi : mais je l'emportai à la fin ; & je laissai un autre faire sa cour au Prince, par des moyens infaillibles, mais pour lesquels je n'avois jamais senti que de la répugnance. Si je pris encore quelque part au reste de cette affaire, ce fut pour empêcher que la conclusion n'en fût aussi honteuse pour Henry, que je prévoyois qu'elle alloit l'être.

Ce Prince ne manqua pas de Courtisans, qui le servirent à son goût : le manége de la Cour se montra dans son plus beau jour. Aussi-tôt qu'on s'y apperçut que Henry ne pouvoit, ni se dégager de sa Maîtresse, ni commander à la

# LIVRE VINGTIEME. 419

1605.

Reine; cette foule d'esclaves volontaires de tous les désirs & des passions du Souverain, sçut accommoder ses démarches, ses paroles, & jusqu'à l'air du visage, à cette disposition. Personne n'osoit contredire ni la Reine ni la Marquise : on ne faisoit que feindre l'un & l'autre auprès du Roi, suivant l'espèce de commission qu'on avoit reçuë de ce Prince : on ne servoit sa colère qu'à demi, afin d'avoir une justification toujours prête des deux côtés. Sigogne avoit été envoyé de la part de Sa Majesté, me porter au sujet de la Marquise, un ordre très-sévère & conçu en des paroles extrêmement fortes : il ne fit pas de difficulté de m'en supprimer la moitié : & ce qui est de plus singulier, c'est que Henry le sçut, me le dit lui-même, & ne s'en servit pas moins des mêmes personnes. Si la foiblesse fut poussée loin de la part de ce Prince ; la flaterie le fut encore davantage de la part des Courtisans : on n'a jamais mieux connu jusqu'à quel point elle est ingénieuse, & tout ensemble rampante, basse & miserable.

Personne ne fut trompé à la maniere dont en usa Henry à l'égard de la Marquise de Verneuil ; mais on ne laissa pas d'être surpris que la grace qu'on lui accordoit s'étendît jusque sur deux Coupables, que la voix publique avoit déja condamnés à la même punition que le Maréchal de Biron. La peine (1) du Comte d'Auvergne fut commuée en une prison perpétuelle à la Bastille ; où il est vrai que cette fois, il eut le temps de s'ennuyer (2) : celle du Pere de la Dame, en un éxil dans ses Terres : & pour elle ; elle eut grace entiere (3) ; & même elle en dicta les conditions.

---

(1) » Le Roi transmua cette peine, dit Bassompierre, en une prison perpétuelle ; partie en consideration de Madame d'Angoulême, qui en fit de merveilleuses instances ; mais davantage, par une raison qu'il nous dit, que le feu Roi Henry III. son Prédécesseur, ne lui avoit en mourant, recommandé que M. le Comte d'Auvergne & M. le Grand ; & qu'il ne voulut pas qu'il fût dit, qu'il eût fait mourir un homme, que celui qui lui avoit laissé le Royaume lui avoit si affectionnément recommandé. » *Tom. 1. pag.*

165. Mais ni M. de Sully, ni Henry IV. s'entretenant sur ce sujet avec son Ministre, ne disent un seul mot de ce motif.

(2) Il en sortit sous le Régne suivant. Il avoit soixante-onze ans lorsqu'en 1644. il épousa en secondes nôces Mademoiselle de Nargonne : & comme cette Dame n'est morte qu'en 1713. âgée de quatre-vingt-douze ans, on a vu par une espèce de paradoxe chronologique, une Bruë mourir près de cent quarante ans après son Beau-pere.

(3) » Le Roi, dit Perefixe, permit à la Marquise de se retirer à

Ggg ij

1605.

Ce Procès ne pouvoit être terminé entre le Roi & sa Maîtresse, sans en faire naître un autre entre ce Prince & la Reine, à qui cette nouvelle complaisance du Roi son Epoux, donnoit une belle matiere de crier & de s'emporter. Il fallut songer à l'appaiser; & le Roi sçut encore bien me trouver en cette occasion. Toutes les autres peines ne furent que peu de chose, auprès de celle-là: Chaque moment, nouvelles paroles à justifier, nouvelles démarches à interpréter, nouveaux intérêts à concilier: la nuit y fut bien-tôt employée, aussi bien que le jour. Le calme étoit-il rétabli; un orage survenoit aussi-tôt, qui remettoit tout au premier état. Je trouvai à mon retour du Limosin, sur la fin de l'année, plus de brouillerie à Fontainebleau, qu'il n'y en avoit jamais eu. Que faire à un mal irrémédiable? sinon, le déplorer, & se taire: C'est le parti que je pris. Je retirai même toutes les Lettres, que le Roi m'avoit écrites à ce sujet; & je n'en laissai aucune entre les mains de mes Sécretaires, auxquels je ne fis plus part de tout ce qui me fut confié par le Roi, dans tout ce temps-là; quelqu'instance qu'ils m'en fissent: J'arrachai une de ces Lettres, & des principales, des mains de l'un d'eux, que je trouvai qui commençoit à la lire, dans mon petit Cabinet verd, où je l'avois envoyé me chercher des papiers. J'agis aujourd'hui dans le même esprit, d'ôter au Public la connoissance de toutes ces tracasseries: Qu'y verroit-on au reste, qu'une répétition inutile de rapports, de reproches, de jalousies, de desseins violens? toutes choses, dont je crois que le Lecteur doit être présentement bien las.

De l'humeur dont étoit le Comte d'Auvergne, on croit bien qu'il ne prit pas en gré le séjour de la Bastille; ni d'Entragues, le repos dont on le faisoit jouir malgré lui. On découvrit six mois après, que le Comte d'Auvergne avoit concerté avec son Beau-pere, qui apparemment trouva le secret de se faire jour jusque dans sa prison, les moyens de

» Verneuil; & sept mois s'étant
» écoulés, sans que le Procureur-
» Géneral eût trouvé aucune preu-
» ve contre elle, il la fit déclarer
» entierement innocente du crime
» dont elle avoit été accusée. Il la
» dispensa, dit le Mercure François,
» de se présenter à la Cour de Par-
» lement, pour y faire enregistrer
» ses Lettres d'abolition, lesquelles
» furent entérinées le 6 Septem-
» bre. « Voyez le détail de tout ce
Procès, dans M. De-Thou, ann. 1605.
Siri, ibid. pag. 299. & autres Historiens.

se sauver de la Bastille. L'avis fut si bien appuyé par celui qui le donna, qui étoit un nommé Le-Cordier, que sur son rapport, le Grand-Prévôt trouva effectivement dans le Bois de Malesherbes, les cordes, les poulies & les autres engins, dont on devoit se servir pour cette évasion ; & qu'il alla ensuite arrêter de nouveau d'Entragues, & lui faire subir un Interrogatoire chez lui. Celui-cy prétendit qu'il n'étoit pas obligé de répondre au Grand-Prévôt : il fallut l'y contraindre par une Commission spéciale, que Sa Majesté envoya du fond des Provinces, où elle étoit alors.

1605.

D'Entragues composa pendant ce temps-là, une espéce de Factum, écrit & signé de sa main, pour justifier ses procédés ; & il crut en être quitte pour cela. Cette Piéce étoit bien digne de son Auteur, par le tour adroit & spécieux, dont il coloroit sa conduite ; quoiqu'avec toute sa finesse, il eût pourtant échoué sur l'article principal, qui étoit de donner l'explication des cordes & des machines, cachées dans le Bois de Malesherbes. Il se défendit beaucoup plus mal, lorsque malgré cette Piéce, il se vit obligé de subir l'Interrogatoire : Il soûtint opiniâtrement qu'on ne pouvoit lui prouver aucune mauvaise intention, dans ces cordes & ces poulies. Le Grand-Prévôt n'omit rien de ce qui étoit de sa Charge : il eut soin de séparer tout d'abord les Domestiques de d'Entragues, avant qu'ils eussent pu rien concerter, ni entre eux, ni avec leur Maître : Mais malgré la colère que Henry fit éclater, on sent dans toute cette procédure, un air de faveur, tout-à-fait propre à rassûrer le coupable. Quoique Le-Cordier fournît tous les éclaircissemens nécessaires, & qu'il chargeât griévement un nommé Giez, entr'autres ; on aima mieux en croire cet accusé, sur la simple parole qu'il donna, de n'avoir connoissance de rien ; & il ne fut pas même enfermé. J'envoyai de mon Gouvernement où j'étois pendant ce nouveau débat, des ordres à mon Lieutenant de la Bastille, pour resserrer plus étroitement le Comte d'Auvergne : c'est à quoi tout cela aboutit

Mettons de suite la fin d'une autre affaire, commencée & presqu'achevée l'année précédente : c'est l'entiere réhabilitation des Jésuites. Ces Peres crurent qu'il y manqueroit toujours quelque chose, quelques témoignages qu'ils reçussent de la bienveillance de Sa Majesté, tant qu'on verroit

1605.

subsister la (4) Pyramide, élevée sur le sol de la maison de Châtel. Sa Majesté pressée, priée, persécutée sur cet article, consentit à la fin qu'il fût remis à la délibération de son Conseil. Je croyois, & beaucoup d'autres pensoient comme moi, que ce n'étoit point traiter la Société en ennemie, que de conclurre à biffer seulement l'Inscription, un peu forte à la vérité, dont cette Pyramide étoit chargée : mais elle avoit si bien sçu gagner la plus grande partie de ceux qui composoient le Conseil, qu'elle en obtint un Arrêt, tel qu'elle le demandoit.

Ce que je fis en cette occasion, ne me paroît pas mériter tout le poids de l'indignation des Jésuites : Cependant ma perte parut dès-lors à ces Peres, & sur-tout aux trois qui

---

(4) Cette Piramide, d'environ vingt pieds de hauteur, assez bien travaillée, étoit placée vis-à-vis le Palais, n'y ayant que la ruë entre deux. Au-dessus du Piédestal, étoit gravé sur les quatre faces, dans autant de plaques de marbre noir, l'Arrêt du Parlement, dont il a été fait mention ci-devant, à l'occasion du procès de Jean Châtel ; avec des Inscriptions, conçuës dans les termes les plus flétrissans pour les Jésuites. Nous n'avons garde de rapporter ici ces Inscriptions, qui se sont conservées dans *les Mémoires de la Ligue, tom. 6. D'Aubigné, tom. 3. l. 4. ch. 4. Les Mss. R. vol. cotté 9033.* où se voit aussi la Traduction Françoise qui en fut faite en ce temps-là ; & dans quelques autres Ecrits.

M. De-Thou & le Mercure François, qu'on peut encore consulter sur la démolition de la Piramide, *ann. 1605.* conviennent avec M. de Sully, qu'il y avoit une espèce de justice à biffer ces Inscriptions, en rétablissant les Jésuites : ces deux Arrêts se contredisant l'un l'autre : Mais ils marquent aussi qu'on se récria fortement sur la destruction du Pilier, qui fut renversé en plein jour au mois de Mai, par le Lieutenant-Civil Miron, envoyé pour ce sujet par Sa Majesté ; & l'on construisit une Fontaine à la place : » Les Lettres, dit P. Matthieu, *tom. 2. liv. 3. p. 683.* » en furent adressées à M. de Sully, » comme Grand-Voyer. Les prin- » cipales statuës furent portées aux » Grottes de Saint-Germain. »

Les ennemis des Jésuites se vengerent, en répandant dans le public une infinité de petites Pièces, en Vers & en Prose, très-sanglantes, sur tout ce qui se passa en cette occasion, qu'on ne doit pas non plus s'attendre à voir ici. Ils relevèrent avec malignité, qu'en abattant les quatre figures représentant les quatres Vertus, qui étoient aux quatre coins de la Pyramide, au-dessus des Inscriptions, on avoit commencé par celle de la Justice : ce qui étoit un pur effet du hazard, ou peut-être, n'est point vrai du tout. L'estampe de cette Pyramide ne fut que plus curieusement recherchée après cela, chez Jean Le Clerc, où jusque-là elle s'étoit imprimée avec Privilege ; mais Henry en envoya chercher la planche, trois mois seulement avant qu'il fût assassiné. La plusspart des Inscriptions dont la Pyramide étoit ornée, & dont MM. De-Thou, De-Serres, Mezerai & quelques autres Historiens, ont déploré le renversement, étoient de la composition de Joseph Scaliger, trop bon Protestant, pour ne haïr pas infiniment la Société des Jésuites. *Mém. Chronol. & Dogmat. tom. 1. pag. 30.*

jouoient le plus grand rôle à la Cour, importer si fort à la Réligion, à la cause commune & à leur intérêt particulier, qu'il fut résolu qu'on y travailleroit avec beaucoup d'ardeur. Aux trois Jésuites fut associé pareil nombre des principaux Seigneurs de la Cour, que je ne nommerai point non plus : il ne fut besoin que de réveiller en eux, de vieilles idées de Ligue, dont le nom étoit à la vérité proscrit à la Cour, mais non pas l'esprit, ni la Politique. Il ne leur fut pas difficile de grossir en peu de temps considérablement leur Parti ; en y faisant entrer tous ces Courtisans voluptueux, dont on convenoit que c'étoit avec plus d'imprudence que d'injustice, que je censurois la vie molle & efféminée. En se rendans utiles à leurs Associés, les Jésuites s'en servirent si avantageusement pour eux-mêmes, qu'en fort peu de temps on leur vit fonder nombre de Colléges, dans plusieurs des principales Villes du Royaume, & y appliquer des revenus considérables.

Ils ne trouverent pourtant pas par-tout une égale facilité à réussir. Ceux de Troyes par exemple, de Rheims & de Langres, ne reçurent pas favorablement les offres, que la Société leur fit de ses services. Il fallut avoir recours aux Lettres de Sa Majesté : Les Peres Cotton & Gauthier furent chargés de le demander au Roi ; à qui tant de Requêtes l'une sur l'autre, ne laissoient pas de donner quelquefois à penser. Il leur répondit, Qu'il ne demandoit pas mieux que de les gratifier en tout : mais qu'il craignoit qu'à la fin, ils ne compromissent l'autorité Royale : Il leur cita pour exemple, (5) Poitiers, où malgré les Mandemens qu'ils avoient obte-

(5) Ce que dit ici l'Auteur, de la difficulté qu'eurent les Jésuites à se faire recevoir dans Poitiers, me surprend d'autant plus, que le Septénaire met nommément cette Ville, au nombre de celles qui demanderent à avoir les Jésuites. Fol. 438. Matthieu compte vingt de ces Villes, & n'y oublie pas Poitiers : » parce que, dit-il, leurs Colléges & » Ecoliers étoient meilleurs que les » autres,« Tom. 2. liv. 3. pag. 606. & 686. Si je ne voyois ici nommés l'Evêque & les Tréforiers de France, je croirois que ce que M. de Sully appelle la Ville, ou le plus grand nombre des Bourgeois, ne comprend que les Calvinistes, qui en composoient peut-être en effet la plus grande partie. L'Evêque de cette Ville, qui étoit en liaison particulière avec ce Ministre, comme il paroît par les Lettres de l'un & de l'autre, rapportées dans nos Mémoires ; pouvoit bien lui-même, par Politique, s'opposer à l'établissement des Jésuites, aussi bien qu'un grand nombre des principaux habitants de la Ville, même Catholiques ; persuadés que par-là ils feroient leur cour au Gouverneur de la Province, quoiqu'il ne l'éxigeât pas ouvertement :

1605.

nus de lui, depuis près de deux ans qu'ils travailloient à se faire recevoir dans cette Ville; ils n'avoient pu venir à bout de rien; quoique dans le même-temps, elle fît instance pour la fondation d'un Collége Royal. Le Pere Cotton repartit, Que ce qui s'étoit passé à Poitiers, n'emportoit aucune conséquence pour les autres Villes; parce qu'ils n'auroient pas le malheur de trouver par tout dans leur chemin, des personnes aussi puissantes, aussi respectées dans la Province, & aussi favorisées de Sa Majesté même, qu'ils en avoient trouvé dans l'affaire de Poitiers.

Le Roi n'eut pas besoin de toute la pénétration, avec laquelle il se piquoit quelquefois de connoître aux gestes seuls & à l'air du visage de ceux qui lui parloient, tout ce qu'ils avoient dans le cœur (6). Il répliqua au Pere Cotton, Qu'il entendoit de reste ce qu'il vouloit lui dire: mais qu'il étoit assûré que c'étoit une pure calomnie, fondée de la part du Pere, sur des rapports qu'on lui avoit faits; parce que m'en ayant parlé à moi-même, loin d'avoir paru être dans les dispositions qu'il me supposoit, je l'avois assûré que je ne nuirois point à cette entreprise, & même que je l'appuierois. » Ah! ah! Sire, reprit le Pere, Dieu me garde d'offen-
» ser, fâcher, ni mal parler de ceux que vous aimez, &
» dont vous croyez être si bien servi: je ne cesserai jamais
» de les honorer & de les servir moi-même: Mais si Votre
» Majesté vouloit bien qu'on lui fît connoître la vérité, par
» de bonnes preuves; rien ne seroit si facile, que de lui justi-
» fier clairement, qu'il n'y a point de supposition dans tout
» ce que j'ai eu l'honneur de lui dire. « Le Roi lui demanda
plus

---

C'est par de pareils motifs qu'on agit trop souvent, & qu'à la honte & aux dépens de la Religion qu'on professe, on se conduit dans la vie. Ce soupçon, qui n'est pas sans fondement, peut aussi donner quelque jour pour défendre, ou du moins, pour justifier le Pere Cotton, dans le démêlé entre M. de Sully & ce Pere, que l'Auteur commence à rapporter. Il s'applique aussi aux plaintes, que nos Mémoires mettent plus bas dans la bouche de ceux de Poitiers, que les Jésuites y ayant enfin été reçus; leur Collége, de bon qu'il étoit auparavant, étoit aussi-tôt devenu fort mauvais; & que ces Peres n'avoient réüssi qu'à mettre la division entre les deux Partis. Ces deux ou trois Articles ont une liaison naturelle entr'eux: & l'on peut encore y joindre celui de l'opposition de la Ville de Metz à recevoir les Jésuites, dont il sera aussi fait mention.

(6) Matthieu a remarqué la même chose dans Henry IV. » Il ju-
» geoit, dit-il, des actions & des pa-
» roles, sur la mine & sur les yeux.«
Tom. 2. liv. 4. pag. 807.

(7) C'est

# LIVRE VINGTIEME.

1605.

plus férieufement encore, s'il étoit bien fûr de prouver ce qu'il venoit d'avancer. Le Pere le confirma de nouveau : « Hé bien, lui dit le Roi, en le congédiant ; j'y aviferai : « & il m'envoya chercher à l'heure même.

Arrivé aux Tuileries, Henry me prit par la main, & me mena dans l'Orangerie; où en fe promenant, il me demanda, comme fans deffein, où en étoit l'affaire du Collége des Jéfuites à Poitiers. Je lui répondis que je n'en fçavois rien ; ne m'en étant point mêlé, pour les confidérations que je lui avois marquées. » Regardez bien à ce que vous dites, reprit » ce Prince ; car on m'a voulu perfuader que vous feul em- » pêchez cet établiffement. « Je lui affûrai avec ferment, que directement ni indirectement, je n'y avois pas fait la moindre oppofition ; que je n'avois pas même témoigné y avoir la moindre averfion. » Oh bien ! puifque cela eft ainfi, » me dit Henry, ne faites femblant de rien, & n'en parlez » à perfonne. « En rentrant dans le Louvre, il prit de même le Pere Cotton en particulier, & lui dit : » Or ça, mon Pere, » qui vous a fait tous ces beaux contes touchant M. de Rof- » ny ? car cela eft entièrement faux, comme je m'en étois » toujours bien douté. « Cela ne fe trouvera point faux, Sire, répondit le Pere Cotton : & pour ne laiffer aucun doute à Sa Majefté, fur la vérité de fes paroles, il l'appuya en ce moment ; fur des Lettres écrites par moi à l'Evêque de Poi- tiers, aux Tréforiers de France de cette Ville, aux Sainte- Marthe & autres ; fur lefquels je pouvois tout, dit-il, & à qui je mandois formellement de s'oppofer à l'établiffement de la Société : qu'il avoit vu ces Lettres de fes propres yeux, entre les mains d'un homme plein d'honneur & de droitu- re, & qui les lui avoit fait lire. » Me feriez-vous bien voir » ces Lettres, lui dit le Roi ? Ouï, Sire, reprit le Jéfuite, » quand il vous plaira. « Sa Majefté, qui avoit balancé juf- que-là entre le Pere & moi, ne put s'empêcher cette fois de le croire à mon préjudice. » Je parlerai demain à vous, » lui dit ce Prince ; & je vous donnerai tous les ordres, qui » vous feront néceffaires. «

Je retournai encore le lendemain matin aux Tuileries, fur les huit heures ; Sa Majefté me l'ayant envoyé dire de fort grand matin. Elle me parla des Dépêches ordinai- res & des affaires courantes : puis elle me mena, comme la

Geoffroy de Saint-Be- lin, Evêque de Poitiers.

veille, dans l'Orangerie; où je devinai, seulement à l'air de son visage, une partie de ce qu'elle alloit me dire. » Vous sça-
» vez, me dit ce Prince, combien je vous aime; mais vous
» sçavez aussi combien j'aime la vérité, & je hais le déguise-
» ment: Vous en avez eu avec moi; & quoique je ne vous
» cache aucun de mes secrets, vous avez usé de dissimula-
» tion, dans ce que je vous ai demandé au sujet des Jésuites.
» Ce n'est pas que je m'offense de la chose en soi: comme
» ils ne vous témoignent pas beaucoup d'amitié, je ne m'é-
» tonne point que vous ne soyez pas le solliciteur de leurs
» affaires; mais je suis fâché de voir que vous ne m'en avez
» pas parlé franchement, vous qui faites profession d'être
» vrai & sincere. «

J'écoutois le Roi, sans rien dire, par un effet de ma surprise. » Voilà, Sire, lui dis-je enfin, la plus grande imposti-
» re du monde: je ne vous demande d'autre grace, que d'en
» poursuivre l'éclaircissement jusqu'au bout: Si l'accusation
» des Jésuites se trouve véritable, usez en mon endroit de
» toutes les punitions qu'il vous plaira; je ne m'en plaindrai
» point: Mais aussi si elle est fausse, permettez moi, Sire,
» je vous en supplie très-humblement, que je m'en fasse une
» justice éxemplaire; afin de prévenir dans la suite, tout au-
» tre dessein, semblable à celui-là: parce que s'il falloit que
» je ne fusse continuellement occupé qu'à faire des Apolo-
» gies pour ma défense; il ne me seroit plus possible de va-
» quer à toutes les affaires de l'Etat, dont le nombre & le
» poids passent déja ma portée. Quoi! interrompit ce Prin-
» ce, vous n'avez rien écrit contre les Jésuites & leur Col-
» lége, à qui que ce soit, ni de près, ni de loin? Rafraîchis-
» sez votre mémoire, ajoûta-t'il; afin de ne vous engager à
» rien soûtenir, dont le contraire puisse être prouvé. Non,
» Sire, repliquai-je; je vous le jure sur mon Dieu & mon
» Salut. Comment! poursuivit le Roi, avec une véritable
» indignation; voilà de malins esprits, & qui ne peuvent se
» lasser d'envier la vertu, & de nuire à ceux qui me ser-
» vent bien: Laissez moi faire; je veux approfondir cette
» menée, & en découvrir la source & les Auteurs. «

Il me quitta pour s'en aller à la Messe aux Capucins, où
il sçavoit qu'il trouveroit le Pere Cotton. Il l'appella; &
l'ayant encore mis sur la question des jours précédens, il

lui demanda où étoient les Lettres, qu'il lui avoit dit avoir vûes : » Elles font, Sire, lui dit le Pere, entre les mains
» d'une personne d'honneur ; & je garantis la vérité de ce
» que cette personne m'en a dit, comme de ce qu'elle m'en
» à montré. C'eft affez, reprit Sa Majefté ; mais allez me
» les chercher, afin que je les voie : je connois fon écritu-
» re & fon feing, comme le mien propre ; ayant reçu plus de
» deux mille Lettres de lui en ma vie. « Le Pere fe fentit
embarraffé d'un ordre, qui venoit fi mal à propos ; il chercha à l'éluder, en prenant Sa Majefté à témoin de fa bonne-
foi & de fon averfion pour le menfonge : » Je veux bien vous
» croire, lui dit ce Prince ; mais je veux auffi le faire croire
» aux autres, en leur préfentant les Lettres : ainfi ne man-
» quez pas, pourfuivit-il, en prenant un ton tranchant, de
» me les apporter ; car encore une fois, je veux les voir, pour
» convaincre de malice & de fraude ceux qui le mériteront :
» Allez, & revenez auffi-tôt. «

Il n'y avoit rien à repliquer à tout cela. Le Pere falua
Sa Majefté, & s'éloigna : Mais le Roi l'attendit inutilement
tout le refte du jour ; dont il s'excufa le lendemain matin,
fur l'abfence de la perfonne dépofitaire des Lettres : mais il
falloit trouver une autre excufe, qui coûtoit bien davantage au Pere, fur ce qu'il revenoit fans les apporter. Il dit
au Roi, qu'un malheur avoit voulu que le Valet de chambre de ce Seigneur, eût jetté au feu les Lettres, avec d'autres Papiers. Au défaut de Lettres, il apporta mille nouvelles affûrances : Mais le Roi n'étoit plus d'humeur à fe
payer de cette monnoie. » Comment ! dit-il, en l'interrom-
» pant avec colere, on a brûlé ces Lettres ? cela n'eft pas
» croyable : « Et comme il vit que le Pere Cotton, qui fentoit bien que cette affaire n'étoit plus pour en demeurer
là, ne faifoit que biaifer dans fes réponfes, & fembloit demander qu'on ne parlât plus de tout ce qui s'étoit paffé ;
il le quitta brufquement. » Vous ne fçavez pas, Rofny, me
» dit ce Prince, en fe rapprochant de moi, & me tirant à
» quartier ; vos Lettres ont été brûlées. «

Je revenois trouver Sa Majefté, pour lui propofer de mon
côté un expédient, qui m'avoit paru propre à fermer la bouche à mon Accufateur : c'étoit d'engager le Roi à écrire à
l'Evêque de Poitiers, & aux Officiers de cete Ville, pour

Hh h ij

se faire repréſenter toutes les Lettres, qu'ils avoient reçuës de moi; & de leur écrire moi-même, de la maniere la moins ſuſpecte. J'apportois avec moi tous ces Originaux de Lettres; auxquels Sa Majeſté ne trouva rien à changer: Elle fit écrire incontinent celles qui étoient en ſon nom; & enfermant les unes & les autres dans un même paquet, elle en chargea le Courrier Conſtant. L'Evêque & les Officiers de Ville firent partir le Sieur de La-Pariſiere; afin qu'il ſatisfît Sa Majeſté, ſur tout ce qu'elle déſiroit ſçavoir. La-Pariſiere atteſta à mon ſujet, au nom de tous ſes Concitoyens, qu'ils avoient regardé les Lettres que je leur avois écrites, comme remplies de diſpoſitions favorables pour les Jéſuites; & il préſenta au Roi toutes celles qu'on avoit pu ramaſſer.

Parmi un aſſez grand nombre, où il n'étoit queſtion que des affaires de la Province, il s'en trouva quatre, dans leſquelles il étoit parlé des Jéſuites. Trois de ces Lettres, adreſſées à Sainte-Marthe, Lieutenant-Général & à ſon Frere ſéparément, & au Bureau des Finances, étoient copiées toutes trois les unes ſur les autres; & voici ce qu'on y liſoit, à la ſuite d'un autre détail : » Quant à ce qui eſt du » Collége des Jéſuites; je ne ſçais pas pourquoi vous vous y » rendez ſi difficiles, & pourquoi vous réiterez ſi ſouvent » vos inſtances pour ce Collége Royal, dont vous m'avez » écrit : puiſque vous connoiſſez, comme je vous l'ai mandé » pluſieurs fois par le Sieur de La-Pariſiere, que vous n'obtiendrez jamais du Roi les moyens néceſſaires pour le dernier; & qu'il veut abſolument l'autre. C'eſt donc à vous » à uſer de prudence, & à faire de bonne grace, afin qu'on » vous en ſçache gré, ce qu'auſſi-bien vous ferez à la fin, » malgré vos intentions. Ne ſongez ſeulement qu'à établir » de tels Réglemens, en les recevant, qu'ils ne puiſſent troubler le repos de la Ville, ni de la Province, ni altérer l'union & la bonne correſpondance, qui ſe voit entre ceux » des deux Religions; afin que le Roi ſoit également bien » ſervi de tous. «

La quatriéme de ces Lettres, adreſſée à M. l'Evêque de Poitiers, a quelque choſe encore de plus fort. Quelques affaires & quelques Complimens rempliſſent le commencement ; à la ſuite deſquels le Roi lut ces paroles : » Quant » aux Jéſuites; je me ſuis toujours bien douté qu'ils ne trou-

» veroient pas tant de gens affectionnés & charitables en
» effet, comme en paroles : Pour mon égard, si la Province
» les désire, & qu'ils soient résolus d'y vivre doucement,
» sans aigrir les esprits, & empêcher la bonne intelligence
» des deux Religions ; je ferai bien aise de les voir en mon
» Gouvernement, & je les favoriserai dans tout ce que je
» pourrai : mais s'ils y apportoient de la division, altération
» & défiance, j'aimerois beaucoup mieux qu'ils fussent ail-
» leurs. «

Le Courrier du Roi, en repassant à Paris, où il ne trouva plus Sa Majesté, qui venoit de partir pour Fontainebleau, me laissa la réponse particuliere, que M. l'Evêque de Poitiers faisoit à la Lettre que je lui avois écrite. Voici ce qu'elle contenoit : Que le Pere Moussy Jésuite, étoit venu lui apporter une Lettre de la part du Pere Cotton ; dans laquelle ce Pere paroît le prévenir sur certaines Lettres, prétenduës écrites par moi à lui Evêque, contre l'établissement & l'honneur de la Société ; & sur des plaintes, que ce Pere, les croyant vraies, a faites contre moi à Sa Majesté : Qu'à la lecture de cette Lettre, il avoit fait convenir le Pere Moussy, que son Confrere avoit eu grand tort de croire une chose de cette conséquence si légérement ; & plus grand tort encore, de l'écrire, & de la porter aux oreilles du Roi : Que le Pere Moussy avoit vu toutes les Lettres, que j'avois écrites à lui Evêque ; & qu'il n'y avoit rien trouvé d'approchant : Qu'il s'est chargé de détromper le Pere Cotton, en lui faisant part de ce qu'il avoit vu,

L'Evêque de Poitiers, qui croit bonnement l'éxistence de cette Lettre imaginaire d'accusation contre moi, que le Pere Cotton lui mandoit qui lui étoit venuë de Poitiers ; & qui est persuadé apparemment, que c'est me rendre service, aussi bien qu'à lui, que de travailler à découvrir quel en est l'Auteur ; me mande qu'il y va donner tous ses soins, & qu'on lui a déja dit le jour précédent, qu'elle est signée, *Guillaume* : Mais que personne ne pouvoit mieux le sçavoir, que le Pere Cotton lui-même : parce que quoiqu'il lui mande encore, que c'est lui Pere Cotton, qui a jetté cette Lettre au feu ; il ne doit pas avoir oublié qu'elle en étoit la souscription. La Lettre de cet Evêque est dattée du 23 Mars 1605. Je la fis voir à Sillery, qui partoit pour Panfou, d'où il se rendoit à Fontainebleau ; afin qu'il en fît son rapport au Roi : Mais ce Prince voulut que je la lui portasse à Fontainebleau, avec les copies de celles qui m'avoient été renvoyées de Poitiers. Je m'apperçus que la nouvelle preuve de ma sincérité, qu'il avoit euë en cette occasion, avoit ajoûté quelque chose à ses sentimens pour moi.

Il envoya le lendemain chercher Richelieu & Pont-courlay, & leur demanda s'ils ne sçavoient point par qui étoient suggerées au Pere Cotton, les plaintes qu'il avoit fait de moi ; & s'ils n'y avoient point eux-mêmes quelque part. Ils lui dirent, Que bien loin d'y avoir trempé, ils avoient fortement conseillé au Pere Cotton, de ne jamais parler à Sa Majesté de ces Lettres, soit imaginées, soit fabriquées par un Imposteur, & données sous un nom supposé : parce que si elle ajoûtoit foi à ce que je lui disois, dans des choses, où ma Réligion pouvoit me rendre suspect ; à plus forte raison me croiroit-elle, par préférence à des rapports frivoles. Henry répondit, Qu'il falloit qu'ils cherchassent à me faire prendre le même parti de la modération, qu'ils avoient conseillé au Pere Cotton : » ne cherchant, dit-il, qu'à éloigner toute » occasion de mésintelligence entre mes bons Serviteurs, » dans les affaires, tant politiques qu'ecclésiastiques. « Il leur permit, s'ils ne pouvoient réüssir autrement à nous réconcilier, de rejetter sur lui-même une partie du tort.

Je me rendis de bonne grace à un raccommodement. Après que les deux Agens m'eurent assûré que le Pere Cotton n'avoit eu aucune volonté de m'offenser ; ils me prierent de permettre que ce Pere vînt m'en assûrer lui-même, en me baisant la main. J'y consentis encore ; & ils me l'amenerent dès le lendemain. Ce Pere me dit, Qu'il étoit bien vrai qu'il s'étoit plaint d'avoir un ennemi secret, dans l'affaire du Collége de Poitiers ; mais qu'il avoit été bien éloigné de penser que ce fût moi : cependant que Sa Majesté l'avoit compris ainsi, & me l'avoit fait entendre de même : Ainsi qu'il n'y avoit qu'un simple mal entendu, dans cette affaire : Qu'il ne laissoit pas d'en être au désespoir ; & qu'il n'en étoit que plus disposé à me rendre ses très-humbles services. Voilà comment se termina une affaire, qui de part & d'autre avoit fait faire bien des démarches.

C'est peut-être par une suite de cette réconciliation, que

# LIVRE VINGTIEME.

le Pere Richeome de Bordeaux, me fit préfenter fur la fin de l'année, par le Pere Cotton lui-même, un Livre de fa compofition, avec une Epître Dédicatoire très-flateufe. Il y marquoit, Que quoique ce Livre ne fût pas fort goûté de ceux de ma Religion ( il s'y agiffoit du Pélérinage de Lorette ), il n'avoit pourtant fait aucune difficulté de me l'offrir ; ni même douté que je ne lui fiffe un accueil favorable, par le motif de mon attachement au Roi, qui y étoit exalté dans les termes les plus magnifiques : Il y en joignoit un fecond, qui étoit purement de fon invention ; c'eft que je me fentois, à ce qu'on lui avoit affûré, une difpofition à embraffer la Croyance Romaine, qui prenoit de nouvelles forces de jour en jour. Il me rappelloit un autre petit préfent tout femblable, qu'il m'avoit fait dès l'année précédente ; en m'envoyant fa *Plainte apologétique des Jéfuites*, au Roi ( 7 ). Je lui dis dans ma réponfe, Que me fentant affez de force, pour aimer jufqu'à mes ennemis ; fa Société pouvoit juger à plus forte raifon, ce que je fentois pour elle, lorfqu'elle fe difoit de mes amis. Je lui rendis complimens pour complimens, fouhaits pour fouhaits, & même Livre pour Livre : car je lui envoyai le Voyage de Jérufalem, pour celui de Lorette.

Si quelqu'un doute de la fincérité de cette difpofition des Jéfuites, à mon égard ; qu'il attende un moment, il fçaura à quoi s'en tenir. Je ne veux rien omettre des circonftances du fait que je vais rapporter, parce que je crois qu'elles n'ennuieront point ; regardant deux Perfonnes auffi connuës à la Cour, que le Duc d'Epernon & Grillon, (8) Meftre-decamp du Régiment des Gardes.

---

(7) C'eft le dernier des Ouvrages de ce Pere, contre Antoine Arnaud : Il écrivit beaucoup, & avec affez de fuccès, en faveur de fa Société.

(8) Louis Berton de Crillon, ou Grillon, Gentilhomme Avignonnois, également connu par fon caractère fingulier, & par un intrépidité, qui lui fit donner le nom de *L'homme fans peur*. Je trouve dans la vie du Duc d'Epernon, un trait fort propre à être placé ici, à côté de ce que rapporte M. de Sully fur ce Gentilhomme. » Le Duc de Guife, auprés duquel » il avoit été envoyé après la réduc- » tion de Marfeille, voulant l'éprou- » ver, propofa, dit l'Hiftorien, à » quelques Gentilhommes, de faire » foudainement donner l'alarme de- » vant le logis de Grillon, comme » fi les Ennemis euffent été maîtres » de la Ville. En même-temps, il fit » mener deux chevaux à la porte » du logis, & monta à la chambre » de Grillon : Il lui dit, Que tout » étoit perdu : Que les Ennemis » étoient maîtres du Port & de la » Ville : Qu'ils avoient forcé les Gar-

Celui-ci avoit pris pour moi au commencement les mêmes sentimens, que presque tous les Courtisans. Il vint à m'aimer, plus encore qu'il ne m'avoit haï, après une petite avanture qui nous arriva à tous deux au Siège de Charbonnières, pendant la Guerre de Savoie. Grillon avoit été logé à Aiguebelle, petite Ville au pied du Fort, où il commandoit nos Gens de pied; & venoit souvent visiter le Quartier de l'Artillerie, où j'étois. Il se trouva un jour à côté de moi dans un pré, d'où j'observois un Ravelin, que je voulois faire battre; & où nous étions moi & ceux qui m'accompagnoient, à la portée d'une Batterie, dont les décharges commencerent à devenir si vives & si fréquentes, que pour ne pas risquer inutilement tant de vies, je voulus remettre ce qui me restoit à faire, à un temps moins clair. " Quoi! Morbieu, mon Grand-Maître, me dit Grillon, de " l'air & du ton que chacun sçait; craigniez-vous les arque-" busades en la compagnie de Grillon ? Arnidieu ! puisque " je suis ici, elles n'oseront approcher : Allons, allons, jus-" qu'à ces Arbres, que je vois à deux cens pas d'ici; nous " reconnoîtrons de-là plus aisément. Hé bien ! allons, lui ré-" pondis-je en riant : Nous jouons à qui se montrera le plus " fou : mais vous êtes le plus vieux des deux; je veux faire " voir aussi que vous êtes le plus sage. « J'aurois peut-être mieux

" des, chassé & rompu tout ce qui " s'étoit opposé : Que n'y ayant plus " moyen de leur résister, il avoit " pensé qu'il valoit mieux se reti-" rer, que d'augmenter leur victoi-" re par leur perte : Qu'il venoit se " joindre à lui, afin qu'ils fissent en-" semble leur retraite : Qu'il avoit " fait amener deux chevaux, qui les " attendoient à la porte : Qu'il le " prioit de se hâter, afin qu'ils ne " fussent point surpris du temps & " des Ennemis. Grillon étoit endor-" mi; lorsque l'alarme fut donnée, " & n'étoit presque pas éveillé, lors-" que le Duc de Guise lui tenoit ce " discours. Sans s'émouvoir d'une si " chaude alarme, il demande ses " habits & ses armes, & dit, Qu'il ne " falloit pas croire légerement tout " ce qu'on rapportoit des Ennemis; " mais que quand les avis seroient

" véritables, il valoit bien mieux " mourir les armes à la main, que " de survivre à la perte de cette Pla-" ce. Le Duc de Guise ne pouvant le " détourner de sa résolution, sort " avec lui de la chambre : mais com-" me il fut au milieu du dégré, ne " pouvant plus se contenir, le rire " lui échapa; & alors Grillon s'ap-" perçut de la raillerie. Il prit un vi-" sage beaucoup plus sévère, que " lorsqu'il pensoit aller combattre; " & serrant le Duc de Guise par le " bras, lui dit en blasphêmant ? car " il commençoit tous ses discours " par des sermens horribles : *Jeune* " *homme, ne te joue jamais à sonder le* " *cœur d'un homme de bien. Par-la mort?* " *Si tu m'avois trouvé foible, je te donne-* " *rois de mon poignard dans le cœur;* « & se retira sans lui rien dire davantage. Pag. 176.

(9) Guillaume

## LIVRE VINGTIEME. 433

mieux fait de ne faire aucune attention à ses paroles : Je le pris par la main, & le menai si loin encore au-delà de ces arbres qu'il avoit montrés, que le plomb commença à siffler d'une étrange maniere à nos oreilles. » Arnidieu ! dit Gril-
» lon, ces coquins-là n'ont point d'égard au Bâton de Grand-
» Maître, ni à la Croix du Saint-Esprit, & pourroient bien
» nous estropier. Gagnons cette rangée d'arbres & ces haies,
» qui nous mettront plustôt à couvert : car Par-la-corbieu !
» je vois bien que vous êtes un bon compagnon, & digne
» d'être Grand-Maître : Je veux être toute ma vie votre ser-
» viteur, & que nous fassions une amitié inviolable : ne
» me le promettez-vous pas ? « Je mis ma main dans la sienne qu'il me tendoit, en signe d'union ; & il y fut si fidèle depuis ce moment là, qu'il n'avoit jamais tant rendu à personne, pas même, disoit-on, au Roi : Et il ne pouvoit se
taire sur l'avanture qui y avoit donné lieu.

On a vu aussi comment j'avois regagné l'amitié du Duc d'Epernon. Il vint me prier au commencement de l'année, de lui faire délivrer en argent comptant, ses Appointemens & Etats de Colonel du Régiment des Gardes. Je voulus lui faire comprendre qu'il étoit payé de tout ce qui pouvoit lui appartenir dans la solde de ce Régiment : Que ce qu'il éxigeoit de plus, n'étoit qu'une possession sans titre, ou plustôt une usurpation, qu'il avoit faite pendant sa faveur auprès de Henry III. (c'est une découverte que je venois de faire) ; & que j'étois résolu de la lui retrancher dans la suite, à moins qu'il ne m'apportât un ordre du Roi, qui lui accordoit ce supplément par forme de gratification. D'Epernon se piqua de ce discours, & en porta ses plaintes au Roi à qui il voulut faire croire que j'étois devenu son ennemi. Pour le détromper, Sa Majesté lui rappella le Conseil tenu à Blois, où je m'étois opposé à l'avis de M. le Comte de Soissons, qui vouloit qu'on le fît arrêter avec le Maréchal de Biron. Cette particularité, que d'Epernon n'avoit jamais sçuë, fit un grand effet sur son esprit : » M'assûrez-vous,
» Sire, dit-il au Roi, que M. de Rosny m'a rendu ce bon
» office ? Ouï, lui répondit ce Prince, je vous en assûre ; &
» vous pouvez me croire : car je ne suis pas menteur, sur-
» tout dans les choses de conséquence. «

*Tome II.*          I i i

1605

D'Epernon partit le jour même de Fontainebleau, pour venir à Paris en carrôsse de relais ; devant en trouver à Essonne un des siens, qu'il y avoit envoyé auparavant. J'avois fait la même chose de mon côté, pour me rendre de Paris à Fontainebleau, où je venois d'être mandé par Sa Majesté. Nous nous rencontrâmes vis-à-vis d'une Chapelle, au-dessus d'Essonne. D'Epernon dit à son Cocher d'arrêter, & me cria qu'il me prioit qu'il pût me dire un mot. Nous mîmes pied à terre : » C'est vous avoir eu trop long-temps une très-» grande obligation, me dit-il, sans vous en avoir fait les » remercimens que je vous dois. « Il m'instruisit de ce qu'il venoit d'apprendre de la bouche du Roi ; & dans le transport de sa reconnoissance, il me donna toute sorte de louanges & d'assurances d'attachement. Je lui répondis, comme je le pensois, que la circonstance dont il me parloit, ne l'obligeoit à rien envers moi ; parce qu'un honnête homme doit son suffrage à l'innocence, indépendamment de tout : Qu'il connoîtroit encore mieux par la suite, que toutes mes intentions étoient droites dans ce qui le regardoit, & meilleures que quelquefois il ne l'avoit cru. Cette affaire nous remit si parfaitement, qu'étant sur le point de partir pour la Guyenne huit jours après, d'Epernon vint me voir, pour éxiger de moi un de ces services, qu'on se fait un plaisir de rendre à ses Amis.

Il avoit appris que Grillon étoit fortement sollicité de se défaire de sa Charge de Mestre-de-camp, par des personnes qui ne l'aimoient pas ; & en faveur d'autres personnes, qu'il n'avoit pas plus de sujet d'aimer : Et comme il n'ignoroit pas que Grillon faisoit tout pour moi ; il s'agissoit de l'empêcher de se démettre, du moins jusqu'à son retour de Guyenne : ce que je lui promis. On fit entendre à Sa Majesté, pendant ce voyage de d'Epernon en Guyenne, des choses à son désavantage, qui déterminerent le Roi à donner la Mestre-de-camp à un homme, qui ne fut pas aussi dévoué au Duc d'Epernon, que l'étoit Grillon. Ce ne fut pas sous cette idée, que la chose fut proposée à Grillon de la part du Roi : Mais comme il n'éxerçoit pas véritablement sa Charge avec une grande assiduité, & qu'il devoit faire incessamment un voyage & un assez long séjour en Provence ; on lui fit entendre que par ces deux raisons, Sa Majesté souhaitoit qu'il prît récompense de sa Charge, & lui promettoit de lui en faire trouver un bon prix.

Grillon singulier & fantasque, comme personne ne l'a jamais été; & déja un peu frappé d'aliénation d'esprit, ne fit que branler la tête, sans rien répondre, les trois premieres fois qu'on lui proposa l'intention du Roi. Il s'imagina ensuite que c'étoit peut-être moi-même, que Sa Majesté avoit en vûë pour succéder à son Emploi; & il me le demanda, en me faisant beaucoup d'offres de services, dans une visite d'adieu qu'il vint me rendre. J'eus de la peine à lui ôter cette idée de la tête; je fus obligé de lui dire que je ne l'accepterois pas, quand on me la donneroit pour rien. « Quoi donc! » repartit-il aussi-tôt, vous n'estimez pas la Charge de Gril- » lon digne de vous ? Arnibleu ! mon Grand-Maître, vous » êtes un glorieux : ayant passé par mes mains, elle est di- » gne du plus huppé de tous les Courtisans. Je sçais bien, » lui repliquai-je, qu'un Grillon vaut mille Rosnys; mais d'au- » tres raisons m'empêchent d'y penser. Oh-bien! c'est assez, » dit-il : « De lui-même il s'engagea à ne s'en défaire, que lorsque je le lui conseillerois, & qu'en des mains qui me seroient agréables; & il ne fit plus que se moquer de toutes les propositions, que de là en avant on vint lui faire à ce sujet.

Le Roi fut obligé de lui parler lui-même. Il l'envoya chercher, & ne fit que lui répéter les mêmes choses, sur l'incompatibilité de sa Charge avec le séjour qu'il vouloit faire dans son Pays natal; excepté qu'il y ajoûta mille choses obligeantes & polies, sur la valeur & les bons services de Grillon. » A ce que je vois, Sire, répondit Grillon, vous vou- » lez que je me retire de votre service, & que je devienne » tout Papault : car comme vous sçavez, je suis né Sujet du » Pape : Ah! non, Grillon, reprit Sa Majesté, ce n'est pas » là mon intention : « & elle revint encore à de nouvelles raisons, tirées de la nature de l'Emploi de Grillon. » C'est » donc à bon escient, Sire, lui dit encore Grillon, que vous » voulez que je me défasse de ma Charge : & moi, Arnibieu! » parce que vous le voulez, je ne le veux pas; du moins, » que pour celui à qui j'en ai parlé. »

Ces paroles n'étoient pas d'un esprit bien sensé. Il se retira tout en colere. Le Roi qui connoiſſoit ſon humeur, n'en-fit que rire : Il prit même la réſolution de ne plus lui en parler : tant ce Prince étoit éloigné de tout ce qui pouvoit avoir l'air de violence, à l'égard de ceux qui l'avoient bien ſervi. Mais ayant conté la boutade de Grillon, devant Roquelaure, Zamet, Piles, Fortia & quelques autres Capitaines du Régiment des Gardes; quelqu'un dit qu'il n'y avoit que deux moyens de rendre Grillon traitable : d'y employer d'Epernon ; & de lui dire que c'étoit pour moi & en mon nom, qu'on lui demandoit ſa Charge. Le Roi dit, que ce ne ſeroit jamais à la priere du Duc d'Epernon, qu'il diſpoſeroit de la Meſtre-de-camp : Que je ne lui ferois pas non plus plaiſir de la prendre ; mais qu'il croyoit que je ne lui refuſerois pas de prier Grillon, de la céder au Sujet qu'il avoit en vuë. Sa Majeſté ne le nomma point : elle ajoûta ſeulement, qu'il en étoit auſſi digne par ſa capacité, qu'en état par ſes richeſſes, de donner une bonne récompenſe à Grillon, & de tenir tête à d'Epernon. Henry s'adreſſant enſuite à Piles, à Fortia & à Zamet, leur dit de venir me faire cette ouverture, comme d'une choſe qui lui ſeroit fort agréable ; & ſans me dire qu'ils avoient eu ordre de ce Prince de m'en parler.

Je ne répondis d'abord rien autre choſe à ces Meſſieurs, ſinon que j'avois des raiſons de ne me point mêler de cette affaire ; & comme ils me preſſoient de les leur dire, je leur appris avec ma ſincérité ordinaire, la parole qui me lioit avec le Duc d'Epernon, & qui étoit, pour ainſi dire, le gage de notre réconciliation. Lorſqu'on rapporta ces paroles au Roi, il ſe ſentit atteint, comme il me l'a dit depuis, d'un ſi violent mouvement de colere, qu'il ne ſe ſouvenoit pas, diſoit-il, de m'avoir jamais tant voulu de mal. On en trouveroit ſans doute le ſujet bien léger, ſi je ne diſois pas en même-temps, que ce fut dans cette année, & préciſément dans ce temps-là, que mes ennemis venoient de frapper contre moi le plus grand coup qu'ils m'ayent jamais porté ; & qui me mit véritablement à deux doigts de ma perte, ou du moins de ma diſgrace : C'eſt où j'ai d'abord voulu venir. Libelles, Lettres, avis, diſcours empoiſonnés, calomnies atroces ; tout ce que l'envie peut ſuggerer de plus injurieux & de plus noir, venoit d'être mis en uſage ; & l'étoit encore tous les jours contre moi. Je particulariferai tout cela dans un moment : Il fuffit pour le préfent, de dire que le poifon avoit été fi habilement & fi fubtilement apprêté, que quoique prévenu de long-temps contre la méchanceté de mes envieux, le Roi n'avoit pu s'empêcher d'y prêter l'oreille ; d'où il étoit à la fin paffé jufque dans fon cœur.

Je n'emploierai point ici le ftile ordinaire de ceux qui ont paffé par de femblables épreuves. Lorfqu'ils fe récrient avec tant de véhémence, contre l'injuftice & l'ingratitude des Princes à leur égard ; je trouve que toute cette déclamation marque en eux bien de la vanité, ou bien peu de connoiffance du cœur humain. Pour qu'aucun des coups qu'on porte contre les abfens, ne foit perdu ; il fuffit d'avoir trouvé le moyen de l'ouvrir à la défiance : & cette défiance, par combien de raifons ne fe trouve-telle pas juftifiée, dans l'efprit de ceux qui ayant tout à conduire, ont auffi tout à prévoir & à craindre ? Combien d'apparences de fidélité fi bien colorées, que la vérité n'a, pour ainfi dire, prefque point d'autres faces, fous lefquelles elle puiffe fe montrer ; aux Rois fur-tout, aufquels on diroit qu'elle fe plaît à fe rendre méconnoiffable ? Mais combien d'ailleurs de Miniftres vraiment affectionnés, devenus traîtres ? A toutes ces confidérations, fe joignoit de la part de Henry, une vuë trop curieufe & trop active, fur-tout ce qui pouvoit être, foit pour le temps préfent, foit pour l'avenir, de quelque danger pour l'Etat ; & de la mienne, peu d'empreffement à diminuer fes foupçons : ce qui étoit moins un effet d'indifférence, que du témoignage d'une confcience nette & irréprochable : On ne fera plus fi furpris que les artifices de mes ennemis, ayent fait une impreffion fi profonde dans l'efprit de Henry. Mais après cela je conviendrai de mon côté, je poferai même pour Maxime, Que tout Souverain, qui fe perfuaderoit qu'une femblable conduite eft propre à foutenir fes intérêts & fon autorité, tend directement à détruire l'un & l'autre ; en diminuant lui-même de la déférence, qu'il doit obliger fes Sujets d'avoir pour ceux qu'il en a rendu les dépofitaires.

Lorfque les trois hommes qu'il avoit fait agir pour l'affaire de Grillon, lui eurent fait de ma part, ce rapport qui lui caufa un fi vif chagrin ; il rencontra fort à propos pour se décharger de ce pésant fardeau, Villeroi, Sillery, La-Varenne & le Pere Cotton : Ce hazard n'étoit pas encore un heureux effet de mon étoile. Il les entretint, & de mes paroles, & de ses propres sentimens, avec les mouvemens de la plus violente agitation. » Hé-quoi ! vous ne dites mot, leur disoit ce Prince, voyant qu'ils ne lui répondoient rien : » Mais Parbieu ! j'en jure, poursuivit Henry ; tout ceci ne va » pas bien : Car puisque le feu & l'eau se sont bien accor-» dés ensemble, ( c'est d'Epernon & moi qu'il désignoit par-» là, ) il faut qu'il y ait de bien plus hauts desseins, au moins » d'un côté, que je ne l'eusse jamais pu imaginer : mais j'y » donnerai bon ordre. « Il ne tenoit qu'aux quatre Auditeurs, d'empêcher l'imagination de ce Prince de faire tout ce chemin : il n'auroit peut-être fallu qu'un mot ; mais ils se donnerent bien de garde de le dire : Au contraire, le Roi en ayant ajoûté un, sur l'utilité dont je lui avois été, tant que j'étois demeuré fidèle à mon devoir, & sur le regret qu'il ne pourroit s'empêcher d'avoir en me perdant : pour attiser encore davantage le feu, sous la feinte attention de remettre l'esprit de Sa Majesté, ils se mirent à louer à l'envi mon intelligence dans les affaires, le caractère actif & l'ardeur infatigable de mon esprit ; d'où ils passerent au besoin que tous les Membres de l'Etat avoient de moi, à la dépendance où ce besoin les mettoit, au crédit que je m'étois acquis chez tous les Etrangers, & à l'habileté de tout remuer sans sortir de mon Cabinet : louanges, que je ne méritois, ni dans leur bon, ni dans leur mauvais sens. Il faut bien que rien ne coûte à l'envie ; puisqu'elle se force jusqu'à louer : non-seulement elle louë ceux qu'intérieurement elle abhorre ; mais elle donneroit encore là-dessus, des leçons à la flaterie elle-même.

Les quatre Confidens durent bien s'applaudir du dernier trait qu'ils m'avoient gardé ; lorsqu'ils virent qu'ils n'avoient tempéré les bouillons de colère du Roi, qu'en y mêlant ceux de l'inquiétude, de la jalousie & de l'appréhension : Ce qu'ils reconnurent, en lui entendant dire, Que si je me livrois à l'ambition d'être Chef de Parti, j'avois tant de gens à moi, que j'étois capable de causer plus de mal à l'Etat, que n'avoit fait l'Amiral de Coligny. Ils crurent qu'il ne falloit plus que laisser fermenter ces noires idées ; & prirent congé du Prince, après lui avoir ainsi enfoncé la pointe jusque dans le fond du cœur. Dans cette situation, Henry ne fut plus capable de secret, ni de ménagement : Il parla publiquement de moi, comme d'un Rebelle ; & toute la Cour se trouva incontinent remplie du bruit de ma disgrace, & de ma ruine prochaine.

J'y avois aussi mes Partisans & mes Amis, qui long-temps avant que la chose en vint à ce point, m'avoient averti de tout ce qui se tramoit contre moi entre mes ennemis, & de ce qui se disoit de la part du Roi. Je ne sçavois si le plus court n'étoit pas d'agir comme j'avois déja fait, dans mille petites occasions semblables, où de lui-même Henry étoit revenu de ses soupçons à sa manière naturelle de penser sur mon chapitre. C'est un triste emploi pour l'innocence, que d'avoir sans cesse à se produire & à se préconiser elle-même. Un homme qui croit devoir toute son élevation à la Vertu, a honte d'être obligé de lui associer tout autre moyen indigne d'elle : Cependant il éprouve en mille occasions, que si le hazard & l'industrie ne prêtent pas la main à la Vertu, elle n'a point toute seule assez de force, pour le sauver de la haine, & même du mépris public. Je me déterminai à la fin sur tant d'avis réitérés, à écrire une Lettre au Roi. Sa Majesté ne s'étoit encore fixée par un séjour un peu long, dans aucune de ses Maisons. Elle avoit consumé les mois de Janvier & de Février, en voyages & en séjours de peu de durée, à Saint-Germain où elle alloit voir ses Enfans, & à Monceaux : & actuellement, c'est-à-dire, le treize Mars, qui est la date de ma Lettre, elle étoit à Chantilly. Je ne transcrirai point ici cette Lettre, parce que je n'ai aucune tache de crime à effacer, & que n'ayant même aucun fait particulier à justifier, elle ne renferme que des assûrances générales d'innocence, & des raisons tout-à-fait simples, mais qui devoient n'en être que plus convainquantes.

Je faisois observer à Sa Majesté, Que pendant vingt-deux ans, sur les trente-trois qu'il y avoit que j'étois à son service, n'ayant presque rien reçu d'elle, quoique j'y eusse fait d'assez grandes dépenses ; & n'ayant jamais voulu me séparer, lorsque l'épuisement où je m'étois mis, & la raison d'un honnête établissement ailleurs, auroient pu du moins colorer cet abandon ; il n'étoit pas croyable que je voulusse le faire aujourd'hui que je m'en voyois si généreusement récompensé, que ma fortune ne pouvoit plus faire autre chose que croître; & lorsque tant de bienfaits que je recevois de mon Roi chaque année, d'une manière toute gratuite, ne m'attachoient pas moins à sa Personne, que mes Charges & mes Emplois : Qu'il n'étoit pas croyable, dis-je, que je vouluſſe m'expoſer à me voir ôter une partie de tout cela, par la même main qui m'en avoit comblé, & le reste, par les revers de la Fortune : Que je défiois tous mes ennemis d'alleguer contre moi aucun corps de délit, que je ne fiſſe évanouir d'une seule parole, dès que Sa Majeſté voudroit bien me le communiquer : Que tout ſe réduiſoit à de pures poſſibilités, ſur lesquelles elle étoit trop judicieuſe, pour condamner perſonne; ſous quelques couleurs de ſuppoſition, de vrai-ſemblance, d'imputation, de calomnie, & même de louange, qu'on les lui préſentât : Que laiſſant tout cela à part, je la priois de ne ſe rendre qu'aux preuves qu'on lui fourniroit : Que j'attendois là ſans crainte mes ennemis, & me ſoûmettois ſans répugnance à toute la rigueur de la Loi, & à tous les effets de ſa colère; s'ils pouvoient par ce moyen, me rendre le moins du monde Coupable : Très-ſûr que ſi dans le grand nombre d'Emplois que j'éxerçois, il ſe trouvoit un ſeul reproche, qu'on pût me faire avec quelque fondement; ce ne ſeroit en rien de ce qui peut intéreſſer l'honneur & la fidélité; mais tout au plus, en ce qui tombe ſur l'inſuffiſance & le défaut de lumières : Que ſur ce dernier point, ſans que Sa Majeſté prononçât, elle n'avoit qu'à me dire un ſeul mot, pour me faire tout réſigner entre ſes mains; parce que je préferois l'obſcurité d'une vie privée, avec la conſervation de ſes bonnes graces, à l'éclat des dignités les plus recherchées, ſi le malheur d'encourir ſa haine y étoit attaché.

Il me fut aiſé de comprendre, par la réponſe que fit Sa Majeſté à cette Lettre, qu'on ne m'avoit pas donné de faux avis. Le terme d'*Ami* y étoit retranché, & avoit fait place à celui de *Mon Couſin*. Elle n'étoit point écrite de ſa main, quoique courte. Il y régnoit un air de circonſpection & de réſerve, qui ne lui étoit pas ordinaire : nul mot de conſolation : Le Roi ſe contentoit de m'y marquer, d'une manière ſuccincte & froide, que je n'avois rien à faire que de laiſſer fer parler le monde, & continuer à le bien servir. Je feignis pourtant d'en être satisfait ; & après avoir fait ce que je devois, mon innocence me persuada que je devois m'abstenir de tout air trop empressé. J'attendis que Sa Majesté voulût bien m'en parler ; & je continuai à agir comme à l'ordinaire.

Le Roi quitta Chantilly, au bout de six ou sept jours ; parce que sa présence étoit nécessaire à Paris. Il commençoit à prendre du goût pour cette maison ; d'où il m'avoit encore mandé, qu'il se portoit au mieux, comme je le connoîtrois à son visage : Qu'il y mangeoit & dormoit bien ; ne se levant qu'à sept heures, quoiqu'il se couchât à dix ou onze. Je m'attendois du moins, qu'il me parleroit de ma Lettre, lorsqu'il seroit venu à Paris : cependant il ne m'en ouvrit pas la bouche ; quoiqu'il y séjournât huit jours entiers ; & que pendant ces huit jours, je l'entretinsse quatre matinées de suite, sur toutes sortes d'affaires, en nous promenant dans les Tuileries, en présence, à la vérité, de Villeroi & de Sillery. Il nous donna ses avis & ses ordres, sur tout ce qui lui fut proposé ; & il prit ensuite le chemin de Fontainebleau, où il tint la même conduite dans toutes les Lettres qu'il m'écrivit le reste de Mars, sur les affaires générales & particulieres.

C'est en cet endroit, comme je l'ai marqué il y a un moment, qu'on suppléa ce qui manquoit encore aux dispositions de Sa Majesté, pour résoudre ma perte : Et comme elle y passa Avril & Mai entiers, on eut tout le temps nécessaire pour cela ; & les choses furent poussées au point, où on vient de le voir. Elles ne pouvoient y rester plus long-temps, sans se terminer malheureusement pour moi, ou pour mes Parties. La Calomnie est comme un feu, qui s'éteint d'autant plus vîte, qu'il est plus violent, lorsqu'on n'a pas soin de l'entretenir : & il n'est pas aussi facile qu'on le pense, de soûtenir long-temps une calomnie ; sur-tout auprès des Princes, qui se conduisent par principes. S'ils sont d'un esprit vif & bouillant, comme l'étoit Henry ; leur imagination remuée, les jette d'abord fort-loin du but ; mais jamais si loin, que la raison ne les ramene : & si c'est de ceux-là, qu'on a à essuyer les plus violentes bourasques ; il ne faut

*Tome II.*                                   Kkk

en appréhender en récompense, ni prévention opiniâtre, ni retours imparfaits, ni calmes trompeurs. Voilà ce qui me faisoit attendre plus tranquilement que je n'aurois fait, l'issuë d'une affaire si mêlée ; & sans rien déranger, soit dans ma façon de me comporter à Paris, soit dans les voyages courts, que je faisois de temps en temps à Fontainebleau, comme auparavant. Tous mes Amis ne comprenoient rien à cette tranquilité, & ils n'en étoient pas capables eux-mêmes ; quoique si peu alarmés sur mon crime prétendu, qu'ils m'auroient tous volontiers servi de caution. Ils paroissoient surpris des procédés de Sa Majesté à mon égard : Ils ne pouvoient s'en taire à la Cour ; & peut-être taxoient-ils secrettement ce Prince d'injustice. Tous les bons offices de véritables Amis, & de Parens affectionnés, je les ai reçus en cette occasion, de la Maison de Lorraine.

Enfin ce que j'avois toujours espéré, arriva : c'est que le Roi, voyant que rien de tout ce qu'on avoit avancé contre moi, ne se vérifioit, commença à craindre d'avoir été un peu trop vîte. Il s'arrêta sur mes services passés, sur ma conduite présente, & sur ma Lettre : Il fut frappé de tout cela, & souhaita de retenir ce qui lui étoit échappé : ne trouvant rien de si juste, que la priere que je lui avois faite, de s'éclaircir du moins, avant que de me condamner. Un jour que j'étois à Fontainebleau ; il m'envoya, sous prétexte de quelques affaires, La-Varenne, D'Escures & Béringhen ; croyant que j'allois leur faire confidence de toutes mes peines : excepté sur les affaires, je ne leur dis pas un seul mot. Villeroi & Sillery vinrent ensuite de la même part, & à même intention : Je le connus, lorsque je vis qu'ils n'avoient à me parler, que d'une affaire de si peu de conséquence, qu'elle ne valoit pas la peine qu'ils se donnoient : c'étoit une Dépêche d'Ancel (9), qui faisoit les affaires de France à Vienne. Je les traitai comme les précédens. Ils avoient ordre d'avancer, & de me tirer, à quelque prix que ce fût, l'aveu de mes sentimens, sur le traitement que je recevois de Sa Majesté. On va juger s'ils s'acquittoient de leur commission loyalement, & en bons pacificateurs.

(9) Guillaume Ancel, Maître-d'Hôtel chez le Roi, Résident à Vienne.

Laissant-là les affaires, ils firent tomber la conversation, sur la difficulté qu'il y a à servir les Princes à leur gré ; sur les déboires, auxquels on est de temps en temps exposé, & sur la peine que fait une calomnie, à un homme d'honneur. Ils firent entendre ensuite plus clairement, qu'un Ministre n'étoit pas à couvert de tout cela, sous le Roi régnant.

Je voyois bien qu'en parlant ainsi, ces deux Messieurs éxécutoient à la vérité l'ordre qu'ils avoient reçu ; mais avec un mêlange de leur part, qui supposoit en eux une grande envie de trouver l'occasion de réaliser mon crime prétendu, en faisant leur rapport à Sa Majesté. Parler comme eux, eût été une insolence ; & se taire, une fierté criminelle. Je répondis tout doucement, que je ne doutois pas qu'il n'y eût des Princes, tels qu'il venoient de le dire ; mais que le Roi étoit un Prince trop bon & trop juste, pour traiter de la sorte des Serviteurs, qui auroient toujours vécu sans reproche, comme par éxemple, je croyois l'avoir fait : Que j'en étois si bien persuadé, que quand même je l'aurois entendu de sa propre bouche, je croirois encore que sa langue auroit trompé son cœur. Il y avoit dans ces paroles, de quoi bien déconcerter ces mal-intentionnés Commissionnaires. Ils eurent recours à d'autres tours, pour tâcher de m'arracher quelque parole d'aigreur & de dédain : & voyant qu'ils ne pouvoient en venir à bout, ils s'en retournerent rapporter à Sa Majesté, non ce que j'avois dit, mais, que je n'avois rien dit du tout ; & que je m'étois si bien observé, que quelque chose qu'ils eussent pu faire, contre ma coûtume, je n'avois pas daigné proférer une seule parole. Qu'on juge par-là, de ce que ces deux Messieurs auroient dit & fait, si je leur avois donné le moindre jour à m'entamer. Le reste de cette journée, je ne vis que de pareils Messagers : Mais j'étois bien résolu de n'en parler pas au Roi lui-même, s'il ne m'en parloit le premier ; & afin qu'il ne vît aucun changement dans ma maniere d'agir, je me disposai à repartir le lendemain matin pour Paris, comme je le lui avois dit la veille.

J'allai me présenter à Sa Majesté, pour recevoir ses ordres, selon ma coûtume. Je le trouvai au-milieu des

Courtisans, qui étoient venus à son lever ; se faisant botter dans son Cabinet, pour aller à la Chasse. Si-tôt qu'il me vit entrer, il se leva à demi de dessus sa chaise, ayant un pied chaussé; m'ôta le chapeau, & me dit *Bon jour*, en m'appellant *Monsieur* : tous signes équivoques d'un esprit fâché, ou embarrassé ; ses termes ordinaires étoient, *mon Ami Rosny*, ou *Grand Maître :* Mais la distraction avec laquelle je lui vis frapper l'un contre l'autre ses petits rouleaux d'yvoire, fit que je ne me mépris point, lorsque je jugeai qu'il n'y avoit nulle colère dans son action. Je lui fis de mon côté, une inclination beaucoup plus profonde que de coûtume : ce qu'il m'a dit depuis l'avoir si fort-attendri, qu'il s'en étoit peu fallu qu'il ne vînt dans le moment même, se jetter à mon cou. Il demeura quelques instans, dans la même rêverie ; puis dit à Béringhen, qu'il ne faisoit pas assez beau pour aller à la chasse, & qu'il le débottât. Béringhen surpris de ce changement si prompt, lui ayant répondu un peu imprudemment, qu'il faisoit fort-beau : » Non-fait, repliqua Hen-
» ry avec un mouvement d'impatience ; il ne fait pas beau
» temps, & je ne veux pas monter à cheval : débottez-moi. «
Après que cela eut été fait ; ce Prince se mit à discourir, en portant la parole, tantôt aux uns, tantôt aux autres, de choses qu'il croyoit devoir me donner occasion de parler. Voyant que je n'en faisois rien, il prit Bellegarde par la main, & lui dit : » M. le Grand, allons nous promener :
» je veux parler à vous ; afin que vous partiez dès aujourd'hui,
» pour vous en aller en Bourgogne. « Il y avoit eu aussi entr'eux, je ne ne sçais quel petit débat, où il entroit beaucoup de rapports & de tracasseries de femmes.

Erant sur la porte du petit dégré, qui descend au jardin de la Reine, le Roi appella L'Oserai, & lui dit, comme je l'ai sçu de l'Oserai même, qu'il prît garde si je le suivois ; & que si je tournois d'un autre coté, il ne manquât pas de l'en avertir. Je restai en ma même place, pendant tout le temps que Sa Majesté entretint M. le Grand, sur le chemin qui mene au jardin de la Conciergerie ; mais je remarquai bien qu'elle jetta de fois à autres, les yeux sur moi. Après que Bellegarde eut pris congé du Roi ; je m'avançai, & lui demandai si Sa Majesté n'avoit rien à m'ordonner.

» Et où allez-vous, me dit ce Prince ? à Paris, Sire, lui ré-
» pondis-je, pour les affaires dont Votre Majesté me parla,
» il y a deux jours : Et bien, allez, me dit-il ; c'est bien fait :
» je vous recommande toujours mes affaires, & que vous
» m'aimiez bien. « Je fis la révérence : il m'embrassa, comme à l'ordinaire ; & je repris le chemin de chez moi. Je
n'étois pas à plus de trois cens pas, que je m'entendis appeller : & m'étant retourné, je vis La-Varenne qui couroit
après moi, en me criant : » Monsieur, le Roi vous deman-
» de. « Ce Prince me voyant revenir, tourna sur le chemin
du Chenil ; & m'appellant, avant que je fusse proche de lui :
» Venez-çà, me dit-il ; n'avez vous rien du tout à me dire ?
» Non, Sire, pour le présent, lui répondis-je : Oh ! si ai-je
» bien moi à vous, reprit-il précipitamment. « Il me prit
la main, en disant ces paroles, & me mena dans les allées
des Mûriers blancs ; où il fit mettre, à l'entrée des Canaux
qui environnoient ces Mûriers, deux Suisses, qui n'entendoient point le François.

Ce Prince commença par m'embrasser étroitement deux
fois : ce qui fut facilement apperçu des Courtisans, attentifs à tous nos gestes ; parce que nous étions fort en vûë :
Et en reprenant avec moi le nom d'Ami, & sa premiere familiarité, il me dit, d'une maniere dont je fus pénétré, que
la froideur & la réserve, dont nous usions ensemble depuis
un mois, devoient être trop sensibles à deux personnes, accoûtumées depuis vingt-trois ans à ne se rien cacher, pour
les laisser durer plus long-temps : Qu'il étoit temps d'ôter à
ceux qui en étoient la cause, un sujet de triomphe, qui flatoit trop leur haine pour moi, & l'envie qu'ils portoient à
la prospérité de son Etat, & à la sienne. Le cœur de ce
bon Prince, s'ouvrant à mesure qu'il me parloit ; il poursuivit, qu'il ne vouloit pas qu'il en restât à l'un ni à l'autre, le
moindre souvenir : Qu'il croyoit nécessaire pour cela, de ne
me laisser rien ignorer de tout ce qui s'étoit passé de son côté ; soit sur les rapports, qui lui avoient été faits contre moi ;
soit sur l'effet, qu'ils avoient produit dans son esprit ; soit enfin, sur les paroles & les actions, par lesquelles il avoit fait connoître cette impression en public. Il me pria, me commanda, me fit promettre de suivre l'exemple qu'il alloit me

montrer, de lui découvrir de même tous les différens sentimens, dont j'avois été susceptible ; tant sur les traitemens, que j'avois reçus de lui, que sur le fond de la chose même ; sans avoir rien de secret ni de réservé pour lui, non plus que je m'appercevrois qu'il n'en auroit point pour moi. » Je » veux, me disoit-il, que nous sortions d'ici vous & moi, le » cœur net de tous soupçons, & satisfaits l'un de l'autre : » mais encore un coup, comme je veux vous ouvrir mon » cœur, je vous prie de ne me rien déguiser de ce qui est » dans le vôtre. «

Je lui en donnai ma parole d'honneur : Après quoi, il commença le premier, par me nommer tous ceux qui m'avoient desservi en cette occasion auprès de lui, tant en effets, qu'en paroles. Il y en avoit de tout état & de tout âge ; quelques-uns, aussi anciens Serviteurs de Sa Majesté, que moi. Je crois qu'on peut les diviser ici, en sept Classes. Je mets dans la première, les Princes & Officiers de la Couronne. Dans la seconde, les Maîtresses du Roi, avec leurs Enfans, & ceux qui servoient leurs intérêts & leur passion, à raison de parenté & de liaison : Tels étoient Cœuvres, Fresnes, Forget, Puget, Placin, Vallon, &c : la Marquise de Verneuil, à la tête de tous. Le dépit des gratifications retranchées, étoit ce qui animoit contre moi ces deux Classes. La troisiéme étoit composée des Partisans de l'Espagne, & des restes de l'ancienne Ligue, pour raison de Politique, & de principes de Gouvernement contraires à ceux du Roi & aux miens ; il y entroit plusieurs Membres du Conseil, Villeroi, Sillery, Fresnes, Forget & autres, agissans de concert avec les Jésuites. Je comprends dans la quatriéme, tous les petits maîtres, Favoris de Cour, & gens oisifs, qui chargent Paris d'un poids inutile ; aussi par ressentiment des graces, que j'empêchois Sa Majesté de leur faire, & par opposition de vie & de conduite d'eux à moi : Le nombre en est trop grand, & ils sont trop méprisables, pour salir le papier de leurs noms. La cinquiéme renferme tous les séditieux & les mal intentionnés : gens, à qui l'état florissant de ce Royaume, la sage œconomie de Henry, & ses préparatifs, qui le leur rendoient redoutable, faisoient conspirer ma perte. Les Financiers & tous autres Gens de plume & d'affai-

res, remplissent la sixiéme: On ne sçauroit les blâmer de m'avoir voulu beaucoup de mal.

1605.

Je fais une septiéme Classe, d'une autre espéce de flateurs de Cour, inférieurs à ceux que j'ai déja nommés: donneurs d'avis, qui cherchoient à faire leur cour au Prince, en lui fournissant sans cesse de nouvelles idées pour lui rendre de l'argent: gens, autrefois en place, pour la plus grande partie; & à qui il ne restoit, de la situation brillante où ils s'étoient vus, que la malheureuse science de sucer le sang des Peuples; dans laquelle ils cherchoient à instruire Sa Majesté, pour leur intérêt, & par une suite de leur longue habitude à faire du mal. Comme ils virent que ce métier ne leur rendoit plus guère, depuis que le Roi avoit remis dans mes mains seules, la direction de toutes ses Finances; ils firent usage d'une autre qualité d'esprit, qui marque en effet à-peu-près les mêmes dispositions: c'est celle d'inventer la calomnie, d'assaisonner la médisance, & de servir d'instrument vénal à ceux qui n'osoient, ou ne vouloient pas paroître dans les Libelles satyriques, dont la Cour se trouva inondée. C'est eux qui composoient, répandoient, ou accréditoient ces m'éprisables Ecrits. Le talent dangereux des bons mots & de la raillerie, les faisoit admettre à la compagnie, & entrer dans la familiarité de Henry; à qui la conversation vive & enjouée ne déplaisoit pas. Quoiqu'en gardé peut-être contre leurs traits malins, il ne se pouvoit qu'à la fin il ne s'en laissât effleurer: Quelques-uns de ceux qu'il avoit méprisés & chassés dans le commencement, trouverent les moyens de s'en faire écouter. On ne verroit dans cette liste, que des noms si obscurs, qu'ils ne méritent pas d'être tirés de la poussiere; tels qu'un Juvigny, Parasis, Le-Maine, Beaufort, Bersot, Longuet, Chalange, Versenai, Santeny, &c: si Sancy, qui mérite encore d'être placé à la tête de ces honnêtes-gens, n'avoit achevé de se deshonorer par ce vil métier, qui lui servoit à retarder sa ruine, après que sa folie & ses profusions ne lui eurent plus laissé de ressources. Il en étoit à vendre ses bagues: Il les offrit à Sa Majesté, qui pour ne pas les laisser sortir du Royaume, m'ordonna de les acheter (10).

(10) M. de Sancy a eu le malheur de se voir traiter, dans tous les

1605.

Après les noms des auteurs, le Roi m'entretint de leurs artifices. Tout ce que l'esprit, éveillé par l'envie de nuire, peut imaginer, étoit employé par eux. Par tout où Sa Majesté portoit ses pas, elle ne voyoit que des Avis, des Lettres, des Libelles, des Billets, & autres Ecrits de cette espéce : sans compter les Mémoires politiques, qu'on lui présentoit, sous l'apparence de zèle pour l'Etat, & d'amour pour sa Personne. Elle en trouvoit sous sa Table, sous le tapis de sa Chambre, sous le chevet de son lit : On lui en faisoit rendre par des gens inconnus : on lui en mettoit dans la main, en forme de Requêtes ; on en farcissoit ses manches & ses poches. J'y étois représenté sous toutes les couleurs, qu'on pouvoit imaginer ; & les épithetes les plus odieuses, ne m'étoient pas épargnées : excepté lorsque, par le raffinement de cette louange perfide, dont j'ai parlé, on éxagéroit à Sa Majesté mon travail, ma capacité, mon esprit, & mes manieres devenuës caressantes pour tout le monde, de brusques & sauvages qu'elles étoient auparavant. Henry m'avoua avec beaucoup de sincérité, qu'il s'étoit si bien laissé surprendre à tout ce manége, qu'il étoit venu au point de perdre entierement la bonne opinion, qu'il avoit euë de moi : & que ces misérables avoient si bien allumé dans lui, le désir de ne rien ignorer de toutes leurs inventions, que dans le temps même qu'il paroissoit las de ce grand nombre de Libelles & d'Avis, jusqu'à les jetter, sans y faire attention ; il ne pouvoit pourtant résister à l'envie de les ramasser ensuite, & de se les faire lire.

Il falloit que ce Prince fût étrangement prévenu, pour ne pas s'appercevoir que souvent ces Ecrits ne lui étoient pas moins injurieux, qu'à moi : lorsqu'il y voyoit, par éxemple, que je le rendois avare, & injuste à l'égard de ceux qui

Ecrits des Calvinistes de ce temps-là, de la maniere du monde la plus cruelle ; sans l'avoir guère mérité autrement, que par l'abjuration qu'il fit de leur Religion. Joseph Scaliger parle de lui, comme d'un fanatique, plein de vertiges, &c. Il est juste de ne pas lire toutes ces accusations, ni toutes ces injures, sans avoir à la main l'Apologie de sa conduite, composée par lui-même : Elle se trouve dans les Mémoires d'Etat de Villeroi. *Tom.* 3. *pag.* 127. Il y prouve entr'autres, contre ce que M. de Sully lui reproche ici, que ce fut les dépenses qu'il fit pour le service du Roi, qui l'obligerent à vendre pour cent cinquante mille écus de bagues.

[11] Ce

qui l'avoient bien servi ; auxquels il refusoit ce qui leur étoit légitimement dû, sous ombre de prétenduës compensations de vieilles dettes. On lui imputoit encore une mauvaise timidité de m'écrire sur tous ces sujets, qui ne lui faisoit assûrement pas honneur, soit qu'on en fît en lui un prétexte d'avarice, ou une marque de dépendance. C'est par ces insinuations qu'on commença d'abord ; & tant qu'on s'en tint là, le Roi, qui n'y voyoit que des sujets de se louer de mon administration, ne m'en sçut pas plus mauvais gré : seulement, pour fermer la bouche aux Critiques, il se contentoit de prendre des sommaires des dettes de l'Etat, que j'avois acquitées, qu'il leur montroit : Et moi-même, lorsque l'occasion s'en présentoit, je reprenois sévèrement ces Censeurs trop libres, de ce que, sous ombre d'un prétendu déni de justice, leur dépit les faisoit s'échapper à des discours, dont Sa Majesté pouvoit être offensée. Mais bientôt on laissa des imputations si légères, pour attaquer le fond de l'esprit & du cœur.

Pour se justifier en quelque manière, de sa facilité à ajoûter foi à tant de calomnies, Henry voulut que je jugeasse moi-même, sur les Libelles, où elles étoient renfermées. C'eût été quelque chose de trop ennuyeux, que de les lire tous : Ce Prince s'arrêta sur celui que (11) Juvigny lui avoit fait voir, il y avoit douze jours, & qu'il avoit rendu public; parce qu'en effet on y avoit ramassé toutes les différentes calomnies, répanduës en détail dans plusieurs autres Libelles semblables : ce qui le rendoit aussi complet, qu'un Ouvrage de cette espèce peut l'être ; il en étoit même un peu embarrassé ; mais du reste, écrit avec assez de force de stile & de méthode, pour faire juger à Sa Majesté qu'il partoit d'une autre main que de celle de Juvigny, dont il passoit la portée. Le Roi, en le tirant de sa poche, me dit que la lecture que j'en allois faire, serviroit peut-être à lui faire découvrir l'Auteur, dont il eût bien voulu sçavoir le nom. Je le pris

(11) Ce Livre avoit pour Titre: *Discours d'Etat, pour faire voir au Roi, en quoi Sa Majesté est mal servie.* » Il » couroit secrettement à Paris, dit » L'Etoile, écrit à la main : un peu » bien libre & hardy, pour le temps, » qui ne souffre toutes vérités ; où » il ne se lit toutefois rien, qui soit » contre le Roi & son service, mais » bien contre M. de Rosny. «

des mains de Sa Majesté; & je me mis à le lire d'un bout à l'autre, tout haut, en sa présence. Le Lecteur assistera aussi en quelque manière, à cette lecture, s'il le juge à propos : Mon intérêt n'est pas de lui rien cacher.

L'Auteur, quelqu'il fût, commençoit ( & jamais Ecrit n'a eu en effet plus de besoin de cette précaution ) par s'efforcer de détruire tout soupçon d'envie & de passion de sa part. Les grandes qualités de Henry, le bonheur de la France sous son Régne, la situation avantageuse de ses affaires, faisoient un second préambule, propre à captiver la bienveillance de ce Prince, & plus encore à amener comme naturellement, l'accusation qu'on faisoit contre moi, de me vanter orgueilleusement, que cet état heureux étoit uniquement mon ouvrage. Par-là encore, on préparoit adroitement la réfléxion, qu'il n'est que trop ordinaire à ces Ministres si habiles, à ces Favoris si puissans, d'ouvrir leur esprit à des desseins, pernicieux au Souverain & à l'Etat. Une foule d'éxemples, étalés avec éloquence, finissoit ce Tableau.

De-là l'Auteur passoit, non à éxaminer mes actions ; ce qui est la seule preuve recevable ; mais à critiquer mes manières : & il trouvoit, dans l'accueil gracieux, que j'avois tout-d'un-coup commencé à faire à ceux qui m'abordoient, une preuve sans replique de ces projets si pernicieux : Aussi, disoit-on, tout ce que j'avois déja mis, par cet extérieur étudié, de personnes dans mon parti, depuis les Princes jusque parmi le Peuple, étoit innombrable. On essayoit de faire ce dénombrement, qui ne pouvoit qu'être en effet fort-considérable ; puisque le simple extérieur de politesse, qu'on observe en France avec tout le monde, étoit tout ce qui établissoit ce prétendu crime. M. le Prince de Conty & M. le Duc de Montpensier, étoient à la tête de cette liste, ensuite, la Mâison entiere de Lorraine ; puis les autres Seigneurs François : le Duc d'Epernon, dont la réconciliation, suivie d'une amitié si vive, étoit traduite sous le nom d'union, formée par une ambition démesurée : MM. de Montbazon, de Ventadour, de Fervaques, d'Ornano, de Saint-Geran, de Praslin, de Grammont, d'Aubeterre, de Montigny, de Schomberg & autres, que je m'étois attachés étroitement, par la distinction que je faisois de leur personne, par les ser-

vices continuels que je leur rendois, & par la distribution 1605.
que je faisois entr'eux, d'une partie de ces trésors de Sa
Majesté, dont j'étois si avare pour tous les autres.

Comme tout cela ne suffisoit pas encore, pour les vûës
que l'Auteur m'attribuoit; il y joignoit les intelligences, que
j'avois hors du Royaume. Il abusoit d'un mot, que le Roi
d'Angleterre pouvoit bien avoir dit, mais par compliment,
Que le Roi de France étoit heureux de m'avoir; pour prononcer sans balancer, que j'avois violé la foi, que je devois
à mon Prince. Non-seulement Sa Majesté Britannique, mais
encore les Etats Généraux des Provinces-Unies, les Ducs de
Wirtemberg & des deux Ponts, le Land-grave de Hesse,
le Prince d'Anhalt, les Marquis d'Anspack, de Dourlack &
de Bade, étoient prêts à prendre hautement & aveuglément ma défense. Le plus petit service que j'avois rendu,
étoit taxé sans rémission d'intrigue criminelle : Ainsi, tout le
Corps Protestant, François & Étranger, m'étoit entièrement
dévoué; aussi-bien que le Sénat Helvétique, gagné par la
régularité des payemens, & par mes largesses.

Après s'être, pour ainsi dire, essayé sur des choses qu'on
pouvoit du moins colorer de quelqu'air de vraisemblance,
l'Auteur devenu plus hardi, en hazardoit ensuite effrontément, de purement fausses & imaginaires. Si on l'en croyoit,
je n'en étois plus à de simples intelligences dans les Pays
Etrangers : En faisant passer l'argent de Sa Majesté dans
l'Angleterre, les Pays-Bas, l'Allemagne, la Suisse; j'y faisois pour moi-même de cet argent, des fonds immenses :
afin de pouvoir m'y retirer un jour, & y faire dans l'occasion, en faveur de la Réligion Réformée, des levées considérables de Suisses, Reîtres, Lansquenets; auxquels, à
l'exemple de l'Amiral de Coligny, je mettrois la France en
proie. L'Auteur, qui sçavoit sans doute, qu'un grand détail
est la marque ordinaire de la vérité & de la bonne foi, par-
ticularisoit cet évènement, comme s'il l'avoit déja eu sous les
yeux. En faisant pour les Magasins de Sa Majesté, les achats
d'armes, de fer, de cuivre, de plomb, boulets, & autres
munitions de Guerre; j'avois aussi, selon lui, mes Magasins
particuliers dans les plus fortes Villes Protestantes, où je
faisois déposer une partie de cela en mon nom, & pour

m'en servir un jour. Je crois que toutes ces personnes se seroient bien applaudies, si avec ce stratagème, ils avoient fait discontinuer au Roi ses préparatifs. On concluoit cette Pièce admirable, par un avis qu'on donnoit à Sa Majesté, de ne laisser plus ainsi dans la main d'un seul homme, le maniment de tous ses deniers, l'usage de toute son autorité, & l'administration de toutes ses Affaires; sans m'associer du moins de personnes, qui éclairassent de près ma conduite.

Pendant cette lecture, Henry m'observoit attentivement. Comme il vit que j'avois lu le Mémoire tout entier, comme j'aurois lu l'Ecrit le plus indifférent, sans dire un seul mot, sans montrer d'émotion, sans même changer de couleur: » Hé bien! que vous en semble, me dit-il? Mais vous-mê- » me, Sire, lui répondis-je, quelle opinion en avez-vous, » vous qui les avez lus & relus, & si long-temps gardés? » Car pour moi, je ne suis pas si surpris de toutes ces Piéces, » qui ne sont en effet que des niaiseries de gens sots & mé- » chans; comme je suis, de voir qu'un aussi Grand Roi, » aussi rempli de jugement, de courage & de bonté, & qui » m'a si bien connu, ait pu avoir la patience de les lire & de » les garder si long-temps, de me les faire lire tout au long, » & en sa présence, & d'entendre tenir tous les mêmes dis- » cours, qu'ils renferment; sans du moins témoigner par » sa colère, la violence qu'il se faisoit en les entendant, » & faire rechercher les Auteurs, pour les châtier sévère- » ment. «

Après avoir ainsi parlé au Roi, je fis réfléxion que je travaillerois plus efficacement à lui rendre la tranquilité, & tous ses premiers sentimens pour moi, en répondant directement & en détail, & à chacun des chefs d'accusation de mes ennemis; & que je lui en avois donné ma parole. Je m'attachai pour cela, à chacun des Articles du Libelle de Juvigny même, que j'avois encore dans les mains. Tous ces Calomniateurs, qui n'osent attaquer à découvert, afin de ne pouvoir être pris à partie sur les preuves, ne sont dignes que de mépris: c'est la remarque que je commençai par faire faire à Sa Majesté. J'opposai aux discours présomptueux, & peu avantageux pour elle, qu'on me faisoit tenir au sujet du Gouvernement, les paroles que j'avois si souvent à la bouche; par lesquelles je proposois ce Prince, pour modelle des grands Princes, & des bons Rois. Les exemples des Ministres révoltés, & des Favoris ingrats, ne peuvent rien pour établir l'infidélité d'un homme, qui ne s'est étudié dans cette place, comme je croyois l'avoir fait, qu'à perfectionner ce qu'un sang assez illustre avoit déja mis d'heureuses dispositions en lui. Je défiai qu'on pût jamais en citer un seul, de personnes, soit Ami, soit Parent, que j'eusse gratifiées sans une raison légitime, & de plus, sans un ordre particulier de Sa Majesté. J'appellai de ces imputations si gratuites de desseins de révolte & de Guerres Civiles, à la connoissance qu'avoit Henry, de mon amour pour ma Patrie, de mon attachement à sa Personne, du soin de mon honneur & de ma réputation, & des obstacles, qu'en toute occasion, j'avois apportés aux méchans desseins des Protestans, jusqu'à me charger de toute leur haine.

1605.

Mais encore, quel profit me seroit-il revenu de ces entreprises chimériques, que je ne trouvasse pas actuellement, dans le plus grand & le plus honorable de tous les Etablissemens, auxquels un Sujet peut aspirer ? Quel eût pu être mon but ? De me mettre la Couronne sur la tête ? On ne m'accusoit pas d'être jusqu'à ce point dépourvu de jugement : De la transporter hors la Famille Royale ? Quand il auroit été en mon pouvoir d'en disposer, de qui aurois-je pu faire choix, que de la personne même de celui, à qui j'avois consacré tout mon travail & mon service, & sacrifié depuis trente ans mon sang & ma vie ? Pourquoi, si cela étoit, ne m'occupois-je encore que du soin de sa gloire, dans ces desseins si nobles, dont j'étois, sinon l'Auteur, du moins seul participant & seul promoteur ? En lui ménageant toutes ces alliances avec l'Angleterre & les autres Puissances de l'Europe, n'aurois-je pas agi directement contre moi-même, si j'avois eu des desseins préjudiciables à sa Couronne, ou à sa Personne ? Comment les ambitieux ont-ils travaillé à la ruine des Etats, & causé les révolutions ? N'est-ce pas en nourrissant dans l'esprit de leur Maître, le penchant à la mollesse, aux plaisirs, à la prodigalité ; en lui faisant violer toutes les loix, négliger tout ordre, & jetter dans la confusion toutes les Parties de l'État ? Au-lieu que j'entretenois sans cesse Sa Majesté, de l'état de ses affaires ; je lui montrois l'usage & la destination de tout ; je lui faisois pousser l'ordre & l'œconomie, jusqu'à lui reprocher la plus petite dépense inutile ; je lui amassois des trésors ; je remplissois ses Magasins & ses Arcenaux ; je lui montrois combien tout cela alloit le rendre redoutable à l'Europe. Est-ce là comme on s'y prend pour sapper sourdement, comme font les Sujets rébelles, tous les fondemens de la puissance du Souverain ? La conduite des Ministres est toujours équivoque par quelqu'endroit : je puis dire qu'il n'y avoit qu'à gagner pour moi, en approfondissant la mienne.

Il ne me fut pas difficile de voir que Sa Majesté sentoit toute la force de ce que je venois de lui dire. Je finis, en la suppliant avec les instances les plus vives, de croire que je ne lui avois rien caché, ni déguisé, de tous les sentimens de mon cœur : je le lui confirmai pas ces sermens redoutables, qu'elle sçavoit bien que je n'avois jamais faits en vain ; & en l'appellant de ces noms, qui avoient été de tout temps, l'expression de ce que je sentois de zèle & d'attachement pour ce Prince. Je voulois embrasser ses genoux : mais il ne le souffrit pas ; afin que ceux qui auroient vu de loin, cette posture, ne pussent pas croire que j'y avois eu recours, pour obtenir le pardon d'un crime réel. Il me dit, que rien ne manquoit dans son esprit à ma justification : Qu'il se repentoit véritablement d'avoir été si crédule ; & qu'il ne se souviendroit de tout ce qui s'étoit passé, que pour mieux sentir l'obligation où il étoit, de m'en aimer davantage. C'est ainsi que se passa un entretien, si nécessaire à la consolation de tous deux.

Ceux qui connoissent ce que c'est que la Cour, jugeront sans peine de tous les mouvemens qui agitoient le cœur des Courtisans, pendant une conversation, qui avoit duré plus de quatre heures ; & avec quelle attention nos actions & nos gestes étoient observés ; car quoiqu'ils ne pussent point entendre nos paroles, il leur étoit cependant facile d'en connoître le sujet. La maniere dont Henry m'avoit reçu le matin, & ensuite fait rappeller ; la précaution qu'il avoit prise, en commençant à m'entretenir ; les papiers qui

# LIVRE VINGTIEME.

1605.

avoient été tirés; l'air de vivacité & de feu, qui se faisoit appercevoir dans notre démarche & dans toutes nos situations; suffisoient de reste pour les en instruire. Chacun attendoit, suivant ses craintes & ses espérances, quel alloit être le résultat d'un éclaircissement si important.

Henry voulut le leur apprendre lui-même. Après qu'il eut repris ses papiers, bien résolu de les jetter tous au feu; il sortit de l'allée des Mûriers, en me tenant par la main, & demanda à tout ce monde assemblé, quelle heure il étoit. On lui répondit, qu'il étoit près d'une heure après-midi, & qu'il avoit été fort-long-temps. » Je vois ce que c'est, dit ce Prin- » ce, d'un ton qui fit pâlir bien des visages; il y en a, aux- » quels il a plus ennuyé qu'à moi: afin de les consoler, je » veux bien vous dire à tous, que j'aime Rosny plus que ja- » mais; & qu'entre lui & moi, c'est à la mort & à la vie: » Et vous, Mon Ami, poursuivit-il, allez-vous-en dîner; & » m'aimez & servez, comme vous avez toujours fait: car » j'en suis content. « Bien d'autres en ma place, n'auroient plus songé après cela, qu'à tirer vengeance (13) de tous ceux que Sa Majesté venoit de me faire connoître pour mes ennemis. Je rends graces au Ciel, de ce que je n'ai pas même le reproche à me faire, d'y avoir seulement songé. J'ai soigneusement caché leurs noms à mes Sécretaires; & on ne le verra point ici. Je supprime de même, une partie de ce qui se dit entre le Roi & moi, de peu avantageux pour eux. L'exemple qu'ils m'ont donné du contraire, ne détruira point l'opinion où je suis, que cette sorte de vengeance n'est pas digne d'un grand cœur.

Pour ne laisser aucune inquiétude au Roi, sur l'incident, au sujet duquel je suis entré dans le détail de ce grand démêlé; je maniai l'esprit de Grillon, de maniere qu'il consentit enfin à recevoir pour sa Charge trente mille écus de Créquy, auquel, en considération de Lesdiguieres, Sa Majesté avoit donné son agrément (14): Ce qui m'attira des re-

---

(13) Le Sieur de Juvigny, ou Divigny, Gentilhomme François, Auteur du Mémoire dont il vient d'être parlé, paya pour tous: » Il fut » poursuivi, disent les Mémoires de » L'Etoile, en sa vie & en ses biens, » comme criminel de Lèze Majesté, » & pendu en effigie à Paris, faute » de l'Original. «

(14) Henry IV. quoique très-mé-

mercimens du Beau-pere & du Gendre. Créquy vint me les faire, en perfonne; & il les accompagna de mille affûrances de reconnoiffance & d'attachement: Lefdiguieres m'écrivit de Grenoble; & rencherit encore fur les termes, dont Créquy s'étoit fervi. La parenté qui étoit entre nous, fe joignant à ce nouveau motif; il n'y a perfonne qui ne s'attende de nous voir après cela, intimement amis: Cependant perfonne ne m'a auffi facilement abandonné, ni rendu de plus mauvais offices, après la mort de Henry, que ces deux hommes. La reconnoiffance n'eft pas une vertu de Courtifan.

Le cœur de Henry ayant pu être entamé une fois, il n'étoit pas impoffible d'y rouvrir la même bleffure: c'eft tout ce qui foûtint mes ennemis, dans le défefpoir, que leur caufa l'avanture de Fontainebleau. Ils ne tarderent pas à revenir à la charge; & (je n'ofe prefque le dire) il s'en fallut bien peu, qu'ils ne remiffent le Roi dans l'état, d'où je venois de le tirer (15): Mais la chofe n'éclata pas à beaucoup près,

content du Duc d'Epernon, qui s'étoit retiré à Angoulême, & avoit fait de grandes plaintes de l'injuftice prétendue, que lui faifoit ce Prince en cette occafion; voulut pourtant que M. de Créquy allât trouver fon Colonel, à cent lieuës de Paris, pour prêter le ferment entre fes mains, prendre fon attache pour fes provifions, & recevoir fes ordres pour fon inftallation. Le Duc d'Epernon le fit languir quelques jours à fa fuite, & le fit même demeurer un jour entier, à la porte de fa chambre. *Hift. du Duc d'Epernon*, pag. 212.

(15) » Le Roi, dit Le-Grain, *liv.* » 7. avançoit le Duc de Sully, en » forte qu'il retenoit toujours une » grande autorité fur lui: Et qui » fçait fi ce n'étoit point un trait » de prudence, de l'expofer ainfi, » par le Roi, à la haine de plufieurs, » defquels il le pouvoit bien défen- » dre; afin de lui en faire appréhen- » der les effets, s'il forlignoit à fon » devoir? « Cet endroit de nos Mémoires paroît préfenter d'abord, de quoi favorifer cette conjecture. Je trouve néanmoins plus jufte, le fentiment de ceux qui ne voient de la part de Henry IV. aucun artifice, dans les foupçons auxquels il fe livroit, contre le Duc de Sully. Mais qu'ils foient feints, ou véritables; je trouve encore, après beaucoup de perfonnes judicieufes, qu'il faut les mettre au nombre des défauts de ce Prince. Dans la premiere fuppofition, on n'y voit qu'une fineffe indigne d'un grand Prince; & dans la feconde, une injuftice, à laquelle on ne fçauroit donner pour excufe la vivacité d'un premier mouvement: y ayant eu comme une convention entre le Prince & le Miniftre, que le premier pafferoit tout à celui-cy, du côté du caractere d'efprit ferme, inflexible, incapable de plier, ni de flater; en faveur d'une fidélité, décidée par tant d'épreuves. Cela marque bien qu'auprès des Princes, même les plus parfaits, l'accompliffement des devoirs les plus effentiels, ne difpenfe point de la foupleffe, ni de la complaifance.

près, comme avoit fait la premiere; parce que l'éclairciſſement ſuivit d'aſſez près. Je ne ferois ici qu'une inutile répétition : c'eſt ce qui fait que je ne m'y arrête point. Si mes envieux goûtoient de temps en temps, le plaiſir de pouvoir ſe flater que je ſuccomberois ſous leurs efforts; ils ne tardoient pas à être détrompés, avec autant de honte que de rage : Et ſi de mon côté, j'avois été homme à me plaire à de pareilles victoires; cette derniere ne fut pas moins complette que l'autre. Le lendemain du jour où elle arriva; & c'étoit encore à Fontainebleau, que ſe fit cette explication ; le Roi m'envoya chercher de grand matin, & en me prenant par la main, lorſque j'entrai dans ſa Chambre, pour me tirer vers la croiſée qui donne ſur le jardin de la Reine, parce qu'il avoit à me parler ſécrettement, il me dit fort haut, en préſence de toute la Cour qui y étoit aſſemblée : » Mon » Ami, vous ne ſçauriez croire, comme j'ai dormi d'un bon » ſomme toute cette nuit, pour m'être ainſi éclairci & dé- » chargé le cœur avec vous. « Il me demanda ſi je ne ſentois pas intérieurement la même ſatisfaction : Je le lui aſſûrai, & qu'il trouveroit toujours en moi la même fidélité.

Au milieu d'une faveur ſi traverſée, ce qui me faiſoit voir que le cœur de Henry étoit toujours pour moi, c'eſt que dans quelque diſpoſition où on l'eût mis par rapport à moi, il n'en interrompit jamais le cours des bienfaits, qu'il avoit coûtume de répandre ſur moi & ſur les miens. J'en eus des preuves, parmi les orages mêmes dont j'ai parlé, au ſujet de ma Fille aînée (16). J'étois en parole avec les Fervaques,

(16) Marguerite de Béthune : C'eſt elle qui pour ſe venger de ſa Fille unique, qui avoit épouſé contre ſa volonté. Henry de Chabot, produiſit en 1645 un Garçon de quinze ans, comme vrai Fils d'elle & du Duc de Rohan, mort ſept ans auparavant. » Pluſieurs perſonnes di » gnes de foi, dit Amelot, qui ont » vu Tancrede ( c'eſt le nom de ce prétendu Héritier de la Maiſon de Rohan ) à Paris, lors du Procès, » m'ont aſſuré que ce jeune homme » avoit le toupet des Rohans, c'eſt » à-dire, un petit bouquet de che- » veux ſur le devant de la tête, & » des traits remarquables du viſage » de ſon Pere putatif. « A cette anecdote en tient une autre, par laquelle on prétend que le Duc de Rohan avoit voulu acheter du Grand-Seigneur le Royaume de Chypre, & le donner à cet Enfant. On diſoit encore que ſon Pere & ſa Mere ne l'avoient tenu caché, que pour faire épouſer à leur Fille, M. le Comte de Soiſſons, & enſuite le Duc de Veymar. Voyez ces curieuſes fables dans Amelot de La Houſſaye. *Art. Béthune &c. & art. Chypre.*

pour le jeune Laval, que Sa Majesté m'avoit ordonné, comme je l'ai dit plus haut, de préférer au Duc de Rohan; & la chose étoit sur le point de s'accomplir. Un jour que je me promenois avec ce Prince sur la Terrasse des Capucins, au commencement de cette année; il me remit encore sur cette matière. Il m'apprit que les raisons, pour lesquelles il avoit d'abord donné l'exclusion au Duc de Rohan, c'est qu'il avoit été proposé par Madame sa Sœur, à la Duchesse de Rohan, & accepté par mon Epouse, sans qu'il en eût été informé: & que d'ailleurs, Monsieur & Madame de Fervaques l'avoient tellement sollicité en faveur de Laval, qu'ils l'avoient engagé à me le donner pour Gendre, plûtôt que le Duc de Rohan, qui à la vérité n'étoit pas à beaucoup près aussi riche; mais qui avoit l'honneur d'être son Parent si proche, que s'il étoit mort sans Enfans, comme cela étoit déja arrivé à la Princesse sa Sœur, le Duc de Rohan auroit été son Héritier pour le Royaume de Navarre, & les autres Biens des Maisons d'Albret, de Foix & d'Armagnac. Il me dit ensuite, Que pour d'autres raisons, qu'il me communiqueroit, il avoit encore une fois changé de sentiment: Que son intention étoit que je rompisse honnêtement avec les Fervaques: Qu'il les y avoit déja disposés: Que je tirasse les Promesses & les Articles, dont nous étions convenus; de manière qu'il parût dans le monde, que c'étoit véritablement moi qui rompois avec eux, & qu'ils n'eussent pas sujet de dire qu'ils avoient refusé mon Alliance: Qu'il m'ameneroit lui-même le Duc de Rohan, me faire son compliment, avec la Duchesse sa Mere: Que je le reçusse comme celui qui devoit être mon Gendre dans trois jours; ayant lui-même tout reglé pour ce sujet: Qu'il feroit faire le Contrat en sa présence; & qu'il le signeroit, comme Parent des deux côtés.

Je remerciai Sa Majesté de l'intérêt qu'elle vouloit bien prendre à ma Famille, & de l'honneur qu'elle me faisoit. Tout fut exécuté de la manière que je viens de dire; & le Roi donna au Marié, pour l'habit & le festin de nôces, dix mille écus, & autant à ma Fille. J'avois marié l'année précédente, Mademoiselle Du-Marais, Fille de mon Epouse, de son premier mariage, avec La-Boulaye, Fils de celui que Henry avoit fort aimé. Elle ne devoit s'attendre naturellement à d'autre gratification de la part de Sa Majesté, qu'à celle qu'elle faisoit ordinairement à toutes les Filles de la Reine, sous le nom de Robe de nôces ; & qui avoit été reglée à deux mille écus. Henry l'augmenta jusqu'à cinq mille, pour ma Belle-fille : & afin que cette somme ne tirât point à conséquence pour les autres, ce Prince me manda de Saint-Germain-en-laye, qu'il falloit l'employer dans un Comptant.

Il arrivoit assez ordinairement, qu'après que Sa Majesté avoit apuré les Etats de ses Fortifications & Bâtimens, elle me disoit, en presence des Officiers employés pour ces Parties, qu'on appelloit pour leur communiquer ce qu'il y avoit à faire dans le cours de l'année suivante : » Or bien, » voilà mes Fortifications & Bâtimens résolus : Et vous, que » faites-vous à vos Maisons ? « A quoi lorsque je répondois, comme je ne manquois guére de le faire, que je n'y faisois rien, faute d'argent ; il me disoit : » Or-sus, voyons vos » Plans, & ce que vous y voudriez faire, si vous aviez de » l'argent. « Il les consideroit ; & après m'avoir dit ce qu'il trouvoit à y changer, ou à y ajoûter, il me gratifioit d'une vingtaine de mille livres, pour les employer à ce qu'il venoit de marquer.

Ce n'est pas que je n'aye souvent reçu des refus de ce Prince : je n'aurai point la vanité de le cacher. Il me refusa la Charge du Baron de Lux, que je lui demandai pour mon Frere, ou pour La-Curée. Il me dit, Qu'il destinoit à Béthune une Charge en Bretagne, qui lui conviendroit mieux : & pour La-Curée, Qu'il ne trouvoit pas que cet Emploi fût compatible avec la Lieutenance de sa Compagnie de Chevaux-legers, & avec le Gouvernement de Chinon, qu'il avoit déja : La vérité est qu'il aima mieux en gratifier Ragny, qui pouvoit lui rendre plus de service dans la Province. Je lui demandai deux autres graces dans une même Lettre : l'une, pour mon Neveu de Melun ; & l'autre, pour le même La-Boulaye. Il me refusa celle de La-Boulaye, comme ne l'ayant pas encore méritée par ses services ; & m'accorda l'autre : c'est l'Abbaye de Moreilles, qui venoit de vaquer en Poitou. Je souffris un autre refus, à l'occasion du Duc de Rohan, mon Gendre; si on doit appeler cela un refus : Voici de quoi il s'agissoit.

François D'Alloué Des-Ageaux, ou Des-Agcols.

Le Duc de Rohan étoit Gouverneur de Saint-Jean d'Angely, qui avoit pour Lieutenant-de-Roi, Des-Ageaux. Cette Lieutenance n'étoit point, comme naturellement elle devoit l'être à la nomination du Gouverneur, mais de Sa Majesté immédiatement, à qui les différentes conjonctures avoient fait juger expédient pour le bien de son service, d'ôter ce privilége au Gouverneur; afin que le Lieutenant-de-Roi de cette Ville, qu'on a toujours vû jusqu'ici jouer un rôle important dans les temps difficiles, fût en quelque manière indépendant du Gouverneur, & même en état d'y rendre son pouvoir inutile, s'il ne l'employoit pas à la satisfaction du Roi, & au bien de l'Etat : Ce qui faisoit que ce Lieutenant avoit en effet toute la réalité de ce Gouvernement, & n'en laissoit au Gouverneur, que le Titre & l'apparence. Le Duc de Rohan avoit fort envie de se faire restituer cette Prérogative : il me pria de m'en mêler. La conjoncture étoit favorable : on lui mandoit que Des-Ageaux étoit malade, à n'en pouvoir pas revenir. Quelqu'envie que j'eusse de rendre service à mon Gendre, je n'osai en faire ouvertement la proposition au Roi : la chose avoit trop de rapport avec cette dépendance, où on lui faisoit entendre que je cherchois à mettre toutes les Villes (17) Protestantes; il n'en auroit pas fallu davantage, pour réveiller les soupçons. Je ne voulus d'abord que sonder le gué : ce que je fis assez adroitement en prenant l'occasion de la maladie de Des-Ageaux, pour pressentir Sa Majesté, sur ce qu'elle pensoit de cette place; & c'est par Lettres, que je fis cette tentative. Mais je me donnai bien de garde d'aller plus avant, lorsque j'eus reçu la Réponse de Sa Majesté : Elle me mandoit, Qu'elle ne prétendoit point renoncer au droit de nommer le Lieutenant de

(17) On voit dans l'Histoire de la Mere & du Fils, *Tom.* 1. *pag.* 15. que Henry IV. refusa au Duc de Sully le Gouvernement de Saint-Maixant, qu'il lui avoit fait demander par la Reine, pour lui-même; disant que la prudence ne vouloit pas qu'on rendît un Calviniste ; maître de cette Place, toute petite qu'elle étoit. Si quelque chose pouvoit faire douter de la vérité de ce fait, outre le silence de M. de Sully; c'est la facilité avec laquelle ce Prince lui accorda le Gouvernement de toute la Province même.

Saint-Jean ; parce que, difoit-elle, ce ne feroit, ni M. de Rohan, ni mon Gendre, qui feroit toujours Gouverneur de cette Place : je lui parlois du Maire de cette Ville, nommé Poufou, qu'elle continua dans cette fonction, fur mon atteftation : Au-refte, Des-Ageaux ne mourut point de fa maladie.

Avant que de fortir de cet article de Mariages & de Parenté, je dirai ce qui arriva à la Cour, au fujet de Mademoifelle de Melun, ma Niéce, qu'on parloit auffi de marier en ce temps-là. Comme elle étoit un Parti très-riche & très-confidérable, la Marquife de Roubais, ma Tante, l'ayant fait fon unique héritiere ; tous les D'Eftrées jetterent les yeux fur elle, pour la faire époufer à De-Cœuvres (18). Ils comptoient fur la protection du Roi, ou pluftôt, ils s'en tenoient affûrés. Cœuvres étoit fort-agréable à Sa Majefté, & lui touchoit de près, par l'affinité avec fes Enfans, de la feuë Ducheffe de Beaufort. Ils lui firent propofer la chofe, par M. de Vendôme lui-même, à qui le Roi promit qu'il m'en parleroit avant que de partir pour Chantilly. Il ne s'en fouvint qu'à fa dînée à Louvre-en-Parifis ; & il m'en écrivit, de maniere à me faire voir qu'il fouhaitoit paffionnément que l'affaire réüfsît.

J'écrivis aux Parens de la Fille, tous Flamands : mais la réponfe qu'ils me firent, n'étant pas de ces chofes qu'on puiffe, ni qu'on doive écrire à fon Maître ; je ne lui en fis point : Et lorfqu'à fon retour, il m'en demanda la raifon ; je lui dis fimplement, que les Parens de Mademoifelle de Melun n'avoient nullement approuvé cette Alliance. Le Roi s'imagina que je les faifois parler, & que peut-être je ne leur avois pas même écrit. Je fus obligé de lui montrer les Lettres de la Marquife de Roubais, du Prince & de la Princeffe de Ligne, de la Princeffe d'Epinoy, de la Comteffe de Barlemont, des Comtes de Fontenay & de Buquoy, qui tous m'en avoient écrit : & Henry vit ce que je n'avois pas voulu lui dire, combien, malgré l'honneur qu'il avoit fait à la Maifon d'Eftrées, ils la tenoient au-deffous d'eux (19) :» Je vois bien, dit ce

1605.

---

(18) François-Annibal D'Eftrées, Marquis de Cœuvres, Duc & Pair, | & Maréchal de France.
[19] La Maifon D'Eftrées eft

„ Prince, avec quelque colere; qu'il n'y faut plus penſer;
„ ayant affaire à tous ces glorieux ſots de Flamands, que
„ vous m'avez nommés. " Effectivement la choſe n'alla pas
plus loin; Sa Majeſté ne s'en étant plus voulu mêler.

pourtant inconteſtablement de la || Conſultez nos Généalogiſtes.
plus ancienne Nobleſſe de Picardie. ||

*Fin du vingtiéme Livre.*

# MEMOIRES
## DE
## SULLY.

### LIVRE VINGT-UNIEME.

OUS ces dégoûts que j'eus à essuyer, me coûterent une partie du temps, que j'avois coûtume d'employer tout entier à l'adminiſtration des Finances ; mais ils ne diminuerent rien de mon application à en remplir toutes les fonctions. Je travaillai cette année à conſtater les aliénations & uſurpations du Domaine de Sa Majeſté ; & à liquider éxactement toutes les Rentes ſur les Tailles, Gabelles, Décimes, Aides & autres Parties ; ainſi que toutes les autres dettes créées, tant ſur le Roi, que ſur les Villes, Pays & Communautés. Je trouvai par le calcul, que ces aliénations, rentes & dettes, coûtoient déja au Royaume, depuis leur création juſqu'à cette année, plus de cent cinquante millions (1). Ce qui eſt bien plus ſingulier, c'eſt que tous

1605.

---

(1) » Il ne falloit pas moins que » le courage conſtant du Duc de » Sully, pour rétablir les Finances, » en retirant cent millions de Domaines aliénés ; en payant les dettes légitimes ; en rettranchant les

ces deniers, dont l'Etat se trouvoit surchargé, sans qu'on pût s'appercevoir qu'il en eût retiré aucun profit, avoient en effet été usurpés pour la plus grande partie, par ceux qu'on employa d'abord à en faire la vérification, ou partagés, vendus & aliénés par eux-mêmes à d'autres. Le Roi ne pouvoit le croire; mais je lui fis voir la chose clairement, par le moyen de deux Pièces, que je venois de recouvrer. L'une, est un Etat des personnes, qui avoient été intéressées dans le Parti du Sel, pendant le Bail de Champigny & de Noël de Here. Ils étoient au nombre de vingt, de Paris, de la Cour, & du Conseil même; & depuis cinquante mille livres, jusqu'à cent cinquante mille écus : Le total montoit à neuf millions sept cens trente-huit mille livres. L'autre Piéce, datée du 27 Octobre 1585, est une Association du Surintendant d'O, avec les Partisans du Sel, pour un Cinquiéme. Il y cautionne jusqu'à la concurrence de ce Cinquiéme, Antoine Faschon, Notaire, qui lui prêtoit son nom, envers les deux Fermiers que je viens de nommer.

 Un manége semblable faisoit qu'il n'étoit non plus presque rien revenu à Sa Majesté, des deniers des Aydes & des Parties Casuelles. Gondy, de concert & de moitié avec d'Incarville & les autres Membres du Conseil, se les étoit fait substituer, pour payement de prétenduës dettes du Roi envers lui. Quelque difficulté qu'il y eût à découvrir ces premieres suppositions & connivences; je furetai si soigneusement, que j'en avois déja découvert pour trois millions, qui revenoient de plus au Trésor-Royal. Comme ce n'étoit qu'en vuë de soulager le Peuple, que je dépouillois ainsi de temps en temps les usurpateurs, de biens qui ne leur étoient pas dus; à proportion de ces découvertes, je faisois au nom de Sa Majesté, des remises considérables sur la Taille, source principale d'abus & de véxations de toute espéce, dans sa répartition & sa perception. Il est bien à souhaiter, mais peu à espérer, qu'on change un jour en entier, le fond de cette Partie des revenus Royaux, (2)        Je

---

» autres &c. Il seconda toujours son » Roi, dans les magnanimes desseins » de soulager son Peuple. » *Essai Politique sur le Commerce*, chap. 19. M. Claude De-L'Isle en parle de la même maniere, & avec toutes sortes d'éloges, dans son Abrégé de l'Histoire Universelle. *Tom. 5. pag. 501.*

[2] Ces abus sont si palpables, & ces véxations si criantes, que nos Rois

Je mets la Gabelle de niveau avec la Taille. Je n'ai jamais rien trouvé de si bizarrement tyrannique, que de faire acheter à un Particulier, plus de sel qu'il n'en veut & n'en peut consommer ; & de lui défendre encore de revendre ce

1605.

Rois & leurs Ministres ont souvent essayé d'y remedier, en changeant en entier la forme de cette Partie de Finance. Ils y ont trouvé tous ces obstacles dont parle l'Auteur, qui ont rendu leurs tentatives inutiles. On en a fait une de nos jours, qui paroissoit devoir être plus heureuse ; & qui malgré cela, ne fait pas des progrès bien rapides. Qu'il me soit permis d'en exposer ici les raisons.

Il régne dans ce Royaume, & je crois, dans tous les Etats Monarchiques, un malheureux préjugé, qu'on ne sçauroit trop s'attacher à détruire ; parce que tenant les esprits des Sujets continuellement en garde, contre tout ce qui émane du Souverain, il produit par la seule défiance, une partie des mauvais effets, que produiroit une désobéïssance formelle. Ce préjugé est, qu'on ne songe jamais au Peuple en bien ; & qu'au contraire on ne touche à son état, que pour le rendre encore plus misérable.

Il ne se peut pas qu'un changement aussi grand, que celui qu'on propose dans la Taille, ne soit sujet à de grandes difficultés ; par la nature de la chose même. Or je crois qu'il ne suffit pas que ces difficultés se trouvent levées dans ce petit nombre de têtes, qui ont formé & perfectionné le projet ; mais qu'il faut aussi qu'elles le soient pour ceux, que de nécessité l'on emploie à l'exécution. Car il n'en est pas de cet ouvrage, comme d'un édifice, qui se trouve construit par la seule coopération toute méchanique des mains des Maçons, à l'idée de l'Architecte. Celui-ci ne sçauroit croître & s'achever, que par la même intelligence, répanduë dans l'Auteur & les exécuteurs. A cela deux choses s'opposent, qu'il seroit besoin de combattre par l'instruction & le châtiment ; je veux dire, le défaut de lumieres, & la paresse dans les Employés subalternes : Celle-ci leur fait négliger les ordres de leurs Supérieurs ; & l'autre fait qu'avec la meilleure intention du monde, ils les exécutent tout de travers.

Cette raison suffiroit toute seule ; pour convaincre que l'établissement de la Taille Proportionnelle dans les Généralités, ne doit point être confiée aux Elûs & Subdélegués des Intendans ; je n'oserois dire, aux Intendans eux-mêmes, ni à tous ces Ouvriers en sous-ordre, pris par eux au hazard, dans la Police & dans la Finance ; qui ayant d'ailleurs leurs affaires ordinaires, n'ont point tout le temps nécessaire à donner à celle-ci : Mais que comme on fait venir de la Capitale, des Artisans pour conduire des travaux qui excedent la portée des Artisans communs ; le Conseil doit choisir & députer dans les Généralités, des Commissaires intégres, intelligens, suffisamment autorisés, & parfaitement au fait ; auxquels on ne plaigne de plus, ni le temps, ni la dépense. Si on les précipite trop, il leur échappera une partie des observations à faire sur différens détails de la campagne : Si on les paye mal, ou à regret, on les expose à trahir leur devoir par besoin. Cet ouvrage important demande toute la préparation possible.

Lorsqu'on connoît tout ce que peuvent sur les hommes, les liaisons de parenté, d'amitié, de société, de simple voisinage ; les différens intérêts, personnels & des Corps ; la crainte de déplaire, l'envie d'obliger, le desir d'être honoré & caressé de ses Concitoyens ; la dépendance d'un Supérieur mal instruit, laquelle peut se faire sentir par une perte d'Emploi, par des réprimandes injustes ; & une infinité d'autres motifs, qui lient les mains à un homme, au mi-

*Tome II.*            N n n

1605.

qu'il a de trop. Je m'en expliquois un jour en cette manière, en m'entretenant avec le Roi : il me demanda un Mémoire détaillé sur toute cette matière ; de ce que coûtoit le Sel, d'achat aux Salines ; des frais qu'on y faisoit de-là jusqu'à sa vente ; de sa distribution dans les Greniers ; & autres questions, qu'on peut faire à ce sujet : Sa Majesté ne me dit point à quelle fin elle me demandoit ce Mémoire. Je me hâtai de le dresser, le mieux que je pus, & à peu près ; parce que, suivant les raisons que j'y exposois, on ne peut marquer au juste la vraie valeur des choses : Mais il ne produisit aucun effet ; & tout demeura à cet égard, comme auparavant. Tant il est difficile de détruire ce que la précipitation, l'ignorance & le défaut de vûës dans ces Anciens, qu'on veut nous donner comme infaillibles, ont mis de mal dans les premiers Etablissemens ; lors même que d'autres Impositions, plus selon la droite raison, comme le Dixiéme & les Entrées, semblent en indiquer si clairement les moyens, & en applanir les voies. (3)

lieu de sa familie & de ses Compatriotes : on trouve mille raisons de ne pas se servir pour la nouvelle Taille, des Employés ordinaires. Aussi quelques personnes, qui ont étudié avec application les desseins du Conseil dans cette Opération, & ensuite prêté un œil attentif à la manière dont on les voit tous les jours s'éxécuter dans les Elections ; voient avec douleur, que sur cinquante de ces Commissaires, il n'y en a quelquefois pas un, dont le travail ne tende à rendre la nouvelle forme, encore plus odieuse que l'ancienne.

Ces motifs & ces difficultés ; une connoissance plus réfléchie du Projet de M. de Vauban ; le peu de peine qu'on eut à l'établir, lorsqu'on en fit l'essai ; le bonheur dont jouissent encore actuellement le petit nombre de Paroisses, qui ont trouvé le moyen de le conserver ; l'expérience qu'on fait tous les jours, que le Dixiéme, qui n'est lui-même qu'une espèce de Dixme, a toutes sortes d'avantages sur la Taille & les autres Subsides : tout cela, dis je, fait conclurre aux esprits judicieux, qu'il faudra de toute nécessité revenir à cet égard, à l'établissement de la Dixme Royale, comme au moyen le plus simple de tous, le moins coûteux, le moins onéreux pour les Peuples ; & qu'on n'y a pas fait, lorsqu'il a été proposé par cet habile & vertueux Citoyen, toute l'attention qu'il méritoit. C'est une Maxime également fausse & cruelle, Qu'on risque à faire soûlever le Peuple, en le mettant à son aise. L'intérêt du Peuple, bien entendu, est encore que le Roi connoisse parfaitement la valeur de tous les biens, & la force de son Royaume : que sans égard pour des éxemptions & des priviléges injustes, tous les Sujets de Sa Majesté soient traités également : que le Commerce & l'Industrie soient ce qu'on ménagera le plus. Nous renvoyons pour les réflexions qu'on peut faire sur cette matière, à l'excellent Ouvrage lui-même de M. de Vauban, qui a pour titre ; *Dixme Royale* &c.

(3) On sçait combien la Gabelle rapporte au Roi de net, tous frais déduits ; & il n'est pas difficile de sçavoir conséquemment, à quoi ces frais montent pour chaque minot de sel. Pourquoi le Roi ne prend-t-il

# LIVRE VINGT-UNIEME.

1605.

Les dettes créées fur les Provinces, Maisons-de-Ville & Communautés, ne faisant pas moins de tort au Roi, que les siennes propres ; je le sollicitois continuellement de permettre qu'on fît sur elles la même révision & la même opération, qu'on avoit fait sur les autres, afin d'en diminuer au moins la quantité : Je l'obtins enfin ; & Sa Majesté laissa à ma disposition le choix des moyens d'y parvenir. Je commençai à nommer à cet effet des Commissaires, que je choisis parmi les personnes, que je connoissois les plus laborieuses & les plus fidèles dans les Cours Souveraines, le Corps des Maîtres-des-Requêtes, celui des Trésoriers de France & des autres Officiers : Mais comme ce travail ne put aller si vîte ; je remets à en rendre compte, lorsque je parlerai des effets qu'il produisit.

Je ne puis m'empêcher de faire la réflexion, d'ailleurs très-commune, qu'il faut que l'ordre & l'œconomie ayent des ressources infinies ; lorsque je pense que malgré les dépenses ordinaires de l'Etat, & celles que Sa Majesté faisoit extraordinairement dans son Royaume ; malgré trois ou quatre millions qui en sortoient tous les ans, pour être répandus chez l'Etranger ; malgré l'état d'épuisement & de ruine, où le Roi avoit trouvé la France, ses Finances & son Trésor, à son avénement à la Couronne ; malgré des obstacles & des difficultés, comme insurmontables ; le Gouvernement avoit déja pris un air d'opulence, qui ne permettoit presque plus qu'on se souvînt de sa premiere indigence. Auroit-on pu se figurer dix ans auparavant, qu'en 1605. le

---

pas tout d'un coup le prix de chaque minot de sel, de premier achat, & sur les Salines mêmes ? Pourquoi ne fait-on pas la même opération dans les Aydes ? Il y a long-temps qu'on fait cette question ; & elle est tout-à-fait simple. Le Cardinal de Richelieu, suivant en cela toutes les vûes du Ministre son Prédécesseur, *Test. Polit.* 2. *Part. chap.* 9. *sect.* 7. Péréfixe, l'Auteur de l'Essai Politique sur le Commerce, *chap* 25. une infinité d'autres habiles Politiques après eux, décident tout d'une voix contre un Impôt, dont la régie n'est pas seulement onereuse par sa forme, mais encore injuste par son peu d'uniformité. Ils trouvent à la vérité de grandes difficultés à la changer ; mais ce changement une fois fait, paroît en récompense une des principales sources *du soulagement & de l'opulence de l'Etat*, tout à la fois. Le Cardinal de Richelieu, qui est celui qui en parle en ces termes, ajoûte que ce qu'il avoit connu de Surintendans les plus intelligens, égaloient le produit de l'Impôt du Sel, levé sur les Salines mêmes, à celui que les Indes rapportent au Roi d'Espagne. Consultez encore sur ce sujet, la *Dixme Royale* de M. de Vauban.

Nnn ij

1605.

Roi se trouveroit aussi riche qu'il l'étoit; si l'on avoit fait sérieusement attention, que les sommes qu'on lui demandoit, lorsqu'il fut reconnu paisible possesseur de la Couronne; celles dont il voyoit son Épargne obérée., avec tous les intérêts & arrérages de ces sommes; ne montoient à guère moins de trois cens trente millions? Qui eût pu imaginer, dis-je, que tout ce qui pouvoit être acquité sur cette somme énorme, comme toutes les dettes pures & simples, le seroit; & qu'il y auroit des arrangemens pris pour tout le reste; de maniere que le Trésor-Royal n'en seroit plus épuisé, ni même incommodé? C'est pourtant ce qui étoit arrivé: & je n'ai peut-être rien exposé aux yeux du Lecteur, d'aussi intéressant dans ces Mémoires, qu'un Etat en gros des sommes particulières, d'où résultoit cette somme principale.

Il étoit dû à la Reine Elisabeth, lors de son décès; tant d'argent pur, prêté à Henry dans ses besoins, avancé aux Troupes Allemandes, fourni par elle à l'Armée envoyée en Bretagne; que pour toutes les autres sommes, auxquelles avoit été évalué l'entretien de tous les secours donnés par les Anglois au Roi, Hommes, Vaisseaux, provisions, pour le Siége de Dieppe, pour celui de Rouen; enfin pendant tout le temps qu'avoit duré la Ligue: la somme de sept millions trois cens soixante-dix mille huit cens livres. Aux Cantons Suisses, tant pour leurs services, que pour leurs pensions; y compris les intérêts : trente-cinq millions huit cens vingt-trois mille quatre cens soixante-dix-sept livres six sols. Aux Etats Généraux; argent prêté; solde de Gens-de-guerre; entretien de Vaisseaux; Poudres, Vivres, Munitions &c. aussi fournis pendant la Ligue: neuf millions deux cens soixante-quinze mille quatre cens livres. A différens Seigneurs, Colonels & Officiers François; pour service, solde, Pensions, Gages &c. pendant les Guerres Civiles : six millions cinq cens quarante-sept mille livres. Aux Partisans de toute espèce de Fermes; aux Princes, Villes, Communautés, & autres Particuliers; en comprenant dans cet Article, les Gages, Appointemens & Pensions, des Officiers de la Maison du Roi, de Justice, de Police & de Finance; par Etats dressés : vingt-huit millions quatre cens cinquante mille trois cens soixante livres. A différens Particuliers; suivant leurs Billets, Rescriptions, Quittances de l'Epargne, Ordonnances, Acquits-patents &c. presque tous du Régne de Henry III : douze millions deux cens trente-six mille liv. Engagemens de Domaine ; constitutions de Rentes d'un Principal éxorbitant, modérées par les Créanciers eux-mêmes, ou retranchées par Sa Majesté : cent cinquante millions. Traités faits à l'extinction de la Ligue ; dont le calcul a été fait cy-devant : trente-trois millions cent cinquante mille neuf cens quatre-vingt-une livres. (4)

Il est vrai, comme je l'ai remarqué, qu'après la vérification de chacune de ces Parties, il s'en trouva plusieurs, qui étant éxigées injustement, furent annullées tout-à-fait ; d'autres, sur lesquelles on composa avec les Créanciers ; d'autres, dont on trouva moyen de se libérer, par quelques expédiens, comme celles sur les Tailles & le Domaine : Mais on comprend facilement, combien il en resta encore à acquiter de justes. Je remarque ici d'avance, pour faire voir combien le bon éxemple est impuissant, qu'après la mort de Henry, les nouveaux Directeurs des Affaires commencerent par détruire une partie de ces bons ménages, & par abolir les Réglemens qu'il avoit établis : Cette opération, qui sous une apparence de douceur & de fausse compassion, marque un vrai défaut d'ordre, me fait bien craindre que sous le nouveau Régne, les dettes du Royaume n'aillent en augmentant, au lieu de diminuer. Mais n'anticipons point le temps de la mort de ce Prince ; & contentons nous de marquer, comme un monument éternel de sa gloire, l'état où la sagesse de son Gouvernement avoit déja mis la France dans cette année. Les payemens hors & dans le Royaume, se faisoient à point nommé : nulle souffrance de ce côté-là, ni dans les dépenses courantes ; sans que pour cela Sa Majesté cessât d'en faire de très-considérables, pour rétablir, meubler & décorer ses Maisons Royales ; réparer les Places fortifiées ; en faire construire de nouvelles ; élever des Bâtimens publics ; (5) réédifier les Eglises, Hôpitaux & Couvens ; entretenir les Pavés, Levées, Ponts & Chaussées ; fa-

(4) Il y a erreur de calcul dans les anciens Mémoires, tant sur les Traités de la Ligue, d'environ un million, que sur le Total : mais cela est peu considérable.

(5) Henry le Grand a fait peindre & dorer la Chapelle de Fontainebleau, percer la Forêt, & embellir en plusieurs autres manieres, cette Maison Royale. Il acheva le Pont-Neuf ; fit construire la Place & la rue Dauphine ; redresser grand nom-

briquer grand nombre de Galères sur la Méditerranée ;
remplir les Magasins & Arcenaux ; racheter, ou dégager les
bagues & joyaux de la Couronne, & y en joindre de nouveaux : Et après tout cela, il restoit encore au bout de l'année, une somme considérable à déposer dans le Tréfor de
la Bastille (6).

Et ce que j'estime bien davantage que tous ces tréfors,
c'est que Henry les acquit, non-feulement fans rendre le
Peuple plus misérable ; mais en le foulageant considérablement du fardeau qu'il portoit, comme on l'a vu dans ces
Mémoires : Il regreta toujours que la conjoncture préfente ne lui permît pas de pousser plus loin les effets de fa
tendresse pour ses Sujets. Si les ennemis de son Gouvernement n'en convenoient point, si même on leur voyoit publier tout le contraire ; il n'en est pas moins vrai, que
l'abondance commençoit à se faire sentir par tout le Royaume ; & que délivrés de tous fes Tyrans dans la Finance, la
Nobleffe & la Milice, le Payfan enfemençoit & recueilloit
en affûrance (7) ; l'Artifan s'enrichiffoit de fa profeffion ; le

---

bre de ruës dans Paris ; bâtir des Quais &c. Outre ce qui en est marqué en différens endroits de ces Mémoires, voyez le dénombrement de tous ces Edifices dans le Mercure François, ann. 1615. pag. 404. Décade de Le Grain, liv. 8. Morizot, ch. 46. ainfi que dans les Ecrivains qui nous ont donné des descriptions, ou l'Histoire des Antiquités de Paris &c. Personne n'ignore que ce grand Prince, par les foins du Duc de Sully, fit raccommoder les grands chemins, presque dans tous les endroits du Royaume; construire quantité de Chauffées & de Ponts dans des lieux impraticables, sur-tout du Berry, qui pouvoient disputer de beauté avec les Ouvrages des Romains ; mais qui faute d'entretien depuis cent trente ans, font aujourd'hui en fort mauvais état : qu'il fit planter le long de ces grands chemins, des Ormes & autres Arbres, dont il en reste encore en différens endroits, où on les nomme, *des Rofnys*. Nous avons plufieurs Ordonnances de ce Prince à ce fujet ; & d'autres, par

lesquelles il est défendu de coucher les terres de labour en herbage, & ordonné d'arracher des Vignes. Tous ces Ouvrages, & cette application à rendre fon Royaume floriffant, contribuerent peut-être autant que les exploits militaires, à mériter à Henry IV. le nom de Grand, qui lui fut donné dès fon vivant, & à ce qu'il paroît, à peu près dès l'année 1602.

(6) La part qu'a eue le Duc de Sully dans tout cela, lui a mérité cet éloge fingulier dans le Mercure François, ann. 1606. p. 101. » Comme il s'eft acquité au bien & à » l'utilité de la Couronne de France, en ces Etats & Charges-là, plus » qu'aucun de ceux qui l'ont précédé, tous les François l'ont reconnu & du vivant & après la mort » de Sa Majefté : Et bien qu'il n'ait » été exempt de la calomnie par fes » envieux, fi eft-ce qu'il faut avouer » qu'il a été & le Jofeph de notre » Roi & celui de la France. »

[7] La tendreffe de ce bon Prince pour fes Peuples, paroît par ce dic-

# LIVRE VINGT-UNIEME.

1605.

plus petit Marchand se réjouissoit du profit de son Trafic ; & le Noble lui-même faisoit valoir ses revenus. La Paix, loin d'être troublée par quelques exemples de sévérité, qu'avoit donnés Sa Majesté, n'en étoit que plus affermie, & mieux goûtée : & la licence qu'on avoit retranchée aux Gens de guerre, étoit un avantage procuré au Peuple & à la discipline Militaire, sans aucun préjudice à la personne du Soldat & de l'Officier, éxactement payés de leur solde ; & de plus, récompensés à proportion de leurs services, & caressés à raison de leurs talens, ou de leur valeur. Les jettons que j'avois donnés à Sa Majesté, selon la coutume, le prémier jour de l'an, représentoient un Lis étendant de côté & d'autre deux fleurons, répondant à deux étoiles, qui marquoient les deux Poles ; avec ces mots, *Hi fines* : C'est par de pareilles actions, qu'un Roi peut aspirer à la gloire d'avoir rempli cette Devise.

Je ne répeterai point ce que j'ai dit au sujet des Lettres de Henry. J'en trouve une si grande quantité pour cette année, & sur toutes sortes de sujets, Finance, Commerce, Politique, que je n'ai garde de les produire. J'y remarque plusieurs libéralités : Trente milles livres, à la Reine, pour ses étrennes : neuf mille livres, à la Comtesse de (8) Moret : quinze cens livres, aux Femmes de chambre de la Reine ; & autant, pour être distribués par Madame de Montglat, aux Nourrices de ses Enfans : en différentes occasions, quatre mille, aux Enfans du Commandeur de Chastes : douze cens livres, à Praslin ; autant à Merens : trois mille livres, au Comte de Saint-Aignan, pour l'indemniser des frais qu'il

ton de lui, qui s'est conservé par une espece de tradition, qu'il feroit en sorte que le plus pauvre Paysan pût manger de la viande toutes les semaines, & de plus, mettre tous les Dimanches une poule dans son pot.

(8) Jacqueline-Du-Beuil : Le Roi l'avoit fait à la fin de l'année derniere, Comtesse de Moret ; faisant, dit L'Etoile, revivre en elle, l'amour qui étoit comme éteint en sa Marquise. Il lui avoit fait aussi épouser un Gentilhomme, nommé Chanvalon. Il y a dans le Journal de L'Etoile, quelques anecdotes sur ce sujet ; mais trop licentieuses, pour que nous puissions les rapporter. *Ann.* 1604. Mademoiselle Du-Beuil, ou De-Beuil, nous est représentée dans les Ecrits de ce temps-là, comme une fille qui n'avoit pas du côté de la beauté, tous les avantages de Mademoiselle d'Entragues ; mais en récompense, une physionomie fine & spirituelle, une humeur extrêmement gaie, & une conversation pleine d'enjouëment, que Henry IV. aimoit beaucoup. Il paroît que la Reine ne prit point le même ombrage, ni la même aversion pour cette Maitresse, que pour la Marquise de Verneuil.

avoit faits, pour la Compagnie de Montigny, son Beau-pere: deux mille quatre cens livres, à différens Pensionnaires en Bourgogne; par les mains de Hector Le-Breton, son Commissionnaire en cette Province: quatre mille livres de pension, à (9) Lognac, Capitaine réformé; pour récompense de ses services: quarante mille livres, que Sa Majesté crut devoir, comme restitution, à Villars; en disant que cette somme avoit fait perdre plus de six mille livres d'intérêt à cette Famille, depuis qu'elle lui étoit duë: cinq cens livres, au Duc de Ventadour, qui les avoit avancés en menus frais; afin qu'on vît, disoit ce Prince, qu'on ne perdoit rien en le servant: le Sieur de Canisy reçut un pareil remboursement: dix-sept mille cent trente-huit livres, à son Apothicaire, nommé La-Livre. Sa Majesté étoit débiteur de cet homme-là, depuis 1692, & avoit en partie causé sa ruine, ses Créanciers l'ayant fait arrêter & mettre en prison; elle l'en dédommagea: neuf mille cinq cens quarante & une livres, à Jean Sellier, Marchand de la Ville de Troyes, qui s'étoit chargé pour Sa Majesté, de la construction de je ne sçais quel Ouvrage public.

Je ne parle point de cent cinquante mille livres, données à M. le Comte de Soissons; de l'Edit des Greffes, & d'un autre, portant création d'un très-petit Impôt sur le Sel, en faveur du Duc de Maïenne; ni de beaucoup d'autres gratifications, ou payemens justes. Zamet obtint de Sa Majesté, les deux Offices des Receveurs à Rouen, chacun pour deux mille écus. Henry fit partager en justice la Forêt de L'Aigle, entre lui & le Connétable; mais pour éviter toute contestation, il acheta l'autre part, & régla lui-même l'ordre des coupes. Il renvoya à son Conseil, l'offre de douze cens mille livres, qu'on lui faisoit pour obtenir un Arrêt, touchant les quarts deniers. Il envoya Nargonne avec sa Compagnie, s'établir dans la Tour de Bouc, qui lui parut d'une grande importance: mais il y eut des difficultés, de la part du Duc

de

---

(9) Ce n'est point celui dont Henry III. s'étoit servi pour poignarder le Duc de Guise, aux Etats de Blois. Ayant demandé à ce Prince pour récompense de cette action, un Gouvernement qui lui fut refusé, il se retira mécontent en Guyenne; où très-peu de temps après, il fut tué d'un coup de pistolet, allant à la chasse, par un Gentilhomme de ses voisins, avec lequel il avoit eu querelle. *Chronol. Novenn. de Cayet. Tom. 1. liv. 1. pag. 133.*

de Mercœur, à qui étoit ce Fort, qui déterminerent Sa Majefté à en traiter avec lui, foit par voie d'échange, ou de récompenfe.

1605.

Une grande partie des Lettres de ce Prince rouloit encore fur fes Bâtimens, fur-tout ceux des nouvelles Manufactures de foie, qu'il faifoit toujours preffer avec la même ardeur. Il deftina à élever les œufs de vers-à-foie, qu'on lui envoyoit d'Efpagne, fon Orangerie des Tuileries, dont il hâta fort la conftruction pour cet effet. (10) Je fis jetter par fon ordre, les fondemens de nouveaux Edifices pour fes Tapifferies, dans la Place du Marché aux Chevaux. On ne pouvoit donner à ces Edifices toute l'étendue convenable, fans prendre un peu fur le jardin de Montmagny, qui y fit fes oppofitions : Henry voulut qu'on lui donnât tout ce qu'il lui demanderoit ; en remarquant pourtant que lorfqu'il eft queftion de l'utilité publique, un Particulier doit s'en rapporter au prononcé des Experts, qui font nommés à ce fujet. Sa Majefté fit venir des Pays Etrangers les Comans & les La-Planche, pour leur confier le foin & l'Intendance de ces Manufactures. Les nouveaux Directeurs ne furent pas long-temps fans fe plaindre ; foit qu'ils trouvaffent que le profit ne répondoit pas à leurs efpérances ; ou qu'ayant fait des avances confidérables, il leur fût difficile de les retirer : Le Roi fe déchargea de leur importunité fur moi ; & me commanda de faire enforte qu'ils ne fe ruinaffent, ni ne s'enrichiffent trop.

L'attention de ce Prince à ménager toutes les Puiffances, qui pouvoient un jour prendre intérêt à fes grands deffeins, paroît auffi dans fes Lettres, comme dans toute fa conduite ; foit dans l'exactitude à remplir tous les devoirs de la politeffe, ou du fimple Cérémonial ; foit dans la maniere de traiter leurs Ambaffadeurs & Envoyés ; de les gagner par des dépenfes & des libéralités faites à propos ; & ce qui eft un fervice plus confidérable encore, de les concilier entr'eux, en terminant leurs différends, & en commençant dès-lors

---

(10) Je trouve encore dans quelques Ecrits de ce temps-là, qu'un Fabriquant Provençal, nommé Serran, entreprit de faire des Etoffes, de l'écorce la plus fine des Mûriers : qu'il ls'établit des Manufactures de Criftal & de Glaces de Venife, de Perles bien imitées ; & plufieurs autres, que le célèbre M. Colbert a portées depuis à une fi grande perfection.

1605.

à éxercer à leur égard la fonction d'Arbitre de l'Europe. Sa Majesté m'envoya une Lettre tout ouverte de Compliment, qu'elle crut devoir à la Duchesse des Deux-Ponts; en m'ordonnant de la faire porter par un Gentilhomme à moi, & de l'accompagner d'un présent de douze ou quinze cens écus au moins; auquel cette Princesse se montra fort sensible, dans la Lettre de remerciment qu'elle lui écrivit. Le Duc de Bar ayant consulté Henry sur le Mariage qu'il destinoit de faire avec la Princesse de Mantouë, & qui fut tenu encore long-temps secret; ce Prince voulut bien se charger d'en porter la parole au Duc de Mantouë, & lui dépêcha aussi-tôt un Courrier extraordinaire: quoique sur cet article, il portât si loin l'épargne, qu'il fit une espèce de reproche à son Ambassadeur à Rome, de lui envoyer trop souvent des Courriers; & qu'il lui manda de ne plus le faire. Lorsque l'Ambassadeur de la République de Venise prit congé de Sa Majesté, au mois de Novembre; il reçut par mes mains, un présent considérable: j'en fis même un à son Sécretaire. L'Envoyé du Duc d'Holstein, nommé Guinterot, ne s'en retourna pas moins satisfait: je lui fis voir l'Arsénal & tous les Magasins du Roi; & afin qu'il s'en souvînt mieux, je lui fis présent, suivant l'intention de Sa Majesté, d'une paire de ses plus belles Armes, pour le Prince son Maître.

La mort de Clement VIII. (11) arriva la nuit du trois au quatre Mars: & elle fut aussi-tôt mandée en France, par

---

(11) L'Etoile, qui n'est pas suspect, lorsqu'il parle en bien du Pape & des Catholiques, confirme tout ce que M. de Sully a dit en différens endroits de ces Mémoires, à la louange de Clement VIII. » Pape pacifique, dit-il, & bon François: Ceux » de la Religion même ne le haïs» soient pas; s'étant toujours com» porté en leur endroit fort gracieu» sement, & plus que pas un de ses » Prédecesseurs; jusqu'à leur oc» troyer des passe-ports, pour aller » & venir librement à Rome: ce » qu'on ne trouve point avoir ja« mais été fait par aucun Pape. » Quand il mourut & long-temps » auparavant, ce n'étoit plus de lui » qu'une masse de chair, étant per» clus de corps & d'esprit, ayant les » mains mêmes toutes pourries & » crévées; si que quand on lui ve» noit baiser les pieds, qui étoient » bien puans autant que tout le reste » de son corps, il lui falloit soule» ver les mains pour donner la Bé» nediction. « *Journal du régne de Henry IV*.

Pierre Matthieu en parle avec toutes sortes d'éloges, Tom. 2. *liv* 3. *pag*. 328. *& liv*. 3. *p*. 696. ainsi que tous nos meilleurs Ecrivains, qui ne lui reprochent d'autre défaut, qu'un peu trop d'attachement à sa Famille. On disoit de lui: *Clémens VIII. bon homme, bon Prélat & bon Prin-*

un Courrier que mon Frere dépêcha vers le Roi, alors à Chantilly, & par les Lettres qu'écrivirent en même-temps les Cardinaux François, auxquels Sa Majesté avoit fait prendre le chemin de Rome dès l'année précédente ; & qui y furent suivis par le Cardinal Du-Perron, à la fin de la même année.

La liaison que j'ai toujours euë avec ce Cardinal, me fit entretenir avec lui un commerce de Lettres, pendant tout le temps qu'il demeura au-delà des Monts. Il me donna avis de son arrivée, par une Lettre du 28 Décembre 1604; & il m'en écrivit une seconde, le 6 Février suivant. Si je l'en crois, j'avois gagné l'amitié de tout le Consistoire Romain, qui ne pouvoit se lasser de louer mes procédés avec le Clergé, & dans tout ce qui concernoit les affaires de l'Eglise. J'avois sur-tout dans la personne du Cardinal Buffalo, depuis la Négociation que nous avions traitée ensemble, un ardent Panégyriste à Rome : Je lui avois écrit depuis son départ de Paris, une assez longue Lettre, qu'il montroit à tout le monde, pour se faire honneur des sentimens qu'on lui connoissoit pour moi. Je ne rapporterai point toutes les choses flateuses, dont est pleine cette Lettre du Cardinal Du-Perron : je n'ai eu intention dans ce que je viens d'en citer, que de faire voir que grace au Ciel, je n'ai jamais eu ce zèle amer & emporté, qu'inspire la différence de la Religion. Le changement de la mienne étoit un point, dont les Cardinaux entretenoient sans cesse Du-Perron ; comme le souhaitant tous avec la même ardeur. Le Cardinal Aldobrandin lui dit plusieurs fois, qu'il ne disoit jamais la Messe, sans se souvenir de moi au *Memento*. Le Pape lui parla à peu près dans les mêmes termes, lorsqu'il fut conduit à son Audience par Béthune : il l'entretint long-temps sur mon chapitre ; & particulieremeut sur les moyens d'opérer, ce qu'il appelloit, suivant le langage de Rome, ma conversion. Il est assez extraordinaire que la justice, qu'un Ministre ne peut obtenir que ses Compatriotes rendent à son désintéressement &

---

ce ; par opposition à ses trois Prédécesseurs, Pie V Sixte Quint, & Gregoire XIII. dont le premier n'étoit, disoit-on, que bon Prélat, le second, que bon Prince; & le troisiéme, bon Prélat & bon Prince. *Amelot de La-Houssaye*, note 3. *sur la* 311. *Lettre du Cardinal d'Ossat.*

1605.

à la droiture de ses intentions, lui soit renduë par des Etrangers, qui ont une aussi grande raison de le haïr. En me faisant ce détail sur les Cardinaux, Du-Perron me parloit comme eux du désir qu'il avoit personnellement, que j'achevasse de m'unir avec des personnes, qui me vouloient tant de bien : » n'ayant pas, ce sont ses termes, plus d'amis à Ge- » nève, que j'en avois à Rome. «

Il ne m'étoit guère moins sensible de lui voir rendre ce témoignage à mon Frere, qu'il avoit si bien gagné le cœur des Ultramontains, » qu'aucun Cavalier François, depuis » cent ans, disoit-il, n'avoit acquis autant de réputation » dans toute l'Italie. « (12) Il s'exprimoit avec autant de louanges que de reconnoissance, sur la politesse qu'avoit euë Béthune, de venir au-devant de lui à son approche de Rome, jusqu'à neuf lieuës, avec le plus honorable Cortège de Noblesse Françoise & Romaine.

Le Roi avoit enjoint sur toutes choses à ses Cardinaux, de ne pas perdre de vûë ce que l'intérêt de la Nation demandoit d'eux, dans la conjoncture de l'Election d'un nouveau Pape : (13) Cette injonction leur fut encore réitérée, lorsque par les Lettres qu'apporta un second Courrier de Rome, arrivé à Paris le vingt-huit Mars, on sçut que suivant toutes les apparences, le Conclave seroit un peu orageux ; par la grande quantité de Sujets, qui briguoient la Tiare, & qu'on en trouvoit en effet tous dignes. Cependant cette difficulté fut si facilement & si promptement levée, que deux jours après l'arrivée de ce Courrier, c'est-à-dire, le Vendredi premier jour d'Avril, à huit heures du soir, le Saint Siége fut rempli par le Cardinal de Médicis ; appellé autrement, le Cardinal de Florence, qui prit le nom de Leon XI. Le choix d'un homme, Parent de la Reine, & de même nom qu'elle, fait assez voir que Sa Majesté Très-Chrétienne fut bien servie par la Nation Italienne (14) :

---

(12) Cet éloge paroît n'être point outré. P. Matthieu parlant des services que le Comte de Béthune rendit au Roi à Rome, l'appelle un grand homme pour cette Cour, *Tom.* 2. *liv.* 3. *pag.* 681. Siri en parle partout de même.

(13) Voyez le détail des deux Conclaves suivans, dans Matthieu. *Ibid.* 698. & autres Historiens.

(14) Le Pape Leon XI. » avoit » coûté au Roi, dit malignement » Du-Plessis Mornay, trois cens mil- » le écus à faire. « *Vie de M. Du-Plessis-Mornay*, *liv.* 2. *pag.* 305.

Auſſi en témoigna-t'elle publiquement ſa joie, lorſque la Nouvelle en fut apportée à Paris; & elle voulut que tout le monde y prît part. Ce Prince m'écrivit de ne point épargner ſon Artillerie; & de donner les ordres néceſſaires, pour que l'éxemple que je donnois dans Paris, fût ſuivi dans mon Gouvernement, & dans tout le reſte du Royaume. MM. l'Evêque & le Gouverneur de Paris, le Préſident de Bellièvre & les Gens-du-Roi du Parlement, les Evêques & autres Perſonnes publiques, reçurent dans toute l'étenduë du Royaume, & ſuivant leurs différentes fonctions, ordre de faire chanter le *Te Deum*, allumer des Feux de joie &c: On peut dire que jamais éxaltation de Pape n'avoit été célébrée avec de plus grands honneurs. Ils ne furent pas capables de prolonger d'un inſtant la durée du Pontificat de Leon XI. qui ne vècut que peu de jours après, & étoit peut-être déja mort, lorſqu'on les lui rendoit en France (15).

Celui qui lui fut donné pour Succeſſeur, conſola en quelque maniere Sa Majeſté: ce fut Paul V. auparavant Cardinal Borghèſe; parce que deux choſes concoururent à ſon élection; la faveur que lui accorda hautement la Nation Françoiſe par ſes Cardinaux; & ſon mérite perſonnel, qui lui valut cette diſtinction, qu'on s'attendit de voir recompenſeé par un heureux & digne Pontificat. Deux Sujets de ſuite, placés, pour ainſi dire, de la main de Sa Majeſté Très-Chrétienne ſur le Saint-Siége, ne laiſſerent plus de doute par toute l'Europe, ſur le crédit qu'elle s'étoit acquiſe dans l'eſprit des Italiens. Ce Prince en jugea de même, avec un vif ſentiment de joie: il la fit éclater, en ce qu'auſſi-tôt après la réception de la Nouvelle du nouveau Pontife, qui arriva à Fontainebleau le 25 May, à dix heures du ſoir; il fit expédier les mêmes ordres, qu'il venoit de donner pour Leon XI. excepté ſeulement qu'il ne ſe fit point de Feux de joie. Sa Majeſté en donna elle-même la raiſon à ceux qui auroient pu prendre mal cette ſingularité; c'eſt que cette marque d'honneur n'avoit été renduë au Cardinal de Florence, qu'en qualité d'Allié de la

---

(15) Il fut pris de maladie le 17 Avril, au retour de la Proceſſion à Saint-Jean de Latran, qui ſe fait pour la priſe de poſſeſſion du nouveau Pape; & mourut le 27.

Famille Royale : Du reſte rien ne fut omis ; & le Roi aſ-
ſiſta en perſonne au *Te Deum*, qu'il fit chanter à Fontainebleau. Je reçus en cette occaſion trois Lettres de même
datte de Sa Majeſté, de pur cérémonial ſur mes différentes
Charges ; & en qualité de Perſonne publique, elle m'adreſſa, auſſi bien qu'au Chancelier & à Sillery, un Diſcours en
forme de Relation, de tout ce qui venoit de ſe paſſer au
Conclave.

Paul V. ne démentit point les eſpérances qu'on avoit
conçuës de ſon Pontificat. Le Conſeil Romain parut ſe conduire à tous égards, par les mêmes vûës que ſous Clément
VIII. On ne preſcrivit à Barberin, qui fut envoyé Nonce
en France, rien au-delà de ce qu'avoit fait le Cardinal Buffalo ; & il lui fut ordonné par le Cardinal Aldobrandin &
par Sa Sainteté elle-même, de ne s'adreſſer qu'à moi, dans
tout ce qu'il auroit à faire, ou à ſolliciter. Je ne ſçais ce
que peut avoir dit à mon avantage le Cardinal Buffalo : ce
ne peut être que lui qui ſoit l'auteur de ce conſeil de m'employer toujours ſeul, préférablement à tant de perſonnes,
qui portoient juſqu'à la ſervilité, le dévoüement au Saint-
Siége. Mon Frere me mandoit que je ne pourrois trop reconnoître les obligations que j'avois à cette Eminence, ni
trop bien répondre à ſon amitié pour moi.

Cette Lettre de Béthune eſt du 12 Novembre : car il
étoit encore à Rome en ce temps-là ; quoiqu'il eût compté
s'en revenir en France, immédiatement après l'inſtallation
du Pape : de nouveaux ordres l'avoient retenu ; & il ne partit que quelques jours après cette Lettre. Il ſe fit aſſez re-
gretter de Sa Sainteté, pour être obligé de la ſupplier de
ne pas écrire au Roi, comme elle vouloit le faire, afin
qu'on le laiſſât encore auprès d'elle. Il s'étoit défait de
cet air réſervé, timide, peut-être un peu trop froid,
qu'il avoit montré en commençant ſa Négociation. Dès
qu'une fois il ſe fut accoûtumé à celui de la Cour Romaine ; il le convertit en une ſageſſe pleine d'aſſûrance, qui
lui fit retirer tout le ſuccès qu'il pouvoit eſpérer, dans les
affaires qu'il eut à manier. Le Pape continua à lui faire
rendre tous les plus grands honneurs : il voulut que toutes
les Villes de ſa dépendance, par leſquelles il paſſa, le reçuſſent & le traitaſſent avec les diſtinctions les plus mar-

quées. J'avance tout ceci d'autant plus hardiment, quoique sur la foi du Cardinal Du-Perron, mon Ami, qui se crut obligé de m'écrire cette Lettre sur le départ de mon Frere ; que ce Cardinal en écrit dans les mêmes termes au Roi, & lui repréfente qu'il ne sçauroit mieux faire, que de donner une place à Béthune, dans le Confeil des Affaires Etrangeres, en ce qui regarde l'Italie ; parce que perfonne n'en a une plus particuliere connoiffance (16).

Du-Perron me remercioit dans cette Lettre, d'avoir pris fon parti auprès de Sa Majefté, contre ceux qui avoient cherché à le fruftrer de la Charge de Grand-Aumônier, qui venoit de lui être promife ; ainfi que de quelques autres légers fervices, que j'avois rendus à fon Frere. Il y avoit un dernier article, qui regardoit La-Fin. Cet homme, dont il a été tant parlé dans le Procès du Maréchal de Biron, par l'effet de fa légéreté naturelle, étoit forti de France, & avoit embraffé la Religion Proteftante. Le Roi qui l'obfervoit, comme on fait tous ceux qui ont une fois donné fujet de fe défier d'eux, le fit arrêter en Italie, & conftituer prifonnier dans la Tour de Nonne. La-Fin s'étoit adreffé au Cardinal Du-Perron, qui avoit été autrefois fon Ami, pour fe faire accorder la grace, que du moins on le fît paffer en France; & que là on lui fît fon procès, s'il fe trouvoit coupable, ou qu'on lui rendît la liberté : C'eft cette grace, que Du-Perron me demandoit auprès du Roi, pour La-Fin.

La Lettre la plus digne de remarque, qui me vint de delà les Monts, eft celle que le Pape voulut bien prendre la peine de m'écrire lui-même : Je donnerai feulement le précis de ce Bref, parce qu'il eft affez long. Comme il paroiffoit que c'étoit au fujet de mon Frere, que le Saint Pere me l'écrivoit ; il commence par les éloges les plus forts de fa conduite, de fa piété, de fa prudence, de fa politeffe pleine d'égards pour tous les Cardinaux & pour lui-même, lorfqu'il ne jouiffoit encore que de cette dignité. Sa Sainteté paffe de-là au regret qu'elle a, que les obftacles que je mettois à ma Converfion, l'empêchent de s'abandonner auffi ouvertement

---

[16] Le Cardinal d'Offat lui-même, quoique peu content, felon toutes les apparences, de la conduite de M. de Sully à fon égard, parle très-avantageufement de cet Ambaffadeur, dans fa Lettre au Roi du 10 Décembre 1601. dans celle à M. de Villeroi du 2. Décembre 1602, & autres.

qu'elle auroit voulu le faire, à son amitié pour moi. Sa piété & son zèle lui fournissent mille motifs, pour me persuader de changer de Religion : Elle m'assûre que si sa place ne l'eût pas retenuë, elle se sentoit disposée à passer en France sans balancer, pour y travailler elle-même. Elle me propose l'éxemple des anciens Comtes de Flandre, mes Ancêtres; & nommément, de Saint Alpin de Béthune, pour lequel on lui avoit dit que j'avois une vénération particuliere. Elle y joint celui des premiers Saints de France, & de ses Rois les plus illustres : ce qui amene naturellement l'éloge du Roi régnant. Celui de Clément VIII. s'y trouve lié, à l'occasion de tout ce que j'avois rendu de services à ce Pape, dont elle me remercie affectueusement ; aussi bien que de tous les bons offices, dont les Légats & Nonces Apostoliques de son prédecesseur & les siens, m'avoient obligation. Ce Bref, tout rempli d'exhortations pathétiques, finit par des prieres & des vœux fort ardens.

Je répondis comme je devois, à une Lettre si obligeante. Sans toucher l'article du changement de Religion ; je me contentois d'éxalter les vertus & les grandes qualités de Sa Sainteté ; de l'assûrer de mon obéïssance, de mon attachement à la servir, & de la passion que j'avois de pouvoir lui être utile. Les remercimens des sentimens qu'elle me témoignoit, & les souhaits d'une parfaite prospérité, remplissoient ma Lettre entiere ; où, sans croire intéresser ma Religion, je n'avois rien oublié de ce qu'on doit au caractere des Princes Souverains ; & en particulier, à celui qu'une Eglise toute entiere donne au Pape. Je ne faisois donc aucune difficulté de me servir du terme de lui baiser les pieds, qui sans doute n'auroit pas plû à mes Confreres : Aussi Paul V. en recevant ma Réponse, dit hautement qu'il goûtoit un des plus grands plaisirs, qu'il eût eus depuis son Pontificat. Il la lut trois fois de suite, en s'écriant que je lui faisois trop d'honneur : Il en loüa infiniment le stile, le tour & toutes les expressions ; & dit encore, que mes louanges lui déroboient une partie de celles, qu'il auroit voulu me donner. Il fut tout prêt de me remercier par un second Bref : il fallut que Du-Perron lui-même s'opposât à un excès de tendresse, qui pouvoit avoir ses risques. Ce Cardinal fut témoin de tous les mouvemens du Saint Pere ; parce que comme ma

Lettre

Lettre étoit écrite en François, il fut appellé pour en être l'interprete. Du-Perron demeura encore quelque temps à Rome, dont le séjour lui occasionnoit une grande dépense: il me marquoit que depuis un an, il lui en coûtoit plus de vingt mille écus, en frais de voyages, d'entrée, de Conclave, de meubles & d'habillemens, pour lui & pour sa Maison. Dans l'épuisement où ces dépenses l'avoient réduit, il me prioit de le faire payer des Fermiers de son Abbaye de Lire, qui lui refusoient ses fermages, sous prétexte d'un Arrêt du Conseil, touchant des droits qu'il avoit sur certains Bois.

Tout le reste de l'Italie commençoit à n'être pas fort éloigné des dispositions favorables du Saint-Siege pour la France; excepté le Duc de Savoie, qui n'étoit point encore dégagé de la Politique Espagnole: comme on put le juger par les nouvelles menées, que fit cette année de la part de ce Duc, un nommé Chevalier. A l'égard de l'Espagne; la France continua avec elle comme par le passé, sur le pied d'une Paix pleine d'ombrages & de plaintes réciproques.

Les Négociations entamées entre cette Cour & les Etats des Provinces-Unies, n'ayant eu aucun succès; les hostilités recommencerent, dès que la saison permit de se mettre en campagne. Le Roi d'Espagne fit demander aux Suisses un passage sur leurs Terres, pour les Troupes qu'il envoyoit en Flandre; afin de ne point les engager par la route du Pont de Grésin, qui les auroit trop retardées: il offrit pour l'obtenir, de ne les faire passer que par vingtaines, & au nombre de deux mille hommes, auxquels il en joignit encore mille autres. Le Roi en recevant cet avis de Caumartin, s'imagina que Spinola qui devoit les commander, prenant la même route; il ne seroit pas impossible que le Prince Maurice, à la tête d'un Parti de Coureurs François, & choisissant bien son temps, ne trouvât le moyen de se saisir de la personne de ce Général: » ce qui, disoit Henry, au- » roit valu une bataille gagnée. « Il m'écrivit de communiquer cette pensée à Aërsens, & de la faire passer par son moyen jusqu'au Prince d'Orange: Mais on apprit presqu'aussi-tôt par un Courrier Espagnol, qui passa par Paris, s'en allant en Flandre, à la fin de Mars, que Spinola avoit changé de route, & devoit arriver à Paris dans trois ou quatre

1605.

jours : ce qui changeoit si fort la chose, que Sa Majesté se crut alors obligée au contraire de lui rendre son passage assûré, tant qu'il seroit sur les Terres de France. Spinola ayant demandé l'honneur d'être admis à l'Audience du Roi; ce Prince s'imagina encore, que ce Commandant étoit chargé de lui faire quelques nouvelles propositions. Je n'appercevois point cette conséquence : & je répondis à Henry, lorsqu'il m'en parla, que Spinola ayant cru devoir prendre le chemin le plus court & le plus sûr, qui est celui par Paris ; il avoit jugé en même temps, que son devoir demandoit qu'il rendît ses respects à Sa Majesté ; & qu'assûrément il ne lui parleroit que de choses générales ; quoique peut-être il chercheroit à faire croire le contraire en Flandre : Il se trouva que j'avois pensé juste.

Charles de Longueval, Comte de Buquoy.

Spinola partagea son Armée en deux. Il en donna une partie au Comte de Buquoy, à qui il fit passer le Rhin, entre Cologne & Bonne ; où il fit ensuite des retranchemens, pour interdire ce passage à d'autres Troupes. Quel que fût le dessein des Espagnols dans cette manœuvre, elle devoit bien réveiller les Princes Allemands de leur léthargie. Spinola conduisit celle qu'il s'étoit réservée, du côté de la Frise, où l'Armée des Alliés la côtoya long-temps. Le bruit qui se répandit au mois de Juillet, de la mort de ce Général, ne se trouva pas mieux fondé, que celui qui courut au mois de Septembre, qu'il avoit été battu. On prévit qu'il en voudroit à Linghen, quoique cette Place fût fort-bonne ; & effectivement il s'en approcha, & l'investit. Par le moyen d'une Digue que Maurice coupa, Spinola se vit comme assiégé lui-même dans ses Quartiers ; & ses Tranchées tellement inondées, qu'on crut qu'il alloit être obligé d'abandonner son entreprise : auquel cas, le Prince s'attendoit de son côté à assiéger & à emporter le Fort de Patience : Mais Linghen ne s'en rendit pas moins dans le mois de Septembre. Ce fut tout ce qui se fit dans cette Campagne. Spinola étoit encore devant sa Conquête, le vingt-trois Septembre ; & il ne songea plus qu'à la mettre hors d'insulte. De part & d'autre les Troupes étoient fort diminuées. Le Prince d'Orange pourvut de son côté aux Forts Covoënden & Breton, qui couvroient & assûroient la Frise. Du-Terrail pendant ce temps-là, à la tête d'un secours, que lui avoit envoyé

Spinola, avoit attaqué & surpris Bergopson; mais il en fut repoussé avec quelque perte.

Du-Terrail étoit un Officier François, de la Cabale séditieuse, qui avoit jugé à propos de se retirer à Anvers, & d'aller s'offrir aux Archiducs. Sa Majesté n'en fut point encore si mécontente, quoiqu'il lui eût promis par une Lettre qu'il lui écrivit exprès, qu'il ne feroit rien de contraire à son devoir; comme elle lui sçut mauvais gré de lui avoir débauché Dunnes, le jeune Nangis, & Chef-boutonne, qu'on disoit sur le point d'y passer avec une Compagnie entiere. On arrêta depuis un Laquais de Du-Terrail, qui passoit en Auvergne chargé de Paquets; mais tous de fort peu de conséquence : il tâchoit d'engager sa Femme à passer à Anvers, en se louant beaucoup des bons traitemens qu'il y recevoit. Cet exemple avoit été donné dès l'année précédente, par Saint-Denis-Mailloc & quelques autres Gentilshommes, qui avoient offert leurs services aux Archiducs : en quoi ils n'agissoient certainement, ni en bons politiques, ni en bons Sujets.

Ce n'est-là que le moindre des sujets de plainte, que le Roi eut contre l'Espagne. L'appui qu'elle donnoit aux séditieux François, la part qu'elle avoit prise aux Assemblées qu'ils avoient faites dans le Limosin & le Perigord, les entreprises qu'elle méditoit de concert avec eux, sur les Villes & Côtes de Provence, étoient des Griefs d'une toute autre conséquence. Mais tout bien pesé, Sa Majesté jugea qu'elle devoit s'épargner la peine de faire des reproches inutiles; se rendant justice sur les moyens de récrimination, qu'elle avoit elle-même donnés aux Espagnols : Elle se montra même plus religieuse, que peut-être ceux-ci ne s'y attendoient après cela, à faire observer exactement les dernieres Conventions par rapport au Commerce, qu'elle venoit de faire avec eux. Le Capitaine Yvon Baudelonis amena à la Rochelle un Vaisseau Espagnol, qui s'avoua Flamand, & du Prince d'Orange. Les Rochellois crurent devoir en informer le Roi, qui leur répondit en louant leur conduite; leur cita l'Article du Traité, qui y étoit formel; & fit donner à l'Espagne la même satisfaction, que si elle l'avoit fait demander par son Ambassadeur.

Le Conseil de Madrid de son côté, ne sçavoit trop sur

quel ton il devoit le prendre avec nous; combattu d'un côté, par sa fierté naturelle; de l'autre, par le sentiment de son insuffisance, & par les besoins qu'il sentoit avoir de nous. Cet esprit conduisoit les Espagnols dans toutes leurs manœuvres; & leur faisoit tour-à-tour essayer de nous séparer d'intérêt d'avec les Etats, se plaindre amèrement de ce que sous une apparence pacifique à leur égard, nous nous comportions en effet comme auroient pu faire de véritables ennemis, & affecter une étroite correspondance avec l'Angleterre : Mais aucune de toutes ces ruses ne leur réussit. Le Roi secrettement rassûré par la connoissance de ses forces, se moqua de leurs menaces : & pour moi en particulier, je connoissois trop bien l'esprit & l'humeur du Roi d'Angleterre, pour croire qu'il fît jamais pour eux, plus qu'il n'avoit voulu faire pour nous.

Ils s'y prenoient d'ailleurs si mal avec Sa Majesté Britannique, qu'ils ne purent même sauver long-temps ces apparences : Car comme ils ne faisoient pas un long séjour dans un Pays, sans y laisser bien-tôt des marques de cet esprit de cabale, qu'ils avoient exercé par toute l'Europe ; Jacques eut avis de quelques brigues sourdes qu'ils faisoient dans ses Etats : ce qui le mit dans une furieuse colère contr'eux. Il n'en falloit pas moins pour rappeller ce Prince aux premiers engagemens qu'il avoit contractés avec moi ; & auxquels il avoit donné atteinte dès l'année suivante, par cette mauvaise prévention d'esprit pacificateur dont j'ai parlé, ou plûtôt, par véritable timidité. Beaumont qui étoit sur les fins de son Ambassade, ne fut pas peu surpris de voir que Jacques le mit de lui-même sur cette matiere ; & qu'il lui en parla dans des termes bien différens de ceux dont il se servoit ordinairement. Il lui donna des Lettres pour Henry & pour moi ; & lui faisant entendre de quoi il y étoit question, il le chargea encore verbalement d'insister particulierement avec le Roi de France, lorsqu'il lui rendroit compte de sa Négociation, sur celui de ces Articles qui regardoit la succession de l'Empire : C'est aussi sur quoi Jacques s'étendoit le plus dans sa Lettre à Henry. Il l'exhortoit à se joindre à lui dès ce moment, pour faire ensorte qu'avant la mort de l'Empereur régnant, les Electeurs pussent être remis en possession de la liberté de l'Election, &

de leurs autres droits ; & qu'ils en fiſſent uſage pour fermer à tout Fils, Frere, Parent même éloigné de Sa Majeſté Impériale, le chemin à l'Empire, en empêchant qu'aucun d'eux ne fût nommé Roi des Romains ; enfin pour faire ſtatuer que l'Empereur déſigné pour lui ſuccéder, quel qu'il pût être, ſe déſiſteroit de toute prétention au Royaume de Bohême.

Beaumont en éxécutant à ſon retour à Paris, la commiſſion dont il étoit chargé par Sa Majeſté Britannique, dit au Roi qu'il avoit une Lettre de ce Prince pour moi, que Sa Majeſté ouvrit, parce que j'étois pour lors à Châtelleraut. Elle voulut eſſayer ſi cette nouvelle Politique trouveroit des Partiſans dans ſa Cour : Elle s'ouvrit à quelques-uns de ſes Miniſtres, ſur cette idée du Roi Jacques par rapport à l'Empire ; non pas entierement, mais par forme de conſultation : encore moins leur donna-t'elle à ſoupçonner la plus petite partie de ſes grands deſſeins. Henry ne trouva point en cette occaſion de flateurs : il n'y en eut pas un qui ne témoignât qu'il ne ſçavoit que répondre ſur cette idée ; tant elle leur paroiſſoit fauſſe & déraiſonnable. Le Prince ſe donna bien de garde d'aller plus avant. Il attendit que je fuſſe de retour, pour s'en entretenir avec moi : Mais comme cette converſation roula en partie ſur pluſieurs particularités, qui parurent de ſi grande conſéquence à Sa Majeſté, qu'elle me fit jurer de n'en rien découvrir à perſonne, mon ſerment me ferme encore aujourd'hui la bouche (17).

(17) Je ne ſçais ſi ce ſecret ne rouleroit point du moins en partie, ſur l'incertitude où il paroît que fut quelque temps ce Prince, s'il ne travailleroit point à ſe faire déclarer Empereur lui-même. Il ſe crut même obligé de donner cette idée à éxaminer à ſes trois Miniſtres, qu'il aſſembla un jour, pour les entendre parler ſur ce ſujet; comme nous l'apprenons du *Vol. 8474. des Mſſ. de la Bibl. du Roi*, où cette délibération eſt rapportée en ſon entier. Il eſt ſingulier que ces trois Perſonnes ne ſe trouvoient preſque ſur rien du même avis: L'un lui conſeilla de ſe faire élire Empereur ; le ſecond l'en détourna ; & le troiſiéme plus favorable à la Maiſon d'Autriche, voulut lui perſuader de travailler en faveur de l'Archiduc Matthias. » Le Roi, ajoû- » te l'Auteur, qui avoit attentive- » ment prêté l'oreille à ce dernier, » ſe leva ; ayant ouvert une fenêtre » pour prendre l'air, tenant la vûë » & les mains vers le Ciel, dit tout » haut : Dieu formera & fera naître » en mon cœur, s'il lui plaît, la ré- » ſolution que je dois prendre ſur » tous vos diſcours ; & les hommes » les éxécuteront : Adieu, Meſſieurs, » il faut que je m'aille promener. Et » ainſi finit cette Conférence.« Quoique cette idée ne fût pas abſolument

1605. Henry en me remettant la Lettre du Roi Jacques pour moi, m'en fit lui-même la lecture. Sa Majesté Britannique me donnoit avis de la proposition, qu'elle avoit enjoint à Beaumont de faire au Roi : Elle me représentoit l'intérêt que j'avois de l'appuyer, d'une maniere, qui toute générale qu'elle étoit, avoit pourtant un rapport si direct aux réfléxions que je lui avois fait faire sur cette matière, que je ne pus pas douter que de temps en temps elle ne se sentît très-fortement frappée du plan de Politique que je lui avois tracé. Je ne touche point aux assûrances d'amitié & de bienveillance, dont cette Lettre étoit remplie : Beaumont en avoit encore davantage à me dire de bouche. Il n'étoit pas non plus oublié dans la Lettre : son mérite personnel & son intelligence dans les affaires, y recevoient un témoignage, qui lui fut compté pour beaucoup auprès de Sa Majesté. Si ce Prince n'avoit pas encore connu toute la confiance qu'avoit en moi le Roi Jacques ; cette Lettre étoit bien capable de l'en persuader : Il en parut charmé, & m'ordonna de la cultiver soigneusement : ordre, que je reçus avec plaisir.

A l'exception de l'Allemagne, on vient de voir l'état Politique de presque toute l'Europe. J'aurois peut-être encore eu quelques remarques à faire sur les différens Cantons Germaniques : mais le peu qu'il est important d'en sçavoir par rapport aux affaires de France, se trouve joint de soi-même avec ce que je vais dire de la Cabale séditieuse de France. Cet article amenera un assez long détail ; parce qu'il donna lieu au voyage que je fis cette année en Poitou, & à celui que Sa Majesté fit en Limosin, qui en remplirent les quatre plus beaux mois.

On n'est pas sans doute à faire une réfléxion bien naturelle, sur la bizarrerie d'une association, qui causoit tant d'alarmes à l'Etat. Une Société composée indifferemment de Catholiques Romains & de Huguenots, ces Catholiques, Es-

contraire à ses grands desseins ; on peut cependant douter avec assez de fondement, s'il l'a euë véritablement. Il se pourroit bien faire qu'il ait feint seulement de l'avoir, de concert avec le seul Duc de Sully, pour faire prendre le change dans son Conseil, sur le sujet de ses grands armemens. Le Comte de Beaumont, Ambassadeur de France à Londres, chercha, au rapport de Siri, *Ibid* 166. à lui mettre cette idée dans la tête.

pagnols, & ces Huguenots, François ; un Parti agité par des intérêts si opposés, qu'on doit se le figurer dans une violence continuelle pour pouvoir les concilier ; un Corps, dont le Duc de Bouillon est le Chef, & dont l'Espagne est l'ame : ce coup d'œil seul a quelque chose de si singulier & de si monstrueux, qu'il suffira pour rassûrer bien des personnes, sur les suites d'une Confédération si mal assortie. J'en ai toujours eu cette pensée : mais comme tout Parti, qui s'entretient dans une perpétuelle désobéïssance au Souverain, ne peut qu'être très-préjudiciable à l'Etat, en le supposant même frustré de l'attente de son objet principal ; on ne niera pas qu'il est d'une saine Politique d'empêcher par toutes sortes de moyens qu'il ne se forme, ou de le détruire, lorsqu'il est déja formé. Les Révoltés étoient dans ce cas. Il n'y avoit ni prudence dans leurs résolutions, ni beaucoup d'apparence qu'elles produisissent jamais rien de bien à craindre : Cependant comme on ne doit point laisser tenter impunément de pareilles entreprises, Sa Majesté ne négligeoit aucun des avis qu'elle recevoit. Ils se renouvellerent dès le commencement de cette année, plus fortement encore qu'auparavant. Murat, Lieutenant-Général de Riom, m'écrivit dans les premiers jours de Mars, qu'on venoit de l'instruire de particularités si importantes, que quoiqu'il ne pût pas en garantir la vérité, il se croyoit obligé de les faire passer jusqu'à moi ; & afin que je pusse mieux en juger, c'étoit la personne même qui lui avoit donné cet avis, qu'il chargeoit de me rendre la Lettre qu'il m'écrivoit.

Je commençai à tâter cet homme ; & dès les premieres questions que je lui fis, je vis que sa déposition enveloppoit un si grand nombre de personnes, & de la premiere distinction de la Cour, que sans aller plus avant, je crus que cet éclaircissement méritoit bien d'être fait en présence de Sa Majesté même. Je lui écrivis à Saint-Germain, où elle étoit alors ; en lui désignant par des chiffres connus d'elle seule, le nom de ces personnes. Le Roi partit incontinent, pour venir entendre à Paris le dénonciateur, qui assûra, Que toutes ces personnes ( & il les lui nomma ) avoient des intelligences dans les principales Villes de la Côte de Provence & du Languedoc ; il spécifia nommément Toulon, Marseille, Narbonne, Bayonne, Blaye & quelques autres : Que le

Comte d'Auvergne étoit à la veille de tenter celle qu'il avoit sur Saint-Flour, lorsqu'il avoit été arrêté : Que toutes ces pratiques se faisoient de la participation de l'Espagne, & moyennant l'argent qu'elle répandoit pour cela. S'il disoit vrai, les Conjurés avoient déja reçu plusieurs milliers de pistoles du Roi Catholique : ils en attendoient encore beaucoup davantage ; & ils faisoient même fond sur des secours d'hommes, que les Espagnols ne vouloient pourtant leur accorder, disoit-il, que lorsqu'ils se seroient declarés ouvertement ennemis de l'Etat, par l'envahissement des Places qui viennent d'être nommées, & de plusieurs autres Forteresses Maritimes.

La sincérité des paroles du dénonciateur étoit bien douteuse, par un endroit, qui apparemment n'avoit pas échappé à Murat : c'est qu'il avoit servi Calvairac (18), chez lequel il pouvoit bien à la vérité avoir entendu parler de tout cela ; mais n'avançoit-il point comme des réalités, ce qu'il avoit entendu proposer comme de simples possibilités ? Il avoit reçu quelques mauvais traitemens chez son Maître ; & sans doute le plaisir de s'en venger étoit de la partie. Que ne peut point ce motif, joint à celui du profit, qu'on sçavoit devoir être d'autant plus grand, que les dénonciations qu'on avoit à faire, paroîtroient plus graves à Sa Majesté ? Il n'en faut pas tant pour faire grossir les objets, bien au-delà de la vérité.

On peut donner comme beaucoup plus certain, ce qui s'étoit passé dans les Synodes & les autres Assemblées particulieres de la Religion, tenuës dans le Poitou, la Saintonge, l'Angoumois & les Provinces voisines : L'esprit de paix n'étoit pas ce qu'on apportoit dans tous ces Conventicules. Entr'autres délibérations bien hardies, que j'omets, il y avoit passé à la pluralité des voix, qu'on demanderoit à Sa Majesté la permission de convoquer une Assemblée générale de la Religion, sans lui en expliquer le sujet, ni les motifs. Le Roi, auquel la Requête avoit été en effet présentée, ne leur avoit pas refusé leur demande ; mais suivant le droit qu'il en avoit, il prétendoit leur prescrire le lieu, la matière & la forme de cette Assemblée, & y envoyer une personne qui le représentât : C'est Châtelleraut, qui leur fut nommé ;

18) Jean de Sudrie, Baron de Calvairac, Gentilhomme Quercinois.
(19) " J'étois

# LIVRE VINGT-UNIEME.

mé ; & moi, qui devois y paroître chargé des intérêts de Sa Majesté. Les Proteſtans, j'entends ceux qui remuoient ce Corps, auroient, je crois, mieux aimé un refus de Sa Majeſté, qu'une pareille acceptation : Ils ſe dirent, que ſi je joignois le titre d'Homme du Roi, à la qualité de Gouverneur de la Province, dans laquelle devoit être tenuë l'Aſſemblée ; rien ne ſeroit capable de les fouſtraire à l'autorité, que je ne manquerois pas de m'y arroger. On peut croire que dans ces momens, j'étois moins ménagé de mes Confreres, que le Papiſte le plus déteſté.

Le parti que prirent les mutins du Corps, fut de préſenter une nouvelle Requête, ſignée de deux ou trois cens perſonnes au moins ; dans laquelle ils énonceroient à Sa Majeſté, que ſur de meilleures raiſons que celles qui leur avoient fait demander une Aſſemblée, ils la prioient d'en différer la tenuë. Depuis qu'on eut mandé à Henry cette diſpoſition des Réformés, il s'attendoit à recevoir la nouvelle Requête ; & il voulut bien prendre mon conſeil ſur ce qu'il avoit à faire en cette occaſion, par une Lettre qu'il m'écrivit de Fontainebleau, le 30 Mars. Tous ces mêmes avis m'avoient été donnés, ainſi qu'à Sa Majeſté ; & j'avois pris de plus toute la peine poſſible, pour connoître la vraie ſituation des choſes : à quoi me ſervoit beaucoup le voyage que j'avois fait l'année précédente en Poitou. Je n'avois rien trouvé de bien poſitif, ſinon que les trois ou quatre boute-feux du Parti, que j'ai ſouvent nommés, s'étoient donné beaucoup de mouvemens ; mais ſi infructueuſement, qu'il ne me paroiſſoit pas y avoir beaucoup à craindre de tous ces vains efforts, qui d'eux-mêmes s'en alloient en fumée : Je n'oſe dire que mes Lettres & mes diſcours aux perſonnes du Parti les moins préoccupées, avec tous les autres ſoins que je me donnois, avoient beaucoup contribué à amener la choſe à ce point. Voilà ſur quoi roulerent le conſeil & la réponſe, que le Roi m'avoit demandés.

Il eſt certain du moins qu'on n'entendit point parler de cette ſeconde Requête, dont on avoit fait tant de bruit ; & par là Sa Majeſté pouvoit bien s'imaginer de quelle nature étoit tout le reſte : Mais il continua à lui venir dans le commencement d'Avril, un ſi grand nombre de nouveaux avis ſi preſſans, & en apparence ſi poſitifs, qu'elle ſe laiſ-

1605.
*Vie de Du-Pleſſis-Mornay.*
Liv. 2.

Tome II. Qqq

sa entraîner au torrent. Les Protestans, disoit-on, & c'étoit par la bouche du Premier Président de Toulouse, & de mille autres personnes en Guyenne, que cela se disoit; avoient tenu dans cette Province & dans celle de Languedoc, les discours les plus emportés contre Sa Majesté : ils avoient, ajoûtoit-on, résolu de faire une Députation, pour se faire accorder la rupture de l'Assemblée, indiquée à Châtelleraut. Autre Lettre du Jeudi Saint 7 Avril, par laquelle ce Prince me manda d'aller le lendemain des Fêtes de Pâques, lui aider à prendre une résolution sur ces nouvelles Lettres ; & en même-temps, être présent à la réception des Députés Huguenots ; enfin leur expliquer les volontés du Roi, du ton dont il convenoit que Sa Majesté parlât à des Sujets, qui venoient en quelque maniere lui faire la loi. Il est vrai que quand ce Prince en auroit voulu prendre la peine, il n'étoit pas en état de le faire : Pendant tout ce mois, sa santé avoit souffert plusieurs petits ressentimens de goutte, qui l'avoient obligé de recourir à un remède, dont il s'étoit toujours bien trouvé ; c'est la diete, qu'il observa durement pendant les premiers jours de May. De tout son Conseil, il n'avoit près de sa Personne que Sillery, qu'il ne trouvoit pas propre à jouer un pareil role.

Je tire tout cela de la Lettre de Sa Majesté, qui finissoit par me dire qu'elle me laisseroit retourner à Paris, aussi-tôt que cette affaire seroit terminée. Dans la Réponse que je fis à Henry, en attendant le jour marqué par son ordre pour mon départ, je lui faisois sentir deux choses, qui étoient, ce me semble, sans replique : c'est que si Sa Majesté ne vouloit pas croire, ce qui pourtant étoit très-vrai, que ce qu'on lui mandoit avec tant de mystere, ou de bruit, n'étoient que des criailleries de gens, payés exprès pour cela dans les Provinces ; elle avoit grand tort de permettre que son repos en fût troublé, ayant en main de quoi réduire les Mutins au silence.

C'est sur ces entrefaites que mes ennemis me firent avec Sa Majesté, cette affaire si sérieuse, qu'on a vuë dans le Livre précédent : & l'on imagine aisément que pendant tout le temps qu'elle dura, ce Prince ne songea pas à me choisir pour son Confident, ni pour son Agent auprès des Protestans. Le retour de ses bonnes graces s'étant fait, de la maniere que je l'ai aussi détaillé ; il me dit que rien ne montreroit mieux qu'il étoit parfaitement guéri de tous ses soupçons, que si on le voyoit me confirmer l'emploi, qu'il m'avoit d'abord destiné. Je priai ce Prince de vouloir bien faire éxercer son autorité à Châtelleraut, par quelqu'autre personne ; parce que je craignois de fournir, sans y penser, nouvelle matiere à la calomnie. Henry raisonna d'une maniere toute différente : Il crut qu'après ce qui s'étoit passé, il me devoit, il devoit aux autres & à lui-même, de me montrer au Public dans un poste, où le sacrifice qu'il s'attendoit que je lui ferois, de ce que le cœur a de plus chers intérêts, acheveroit de mettre mon innocence dans tout son jour. Ce Prince me dit avec bonté, que mes ennemis venoient de le mettre en garde contr'eux ; Qu'ainsi je n'avois rien à craindre : Et après m'avoir embrassé deux fois, & comblé de ses caresses ordinaires, il me fit reprendre le chemin de Paris, pour y disposer les Affaires à souffrir mon absence ; pour dresser des Mémoires de toutes celles qui avoient rapport à ma Commission ; & pour composer moi-même les Instructions, que je devois recevoir par écrit de la main de Sa Majesté, & de l'avis de son Conseil.

Pour Sa Majesté, elle revint pendant ce temps-là passer une partie du mois de Juin à Saint-Germain. Ce Prince eut dans les premiers jours de ce mois, une fluxion sur un pied (19), qu'il crut dissiper par l'exercice de la Chasse ; avec la précaution de faire couper sa botte à l'endroit malade : mais il n'eut pas fait une demi-lieuë, que des douleurs excessives l'obligerent de retourner sur ses pas. Il ne put, tant qu'elles durerent, s'appliquer à aucune affaire ; quand il se fût agi, m'écrivoit-il, de la perte de la moitié de son Royaume : lorsqu'il les sentit dissipées, il revint à Paris ; d'où il se disposa à aller à Monceaux, après qu'il auroit mis ordre à toutes les choses nécessaires pour mon départ.

---

(19) » J'étois allé à l'Arcenal ( dit » Henry IV. parlant d'une de ces » attaques de goutte ) avec ma Femme. M. de Sully me dit : Sire, » vous avez de l'argent, & vous ne » le voyez point ; comme de fait » je me contente de sçavoir que j'en » ai, sans m'amuser au plaisir de le » voir. Nous allâmes à la Bastille ; » & il nous montra comme cela » étoit ordonné : Je vous assûre qu'au » même instant la goutte me prit, » & me fit souvenir du Proverbe, » Ceux qui ont la goutte, ont des » écus. » *Matthieu tom.* 2. *liv.* 3. *pag.* 613.

Je mis sur le papier toutes les questions dont je souhaitois être instruit, par rapport aux différens points de ma fonction d'Homme du Roi; & dont les réponses devoient composer le fond de l'Instruction, sur laquelle je venois de convenir avec Sa Majesté : & j'envoyai cet Ecrit à Villeroi & à Fresne, qui deux jours après me le renvoyerent, avec la Réponse aux Questions ; en me disant que je visse si elle satisfaisoit à tout, & que je la rédigeasse en telle forme que je jugerois à propos. Je voulus en avoir deux ; l'une, plus générale ; & l'autre, en forme de Mémoire particulier, joint à la premiere : Ces deux Piéces régloient la maniere dont je devois parler & agir avec les Protestans, comme on va le voir.

Le sujet de l'Assemblée de Châtelleraut ne paroissoit pas d'une premiere vûë, aussi important qu'il l'étoit, tant pour le Roi, que pour le Corps des Réformés ; puisqu'elle sembloit n'avoir été obtenuë que pour entendre les Députés de ce Corps, qui sortoient de l'éxercice de leurs Charges auprès de Sa Majesté ; pour les en décharger ; & pour leur en substituer d'autres : ce qui n'avoit pas besoin d'une Assemblée aussi solemnelle, que celle qui se préparoit. Mais en éxaminant la chose de plus près, on voyoit que le véritable but de quelques-uns des principaux Chefs de la Religion, étoit de se servir de cette Assemblée, pour étendre leurs droits, & pour se faire accorder de nouvelles graces & de nouveaux Priviléges : à quoi Sa Majesté ne pouvoit mieux répondre, qu'en profitant aussi de cette occasion, pour les rappeller d'une maniere plus solemnelle, aux anciens Réglemens, dont la sagesse & l'utilité étoient reconnuës par les fruits qu'on en avoit vu naître ; & pour les revêtir d'une nouvelle force, bien loin de leur donner la moindre atteinte : Ensorte qu'après cela le Corps des Religionnaires en France, persuadé de la droiture des intentions du Roi, & de sa fermeté à soûtenir ses droits, prît une bonne fois réellement le parti, ou de braver l'autorité Royale, ou de rentrer sincèrement dans son devoir. Voilà le point principal de ma Commission.

Pour cela, il m'étoit enjoint de leur faire principalement arrêter la vûë sur l'Edit de pacification, fait à Nantes ; comme sur une Pièce fondamentale, qui devoit leur servir également de Règle, pour juger de leur conduite envers le Roi, & de celle de Sa Majefté à leur égard. Je devois leur faire comprendre que cet Edit, qui avoit fouffert tant de contradictions, étant la bafe de leur liberté ; la preuve de leur fidélité, de leur attachement au bien public, des fentimens même que leur Religion devoit leur infpirer, fe tireroit de leur éxactitude à fe tenir fi jufte dans les bornes qu'il leur prefcrivoit, qu'ils ne s'en écartaffent ni à droite ni à gauche ; comme Henry s'y étoit fi bien renfermé de fon côté, qu'ils n'avoient aucun reproche à lui faire fur cela. Le libre éxercice de leur Religion ; la jouiffance paifible de leurs biens & de leurs Charges; la douceur du Gouvernement; l'état des Affaires tranquile, mais folide & s'affermiffant tous les jours ; la fûreté des promeffes faites par le Prince connuë par une longue fuite d'effets, & en dernier lieu par la réponfe fatisfaifante qu'il avoit faite à tout ce que leurs Cahiers renfermoient d'important : c'étoient-là autant de cautions d'un côté ; auxquelles les Proteftans devoient répondre du leur, par la foûmiffion & la reconnoiffance, qu'un Prince bienfaifant eft en droit d'éxiger de fes Sujets. Le motif de leur intérêt leur confeilloit encore ce plan de conduite ; parce qu'à juger fainement de l'état des chofes, les rifques de l'infraction ne pouvoient guère regarder qu'eux.

La conféquence qu'on tiroit dans l'inftruction de ces motifs, & que j'étois chargé de faire fentir à l'Affemblée ; c'eft qu'elle devoit fe montrer fort éloignée de toute demande, qui tendît à altérer en rien l'Edit de Nantes : telle que feroit celle de pouvoir fe choifir un Chef, foit dedans, foit hors le Royaume, autre que la Perfonne du Roi lui-même, qui méritoit d'eux cette qualité par tant de titres. Comme on ne pouvoit pas prévoir toutes les autres demandes, que les Proteftans s'aviferont peut-être de faire ; on me laiffoit le choix des raifons propres à les détruire, ou à les éluder. Il m'étoit feulement ordonné de leur fignifier encore nommément, qu'ils ne s'attendiffent plus pour l'avenir à de pareilles Affemblées générales ; & que celle-ci, que Sa Majefté avoit bien voulu leur accorder, pour s'inftruire tous enfemble de leur devoirs, & pour s'animer à les remplir, leur tiendroit lieu de celle qu'ils avoient réfolu dernierement dans leur Synode de Gap, de supplier Sa Majesté de leur accorder.

Les raisons de cette cessation d'Assemblées extraordinaires étoient palpables : Car le sujet qui les fait convoquer, regarde, ou la Discipline Ecclésiastique, ou un Point de Justice & de Police, ou enfin une grace qu'on veut obtenir du Roi. Dans le premier cas, les Protestans ont leurs Synodes Provinciaux, auxquels Sa Majesté ne prétend point toucher, en abolissant les Assemblées extraordinaires : Tout ce qu'elle demandoit encore au sujet de ces Synodes, & il n'y avoit rien de si juste, c'est qu'on s'y renfermât dans ce qui est du ressort de la Religion & de la Discipline ; aulieu que sous ce prétexte, on y traitoit fort souvent de matières purement civiles. Si le but de ces Assemblées a rapport à la Justice & à la Police, il n'y a rien qui doive les excepter de la règle générale, qui renvoie toute affaire contentieuse dans ces deux genres, aux Tribunaux des Juges & des Magistrats ordinaires. Enfin les choses purement de faveur, doivent se traiter par la voie de la Requête & de la Supplique. Rien encore n'est si inutile que les mouvemens & les grandes dépenses, dans lesquelles jette une Assemblée extraordinaire, souvent pour une affaire peu importante en elle-même.

Il y avoit une derniere raison contre ces Assemblées ; & je ne devois point la dissimuler, mais seulement l'adoucir, en disant que souvent elles donnent lieu à des jugemens peu avantageux du Parti Protestant : parce qu'on ignore plus volontiers les sages desseins, que les brigues des mal-intentionnés, qui demeurent confondus dans ces Assemblées tumultueuses, avec les personnes équitables, & qui font toujours plus de bruit qu'elles. S'il survenoit à Châtelleraut quelque contestation sur ces articles, ou autres semblables ; le parti qu'on pouvoit prendre suivant l'occurrence, pour les finir, étoit laissé à ma disposition ; jusqu'à pouvoir me servir de la Religion, qui m'étoit commune avec eux, pour mériter leur confiance, & pour captiver leurs suffrages. Le seul cas d'opiniâtreté & de désobéissance formelle, m'obligeoit à avertir Sa Majesté, & à suspendre toute résolution jusqu'à la réception de ses ordres ; de même qu'à défendre que l'Assemblée se séparât que de son congé.

# LIVRE VINGT-UNIEME.

Pour ce qui concerne l'article des Députés de la Religion : il faut fçavoir que les Proteſtans étoient dans l'uſage de tenir près de la Perſonne de Sa Majeſté, deux hommes pris dans leur Corps; l'un, pour l'Ordre Eccléſiaſtique; l'autre pour la Robe, c'eſt-à-dire, pour l'Ordre Séculier; afin de réſider à la Cour; de traiter auprès des Miniſtres de Sa Majeſté, ou avec le Prince lui-même, les affaires qui doivent lui être communiquées; enfin de recevoir immédiatement ſes ordres & ſes diſpoſitions. Ces Députés entroient en Charge, & ils en ſortoient, par un nouveau choix, qui ſe renouvelloit tous les trois ans. On ne voit pas, en remontant juſqu'à la ſource, que ce prétendu droit de réſidence & de nomination de Députés, dont les Réformés faiſoient tant de bruit, ait un titre bien authentique : Il n'en eſt rien dit dans les Edits, ni même dans les Pièces qui renferment ces Articles ſecrets, qu'on ſépare quelquefois des Traités : c'eſt un uſage de ſimple tolérance, établi à l'occaſion de la réſiſtance que quelques Cours Souveraines firent à l'enregiſtrement de l'Edit de Nantes, & qui ne devoit durer que juſqu'à cet enregiſtrement. Sa Majeſté n'avoit pour cela aucune envie de priver les Proteſtans de ce Privilège : Elle vouloit ſeulement, & c'étoit un des chefs de ma Commiſſion, qu'ils s'en tinſſent pour la nomination de ces Députés, à l'un des deux moyens qu'elle leur avoit preſcrits par leurs propres Députés, lorſqu'ils lui avoient demandé la convocation de l'Aſſemblée; & s'il ſe pouvoit, au ſecond, par lequel ce Prince entendoit que les Réformés lui préſentaſſent les noms des ſix perſonnes choiſies dans leur Corps; ſur leſquelles il ſe détermineroit à nommer les deux qui lui ſeroient les plus agréables.

Il pouvoit arriver que les Chefs du Parti, cherchant à éluder les Réglemens que Sa Majeſté ſe propoſoit de faire recevoir dans l'Aſſemblée, affecteroient de ſe renfermer dans cette ſeule Queſtion : C'eſt ce que je devois encore empêcher. Sur l'affaire d'Orange, qui ne pouvoit manquer d'être miſe ſur le tapis (on ſçaura bientôt quelle elle étoit) j'avois ordre de repréſenter, Que Henry avoit travaillé inutilement, pour faire en ſorte que le Prince d'Orange laiſſât cette Ville aux Proteſtans François : Qu'il ne pouvoit refuſer de la remettre à ce Prince : Que tout ce qu'il pouvoit en cette occasion, c'étoit d'obtenir de Maurice, qu'en la place de Blaccons qui commandoit dans cette Place, & qui demandoit lui-même à en sortir, il n'y mettroit du moins pour Lieutenant, qu'un Officier de la Religion, auquel on feroit prêter le serment d'obeïssance à Sa Majesté : Je parlerai davantage de cette affaire dans la suite. Voilà quelle étoit l'Instruction générale ; elle étoit datée du 3 Juillet 1605, & signée, Henry & Forget.

Ce que le Mémoire particulier joint avec l'Instruction générale, avoit de différent, consiste en ce que, sans rien énoncer sur le sujet connu de l'Assemblée, il se renfermoit dans quelques autres questions qui pouvoient y être agitées ; & qu'il tendoit à rendre de nul effet les desseins, qu'on soupçonnoit les Chefs de la Cabale de chercher à y faire approuver à la multitude. Ce détail ne convenoit point dans le premier Ecrit, parce qu'il pouvoit être fort inutile ; mais il ne laissoit pas de m'être nécessaire : C'est ce qui m'avoit donné l'idée de partager ainsi les matières en deux.

Le Mémoire portoit donc, Que j'empêcherois qu'on n'avançât rien d'offensant pour le Pape, de vive voix, ni par écrit ; & qu'on ne remuât ce Dogme si frivole de l'Antechrist, digne du Synode de Gap, où il avoit pris naissance : Que personne n'eût séance dans l'Assemblée, en qualité de Député d'aucun Particulier, quel qu'il pût être ; fût-ce de Lesdiguieres même : Qu'on n'y recevroit point, comme on avoit fait dans le même Synode, des Lettres de Princes Etrangers, & en particulier du Duc de Bouillon : il paroissoit important à Sa Majesté qu'un Sujet ingrat & perfide, tel que l'étoit Bouillon, fût connu publiquement pour s'être rendu indigne de recevoir aucun bon traitement de son Souverain ; Que la maniere dont les autres qui pouvoient être mis dans cette Classe, se comporteroient dans l'Assemblée, regleroit aussi le traitement dont j'userois à leur égard.

Si la qualité de Président de l'Assemblée, que Sa Majesté souhaitoit fort qu'on me déferât, & que dans ce cas elle trouvoit bon que j'acceptasse, ne me suffisoit pas pour me faire écouter ; je devois y joindre l'autorité de Gouverneur. Je pouvois suivant les occasions & la situation des esprits, donner à connoître que le Roi n'ignoroit aucun des desseins

des

des Protestans séditieux ; pourvû qu'on ne pût pas en conclurre qu'il en étoit informé des lieux mêmes.

Il y avoit d'autant plus d'apparence que l'article des Villes de sûreté, remises entre les mains des Protestans, seroit discuté ; que le terme de prolongation, accordé par Sa Majesté pour la garde de ces Places, étoit prêt d'expirer. Si cela étoit, je devois faire entendre, soit à l'Assemblée en général, soit aux Députés en particulier, que pourvû que Sa Majesté trouvât de la docilité pour ce qu'elle éxigeoit, elle se porteroit volontiers à une seconde prolongation ; & cela, sans restriction des Places appartenantes aux simples Particuliers. J'avois ordre de ne donner cette assûrance, que comme d'une chose qui n'étoit pas encore obtenuë, mais que je me promettois d'obtenir de Sa Majesté ; quoique j'eusse déja dans ma poche le billet d'octroi de cette prolongation : je m'étois seulement obligé à Sa Majesté de le tenir secret, jusqu'à ce que son commandement m'en fît faire usage.

Pour celles de ces Places qui étoient au Duc de Bouillon, & qui dès-lors n'avoient plus de part aux fonds que le Roi destinoit à leur entretien ; elles devoient en être déclarées exclues pour toujours ; aussi bien que déchues de l'espérance de toucher la somme promise par l'Edit de Nantes, pour l'entretien des Garnisons : cette somme montoit alors à cinq cens soixante-treize mille cent quatre-vingt-douze livres ; sur laquelle on avoit déja retranché auparavant, quatre-vingt dix mille livres : Elles ne devoient pas même s'attendre à voir remplacer ces fonds, qui leur avoient été assignés. J'avois déja reçu quelques Requêtes sur ces différentes suppressions ; auxquelles j'avois toujours répondu que je ne trouvois rien que de juste dans ce procédé de Sa Majesté : il m'étoit enjoint d'en faire de plus en plus sentir la justice. Enfin je m'obligeois dans cet Ecrit, à ne rien faire, sans prendre avis de Sa Majesté ; avec laquelle je commençai dès ce moment à entretenir un commerce réglé de Lettres, la pluspart fort longues, & quelques-unes en chiffre. Ce Mémoire est daté du 4 Juillet, signé par Sa Majesté, & contre-signé par Villeroi. Je partis deux jours après.

La Reine Marguerite, que son séjour au Château d'Us-

1605.

son mettoit à portée d'entendre parler souvent des séditieux, n'eut pas plûtôt appris que je m'acheminois en Poitou, qu'elle se crut obligée de me faire part de tous les avis qui étoient venus à sa connoissance. Elle avoit encore à m'entretenir sur ses affaires personnelles : mais pour ne pas mêler les unes avec les autres, je reviendrai à celles-cy, après que j'aurai traité celles qui ont rapport à mon voyage. Cette Princesse vint d'Usson à Toury ; d'où elle écrivit à Sa Majesté le motif de sa démarche, & le désir ardent qu'elle avoit de pouvoir m'entretenir sur mon passage. Je n'étois plus à Paris, lorsque cette Lettre y arriva pour Sa Majesté, avec une seconde, de la même part, pour moi : j'étois parti il y avoit deux jours, prenant ma route par Rosny & Lavinville. Henry ayant vu, & par sa Lettre, & par la mienne, ce que la Princesse souhaitoit de lui, fit partir le 9 Juillet La-Varenne, pour me rejoindre, & me rendre une Lettre ; dans laquelle il me faisoit sçavoir que je lui ferois plaisir de voir en passant la Reine Marguerite ; quand je devrois pour cela quitter le chemin de Châtelleraut, & me détourner jusqu'à Orleans. Il me renvoyoit avec sa Lettre, celle de Marguerite, aussi datée de Toury du 7 Juillet ; par laquelle je vis que cette Princesse s'attendoit à s'aboucher avec moi, entre Paris & Orleans. Pour ne me pas manquer, elle m'envoya Rodelle, son Ecuyer, qui me pria d'aller jusqu'à Orleans, si je ne la rencontrois pas auparavant sur cette route : Mais elle m'épargna la peine d'aller jusque-là : j'appris en arrivant à Cercote, qu'elle venoit d'y arriver aussi. Je jugeai à propos d'amener jusqu'en cet endroit mon Epouse, qui étoit venuë avec moi à Rosny & à Lavinville ; afin qu'elle profitât de l'occasion de saluer cette Princesse.

Il étoit encore si matin lorsque j'arrivai à Cercote, que la Reine Marguerite n'étoit pas levée : cela n'empêcha pas qu'elle ne me fit entrer dans sa Chambre, où j'eus l'honneur de l'entretenir une bonne heure, avant son lever. Nous reprîmes notre conversation après qu'elle se fut fait habiller ; & nous passâmes ainsi en conférence tout le reste du jour : Je laisse tout ce que cette Princesse me dit de poli & d'obligeant. Ce qui m'avoit été dit en gros, de la part de

Murat fur les factions Civiles, me fut amplement particularifé par elle & par Rodelle: Ils me défignerent par leurs noms quantité de perfonnes de la premiere qualité de Provence & de Languedoc, & des parens mêmes de M. le Duc de Montpenfier & du Cardinal de Joyeufe, qui y trempoient. Une partie de ces perfonnes avoient été dans le Confeil du Maréchal de Biron; & s'étoient enfuite attachées à ceux qu'ils avoient vu réfolus de pourfuivre fes deffeins. La vengeance de ce Maréchal y entroit, difoit-on, pour quelque chofe: & ils employoient les mêmes moyens, dont il s'étoit fervi pour foûlever le Peuple. On joignit Béziers, Narbonne & Leucate, aux autres Villes qu'on a vu que les Conjurés cherchoient à furprendre; & l'on offrit fur tout cela des éclairciffemens, qui ne laifferoient plus, me dirent-ils, lieu d'en douter. J'en informai Sa Majefté, dans une Lettre que je lui écrivis de Cercote, le 14 Juillet: Je lui envoyai la lifte des noms qui m'avoient été indiqués: Mais je perfiftai toujours dans mon premier fentiment; & je ne voyois pas que rien de tout ce qu'on me difoit, dût m'en faire changer.

Ce n'eft pas que je n'apperçuffe toute la bonne foi poffible, dans des avis fi bien circonftanciés: Pour tout dire, Rodelle avoit été lui-même de la Cabale; & il ne s'en étoit retiré, que par réfléxion fur l'étourderie de toutes fes démarches. Il me dit, que La-Chapelle-Biron, & plus de trente Gentilshommes de fa connoiffance, avoient pris auffi le parti de fe retirer, de venir trouver Sa Majefté, de l'informer de tout, & de lui demander pardon; pourvû qu'ils fuffent affûrés d'obtenir leur grace: Qu'ils s'étoient adreffés à lui Rodelle, pour faire cette démarche en leur faveur: ce qu'il juftifioit par les Lettres qu'ils lui avoient écrites à ce fujet. Il m'ajoûta, que toutes ces perfonnes avoient un violent foupçon, que mon voyage en Poitou pouvoit bien fervir de prétexte à une furprife, qu'on avoit envie de leur faire: Qu'ils avoient engagé la Reine Marguerite à me faire part de leurs difpofitions, & de la paffion qu'ils avoient de faire oublier leur faute, par d'utiles fervices. Rien n'eft fi pofitif que cela. Mais inutilement cherchoit-on à me faire voir tout le Royaume en feu; là où je ne voyois qu'un petit nombre de têtes chaudes, qu'il étoit facile à Sa Majesté de mettre à ses pieds ; lorsqu'elle voudroit s'abaisser à traiter sérieusement des desseins, qui n'étoient dignes que de mépris & de risée. Au-reste, toutes les fois que j'ai voulu approfondir tous ces avis si graves & si bien appuyés, j'ai toujours trouvé que le faux y surpassoit de beaucoup le vrai.

Nous étions en cela d'avis contraire, Henry & moi. Persuadé qu'on doit donner toute son attention aux plus petits mouvemens Civils ; par la raison que les François, disoit-il, courent ardemment après les nouveautés ; il ne négligeoit rien de ce qui pouvoit lui donner une pleine lumière sur tous ces faits. Il se plaignoit quelquefois dans les Réponses qu'il me faisoit, que quelques-uns de ses Ministres avec moi, n'avoient pas une juste idée du mal présent. Il se confirma encore davantage dans sa pensée, lorsqu'il lui tomba entre les mains un Mémoire de la part de Vivant, de tout point conforme aux avis donnés par la Reine Marguerite, & par Rodelle. Il fit écrire sur l'heure à Vivant, de lui envoyer la personne, dont il avoit sçu ce qu'il lui mandoit ; & à moi, de faire, de concert avec Vivant, lorsque je serois arrivé à Châtelleraut, les perquisitions les plus éxactes. Vivant étoit l'un des Députés Protestans à l'Assemblée : cette qualité pouvoit me rendre suspect à lui. Le Roi y avoit pourvu, en lui mandant de prendre une entière confiance en moi, par une Lettre qu'il fit passer par mes mains ; avec la précaution que Vivant ne fût point nommé dans toute cette affaire ; afin qu'il ne perdît pas avec son crédit les moyens de servir Sa Majesté auprès des Protestans. Quant à Rodelle & aux autres Gentilshommes, dont il vient d'être fait mention; Henry approuva le parti que j'avois pris avec la Reine Marguerite, de les lui envoyer. Lorsqu'il les eut entendus, il leur donna ses ordres, & les renvoya sur les lieux, pour y veiller au bien de son service. Ce Prince ne plaignoit aucune des dépenses, que tous ces émissaires & ces donneurs d'avis lui coûtoient.

On avoit intercepté la copie d'une Lettre, écrite au Duc de Bouillon par un de ses affidés, qu'on soupçonnoit être Saint-Germain-de-Clan ; & on l'avoit portée au Roi : c'étoit peut-être ce qui redoubloit encore son activité. Je vais en rendre compte ; afin qu'on juge si les conséquences qu'on en tiroit à Monceaux, étoient bien justes : Elle faisoit partie du Paquet, que Henry me faisoit tenir de cet endroit. Saint-Germain, ou le Correspondant de Bouillon, quel qu'il pût être, se proposoit sur-tout de lui persuader dans cette Lettre, qu'il devoit envoyer quelqu'un de sa part à l'Assemblée de Châtelleraut, qui y parlât pour lui ; ou du moins écrire une Lettre, que ses Amis pussent y produire. Le rôle que jouoit le Duc dans son Parti ; la nécessité de faire connoître son innocence ; l'utilité d'exposer ce qu'il souffroit pour la Cause commune ; l'intérêt de tout le Corps ; son propre crédit à conserver chez les Etrangers ; la solemnité de cette Assemblée ; l'éxemple de celle de Gap : c'étoient-là autant de motifs, étalés avec soin dans le commencement de la Lettre, pour ébranler Bouillon.

La suite n'étoit qu'un amas de conjectures, de jugemens, de précaution, au sujet de cette Assemblée : le tout, pour prouver au Duc, que l'Eglise Réformée n'avoit rien à espérer que de ses seuls efforts. L'auteur supposoit que Henry avoit perdu de vûë toutes ses anciennes promesses, & qu'il sacrifioit hautement les Protestans à leurs plus cruels ennemis. Il en apportoit pour preuves, les liaisons du Conseil du Roi avec celui de Rome, les sommes immenses, employées, disoit-il, à faire un Pape ; les Feux de joie de cette Election ; la faveur des Jésuites, déclarée par la démolition de la Pyramide. Il éxaminoit ensuite quel pouvoit être dans les circonstances présentes, le résultat de l'Assemblée ; & il n'en auguroit rien que de fâcheux, tant à cause de la timidité du Parti, que par les artifices que le Roi sçauroit y employer.

Je commençois ici à entrer sur la scène ; & l'on devine sans peine, quelle figure on m'y faisoit faire. J'avois, selon l'Auteur, des propositions à faire, qui ne devoient point trouver d'obstacles qu'elles ne renversassent ; entr'autres, celle de la prolongation des Places de sûreté : Et malgré cela, Saint-Germain espérant contre ses propres espé-

1605.

rances, ou plûtôt, cherchant à raſſûrer Bouillon, comptoit que toutes mes fineſſes échouëroient ſur l'article du choix des Députés. Raiſonnant à ſa mode, ſur le combat qu'il ſuppoſoit ſe paſſer dans mon eſprit, entre ma conſcience qui ne pouvoit ſe prêter à la Politique du Conſeil, & mon ambition qui ne permettoit pas de m'attirer le Pape & les Papiſtes pour ennemis ; il ne voyoit quelquefois aucune apparence que je me chargeaſſe d'un emploi, où je ne pouvois réuſſir au gré du Roi, ſans trahir ma Religion ; ni la ſervir, ſans m'expoſer à une diſgrace certaine. Il ne voyoit d'ailleurs qu'obſtacles & difficultés inſurmontables pour moi, dans une pareille commiſſion. Comme il ne ſçavoit pas que Sa Majeſté, en laiſſant au Corps Proteſtant les Places générales de ſûreté, conſentiroit encore que les Particuliers de ce Corps gardaſſent auſſi celles dont ils étoient en poſſeſſion ; & qu'il croyoit cette circonſtance capable d'aliéner pour jamais les eſprits ; il ſe faiſoit un triomphe de mon embarras & de ma confuſion. Il attribuoit au Roi d'avoir dit, Que celui qu'il enverroit en ſon nom à l'Aſſemblée, n'auroit rien à y faire, que d'expoſer ſimplement ſes volontés : & ſur cette parole, il affirmoit hardiment, que plûtôt que de me trouver dans un endroit de mon Gouvernement ; où l'on ne me rendroit pas tous les honneurs que je croyois mériter, où l'on ne m'admettroit pas même aux Délibérations ; je ſçaurois bien me diſpenſer de ce voyage. Au pis aller, Saint-Germain ſe rendoit caution au Duc de Bouillon, que toute mon autorité ne ſuffiroit pas pour empêcher qu'on ne fît une réception gracieuſe à ſa Lettre, ou un accueil honorable à ſon Député.

Le malheur eſt que la foibleſſe des Partiſans de ce Duc, étoit un point ſi généralement connu, que malgré toute cette montre de hardieſſe & d'oſtentation, ſon Ami ſe trouvoit obligé de paſſer l'éponge ſur cet endroit. Il convenoit de la froideur des Provinces, & de la nonchalance du Parti, en ce qui le regardoit : Et après avoir ſauvé la confuſion au Duc de Bouillon, par ces termes mitigés ; il approuvoit le ménagement, dont le Duc avoit été le premier à conſeiller qu'on ſe ſervît, en parlant de lui ; c'eſt de ne faire en son nom personnellement, aucune demande tant soit peu susceptible de difficulté ; mais de se retrancher à faire faire par le Corps entier, des représentations sur le retranchement de ses Places, sur le déni de justice, sur le bannissement & la persécution, à quoi il se voyoit exposé par son amour pour la Religion. Il demande quel pourroit être le risque d'une Lettre, écrite à l'Assemblée dans cette forme : & n'y en trouvant aucun, quand même on n'y auroit pas égard, & pour mettre tout au pis aller, qu'on la sacrifieroit au Roi ; il exhorte le Duc de Bouillon à l'écrire, en lui conseillant seulement qu'elle ne soit pas renduë publique d'abord ; afin que venant à être luë tout d'un coup, il ne perdît pas l'avantage du premier mouvement de commisération. Il regardoit comme un coup de partie pour le Duc, si la Lettre, au lieu d'être présentée à l'Assemblée par une personne seule, y étoit apportée par les Députés eux-mêmes de la haute & basse Guyenne, où étoient situées ses Places ; soit que d'eux-mêmes ils parussent s'en être chargés ; ou, ce qui seroit encore mieux, qu'ils en eussent reçu l'ordre de leurs Comprovinciaux.

Voilà quelle étoit la Lettre dont on faisoit un si grand bruit à la Cour, qu'en m'envoyant le Paquet de Sa Majesté, Sillery avoit jugé à propos d'y joindre une Lettre de sa part, sur cet unique sujet : Sillery étoit celui que Henry avoit retenu près de sa Personne ; où il étoit alors occupé, tant au raccommodement de M. le Prince de Conty avec M. le Comte de Soissons, très-brouillés ensemble, qu'à l'affaire d'Orange ; laquelle, selon ce que Lesdiguieres & quelques autres en écrivoient à Sa Majesté, prenoit un assez mauvais tour. Il me parut, lorsque j'eus lu la copie de la Lettre au Duc de Bouillon, qu'on prenoit à la Cour une fausse alarme : Je n'y vis rien, qui ne me confirmât dans l'opinion où j'étois, que le Parti séditieux étoit peu considérable, chancelant, dénué de tout, & bien éloigné de rien entreprendre d'important ; & que Bouillon plus expérimenté que les autres, ne se prêtoit point à des idées vagues, qu'on lui présentoit les unes sur les autres, & sans aucune liaison ni rapport à un but fixe ; parce qu'il n'y avoit que de la confusion à en attendre. En un mot, au travers d'une fausse assurance, inspirée par beaucoup de présomption, & malgré cette affectation de fine Politique, il me sembloit que je découvrois clairement la désunion des Membres, & le désespoir du Chef. Je ne changeai point encore de langage, dans la Réponse que je fis à Monceaux; quoique peut-être par-là je donnasse sujet de me soupçonner de peu de sincérité : mais je me rassûrois, sur ce que cela ne pouvoit durer tout au plus, que jusqu'au dénouëment que l'Assemblée de Châtelleraut apporteroit à tout ceci.

Au reste je puis assûrer que je n'ai jamais rien senti de cette peine d'esprit, où l'Auteur de la Lettre, & beaucoup d'autres avec lui, vouloient que je fusse; ayant à opter entre le service de mon Prince, & celui de ma Religion : parce qu'en effet je ne voyois dans cette affaire aucun fondement à l'alternative. Le préjugé commun dans toutes les Religions, veut qu'on ne soit censé favoriser véritablement celle qu'on suit, que lorsqu'on la soûtient opiniâtrément jusque dans ses torts les plus visibles : sur ce pied-là, j'avouë que le parti que j'étois déterminé de prendre, pouvoit m'attirer dans l'esprit de l'Auteur de la Lettre, & de ceux qui pensent dans le même goût, les noms de faux-frere, de déserteur, & même, si l'on veut, de traître : Aussi n'étoit-ce pas de pareils suffrages, que je me proposois d'obtenir ; mais celui des personnes, qui de quelque Parti & de quelque Religion qu'elles fussent, voudroient se servir de la balance de l'équité & du désintéressement. Si la Religion souffre que la Politique vienne à son secours, cela ne doit s'entendre que d'une Politique simple, droite, & pure, comme elle : toute autre paroît la servir; mais ne la sert pas véritablement, & tôt ou tard la détruit.

Déterminé à n'avoir d'autre principe de conduite que celui-là dans l'Assemblée, je crus que je ne pouvois trop éloigner de moi l'affectation & le déguisement, pour ôter à l'esprit de Cabale & au zèle imprudent, toute espérance de pouvoir jamais me gagner, ou me séduire. Dès le commencement, je me montrai jaloux de soûtenir en cette occasion le caractère, par lequel je m'étois donné

à

à connoître à la France entiere, dans toutes les autres; c'est-à-dire, celui d'un homme auſſi ſincèrement attaché aux vrais principes de la Réforme, qu'éloigné des fauſſes conſéquences, & ennemi des démarches irrégulieres de quantité de Réformés. Le diſcours que je fis à l'ouverture de l'Aſſemblée, fut tout entier ſelon cette maxime; ſans m'embarraſſer s'il plaiſoit ou déplaiſoit au plus grand nombre: Il dura une demi-heure.

Je commençai par leur faire enviſager, que parmi tant de perſonnes, aveuglément dévouées à toutes les volontés du Roi, Sa Majeſté n'auroit point jetté les yeux pour traiter avec eux, ſur un homme connu par ſa fermeté inébranlable dans ſa Croyance; ſi elle avoit eu plus d'envie de ſoûtenir, ou d'augmenter ſes droits, que de gagner leurs cœurs, & de perſuader leurs eſprits: Que cette raiſon étoit ſuffiſante pour leur faire prendre une entiere confiance en tout ce que je pourrois dire & faire; parce qu'aſſûrément je n'avois pas attendu ce moment, pour y trahir lâchement ma Religion. Mais je leur déclarai en même-temps, qu'ils devoient s'attendre à me voir cette même ardeur, pour les intérêts de mon Prince; lorſqu'elle n'auroit rien de contraire à ce que je devois à la Religion & au bien général: parce que j'avois à juſtifier le choix de Sa Majeſté, à elle-même, & à ſoûtenir à la face de tout le Royaume, la réputation de Miniſtre prudent & intègre, dont je me flatois de jouir. Je les conviai à partager cet honneur avec moi; en leur faiſant obſerver que par cet endroit, l'honneur & la bonne Politique ne devoient paſſer que pour la même choſe. Ce point étoit le plus difficile à leur perſuader: Et lorſqu'ils entendoient avancer que leurs Villes de ſûreté n'avoient point d'autre rempart que leur bonne volonté; au-lieu de prendre cette parole, comme elle l'étoit, pour vraie au pied de la lettre, ils ne vouloient la regarder que comme un Paradoxe, ou une figure d'Orateur.

Rien cependant n'étoit ſi certain. Pour faire voir aux Proteſtans, que le premier fondement de leur Politique portoit à faux, je me mis à faire la diſcuſſion de ce point principal, je veux dire, la garde de leurs Villes, dans leſ-

1605.

quelles ils faisoient consister la plus grande partie de leur force; & sur lesquelles on m'avoit dit qu'ils étoient poussés à faire à Sa Majesté, des instances également fortes & hardies. Je leur montrai, que cette quantité de bicoques, qu'ils tenoient sous ce titre, loin de leur être avantageuse, ne pouvoit que hâter leur ruine, si jamais ils se voyoient entrepris par un Roi de France; sur-tout, par le Roi régnant, qui comptoit un grand nombre de leurs Officiers, attachés à sa Personne : parce que n'y ayant si chétive Place, ni si petit Gouverneur, qui ne prétendît à l'honneur de la résistance ; il arriveroit de-là que ce qu'ils avoient de Villes passables, au nombre de dix ou douze au-plus, souffrant de cette dispersion si inutile de leurs soldats & de leurs munitions ; ils verroient tout tomber en peu de temps, entre les mains de leurs ennemis. Je n'en exceptai pas même Lesdiguieres (20), leur Achille ; pourvû même qu'il attendît cette extrémité, pour se séparer d'eux. En effet on pouvoit bien, sans juger témérairement de cet Officier, avancer que la seule Religion capable de le fixer, seroit celle qui pourroit lui servir à se maintenir dans la possession de ses richesses, & de l'autorité qu'il avoit toujours exercée dans toute sa Province : pour ne rien dire des autres preuves, par lesquelles on pouvoit établir qu'il n'étoit d'ailleurs que foiblement attaché à la Doctrine des Réformés. Je dévoilai ainsi Lesdiguieres, parce qu'il entroit dans ma commission, de montrer que les plus secrettes dispositions du Parti ne m'étoient pas cachées.

La manœuvre de Du-Plessis étoit toute différente, mais

---

(20) Les Ecrivains Calvinistes ont traité le Connétable de Lesdiguieres, comme on voit qu'ils traitent tous ceux qui ont abjuré leur Religion. Le Vassor est le plus cruel de ses ennemis ; & le Duc de Sully, un des plus modérés : il n'est pas le seul qui ait cru que le désir d'être Connétable, seconda un peu les motifs de sa Conversion. » Après la » mort du Connétable de Luynes, » dit Amelot de La-Houssaye, Louis » XIII. envoya le Sieur Claude de » Bullion au Maréchal de Lesdiguie- » res, pour lui déclarer que s'il ne se » faisoit actuellement Catholique, » il ne seroit point Connétable ; quoi- » que cette Charge lui eût été pro- » mise. Bullion, qui avoit été long- » temps bon Huguenot, abordant » le Maréchal, lui demanda tout » haut : Monsieur, croyez-vous la » Transsubstantiation ? Oui, répon- » dit le Maréchal, qui devina de » quoi il s'agissoit : Puisque vous me » l'assûrez, dit Bullion, je vous an- » nonce que vous allez être Conné- » table. « *Art. Bonnet &c.*

# LIVRE VINGT-UNIEME. 507

1605.

encore plus pitoyable. Cet homme, à qui un zèle plein de feu pour son Parti, tenoit lieu d'expérience & de vertus militaires, s'étoit mis en tête de fortifier son Château de Saumur ; & il s'y étoit pris de façon que Saumur avoit besoin dorênavant pour se défendre, d'une Garnison de plus de huit mille hommes, & de tout le reste à-proportion : Je demandai où Du-Plessis prendroit tout cela, dans le cas d'une attaque imprévûë. J'ajoûtai, que ce que je leur disois, n'étoit point par forme d'avis ; n'ignorant pas que par le résultat des Délibérations de leurs Provinces, ils étoient condamnés à n'être instruits de cette vérité, que par leurs pertes : mais seulement pour leur faire voir que le Conseil du Roi raisonnoit assez juste sur leur situation ; & que si malgré cette connoissance, on les laissoit jouir de leur tranquilité, ils n'en devoient avoir que plus de gratitude & d'affection pour le Prince, leur bienfaiteur.

Je passai ensuite à marquer aux Députés les intentions de Sa Majesté, d'une maniere qui ne souffrît ni interprétation, ni équivoque : Qu'ils s'abstinssent de recevoir à l'avenir dans leurs Synodes, & même dans leurs maisons, ni Députés, ni Lettres de quelques Princes Etrangers, Villes, Communautés & Seigneurs François, que ce pût être ; nommément de la part de MM. de Rohan, de Bouillon, de Lesdiguieres, de La-Force, de Châtillon & Du-Plessis : parce que le Roi n'entendoit pas qu'il se traitât d'aucune matiere dans l'étenduë de son Royaume, sans sa participation : Que sous quelque raison & prétexte que ce fût, ils n'eussent plus à tenir aucune Assemblée, pareille à celles qu'ils avoient tenuës précédemment : mais que s'ils avoient quelque demande à faire à Sa Majesté, ils se servissent de la voie des Députés près de sa Personne, qu'on leur accordoit à cette intention ; & qu'ils l'exprimassent dans le Cahier de leur Province. Je leur déclarai, que s'ils prétendoient prendre dans l'Assemblée, des résolutions contraires à ces volontés ; outre les autres inconvéniens auxquels ils s'exposeroient, j'userois à leur égard de tout le pouvoir attaché à ma Commission, & en même-temps de toute l'autorité accordée à un Gouverneur dans sa Province, pour remettre dans leur devoir ceux qui s'en écartent. J'ai rapporté sommairement, ce que je dis d'une maniere plus étenduë. Je laissai à ré-

Sss ij

foudre en fon temps, la queſtion des Députés, & celle des Villes de fûreté.

Ce difcours, & particulierement la Déclaration par laquelle j'avois fini, déplurent à quantité des Députés de l'Aſſemblée : Ce fut le fujet de conteſtations fort vives, lorſqu'ils en délibérerent entr'eux, & de quatre ou cinq députations qui me furent faites. Ceux qui avoient intérêt que l'Aſſemblée n'entamât rien fur le fond des affaires, ne demandoient pas mieux que de faire confommer le temps, dans ces fortes des queſtions préliminaires, & les allongeoient à deſſein : mais avec un peu de vigueur & beaucoup d'adreſſe, je mis fin à cet inutile préambule. Le Roi trouva fort mauvais qu'on ne m'eût point offert la Préfidence de l'Aſſemblée; quoique changeant de fentiment fur ce chapitre, il m'eût depuis confeillé de ne pas l'accepter. Il trouvoit que j'avois trois ou quatre titres, qui fembloient éxiger qu'on me déférât cet honneur : il dit publiquement avec beaucoup de mécontentement, Que les Proteſtans n'avoient pas donné en cette occaſion, une moindre preuve de leur éloignement pour le bien public, que de leur jalouſie à mon égard : Mais il eſt vrai que je fus le premier, & même le feul, qui y apportai obſtacle (21); & cela, pour des raiſons, que je mandai à Sa Majeſté que je lui dirois, & dont elle feroit fatisfaite.

(21) L'Auteur de la Vie de Du-Pleſſis-Mornay foûtient au contraire, que le Duc de Sully chercha par toutes fortes de moyens à s'y faire élire pour Préſident; mais qu'il n'eut pour lui que deux voix. *Liv.* 2. *pag.* 309.

*Fin du vingt-unième Livre.*

# MEMOIRES
## DE
## SULLY.

✦✦✦✦✦✦✦✦✦✦✦✦✦✦✦✦✦✦✦✦✦✦✦✦✦✦

### LIVRE VINGT-DEUXIEME.

'Assemble'e générale des Protestans à Châtelleraut étoit déja ouverte, lorsque le Roi reçut une Lettre du Duc de Bouillon, qui lui fut apportée d'Allemagne par un nommé Ruffy. Bouillon y donnoit avis à Sa Majesté, Qu'il se traitoit actuellement d'une Ligue contre la Maison d'Autriche, entre des Princes d'Allemagne, dont aucun n'étoit désigné dans la Lettre ; & que ces Princes cherchant à se fortifier de la puissance & des secours de Sa Majesté, avoient jetté les yeux sur lui, pour le rendre Médiateur entr'Elle & eux. Il promettoit de leur part une pleine garantie au Roi & au Royaume ; & de la sienne, il offroit avec une effusion de sentimens les plus nobles, de servir dans ce dessein, de sa personne & de toutes ses forces : paroissant charmé d'avoir trouvé l'occasion, dont Montluet l'avoit souvent entretenu ; lorsque lui écrivant de la part du Roi, il lui mandoit que c'étoit par des services réels

1605.

& solides, & non par de simples paroles, qu'il pouvoit deformais persuader ce Prince de la pureté de ses intentions.

Henry ne se sentit pas fort ému, à la réception de cette Lettre, en faveur du Duc de Bouillon, ni fort touché du prétendu projet. Loin d'accepter une offre, en apparence si favorable à ses desseins; il craignit d'y mettre un obstacle insurmontable, par trop de précipitation. D'ailleurs le piége que lui tendoit Bouillon, étoit trop grossier pour qu'on pût y donner: Nulle apparence que les Princes d'Allemagne chargeassent le Duc de Bouillon d'un rôle de médiateur & de conciliateur; lui, que personne n'ignoroit faire celui d'accusé au Conseil de France. Aussi Henry se contenta-t'il de répondre à Russy, que l'avis n'étoit pas complet, & qu'il venoit trop tard. Bouillon ne se seroit assurément rien promis de ce jeu, s'il avoit sçu qu'il étoit tombé en même temps entre les mains de Sa Majesté, une autre Lettre, qu'il écrivoit aux Protestans assemblés à Châtelleraut. Il faut aussi en faire part. C'est une espèce de Réponse à celle qu'on vient de voir qu'il avoit reçûë : & c'est au même, c'est-à-dire, à Saint-Germain-de-Clan, qu'on sçut qu'il vouloit la faire remettre; quoique dans le corps de la Lettre, il parlât de Saint-Germain, comme d'une tierce personne: L'on comprendra encore mieux, que cette autre Lettre, écrite d'Allemagne, n'avoit apparemment pour but, que d'engager Sa Majesté à traiter plus favorablement Bouillon à l'Assemblée, ou de lui fasciner les yeux sur sa conduite.

Le Duc de Bouillon n'oublioit pas dans cette Lettre sa qualité de Chef de Parti; puisqu'il l'écrivoit comme pour servir de règle aux opérations de l'Assemblée. La nomination des Députés est l'article qu'il traite premierement & principalement. Il expose son sentiment sur chacun de ceux qui pouvoient prétendre à cette Charge; comme étoient La-Nouë, Du-Plessis, Bellujon, & Saint-Germain lui-même, en faveur duquel Bouillon donnoit son suffrage, pour être continué dans l'Emploi (car il en sortoit); jusqu'à exhorter qu'on réünît tous ses efforts, pour faire réüssir ce choix. Il donne de grandes louanges à La-Nouë; mais il veut qu'on lui préfere Saint-Germain : l'Emploi que le premier éxerçoit à Genève utilement pour la Religion, offre un prétexte honnête de l'exclurre de la Députation, sans qu'il puisse

# LIVRE VINGT-DEUXIEME.

1605.

s'en tenir offensé. Pour Du-Plessis, il en parloit comme d'un homme trop opiniâtrément attaché à son sens; capable d'ailleurs de se faire écouter & respecter de Lesdiguieres : ce qui paroissoit un point si important au Duc, qu'il fait presque un crime du contraire à Bellujon. Celui-ci avoit de l'esprit & de la circonspection, en un mot, le moins de défauts & le plus de titres après Saint-Germain, pour aspirer à la Députation ; sur-tout, son union avec Saint-Germain pouvoit produire des merveilles : mais son attachement à Lesdiguieres lui restoit comme une tache dans l'esprit de Bouillon, qui auroit mieux fait de dire nettement qu'il étoit jaloux de la réputation, que Lesdiguieres s'étoit acquise dans le Parti. Un autre défaut, que le Duc trouvoit également & sans exception dans tous les Prétendans, c'est l'esprit d'intérêt ; qu'il comptoit pour rien, à cause de cette généralité.

Bouillon vient ensuite à parler de lui-même : la vanité avoit dicté cet article tout entier. Il donne avis à Saint-Germain, Que le bruit court en Allemagne que le Roi le recherche d'accommodement, & doit lui envoyer incessamment à cet effet Parabere, ou Montluet. Pour ôter tout soupçon qu'il en imposât à cet égard, Bouillon lui envoie une Lettre, qu'il dit que Montluet lui a écrite, pour le convier à chercher quelques personnes, qui puissent les rapprocher Henry & lui. De tout cela Bouillon tire mille conséquences, sur la considération qu'on a pour lui en Allemagne ; sur l'utilité dont il est au Parti Protestant ; sur les craintes qu'il inspire au Roi & à son Conseil. Il veut bien rassûrer ses Confreres, sur celle qu'ils pourroient avoir qu'il n'écoutât à la fin les propositions que lui fait Sa Majesté ; par la persuasion où il est qu'elles ne sont qu'un piége, pour lui faire perdre l'autorité qu'il s'est acquise parmi le Peuple. Il touche l'article d'envoyer quelqu'un de sa part à l'Assemblée, comme une chose sujette à des difficultés, qui le retiennent encore dans l'incertitude ; & sur laquelle il faut consulter Lesdiguieres, Du-Plessis & Saint-Germain.

Il s'étend après cela avec emphase, sur les Assemblées solemnelles qui se font chez lui, de tout ce que l'Allemagne a de plus grand & de plus distingué : il en doit, selon lui, resulter un bien infini pour la Religion. On conjecture par la chaleur qu'il répand en cet endroit contre Lesdiguieres, que celui-cy avoit peut-être dit un peu librement sa pensée sur ces Assemblées si vantées. Pour en donner une juste idée, le Duc de Bouillon assûre que la seule appréhension de ce qui peut y être arrêté, est plus que capable de troubler le repos de Henry, & de lui faire mettre tout en usage pour le gagner. Il dit même qu'il a essuyé quelques reproches de ceux qui composoient ces Assemblées, de ce qu'il ne sçait pas assez se faire valoir à la Cour de France, & reçu des offres de prendre cette peine pour lui : mais qu'il s'est opposé à l'effet de leur zèle ( on va voir ici un trait de modestie singulier ) en leur faisant connoître que la seule jalousie que Henry a conçuë de lui, étant le vrai motif qui les éloigne l'un de l'autre ; leur intercession ne serviroit qu'à l'augmenter, & leur nuiroit à eux-mêmes, sans lui servir. Le véritable moyen de mettre là-dessus Henry à la raison, qu'il insinuë être l'avis de toute cette Assemblée d'amis & le sien, est de le réduire par la crainte à la nécessité de leur tout accorder.

La seule attention que pourroit mériter cette Lettre, assûrément singuliere, supposé qu'elle en mérite quelqu'une; est pour s'en servir à prévenir quelques demandes, qui seroient peut-être faites dans l'Assemblée : Car du-reste, à qui Bouillon croit-il en imposer, par ce ton suffisant & fanfaron ? Je ne cherche point ailleurs que dans ces impertinentes rodomontades, la preuve que le Parti séditieux n'avoit encore rien de prêt, ni au-dedans, ni au-dehors ; qu'ils n'en étoient pas même encore au point de s'entendre les uns les autres, ni de s'expliquer sur leur intérêt commun & général. Quant à cette nouvelle Ligue prétenduë, en faveur de la Religion ; on peut bien en penser, comme en pensoit Lesdiguieres, & trancher le mot, que c'étoit un trait purement de l'imagination du Duc de Bouillon. Caumartin n'en disoit rien dans ses Lettres au Roi ; quoiqu'il se fût entretenu avec le Landgrave de Hesse, sur tout ce qui pouvoit avoir rapport à Bouillon. Le Landgrave lui avoit seulement demandé s'il étoit vrai que le Roi de France se fût servi de Monluet, pour les voyages que Sa Majesté avoit fait faire à Sedan. Le sujet de cette question, qui étoit tout ce que le Landgrave avoit à demander sur le chapitre du Duc de Bouillon, vient de ce que le bruit couroit en Allemagne

# LIVRE VINGT-DEUXIEME.

1605.

magne, que le Roi Très-Chrétien cherchoit à s'emparer par surprise de Sedan, & à y abolir la Religion Réformée. On voit bien encore que ce bruit ne pouvoit provenir que de Bouillon lui-même, qui en satisfaisant par-là sa haine pour le Roi, insinuoit au même temps, que Henry regardoit sa Place comme si forte, qu'il n'espéroit pas pouvoir s'en rendre maître autrement que par surprise : Cela s'appelle posséder l'art de réünir ensemble la présomption, la méchanceté & la fausseté. Tous les talens du Duc de Bouillon paroissoient s'être réduits à une grande fécondité à inventer, & à une grande adresse à répandre des bruits peu avantageux à ses ennemis. Celui d'une prétenduë résolution si contraire aux intérêts de la France, prise par les Suisses assemblés à Bade, étoit sorti de la même boutique. On en fut quelques instans dans l'inquiétude en France ; d'autant plus que l'affaire, dont j'ai parlé l'année précédente, qui occupoit les Ligues des Grisons, n'étoit point encore finie : Mais lorsqu'on vit que Caumartin, qui n'auroit pas manqué d'en informer tout d'abord Sa Majesté, n'en disoit rien ; on devina sans peine, que c'étoit une invention de ceux qui avoient intérêt qu'on crût que nos affaires n'alloient pas bien dans ces Cantons-là.

J'aurois bien souhaité que Sa Majesté eût eu le même mépris pour les avis de ces serviteurs mercenaires, qui commençoient à se multiplier à un point qu'ils en étoient à charge : Et franchement je regrettois bien tout l'argent qui s'en alloit à payer cette sorte de service, qui m'étoit fort suspect, par l'intérêt qu'y avoient ceux qui le rendoient, soit pour eux-mêmes, soit pour lui procurer une gratification considérable. Un quidam donna avis d'une Assemblée qui s'étoit tenuë à Puy-laurens, dans le haut Languedoc : il fournissoit un Mémoire de ce qui s'y étoit passé ; & il assûroit de plus s'y être trouvé. Un autre Officier, ou soldat de Quercy, se fit envoyer par Vivant au Roi ; parce qu'il disoit avoir été sollicité par un sien camarade de Sarlat, de se saisir de Domme : il désignoit ceux qui avoient parlé à l'un & à l'autre : Ce qui détermina Henry à envoyer Thémines sur les lieux, pour s'assûrer de leurs personnes. Tous ces faits se trouvoient la plûpart du temps, ou faux, ou excessive-

En Périgord.

ment chargés. Mon sentiment n'étoit pas qu'on négligeât toute précaution : Au-contraire, je fus le premier à conseiller au Roi, d'avoir dans le Périgord & le Quercy, quelques personnes de confiance : ce qui donna une grande inquiétude à Sa Majesté, qui n'étoit pas accoûtumée à me voir parler de la sorte ; & je fus obligé de l'assûrer que je n'avois reçu de ces deux Provinces, aucune Nouvelle fâcheuse.

Mais le parti que je voulois qu'on préférât à toutes ces petites perquisitions, comme le plus court & le plus sûr ; c'étoit de donner de temps en temps & à propos, l'exemple d'un châtiment sévere : comme fut l'Arrêt rendu contre les deux Luquisses, Gentilshommes Provençaux. Le dessein avoit été pris à l'Arcenal, avant que je partisse, de tâcher de s'en saisir. Le Roi se servit pour cela de Ranchin, Médecin de M. le Connétable, qui amusa si bien ces brouillons, que le Chevalier de Montmorency en prit tout-d'un-coup neuf ou dix de cette séquelle, avec les deux Chefs ; & fit jetter en prison à Aiguesmortes, des Conjurés si mal-adroits, que dans la premiere surprise, ils se déclarerent eux-mêmes coupables d'intelligences criminelles avec l'Espagne. Henry bien résolu de les punir, envoya à Chantilly le Chevalier de Montmorency & Ranchin, qui arrivoient de cette expédition, dire au Connétable qu'il vînt dès le lendemain, commencer à instruire leur procès : Le Gouverneur d'Aiguesmortes & le Sieur de Saint-Genis, aiderent utilement de leurs personnes en cette occasion. C'est ce complot qui redonna à Sa Majesté l'idée de faire un voyage cette année du côté de la Provence : & un second motif de ce voyage, fut le bruit d'un Armement de Galeres, que les Espagnols faisoient à Naples ; dont je ne voyois pourtant pas qu'il y eût plus de sujet de prendre ombrage cette fois, que toutes les autres : l'Espagne faisant à-peu-près la même chose tous les ans, pour son Commerce du Levant.

On manda encore au Roi, que quelques-unes des principales têtes de l'Assemblée, ne cherchoient qu'à allonger le temps inutilement ; afin que l'ennui me fît quitter la partie ; ou que les affaires souffrissent du moins d'un autre côté, pendant mon absence : Que pour cela on avoit résolu de

# LIVRE VINGT-DEUXIEME.

se servir de différens prétextes ; tel qu'est celui d'envoyer directement au Roi des Députés, pour proposer leurs demandes, ou pour le remercier, comme si l'on eût regardé l'Assemblée comme inutile. Henry chargea Parabere, qui partoit de la Cour pour son Gouvernement, d'en conférer avec moi ; en se remettant sur ma diligence, du soin d'expédier promptement, mais pourtant complettement, les affaires de l'Assemblée : à quoi je m'étois déja promis de faire servir un moyen d'autant meilleur, qu'il flatoit la vanité de tous ces Députés. Sa Majesté enjoignit encore à Parabere, de m'aider de toutes ses forces à découvrir les auteurs de ces menées : mais du reste, elle n'osa lui confier les secrets les plus importans : Et même en me le députant, pour agir de concert sur certain Mémoire, elle avoit cru devoir m'envoyer ce Mémoire par une autre voie ; afin que j'eusse le temps de l'éxaminer, & de prendre mes arrangemens, avant la venuë de Parabere. Ce n'est pas que Henry le crût capable de lui manquer : mais Parabere avoit un défaut, qui n'en est guère un que pour la Politique, de ne pouvoir jamais croire le mal de personne ; & un second, qui se joint ordinairement au premier, la facilité de lier amitié avec toutes sortes de personnes, mal comme bien intentionnées : Il ne se remuoit de rien de tout ce qu'on lui disoit touchant les factieux : & jamais le Roi ne parla devant lui du Duc de Bouillon, qu'il ne l'excusât de la meilleure foi du monde ; & qu'il n'attribuât tout ce qu'on lui imputoit, à la malice de ses ennemis. C'est ce qui fit que Sa Majesté montra bien à la vérité à Parabere, tout son mécontentement contre le Duc ; mais qu'elle ne l'appuya que sur les anciens griefs ; sans lui rien toucher des preuves les plus récentes : Ce fut à moi à régler aussi sur cette connoissance ma conduite avec Parabere.

Mais laissant-là tout ce qu'on mandoit au Roi, voyons ce qui se passoit réellement dans l'Assemblée. Le commencement en fut aussi tumultueux, que je m'y étois attendu. Les brouillons s'appliquerent à tourner les esprits à la mutinerie & à l'aigreur ; parce qu'ils crurent qu'il seroit bien plus difficile de les réchauffer après coup, s'ils laissoient prendre à l'Assemblée un cours paisible. Ils mirent en usage leurs manéges ordinaires : ils seconderent de tout leur

1605.

pouvoir la fausse rumeur qu'ils avoient répanduë, que le Roi alloit abolir leurs Priviléges, casser leurs Synodes, & se servir de la présente Assemblée, pour déclarer retranché de son Etat de Finances, tout ce qu'il avoit coûtume de donner aux Ministres de la Religion. Henry disoit quelquefois, en se plaignant de l'aversion des Protestans pour lui & pour ceux dont il se servoit dans ses affaires, qu'ils auroient bien mérité qu'il leur ôtât Pensions, Charges & Gouvernemens: Cette parole fut rapportée à l'Assemblée, comme une résolution arrêtée, & une déclaration positive.

Comme je n'ignorois pas de quelle source venoient toutes ces allégations empoisonnées; après en avoir représenté toute la fausseté, je m'opposai fermement à ce qu'il fût rien proposé dans l'Assemblée, sous le nom, ou de la part de Bouillon, de Lesdiguieres & de Du-Plessis; & je ne souffris que personne y prît la parole, excepté ceux qui avoient ce droit, par leur qualité de Députés des Provinces. Je fis donner sous main à Du-Plessis, l'option de se tenir volontairement éloigné de Châtelleraut, ou d'y venir pour y être simple spectateur, & sans autre rang que celui de Particulier. Il en conçut un vif chagrin, & il prit le premier parti; soit que désespérant du succès, il voulût éviter le blâme d'une résolution prise en sa présence, quoique contraire à tous ses desseins; soit qu'il se promît la ressource, ou même la vengeance, de causer un soûlévement dans l'Assemblée en sa faveur. En effet, il anima si bien les Députés du Dauphiné, qu'on les vit s'écrier qu'il ne falloit rien faire sans lui : mais je fis pourtant ensorte qu'on se passa aussi bien de Du-Plessis, que du Duc de Bouillon. Je m'attendois à cette marque de ressentiment de Du-Plessis : Mais que Lesdiguieres voulût s'abaisser à jouer par ses émissaires le rôle de clabaudeur, en faveur d'un homme justement noté auprès de Sa Majesté; lui, qui venoit si récemment d'en obtenir une grace distinguée pour Créquy, son Gendre : c'est ce que j'ai de la peine à lui pardonner. Je vis dans toutes ces occasions, combien il m'étoit utile d'avoir pris les devants dès long-temps avant l'Assemblée, pour m'assûrer la meilleure partie des suffrages.

A mesure que je vis mon Parti se fortifier, j'élevai la voix. Je coupai court à toutes les questions frivoles & cap-

# LIVRE VINGT-DEUXIEME.

1605.

tieufes : je voulus qu'on avançât chemin ; & par-deſſus toutes choſes, qu'on regardât comme ſacré, tout ce qui touchoit à l'autorité Royale. C'eſt ce que Henry avoit toujours le plus appréhendé; & la vérité m'oblige de dire que ſes craintes n'étoient pas mal fondées. Ce ſera une honte éternelle pour le Duc de Bouillon, Du-Pleſſis, D'Aubigné, Conſtant, Saint-Germain & quelques autres, mais ſur-tout, je le répete, pour Leſdiguieres, d'avoir ſouſcrit à un Mémoire, dont l'éxiſtence n'a été que trop bien prouvée ; dans lequel on jettoit les fondemens d'une République Calviniſte au milieu de la France, libre & abſolument indépendante du Souverain. Je ſçais bien que ces termes ne ſe trouvent point dans le Mémoire ; on les y a évités avec un ſoin, qui paroît étudié : mais les termes ne font rien, là où ſe trouve la réalité : Et je fais toutes ces perſonnes elles-mêmes juges de ce qu'on peut entendre par l'établiſſement d'un Corps, dont les Chefs ſont auſſi étroitement liés enſemble, que ſéparés d'avec les autres; & de Conſeils Provinciaux, qui prennent la loi d'un Conſeil-ſuprême général : ce que ſignifient, cet appui qu'on y cherche chez l'Étranger ; cette obligation qu'on y impoſe à tous Gouverneurs & Gens en place, de prêter certains ſermens ; enfin l'excluſion qu'on y donne à tout Catholique Romain, & à tout Officier particulierement attaché au Roi, des Charges, des Dignités & des affaires du nouveau Parti. Du-Pleſſis, qui apparemment avoit ſes raiſons de craindre que je ne fiſſe ſçavoir à Sa Majeſté la part qu'il avoit euë à ce Mémoire, jugea à propos, lorſque le réſultat de l'Aſſemblée en eut rendu le projet inutile, de ne pas courir les riſques du ſilence ; & envoya au Roi, avec ſes excuſes de n'être point venu à l'Aſſemblée, un déſaveu formel de tout le contenu au Mémoire.

C'étoit-là une de ces Pièces dont il faut empêcher l'effet, ſans faire de bruit. Ainſi voulant m'inſtruire ſi une grande partie du Corps Proteſtant en avoit eu connoiſſance, & s'il y avoit adhéré ; je n'en parlai qu'en général aux Députés, & ſous les noms d'aſſociations, de reſerves & de défiances, que je faiſois pourtant ſentir n'être pas éxemptes de crime. La réponſe qui me fut faite, eſt, Que ſi Henry eût été immortel, les Proteſtans, contens de ſa parole en tout ce qui les regardoit, auroient renoncé dès ce moment à prendre aucune précaution ; abandonné leurs Places de sûreté ; rejetté tout appui au-dehors ; & regardé comme inutiles, tous Reglemens particuliers pour la conservation de leur Société : mais que la crainte de trouver dans quelqu'un de ses Successeurs, des sentimens bien différens, les forçoit à conserver les mesures, qu'on avoit bien voulu qu'ils prissent pour leur sûreté. Cet aveu me fit plus de plaisir, que toute autre réponse plus adoucie : Si l'Assemblée avoit trempé dans le Projet en question, elle ne s'en seroit pas tenuë ainsi à l'écorce de mon discours ; & elle auroit commencé par repousser fortement ce reproche, par toutes sortes de protestations, & par un déni formel.

Je me tins donc assûré que la contagion des mauvais discours & du méchant exemple, n'avoit point encore passé le nombre des six ou sept personnes que j'ai nommées : mais il ne me fut pas si facile d'en convaincre Henry, ou de le rassûrer contre l'appréhension que le mal ne se communiquât bien-tôt. Il se laissoit vivement frapper de l'aveugle facilité de la populace à suivre l'impression de ceux qu'elle regarde comme ses Chefs & ses défenseurs ; & des suites fâcheuses qu'on en pouvoit voir arriver, si la France avoit le malheur que sa mort laissât le Dauphin en bas âge. Il me disoit quelquefois, Que mon intérêt particulier se trouvoit lié en cette occasion avec l'intérêt public ; comme étant un des principaux Officiers de la Couronne, & devant être Lieutenant de la Compagnie de son second Fils, si Dieu lui en donnoit un, comme il arriva. Mais après tout, de quoi pouvoient être capables, un Duc de Bouillon errant & méprisé, un Du-Plessis avec sa plume, les Constant & D'Aubigné avec leur langue, contre une autorité aussi solidement établie, que celle que Henry étoit dès-à-présent en état de laisser à son Fils ? L'incertitude de la succession Royale m'avoit toujours paru en quelque maniere le seul danger véritable qu'on eût à craindre.

C'étoit par occasion que cette matiere se traitoit entre les Députés de l'Assemblée & moi, & sans nuire à la premiere & principale ; je veux dire, à la nomination des Députés particuliers, que j'avois d'abord mise sur le tapis. Les Protestans prétendirent que cette nomination ne regardoit en rien Sa Majesté, & devoit se faire par eux seuls. Je détruifis ce préjugé, en montrant que Sa Majesté, par sa qualité de Roi, doit avoir la principale part dans une affaire, qui a une influence si nécessaire sur le bon ordre, & une liaison si marquée avec la Police, que du bon ou du mauvais caractère des Députés choisis, dépend en grande partie la bonne ou mauvaise intelligence entre les deux Religions : Ce que j'appuyai par un éxemple, pris dans la chose même; celui de la conduite pleine de manége & de mauvaise foi, de quelques-uns de ceux qui avoient ci-devant éxercé cet Emploi.

Pour vuider ce combat d'opinions, je proposai que l'Assemblée se renfermât dans un certain nombre de personnes propres à cette Charge ; sur lesquelles le Roi choisiroit les deux qui lui conviendroient : & malgré la répugnance que j'apperçus encore à cet expédient, je ne désesperai pas de le faire passer ; ayant à disposer de bonnes gratifications, en faveur de ceux qui se conformeroient aux intentions de Sa Majesté. Henry faillit à y mettre lui-même obstacle, sans y penser. Il avoit jugé par l'opposition générale de l'Assemblée, qu'elle n'agréeroit jamais ce point ; & il m'écrivit de me contenter que les deux Députés fussent proposés & choisis, de concert entre lui & les Protestans : ce qui rendit l'Assemblée plus attachée à son sentiment : Car soit que Sa Majesté s'expliquât publiquement sur le contenu de ses Lettres, ou que ceux qui en étoient participans, gardassent mal le secret ; toutes les intentions du Prince étoient aussi-tôt & aussi parfaitement connuës dans l'Assemblée, que dans le Conseil même. Villeroi m'en avertit ; & je le sçavois mieux que lui : C'est ce qui fit que j'éxigeai de lui & de Sillery, qu'ils m'écrivissent toujours de leur main : ce que j'observois aussi de mon côté ; & j'en étois quelquefois si fatigué, que j'étois obligé de les renvoyer tous les deux aux Lettres que j'écrivois à Sa Majesté, qu'on avoit soin ensuite de jetter au feu. Cependant mon dessein prévalut à la fin dans l'Assemblée, pour le choix reservé à Sa Majesté de deux personnes sur six : & je trouvai encore le moyen, que sur ces six, on n'y en plaçât aucun, qui eût donné publiquement des marques de désobéïssance, ou de mutinerie. Henry regarda ce succès, comme un des plus importans services que je pouvois lui rendre.

*En Armagnac.*

Quelques Députés eurent recours à demander qu'on créât un troisiéme Député, qui fût toujours un Ministre Protestant : Le Ministre Berault s'étoit, dit-on, fait fort d'y parvenir ; & il devoit pour cela se rendre à l'Assemblée, quoiqu'il ne fût pas du nombre des Députés Provinciaux. Il avoit encore, à ce qu'on assûre, beaucoup d'autres projets, sur-tout en faveur du Duc de Bouillon ; & c'est lui qui dans l'Assemblée de Mauvesin, avoit gagné qu'on écriroit au Duc, pour lui témoigner que le Parti Protestant de France voyoit toujours du même œil sa personne & ses intérêts. Il n'osa se montrer cette fois, quelque hardi qu'il fût ; & la proposition fut rejettée sans retour : aussi-bien que celle qui fut hazardée par trois ou quatre personnes, Que le Parti entretiendroit, non plus auprès du Roi, mais dans quelques endroits des Provinces principales du Royaume, autant de Députés, choisis par eux seuls, pour communiquer directement avec les Députés Généraux à la Cour. Si cette idée avoit eu lieu, il eût été besoin de redoubler fortement d'attention sur la conduite de tous ces Députés en sous-ordre : mais ce ne fut qu'une chaleur de foie, que je dissipai sans peine.

Quant à la qualité des Députés ; Sa Majesté n'en refusoit aucun, pourvû qu'il eût la réputation de probité & de paix ; & elle évitoit avec soin, tout ce qui pouvoit tant soit peu avoir l'air de violence : Ce qui parut dans l'occasion, où ayant été agité si les Gouverneurs de Places pouvoient être nommés à la Députation, le Roi se rendit aux raisons de l'Assemblée pour la négative : & encore, au sujet de La-Nouë & de Du-Coudrai, que les Réformés ne voulurent pas mettre sur la liste ; alléguant l'absence du premier, & l'Emploi du second : tout le monde revint pourtant ensuite à La-Nouë. De mon côté, je donnai l'exclusion à Saint-Germain ; malgré toute l'envie qu'on témoignoit de le continuer, en lui associant Bellujon. Le Roi n'étoit pas non plus porté en faveur de celui-ci, ni même de Du-Coudrai : mais comme il croyoit devoir quelque chose à Lesdiguieres, il pensa à faire tomber le choix sur le Député de la Province de Dauphiné. On parla encore de Des-Bordes & de Marabat. Sa Majesté avoit long-temps voulu du bien à Marabat ; quoique je le fisse envisager à ce Prince, comme l'une des Créa-

*tures*

tures de Bouillon : mais elle revint de ce sentiment, lorsque l'imprudente hardiesse qu'eut Marabat, d'envoyer ses deux Enfans au Duc de Bouillon, ne lui permit plus de douter que ce que je lui en avois dit, ne fût vrai : Ce sujet seul lui valut l'exclusion. Il ne fut nommé personne aussi digne de fixer tous les suffrages, qu'un Avocat de Castres, nommé La-Devèse. Sa seule réputation d'homme vertueux & ennemi de toute partialité, lui fit tort auprès de ses Confreres. Il n'y gagna que l'honneur d'avoir mérité la confiance de son Roi, qui voulut bien lui écrire : Je lui rendis la Lettre, aussi secrettement qu'il étoit nécessaire, pour ne pas le détruire dans l'esprit des Protestans : & lorsque je l'eus encore mieux connu, je le regardai comme un homme digne en toute maniere que je me servisse de ses lumieres. Tout le reste du mois de Juillet se passa de cette sorte à proposer, éplucher, rejetter ou agréer différens Sujets.

 La question des Députés se continua avec la même chaleur, les premiers jours du mois suivant. L'Assemblée revint à insister pour Saint-Germain, & pour plusieurs autres, auxquels Henry auroit encore préféré Marabat : Mais comme ce détail n'a rien d'assez intéressant, pour s'y amuser plus long-temps, je le conclurrai tout d'un coup, en disant que La-Nouë ayant fait promettre à Sa Majesté par Roquelaure & par moi, qu'il romproit avec le Duc de Bouillon, & qu'il rappelleroit ses Enfans de Sedan ; le Roi le choisit pour Député, sur les trois Sujets proposés pour la Noblesse : & que des autres pour la Robe, il s'arrêta sur Du-Cros, qui avoit fait solliciter pour lui Lesdiguieres. Cette conclusion, qui fut fort agréable à Henry, & fort louée de ses Ministres eux-mêmes, vint très-à-propos pour fermer la bouche à quelques médisans, qui divulguerent que le Roi avoit reçu depuis peu une Lettre de moi, après laquelle on l'avoit vu si fort encolère, que cela ne pouvoit provenir que de ce qu'apparemment ses desseins ne réüssissoient pas bien entre mes mains. Une simple petite Lettre fut le moyen dont on se servit, pour donner cours à ce bruit. Je répondis à Villeroi, qui m'en envoya une copie, qu'il n'y avoit personne qui ajoûtât moins de foi à ce bruit, que ceux qui le répandoient.

A l'égard du succès, dont on me rapportoit la gloire ; sans me parer ici d'une fausse modestie, je dirai qu'il ne m'en coûta que de bien persuader le gros du Parti Protestant, qu'il pouvoit se reposer en toute assûrance de sa conservation & de ses intérêts, sur les sentimens de Henry ; & que ce petit nombre d'actions de séverité, ou plûtôt de justice, dont ils se plaignoient, n'étoit point encore proportionné aux torts qu'ils s'étoient donnés avec lui. Je ne veux point qu'on puisse soupçonner qu'en parlant de la sorte, j'aye fait entrevoir aux Réformés la moindre lueur des desseins favorables au Parti, dont Henry s'occupoit. C'est trahir son Prince, que de le servir aux dépens de son secret. Je me tenois même éxactement clos sur cet article, avec les Ministres de Sa Majesté : Et je ne sçache pas en avoir rien touché, dans aucune de toutes les Lettres que j'écrivis de Châtelleraut à Henry lui-même ; excepté une seule, en lui rappellant l'Ambassade d'Angleterre, nécessaire au sujet que je traitois : encore le priois-je instamment de brûler cette Lettre ; dans la crainte de ce qu'il sçavoit déja être arrivé à quelques-unes des autres.

Le plus juste sujet de mécontentement qu'ait eu Sa Majesté, dans la question des Députés, est que son intention de les nommer elle-même, de la maniere qu'on vient de voir, ayant été signifiée dans l'Assemblée ; sept Provinces Protestantes s'assemblerent, & envoyerent en consulter Du-Plessis : Henry s'en prit, avec assez de raison, à Constant & à D'Aubigné. La derniere instance qui fut faite à ce sujet par les Réformés, c'est que le temps du service des deux Députés auprès de Sa Majesté, fût déterminé à leur gré ; & qu'il fût exprimé dans le Brevet d'élection du Roi, ou du moins dans l'Acte de nomination. Ils auroient toujours eu quelque sujet de renouveller chaque année cette Cérémonie, & de demander pour cela une Assemblée : & le Roi avoit aussi ces mêmes motifs, pour ne pas leur accorder leur demande. Je les avois préparés à ce refus : Ils reçurent à la fin le Brevet, dans la forme où il étoit ; mais ce ne fut pas sans être revenus plusieurs fois à la charge.

La question des Places de sûreté vint après celle-là. Quoique le terme de huit ans, exprimé dans le Brevet du dernier Août 1598, fait en conséquence de l'Edit de Nan-

# LIVRE VINGT-DEUXIEME. 523

tes, ne dût être expiré que dans un an, il étoit néanmoins nécessaire de mettre cette affaire sur le tapis dès cette année, si on ne vouloit pas laisser au Parti Protestant, un prétexte de s'assembler dès la suivante : mais il est certain qu'elle n'auroit été proposée à Châtelleraut, que pour la laisser entierement à la volonté de Sa Majesté, sans qu'il fût question d'engagement de trois & de quatre ans, ni de nouveau Brevet du Roi; si ce n'est qu'on fut informé dans l'Assemblée, par la même voie dont je viens de parler, non-seulement qu'ils devoient tout attendre de Henry, mais encore que j'étois actuellement saisi d'un Brevet de Sa Majesté pour trois ans, & d'un autre pour quatre. Cela fut cause que le Roi se vit obligé de leur accorder la prolongation pour quatre ans. On dira qu'un an de plus ou de moins, est un objet fort peu considérable : aussi Henry n'avoit-il en vûë que de les accoûtumer à ne pas obtenir tout ce qu'il leur viendroit en fantaisie de demander, & à se contenter des graces qu'il voudroit bien leur faire : Du reste, il n'y avoit rien de si vrai que ce que je leur avois dit dans mon discours d'ouverture, sur ces Places. Henry me permit de laisser voir aux Députés, que c'étoit à ma sollicitation qu'il leur accordoit la grace entiere.

Ces deux chefs étant décidés, l'Assemblée pouvoit être regardée comme finie : Mais comme il y avoit quelque chose à changer aux Brevets, dont j'étois porteur ; & que par une derniere faveur, Sa Majesté voulut bien encore y en joindre un, par lequel elle déclaroit, Que les premiers huit ans n'étoient censés courir que du jour de l'enregistrement de l'Edit de Nantes dans les Parlemens ; il fallut donner le temps de faire ces deux Brevets, & de les envoyer à Châtelleraut.

L'affaire d'Orange fit assez de bruit pendant ce temps-là, pour occuper les esprits. Pour remettre cette Place au Prince d'Orange son légitime Maître, de la maniere dont j'ai déja prévenu un peu plus haut; il étoit question d'en tirer Blaccons, qui la tenoit pour les Protestans. Le Roi jetta les yeux sur Lesdiguieres, si à contre-temps, que je crois qu'il n'y avoit que ce seul moyen de faire naître des difficultés sur cette affaire : tout autre que Lesdiguieres, que Blaccons avoit sujet de regarder comme son ennemi capital,

*Hector de La-Forêt de Blaccons.*

1605.

V uu ij

en fût venu très-aisément à bout. J'en parle avec une pleine science : Blaccons, qui depuis long-temps s'attendoit à sortir d'Orange, m'avoit écrit, Que rien ne retarderoit son obéïssance aux ordres du Roi, que le chagrin & le dèshonneur d'être obligé de remettre sa Place à un homme, qui se feroit un triomphe de cette Cérémonie. Dans la réponse que je fis à cet Officier, je crus pouvoir lui faire espérer que Sa Majesté lui adouciroit l'amertume de cette démarche ; & je me flate en effet que si j'avois été sur les lieux, la chose seroit allée autrement : Mais Henry ne m'en écrivit que pour me mander, Qu'il venoit de députer Bullion & Bellujon, chargés de ses ordres à Lesdiguieres ; & pour me demander le Mandement nécessaire pour faire marcher du Canon du côté d'Orange. Je me doutai, à la réception de cette Lettre, de ce qui étoit arrivé ; & je demandai incontinent au Roi tout ce que je connoissois des sentimens de Blaccons : Je lui conseillai, & même je le priai, de n'envoyer à Orange qu'un simple Exempt de ses Gardes ; sans mettre ainsi Lesdiguieres vis-à-vis de son ennemi.

Cet avis venoit trop tard. Lesdiguieres usant du pouvoir que le Roi lui donnoit, n'écouta que sa haine contre Blaccons ; & envoya signifier impérieusement à ce Gouverneur & aux habitans, l'ordre qu'il avoit de Sa Majesté, qu'on lui remît la Place : Il ajoûta du sien, Que s'ils n'obéïssoient pas, il en rendroit compte au Roi. Pendant ce temps-là il écrivoit à ce Prince, le 24 Juillet, Qu'il ne se mettre point en peine ; parce qu'il sçaura bien réduire le Gouverneur d'Orange, sans que rien branle dans la Province : Ne diroit-on pas que Lesdiguieres craint de ne pas trouver assez de résistance ? Blaccons, qui ne s'étoit pas attendu à cette insulte, dépêcha incontinent deux Courriers l'un sur l'autre au Roi, pour l'assûrer qu'il étoit prêt de remettre la Place à telle personne que Sa Majesté jugeroit à propos ; quand même cette personne seroit Catholique. Cette démarche avoit pour objet de faire changer d'avis au Roi sur Lesdiguieres, par les conseils de ceux que Blaccons sçavoit devoir l'appuyer auprès de Sa Majesté ; & de suspendre la marche de Lesdiguieres, qu'il ne doutoit point qui ne dût s'approcher au-plûtôt. Blaccons avoit beaucoup plus d'ennemis à la Cour, que d'amis : Ils trouverent dans son action, & y firent trou-

# LIVRE VINGT-DEUXIEME.

ver à Henry, une grande disposition à la désobéïssance & à la peur : ce qui assûrément étoit bien gratuit de leur part.

Le Roi ne voulut pourtant point, malgré tous les conseils violens qu'on lui souffloit, se porter tout d'un coup à l'extrême contre Blaccons. La réponse qu'il lui fit, fut de lui envoyer un Exempt de ses Gardes, Protestant, avec trois ou quatre Archers de la Garde, lui dire, Qu'en attendant qu'il en eût été autrement ordonné, Sa Majesté vouloit qu'il mît sa Place comme en séquestre entre les mains de l'Exempt, & qu'il vînt trouver le Roi, dont il obtiendroit toute sorte de satisfaction & de traitemens honorables : & en même temps Henry fit dire par Bullion, à Lesdiguieres, que si Blaccons satisfaisoit à ce dernier ordre, il demeurât tranquile à Grenoble ; & qu'il ne prît le parti de la force, que supposé que ce Gouverneur fît refus d'obéïr. Il lui envoyoit à cet effet des Commissions, pour mettre sur pied dix Compagnies, de deux cens hommes chacune ; pour se servir des cinq Compagnies du Régiment de Du-Bourg, aussi mises à deux cens hommes, de soixante où elles étoient auparavant ; & pour faire marcher du Canon à proportion : C'est que les Courtisans avoient persuadé à Sa Majesté que Blaccons ne se rendroit point à sa proposition. Lesdiguieres, qui avoit déja mandé à ce Prince, que le Canon de sa Province de Dauphiné étoit sans affûts, demanda qu'on lui en envoyât ; ou plustôt, parce que cela seroit trop long, qu'on lui en fournît de l'Arcenal de Lyon, qu'on pouvoit aisément faire descendre par le Rhône : il n'avoit pas envie apparemment de dégarnir ses Places : Ce fut ce qui obligea encore Sa Majesté de m'écrire, afin que je donnasse au Lieutenant-Général d'Artillerie du Lyonnois & du Dauphiné, les ordres conformes à ce que demandoit Lesdiguieres. Je convins qu'à la rigueur le Roi prenoit assez de mesures, pour mettre auprès des Protestans la justice, & même la modération, de son côté ; mais je ne goûtai ni ces préparatifs extraordinaires, ni cette nouvelle dépense inutile : Aussi, en respectant comme je le devois, les ordres que Sa Majesté me donnoit, je crus pourtant devoir m'opposer à ce que vouloit Lesdiguieres ; sur-tout par rapport au canon de Lyon, que je trouvois beaucoup mieux dans cette Ville, qu'en aucune du Dauphiné.

Je ne sçais comment Henry put tant tarder à s'appercevoir que Lesdiguieres n'avoit cherché qu'à se faire autoriser, pour poursuivre à outrance un homme à qui il vouloit du mal. Si-tôt qu'il crut pouvoir le faire avec quelque ombre de justice, il y ajoûta plusieurs démarches de son chef, qui firent que la chose avoit bien changé de face, avant l'arrivée des Courriers de Sa Majesté au lieu de leur Dépêche : il étoit déja à la tête d'un Corps de Troupes, à deux lieuës d'Orange ; d'où il envoya sommer fierement Blaccons de le recevoir dans cette Ville. Bullion, à son retour de Dauphiné, chercha à justifier Lesdiguieres de cette démarche précipitée ( c'est le moindre nom qu'on puisse lui donner ) ; en disant, qu'il ne l'avoit faite, que dans l'intention de commencer toujours à régler les affaires du Château, de faire une réforme dans la Garnison, & d'écarter quelques Gens-de-guerre, levés par les Officiers du Prince d'Orange. Il n'est pas surprenant que Lesdiguieres passant ainsi son pouvoir, Blaccons ne vît plus en lui qu'un ennemi, qui poursuivoit sa querelle particuliere : Il lui fit une réponse, qui l'obligea à se retirer à Montelimart avec un peu de confusion. C'est dans le ressentiment que cette retraite causa à Lesdiguieres ; qu'écrivant à Sa Majesté pour l'informer de tout ce qui s'étoit passé, il ne garda plus de ménagement ; & qu'il accusa Blaccons de tout ce qu'il voulut. Celui-ci fit aussi porter ses plaintes par son Courrier : il chargea Lesdiguieres d'avoir cherché dès long-temps à se rendre maître d'Orange, au moyen d'une intelligence avec un Ministre, nommé Maurice. Les partisans de Lesdiguieres à la Cour, retorquerent ce reproche contre Blaccons ; en disant, qu'on justifieroit par une Lettre qu'il avoit écrite à son Beau-frere, qu'en même temps qu'il faisoit au Roi des assûrances de son obéïssance, & qu'il mandoit si poliment à Lesdiguieres qu'il pouvoit venir à Orange ; il étoit dans des dispositions toutes contraires : Je ne me rends caution ni de l'une ni de l'autre accusation.

Quoiqu'il en soit, pendant que cette brouillerie retardoit la conclusion de l'affaire d'Orange, celle de l'assemblée de Châtelleraut finit. On y vit arriver avec plaisir les deux Brevets, que Sa Majesté avoit chargé Fresne de m'envoyer ; ils sont datés du 4 Août 1605 : Le Roi y paroît les ac-

# LIVRE VINGT-DEUXIEME.

corder aux Proteſtans, comme une grace qui doit les confirmer dans le reſpect & la fidélité qu'ils lui doivent. En les remettant à l'Aſſemblée, je déclarai, que l'intention de Sa Majeſté étoit qu'elle ſe ſéparât, après qu'elle auroit entendu par ma bouche les dernieres volontés du Roi; afin de ne pas tenir plus long-temps les eſprits en ſuſpens dans les Provinces, où je ſçavois que les différens bruits du réſultat de l'Aſſemblée, cauſoient une altération pareille à celle de deux Partis qui ſont prêts à en venir aux mains. J'enjoignis aux Députés, lorſqu'ils ſeroient retournés dans leurs Provinces, d'y repréſenter avec ſincérité la maniere dont le Roi & ſes Miniſtres avoient agi & traité avec eux; & de ſe tenir bien éloignés de la conduite pleine d'irrévérence & de calomnie, avec laquelle on s'étoit comporté dans l'Aſſemblée de Gap. Je fis une eſpéce de récapitulation juſtificative de tous les ordres & des demandes du Roi. J'empêchai qu'il ne ſe compoſât dans la ſéparation, quelque nouveau Cahier de demandes. En leur défendant expreſſément de la part du Roi, de convoquer de leur chef aucune Aſſemblée Générale, je leur dis, que Sa Majeſté ne les leur refuſeroit pas, toutes les fois que le ſujet le requerroit; mais je leur fis ſentir en même temps qu'elles alloient être beaucoup plus rares, qu'elles n'avoient été par le paſſé. Je n'oubliai pas d'ajoûter, que Henry n'entendoit par-là préjudicier en aucune maniere à la tenuë des Colloques & Synodes ordinaires, reſtreints purement aux matieres Eccleſiaſtiques. Je finis, en réïtérant la défenſe d'entretenir aucun Commerce avec toutes les perſonnes que Sa Majeſté tenoit pour ſuſpectes. Je fus ſatisfait des ſentimens que je remarquai dans tous les cœurs: & ce qui me fait croire que je ne me trompai point, c'eſt que l'Aſſemblée fit une délibération, pour envoyer remercier le Roi de ſa bienveillance, & l'aſſûrer de ſon reſpect inviolable: On voulut ſçavoir auparavant ſi Sa Majeſté approuveroit cette démarche; & la réponſe ayant été telle qu'on ſe la promettoit, les Députés nommés à cet effet, partirent pour aller s'acquitter de ce devoir.

Je partis moi-même le propre jour de la clôture de l'Aſſemblée: le Roi m'ayant mandé par Sillery, que je pouvois le faire; & m'ayant même témoigné plus d'une fois, qu'il ſentoit

1605.

combien ma préfence étoit néceffaire pour les affaires de fon Confeil. Ce Prince voulut bien m'écrire, uniquement pour me louer & me remercier du fervice, qu'il difoit que je venois de lui rendre. Quelque preffé qu'il fe montrât de me revoir auprès de lui, il me donnoit pourtant la permiffion de paffer par mes Terres de Berry : ce que je ne jugeai pas à propos de faire ; pour ne pas laiffer accumuler plus d'affaires, que je n'en aurois pu vuider. Telle fut l'iffuë d'une Affemblée, fur laquelle tout le monde avoit les yeux ouverts. En éxaminant bien le fond de mes fentimens, je trouvai que le défefpoir qu'elle caufa à un très-petit nombre de mes Confreres, ne troubloit point & ne devoit point troubler la fatisfaction que j'en reffentis ; parce que je ne pus me faire convenir d'autre chofe, finon que j'avois mieux fervi ma Religion & eux-mêmes, par des procédés de modération & de paix, que ne l'auroit fait leur zèle aveugle & impétueux. Du-Pleffis put fentir ces raifons, dans la Lettre que je lui écrivis ; quoique mon principal objet fût de lui indiquer une grande partie de fes torts. Il fe juftifia auprès de moi, par une Réponfe fort-étudiée, qu'il crut devoir auffi envoyer au Roi, jointe à ma Lettre ; comme pour faire voir qu'il n'avoit laiffé aucun des chefs d'accufation, fans l'effacer.

Je vins rendre compte de ma geftion au Roi. Ce Prince, au partir de Monceaux, où il avoit eu quelques legers accès de Goutte, étoit revenu fur la fin de Juillet à Paris; d'où il alla paffer les huit premiers jours d'Août à Saint-Germain. Il y fut tourmenté par une fluxion fur la jouë & fur les dents, qu'il n'eut pas pluftôt fait percer dans la bouche, qu'il fut guéri : cet accident l'obligea de reprendre les Eaux, qui avec la diete, étoient fon grand remede. Je le trouvai à Fontainebleau, où il s'étoit acheminé de Saint-Germain. Il m'embraffa deux fois avec mille careffes : Il permit que mes Sécretaires & toute ma fuite que j'avois avec moi, lui fiffent la révérence : & m'ayant encore une fois tenu étroitement ferré entre fes bras, il me mena dans la longue Galerie du Jardin des Pins, où nous eûmes enfemble un entretien de deux heures.

Il commença par m'inftruire de tout ce qu'il pouvoit y avoir de Nouvelles intéreffantes dans les Pays Etrangers : &
enfuite

# LIVRE VINGT-DEUXIEME.

1605.

enfuite de ce qui s'étoit paſſé pendant mon abſence ; ſoit dans le Conſeil, par rapport aux Finances ; ſoit à la Cour, où les broüilleries domeſtiques, qui s'étoient fortement réveillées, lui avoient fait défirer plus de vingt fois, diſoit-il, que je fuſſe auprès de lui. Il me queſtionna à mon tour ſur différentes particularités de mon voyage ; & particulierement ſur les difpoſitions où j'avois pu connoître qu'étoient, & les Egliſes Proteſtantes, & quelques-uns des Chefs du Parti, qu'il me nomma. Je le comblai de joie, par les preuves que je lui donnai pour celles-là, d'une foûmiſſion volontaire, qui l'aſſûroit dans les autres d'une obéïſſance forcée. Je lui fis toucher au doigt, que Leſdiguieres, ce Particulier dont il éxaltoit tant les forces, l'argent, les Places & la capacité ; qui troubloit le repos de ſon Maître., par la crainte que ſes procédés équivoques ne ſe terminaſſent à la fin par une infidélité déclarée ; étoit pourtant ſi foible en toutes manieres, que ſi Sa Majeſté marchoit droit à lui, avec une Armée ſeulement de ſix mille hommes, ſans s'arrêter à aucune Place ; elle le pouſſeroit d'abord juſqu'à ſon dernier retranchement, où rien ne pourroit le ſauver de tomber entre ſes mains. Ce qu'il n'étoit pas à propos de faire actuellement contre Leſdiguieres, parce qu'il n'en avoit pas encore donné un ſujet ſuffiſant ; je montrai au Roi qu'il étoit temps, & de la derniere conſéquence pour l'extinction de la Rébellion, de l'entreprendre contre le Duc de Bouillon : en prenant ſeulement la précaution de ne mettre en la place des Lieutenans qu'on ôteroit de ſes Villes, que d'autres Lieutenans Proteſtans : Je me rendis caution qu'aucune de ces Places ne donneroit la peine qu'on la battît avec le Canon.

Ces confidérations déterminerent enfin Henry, quoique toujours avec un peu de difficulté, à ne pas différer plus long-temps ce voyage dans les Provinces Méridionales de la France, dont il a déja été fait mention. Les deux objets qu'il s'y propoſa, & qui lui firent prendre ſa route du côté de l'Auvergne & du Limoſin, furent de s'emparer de toutes les Places du Duc de Bouillon ; & de donner des éxemples de juſtice ſi terribles, contre ceux qui ſe trouveroient convaincus d'avoir conſpiré contre l'Etat, qu'il étouffât toutes les ſemences de révolte pour l'avenir. Pour le premier,

Tome II. Xxx

il fit envoyer au Duc d'Epernon, des Commissions pour lever jusqu'à trois mille hommes de pied : il augmenta jusqu'à pareil nombre le Régiment de ses Gardes ; & destina pour l'accompagner, un Escadron de huit ou neuf cens Chevaux de Compagnies réglées, tant Gendarmes, que Chevauxlegers. Pour le second, il se proposa de tenir les Grands jours ; & d'en faire rendre & éxecuter les Arrêts par une Chambre de justice, qu'il méneroit avec lui, afin que rien ne retardât le cours de sa justice. Cet appareil étoit en effet absolument nécessaire dans des Provinces, où il semble que l'air contagieux des dissensions Civiles se fût concentré, lorsqu'il étoit dissipé presque par-tout. L'affaire d'Orange demandoit aussi cette démarche ; qu'on ne pouvoit faire d'ailleurs dans un temps plus favorable : les Affaires de Flandre & d'Angleterre donnant cette année un loisir, qui pouvoit n'être pas de longue durée.

Je fis remarquer au Roi, que ce voyage devant être achevé avant la fin d'Octobre, il ne souffroit pas un moment de retardement. Henry trouva encore que je le pressois un peu trop instamment : mais enfin il se résolut à tout. Nous réglâmes ensemble que Sa Majesté prendroit par la Loire, avec ses Troupes de pied & de cheval ; pendant qu'avec un train d'Artillerie de deux Canons, deux Coulevrines & deux Pieces bâtardes, je m'acheminerois de mon côté par Montrond, qui est le chemin le plus droit. Je laissai Henry s'occuper de ce qui regardoit les Gens de guerre ; & je m'en retournai à Paris mettre ordre aux affaires du Conseil, le plus expéditivement qu'il étoit possible ; & pour nommer les Membres de la Chambre des Grands jours, qu'il étoit nécessaire de faire partir les premiers.

On s'imagina à la Cour & au Conseil, qu'il en seroit de ce voyage, comme de celui de Provence, l'année précédente : L'ordre d'un départ si prochain, & dans une saison encore plus avancée, fournit mille nouvelles raisons aux sensuels & aux paresseux. Lorsqu'on vit que Henry étoit inflexible ; on se disposa à le suivre, en maudissant bien des fois celui qu'on accusoit de lui en avoir donné le conseil. Mais ce fut une vraie consternation parmi les Partisans du Duc de Bouillon, qui n'avoient pas fait, comme on l'imagine aisément, le moins d'efforts pour détourner l'orage.

La-Chapelle-Biron (1) & Giverſac, qui y tenoient les premiers rangs, comme ayant le plus touché d'argent Eſpagnol, prièrent le Sieur de Fouſſac (2) de venir en Cour, aſſûrer Sa Majeſté qu'ils étoient prêts de lui donner toutes les marques qu'elle éxigeroit de leur obéïſſance. Il n'y eut que ceux de Turenne, qui firent quelque démonſtration de vouloir ſe défendre. Rignac (3) & Baſſignac ſe jetterent dans cette Place : on y aſſembla des munitions ; & on y logea toute l'Artillerie ſur les Plate-formes. Cet avis fut donné par le même Fouſſac & par Baumevielle, qui dépêcha à Sa Majeſté le Sénéchal de Brive : Mais tout cela ſe faiſoit avec tant de frayeur, que le Roi, qui avoit voulu que d'Epernon & Roiſſy (4) s'avançaſſent toujours avant lui de ce côté-là, avec ſes Troupes, ne jugea pas à propos de leur joindre le Régiment des Gardes, qu'il avoit d'abord deſtiné à les accompagner.

Fouſſac donna encore quelques autres avis, répondans à ce qu'avoit dit Rodelle, de l'état de la révolte des Provinces de Limoſin, de Périgord & de Quercy. On ſçut par lui, que la raiſon pour laquelle un grand nombre de Gentilshommes de ces Provinces, qui devoient venir ſe jetter aux pieds de Sa Majeſté, ne l'avoient point fait ; c'eſt qu'ils en avoient été diſſuadés par l'Aubagnac, venant de Sedan : & que pluſieurs d'eux avoient encore touché tout nouvellement de l'argent d'Eſpagne, par la Guyenne. Le Duc de Bouillon, ſous le nom duquel cet argent étoit donné, leur avoit fait dire en même-temps de ne pas prendre l'alarme, ni perdre courage ; parce qu'il s'engageoit à faire tout autre choſe encore pour eux, avant le mois d'octobre : Que ſes Amis, c'étoient ſes termes, le verroient plûtôt qu'ils n'eſpéroient ; & ſes Ennemis, plûtôt qu'ils ne ſouhaitoient. Il leur impoſa par des paroles ſi magnifiques. Fouſſac aſſûroit pourtant qu'il n'étoit pas venu d'Eſpagne, plus de dix ou douze mille écus : mais Bouillon payant toujours de hardieſſe, au défaut d'argent, leur avoit fait entendre en grand Seigneur, que cette ſomme médiocre ne leur étoit envoyée, que pour

(1) Charles de Charbonnieres, Sieur de La-Chapelle-Biron. Marc de Cuignac, Sieur de Giverſac.
(2) Raimond de Sognac, Sieur de Fouſſac.
(3) Pierre de Rignac. Gédeon de Baſſignac, ou Vaſſignac.
(4) Jean-Jacques de Meſmes, Seigneur de Roiſſy.

être distribuée à leurs Amis subalternes ; & que pour eux, ils en toucheroient de beaucoup plus fortes. Ils avoient été assez simples pour le croire, & n'avoient plus parlé après cela de faire demander leur pardon. Le Roi fit donner à Foussac deux cens écus pour son voyage, & le renvoya sur les lieux.

Il partit lui-même de Paris, le 15 ou 16 Septembre (5), escorté du Régiment des Gardes, & de l'Escadron dont j'ai parlé ; en tirant du côté d'Orléans, pendant que je prenois la route convenuë. Il n'étoit encore qu'au Hallier, qu'il vit déja des fruits de son voyage. Deux Gentilshommes de Quercy, nommés Causse & Brigantin, vinrent en cet endroit lui demander pardon pour cent vingt autres Gentilshommes: Ils offrirent pour le mériter, de déposer en justice tout ce qu'ils sçavoient des démarches de Bouillon, & d'en soûtenir la vérité à la pointe de leurs épées & aux dépens de tout leur sang. Ces deux députés révèlerent encore tout ce qui avoit été comploté par Rignac & Bassignac, pour le Duc de Bouillon ; entr'autres, le dessein de s'emparer de Ville-neuve en Agenois, qui ne pouvoit certainement être coloré d'aucun prétexte par Bouillon. Comme c'est aussi en cet endroit que Sa Majesté eut le premier avis des tentatives que D'Entragues faisoit, pour tirer le Comte d'Auvergne de la Bastille, que j'ai rapportées en leur lieu ; elle me donnoit rendez-vous à Orléans, où elle devoit arriver le sur-lendemain, qui étoit le Samedi 24 Septembre ; & me conseilloit cependant d'envoyer l'Artillerie à Argenton, par où ce Prince devoit passer. Cela ne fut point éxecuté ; parce qu'il me fut impossible de me rendre à Orléans : Sa Majesté goûta les raisons que je lui en apportai. Je ne laissai pas de lui donner par écrit, le conseil qu'elle me demandoit ; & qui n'avoit rien de différent de la conduite, que je l'avois souvent sollicitée de tenir à l'égard de D'Entragues.

Henry arriva au jour marqué à Orléans, & en partit le Lundi 26 Septembre: Il évita le chemin du Berry & de la Sologne ; à cause du peu de vivres qu'il auroit trouvé dans

---

(5) Voyez sur ce voyage de Henry IV. en Limosin, De-Thou, *l.* 24. Le Mercure Franç. *ann.* 1605. & l'Original d'une Lettre écrite par Henry IV. à M. de Rosny. *Lettres de Henry le Grand.*

cette stérile contrée, & des maladies dont on lui dit qu'elle étoit remplie : il tourna du côté de Blois ; d'où devant s'avancer par Montrichard, il me donna encore rendez-vous à Loches, montrant une extrême envie de s'aboucher avec moi sur les affaires présentes. Jusque-là il n'avoit encore rien vu, ni reçu, de la part du Duc de Bouillon ; au-contraire, la résistance de Rignac & Bassignac dans Turenne & Sincerai, se confirmoit : on mandoit même de Metz, que Bouillon pourroit bien être secouru d'ailleurs. L'Electeur Palatin avoit fait venir, disoit-on ses Colonels & Capitaines, sur le bruit de l'expédition du Roi ; & le Gouverneur de Luxembourg faisoit des préparatifs, & amassoit des hommes. D'Epernon pressoit sans cesse le Roi de s'avancer ; & demandoit avec quelque sorte de chagrin, des Officiers & des Vivres pour les Recruës, qu'il disoit avoir eu beaucoup de peine à faire. Sa Majesté me renvoya cette affaire, pour y donner ordre par D'Escures, ou tels autres Officiers & Habitans des lieux : Et quant à la résistance de Bouillon ; elle s'y tint préparée, quoiqu'elle n'y trouvât aucune apparence.

*Ou, Saint-Seré.*

En effet, ce Prince étoit à peine arrivé à Blois, qu'il y reçut un Courrier du Duc, chargé d'une Lettre, datée de Sedan du 20 Septembre; dans laquelle il mandoit au Roi, après les protestations accoûtumées de désespoir d'avoir déplu à Sa Majesté, & de ses dispositions à réparer sa faute au prix de son sang, Qu'il n'a jamais eu la moindre pensée de résister à ses ordres, ni à sa Personne : Qu'il a commandé de la maniere la plus absoluë à ses Lieutenans, de la recevoir dans toutes ses Villes & ses Maisons : ordre inutile, ajoûtoit-il ; parce qu'aucune des personnes à lui, ne regardoit ce Prince que comme son souverain Maître : Qu'il auroit souhaité de tout son cœur d'être à portée de lui en aller lui-même présenter les clefs ; en lui demandant humblement la faveur de le recevoir en grace. Le Roi parut satisfait du procédé du Duc de Bouillon ; il trouva pourtant qu'il y manquoit que Rignac & Bassignac, si grièvement chargés, fussent venus en personne justifier leurs actions: Blanchard, celui de tous que Henry souhaitoit le plus de voir; parce que personne n'entroit plus avant dans la confidence de Bouillon dont il étoit l'Intendant, & n'avoit plus de connoissance de

*Jean de Blanchard.*

tout le Parti, ne paroiffoit point non plus. Ce Prince crut donc ne devoir point difcontinuer fa marche, du moins jufqu'à Limoges ; pour voir jufqu'où les Lieutenans de Bouillon pousseroient la défobéïffance : Cependant Blanchard arriva à Blois, avant que Sa Majefté en fut partie ; & ce qui lui fit encore plus de plaifir, c'eft qu'il y vint de lui-même, & dans le deffein d'obtenir fon pardon par fa fincérité.

Blanchard dévoilà en effet tout le myftère de l'intrigue. Il avoua qu'en fecondant de toutes fes forces, comme il convint l'avoir fait, les mauvaifes intentions du Duc fon Maître; il avoit toujours été réduit à la rufe d'exagerer les faits, de groffir les objets, & de faire des promeffes mille fois au-deffus de ce qu'on fçavoit bien pouvoir tenir : en forte que l'éxécution avoit toujours été auffi éloignée, qu'on avoit affecté de la dire prochaine & avancée. Cette dépofition de Blanchard parut à Sa Majefté d'une fi grande conféquence, qu'elle la lui fit donner par écrit. Elle commença enfin à fe fentir convaincuë de la vérité de mon opinion, à laquelle elle s'étoit long-temps refufée, Que le Parti de Bouillon ne faifoit tant de bruit, que parce qu'il ne pouvoit rien faire que du bruit. Henry ne voulut point encore après cela, ni s'arrêter, ni défarmer ; afin de ne voir apporter aucune modification à fes volontés : Il lui revenoit qu'on difoit parmi les Proteftans, Que les Places du Duc de Bouillon ne lui appartenoient pas plus qu'au Parti entier ; ayant été données pour Villes de fûreté, & gardées comme telles, par des Officiers de la Religion : ce prétexte pouvoit cacher un refus. Il lui parut plus fûr de ne licencier fes Troupes & fes équipages, qu'après que Villepion, qu'il avoit nommé pour prendre en fon nom poffeffion de Turenne, auroit été reçu dans cette Capitale du Duc de Bouillon. J'avois écrit à La-Caillaudiere, qu'il pouvoit congédier la Cavalerie : Sa Majefté me fit révoquer cet ordre ; & partit de Blois, au commencement d'Octobre, pour fe rendre à Tours : car la marche par Montrichard & Loches avoit encore une fois été changée.

La commodité de la Riviere & du Château du Pleffis, détermina auffi la Reine, qui étoit venuë à Blois avec Sa Majefté, à paffer jufqu'à Tours : Le Roi, en me faifant part de ce nouveau changement, me manda qu'après que

# LIVRE VINGT-DEUXIEME.

cette Princesse se seroit séparée de lui, pour s'en retourner à Paris, il continuëroit par La-Haye jusqu'à Châtelleraut, où je lui avois fait sçavoir que je pourrois l'aller trouver. Tout cela s'éxécuta. A mesure que Sa Majesté avançoit, tout s'applanissoit devant elle. Villepion fut reçu dans Turenne, sans la moindre difficulté ; & avant que Henry fût à Limoges, toutes les autres Places de la dépendance du Duc de Bouillon, furent remises de même aux Officiers, que Sa Majesté y envoya représenter sa Personne : C'étoit pour se conformer à l'exemple du Duc, qui continuoit de dire hautement, Qu'il n'avoit jamais eu de part aux troubles de la Province ; & qu'on ne l'avoit accusé, que par pure calomnie. Bassignac se distingua par son obstination : il se déguisa, en se faisant couper la barbe, & se sauva à Sedan par Genève.

Ne restant plus rien à faire pour les Armes ; la Chambre des Grands-jours commença ses fonctions. Le Roi n'en attendit pas la fin : Il s'ennuyoit à Limoges : il en partit, après un séjour de huit jours, c'est-à-dire, à la mi-Octobre ; & revint à Paris en poste. Il me laissa dans cette Province, chargé de toute son autorité, tant pour le licenciment des Troupes, que pour les affaires criminelles : ce qui m'y retint dix jours entiers après lui. On remonta jusqu'à la source de la Révolte ; on en rechercha les premiers moteurs, & si bien, que rien ne branla dans la suite. Il parut suffisant d'abattre dix ou douze têtes des plus échauffées : les plus considérables furent les deux Luquisses, Gentilshommes Languedociens, dont il a été parlé, & (6) Meirargues, Parent des Joyeuses ; pour avoir entrepris de livrer aux Espagnols, celui-ci Marseille, & ceux-là Narbonne. Je ne doute point qu'après cela, la haine des Protestans pour moi n'ait monté à son

---

(6) Louis d'Alagon, ou mieux de Lagonia, Baron de Meirargues, fut arrêté à Paris, dans le Cloître de Saint-Germain, avec le Sécretaire de l'Ambassadeur Espagnol ; & décapité le 19 Decembre. Son corps mis en quartiers ; fut attaché aux quatre principales portes de la Ville ; & sa tête portée à Marseille, où elle fut aussi exposée au bout d'une pique, sur la principale porte. Le Roi fit relâcher le Sécretaire Espagnol ; sans attendre la décision de la Question qu'on agita fortement, S'il est permis d'abandonner à la justice, un Ambassadeur, Résident, ou tel autre Agent Etranger, & ceux de leur Suite ; lorsqu'ils violent le Droit des Gens. *Mss. Royaux* 8477. Voyez encore cette Question discutée, & les discours que Henry IV. tint à ce sujet à l'Ambassadeur d'Espagne, *Mem. de Nevers*, tom. 2. pag. 858. *Matth.* tom. 2. l. 3. 689. *& autres Historiens.*

1605. comble : Je ne puis que les plaindre de l'injustice de ce sentiment, qui pourtant ne passa pas à tous : le suffrage & l'amitié du seul Theodore de Bèze, me consoleroient & me tiendroient lieu de mille autres.

Ce vénérable Vieillard, qui éxerçoit le Ministère de Pasteur à Genève, tomba malade sur la fin de cette année : il étoit dans sa quatre-vingt-septiéme année. Au moment de la grande Eclipse de Soleil, qui a rendu celle-ci mémorable (7), sa maladie, qui avoit été jusque-là fort peu de chose, augmenta si considérablement, qu'il ne vécut plus que peu de jours ; ayant conservé jusqu'au dernier instant toute la fermeté de son esprit, dans un corps exténué & presqu'éteint. Il se fit lever pour faire à Dieu les prieres les plus ferventes, & aux Assistans, de touchantes exhortations : cela fait, il se recoucha dans son lit, où il expira sans douleur, & par le seul effet de l'épuisement de la nature. Il ne m'oublia pas dans ces momens : & croyant me devoir quelque reconnoissance de la visite que je lui avois faite à Genève, & du service que je lui avois rendu, en le présentant à Sa Majesté à la tête des autres Députés de sa Ville ; il recommanda à Deodati de m'offrir de sa part son Livre, intitulé *Trésor de Piété* : c'étoit le Nouveau Testament, traduit de sa façon, avec des Notes ; qui jointes aux autres Versions anciennes & nouvelles, formoient un Ouvrage complet. Il s'étoit livré à ses sentimens pour moi, dans la Dédicace qu'il m'en faisoit à la tête du Livre. Deodati, pour satisfaire à cette derniere volonté de Bèze, m'envoya dans le mois de Novembre le Livre, avec une Lettre, d'où je tire ces circonstances.

Je finis celui du Voyage de Sa Majesté, par un démêlé
que

---

(7) Arrivée le 2. Octobre selon M. De-Thou, & le 3. selon le Mercure François, à une heure après midi. Elle dura environ deux heures ; & pendant une demi-heure l'obscurité fut aussi grande qu'elle peut l'être : Le-Grain dit que pendant deux heures & demie, on auroit eu de la peine à lire & à écrire sans chandelle. L'Etoile, non plus que M. de Sully, n'est pas guéri du préjugé populaire sur les Eclipses : « Plusieurs » étranges & diverses maladies, dit-» il, régnerent à Paris en cette sai-» son ; & avec l'Eclipse, qui avint le » 12. de ce mois, éclipserent beau-» coup de personnes, qui depuis » n'ont été vûës : Les dyssenteries sur-» tout furent dangereuses & mor-» telles à ceux qui s'en trouverent » atteints ; & plus ailleurs qu'à Pa-» ris : car il en échappoit fort peu. *Ann.* 1605. Le même dit que Bèze mourut le lendemain de l'Eclipse.

# LIVRE VINGT-DEUXIEME. 537

que j'y eus avec M. le Comte de Soissons, suivi d'un second avec le Duc d'Epernon. M. le Comte ayant eu quelque pique contre le Roi en partant de Paris, jugea à propos de s'en venger sur moi. Je laissai mon équipage d'Artillerie suivre le droit chemin de Limoges, pour venir, comme je l'ai dit, trouver Sa Majesté à Châtelleraut. M. le Comte donna ordre à son Fourrier, de venir avec les Maréchaux des logis, qui étoient actuellement occupés à marquer le logement du Roi ; de s'informer de celui qui m'étoit réservé, & de le prendre pour lui, en le marquant malgré toute opposition. Cela étoit beaucoup plus aisé à dire qu'à faire : Un grand nombre de Gentilshommes de la Province, aussi bien informés que moi des droits de Gouverneur, se trouverent présens, lorsque le Fourrier de M. le Comte voulut éxecuter son ordre ; & ils l'en empêcherent, sans même que je le sçusse. M. le Comte de Soissons ne manqua pas d'en aller aussitôt porter ses plaintes au Roi ; & il ajoûta, pour grossir une offense, qu'il disoit toucher à son honneur, que j'avois fait battre ses Fourriers.

Le Roi lui donna peu de satisfaction ; connoissant son humeur : mais M. le Comte fit tant de bruit, & assûra le fait si positivement, que Henry m'envoya D'Escures, pour sçavoir comment la chose s'étoit passée. Je ne pus lui dire autre chose, après être allé aux informations, sinon, que s'étant trouvé devant mon logis plus de cinquante Gentilshommes Poitevins ; ils avoient élevé tous ensemble la voix, & tout-au-plus menacé le Fourrier de M. le Comte, s'il vouloit passer plus avant. M. le Comte de Soissons persista à vouloir que je lui eusse fait une insulte, & que le Roi lui en fît justice. Il ne trouva personne de son côté : & Henry chercha par toutes sortes de raisons, à lui faire connoître le peu de fondement de sa plainte : Il lui dit, qu'outre le droit ordinaire, qui fait qu'un Gouverneur ne le céde dans sa Province qu'à la seule Personne de Sa Majesté ; j'avois aussi, en qualité de Grand-Maître de l'Artillerie, celui de me faire donner le premier Quartier après le Roi, lorsque Sa Majesté marche en Corps d'Armée : bien-plus, que mon logement pouvant être dans tout ce premier Quartier, qui est à la disposition du Grand-Maître ; personne n'en pouvoit prétendre aucun, ni le faire marquer, que de mon consentement :

*Tome II.*           Y y y

Que pour derniere raison, les Maréchaux des logis de Sa Majefté ayant mis au mien la marque ordinaire qui l'affûre au Roi, ce font ces mots, *En la Main du Roi ;* le Fourrier de M. le Comte avoit par refpect dû s'en abftenir.

Aucune de ces raifons ne plut à M. le Comte ; & il fallût que Henry s'avisât d'un expédient, propre à nous fatisfaire tous deux : Cet expédient étoit, que venant à mon ordinaire baifer la main de Sa Majefté, j'irois enfuite en faire autant à M. le Comte, & lui offrirois par pure politeffe mon logement : Que M. le Comte me rendroit politeffe pour politeffe ; & le réfuferoit. Tout cela fut exécuté, mais feulement de ma part. M. le Comte ufant d'une baffe fineffe, dont il tira enfuite une vanité encore plus baffe, me laiffa tout faire, fans y répondre, & fe mit en poffeffion de mon logement ; parce qu'honnêtement je ne pouvois me dédire : Mais fa joie, & les railleries dont il l'affaifonnoit, ne durerent que jufqu'au lendemain.

Comme il paffoit dans la ruë où je m'étois logé, fuivi feulement de deux Gentilshommes, parce qu'il alloit joindre Sa Majefté pour la Chaffe ; il trouva cette ruë remplie de deux cens Gentilshommes, qui m'attendoient auffi à cheval ; & qui du plus loin qu'ils le virent venir, fe mêlant enfemble comme par maniere de jeu, boucherent fi bien le paffage, que fon Ecuyer ne put le lui faire ouvrir : Il avoit beau crier, *Place, Meffieurs, place à M. le Comte ;* fans faire femblant de l'entendre, ils élevoient leur voix plus confufément encore : quelques-uns cependant, rappellant l'avanture de la veille, dirent entre leurs dents, qu'on ne délogeoit point un Gouverneur de Province, dans celle où il tenoit la place de Sa Majefté. M. le Comte fut plus d'un quart-d'heure, avant que le paffage lui fût rendu libre ; & il eut encore le déplaifir, que pas un de ces Gentilshommes ne lui ôta le chapeau : Nouvelles plaintes au Roi, qui pour ce coup lui dit, qu'il ne pouvoit rien faire, que d'en être bien fâché : Qu'il n'iroit pas, par complaifance pour lui, faire d'inutiles recherches parmi quatre ou cinq cens Gentilshommes, dont il ne pouvoit en défigner un feul ; & qui d'ailleurs avoient cru pouvoir tirer cette revenche d'un tour, dont ils fe tenoient tous offenfés.

M. le Comte ne trouva que le Duc d'Epernon qui entrât dans son ressentiment ; parce qu'il en avoit alors lui-même un violent contre moi. Voici ce qui y donna lieu. Les Rochellois voyant que Sa Majesté ne passoit pas fort-loin de leur Ville, pour lui marquer leur reconnoissance & leur soûmission, lui firent une Députation de tous leurs plus notables Bourgeois. Le Roi m'ordonna de les amener à son Audience ; parce que c'étoit à moi qu'ils s'étoient adressés : Elle leur fut donnée en présence de toute la Cour. Ils dirent, qu'ils venoient supplier Sa Majesté de ne pas passer si près de leur Ville, sans leur faire l'honneur d'y entrer : ils l'assûrerent, que quoiqu'elle fût à la tête d'une Armée de Catholiques, elle n'y seroit pas reçuë avec moins de respect & de soûmission, que lorsqu'elle y venoit autrefois à la tête des Troupes de la Religion ; & que si leurs portes n'étoient pas assez grandes, ils abattroient trois cens brasses des murailles, que sa libéralité leur donnoit tous les jours les moyens d'achever. Ils lui en présenterent les Clefs, avec un sentiment si naturel de joie & de sincérité, que le Roi en versa des larmes ; les embrassa trois fois ; & après s'être entretenu familierement avec eux du vieux temps, les assûra avec une cordialité toute charmante, qu'ils pouvoient compter d'avoir en sa personne, un Roi protecteur de leur liberté, & ardent conservateur de tous leurs priviléges.

Au sortir de cette Cérémonie, je rencontrai le Duc d'Epernon qui entroit chez le Roi ; & je satisfis, sans penser à rien, à la question qu'il me fit sur ce qui venoit de se passer. Je fus bien surpris de lui voir prendre à ce récit, un air de courroux, mêlé de chagrin ; & de ce qu'il me demanda ensuite fièrement, si je prétendois que La-Rochelle fût de mon Gouvernement ; & en quelle qualité je m'étois chargé de présenter au Roi les Députés de cette Ville. Je n'ai jamais cru que ce fût s'abaisser, que de donner une explication à ses Amis : Je lui répondis dans cet esprit, que c'étoit en qualité d'ancien Ami de la Ville, & en vertu de l'ordre que j'en avois reçu de Sa Majesté. Il reprit avec la même vivacité, que La-Rochelle étant comprise dans ses Lettres de Gouverneur ; le Roi, les Rochellois & moi, nous avions également tort. Je ne pus m'empêcher de lui dire, que je croyois que les Rochellois trouveroient sa prétention singuliere : mais qu'enfin c'étoit avec eux, ou plûtôt avec le Roi, & nullement avec moi, qu'il avoit dû chercher une explication ; parce que je n'avois agi que par son ordre, & sans aucune intention d'empiéter sur les droits de personne.

Je le quittai froidement après ces paroles ; & il alla entretenir Henry de son mécontentement : Il en revint encore plus mal-satisfait ; & tout son recours fut d'aller mêler ses doléances avec celles de M. le Comte. Les preuves que j'eus de tout ce qu'ils dirent ensemble de désobligeant pour moi, firent que dans une brouillerie qui survint pendant le séjour du Roi à Limoges, entre d'Epernon & d'Ornano, je pris le parti de D'Ornano. La colere de d'Epernon s'en enflamma encore davantage ; & un troisieme mécontentement y mit le comble. Il me demanda des assignations à son profit, pour le payement du pain de munition, fourni par les Villes & gros Bourgs, aux Gens-de-guerre qu'il avoit levés : Je ne crus pas devoir lui en donner, sans en parler au Roi ; qui sçachant aussi bien que moi que cet argent resteroit dans la bourse de d'Epernon, au lieu d'être remis à ceux à qui il appartenoit, me défendit de le faire. Voilà l'écueil où vinrent échouer ces réconciliations, ces liaisons & ces sermens, qui avoient été capables de donner de l'ombrage au Roi.

De retour de Limoges, j'allai rendre compte à Sa Majesté de l'usage que j'avois fait de l'autorité qu'elle m'avoit confiée. J'eus avec elle un entretien encore plus long, qu'au retour de Châtelleraut, & sur les mêmes sujets, Politique & brouilleries de Cour : Je la retrouvai de même à Fontainebleau, où elle étoit venuë passer la fin du mois d'Octobre & la moitié de Novembre. La Reine s'y étoit aussi renduë : le Roi & elle se rencontrerent en entrant dans la cour, elle dans sa litiere, lui sur un cheval de poste. Il y perdit La-Riviere, son premier Médecin, qu'il regretta extrêmement : il donna sa Place à Du-Laurens (8), qui étoit déja

---

(8) André Du-Laurens étoit le quatriéme Premier Médecin, que Henry IV. vit mourir, depuis son avénement à la Couronne : & comme il mourut aussi quatre ans après ; Petit, Médecin de Gien, qui lui succéda, fut le cinquieme. M. de Sully ayant été prié de faire donner la Place de Du-Laurens à Turquet, l'un des Médecins ordinaires du Roi, mais qui étoit de la Religion, répondit : *J'ai fait serment de ne parler au Roi, ni de Médecin, ni de Cuisinier.*

# LIVRE VINGT-DEUXIEME.

Premier Médecin de la Reine, & en chercha un autre pour cette Princesse. Je n'arrêtai guères à Fontainebleau ; mille affaires m'attendoient à Paris, où Henry eut l'attention de me laisser, sans me rappeller de long-temps auprès de lui.

Je n'ai dit qu'une partie de celles que la Reine Marguerite avoit à me communiquer, dans notre entrevûë à Cercote. Dans le dessein où elle étoit de quitter son Château d'Usson, pour venir faire sa demeure à Paris ; elle voulut prendre mon conseil sur cette démarche, & sçavoir si elle feroit bien revûë à la Cour, où il étoit nécessaire qu'elle allât, pour justifier qu'elle ne faisoit rien que du consentement de Sa Majesté. Je l'assûrai qu'elle y seroit regardée de très-bon œil par Leurs Majestés ; je connoissois quels étoient leurs sentimens pour elle. Une simple assûrance ne lui suffit pas ; elle m'en demanda ma parole pour caution, que je lui donnai sans hésiter. De son côté, elle promit de suivre en tout mes conseils ; afin que je n'eusse aucun reproche à lui faire, ni à essuyer à cause d'elle. Après ces engagemens réciproques, nous nous séparâmes ; je pris la route de Châtelleraut, & Marguerite celle du Château de Madrid, où elle devoit aller descendre.

Outre le motif de la satisfaction de cette Princesse, qui meritoit bien qu'on y contribuât, le Roi avoit une autre raison de consentir qu'elle quittât son séjour d'Usson (9) ; c'est le desir de se mettre lui-même en possession de ce vieux Château, que sa situation dans un Pays fort suspect, pouvoit rendre un jour une retraite de séditieux, comme avoit été celui de Carlat ; afin de le faire sauter, comme on avoit fait celui-ci, supposé qu'il ne valût pas la peine d'être conservé. Pour cela, le Roi m'envoya ordre, après que Marguerite en fut partie, de faire descendre sur le lieu un Commissaire intelligent & fidéle ; & de lui faire faire une information éxacte de l'état où étoit actuellement le Château d'Usson, sans qu'il témoignât que ce fût à cette intention qu'il y étoit allé : Mais comme La-Varenne, revenu depuis peu d'auprès

1605.

---

(9) Elle y avoit demeuré près de vingt ans. Au sortir d'Agen, d'où elle s'échappa travestie en simple Bourgeoise, & portée en croupe par Lignerac ; elle vint demeurer à Carlat, Château appartenant à un Gentilhomme, nommé Marras. Le Marquis de Canillac l'enleva de ce Château, & l'enferma dans celui d'Usson, où elle se plut tant, qu'elle en fit sa demeure, quoiqu'il ne tînt qu'à elle d'en sortir.

de cette Princesse, témoigna à Henry qu'il lui fâcheroit qu'Usson fût démoli, du moins si peu de temps après sa sortie; ce Prince me manda & me fit mander par Villeroi, de surséoir le départ du Commissaire, jusqu'à ce qu'il eût vû la Reine Marguerite. Ce second ordre seroit venu trop tard, si heureusement la personne sur laquelle j'avois jetté les yeux, qui étoit un des meilleurs Ingénieurs de tout le Corps de l'Artillerie, n'eût pas eu une maladie, qui lui fit différer son voyage de quelques jours.

L'arrivée de la Reine Marguerite, & l'accueil favorable qu'on sçavoit que Henry lui préparoit, donnerent lieu à quelques-uns de ces discours peu mésurés, qui sont le partage de la sotte populace. Le plus court étant de ne pas s'en appercevoir, le Roi ne changea rien à la réception pleine d'honneur & de distinction, qu'il avoit résolu de lui faire. Ce Prince l'envoya visiter de sa part, par M. de Vendôme & par Roquelaure, si-tôt qu'il sçut qu'elle étoit à Paris, en attendant qu'il pût y venir lui-même: car il étoit encore à Monceaux; & il en partit à cet effet. La Reine fit aussi la même civilité à la Princesse, par Châteauvieux. Henry alla en personne le 26 Juillet, visiter la Reine Marguerite au Bois de Boulogne (10), où elle s'étoit logée, n'ayant fait que passer par Paris: il partit à sept

---

(10) De-là elle vint loger à l'Hôtel de Sens, proche l'Ave-Maria; ensuite elle prit un Hôtel au Faux-bourg Sain-Germain, vis-à-vis du Louvre, où elle demeura jusqu'à sa mort. Cette Princesse a été si fort décriée dans les Libelles de ce temps-là, qu'on pourroit accuser M. de Sully de partialité, dans les louanges qu'il lui donne par tout dans ses Mémoires; si son témoignage ne se trouvoit pas appuyé de celui de nos meilleurs Historiens. Voici comme en parle après eux l'Auteur de l'Histoire de la Mere & du Fils: » L'a-» baissement de sa condition étoit si » relevé par la bonté & les vertus » Royales qui étoient en elle, qu'el-» le n'en étoit point à mépris. Vraie » héritiere de la Maison de Valois, » elle ne fit jamais don à personne, » sans excuse de donner si peu: Elle » étoit le refuge des Hommes-de-» Lettres; aimoit à les entendre par-» ler; sa table en étoit toujours en-» vironnée: & elle apprit tant en » leur conversation, qu'elle parloit » mieux que femme de son temps, » écrivoit plus éloquemment que la » condition ordinaire de son sexe ne » portoit. Enfin comme la Charité » est la Reine des Vertus, cette gran-» de Reine couronne les siennes par » celle de l'aumône, qu'elle dépar-» toit si abondamment à tous les né-» cessiteux, qu'il n'y avoit Maison » Religieuse dans Paris qui ne s'en » sentît, ni pauvre qui eût recours » à elle sans en tirer assistance: Aussi » Dieu récompensa avec usure par sa » miséricorde, celle qu'elle exerçoit » envers les siens; lui donnant la » grace de faire une fin si Chrétien-» ne &c. « *Tom. 1. pag.* 326. Voilà bien de quoi compenser quelques fautes de legereté & de fragilité hu-

# LIVRE VINGT-DEUXIEME. 543

1605.

heures du soir, & revint à dix. Tout se passa avec une égale satisfaction des deux parts. Le Roi parla à cette Princesse du Château d'Usson : elle consentit à ce qu'il lui proposa ; & tout ce qui se fit à ce sujet, fut toujours après avoir demandé sur chaque chose l'agrément de Marguerite. Elle vint à son tour, le 28 du même mois, à Paris, voir la Reine, qui l'attendit & la reçut au Louvre. Elle alla ensuite le 4 Août, à Saint-Germain, rendre le même devoir à Monsieur le Dauphin : elle y passa même quatre ou cinq jours, avec Leurs Majestés ; Henry n'ayant point de plus grand plaisir que de voir ses Enfans, comme ses fréquens voyages à Saint-Germain le font assez connoître. Enfin elle s'en retourna le 11 au Bois de Boulogne, sensiblement touchée de toutes les manières gracieuses de Leurs Majestés pour elle.

Par les ordres qu'elle donna à ses Officiers restés à Usson, Barenton, qui fut celui que Sa Majesté envoya en faire la visite, ne trouva aucune opposition : au contraire, ils le firent tout d'abord maître du Château : Il en dressa son devis, & l'apporta au Roi ; qui persistant dans son premier dessein de le démanteler, m'ordonna de faire partir au plûtôt pour cette éxécution, un Ingénieur, ou un Commissaire d'Artillerie. Je fus chargé de sa part de remercier Marguerite, du bon cœur avec lequel elle avoit fait ce sacrifice, & de payer éxactement la valeur de tout ce qui se trouva de munitions à Usson, que Marguerite avoit destinées au payement de la Garnison qu'elle y entretenoit ; si cette Princesse n'aimoit mieux abandonner à ses Gens de guerre, ces provisions de guerre & de bouche, en nature.

maines, à quoi se réduisent les accusations faites contre cette Princesse. Si l'on est curieux au reste de lire tout ce qui a été écrit pour & contre sur ce sujet ; on peut consulter Messieurs De-Thou, Dupleix, Mezerai, le P. Daniel, L'Eloge des Dames Illustres du Pere Hilarion de Coste, Bassompierre, le Dictionnaire de M. Bayle, *au mot Usson* & une infinité d'autres Ecrits. Elle mourut le 27 Mars 1615, dans son Hôtel du Fauxbourg Saint-Germain, qui a été démoli depuis : Sa sépulture est dans l'Eglise des Augustins-Réformés, nommés depuis, les Petits-Augustins, qu'elle avoit fondés. » Elle » fut grandement regrettée, disent les Mémoires de la Régence de Marie de Médicis ; » Princesse pleine de bonté, & de bonnes inten» tions au bien & au repos de l'Etat, » qui ne faisoit mal qu'à elle-même.«
Ce peu de paroles nous donne, je crois, l'idée juste qu'on doit se former du caractère de cette Princesse ; & se rapporte assez à ce qu'en dit le Duc de Sully.

Je mets fin aux Mémoires de la présente année par un article, pour lequel je me tiens déja sûr de l'approbation & des remercimens des cœurs nés droits & sensibles. Dans toutes les Villes considérables du Royaume, particulierement dans celles où il y avoit des Arsenaux & des Académies, on tenoit aussi pour la jeune Noblesse, école de toutes sortes de jeux & d'éxercices, soit militaires, soit de simple adresse; & on ne les cultivoit en aucun endroit avec plus de soin qu'à Paris, où les Cours de l'Arsenal destinées à cet usage, étoient remplies presqu'à toutes les heures du jour. J'ai toujours été là-dessus du sentiment de Henry, Qu'il n'y a point de fondement plus solide, non-seulement de la discipline & des autres vertus militaires, mais encore de cette noblesse de sentimens & de cette élevation de cœur, qui donnent à une Nation la prééminence sur toutes les autres: J'y assistois même, lorsque je pouvois dérober un moment aux Affaires, autant par goût, que parce que je croyois ma présence propre à donner de l'émulation.

Une après-midi de Carnaval, temps le plus favorable à ces jeux, j'étois sorti de mon Cabinet, pour me faire voir à toute cette Jeunesse assemblée : j'arrivai fort à propos pour empêcher la suite de deux querelles, que ce faux Point d'honneur, dont on a bien voulu se rendre esclave en France, alloit rendre bien tragiques : Elles s'étoient élevées pour un rien, comme la plûpart de celles dont on voit s'ensuivre ces catastrophes si sanglantes : mais le Roi, je suis fâché de le dire, tenoit si mal la main aux Edits, que quelques-uns de ses Prédécesseurs avoient déja donnés, contre l'usage barbare du Duel, qu'on voyoit tous les jours répandre beaucoup de sang, pour des sujets très-legers.

Je crus devoir remontrer à ces jeunes gens, qui s'assemblerent autour de moi, l'erreur où ils étoient sur le fait de la véritable valeur. C'est, leur disois-je, dans les lieux destinés à la guerre, & dans les actions qui ont pour objet le service de la Patrie, qu'il est permis au courage de se montrer : celui dont on s'arme contre des Amis, ou des Compatriotes, au mépris de toutes les Loix Naturelles, Divines & Humaines, n'est que brutalité, démence & vraie foiblesse. Je m'apperçus

# LIVRE VINGT-DEUXIEME.

1605.

m'apperçus que la Morale que je prêchois, étoit bien étrangère à de jeunes têtes, échauffées par les bouillons du sang & de l'âge : L'un d'eux, qui voulut apparemment se donner auprès de ses Camarades, un air de suffisance, ou de bravoure, prit la parole, & me répondit que les Princes ayant de tout temps permis, & même autorisé les Duels, ils avoient passé en coûtume, qui tenoit lieu de la Loi.

Je me contentai pour le moment présent, de faire sentir au jeune homme, qu'il s'appuyoit sur des principes de raisonnement faux & erronnés, & d'empêcher toute voie de fait : mais lorsque retiré chez moi, je me fus livré à toutes mes réfléxions sur la singularité d'un abus, inconnu aux Nations les plus policées, & en même-temps les plus courageuses ; elles se trouverent, lorsque je les eus mises sur le papier, composer une espèce de Mémoire, que je me crus obligé de faire voir au Roi.

Il est vrai que les Duels sont fort anciens en France, & même en Europe ; mais seulement dans cette partie de l'Europe, où l'inondation des Barbares, qui sert d'époque à cette odieuse Coûtume, prouve en même-temps leur méprisable source : Et si les Histoires des temps les plus reculés, comme celles de l'Empereur Othon premier, & du Divorce de Lothaire, en fournissent des éxemples ; on y peut répondre par des Défenses non moins anciennes, soit Ecclésiastiques, comme dans le Concile de Valence en 855, soit séculières. Nous avons en France une très-vieille Ordonnance Royale, qui les interdit dans toutes les Causes Civiles, & les réduit aux Criminelles ; & seulement dans cinq cas, Lèse-Majesté, rapt, incendie, assassinat, & vol de nuit. (11). Saint-Louis ôta ensuite toute restriction : & lorsque Philippe le Bel, son Petit-fils, parut les rétablir en 1303, dans les accusations pour crime d'Etat, viol & d'incendie, à quoi il les réduisit ; il n'y fut porté que par

---

(11) Consultez sur ces Edits de Saint-Louis & de Philippe le Bel, sur l'Origine, la forme, & toute cette matière du Duel, les Ecrivains qui l'ont traitée à fond ; comme, Paul de Montboucher, Sieur de La-Rivaudiere, dans son *Traité des Cérémonies & Ordonnances appartenans à Gages de bataille & combats en Camp clos &c.* en 1608; Jean Savaron, Sieur de Villars, dans son *Traité contre les Duels*, avec l'*Edit de Philippe le Bel*, en 1610; Brantôme, dans le dixiéme Tome de ses Mémoires, intitulé, *touchant les Duels*; D'Audiguier, Duplex, Ruauld Basnage &c. avec plusieurs autres Italiens.

*Tome II.*                 Zzz

1605.

le motif louable & blâmable tout ensemble, d'abolir plus insensiblement cette Coûtume meurtriere, qui avoit pris de nouvelles forces de son temps ; en la renfermant dans des cas rares, exprimés par une Loi positive : Ce qui ne permet pas d'en douter, c'est qu'il défendit à quelque personne que ce fût de les permettre, en recevant ce qu'on appelloit Gages de bataille ; & qu'il déclara ce droit réservé à lui seul.

Pour mieux faire sentir, par la différence des Duels de ce temps-là, d'avec ceux qu'on voit s'éxécuter de nos jours, que dans une chose, qui étoit elle-même un abus dès sa premiere origine, il s'y en est plissé tant d'autres, qu'on ne sçait plus de quel nom on doit se servir ; il suffit d'une simple exposition des circonstances & des formalités, qu'on voit qui s'y observoient.

En premier lieu, personne, quelque offense qu'on lui eût faite, ne pouvoit en chercher la vengeance de son droit, & comme on le voit aujourd'hui, par un premier mouvement de fantaisie & d'emportement ; encore moins, par pure bravade : ce qui est à mon sens, tout ce qu'on peut imaginer de plus contraire aux Loix de la Société. Ils avoient leurs Juges, devant lesquels celui qui se croyoit lézé dans son honneur, alloit expliquer son grief, & demander la permission de justifier par la voie des Armes, qu'il n'attaquoit point son ennemi par une calomnie : il semble qu'il y avoit de la honte à paroître chercher le sang, pour le sang même. Ce Juge, qui assez communément étoit le Seigneur du lieu, ne manquoit pas de faire venir aussi-tôt l'accusé ; & n'admettoit cette preuve par les Armes, dont le défi se faisoit en jettant par terre un gand, ou quelqu'autre Gage, que quand il ne pouvoit tirer d'ailleurs la preuve du crime, ou de l'innocence.

Les Gages étant reçus, le Juge renvoyoit la décision de la querelle à deux mois de-là ; pendant le premier desquels, les deux ennemis étoient livrés chacun à des amis communs, avec caution de les représenter. Ceux-ci s'attachoient par toutes sortes de moyens à découvrir le Coupable, & à lui faire sentir l'injustice de soûtenir une faussêté, dont il ne pouvoit attendre que l'infamie, la perte de son ame, & celle de sa vie : car ils étoient persuadés de la meilleure foi du

monde, que le Ciel donnoit toujours la victoire à la bonne
cause ; & par-là, l'action du Duel devenoit dans leur esprit un
évènement où l'homme n'avoit plus de part. Les deux mois
expirés, on mettoit les deux Complaignans en prison fermée :
mais là ils tomboient entre les mains des Ecclésiastiques,
qui n'oublioient rien de ce qu'ils jugeoient capable de les détourner de leur dessein. Si malgré tout cela, ils y persistoient,
on fixoit enfin un jour, où ils devoient vuider leur querelle.

Ce jour venu, on amenoit dès le matin les deux Champions, à jeun, devant le même Juge, qui les obligeoit encore
tous deux à assûrer par serment, qu'ils disoient la vérité :
après quoi on leur donnoit à manger. Ils s'armoient ensuite
en sa présence : la qualité des armes avoit été aussi réglée.
Quatre Parreins, choisis avec les mêmes Cérémonies, les faisoient dépouiller, oindre tout le corps d'huile, couper la
barbe & les cheveux en rond. Ils étoient conduits dans un
Camp fermé, & gardé par des personnes armées ; après qu'on
leur avoit rappellé une derniere fois leurs dits & leurs accusations, pour voir s'ils y persistoient, & s'ils n'avoient rien à
y changer. On ne les quittoit pas même encore dans ce moment : les Parreins se rendoient à côté d'eux aux deux bouts
du Camp, pour une autre Cérémonie, capable elle seule de
leur faire tomber les armes des mains ; sur-tout s'ils avoient
eu ensemble quelques liaisons d'amitié : C'est que les Parreins les faisoient mettre à génoux en cet endroit, l'un devant l'autre : ils se prenoient par les mains, en se croisant
leurs doigts entrelacés ; se demandoient l'un à l'autre justice ;
se conjuroient de ne point soûtenir une fausseté ; protestoient
d'agir avec toute la bonne foi possible ; & se juroient de ne
chercher la victoire, ni par fraude, ni par Magie. Les Parreins visitoient leurs armes, pièces par pièces, pour voir s'il
n'y manquoit rien ; les ramenoient aux deux bouts du Camp ;
& leur faisoient faire leurs prieres à génoux, & leur Confession : Enfin après leur avoir demandé s'ils n'avoient aucune
parole à faire porter à leur Adversaire, ils les laissoient en
venir aux mains : ce qu'ils faisoient, après le signal du Hé-
rault, qui crioit de dessus les barrieres par trois fois, *Laissez
aller les bons Combattans.* Il est vrai qu'alors on se battoit
sans quartier ; & que le Vaincu, mort ou vif, encouroit
toute l'infamie du crime & du châtiment ; il étoit traîné sur

la claie, en chemife; & enfuite pendu, ou brûlé: pendant que l'autre s'en retournoit honoré & triomphant; avec un Arrêt, qui lui donnoit gain de caufe, & toute forte de fatisfaction.

Il y a dans toute cette Cérémonie, quelque chofe de bizarre & de ridicule; mais du moins la Religion, l'autorité & la prudence y font écoûtées, quoique tout-à-fait mal entenduës: au lieu qu'il n'y a rien que de monftrueux dans la démarche de deux Petits-maîtres, qui s'en vont furtivement fur le pré, tremper dans le fang l'un de l'autre, des mains pouffées par un inftinct tout pareil à celui des bêtes carnacieres. Si l'on s'y préfentoit avec le même fang-froid qu'autrefois, croit-on qu'il y eût feulement la centiéme partie des Duels, qu'on voit arriver aujourd'hui? Mais on a jugé à propos de bannir la réfléxion, de l'action du monde la plus férieufe: les uns s'y portent en aveugles; les autres s'applaudiffant d'être nés pour la deftruction de leurs femblables, reffufcitent le vil métier de Gladiateurs; & font en effet & plus méprifables, & plus redoutables, que ceux qui ont autrefois porté ce nom.

Les formes obfervées en Allemagne dans les Duels, n'ont rien d'effentiellement différent de celles de France, que je viens de marquer; qui étoient auffi reçûës en Efpagne & en Angleterre: feulement, celui qui fe rendoit fon Adverfaire, pour une fimple bleffure, étoit réputé infâme; il ne pouvoit, ni couper fa barbe, ni poffeder Charge, ni porter armes, ni monter à cheval: Au contraire, celui qui s'étoit fait tuer en fe défendant courageufement, étoit enfeveli avec beaucoup d'honneur. Une autre fingularité, qui devoit empêcher que les Duels ne fuffent communs dans l'Allemagne, c'eft qu'il n'y avoit que trois endroits où l'on pût fe battre, Witzbourg en Franconie, Ufpach, & Hall en Suabe.

Je ne pus attendre que Sa Majefté fût de retour à Paris, pour lui faire part du Mémoire, dont je viens de marquer le contenu; pour l'inftruire des accidens, qui y avoient donné lieu; & pour la prier d'aller au-devant d'un mal, qui ne faifoit que devenir de plus en plus contagieux, par fon indulgence: Je la priois dans la Lettre que je lui écrivis fur ce fujet, de faire attention au confeil que j'ofois lui donner, de renouveller les Edits contre les Duels; d'en aggraver confi-

# LIVRE VINGT-DEUXIEME. 549

dérablement la punition, & d'y tenir févèrement la main; de défendre qu'on pourfuivît autrement que juridiquement, toute parole d'injure & d'offenfe: mais auffi de faire en forte que la juftice qu'on en obtiendroit, fût affez prompte & affez bonne, pour appaifer le Complaignant, & faire repentir l'Aggreffeur; enfin de faire afficher ce nouveau Réglement, au commencement de chaque année, dans les cours du Louvre, du Palais, de l'Arcenal, & des lieux les plus fréquentés (12). Il eft fûr, ainfi que je le repréfentois à Sa Majefté, qu'une réputation décidée fur le chapitre de la valeur perfonnelle, telle qu'étoit celle de ce Prince, étoit capable de donner aux ordres qu'il auroit établis contre les Duels, le double de l'autorité, attachée à la volonté des Rois: mais celle du Maître des Rois, fupérieure à la leur, n'avoit pas réfervé cet abus à extirper au Régne de Henry le Grand.

On peut dire, fans prétendre par-là juftifier ce Prince, que fon indulgence pour les Duels, lui venoit de la difpofition habituelle à voir fans émotion répandre le fang, qu'il avoit contractée dans fes longues Guerres; & qu'au-refte il n'étoit guére moins indifférent fur le fien propre: Il fut toujours un peu frappé de la fatalité du dernier moment; qu'il fe déguifoit à lui-même chrétiennement, fous le nom de réfignation entre les mains de Dieu. Il me fut adreffé de Rome, en ce temps-là, un Avis d'une confpiration contre l'Etat, & d'un attentat contre la Perfonne de Sa Majefté, que je ne crus pas devoir lui cacher; quoiqu'il ne me parût à moi-même digne que d'être méprifé, comme il le fut de ce Prince. Il me dit à cette occafion, qu'il s'étoit enfin convaincu que le bonheur de fa vie demandoit qu'il ne fît aucune attention à tous avis, femblables à celui-cy (13); pour ne pas rendre fa vie pire que la mort même: Que les tireurs d'horofcopes l'avoient affez menacé; les uns, de mourir par l'épée; & les autres, par un carroffe: Qu'aucun ne lui avoit jamais

1605.

---

[12] Qu'on life attentivement tout ce que le Cardinal de Richelieu a dit fur cette matiere, dans fon Teftament Politique, Sect. 1. chap. 3. Part. 1. qui a pour titre, Des moyens d'arrêter les Duels; on conviendra que ce grand Miniftre paroît avoir puifé toutes fes réfléxions dans cet endroit de nos Mémoires, & dans tous les autres où il eft parlé du Duel.

(13) » Laiffez-le, dit ce Prince à ceux qui l'exhortoient à faire punir un homme, qui avoit confpiré contre lui : » c'eft un méchant » homme ; Dieu le punira, fans que » je m'en mêle. « *Mathieu tom. 2. liv.* 2. *pag.* 359.

1605.

parlé de poison, qui étoit, à son avis, la maniere la plus facile de se défaire de lui ; parce qu'il mangeoit beaucoup de fruits, & sans essai de tous ceux qu'on lui présentoit : Que sur le tout, il s'en remettoit au Maître de sa mort & de sa vie.

Il n'est pas impossible qu'en parlant de la sorte, Henry ne comptât un peu, sans s'en appercevoir, sur le bonheur qui l'avoit accompagné ; soit dans les dangers qui ne menaçoient que sa seule Personne (14) ; soit dans ceux qui regardoient son Etat & sa fortune. De huit personnes, dont il avoit eu le plus à craindre à ce dernier égard, il remarquoit qu'une étoile favorable l'avoit déja défait des six plus considérables : L'un étoit mort dans les supplices ; & deux autres, de maladie : le quatriéme étoit actuellement en prison : le cinquiéme avoit pris le parti d'un bannissement volontaire : & le sixiéme étoit réduit à flater celui qu'autrefois il avoit voulu perdre. Pour l'autre sorte de bonheur, on en a vu des exemples dans toute son Histoire : Mais, helas ! ce bonheur ne fut point complet : un moment trop malheureux pour la France, aussi bien que pour ce Prince, a bien justement effacé toute cette idée de prospérité.

(14) Henry IV. en échappa un, le Lundi 19 Décembre : Voici comment M. de Péréfixe rapporte la chose. » Le même jour que Mairargues » fut exécuté, un malheureux fou, » attenta sur la personne sacrée du » Roi ; se jettant sur lui, une dague » à la main, comme il passoit à che- » val sur le Pont-Neuf, en revenant » de la Chasse. Les Valets de pied » de Sa Majesté y ayant accouru, lui » firent lâcher prise ; & l'eussent as- » sommé sur le champ, sans la dé- » fense du Roi, qui le fit mener en » prison au Fort l'Evêque. Il s'appel- » loit Jean De-Lisle, natif de Vineux, » près de Senlis. Il fut aussi tôt in- » terrogé par le Président Jeannin, » qui n'en put jamais tirer aucune » réponse raisonnable ; car il étoit » tout-à-fait hors de sens : il croyoit » être Roi de tout le monde, & di- » soit que Henry IV. ayant usurpé » la France sur lui, il le vouloit » châtier de sa témérité : Sur cela, le » Roi jugeant qu'il étoit puni par » sa folie, commanda qu'on lui fît » seulement garder la prison ; où il » mourut peu de temps après. « *Histoire de Henry le Grand.* 3. *Part.*

*Fin du vingt-deuxiéme Livre.*

# MEMOIRES
## DE
## SULLY.

### LIVRE VINGT-TROISIEME.

E Roi & la Reine se trouvant à Paris, le premier jour de cette année; j'allai au Louvre dès le matin, pour leur rendre les devoirs, & offrir les présens accoûtumés. Je ne trouvai point le Roi dans sa Chambre: L'Oseraï & Armagnac me dirent qu'il étoit couché avec la Reine, dans la Chambre de cette Princesse, & qu'apparemment ils dormoient encore tous deux; parce que l'incommodité de la Reine les avoit tenus éveillés presque toute la nuit. Je passai à l'Appartement de la Reine, pour sçavoir de La-Renouillere & de Catherine Selvage, l'état de la santé de Leurs Majestés; & je grattai le plus doucement que je pus, pour ne pas les éveiller. Plusieurs voix qui s'éleverent en même-temps, en demandant *Qui est-là?* & que je reconnus pour celles de Roquelaure, Frontenac & Béringhen, me firent voir qu'il y avoit déja du monde: & après que je me fus nommé, j'entendis qu'on disoit au Roi :

1606.

„ Sire, c'eſt M. le Grand-Maître. Venez, venez, Rofny,
„ venez, me cria ce Prince : Vous allez dire que je ſuis bien
„ pareſſeux : mais vous ne le croirez plus, lorſque vous ſçau-
„ rez ce qui nous retient ſi tard au lit. Ma Femme, qui croit
„ être ſur ſon huitiéme mois, ayant eu quelques tranchées
„ en ſe couchant ; j'appréhendois qu'elle ne fît une mauvai-
„ ſe Couche : Mais enfin ſur le minuit tout cela s'eſt paſſé
„ en vents : tellement que nous étant tous deux endormis,
„ nous ne nous ſommes réveillés que ſur les ſix heures ; mais
„ de ſa part, avec des gémiſſemens, des ſoupirs & des lar-
„ mes auxquelles elle donne des cauſes imaginaires, que je
„ vous dirai, lorſqu'il n'y aura plus ici tant de gens : car vous
„ ne manquerez pas d'en dire votre ratelée ; & à mon avis,
„ vos conſeils ne nous y feront pas inutiles, non-plus qu'ils
„ ne l'ont été dans de ſemblables occaſions. Mais en atten-
„ dant que tant de gens ſoient ſortis, voyons un peu tout
„ ce que vous nous apportez pour nos Etrennes ; car je vois
„ que vous avez-là trois de vos Sécretaires, avec des ſacs de
„ velours. Cela eſt vrai, Sire, lui répondis-je : Je me ſuis ſou-
„ venu que la derniere fois que je vous ai vus enſemble,
„ Vous & la Reine, vous étiez tous deux de fort-bonne hu-
„ meur : & croyant que je vous y trouverois encore, dans
„ l'eſpérance d'avoir un ſecond Fils ; je vous ſuis venu appor-
„ ter pluſieurs Etrennes, qui vous feront plaiſir, par celui
„ qu'elles donneront aux perſonnes, auxquelles je les ferai
„ diſtribuer en votre nom ; & je ſouhaite que ce ſoit en votre
„ préſence, & en celle de la Reine. Quoiqu'elle ne vous ait
„ rien dit, reprit ce Prince, comme elle avoit de coûtume,
„ faiſant la dormeuſe ; je ſçais bien qu'elle ne dort pas pour-
„ tant : mais elle eſt en colere contre moi & contre vous.
„ Nous parlerons de cela, lorſqu'il n'y aura plus ici que vous,
„ La-Renouillere, Béringhen & Catherine ; car ils en ſça-
„ vent quelque choſe : mais voyons vos Etrennes. Ce n'eſt
„ pas ici, dis-je à Sa Majeſté, un équipage de Grand-Maî-
„ tre d'Artillerie, ni des libéralités dignes du Tréſorier
„ d'un riche & puiſſant Roi : mais quelque petits que ſoient
„ ces préſens, ils ne laiſſeront pas de donner plus de joie à
„ ceux qui les recevront, & de vous mériter plus de remer-
„ cimens, de gloire & de louanges, que tous les dons ex-
„ ceſſifs que vous faites à des perſonnes, que je ſçais qui ne
„ vous

# LIVRE VINGT-TROISIEME. 553

1606.

» vous en remercient que par des plaintes pleines d'ingra-
» titude. Je vous entends à demi-mot, repliqua Henry ; com-
» me vous montrez quelquefois en faire autant de moi : mais
» sçachons ce que c'est que vos présens ; sans plus parler de
» ce que vous entendez. «

Je fis approcher les trois de mes Sécretaires qui en étoient chargés ; & je dis au Roi : » Sire, voilà Arnaud l'aîné, qui
» a dans mon sac où je porte les papiers du Conseil, trois
» bourses de jettons d'or. « Je les lui montrai, & lui en expliquai la devise, qui exprimoit l'amour des Peuples pour Sa Majesté. » L'une de ces bourses, continuai-je, est pour Vous,
» Sire ; l'autre, pour la Reine ; & la troisiéme, pour Monsieur
» le Dauphin, c'est-à-dire, pour *Mamanga* ( 1 ) ; si la Reine
» ne la retenoit point, comme elle a toujours fait. Il y a dans
» le même sac, huit bourses de jettons d'argent, à la même
» empreinte ; deux, pour Vous ; deux, pour la Reine ; & qua-
» tre, pour La-Renouillere, Catherine Selvage, & telle au-
» tre qu'il vous plaira qui couche dans la Chambre de la
» Reine. Le jeune Arnaud porte un autre sac, dans lequel
» il y a vingt-cinq bourses de jettons d'argent ; pour être di-
» stribuées à Monsieur le Dauphin, à Madame de Montglat,
» Madame de Drou & Mademoiselle de Piolant ; aux Nour-
» rices & aux autres Femmes-de-chambre de vos Enfans ;
» & aux Filles de la Reine : Et dans le troisiéme sac, que
» porte Le-Gendre, il y a trente sacs, de cent écus chacun,
» en demi-francs tout neufs, faits au moulin, & si larges,
» qu'ils paroissent des francs entiers : c'est pour donner les
» Etrennes à toutes les Filles & Femmes-de-chambre de la
» Reine & des Enfans de France ; selon que vous me l'avez
» ordonné. J'ai laissé dans mon carrosse, à la garde d'un de
» mes Gens, deux grands sacs de douzains, aussi tout neufs,
» chacun de cent écus, qui font douze mille sous ; pour
» être partagés aux pauvres Invalides, qui se trouveront sur
» les Quais de la Riviere, proche du Louvre : ils en sont
» déja, à ce qu'on m'a dit, presque tout remplis. J'y ai
» envoyé douze hommes de la Ville, des plus charitables,

(1) Madame de Montglat, que le petit Prince appelloit ainsi. Dans le Vol. 9138. des Mss. R. tout rempli d'Originaux de Lettres de Henry IV. de la Reine & de Madame Elisabeth de France, à Madame de Monglat ; il y en a une du jeune Dauphin à sa Sœur, où il lui marque qu'il baise les mains à *Mamanga*.

*Tome II.*            A a a a

» pour les faire ranger, & les leur diftribuer en confcience.
» Tous ces pauvres gens, & les Filles & Femmes de cham-
» bre de la Reine, témoignent plus de joie de ces petites
» Etrennes de village, en petites piéces toutes neuves, que
» vous ne fçauriez croire. Ils difent tous que ce n'eft pas
» tant pour la valeur du don, que parce que c'eft une mar-
» que que vous vous fouvenez d'eux, & que vous les aimez :
» Et principalement les Filles de la Reine : elles difent que
» ce qu'on leur donne pour s'habiller, on leur fpécifie à quoi
» il faut qu'elles l'emploient; mais que ces cent écus-cy,
» c'eft pour en acheter des nippes, qui font le plus de leur
» goût. Mais, Rofny, me dit Sa Majefté, leur donnerez-vous
» leurs Etrennes, fans qu'elles vous viennent baifer ? Vrai-
» ment, Sire, lui répondis-je, depuis que vous le leur com-
» mandâtes un jour, je n'ai eu que faire de les en prier, elles
» me viennent bien baifer d'elles-mêmes; fans que Madame
» de Drou, qui eft fi dévote, faffe autre chofe qu'en rire.
» Or-çà, Rofny, continua Henry, du même ton, me direz-
» vous vérité ? laquelle baifez-vous de meilleur cœur, &
» trouvez-vous la plus belle ? Ma foi ! Sire, répartis-je, je
» ne fçaurois vous le dire : car j'ai bien d'autres chofes à
» faire, qu'à penfer à l'amour, & à juger laquelle eft la plus
» belle; & je crois qu'elles penfent auffi peu à mon beau nez,
» que moi au leur : je les baife, comme on fait des Reliques,
» en préfentant mon offrande. « Le Roi ne put s'empêcher
d'éclater de rire; & dit, en s'adreffant à tous ceux qui étoient
dans la Chambre : » Hé-bien ! ne voilà-t'il pas un prodige
» Financier, qui fait de fi riches préfens du bien de fon
» Maître, pour un baifer ? « Après s'être encore réjoui un
moment de cette idée : » Allez tous déjeûner, dit Henry
» aux Courtifans; & nous laiffez un peu caufer fur d'autres
» affaires de plus grande importance. «

N'étant plus demeuré dans la Chambre que La-Renouillere & Catherine; le Roi pouffa tout doucement la Reine,
& lui dit : » Eveillez-vous, dormeufe; venez me baifer, & ne
» grognez plus : car pour mon regard, tous les petits dépits
» font déja paffés; de peur que cela ne nuife à votre grof-
» feffe. Vous croyez, pourfuivit-il, que Rofny me flate, dans
» les petites brouilleries que nous avons enfemble : vous
» penferiez tout autrement, fi vous fçaviez toutes les liber-

# LIVRE VINGT-TROISIEME.

» tés qu'il prend de me dire toutes mes vérités. Quoique
» je m'en mette quelquefois en colere, je ne lui en veux
» point de mal pour cela : tout au-contraire, je croirois qu'il
» ne m'aimeroit plus, s'il cessoit de me remontrer ce qu'il
» croit intéresser l'honneur & la gloire de ma Personne, le
» bien de mon Royaume, & le soulagement de mes peu-
» ples : Car voyez-vous, M'amie, ajoûta ce Prince ? il n'y a
» point d'esprits si justes, ni si droits, qui ne tombassent
» tout-à-fait ; s'ils n'étoient soûtenus, lorsqu'ils commencent
» à broncher, par les bons conseils de Serviteurs fidéles &
» d'Amis prudens. Et afin que vous connoissiez que tout ce
» que je vous dis est vrai, sçachez que depuis quinze jours
» il ne fait que me dire, qu'il croit que vous êtes dans vo-
» tre huitiéme mois ; & que pour cette raison, je dois me
» retenir de rien dire, ni faire, qui puisse vous fâcher ; de
» peur que cela ne fît tort à votre Fils : car il veut toujours
» que c'en soit un (2).

Ce bon Prince prit ensuite avec elle un air encore plus
caressant ; & la pria de lui dire devant moi, ce qui l'avoit
fait réveiller en soupirant & en pleurant. La Reine s'étant
enfin tournée vers lui, dit que son affliction avoit été causée par un songe, qui lui avoit paru confirmer un rapport
qu'on lui avoit fait il y avoit trois jours : mais qu'elle s'étoit
soulagée, en pleurant. Elle pria le Roi à son tour, de lui
épargner ces chagrins, du moins lorsqu'elle seroit grosse ;
en s'abstenant de tenir des discours, » qui font croire, dit-
» elle, à moi & à d'autres, que vous vous plaisez à la
» compagnie de certaines personnes, qu'en la mienne : Et
» encore, quelles personnes, poursuivit-elle ? que je sçais de
» science certaine ne vous être nullement fidéles ; & bien-
» plus, qui vous haïssent dans leur cœur : je sçais bien pour-
» quoi ; mais sur cela je m'en rapporte au sentiment de M.
» de Rosny, & je l'en croirai.

[2] Les Astrologues l'avoient prédit, dit le Journal de L'Etoile, &
que la Reine courroit risque de la
vie. Elle accoucha heureusement, le
10 Fevrier, d'une Fille. Henry IV.
en la consolant [car elle souhaitoit
passionnément que ce fût un Garçon]
lui dit avec sa gaieté ordinaire : Que
si cette Fille demeuroit sans établissement, il en demeureroit bien d'autres ; & que si sa Mere n'avoit point
fait de Filles, elle n'auroit jamais
été Reine de France.

Je détournai cette explication, en répondant d'une manière générale, que je sentois une véritable joie de voir Leurs Majestés s'expliquer ainsi sur leurs petits débars, avec tant de cordialité : Que je trouvois qu'il ne leur seroit pas difficile de se les épargner à l'avenir ; si elles vouloient sérieusement s'en rapporter aux moyens qu'employeroient pour cet effet, ceux qui s'attachoient à servir plûtôt leur véritable intérêt, que leur dépit. Cette ouverture fut saisie aussi-tôt, & d'une commune voix, par tous les deux ; & l'on m'obligea de proposer ces moyens : la Reine disant, qu'elle étoit résoluë de s'en servir ; & le Roi, qu'ils seroient toujours fort de son goût. Je déclarai donc franchement à Leurs Majestés, après les avoir fait convenir que tout autre remède n'aboutiroit qu'à parler & agir aussi inutilement qu'on avoit fait jusqu'à présent, qu'il ne leur restoit qu'une seule chose à faire, pour être une bonne fois défaits de toutes les causes de ces brouilleries : c'est que puisqu'elles se défioient, & avec raison, de leur fermeté à prendre & à soûtenir un parti ; il falloit avoir recours à une personne, qu'elles en jugeroient plus capable ; transporter tous leurs droits à cette personne ; se cacher à elles-mêmes tout l'intérêt qu'elles avoient dans cette affaire ; enfin gagner sur soi d'agir pendant & après la décision, comme si elles avoient véritablement cessé d'y prendre aucune part. Je leur conseillai de choisir un homme assez ferme, pour ne se laisser ébranler par aucune considération ; & capable d'un attachement à leurs Personnes assez pur & assez désintéressé, pour oser s'en servir, en violentant, s'il le falloit, leur inclination.

Je me montrai fort-éloigné de briguer cet emploi, qui en effet n'étoit pas fort-agréable : mais je déclarai à Leurs Majestés, que si c'étoit sur moi qu'elles jettoient les yeux, il falloit qu'elles commençassent par les fermer absolument sur tous les moyens qu'elles me verroient employer ; & que pour m'assûrer que mon ouvrage ne seroit point détruit par quelque retour de foiblesse, elles s'obligeassent de la maniere la plus forte, accompagnée même d'un ordre absolu, de n'apporter aucun empêchement à tout ce que je ferois, & de n'en conserver aucun ressentiment ; supposé que l'une des Parties, ou peut-être toutes les deux, eussent quelque violence à se faire, sur le remède dont je me servirois. Je crois qu'on devine sans peine quel auroit été ce remède (3); & je puis dire qu'en ce cas, nulle considération humaine n'auroit été capable de m'arrêter : mais je me doutois bien qu'on ne me laisseroit pas venir jusque-là. Le Roi répondit pourtant, Qu'il étoit prêt à signer cet engagement, & à me revêtir de toute l'autorité nécessaire : Mais pour la Reine, se voyant pressée, elle n'osa franchir le pas : elle dit, Qu'elle vouloit y penser plus mûrement; ou que je lui disse ce que je prétendois faire. Elle ne l'ignoroit pas, non plus que le Roi ; mais elle fut effrayée des suites du compromis. Nous ne fîmes plus après cela que discourir en l'air sur cette matière : j'appelle ainsi, agiter sérieusement ces frivoles projets de Cour, déja si souvent épuisés. Je ne m'y prêtai que par pure complaisance pour Leurs Majestés, qui exigerent ces nouvelles démarches de ma part. Je me retirai, lorsque la Reine demanda sa chemise; & que le Roi appella, pour se faire habiller.

Le Roi & la Reine me rendirent mes Etrennes, par des présens considérables pour mon Epouse & pour moi : Nous en reçumes aussi de la Reine Marguerite. Le premier jour de l'année, celui des Rois, & tout le temps que Sa Majesté séjourna à Paris, se passa en festins, mascarades & divertissemens de toute espèce. Le 10. Janvier, ce Prince vint à l'Arsenal, par un fort beau temps, voir une Course de bague, faite avec de grands préparatifs.

*De-Thou, Merc. Fr. ann. 1606.*

La fête finie, le Roi me mena dans la grande allée des jardins; où s'étant arrêté sur le mur du balcon, je vis avec beaucoup de plaisir, qu'il commença à m'entretenir très-sérieusement de ses Desseins Politiques; à l'occasion de mes jettons, dont il me dit que la devise avoit été fort goutée. Je m'appercevois déja depuis quelque temps, que Henry se laissoit frapper de plus en plus de la nécessité & de l'importance de cette éxécution politique ; & que chaque jour lui levoit un nouvel obstacle. Il me disoit souvent, que Philippe III. n'avoit guère profité des sages conseils de Philippe II. son Pere, de regarder comme des chimères, ces fa-

---

(3) M. de Sully l'a fait connoître précedemment, dans le conseil qu'il donna au Roi, de faire passer les Monts à quatre ou cinq personnes, & la Mer à autant; pour me servir de ses termes.

1606.  ftueufes idées de Monarchie Univerfelle, dont fes prédé-
cefleurs s'étoient entêtés: Que tous les procédés de ce Prince montroient bien qu'il n'y avoit pas encore renoncé ; &
qu'aucun des Princes de la Chrétienté ne feroit éxempt
d'infulte de fa part, jufqu'à ce qu'on eût fait fentir à cette
orgueilleufe Monarchie toute fon impuiffance; en frappant
ce grand coup, dont il m'avoua que la penfée que je lui en
avois fait naître, & que j'avois communiquée au Roi d'Angleterre, n'avoit pas toujours fait fur fon efprit toute l'impreffion qu'elle méritoit. Je crois que ce qui contribua le
plus à produire cet effet, furent les procédures faites l'année précédente par la Chambre des Grands-jours; qui en dé-
couvrant toutes les fourdes pratiques de l'Efpagne, avoient
confidérablement augmenté l'averfion naturelle de Henry
pour cette Couronne.

 Mais je puis dire auffi que la réfolution où je voyois ce
Prince, étoit en grande partie le fruit de tous les entretiens
que nous avions eus enfemble fur ce fujet. Eh! quel eft le Prince tant foit peu fenfible à fa gloire, qui en fongeant à tout
ce qu'une avarice & une ambition infatiables ont fait entreprendre dans ces derniers temps à la Maifon d'Autriche, ne
fe fente pas pénétré d'indignation? Ce Raoul de Habfbourg,
dont les plus nobles travaux, lorfqu'on lui vint annoncer
fon élection à l'Empire, avoient été de conduire aux environs de Bafle quelques Soldats, du temps des Factions des
Etoiles & des Papeguais; n'a point de repos, qu'il n'ait partagé l'Alface entre lui & la Ville de Strafbourg ; & enfuite,
augmenté fon petit Domaine des Duchés d'Autriche, Sti-
rie, Carinthie, & des autres Biens hérétitaires, que poffède
aujourd'hui fa Maifon en Allemagne. Depuis le commencement du quatorziéme fiècle, où ceci fe paffoit, jufqu'à nos
jours, combien d'Etats, quelle immenfe étenduë de pays
n'a-t'elle pas dévoré? Tous les Royaumes d'Efpagne; ceux
de Naples & de Sicile, en Italie, avec les Ifles de Sardaigne,
Maïorque & Minorque; la Bohême & la Hongrie, en Allemagne; la Bourgogne, la Flandre, & tous les Pays-Bas : joi-
gnez-y les poffeffions qu'elle s'eft faites dans les Ifles Orientales & dans le Nouveau Monde, prefqu'égales en étenduë
à tout ce que nous connoiffons des trois autres Parties de la
Terre : Doutera-t'on encore que Charles-Quint, qui eft ce-

# LIVRE VINGT-TROSIEME.

lui qui l'a élevée à un si haut dégré de puissance, enflé de tant de succès, n'ait songé très-férieusement à engloutir le reste de l'Europe, l'Asie & l'Afrique?

Ce vain Projet de Monarchie Universelle demande-t'il d'autre preuve, que la destruction des Protestans d'Allemagne; la conquête de Tunis & d'Alger; l'invasion de la France, si bien déclarée par l'irruption en Provence, & par le fameux Siége de Metz: toutes entreprises formées en même-temps par cet orgueilleux Monarque? Et si nous avons vû échouer ce Projet; à quoi faut-il l'attribuer, sinon aux différentes circonstances, & aux obstacles qu'apporte à son propre bonheur, par trop de précipitation, un cœur qui tout enyvré de ses triomphes, ne voit plus rien d'impossible? Charles-Quint entreprend trop de choses, & trop au-dessus de ses forces : Il s'y porte sans précaution, & presque sans préparation : il brave la Terre, la Mer, les élemens & les saisons : Soliman qui lui tient tête dans l'Europe, l'Asie & l'Afrique; François I. Henry VIII, le Pape, les Rois de Navarre, de Tunis & d'Alger; & pour mieux dire, tous les Princes de la Chrétienté, qu'il a forcés de s'armer contre lui; sont autant d'Ennemis qu'il dédaigne, & qu'il n'apperçoit presque pas. Il ne sçait pas ménager les seules ressources qui lui restent : ses propres Sujets se révoltent en Espagne, en Flandre & en Sicile. Lorsqu'enfin il a reconnu son erreur; il n'y connoît d'autre remède, que d'en sortir par un coup de désespoir, qui lui fait tout abandonner, pour se confiner dans un Cloître. Je ne traçois jamais ce tableau à Henry, sans y ajoûter, Que Philippe II. aussi ambitieux & plus politique que son Pere, avoit repris tous ses mêmes desseins; & qu'il auroit pu y réüssir, si ses vûës particulieres sur la France, l'Angleterre & l'Irlande, n'avoient été traversées par le plus heureux effet du hazard, qui avoit fait rencontrer ensemble deux aussi fortes têtes, que celles de Sa Majesté & de la Reine Elisabeth (4).

J'avois toujours apprehendé l'effet des suggestions des Courtisans, & des discours de la Reine. Cette Princesse en

---

(4) Ce ne peut être que dans la vûë d'envahir la France, en tout ou en partie, que Philippe II eut dessein de se mettre en possession des Etats du Duc de Savoie; en donnant à ce Duc en échange quelqu'un de ses Etats: C'est l'Historien Matthieu qui nous apprend cette particularité. *Tom. 2. liv. 2. pag.* 240.

1606.

tretenoit continuellement le Roi son Epoux, des avantages d'une double Alliance avec l'Espagne & vouloit toujours qu'il regardât cette union de la France avec Rome & les deux branches Autrichiennes, comme un moyen d'éteindre toutes sortes de factions en Europe, aussi conforme à la saine Politique qu'à la Religion. Il m'avoua, Que ces discours, dont toute la Cour retentissoit depuis quelque temps, ne le touchoient plus : & que si on le voyoit quelquefois les écouter & y répondre, en homme qui par des objections sensées paroît chercher à se convaincre ; ce n'étoit que pour ne pas laisser pénétrer son secret à toutes ces personnes, & pour les entretenir au contraire dans l'espérance de le gagner ; jusqu'à ce que le moment de lever le masque fût arrivé. Nous convinmes que les choses n'en étoient pas encore à ce point ; & nous conclumes cet entretien, comme quelques autres sur cette matière, par avouer que jusqu'à ce moment il n'y avoit rien de mieux à faire, que de continuer à s'assûrer pour cette association, des Princes d'Allemagne & d'Italie, principalement du Duc de Baviere & du Duc de Savoie ; le premier, par l'objet de la Couronne Impériale ; & celui-ci, par l'espérance de la Lombardie & de la dignité Royale, accordées en faveur du mariage de son Fils aîné avec Madame de France.

Il ne se présentoit point de moyen pour lever l'obstacle que le Roi devoit s'attendre à trouver dans le Duc de Bouillon, que celui de le mettre à la raison, en s'emparant de la Ville de Sedan. Henry trouva cet expédient de lui-même ; & il s'y arrêta d'autant plus volontiers, que cette expédition parut pouvoir être entreprise, sans tirer à conséquence pour tout le reste ; C'est ce que notre entretien eut de plus effectif. Le Roi m'ordonna de mettre incessamment sur pied un équipage d'Artillerie, proportionné à la réputation de cette Place, plûtôt qu'à sa valeur réelle, que ce Prince ne connoissoit pas aussi parfaitement que moi. Il me déclara, Que son dessein étoit d'y marcher en personne ; à moins qu'il ne fût arrêté par la Goutte, ou par quelqu'autre incommodité : Qu'en ce cas, c'est moi qu'il chargeroit de conduire cette entreprise. Et afin que je pusse joindre ensemble l'autorité & la dignité convenables à une fonction aussi éminente, Sa Majesté m'offrit en ce moment, & je puis dire, me commanda

manda d'accepter le rang de Duc & Pair; en me disant de lui nommer celle de mes Terres, à laquelle je souhaiterois attacher ce titre, afin qu'elle en fît aussi-tôt dresser les Patentes par Villeroi.

J'avois déja refusé cette dignité, lorsque le Roi m'envoya Ambassadeur en Angleterre. Les libéralités de ce Maître bienfaisant ayant levé depuis ce temps-là l'obstacle, qui m'avoit empêché de profiter de sa bonne volonté; & voyant d'ailleurs que ce Prince le souhaitoit presqu'autant pour son intérêt, que pour mon avantage propre; j'acceptai avec reconnoissance le nouveau bienfait que j'en recevois. Je lui nommai Sully: Les Lettres en furent signées, le 12 Février; scellées peu de jours après; & enregistrées le dernier du même mois (5). Il n'y eut aucun des Seigneurs de la Cour, ni presque des Grands du Royaume, qui ne me fît l'honneur de m'accompagner, lorsque je me présentai au Parlement pour la Cérémonie de ma réception. Elle fut encore plus honorée par la présence de tous les Princes du Sang, excepté M. le Comte de Soissons: La Grand-Chambre, la Salle, toutes les Galeries & les cours mêmes, étoient si pleines, qu'à peine on pouvoit s'y tourner. J'amenai au sortir soixante des plus distingués, à l'Arcenal; où les attendoit un repas en gras & en maigre, pour lequel je n'avois rien épargné. Une surprise heureuse pour moi, fut d'y trouver Sa Majesté elle-même, qui s'y étoit renduë pendant la Cérémonie, sans avoir voulu m'en prévenir: » Monsieur le Grand-Maître, me cria le
» Roi, du plus loin qu'il me vit arriver, je suis venu au festin
» sans prier; ferai-je mal dîné? Cela pourroit bien être, Sire,
» lui répondis-je; car je ne m'attendois pas à tant d'honneur.
» Je vous assure que non, reprit ce Prince, en interrom-
» pant mes remercimens: J'ai visité vos Cuisines, en vous at-
» tendant; où j'ai vu le plus beau poisson qu'il soit possible
» de voir, & force ragoûts à ma mode: & même, parce que
» vous tardiez trop à mon gré, j'ai mangé de vos petites
» huîtres de chasse, tout-à-fait fraîches, & bu de votre vin
» d'Arbois, le meilleur que j'aye jamais bu. La gaieté du

---

(5) De-Thou, *liv.* 36. & presque tous les Historiens, font mention de la distinction avec laquelle cette dignité fut conférée au Marquis de Rosny. Henry IV. l'avoit déja fait auparavant Conseiller-d'honneur au Parlement.

1606. Roi aſſaiſonnant le plaiſir de la Table, le reſte du jour ſe paſſa à la ſatisfaction de tous les Convives.

Le lendemain dès le matin, Sa Majeſté m'envoya chercher; & elle me demanda en préſence de tous les Courtiſans aſſemblés, ſi je ſongeois à faire le Mémoire de l'équipage d'Artillerie pour attaquer Sedan, dont elle m'avoit parlé. Il étoit déja dreſſé ; & je l'avois mis dans ma poche, en ſortant de mon cabinet : je le préſentai au Roi, qui ſe le fit lire tout haut. La Cour fut inſtruite par cette lecture du nouveau deſſein du Roi ; qui dit enſuite plaiſamment, que le Duc de Bouillon, quoique naturaliſé Allemand, n'auroit peut-être pas oublié comment on parloit en France ; & qu'en tout cas, on pourroit le lui rapprendre en peu de temps, par ce moyen. Sa Majeſté attendant que je lui diſſe mon avis ſur cette Guerre ; je pris la parole, & dis, que je ne croyois pas le Duc de Bouillon aſſez peu aviſé, pour ne pas ſentir la diſproportion des forces de Sa Majeſté avec les ſiennes, & pour s'expoſer à en faire l'expérience : Que je l'avois prévenu dès long-temps, que ſa Place ne valoit rien contre le Canon : & que la connoiſſant mieux que perſonne, ſi on lui voyoit faire quelque ſemblant de vouloir réſiſter ; ce ne ſeroit que dans l'eſpérance d'employer utilement pendant ce temps-là, les ruſes de la Négociation : Que j'oſois pourtant conſeiller à Sa Majeſté, ſi elle me permettoit de me ſervir de ce terme, de mander une derniere fois au Duc de Bouillon, que dans la conjoncture préſente, il pouvoit encore venir en toute aſſurance ſe jetter à ſes pieds ; ſûr que cette ſoûmiſſion, & plus d'éxactitude à tenir ſa parole, lui feroient obtenir ſon pardon, & le même traitement que par le paſſé ; mais que s'il refuſoit cette derniere grace, il ne devoit plus s'attendre à être reçu à aucune compoſition. Je continuai à rendre compte de mes préparatifs au Roi : il approuva l'idée qui m'étoit venuë, de ne faire ſortir de Paris que le gros de l'Artillerie, & de prendre les munitions & faire les autres proviſions néceſſaires, dans les lieux les plus proches de Sedan ; pour épargner les frais de tranſport & de chariage.

Cette affaire n'alla pas à beaucoup près auſſi vîte que je m'y étois attendu, par toutes les oppoſitions qui y furent apportées à la Cour ; où il ſembloit que le plus petit préparatif de Guerre cauſât preſque la même alarme, qu'il auroit pu caufer chez l'Ennemi. Il n'y étoit bruit que des difficultés qu'on rencontreroit devant une Place, dont tout le monde éxaggéroit à Henry la situation & les Fortifications; & des inconvéniens, dont un Siége auffi long qu'on vouloit que le fût celui-là, feroit immanquablement fuivi : On auroit dit, à entendre ainfi difcourir, que le Ciel & la Terre duffent fe mouvoir en faveur de Bouillon & de fa Ville. On fit tomber fur ce fujet entre les mains de Sa Majefté, un Mémoire en forme de Lettre, plein non-feulement d'abfurdités, mais encore d'impertinences : le Roi croyoit y reconnoître le ftile du Duc lui-même, mêlé avec celui de DuPleffis & de Tilenus. Il n'eft pas furprenant de voir ainfi parler, ou les Amis particuliers du Duc de Bouillon, ou les Proteftans, qui pouvoient trouver intéreffé dans cette affaire le Corps entier des Religionnaires ; tels que Montluet, La-Nouë & les deux Saint-Germain : mais il l'eft beaucoup, que des perfonnes, qui n'avoient aucune liaifon avec le Duc de Bouillon, & d'autres, qui étoient même gens du métier, comme l'Ingénieur Erard, ne parlaffent jamais de ce projet, que pour y faire voir une impoffibilité abfoluë : J'aurois de la peine à décider que toutes ces perfonnes fuffent bien intentionnées pour le bien de la chofe.

Le Roi tomba lui-même dans une irréfolution, que je ne pouvois comprendre. Je lui repréfentai alors plufieurs fois inutilement, qu'il donnoit par-là gain de caufe à des gens, qui n'ayant ni armes, ni cœur, ni mains, ne comptoient que fur cette unique reffource : Et il eft vrai que le Duc de Bouillon ne laiffa pouffer la chofe auffi loin qu'elle le fut, que parce qu'il fe perfuada, fur le rapport de ceux qui le fervoient à la Cour, & l'informoient des difpofitions de Sa Majefté, qu'elle ne pafferoit point jufqu'à l'éxecution. Un autre expédient qu'on mit en ufage, fut de faire entendre au Roi, que le Duc ne fongeoit à rien moins qu'à lui réfifter ; mais qu'il ne pouvoit fe réfoudre à paroître timide & rempant à des perfonnes, qui au-lieu de lui rendre fidellement les intentions de Sa Majefté, fembloient chercher à l'aigrir par le ton impérieux & menaçant : Que fi en la place de ces perfonnes ( c'eft moi qu'on défignoit ici ), on mettoit vis-à-vis de lui des gens propres à lui infpirer de la

Bbbb ij

1606. confiance; le Roi en seroit bientôt convaincu: Montluet (6) & La-Nouë entr'autres, se faisoient fort de le ranger sans peine à son devoir. Le Roi crut ne pouvoir mieux faire, que de les lui députer. Ils ne rapportèrent que des paroles générales & ambiguës, qui n'ouvrirent pourtant pas encore les yeux à Henry: parce que d'un autre côté, ils lui firent Sedan absolument imprenable, par les travaux qui venoient d'y être faits tout nouvellement; soit qu'ils se fussent laissés frapper de cette fausse opinion; ou seulement, qu'ils affectassent de l'être. Quoiqu'il en soit, au-lieu d'aller en avant, sur la réponse du Duc de Bouillon; Henry n'en témoigna que plus fortement, que le succès lui paroissoit très-douteux.

Je fis à mon tour des réflexions sur les dispositions où je voyois le Roi: & je commençai à craindre que lorsqu'à force de le soûtenir contre les cris de tout le monde, & contre ses propres craintes, je l'aurois embarqué; sur quelque difficulté imprévuë qui viendroit peut-être à se rencontrer, on n'agît si puissamment auprès de Sa Majesté, déja mal prévenuë, qu'on lui fît abandonner son entreprise, après beaucoup de bruit & de dépense; ou goûter un accommodement avec le Duc, à des conditions qui ne conviendroient ni à sa Personne, ni à sa dignité: auquel cas il eût été bien plus à-propos de ne point engager du-tout la partie; & de chercher, pendant qu'il en étoit encore temps, quelqu'autre moyen de sauver l'honneur de Sa Majesté. Le reproche d'une vaine levée de boucliers, me parut encore ne pouvoir retomber que sur moi: On m'accuseroit d'avoir trop ou trop peu fait: j'étois sûr que toutes les imputations, même les plus contradictoires, me seroient faites à la Cour, & par les mêmes bouches. Je conclus qu'il falloit que Henry se déterminât de lui-même: je voulus voir à quoi il seroit porté par ses propres réflexions.

Je commençai donc à lui parler plus froidement & moins souvent, de l'entreprise de Sedan; & je tins la même conduite en public. Le Roi s'apperçut des premiers de ce changement: & comme il n'eut garde de pénétrer le motif qui me faisoit agir, & qu'il ne s'imagina point non plus que j'eusse chan-

(6) François d'Angennes, Sieur de Montluet. Odet de La-Nouë.

gé d'opinion fur le Duc de Bouillon & fur Sedan; il fe mit dans l'efprit, Qu'après avoir fait moi-même de plus férieufes réfléxions au confeil que je lui avois donné, j'avois apparemment retracté tacitement mon premier fentiment, & envifagé que le coup que j'allois porter à l'un des Chefs de la Religion, pourroit quelque jour retomber fur la Religion même; en ouvrant le chemin à opprimer l'un après l'autre, tous ceux qui la foûtenoient en France. De cette confidération, que Henry regarda comme indubitable, il paffa facilement à croire que je ne penfois pas avantageufement fur fon équité ; ou que mon attachement à ma Religion me menoit trop loin. Il s'ouvrit de ce foupçon à quelques perfonnes, qu'il fçavoit être de mes Amis; & pour s'en éclaircir avec moi-même, il vint à l'Arfenal, où j'étois retenu dans ma Chambre, par ma bleffure de la bouche & du cou : il s'y étoit formé un abfcès, qui en fit fortir une efquille d'os, de la bourre, du plomb, & quelques grains de poudre, encore fi frais & fi entiers, qu'elle prit feu, lorfqu'on la mit fur les charbons ardens.

» Il me femble, me dit Henry, en mettant fur le tapis le » Duc de Bouillon, que je ne vous trouve plus fi réfolu dans » cette affaire de Sedan, que vous l'étiez il y a quelque » temps, ni que je vous ai vu l'être en d'autres occafions bien » plus difficiles : Qu'y a-t-il ? dites-le moi librement, & ne me » celez rien, je vous en prie. « La vivacité de ce Prince fit que tout de fuite, fans me donner le temps de lui répondre, il me fit part de l'idée qu'il avoit euë fur mes alarmes au fujet des Religionnaires de France. Il protefta fortement contre le foupçon qu'il travaillât à ruiner les principaux Réformés l'un par l'autre : il en appella à la connoiffance que j'avois de fes fentimens ; & me demanda s'il n'étoit pas vrai que tout le monde fçavoit que dans ce qui concernoit le fervice de fa bouche & de fa Perfonne, il aimoit mieux fe mettre entre les mains des Réformés, que dans celles des Catholiques. Il m'affûra encore, Qu'il ne haïffoit point perfonnellement le Duc de Bouillon : Qu'il n'éxigeroit rien de lui, qui fût capable de le dèshonorer : en un mot, Qu'il me laiffoit le juge de la manière dont il devoit le traiter.

J'entendis avec joie ce Prince parler de la forte. Je lui témoignai être parfaitement inftruit & perfuadé de fes fentimens pour tout le Corps Protestant en général, & pour moi en particulier ; sans lui dissimuler pourtant la peine que m'avoit fait la manière dont en dernier lieu il avoit pensé sur mon chapitre. Je lui avouai la véritable cause du refroidissement apparent, qu'il avoit remarqué en moi sur le projet de Sedan, telle que je l'ai marquée plus haut. Ensuite épuisant de nouveau les réfléxions qu'on pouvoit faire sur ce sujet, j'en fis faire une à Sa Majesté, à laquelle personne n'avoit songé : c'est que Bouillon ayant fait pour fortifier Sedan, des dépenses qui l'avoient entièrement épuisé, & peut-être même considérablement obéré ; il se pouvoit bien faire que la véritable considération qui l'empêchoit de se rendre aux désirs de Sa Majesté, est qu'il s'ôtoit, en lui remettant Sedan, la seule ressource qui lui restoit pour réparer ses affaires dérangées : Que dans cette supposition, pour frapper à la bonne porte, il ne falloit peut-être qu'offrir au Duc une somme, qui suffît à acquiter ses dettes. Je fis voir à Sa Majesté, Que si en donnant à Bouillon deux cens mille écus, on pouvoit lui rendre toutes les autres conditions supportables, elle y en gagneroit encore six cens mille ; parce que les frais d'un pareil armement ne pouvoient monter à moins de huit cens mille écus : Nouveau motif de traiter le Duc dans toute la rigueur de la guerre, si l'on faisoit tant que de l'attaquer ; en déclarant réünie à la Couronne, non-seulement la Principauté de Sedan, mais encore la Vicomté de Turenne, qu'il prétendoit ne tenir de la France, que comme en relevent les Grands Fiefs de la Couronne : sans quoi l'on auroit le chagrin d'avoir fait des avances, dont rien ne dédommageroit. Il semble que c'étoit par une sorte de pressentiment de ce qui devoit arriver, que j'insistai si fort sur cette alternative, d'une extrême indulgence, avant que de rien entamer, & d'une extrême inflexibilité, dès qu'on auroit une fois les armes à la main.

Le Roi répliqua, Qu'une pareille Négociation alloit encore confirmer Bouillon dans l'idée, où la Lettre dont il a été parlé, montroit assez qu'il étoit, que Sa Majesté craignoit de l'attaquer. Il consentit cependant que je tentasse cette voie, de concert avec la Princesse d'Orange (7), alors

---

(7) Louise de Coligny, Fille de l'Amiral, mariée en premières nôces au Comte de Teligny, tué le jour de la Saint-Barthelemi ; & en secon-

# LIVRE VINGT-TROISIEME.

à Paris; en envoyant au Duc, Du-Maurier (8), chargé de Dépêches, dont il laisse les termes & la teneur à mon choix : » Mais aussi me promettez-vous, ajoûta Henry, qu'au cas » qu'il n'accepte pas les offres que vous lui ferez faire, vous » me servirez dans cette affaire, sans aucune considération » humaine ; & de la manière dont vous l'avez fait ci-de- » vant, « dit-il, en citant le Siége d'Amiens, la Campagne de Savoie, & plusieurs autres entreprises semblables ? Je lui en donnai ma parole d'honneur : » Or-sus, touchez-là, me » dit ce Prince, en me tendant la main ; je vous en crois : » me voilà content ; & je me repose entièrement sur votre » capacité & votre fidélité, de tout ce qu'il faut faire. « Sa Majesté me quitta, en achevant ces paroles.

J'allai le lendemain trouver la Princesse d'Orange, avec laquelle je concertai la manière dont elle & moi nous écririons au Duc de Bouillon ; la députation que nous lui ferions de Du-Maurier ; & la forme de l'instruction, dont nous chargerions celui-ci. Voici ce que contenoit la Lettre que je lui écrivis. Je commençois par y rappeler au Duc de Bouillon, avec les louanges convenables, la puissance & la capacité personnelle du Roi régnant : deux points, aussi bien connus de lui que de moi, & que je le priois de ne point perdre de vûë, comme bien capables de lui faire prévenir le danger dont il étoit menacé ; en l'empêchant de se laisser surprendre à la prévention, & de rien faire par passion, par chagrin, & par dépit. En parlant ainsi, je ne le flatois point : mais c'étoit, lui disois-je, afin qu'il vît plus clairement de quoi il s'agissoit pour lui ; & qu'il ne s'obstinât pas contre les conseils de la Princesse d'Orange, & d'un homme qui lui parloit en Ami, à se réduire au point de donner à la force, ce qu'il ne tenoit qu'à lui de devoir à des conditions dictées par la douceur. Sans entrer dans le détail des propositions, je l'avertissois que Du-Maurier étoit chargé de les lui faire de bouche : outre que nous lui avions fait mettre par écrit, tout ce qu'il avoit à lui dire de notre part ; afin qu'il n'y eût point lieu à l'oubli & à la surprise. Je le prévenois sur ce qu'il lui paroîtroit peut-être que Sa

---

des nôces à Guillaume de Nassau, Prince d'Orange, dont elle étoit veuve alors.

(8) Benjamin Aubery Du-Maurier, attaché premierement au Duc du Bouillon, ensuite au Duc de Sully.

Majesté n'entroit pour rien dans tout ce que nous lui proposions; en lui promettant, lui donnant ma parole d'honneur, & me rendant caution, s'il étoit nécessaire, que le Roi ratifieroit tout ce qui seroit arrêté entre nous: Que je voulois être tenu pour un lâche, un perfide & un homme sans honneur, si le tout ne s'éxécutoit de point en point. Je le conjurois encore en finissant, de ne pas laisser venir les choses à l'extrêmité. La date de cette Lettre, à laquelle celle de Madame d'Orange étoit entièrement conforme, est du premier Mars.

Le Duc de Bouillon y répond par une Lettre, datée du 4, Qu'il a reçu la mienne, avec celle de la Princesse d'Orange; entendu Du-Maurier; & lu attentivement son Mémoire: Qu'il se plaint avec raison, qu'on veut lui faire acheter les bonnes graces du Roi, par des bassesses qui l'en rendroient indigne: Qu'on ne les lui promettoit que par un Ecrit, qui ne pourroit être connu que d'un petit nombre de personnes; pendant que toute la France seroit témoin de son humiliation, & de l'indifférence que Sa Majesté auroit ensuite pour lui: Que ses Amis qu'il a consultés, & qui ne sont pas en si petit nombre qu'on vouloit le faire croire, ont tous pensé comme lui, que Sa Majesté étoit bien éloignée d'avoir pour lui toutes les distinctions dont on le flatoit; elle, qui ne le trouvoit pas capable d'assez de fidélité, pour garder une aussi foible Place que Sédan. Il ajoûte sur cela, d'un ton plus suffisant, & qui contredit ce qu'il vient de dire, Qu'il est bien informé qu'on en impose à Sa Majesté, en lui promettant de la rendre maître de Sédan dans un mois, & sans perte d'un seul homme: Bouillon s'applaudit sans doute ici, de me donner une espèce de démenti, en parlant à moi-même. Toute la Lettre est dans ce goût de plaintes sans fondement, & de protestations d'innocence aussi vagues. Il se tient sur ses gardes, pour ne rien avouer, ni rien promettre. Ce qu'il dit de plus relatif à la question, après tout ce vain préambule, c'est que s'il a pu donner quelque sujet de mécontentement au Roi; plûtôt que de l'aggraver en le niant, il est disposé à en convenir, & à subir telle réparation de son tort, qu'il plaira à Sa Majesté de lui prescrire: pourvû que le retour de ses bonnes graces & de sa confiance, ne lui coûte pas sa misérable Place, qu'il est prêt à avouer
authentiquement

authentiquement qu'il tient de sa bonté : Mais que si le Roi persiste à vouloir l'en dépouiller, il ne lui est pas possible de croire autre chose, sinon que ce Prince l'aime en paroles, & le hait en effet.

Bouillon se sert à-peu-près des mêmes termes, en répondant à la princesse d'Orange : & ce que Du-Maurier rapporta de bouche, n'ayant rien de plus satisfaisant ; le Roi commença à regarder le Duc de Bouillon, comme un homme intraitable. Je crus pourtant devoir encore lui faire une Replique. Je lui marquai, que Sa Majesté n'avoit pas été contente de la maniere dont il avoit reçu les offres, qu'elle lui avoit faites par ma bouche : Qu'elle avoit trouvé ses Lettres pleines de soupçons & de termes offensans pour elle ; outre l'affectation à ne rien répondre de précis à ce qu'on lui proposoit : Que j'étois véritablement fâché que mes conseils sincères n'eussent fait qu'aigrir son esprit ; comme il m'étoit déja arrivé, lorsque je lui avois écrit sur la détention du Maréchal de Biron : Que le temps viendroit, & qu'il n'étoit peut-être pas éloigné, où il connoîtroit que je lui avois pourtant donné le seul bon conseil à suivre dans la circonstance présente : Que je l'avertissois une derniere fois d'y penser ; que je l'en priois même, & avec instance : rien ne pouvant me faire plus de plaisir, quoiqu'il crût peut-être tout le contraire, que de lui voir prendre le bon parti.

Pendant toutes ces allées & venuës, j'avois trouvé le moyen d'avoir un Plan de Sedan, que je fis tracer, tant en élévation qu'en superficie. Le Roi vint voir l'un & l'autre à l'Arcenal, & amena avec lui M. le Comte de Soissons, le Duc d'Epernon, les Maréchaux de Brissac, de Fervaques, de Bellegarde & de Roquelaure, Dom Joan de Medicis, De-Vic, Montluet, La-Nouë, Boësse, Nerestan, D'Escures, Erard, & Châtillon qui avoit tiré le plan, mais auquel j'avois expressément défendu de dire son avis devant tant de témoins. Ce fut un sujet de discourir & de contester sans fin, entre toutes ces personnes, sur la situation & la force de la Place, & sur la forme de l'attaque. Montluet, La-Nouë & Erard soûtinrent opiniâtrément qu'elle étoit imprenable, autrement que par famine. Je ne répondois presque rien à tout cela, quoique la parole me fût presque toujours adressée, & que le Roi me demandât souvent ce que j'avois à dire fur ces effroyables foffés, tous taillés dans le roc ; ainfi le foûtenoit-on.

Toute l'Affemblée s'étant féparée, fans qu'il fût pris aucune réfolution, j'allai le lendemain trouver Sa Majefté. Après lui avoir dit la raifon qui m'avoit fait garder le filence, qui étoit que le fecret n'auroit pas été bien gardé parmi tant de gens ramaffés ; je lui fis remarquer, qu'à mon grand plaifir, de tous ces obfervateurs fi attentifs, pas un n'avoit fait attention, à un feul des défauts de la Place ; qui font, le Vallon de la Fontaine ; celui des Ginmenés ; les foffés artificiels, faits en quelques endroits par le moyen des terres rapportées ; & les deux abords du deffus & du deffous de la Riviere, fi fpacieux, que je répondois à Sa Majefté de loger fans beaucoup de danger toutes les Troupes, dans l'efpace de deux cens pas près de la Ville, & jufque fous les Contrefcarpes des foffés artificiels : parce que le tournant des Vallons les mettoit à couvert des décharges de la Moufqueterie ; pendant que du côté de la Ville, les Affiégés ne pouvoient fe montrer fur leurs parapets, ni prefqu'en aucun autre lieu, qu'ils ne fuffent apperçus de deffus les éminences de la campagne ; dont tout le Corps de la Place eft fi abfolument commandé, qu'on découvre l'intérieur des logemens en face, par derriere, & des deux côtés. Je me rendis encore garant à Sa Majefté, que dans le huitiéme jour depuis l'établiffement des Batteries, je la mettrois en poffeffion de Sedan.

Le Roi me crut cette fois ; & dans la joie qu'il en eut, il courut s'en ouvrir à MM. de Medicis, de La-Force, De-Vic, de Néreftan & Boëffe, dont il connoiffoit la difcrétion, & qui louerent fort ma retenuë. Henry ne balança plus après cela, & fe difpofa à partir au plûtôt, à la tête d'un Corps de Cavalerie, & de quelques Compagnies du Régiment des Gardes ; pendant que j'affemblerois le refte des Troupes en Corps d'Armée, & ferois avancer l'Artillerie : en quoi j'eus une finguliere attention que les peuples de la Campagne & les Bourgeois des Villes, ne reçuffent aucune infulte, ni aucune incommodité, pour le logement de ce grand nombre de Gens-de-guerre.

Le deffein d'attaquer le Duc de Bouillon ne pouvoit manquer de faire murmurer les Proteftans ; je ne fçais même fi

# LIVRE VINGT-TROISIEME.

Le Duc ne comptoit pas sur un soulévement général en sa faveur : Si cela est, il fut trompé ; & j'avoue que j'y contribuai. Je saisis l'occasion d'une Lettre que Parabere m'écrivit sur ce sujet, pour donner dans la Réponse que je lui fis, une espéce de Manifeste, qui pût justifier au Corps des Réformés la démarche du Roi, & montrer que le Duc de Bouillon n'alloit rien souffrir que par sa faute : C'est ce qui fit que je composai cette Lettre avec beaucoup plus de soin & d'étenduë que je n'aurois fait, si je n'y avois envisagé que Parabere seul : je me doutois qu'elle seroit renduë publique.

Je commençois par le dénombrement des principaux bienfaits, que Bouillon avoit reçus de Sa Majesté : comment il en avoit été préféré au Prince de Condé même ; fait Maréchal de France, & Premier-Gentilhomme de la Chambre ; élevé le premier de la Religion à tous les honneurs & dignités ; gratifié de pensions & d'appointemens beaucoup plus considérables que tous les autres : l'Etat de ses Gages, pensions &c. ayant monté jusqu'à cent vingt mille livres par an : Sans compter que Sa Majesté l'avoit marié, comme elle auroit pu faire son Fils, ou son propre Frere ; favorisé pour le fait de la succession de Limeuil ; & soûtenu de toute son autorité, après la mort de la Duchesse sa Femme : je parlois de ce fait en témoin oculaire. J'opposois ensuite à tous ces bienfaits, l'ingratitude dont Bouillon avoit payé Henry ; ses manœuvres ; ses mutineries au Siége d'Amiens ; sa retraite dans ses maisons, lors de l'arrêt du Maréchal de Biron ; & sa sortie du Royaume, avec des circonstances, qui seules auroient suffi pour sa condamnation. Je prenois Parabere à témoin, que malgré tout cela, lui, Constant & moi, nous avions été les instrumens des graces, que Sa Majesté avoit encore voulu lui faire depuis ce temps-là. Je faisois remarquer, que Bouillon s'avouant en quelque maniere lui-même criminel de Lèse-Majesté, par la demande qu'il a faite de Lettres Patentes d'abolition ; lorsque Sa Majesté témoigne être prête de les lui accorder, il élude tout par un subterfuge, qui est une nouvelle injure : c'est que lui, qui est Sujet & Domestique du Roi, & duquel seul il tient sa Place, refuse de la tenir sous les mêmes conditions de Protection, que le feu Duc de Bouillon avoit acceptées de François II. dont il n'étoit ni Sujet ni Domestique.

1606.

Cccc ij

1606.

Je rapportois à la fuite de tout cela, les voies de conciliation, que Du-Maurier lui étoit allé ouvrir de la part de ses principaux Amis ; avec pleine affûrance que Sa Majesté voudroit bien s'y prêter : comme, de propofer au Roi, que Sedan fût réputé l'une des Places données pour fûreté aux Proteftans : Que le Duc la vendît au Roi : Que fans la vendre, La-Nouë y fût mis Gouverneur ; la fouveraineté, & même la propriété, en reftant au Duc de Bouillon : Mais qu'il n'avoit rien voulu entendre ; pendant que le Roi en faifoit beaucoup plus pour lui, qu'il ne devoit : Qu'ainfi c'étoit le Duc feul, qui en s'opiniâtrant mal-à-propos, nous forçoit tous à tirer l'épée les uns contre les autres, & réduifoit l'Eglife de Sedan à l'extrêmité, où on alloit la voir dans peu de temps : Que ce malheur touchoit fi fenfiblement Sa Majefté, qu'elle étoit réfoluë, qu'elle avoit même donné parole aux Députés des Eglifes, de ne rien changer, ni innover dans Sedan fur la Religion ; quand même elle l'emporteroit de vive force. Je priois Parabere en finiffant, de me rendre une juftice publique fur la pureté de mes intentions, & fur le chagrin que je reffentois de voir l'un de mes Confreres courir à fa perte avec tant d'aveuglement.

Il parut néceffaire à Henry d'ufer de la même précaution avec le Parti Proteftant. Bouillon lui avoit fait faire par La-Nouë des proteftations, qui n'étoient nullement recevables : Le Roi les rendit publiques ; & il y répondit par un Ecrit, qui fut répandu parmi les Amis du Duc ; au hazard de leur faire croire encore plus fortement, & à eux & à lui, que Sa Majefté ne cherchoit qu'à fortir de cette affaire par la douceur : comme en effet ils publierent que le Roi défefpéroit plus que jamais du fuccès de fon entreprife : A quoi Bouillon ajoûtoit, ainfi que le rapporterent La-Viéville, d'Arfon & Du-Maurier, qui furent deputés vers lui à différentes fois, que j'engageois ainfi témérairement Sa Majefté, malgré elle-même ; & que je m'étois un jour vanté à ce Prince, de prendre Sedan en trois mois, du côté du Fer-à-cheval. Ce dernier fait eft vrai, & donna bien à penfer à Henry, fur la prétenduë fidélité de ceux qu'il admettoit à fes Confeils : car lorfque je lâchai cette parole, il n'y avoit de préfens que Dom Joan & Erard. Auffi Bouillon me regardoit & me traitoit-il en toute occafion, comme le plus mortel de fes

## LIVRE VINGT-TROISIEME.

ennemis, qui changeois tout ce que Sa Majesté pouvoit penser de favorable pour lui. C'étoit au Roi à répondre à ce reproche; & il y répondoit en effet, comme je pouvois le souhaiter : Et quant à tous ces autres discours, encore plus insolens; il se proposa bien de faire dans peu changer de ton au Duc de Bouillon.

Il partit de Fontainebleau sur la fin de Mars; menant avec lui la Reine, qui devoit faire une partie de ce trajet (9), quoique les chemins fussent très-mauvais; & prenant sa route par Reims, Rhétel, Mézieres, Doncheri & Mouson. Comme je ne revis Sa Majesté qu'après l'affaire concluë, j'en prendrai le détail dans les Lettres, qu'elle m'écrivit & me fit écrire continuellement par Villeroi & La-Varenne.

Bouillon ne quitta que le plûtard qu'il put, sa premiere arrogance : il dit à Du-Maurier, Que si-tôt qu'on auroit commencé à le trompetter, il abattroit les Armes de France de dessus sa porte : C'est qu'en poursuivant Bouillon avec les armes, le Roi voulut aussi qu'on commençât à instruire son Procès, qu'il me commanda de poursuivre vivement avant de partir pour aller le joindre. Le Duc sollicita si bien quatre des Canonniers de Sa Majesté, qu'ils se laisserent persuader de l'aller trouver, sur des chevaux qu'il leur envoya à La-Fère en Tartenois : désobéïssance digne de punition dans ces Canonniers. Quoique la Duchesse de Bouillon ne sortît point du tout de Sedan; il usa de tant d'adresse, que ceux que Sa Majesté chargeoit de l'informer de tout ce qui se passoit dans cette Ville, lui rapporterent qu'elle s'étoit retirée en Allemagne, pour ne pas se trouver dans une Ville assiégée. On l'entendoit se vanter qu'en frappant du pied contre terre, il feroit entrer dans Sedan jusqu'à quatre mille hommes; voulant qu'on crût qu'il disposoit de dix-sept Compagnies de Cavalerie, & de quelques Régimens d'Infanterie, qui étoient dans le Luxembourg; & qu'il se feroit assister puissamment des Suisses. L'avis le mieux circonstancié qu'on reçut, est qu'il attendoit avant le 20 du mois d'Avril, cinq ou six cens soldats, qu'il avoit fait lever en Gascogne & aux en-

1606.

---

(9) La Reine ne fit ce voyage, selon De-Thou, le Mercure François & les meilleurs Mémoires du temps, qu'afin de pouvoir obtenir des conditions plus avantageuses au Duc de Bouillon, qui l'avoit mise dans son parti.

virons de Limeüil, & fait embarquer à Bordeaux. Un Neveu de Rignac, & un nommé Prépondié, les avoient levés; sous ombre de recrûës, qu'on faisoit pour aller servir en Flandre: Pucharnaut l'avoit déja mandé au Roi, lorsque Sa Majesté étoit encore à Paris.

On trouvoit beaucoup à rabattre sur tout cela, lorsqu'on l'éxaminoit de près. On sçavoit que rien ne remuoit en Allemagne pour le Duc de Bouillon; Bongars l'assûra au Roi. Les Archiducs témoignoient plus de peur de notre Armément pour eux-mêmes, que de disposition à se déclarer contre nous. L'Espagne trouvoit le sujet trop leger, pour rompre la Paix avec la France: c'est ce qu'on sçavoit de Madrid même. L'Angleterre regardoit avec la derniere indifférence le Duc de Bouillon. Trois ou quatre cens Avanturiers Suisses, voilà tout au plus surquoi on voyoit qu'il pût compter; & il se passa encore à bien moins: pendant que contre son attente, nos levées dans les Cantons se faisoient sans aucune peine. Pour l'Electeur Palatin; Montglat ne l'avoit point encore vu: mais il mandoit de Strasbourg, qu'il partageoit la peur de Bouillon. Le Landgrave écrivit lui-même en France, pour y notifier ses intentions.

Quant à ce que le Duc pouvoit par lui-même: on sçavoit qu'il n'y avoit pas plus de douze cens Hommes-de-guerre dans Sedan; & l'on fut bientôt plus particulierement informé qu'il n'y en avoit en effet que sept ou huit cens, Bourgeois & Avanturiers ramassés; dont encore une partie faisoit mine de vouloir en sortir, avant l'approche de l'Armée du Roi. Le bruit courut que Bouillon s'étoit retiré lui septiéme en Allemagne, s'étant fait escorter pendant quelques lieuës par sa Garnison; & qu'il avoit été vu auprès de Bascogne par des Soldats qui le connoissoient, & auxquels il avoit parlé. Quelques particularités rapportées sur les ordres qu'il avoit donnés dans Sedan, pour le Château & pour la Ville, faisoient même croire qu'il n'y rentreroit point: mais cette Nouvelle, que le Gouverneur de Villefranche étoit venu exprès apporter au Roi à Reims, ne se trouva pas vraie. Le Duc de Nevers, mieux instruit, manda à Sa Majesté, Qu'à la vérité le Duc de Bouillon étoit sorti à la tête de trois ou quatre cens hommes; mais pour aller au-devant d'un Prince Allemand, avec lequel il étoit rentré dans Sedan, dès la nuit suivante. Quoique les avis donnés par les différens Agens de Sa Majesté, ne se rapportassent pas en tout à beaucoup près; on sçut de bonne part, que Bouillon ne s'étoit point éloigné de sa Ville. Ce Comte d'Allemagne qu'on disoit qu'il installoit dans Sedan, pour y soûtenir un Siége, étoit le troisiéme des Comtes de Solme. L'aîné étoit Grand-Maître de l'Electeur Palatin : Nous avons vu le second, avec le Sieur Du-Pleſſon : pour celui-ci, on ne parloit pas avantageuſement de ſes lumieres & de ſon expérience.

Le Roi fut incommodé d'un rhume, à Nanteuil : ce qui ne l'empêcha pas d'aller à la Chaſſe, dès qu'il eut commencé à cracher ; Il me mandoit de cet endroit, le 27 Mars, Qu'il avoit manqué ſon Cerf ; mais qu'en récompenſe il avoit pris deux loups la veille : ce qu'il regardoit comme un augure favorable. Il trouva à Freſne quatre Compagnies du Régiment des Gardes, déja recrutées de ſept cens hommes ; auxquelles il permit d'y demeurer juſqu'au premier Avril, pour achever leur recruë. On voyoit le cœur de Henry s'épanouir, & ſon ancienne ardeur renaître ſur ſon viſage, en reprenant ſon premier métier. Il vint dîner à deux lieuës de Freſne, & de-là, entendre les Ténébres à Reims ; où il demeura pour faire ſes Pâques, juſqu'au Mercredi ſuivant. Il y fut joint par le Duc de Mercœur, & par toute la Nobleſſe du Pays. Il y vit auſſi Du-Maurier venant de Sedan, qui lui dit de la part du Duc de Bouillon, Qu'il conſentoit à y recevoir au nom du Roi, un Gentilhomme : pourvu que ce fût ſans aucune qualité ; & que ſa Garniſon y reſtât, commandée par ſon Officier : Qu'il étoit prêt auſſi d'y recevoir Sa Majeſté, avec telle ſuite qu'elle jugeroit à propos, & tous ceux qu'elle voudroit y députer : mais qu'il perſiſte à demeurer le ſeul Maître dans ſa Place ; & qu'il perdra plûtôt ſes biens, ſes Enfans & ſa vie. A meſure que le danger approchoit, le Duc rabattoit de ſa fierté.

Le Roi, ſans répondre à cette propoſition, envoya le Duc de Nevers (10) à Mouſſon, aſſembler la Cavalerie qui y arrivoit, & empêcher l'entrée de ces prétenduës Troupes du Duc de Bouillon dans Sedan : Il n'y étoit arrivé en tout que trois cens hommes, Suiſſes & Allemands : & il n'y avoit pas

(10) Charles de Gonzague de Cleves, Duc de Nevers.

1606.

d'apparence qu'il vînt d'autres secours à Bouillon; Sa Majesté étant dès-lors en état de l'empêcher. Elle paroissoit avoir une extrême impatience de s'avancer vers cette Ville; mais elle n'avoit encore que le Régiment de ses Gardes. Les recruës des Chevaux-legers arriverent belles & bonnes: le reste des Troupes ne devoit joindre que le 4 Avril. Le Roi me fit l'honneur de m'écrire deux fois de Reims, le 24 & le 26 Mars; en me pressant de venir l'y trouver avec mon Fils : il faisoit état d'en partir le 27 pour Rhétel, & d'être le 30 à Mouson, où il avoit marqué pour ce jour-là le rendez-vous du Régiment des Gardes; quoique les pluies eussent rendu les chemins presqu'impraticables. Sa Majesté me mandoit encore de lui envoyer des Officiers & des Chevaux ; avec un Convoi de pics, pelles, hoyaux, & de quelques moyennes Pièces de canon, pour fortifier son logement.

Tant de personnes s'empressoient malgré tous ces préparatifs, à mettre la chose en Négociation, qu'il n'y avoit pas un fort grand fond à faire sur toutes ces apparences ; & qu'en effet ce dernier parti l'emporta bientôt. Sa Majesté fut pourtant fort mal satisfaite des derniers Articles, que Du-Maurier rapporta de la part de Bouillon ; & que Villeroi nous communiqua par son ordre, au Garde-des-Sceaux & à moi. Elle fut encore plus choquée d'un Mémoire, dans lequel il sembloit que le Duc voulût traiter avec elle d'égal à égal : D'Arson, qui étoit allé de lui-même trouver Bouillon, après Du-Maurier, présenta au Roi ce Mémoire impertinent. Mais Bouillon, après avoir ainsi satisfait sa vanité, comprit qu'il étoit temps enfin de changer de langage ; il se radoucit tout d'un coup. Nétancourt vint de sa part, prier Sa Majesté de lui envoyer Villeroi, pour conférer & traiter avec lui. Le Roi y consentit ; pourvû que l'entrevuë se fît à Torcy, sans sortir des limites de France. Par une derniere fougue de cet homme, qui assûrement méritoit pis que ce qui lui arriva ; Aërsens, qui étoit allé le trouver, sous le bon plaisir de Henry, revint dire qu'il désavouït Nétancort, & qu'il se passeroit de Villeroi.

Il faut que Henry ait eut quelque puissant motif, que je ne

(11) Jean de Nétancourt, Comte de Vaubecourt, Conseiller d'État, Maréchal de Camp, Lieutenant-Général des Ville & Evêché de Verdun, Gouverneur de Châlons en Champagne, mort en 1642.

(12) Joachin

# LIVRE VINGT-TROISIEME.

ne comprends pas, de charger le Duc de Bouillon de tout le tort ; pour lui députer, comme il ne laiſſa pas de faire après cela, Villeroi & Dinteville (12) ; avec leſquels il paroît que Bouillon ne montra plus, ni mauvaiſe humeur, ni peine à s'accorder. Villeroi m'apprit lui-même ce qui s'étoit paſſé dans la Conférence ; & il joignit un aſſez long Mémoire à la Lettre, qu'il m'en écrivit dès le ſoir même du jour, qui étoit le 30 Mars, lorſqu'il fut de retour à Donchery. Si j'en crois Villeroi ( car on verra dans le moment, les raiſons que j'ai de me défier de ſa ſincérité ) ; il a trouvé Bouillon ſi ombrageux & ſi irréſolu, qu'il ne répond de rien, qu'après une ſeconde Conférence ; & même, tant qu'il ne lui aura pas vu, non-ſeulement conclurre & ſigner, mais encore commencer à effectuer l'Accord. Comment Villeroi prétend-t'il, ſans ſe contredire, accorder avec ces paroles, ce qu'il dit immédiatement après, qu'il lui ſemble que le Duc de Bouillon veut ſe mettre à la raiſon : C'eſt qu'il ne pouvoit ſe diſpenſer de me prévenir ſur une concluſion, qu'intérieurement il ſçavoit bien plus proche, qu'il ne me le diſoit. Il m'annonce une ſeconde Conférence pour le lendemain : ce qui étoit cauſe que Sa Majeſté paſſeroit encore toute cette journée à Donchery.

 Voici une preuve que Villeroi ne me diſoit pas tout. La-Varenne, qui m'écrivoit le même jour que lui, me mande, que Bouillon s'eſt préſenté à la Conférence, de l'air d'un homme qui demande quartier : & avec raiſon, dit-il ; puiſqu'après avoir fait les plus grands efforts, avoir épuiſé ſon petit Domaine, & cueilli de tous côtés ; il ne ſe voyoit en tout que quinze cens hommes, jeunes gens qui n'avoient jamais vu le feu ; peu de François & de Lanſquenets ; vingt-cinq Suiſſes ſeulement ; tout le reſte pitoyable, ſi l'on excepte peut-être encore quelques Flamands de Frankendal & des environs : Que ſi dans cette extremité, la Ducheſſe de Bouillon n'étoit point ſortie de Sedan, il n'y avoit pas lieu de douter que ſon Mari n'eût réſolu de conſentir à tout : Qu'auſſi le Traité devoit être déja réputé conclu ; & que ce n'étoit que pour ſauver en quelque ſorte ſon honneur, de la honte

---

(12) Joachin de Dinteville, Gouverneur de Champagne.

*Tome II.*            D d d d

d'une capitulation si subite, que le Duc avoit demandé en grace le terme du lendemain.

Tout fut confommé en effet dans cette seconde Conférence. Villeroi se pressa fort en apparence de me l'apprendre; puisqu'il m'écrivit au sortir de là, comme il avoit fait la veille: mais il sçut bien d'un autre côté m'en dérober la connoissance, comme on va le voir bientôt. Il promet dans cette seconde Lettre, de m'envoyer le Traité même, si-tôt qu'il aura été mis au net & signé : ce qui devoit se faire le lendemain de grand matin. Il m'en spécifie en attendant les Articles principaux. Ce Traité porte pour titre : *Articles de la Protection de Sedan & de Raucourt* : la date en est du 2 Avril 1606. & le terme, pour quatre ans. Le Duc de Bouillon y consent que le Roi établisse de son droit un Gouverneur dans le Château, à la tête d'une Compagnie de cinquante hommes ; & que les habitans de Sedan prêtent au Roi le serment de fidélité : ce qu'il s'oblige aussi à faire de son côté. Villeroi remplit le reste de sa Lettre des louanges, que Sa Majesté a données publiquement, dit-il, à ma vigilance & à mes conseils, en cette occasion : ce qui est assez inutile ; puisque j'avois agi & parlé sans fruit : Par cette flaterie, Villeroi ne m'éblouït, ni ne me fait prendre le change, sur son procédé.

Je ne puis douter que Sa Majesté ne désirât sincerement de me donner part à la conclusion de cette affaire ; après les assûrances qu'elle m'en avoit données, & le soin qu'elle prit de m'écrire, uniquement pour me presser de venir, afin qu'il ne se fît rien sans moi. Je ne décide point par quels motifs Villeroi étoit si éloigné à cet égard, de la façon de penser du Roi : si c'est parce qu'il appréhenda que je ne lui dérobasse l'honneur d'un Traité : ou s'il craignit que Bouillon obtenant par mon entremise des conditions plus avantageuses ; l'amitié ne nous unît contre sa Politique, qui étoit de tenir divisés les plus qualifiés de la Religion. J'avance seulement qu'il hâta d'autant plus l'Accord, qu'il vit que Sa Majesté m'y convioit plus fortement : A quoi j'ajoûte qu'il se crut permis d'user d'une petite supercherie. Henry lui ayant remis les Lettres, dont il vient d'être fait mention ; il en chargea un Laquais, auquel il ordonna de prendre tout douce-

# LIVRE VINGT-TROISIEME.

ment la route d'Amiens, Saint-Quentin & Rheims : en sorte que je ne les reçus qu'après celle que Sa Majesté m'écrivit huit jours après, & qu'elle envoya un Exprès m'apporter. Ce ne fut pas sans étonnement que je lus dans cette derniere Dépêche, que ce Prince étoit en peine de moi, & craignoit que je ne fusse malade ; puisque m'ayant écrit il y avoit huit jours, il n'avoit reçu de moi aucune Réponse : ce qui étoit cause que tout s'étoit conclu sans moi. Par cette même Lettre, qui est du Samedi premier Avril, Henry me mande, de ne pas différer davantage à l'aller trouver : Que je laisse le plus pesant de mon bagage à Châlons ; & que je le rencontrerai le Lundi suivant à la Cazine, où il ira voir la Reine.

Ayant reçu ces deux Lettres le même jour, à Suipe, je vis que je n'avois pas un moment à perdre, si je voulois me trouver au rendez-vous de Sa Majesté. Je connus à la maniere dont elle me reçut, que toutes réfléxions faites, elle pardonnoit assez volontiers la faute, que Villeroi avoit faite à mon égard (13). Ce Prince me caressa extraordinairement ;

[13] De-Thou, dans le recit qu'il fait de cette expédition de Sedan, *liv.* 136. se montre peu favorable au Duc de Sully, & beaucoup au Duc de Bouillon. Il fait entendre, que Henry IV. s'étant convaincu pendant ce voyage, que M. de Sully ne poursuivoit en cette occasion le Maréchal de Bouillon, qu'à raison d'une inimitié personnelle ; il fut bien aise de profiter de son absence, pour terminer toute cette affaire par un Traité : parce qu'au fond ses liaisons avec MM. de Biron & D'Auvergne, n'avoient pas été portées jusqu'au crime. Le témoignage du Mercure François, de presque tous les Historiens, & de l'Auteur Apologiste du Duc de Bouillon lui-même, qui parle au contraire plus avantageusement sur ce sujet du Duc de Sully, que du Duc de Bouillon, & les autres preuves répanduës dans ces Mémoires, rendent, à ce qu'il me semble, insoûtenable, ce que M. De-Thou avance ici, sur l'opinion qu'avoit Henry IV. des sentimens & des dispositions du Duc de Bouillon. On doit une toute autre créance à des faits, établis sur des Lettres & des dis-

cours rapportés d'Original, tels que sont la plûpart de ceux qu'on voit dans les Mémoires de Sully, & celui-cy en particulier ; qu'à ceux, dont les preuves ne sont fondées que sur des bruits publics : Et si je ne me trompe, il ne seroit pas difficile de montrer à M. De-Thou qu'il n'est pas sur cet article, d'accord avec lui-même.

D'où peuvent donc venir, la précipitation avec laquelle fut conclu le Traité, l'air de faveur qu'on y remarque, & le mystere que M. de Sully insinuë lui-même que le Roi lui en fit faire ? Je souscris aux raisons qu'en apporte Marsolier : 1º. Que Henry IV. ne vouloit pas perdre le Duc de Bouillon ; mais seulement lui faire sentir le poids de sa puissance, pour le contenir à l'avenir dans le devoir : 2º. Que le Duc de Bouillon se voyant représenter par M. de Villeroi, sa Lettre d'association avec MM. de Biron & D'Auvergne, eut véritablement recours à la soûmission, pour obtenir un pardon, que sa fierté l'empêcha de demander, tant qu'il pouvoit se flater que ses démarches étoient demeurées cachées. 3º. Que toutes réfléxions fai-

Dddd ij

croyant peut-être que j'avois du reſſentiment de ce qu'on ne m'avoit pas attendu : » Soyez le bien-venu , me dit-il , tout » haut : j'ai eu ſoin de votre ſouper & de votre coucher ; vous » ſerez bien accommodé. Devinez , me dit-il enſuite tout-» bas, en ſe penchant vers mon oreille, pourquoi je me ſuis » tant hâté : c'eſt parce que je ſçais qu'étant arrivé , vous » euſſiez voulu tout reconnoître , & vous fourrer dans tous » les endroits périlleux ; & je craignois qu'il ne vous arrivât » quelqu'accident : Car j'aimerois mieux que Sedan ne fût » jamais pris, ayant affaire de vous pour quelque choſe de » plus grande conſéquence. «

Les réfléxions que je ferois ſur cet Accord, & ſur toute cette affaire, pourroient après cela n'être pas celles d'un homme impartial : Je dirai ſeulement, que le Duc de Bouillon fut bien heureux d'en être quitte à ſi bon marché ; après avoir obligé Sa Majeſté à mettre une Armée ſur pied, & à faire avancer une Artillerie de cinquante Piéces de Canon, à quinze ou vingt lieuës au plus de Sedan ; & après avoir donné à Sa Majeſté elle-même la peine de venir en perſonne juſqu'au pied de ſes murs. Henry convenoit de tout cela : La conduite du Duc le faiſoit quelquefois entrer en une véritable colère : mais ſa clémence ordinaire fut la plus forte. Il fit ſon entrée le 2 Avril, dans Sedan, où il laiſſa cinquante hommes, & Nétancourt à leur tête. Bouillon vint enſuite lui rendre ſon hommage & ſa ſoûmiſſion : Sa Majeſté me fit appeller à cette Cérémonie, qui ſe paſſa dans la Chambre du Roi, de ſi grand matin, que Bouillon prit encore ce Prince au lit (14).

Je viſitai la Place le lendemain. Trois cens malotrus Lanſquenets, & vingt-cinq Suiſſes, furent toutes les Troupes Etrangeres que j'y vis ; au-lieu de ces ſecours formidables, qui devoient accourir au Duc de Bouillon, de tous les en-

res, Henry IV. jugea que le Duc de Bouillon lui feroit encore moins de mal à Sedan, que par tout ailleurs ; & que par cette raiſon, loin de l'en chaſſer, il l'y renvoya un mois après. Pour M. de Villeroi, que l'Auteur blâme ici ; on voit bien qu'il n'agit que par ordre du Roi, & ſelon ſes vûës. Auſſi eſt-il beaucoup loué de cette Négociation, dans le *Vol*. 8477.

des *Mſſ. R.* Voyez les Hiſtoriens, & ſur-tout le Mercure François *ann*. 1606. Aucun Ecrivain n'a rapporté ce fait avec autant de particularités, qu'on en voit dans nos Mémoires.

(14) Henry IV. lui répondit obligeamment, que ce n'étoit pas tant ſa Place de Sedan qui le tenroit, que les bons ſervices qu'il attendoit de ſa perſonne. *Mſſ. Ibid.*

droits de la Chrétienté. Tout le reste étoit proportionné : des Canons très-mal équippés, avec quatre ou cinq mal-habiles Canonniers pour les servir ; aucun endroit accommodé pour les loger ; point de fascines, de gabions, de trépans, de madriers ; rien en un mot, de ce qu'on a coûtume de préparer pour soûtenir un Siége. Je ne pus m'empêcher d'en marquer mon étonnement au Duc de Bouillon, qui assistoit à cette visite ; & qui ne trouvant pas mes remarques, ni ma liberté de son goût, se mit à contester beaucoup plus vivement qu'il n'étoit besoin. Quelqu'ingénieuse que fût sa vanité, l'inégalité des deux Parties se montra si visible, qu'il passa chez nos Voisins pour n'avoir prévenu sa ruine totale, que par une soûmission aveugle. Le Cardinal Du-Perron m'en félicita de Rome : » Il faut, me disoit cette Eminen- » ce, en me citant un Ancien, que les Guerres soient grosses » & courtes ; on abrège par-là le temps & les frais : les » Conquêtes qui se font par la crainte des Armes, vont bien » plus vîte & plus loin, que celles qui se font par les Armes » mêmes. « Le Pape parla publiquement de cette expédition, avec éloge ; & je sçais qu'on pensoit par-tout ailleurs, à peu près comme à Rome. Cela me consola un peu sur la réputation de nos Armes.

1606.

Je comptois encore prendre un petit dédommagement de cet Armément, en remettant sous l'hommage de Sa Majesté, les Places du Comté de Saint-Paul. Il faut se rappeller ici ce que j'ai dit sur l'acquisition de ce Comté, en 1604 : Que Guillouaire étant venu proposer au Roi ce marché, de la part de M. le Comte de Soissons ; Sa Majesté commit cette affaire en mon absence, à MM. de Bellièvre, de Villeroi, de Syllery & de Maisses : & que sur les difficultés que j'y fis envisager à ce Prince, on en fit expédier le Contrat, sous le nom d'une tierce personne ; en attendant que le Roi pût, en s'emparant de ces Places, s'en déclarer le véritable acquereur.

Lorsque Henry me proposa de faire faire montre aux Troupes, & de les licencier : » Comment ! licencier, Sire, lui » répondis-je ? & que deviendra votre Contrat du Comté de » Saint-Paul ? Ne vous souvient-il plus de la résolution qui » fut prise, en le passant ? Puisque la dépense en est faite, il » ne faut que tourner de ce côté-là. « Je fis voir à Sa Majesté

Que c'étoit une affaire de quinze jours seulement ; les Espagnols ne s'attendant à rien moins : Qu'au reste, ils n'auroient aucun sujet valable de s'en plaindre ; parce que le Roi ne faisoit qu'user du pouvoir, que les Traités laissoient aux Comtes de Saint-Paul, d'opter entre la France & l'Espagne ; ce qu'on feroit dénoncer au Conseil de Madrid, au même temps qu'on s'avanceroit. » Je vois bien que vous avez raison, me » dit Henry, après m'avoir écouté attentivement : mais il y » faut bien penser auparavant ; & j'en veux parler aux princi- » pales personnes qui sont auprès de moi, & à ceux de mon » Conseil ordinaire. « Je ne sçais à qui Sa Majesté en parla, & quel conseil on lui donna : mais deux jours après, ce Prince me tira à quartier, & voulut me persuader qu'il étoit à propos de laisser pour le présent cette affaire assoupie. J'avouë que je ne pus mempêcher de dire en quittant le Roi, avec un mouvement d'impatience : » Eh-bien, de-par-Dieu ! je » vois que nous allons pendre notre épée au croc, ayant » une si belle Armée, & la licencier, lorsque nous avons une » occasion si favorable de l'employer utilement. « Je ne pus faire changer de résolution au Roi. On fit montre deux jours après : chacun se retira ; & je ramenai l'Artillerie à Paris.

Il prit envie au Roi de rentrer dans cette Ville, au bruit de toute son Artillerie : La-Varenne vint me le dire de sa part : » Eh ! M. de La-Varenne, m'écriai-je, surpris de la pro- » position ; que pense faire le Roi ? Nous n'avons pas donné » un coup d'épée ni de pique, ni tiré un seul coup de Canon » & de fusil : & nous voulons faire les victorieux ; nous, qui » sommes les vaincus, en deux manieres : Nous avons ache- » té avec trop de crédulité, ce que le Roi ne devoit tenir » que de son courage : ensuite, nous avons eu peur de dé- » clarer ce que nous avons acquis : Je m'étois toujours bien » douté que les choses se passeroient ainsi : dites au Roi que » tout le monde dit cela ; & qu'on se moquera de nous, si l'on » fait tirer le Canon. « Ma franchise alloit peut-être un peu trop loin, dans cette occasion ; le chagrin de tout ce que je venois de voir arriver, en étoit la cause. Le Roi n'entendit pas ce rapport, sans beaucoup d'émotion : il ne la cacha à personne, qu'à moi. Praslin, & ensuite Béthune, revinrent aussi-tôt après, me faire entendre de sa part avec douceur, qu'il n'y avoit rien de déraisonnable dans ce qu'il exigeoit de

# LIVRE VINGT-TROISIEME.

moi. Je crus à mon tour pouvoir les convaincre du contraire. Henry entra cette fois dans un violent courroux ; qualifia très-durement ma résistance à sa volonté ; & renvoya me commander d'un ton absolu de lui obéïr : ce que je fis si promptement, & avec un tel vacarme de toute l'Artillerie, que cela l'appaisa tout d'un coup ; & qu'il m'envoya chercher pour m'embrasser (15). Bouillon étoit à la suite du Roi en cette Entrée. Il avoit assûrement grand tort de craindre de sa part aucune affectation de mépris : car dès ce moment, Sa Majesté reprit avec lui son ancienne familiarité, & ne changea en rien, que pour le mieux traiter encore.

C'est dans ce temps-là qu'éclata le fameux Différend de Paul V. avec les Vénitiens. Il prenoit son origine de plus vieux temps, à l'occasion de droits prétendus Ecclésiastiques, que le Saint-Pere avoit voulu assez à contre-temps faire valoir contre cette République, qui s'y étoit opposée par des Décrets tout à fait fermes (16). Fresne-Canaye, notre Ambassadeur à Venise, m'en avoit donné avis dès le

---

(15) Le Journal de Henry IV. ne parle point de cette contestation ; & dit au contraire, Que M. de Rosny étoit à côté du Roi, l'entretenant, & lui montrant les belles Dames : Que le Maréchal de Bouillon étoit vêtu & monté très-simplement ; & qu'il avoit l'air fort triste. Il rapporte une Lettre, que le Roi écrivit à la Princesse d'Orange, sur la reddition de Sedan, en ces termes : « Ma Cousine, je dirai comme fit » César, *veni, vidi vici* : ou com- » me la Chanson : *Trois jours dure-* » *rent mes amours, & se finirent en trois* » *jours* : tant j'étois amoureux de » Sedan. Vous pouvez maintenant » dire si je suis véritable, ou non ; » & si je sçavois mieux l'état de cet- » te Place, que ceux qui vouloient » me faire croire que je ne la pren- » drois de trois ans. « &c. M. De-Thou se trompe encore, lorsqu'il dit, *Ibid.* Que le Duc de Bouillon n'arriva que quelques jours après. Voyez le Mercure François, où l'on trouve la description de l'Entrée de Sa Majesté dans Paris.

(16) Par l'un des Décrets, du 10 Janvier 1603, il est défendu de bâtir aucune Eglise, sans la permission de la Seigneurie : Et par un second, du 26 Mars 1605, les Ecclésiastiques & Gens de main-morte, ne peuvent faire aucun acquêt, sans y être spécialement autorisés. Je n'entrerai point dans la discussion de ces points de Droit ; pour & contre lesquels il y eut une infinité d'Ecrits en ce temps-là. Les principaux sont ceux qui sortirent de la plume du Cardinal Baronius, pour le Pape ; & de Frere Paul Sarpi, Religieux Servite, pour les Vénitiens. On peut voir toutes ces Pièces, dans M. *De-Thou*, *le Mercure François*, *Matthieu sous l'année 1606. & autres Historiens* : & en particulier, dans les Ecrits, composés sur ce fameux Différend. Les Jésuites, les Capucins, & quelques autres Religieux, en petit nombre, furent les seuls qui obéïrent à l'Interdit, & se firent chasser des Terres de la Seigneurie : l'Excommunication fut méprisée de tous les autres Ordres de la République ; & le Ser-

1606.

Le 17 Avril 1606.

mois d'Octobre précédent. Ces Décrets, joints à l'emprisonnement de deux Ecclésiastiques, par Arrêt du Sénat ; l'Interdit lancé par le Pape, sur le refus de révoquer les Décrets, & de lui faire justice sur cette détention ; enfin la Protestation, que la République venoit tout fraîchement de faire contre cette Excommunication ; avoient mis de part & d'autre, la chose à son comble.

Je trouve des deux côtés, pour en dire ingénuëment ma pensée, de pareils procédés, & bien violens, & bien peu sages. J'ai toujours honoré véritablement la personne de Paul V. & fait profession d'être son très-humble serviteur : je ne crois pas que ce que je vais dire, ait rien qui y soit contraire. Nous ne sommes plus au temps, où les Papes éxerçoient cette autorité spirituelle, dont ils font avec raison leur plus bel appanage, de maniere qu'elle leur valoit réellement une autorité toute souveraine, sur les Etats & les Princes de la Chrétienté. Aujourd'hui l'on distingue assez éxactement ce qu'ils ont usurpé pour le Temporel ; & on le leur conteste fortement. Je dirois presque qu'on est aussi désabusé sur le Spirituel : du moins il est certain que la Réforme leur en a enlevé tout d'un coup les deux tiers : Exemple si récent, & si facile à imiter, qu'assûrement la Cour Romaine n'est pas sage, d'exposer la République de Venise à cette tentation ; environnée comme elle l'est, de peuples qui se sont soustraits à la loi du Siége Apostolique ; & qui lui tendront les bras, d'abord qu'elle témoignera vouloir en faire autant : je veux parler des Evangelistes & de tous les Protestans d'Allemagne, Suisse, Bohême, Hongrie, Autriche & Transilvanie ; auxquels nous pouvons joindre les Schismatiques Grecs, & les Turcs. Que Rome pense un peu au ravage, que trois ou quatre Moines seulement ont fait dans son Empire : cela doit lui suffire ; & d'autant plus que ce mal ne lui est arrivé, que par une imprudente fierté de Leon X. & de Clement VII. toute semblable à celle que montroit Paul V. dans la conjoncture présente.

Les vice divin continua à y être célébré, comme auparavant. On rapporte que le Grand-Vicaire de l'Evêque de Padouë ayant dit au Podestat, Qu'il feroit là-dessus ce que le Saint-Esprit lui inspireroit; le Podestat lui répondit, Que le Saint-Esprit avoit déja inspiré au Conseil des Dix, de faire pendre tous ceux qui refuseroient d'obéïr à la volonté du Senat.
(17) O

LIVRE VINGT-TROISIEME.   585

1606.

Les Vénitiens courent peut-être encore de plus grands risques que le Pape, en se l'attirant pour ennemi. Toutes ces discussions, que dans le commencement l'on prétend traiter, sans les tirer du for de la Conscience, aboutissent tôt-ou-tard à être soûtenuës par les armes ; lorsque, comme il arrive toujours, les raisons, loin d'être goûtées, ne font que donner lieu à des procédés toujours de plus violens en plus violens : & cette République ne doit rien éviter avec tant de soin, que la Guerre ; persuadée que si l'Empereur & le Roi d'Espagne, ne font pas valoir les prétentions qu'ils ont sur ses Etats, & dont ils ne se cachent presque pas ; ce n'est assûrément que parce qu'ils manquent de prétextes & d'occasions. La Politique Vénitienne doit donc viser continuellement à maintenir, & sa République, & toute l'Italie, dans l'état où les choses y sont aujourd'hui. Aucun changement ne peut lui être avantageux ; & toute révolution ne sçauroit que lui être funeste. J'ai souvent approfondi cette matiere, en discourant avec les Cardinaux de Joyeuse & Du-Perron ; & je travaillois avec eux avec plus de candeur, qu'il n'est ordinaire à un zélé Huguenot d'en montrer, à trouver les moyens que la nouvelle Religion ne s'ouvrît une entrée, ni en Italie, ni en Espagne : pourvû qu'ils répondissent de leur côté ; que le Pape, Chef de l'Italie, s'épargneroit aussi la peine de s'intéresser à cette partie de l'Europe, qui n'a plus rien de commun avec lui : parce que j'ai toujours cru que le vrai Système Politique, celui qui doit rendre & conserver l'Europe tranquile, dépend de la bien fixer dans cet équilibre (17).

Si l'on avoit sçu faire toutes ces réfléxions à Rome & à Venise, tout le monde y auroit conspiré à étouffer la querelle présente, dans sa naissance : Une explication donnée à-propos, & avec modération, auroit suffi. Les affaires en apparence les plus épineuses, sont toujours susceptibles d'un heureux tempérament, lorsqu'on sçait les manier : & celle-cy l'étoit plus que bien d'autres. Il ne falloit que la considérer sans aucun rapport avec des conséquences, dont on a tort

---

(17) On distingue facilement dans ce discours, comme dans tous ceux où la Religion est mêlée, ce que la Croyance de M. de Sully lui fait dire de trop fort, & au-delà du vrai. Je n'en avertis plus ; parce que je crois que le Lecteur y est accoûtumé présentement, & n'en est guère ému.

*Tome II.*   E e e e

de s'alarmer ; parce qu'il ne faut pas s'alarmer de tout ce qui est possible. Mais on l'avoit embrouillée à dessein ; en y liant des questions, contre lesquelles la prudence des plus habiles conciliateurs échouëra toujours. Les suggestions malignes de ceux qui cherchoient à faire leur profit de cette désunion, y avoient bien eu autant de part que tout le reste. Si dans le fort de la colere, une personne animée se trouvoit encore capable de faire usage de sa raison ; je lui conseillerois sur toutes choses, de se défier alors des discours de ceux qui s'offrent à servir sa vengeance : C'est dans cette occasion que la haine & l'envie dressent leur piége le plus inévitable.

<small>Philippe Canaye, Seigneur de Fresne.</small>

Canaye, en me consultant sur ce que sa qualité d'Ambassadeur François demandoit qu'il fît dans cette conjoncture, crut que pour mieux m'instruire, il devoit m'envoyer un long Mémoire des griefs & des raisons des deux Parties. Je n'en fis pas beaucoup d'usage : Ce n'eût pas été leur rendre un bon service, que d'éplucher toutes ces raisons, & de prononcer sur chacune d'elles. Aussi me contentai-je de mander simplement à Canaye, que sans égard au fond de la querelle, les Vénitiens n'avoient d'autre parti à prendre, que celui de se remettre de tout à des Arbitres, qui pussent, non pas les juger en rigueur, mais les appaiser, en faisant office d'Amis communs. Je nommai la personne de Henry, comme me paroissant le seul propre à produire cet effet ; & celle du Nonce Barberin, dont je connoissois la sagesse & la droiture, pour en faire le rapport à Sa Majesté. Ce conseil fut suivi, mais ce ne fut pas encore si-tôt : la passion jouit de ses droits ordinaires auparavant ; elle se satisfit pendant tout le reste de cette année, par des Ecrits, où le déchaînement fut porté à l'excès. Heureusement les Parties contestantes sont les deux Puissances de l'Europe qui s'avisent le plus tard de la Guerre : C'est sur quoi on se reposa toujours. Nous verrons l'année suivante, quelle fut la fin de cette querelle.

Elle ne fut pas inutile au Nonce Barberin, pour lui faire obtenir le Chapeau de Cardinal, que le Pape lui envoya après une Promotion de Cardinaux, qui fut faite hors temps. Il en reçut un Compliment de Sa Majesté, à laquelle il en avoit la principale obligation : Il disoit aussi souvent, en parlant de moi, qu'il avoit, sans le nommer, un bon Ami au-

près du Roi. Le Cardinal Du-Perron crut de même, que je ne lui avois pas été inutile, pour l'Archevêché de Sens & la Grande-Aumônerie, dont Sa Majesté le gratifia : il m'en fit son remerciment ; en me priant de le faire jouir pendant son absence, des droits de Grand-Aumônier. L'Abbaye de Coulon me fut conservée dans cet arrangement.

Je rendis un service plus essentiel aux Bourgeois de Metz, dans le démêlé qu'ils eurent en ce temps-là avec les Jésuites. Ceux-cy avoient tenté deux ans auparavant, de se faire recevoir dans cette Ville, qui détourna le coup par des représentations, que j'appuyai auprès de Sa Majesté. Ils revinrent plus d'une fois à la charge : & je rassûrai encore les Messins ; en les instruisant par Saint-Germain & Des-Bordes, & ensuite par La-Nouë, de la maniere dont le Roi pensoit sur leur compte : Ce qui n'empêcha pas que toutes leurs craintes ne se réveillassent au commencement de cette année : parce que les Jésuites dresserent de nouvelles batteries, bien plus fortes qu'auparavant ; en obligeant le Clergé & tout ce qu'il y avoit de Bourgeois Catholiques dans la Ville, à s'unir à eux. Ils s'assûrerent du suffrage du Duc d'Epernon, leur Gouverneur, qui arriva à Metz le 15 Avril, pour mettre la derniere main à cette entreprise : du moins la Ville étoit dans cette opinion, & que le Gouverneur ne faisoit rien en cela, que par ordre & sous le bon plaisir du Roi. Les Messins alarmés me renvoyerent dès le lendemain une Lettre, qu'ils firent suivre d'une seconde le 25 Avril, dont ils chargerent le Sieur Braconnier ; en lui enjoignant de me rappeller fortement les raisons qui m'avoient déja fait prendre leur défense, & qu'ils craignoient que je n'eusse oubliées. Ils députerent aussi coup-sur-coup deux des leurs à la Cour, pour y veiller à cette affaire : Ce n'est pas, disoient ces bons Protestans, qu'ils craignissent que les Jésuites les détournassent de leur Croyance ; mais parce qu'ils étoient persuadés que la Société pourroit par ses brigues, causer à Metz une révolution, dont les suites seroient fâcheuses, dans une Ville fraîchement réünie à la Couronne.

Je m'étois servi de ce motif auprès de Sa Majesté ; qui comprenoit d'ailleurs de quelle importance alloit lui être cette Ville, pour ses grands desseins. Je comblai de joie ses habitans, en leur mandant par le dernier de leurs Députés,

Que le Roi avoit eu égard à leurs prieres ; & qu'il ne feroit chez eux aucune innovation : dont je leur donnois ma parole, au nom de ce Prince. Ils m'en firent de grands remercimens par une troisiéme Lettre, du 10 Juillet ; où je vis qu'ils n'étoient pas parfaitement guéris de leur frayeur : leurs Adverfaires s'étant encore vantés, difoient-ils, qu'ils avoient des moyens pour faire changer de fentiment à Sa Majefté.

Les Jéfuites recevoient effectivement tous les jours de Henry, de fi fortes marques de protection, qu'elles étoient bien capables d'autorifer cette crainte. Ce Prince leur fit préfent dans cette année, de cent mille écus, pour leur feule Maifon de La-Flèche ; & il prit la peine d'en faire lui-même la diftribution, de la maniere fuivante : Cent foixante mille livres, pour la conftruction du College : vingt-une mille, pour en payer l'emplacement : foixante-quinze mille, en récompenfe des Bénéfices, pris pour faire une fondation perpétuelle à cette Maifon : parce que ces Bénéfices étant poffédés par des perfonnes, qui n'étoient point Eccléfiaftiques ; on pouvoit les forcer, & qu'on les força effectivement, à les rendre, moyennant un dédommagement : douze mille, pour la maifon fervant à loger les Peres : trois mille, pour leur acheter des Livres : autant, pour les Ornemens de leur Eglife : fix mille, pour leur nourriture, pendant la préfente année ; car Henry n'y avoit rien oublié : & quinze mille livres, que La-Varenne leur avoit prêtées, depuis qu'ils étoient à La-Flèche, dont ce Prince avoit bien voulu leur tenir compte. Cette Pièce eft datée du 16 Octobre, & fignée du Roi.

En voici une autre, bien plus finguliere. Un Confeiller au Parlement, nommé Gillot (18), avoit prêté en 1603 un Livre au Pere Cotton. Voyant qu'il ne pouvoit le ravoir, quoiqu'il l'eût fait demander plufieurs fois au Pere ; il lui envoya un Domeftique, avec ordre de ne point quitter le Pere, qu'il ne le lui eût rendu. L'ayant eu par ce moyen, le Confeiller en l'ouvrant, tomba fur une feuille de papier manufcrite, qui apparemment y avoit été oubliée par le Jéfuite, & qu'il jugea écrite de fa main : C'étoit un Mémoire, qui lui parut mériter qu'il m'en fît part. Il me l'apporta ; &

---

(18) Jacques Gillot, Confeiller-Clerc en la Grand-Chambre du Par- || lement de Paris.

# LIVRE VINGT-TROISIEME.

1606.

m'ayant fait promettre que je ne le nommerois en rien dans cette affaire, il me le remit, pour en faire tel ufage que je jugerois à propos. Après avoir vérifié s'il étoit véritablement de la main du Pere Cotton : ce qu'il m'étoit aifé de faire, avec le fecours des Lettres, qu'il fçavoit que j'avois de ce Pere ; nous ne doutâmes nullement après la confrontation, qu'il n'en fût. Le voici traduit : car il étoit en Latin. Il renferme une longue lifte de queftions, que le Jéfuite deftinoit de faire au Diable, en l'éxorcifant dans la perfonne de certaine poffédée, qui faifoit alors beaucoup de bruit (19). On y en trouvera de toutes efpèces, de fimplement curieufes, de frivoles & même ridicules : & parmi celles-là, quelques-unes fur des fujets, qu'il n'eft en aucune maniere permis de fonder. Le Mémoire commence ainfi :

Par les mérites de Saint Pierre & de Saint Paul, Apôtres ; de Sainte Prifque, Vierge & Martyre ; des Saints Moyfe & Ammon, Soldats Martyrs ; de Saint Antenogene, Martyr & Théologien ; de Saint Volufien, Evêque de Tours ; de Saint Leobard, reclus ; & de Sainte Liberate, Vierge.

Suivent après cela les queftions, que l'Exorcifte veut faire au Diable : elles font fans aucun ordre ; parce que l'Auteur

---

(19) Elle s'appelloit Adrienne de Frefne, native du village de Gerbigny, proche Amiens. Elle vint s'établir à Paris, dans la ruë Saint-Antoine : & elle attira dans le Convent de Saint-Victor, où elle fe faifoit éxorcifer, un concours de peuple prefqu'auffi grand, qu'avoit fait Marthe Broffier, à Sainte-Genevieve. De-Thou, qui n'a eu garde de paffer fous filence cette hiftoire, parlant du Pere Cotton, comme de l'un de ces principaux Exorciftes, qualifie fort févèrement à fon ordinaire, la curiofité de ce Pere en cette occafion. Il marque encore, Que Henry IV. pria inftamment le Duc de Sully, de faire enforte que l'Original de cet Ecrit ne devînt point public : & que le contraire étant arrivé par imprudence, ou autrement, il affecta de traiter la chofe de bagatelle, devant les Courtifans ; quoiqu'intérieurement il en fçût fort mauvais gré au P. Cotton. De-Thou, liv. 132.

Il eft auffi fait mention dans le Journal de l'Etoile, de cet Ecrit du Pere Cotton ; » qui fervoit, dit-il, en ce » temps-là, de devis & d'entretien » ordinaire dans les Compagnies. « L'Auteur de la Vie du Pere Cotton, après avoir expofé en détail ce qui regarde ce Pere, dans toute l'hiftoire d'Adrienne de Frefne, liv. 2. p. 90. finit ainfi : » On trouva que le Pere Cot- » ton n'avoit jamais parlé à la per- » fonne, à laquelle on avoit attribué » la publication du Billet ; qui étoit » un Confeiller au Parlement, qu'on » difoit avoir trouvé cet Ecrit dans » un Livre, que le P. Cotton avoit » emprunté de lui. De-plus, les » Maîtres Ecrivains à qui on montra » le papier, qu'on prétendoit être » l'Original de tous les autres, & » que l'on affûroit fauffement être » figné de la main du Pere Cotton ; » attefterent, après avoir confron- » té avec des Lettres qu'on avoit de » lui, n'avoir jamais été de fon écri- » ture. «

les mettoit fans doute fur le papier, à mefure qu'elles lui venoient à l'efprit : & quelques-unes font exprimées de maniere qu'il feroit inutile de demander à tout autre qu'à lui-même, ce qu'il a voulu dire.

Tout ce que Dieu veut que je fçache ( c'eft le Pere Cotton qui parle ) touchant le Roi & la Reine : touchant ceux qui demeurent à la Cour : touchant les avertiffemens publics & particuliers : touchant la voie & le chemin : touchant les Confeffions particulieres & générales : touchant ceux qui demeurent avec les Princes : touchant Laval : touchant le Service divin : touchant la connoiffance de la Langue Grecque & de l'Hébraïque : touchant les Vœux, le Sacre & les Cas de Confcience : touchant la Converfion des ames : touchant la Canonifation ; & s'il veut que j'en faffe inftance : touchant la Guerre avec les Efpagnols, ou les Hérétiques : touchant le voyage de la Nouvelle-France, & toute la côte oppofée à l'Amérique : touchant les moyens dont je dois me fervir, pour perfuader avec efficace, & afin qu'ils s'abftienne de fes péchés. Sçavoir, du Diable, le danger que je puis prévenir, & qu'il m'enfeigne ce que m'ont procuré les... Si la poffédée eft baptifée : fi elle eft Religieufe : fi on doit craindre quelque tromperie pour Marie de Valence (20), & pour l'ame de La-Faye, par la malice de Clarençal. Demander au Diable, quand il fortira, l'heure & le moyen ; & fi ce fera la nuit : Si j'ai quelque péril caché à appréhender : Si les Langues font venuës de Dieu : Par quel moyen Chamieres-Ferrier : Par quels Livres & par quels moyens on peut rendre les Sermons plus utiles : Quel eft mon plus grand danger : A quelle reftitution le Roi eft tenu : Ce qu'il veut qu'on dife à la Dame Acharie (21) & Du-Jardin, & aux Freres & aux Sœurs : Quelle a été cette apparition en Languedoc : S'il eft à propos que la Mere Pafithée (22) vienne, & que la Sœur Anne de Saint-Bathelemy aille à Pont-à-Mouffon : Qu'il me dife ce que je voudrois fçavoir fur le Roi & M. de Rofny : Ce que l'on peut efpérer de fa Converfion : Quels font les Proteftans à la Cour, les plus faciles à gagner : S'il ne peut point furvenir quelque danger à celui qui eft délivré des Démons :

---

(20) L'une des Devotes du P. Cotton.

(21) Autre Devote du P. Cotton.

(22) Religieufe, dont il fera fait mention dans la fuite de ces Mémoires.

# LIVRE VINGT-TROISIEME.

1606.

Si je n'en suis point menacé moi-même : Ce qui empêche la fondation du Collége de Poitiers : Ce qui regarde la vocation de la Niéce : Quel est le Passage de l'Écriture le plus clair & le plus formel, pour prouver le Purgatoire & l'Invocation des Saints, la puissance du Pape ; & que le nôtre l'a semblable à celle de Saint Pierre : Quand les Animaux ont bu dans l'Arche de Noé : Quels enfans de Dieu ont aimé les filles des hommes : Si le Serpent a marché sur ses pieds, avant la chûte d'Adam : Combien de temps ils ont été au Ciel ; & nos Peres, dans le Paradis Terrestre : Quels sont les Esprits qui sont devant le Trône de Dieu : S'il y a un Roi des Archanges : Ce qu'il est à propos de faire, pour établir une ferme Paix avec les Espagnols : Si Dieu veut qu'il m'apprenne quelque chose du temps où l'Héresie de Calvin doit être éteinte : De mon Pere, de sa Condition, & de mes Freres, Jean & Antoine : Combien de Passages sur la Foi ont été corrompus par les Hérétiques : Sur le Plagiaire de Genève : Sur le voyage du Pere Général en Espagne : La ruiner de fond en comble : Sur le Bref, & le Pere Général : Au sujet de Baqueville, & du jeune homme qui demeure auprès de Notre-Dame : Quand les Animaux ont commencé à passer dans les Isles ; & quand elles ont été habitées par les hommes : Où est le Paradis Terrestre : Comment le Roi & la Reine d'Angleterre & tout ce Royaume, pourroient être facilement convertis : Comment on pourroit vaincre le Turc, & convertir les Infidèles : Quelle partie des Anges est tombée : Quelle est l'adoration de Dieu au Chérubin ; & comment il peut s'y rapporter : Comment je puis réparer les fautes que j'ai faites, en écrivant, imprimant mes Livres, & même en prêchant : Ce qui le presse le plus, lui & les autres Démons, dans les Exorcismes : Ce qui est cause que Genève a été si souvent conservée : Ce qu'il sçait de la santé du Roi : Ce qui peut unir avec ce Prince les Grands de son Royaume : Comment on peut aider le Sieur de Verdun ; & ce qui le fait agir : Sur les Villes d'ôtage : Sur Lesdiguieres & sa Conversion : Sur l'honneur de mes Reliques : Sur les Lettres écrites à Madame de Clarençal ; & sur cette Dame principalement : Ce qui empêche les Colléges d'Amiens & de Tours : Sur la durée de l'Héresie.

De retour du voyage de Sedan, le Roi s'arrêta quelques

1606.

jours à Paris; & sur la fin d'Avril, il s'en alla à Fontainebleau, d'où il m'écrivit & me fit écrire par Villeroi, Qu'il alloit commencer, par ordonnance des Médecins, une diete de plus de dix jours: ce qui lui fit remettre d'autant de tems, la Cérémonie de la Fête de la Pentecôte, & mander à son Conseil, qu'il ne vînt le trouver qu'au bout de quinze jours. Il me permit d'aller passer à Sully le temps de sa diete; pourvû que je le visse en passant. Ce remède, avec celui de la sueur, causa un grand changement en mieux à sa santé.

Les plus importantes affaires qu'eut Sa Majesté à Fontainebleau, regarderent la Religion. Le Clergé de France assemblé à Paris, revint à de nouvelles instances pour la publication du Concile de Trente (23). La tranquilité publique étant intérèssée dans cette proposition, & dans quelques autres de même nature, qu'on résolut dans cette Assemblée de faire au Roi; Sa Majesté les combattit par ses raisons & par son autorité; & traita avec la même égalité les Protestans, qui sembloient, à l'envi du Clergé, vouloir abuser de leurs droits. Quelques Provinces écrivirent à cet effet aux Députés Généraux, d'appuyer auprès du Roi, une Requête qu'elles leur envoyent, pour la tenuë d'un Synode National; en même-temps qu'elles travailloient à faire tenir dans les autres Provinces, les Assemblées particulieres, où l'on a coûtume de nommer les Députés Synodaux, & de dresser les Instructions sur les matières qu'on doit y traiter. Henry m'avoit déja fait mander dès le 22 Mars, par Villeroi, de prendre là-dessus les mesures nécessaires avec mon Fils, auquel il souffriroit que je fisse part de presque toutes les Affaires; & que

---

(23) La Remontrance que le Clergé fit faire à Sa Majesté, par Jérôme de Vilars, Archevêque de Vienne, se lit dans le Mercure François, ann. 1606. avec la Réponse que lui fit Henry IV. » Vous m'avez parlé, » dit-il, du Concile: J'en desire la » publication; mais, comme vous » avez dit, les considérations du » Monde combattent souvent celles » du Ciel: Néanmoins je porterai » toujours, & mon sang, & ma vie, » pour ce qui sera du bien de l'Egli- » se, & du Service de Dieu. Pour ce » qui est des Simonies & des Con- » fidences: que ceux qui en sont coupables, commencent par se guérir » eux-mêmes, & excitez les autres » par vos bons exemples, à le faire. » Quant aux Élections: vous voyez » comme je procede; je suis glorieux » de voir ceux que j'ai établis, bien » différens de ceux du passé, &c. « Ce Prince accorda pourtant sur le Cahier de leurs plaintes, deux Edits, portans plusieurs Reglemens Ecclésiastiques, qui furent vérifiés, l'un en 1608, & l'autre en 1609. Voyez aussi M. De-Thou, *liv.* 134.

(24) Voyez

# LIVRE VINGT-TROISIEME.

1606.

que j'en inſtruiſiſſe enſuite Servian, Député du Dauphiné. Il m'écrivit lui-même de Fontainebleau, d'envoyer chercher les Députés Généraux; de ſçavoir d'eux l'intention de tout le Corps; & de rendre ce deſſein inutile. Je le tranquiliſai ſur tout cela; en lui promettant que ſuppoſé que je ne puſſe pas parvenir juſqu'à empêcher que le Synode ne fût convoqué (24), j'y ferois du moins trouver en ſi grand nombre, ce qu'il avoit de Serviteurs fidéles dans le Parti, qu'ils s'y rendroient les maîtres des Délibérations. Cette précaution me parut même néceſſaire pour l'Aſſemblée particuliere du Dauphiné; avec celle de ſatisfaire le Préſident Parquet, afin d'empêcher qu'il ne donnât à quelque factieux ſa place, dont il vouloit ſe défaire. Je fis partir avec de bonnes Inſtructions, Bullion pour le Dauphiné, & Eſperian pour la Guyenne.

Des-Ageaux mourut en cette année; & ſa place de Lieutenant-de-Roi de Saint-Jean-d'Angely, fut auſſi-tôt demandée, entr'autres par Beaulieu & La-Roche-beaucourt. Le premier en avoit eu le Brevet, dès avant Des-Ageaux: mais comme D'Epernon, Parabere, & toute la Bourgeoiſie de Saint-Jean, s'unirent en faveur de La-Roche-beaucourt; Sa Majeſté me manda de le faire venir, & de lui donner les leçons néceſſaires pour bien remplir ce poſte, qu'elle étoit réſoluë de lui confier. Je n'eus garde de parler pour le Duc de Rohan : Soubiſe (25) & lui étoient alors fort mal dans l'eſprit de Sa Majeſté, à cauſe de quelques démarches, qu'un autre taxeroit ſimplement d'imprudence, & que j'appellerai nettement déſobéïſſance : car je ne ſuis point accoûtumé à flater les termes. Rohan s'adreſſa à moi, pour le faire rentrer dans les bonnes graces du Roi, lorſqu'il ſeroit de retour à Paris, ſur la fin de l'année. Sa Majeſté, à qui je me donnai l'honneur d'en écrire, eut la bonté de me faire eſpérer qu'elle pardonneroit au Duc, & de me donner même les moyens de lui ménager ce pardon; en lui amenant le coupable, après l'a-

---

(24) Voyez dans les Mſſ. R. l'Original d'une Lettre de M. le Duc de Sully, du 20 Mai 1606, adreſſée aux Proteſtans de la Province de Bourgogne; dans laquelle il les détourne de cette idée d'un Synode à La-Rochelle.

(25) Benjamin de Rohan-Sou-biſe, Frere du Duc de Rohan: tous deux Fils de René, Duc de Rohan, & Petits-fils de Jean de Parthenay-Soubiſe. Le Duc de Soubiſe fut l'un des principaux Chefs du Parti Calviniſte en France, pendant les Guerres de la Religion, ſous le Régne ſuivant.

voir prévenu par mon Fils, soit chez lui, soit en quelque autre maison, de ce qu'il avoit à faire pour se rendre son Roi favorable ; & pourvû que Rohan n'attendît pas à ce moment, à rendre public le regret qu'il avoit de sa faute : Quant à la maniere dont il le traiteroit, & à celle dont il éxigeroit qu'il se comportât ensuite avec le Parti Protestant ; Sa Majesté remit à son arrivée à Paris, à s'en expliquer avec moi. Pour Soubise : comme c'étoit du moins après en avoir demandé la permission au Roi, qu'il avoit passé en Flándre ; Sa Majesté lui permettoit de l'attendre à Paris, ou de venir la trouver à Fontainebleau.

Il étoit survenu de nouveaux troubles à La-Rochelle, entre les Protestans & le Clergé de cette Ville, sur l'étenduë & l'éxercice des droits, dont celui-cy devoit jouir. A entendre les uns & les autres, ils avoient tous sujet de se plaindre ; les Ecclésiastiques, de ce que leurs adversaires se faisoient souvent justice par les voies de fait, toujours défenduës ; les Réformés, de ce que le Clergé surprenoit sans cesse des Arrêts du Conseil, pour s'autoriser à en faire beaucoup plus qu'il ne lui étoit permis. Tous demandoient également un Arrêt décisif. Le Roi comprit qu'un Arrêt ne feroit qu'aigrir davantage les esprits ; & il voulut que je fisse en cette occasion l'office de Conciliateur. Je commençai par leur représenter séparément leurs véritables intérêts ; & après m'être assûré de leur obéïssance, je leur dictai les Articles d'accommodement suivans, qui feront connoître de quoi il s'agissoit entr'eux :

Que les Protestans n'interdiroient point aux Ecclésiastiques les visites dans les hôpitaux & les prisons, ni même la Confession ; pourvû que cela se fît sans aucun appareil, principalement celui de porter l'Hostie dans ces endroits : Que le Clergé n'avoit aucun droit d'assister en Corps aux Enterremens & Cérémonies publiques, ni d'y porter la Croix ; non-plus que d'accompagner les Criminels au supplice. Qu'il ne seroit fait aux Ecclésiastiques aucun mauvais traitement, de fait, ni de paroles, lorsqu'ils passeroient dans les ruës, avec les habits de leur état : Que les Protestans n'apporteroient aucun empêchement à la construction de l'Eglise, que le Clergé faisoit bâtir ; d'autant plus que des Commissaires nommés leur en avoient désigné la place : pourvû que cette place ne fût, ni incommode, ni suspecte à la Ville : auquel cas, on leur en assigneroit une autre, où on laisseroit ce point à décider au Roi dans son Conseil. Je réglai aussi quelques autres Articles, qui regardoient la Police : Que les Catholiques se contenteroient de la part qu'ils auroient aux Charges & aux fonctions publiques, lorsqu'ils y seroient appellés par la pluralité des suffrages, & par les voies ordinaires : mais qu'à l'égard des Métiers & Maîtrises, n'y ayant aucune raison de les en exclurre ; les Protestans avoient donné, en chassant les Garçons de Boutique Catholiques, l'éxemple de la violence, aux Villes où le Parti Catholique l'emportoit sur le Protestant.

1606.

On préparoit cependant à Paris avec beaucoup de magnificence, la Cérémonie du Baptême de Monsieur le Dauphin & des deux Dames de France (26). La Duchesse de Mantouë, qui y devoit avoir la principale part, partit d'Italie, avec une Suite de deux cens chevaux, & de deux cens cinquante personnes. Elle arriva au commencement de Juin, à Nancy ; d'où ses Gens & ceux du Duc de Lorraine, envoyerent sçavoir de Sa Majesté, si au bout de huit jours, qu'elle comptoit passer à Nancy, elle continuëroit sa route. Il y avoit sur cela quelques considérations à faire, pour lesquelles Henry me manda de me rendre à Paris, le 4 ou 5 Juin ; car j'étois alors à Sully : Qu'il y viendroit lui-même de Fontainebleau, dans les derniers jours de Mai ; & qu'il m'y attendroit, en faisant quelques voyages à Saint-Germain, pour voir ses Enfans : Qu'il croyoit qu'il étoit à propos de faire partir pour Nancy, une personne chargée de ses ordres. La maniere dont la Duchesse de Mantouë seroit reçuë, fit une espèce de dispute ; terminée enfin à l'avantage de la Reine, qui prétendoit que cette Princesse venant en France pour faire plaisir au Roi, & pour honorer une Cérémonie extraordinaire, on ne pouvoit lui rendre de trop grands honneurs. Rien n'y manqua : On lui donna le pas & la préséance, non-seulement sur les Princes Etrangers, mais même sur les Princes du Sang : ce qui fâcha si fort ces derniers, qu'ils refuserent d'assister à toutes les Cérémonies, dont elle devoit être. Ils trouvoient fort extraordinaire que des Princes de la pre-

(26) Eleonor de Médicis, Fille aînée de François de Médicis, Grand- || Duc de Toscane ; & Femme de Vincent de Gonzague, Duc de Mantouë.

miere Maison de l'Europe, fussent précédés par un Duc de fraîche date, descendu d'un simple Bourgeois de Mantouë; qui après avoir tué Bonnacolsy, son Seigneur, s'en étoit fait donner le Gouvernement, & en avoit ensuite usurpé la propriété. Quelque chose qu'ils pussent dire, le Roi ne se relâcha point; il ne considéra dans la Duchesse de Mantouë, que le titre d'Alliée de la Famille Royale, & de Sœur aînée de la Reine.

Le Duc de Bouillon chercha à se faire une application de cet exemple: mais il ne fut point écouté. Il avoit été nommé pour porter les honneurs dans la Cérémonie: Il voulut mettre les Ducs derriere lui; alléguant sa qualité de Duc de Bouillon & de Prince de Sedan, avec l'éxemple des Princes de Sedan, auxquels il avoit succédé. On lui répondit, que la différence entr'eux & lui, étoit qu'ils descendoient réellement de Princes Souverains: qualité, qui leur donnoit en effet le premier rang; & qu'il ne sortoit lui, que d'un simple Gentilhomme (27).

La Duchesse de Mantouë arriva le 20 Juillet, à Villers-Coterets, où elle trouva le Roi qui l'attendoit: De-là, on devoit se rendre par Monceaux à Paris, où j'étois occupé à faire faire les échafauds dans l'Eglise de Notre-Dame, au Palais, & dans la Place des Manufactures, avec tous les autres préparatifs; lorsqu'on fut averti que la maladie contagieuse étoit dans cette grande Ville (28): ce qui fit qu'après en avoir conféré avec la Duchesse, le Roi décida que les Baptêmes se feroient à Fontainebleau. Les Combats à la Barriere, & tous les jeux & divertissemens publics, qui ne pouvoient guère s'éxécuter qu'à Paris, se trouverent retranchés par cet arrangement; & il fallut s'en tenir aux seules dépenses ordinaires pour les Baptêmes des Enfans de France, & pour les habillemens de Sa Majesté. Le Nonce, au lieu d'aller trouver le Roi à Monceaux, se rendit à Fontainebleau, ainsi que la Reine Marguerite. Les Chapelles du Château étant trop petites pour une pareille Cérémonie,

---

(27) Pour faire connoître combien le Duc de Sully a tort de parler ainsi d'une Maison aussi illustre, que l'est celle de Bouillon, il suffit de renvoyer à tous les Généalogistes.

» (28) La Peste, ou plûtôt le bon » ménage du Roi, dit malignement » L'Etoile, priverent la Ville de Pa- » ris de cet honneur: » Ce qui est avancé sans aucun fondement, & contredit par les autres Historiens.

LE P. ANGE DE JOYEUSE
Capucin
Mort à Rivoli, près de Turin, le 27 Septemb. 1608.
agé de 46 ans.

# LIVRE VINGT-TROISIEME. 597

& celle des Religieux imparfaite ; je proposai qu'on tendît & qu'on couvrît celle-ci toute entiere de tapisserie, ou qu'on y fît servir la grande Salle (29).

1606.

Le Roi prit la peine d'aller lui-même visiter & faire nettoyer la maison de Fleury, pour y mener le Dauphin après son Baptême ; parce que la Contagion, au lieu de cesser dans Paris, s'étoit de-là répanduë dans quelques lieux des environs. Fontainebleau n'en fut pas exempt. Henry (30) me mandoit à la fin de Septembre, Que de six personnes, qui y avoient été les dernieres prises du mal, il n'en étoit réchappé qu'un seul ; mais qu'il ne retomboit plus personne. Il retira le Régiment de ses Gardes, de Melun, où l'on lui dit que quelques maisons avoient été attaquées de la maladie. C'est dans ce temps-là que Leurs Majestés, en passant le Bac de Neuilly, faillirent à se noyer (31) : ce qui fut cause qu'on y fit un Pont.

(29) Elle se fit dans la Cour du Donjon, qu'on avoit préparée à cet effet. Le Cardinal de Joyeuse, Legat, représenta la personne de Paul V. Parrein de Monsieur le Dauphin, avec Madame la Duchesse de Mantouë, Marreine. Madame de France, l'aînée, fut nommée Elisabeth ; du nom de l'Archiduchesse, sa Marreine, Epouse de l'Archiduc Albert, & Petite-fille de Henry II. représentée par Madame d'Angoulême, sans Parrein : Et Madame de France, la puînée, eut pour Parrein, le Duc de Lorraine, présent ; & pour Marreine, la Grande-Duchesse de Toscane, dont le Prince D. Joan de Médicis tint la place ; & fut nommée Christine. Voyez dans le *Mercure Fr. ann.* 1606. & dans *P. Matthieu*, tom. 2. liv. 3. la description de l'ordre, de la pompe & des réjoüissances, qui précederent & suivirent cette Cérémonie. Voyez aussi les *Volum.* 9361. & 9364. *des Mss. Royaux.*

(30) Le Journal du Règne de Henry IV. rémarque qu'il ne mourut pas un plus grand nombre de personnes dans Paris cette année, que toutes les autres : ce qu'il regle sur le pied de huit personnes par jour : D'où il conclut qu'on s'y livra à une terreur panique.

[31] Le Vendredi 9 Juin [ c'est ce qu'on lit dans le même Journal], « le Roi & la Reine passant au Bac de Neuilly, revenant de Saint-Germain en Laye, & ayant avec eux M. de Vendôme, faillirent à être noyés tous trois, principalement la Reine, qui but plus qu'elle ne vouloit ; & sans un sien Valet-de-pied & un Gentilhomme, nommé La-Châtaigneraie, qui la prit par les cheveux, s'étant jetté à corps perdu dans l'eau pour l'en retirer, couroit fortune inévitable de sa vie. Cet accident guérit le Roi d'un grand mal de dents qu'il avoit, dont le danger étant passé, il s'en gaussa : disant, Que jamais il n'y avoit trouvé meilleure recette; au reste, Qu'ils avoient mangé trop de salé à dîner, & qu'on les avoit voulu faire boire. «

Cet accident arriva, selon le Mercure François, parce qu'en entrant dans ce Bac, lequel apparemment n'avoit point de parapet ; les deux chevaux de volée tirant trop à côté, tomberent dans l'eau, & par leur poids y entraînerent le carrosse où étoit le Roi, avec la Reine, M. le Duc de Vendôme, la Princesse de

1606.

Je fis un féjour un peu plus long que de coûtume à Sully. Le Roi, qui fçut que j'étois demeuré indifposé à Brie-comte-robert, m'écrivit le 29 Août, & envoya fçavoir l'état de ma fanté: bonté, dont je le remerciai, en lui offrant ma vie. Ce Prince me fit Capitaine-Lieutenant de la Compagnie des Gendarmes, qui fut formée fous le nom de la Reine; & accorda à ma priere, abolition à La-Saminiere. Ces graces toutes feules auroient donné droit à ce Prince, de tout éxiger & de tout attendre de moi. Il lui fâchoit fort de voir que le mariage du Fils de Noailles avec la Fille de Roquelaure, au lieu d'unir ces deux Maifons, n'avoit fait qu'y apporter la difcorde: j'employai toutes fortes de moyens pour y rétablir la paix; voyant combien fouvent & fortement ce Prince m'en preffoit. Il eft d'un bon Prince, de tenir unis ceux qui approchent de fa Perfonne; & il eft de fa Politique de travailler à cette union, plûtôt par d'autres, que par lui-même.

François de Noailles, Comte d'Ayen. Rofe de Roquelaure.

Je fus auffi-bien payé de mes foins pour les Finances. Les Traitans ayant donné cent cinquante mille livres à Sa Majefté, & la continuation du Bail du Sel pour une fixiéme année, lui ayant valu avec cela un pot de vin de foixante mille livres; ce Prince difpofa de ces deux cens dix mille livres, de la maniere fuivante: Quatre-vingt-quatre mille livres furent mis à part, pour l'acquifition de Moret; & trente-fix mille, pour quelques befoins de Sa Majefté: la Reine en eut douze mille; le Duc de Nemours, trente; Verfenai, dix-huit; & moi, trente. Je reçus pendant tout le cours de cette année, en différentes gratifications, le double de cette fomme.

Pour fatisfaire aux Ordonnances, la Cour-des-Aydes députoit tous les ans fes Confeillers, dans les Généralités

---

Conty & le Duc de Montpenfier, que la pluie avoit empêché de mettre pied à terre." Les Seigneurs, " qui étoient à cheval, dit cet Hi-" ftorien, fe jetterent dans l'eau, " fans avoir loifir d'ôter, ni leurs " manteaux, ni leurs épées, & ac-" coururent vers l'endroit où ils " avoient vu le Roi; lequel étant " retiré de fon danger, quelque prie-" re qu'ils fiffent à Sa Majefté, il " fe remit dans l'eau, pour aider à " retirer la Reine & le Duc de Ven-" dôme. La Reine n'eut pas fi-tôt " pris l'air pour refpirer, que jettant " un foupir, elle demanda où étoit " le Roi... La-Châtaigneraie qu'elle " remarqua fur-tout l'avoir beau-" coup aidé, en fut reconnu d'un pré-" fent de pierreries, & d'une pen-" fion annuelle." *Ann.* 1606. *De-Thou, liv.* 136.

où le Sel se lève par impôt; afin d'en faire le Département & le Règalement, & chemin faisant, condamner à l'amende ceux qui étoient trouvés faire le métier de Faux-sauniers : Ce n'étoit pas pour ce sujet seulement, qu'on envoyoit ces Commissaires : puisque tout ce faisoit de cette maniere. Le Lieutenant-Général de Blois m'écrivit, Que deux de ces Commissaires, nommés pour le Sel & pour la Taxe de différens Officiers de l'Election, faisoient beaucoup de mal dans cette Province. Je lui fis réponse, Qu'il avoit tort lui-même de se plaindre ainsi, sans rien articuler de positif : mais je ne laissai pas de lui envoyer un Règlement à ces deux égards, pour être montré à ces Commissaires; avec promesse de lui en faire justice, s'ils y contrevenoient.

Ce Règlement portoit, Que l'Impôt du Sel ne pourroit être augmenté simplement par Généralités, mais nommément par Paroisses, selon l'augmentation des feux; en déchargeant les pauvres Paroisses, de pareille quantité. Pour le Faux-saunage; il me parut qu'il y avoit une distinction à faire. On ne sçauroit punir trop sévèrement ceux qui trafiquent du faux Sel : mais il faut user d'une extrême indulgence pour ceux qui ne font que l'acheter des Faux-sauniers, parce qu'ils le trouvent à meilleur marché que l'autre; sur-tout, lorsqu'ils ne sont pas pris sur le fait. Quant à la Taxe des Elûs & autres Officiers de Finances; il y en a de deux sortes : l'une, sur tous les Officiers de Finances en général, en laquelle le Roi avoit jugé à propos de convertir les recherches commencées contr'eux; & l'autre, contre les Elûs en particulier, fondée sur le rétablissement de leurs droits, taxations & exemptions de Taille & de service alternatif. Il étoit ordonné par ce Règlement, Que la premiere de ces Taxes ne pourroit plus à l'avenir s'éxiger, que de gré à gré : ensorte que ceux qui déclareroient devant l'Huissier qui leur en fait la signification, à son refus, pardevant le Juge, Notaire, ou Tabellion du lieu, qu'ils n'entendent point jouir de l'abolition du Roi, ne pourroient plus être contraints à payer leur Taxe : mais en ce cas, ils devenoient sujets à être poursuivis criminellement, s'ils se trouvoient convaincus d'avoir malversé. La seconde Taxe, de même : Les Elus qui aimeroient mieux renoncer aux privilèges de leur Charge, en étoient déchargés; mais ils devenoient sujets à restituer tout ce qu'ils pouvoient s'être fait donner sous ce titre, au préjudice des Edits & Ordonnances du Roi & des Etats.

Les Commissaires envoyés à Rouen, trouvoient qu'il étoit juste de décharger la Province de Normandie, d'onze mille tant d'écus, sur son imposition : ils m'en firent écrire par les Trésoriers de France, & furent prêts d'envoyer des Députés au Roi, pour lui faire approuver ce retranchement. Je leur répondis, Qu'il n'étoit pas besoin qu'ils fissent cette démarche : Que j'y disposerois Sa Majesté, déja assez portée d'elle-même à leur donner de bien plus grandes marques de sa bienveillance; si l'état de ses affaires, & les largesses qu'il falloit faire aux Courtisans insatiables, le lui avoient permis. Je leur promis que je m'unirois à eux, pour faire décharger la Province d'une somme bien plus considérable que celles-ci, dont les pauvres ne pouvoient tirer qu'un très-petit avantage. Je sentois la justice de la promesse que je leur faisois, lorsque je voyois une somme de deux cens quarante-six mille trois cens quatre-vingt-une livres, jointe à la Taille de cette Province ; quoiqu'elle n'eût aucun rapport avec cet objet.

Voici en quoi consistoit cette somme : Trente-trois mille livres, pour les Ponts & Chaussées de toute la Province, tant à Rouen qu'à Caën : Trente-sept mille cinq cens livres, pour la suppression de l'Edit des Toiles, dans ces deux Généralités : Vingt-deux mille cinq cens livres, pour l'entretien du Pont de Rouen, réparties dans ces deux Généralités ; quoiqu'il se leve différentes sommes sous ce titre, sur Paris & les autres Villes. Quinze mille livres, pour les Ponts de Mantes & Saint-Cloud : Trente mille livres, pour le Canal de la Seine & de la Loire : & huit mille trois cens quatre-vingt-une livres, pour le Grand-Prévôt de la Province. Encore une fois, je trouve toutes ces différentes Parties étrangères à la Taille. Pourquoi intéresser dans ces réparations publiques, des gens qu'elles ne regardent en rien ? Depuis quelques années, l'on avoit augmenté considérablement les sommes, qui en apparence y sont destinées ; mais qui en effet restent dans la bourse d'un petit nombre de Particuliers, sans qu'il en revienne rien au Roi.

Je rendis l'Œconome d'Angoulême responsable de deniers,

# LIVRE VINGT-TROISIEME.

1606.

niers, qui'il difoit n'avoir plus entre les mains ; parce que quand même la chofe eût été vraie, il n'avoit pu s'en deffaifir, fans Lettres Patentes du Roi. Ce qui pouvoit m'échapper, n'échappoit point à Henry. Il fut informé d'une malverfation dans les Poudres, dont il m'avertit de faire la punition, comme d'une chofe de grande conféquence pour tous les Magafins. Il fçut que l'on pourfuivoit en mon abfence, une Commiffion pour faire le recouvrement du fimple des omiffions de Recette & fauffes reprifes : il écrivit auffi-tôt au Chancelier, qu'on fursît cette affaire ; parce que devant en avoir eu connoiffance, lorfque j'étois parti, j'y aurois fans doute pourvu, fi j'avois jugé qu'il dût en être queftion.

Ce Prince faifoit à fon ordinaire de grandes dépenfes. Je ne parle point de celles qui s'en alloient en préfens de bijoux, convenables à la richeffe d'un puiffant Roi : c'eft en celles-cy que Henry ne fe montroit point du tout prodigue. Je cite pour éxemple le préfent qu'il fit à la Dame Bretoline, Italienne : Il vouloit qu'il fût honnête, fans y mettre plus de mille ou douze cens écus : il m'écrivit de lui chercher un diamant en bague, taillé en cœur, ou de toute autre maniere, plûtôt qu'en table ; parce qu'il coûteroit moins, & paroîtroit davantage. Mais quant à fes dépenfes perfonnelles, & principalement fon jeu ; cela compofoit toujours un article très-confidérable. Je recevois fouvent des Meffages, pareils à celui du 11 Décembre : Henry ayant perdu tout fon argent au jeu, me manda par un Billet, dont le Neveu de Loménie étoit porteur, que Morand lui portât le foir deux mille piftoles. J'avois de furieux Mémoires à expédier avec Parfait, pour l'Extraordinaire de fa Maifon. J'eus ordre de fa part, le 4 Octobre, de donner quatre-vingt-cinq mille cinq cens quatre livres, à Mademoifelle Du-Beuil ; dont je ne prendrois point d'autre Quitance que le Billet, par lequel il me donnoit cet ordre. Il avoit abandonné à Zamet, pour s'acquitter avec lui d'un reliquat de compte de l'année 1602, l'Impofition des deux fols fix deniers par Minot de Sel. Comme cette Impofition n'eut point lieu, il fallut en celle-cy payer à Zamet trente-fept mille quatre cens quatre-vingt-douze livres, à quoi montoit ce vieux refte ; & lui rendre outre cela, trente-quatre mille deux cens vingt livres, qu'il avoit prêtées depuis ce temps-là à Sa Majefté, ou débour-

*Tome II.* Gggg

sées pour lui. Il fit présent de mille écus à La-Varenne. Villeroi écrivit à mon Fils, par son ordre, que j'acquittasse une dette de ce Prince à Balbani, qui étoit détenu au Fort-l'Evêque ; & que je travaillasse à le faire sortir de prison.

D'autres dépenses qui firent plus d'honneur à Henry, furent celles, qu'il fit pour rétablir les Portes de Saint-Bernard & du Temple, & les Fontaines devant le Palais & la Croix du Tiroir. Sa Majesté avoit écrit au Prévôt des Marchands, qu'elle entendoit que cet Ouvrage fût achevé avant la Saint-Jean : Le conseil donna depuis, je ne sçais pas comment, un Arrêt qui rendoit cet ordre inutile ; en prenant les deniers destinés à ces Fontaines, pour être employés à payer le Pavé de la Ville ; contre la disposition du Conseil même, qui dans le Bail à l'Adjudicataire du Pavé, avoit ordonné que la somme nécessaire à cet entretien, seroit levée sur les Bourgeois de Paris, selon le toisé du pavé, qu'ils ont chacun devant leurs maisons. Sa Majesté voulut sçavoir la cause du retardement de ces Ouvrages, & de cette erreur du Conseil.

Ce Prince m'avoit parlé plusieurs fois de lui donner des Etats généraux, où fût renfermé en détail, tout ce qui concernoit mes trois principaux Emplois, de Surintendant des Finances, de Grand-Maître de l'Artillerie ; & de Surintendant des Bâtimens & des Fortifications. Je pris le temps qu'il étoit au Louvre, pour les lui porter, un jour que je le crus peu occupé : mais quoique je fusse parti de chez moi assez matin, je trouvai en arrivant au Louvre, que Sa Majesté étoit déja sortie. Je renvoyai tous mes papiers à l'Arcenal, me contentant d'en garder un sommaire très-abrégé, que je pourrois lui faire voir, lorsqu'elle seroit rentrée ; & j'allai l'attendre chez Madame de Guise, qui me pressoit depuis long-temps d'aller dîner avec elle.

C'étoit pour une partie de Chasse, que Henry s'étoit levé ce jour-là si matin ; & il vouloit dîner des perdreaux qu'il prendroit à l'Oiseau. Il disoit qu'il ne les trouvoit jamais si bons, ni si tendres, que quand on les prenoit de cette sorte ; & sur-tout, quand il pouvoit les arracher lui-même à l'Oiseau. Le chaud commençant à se faire sentir, ce Prince revint tout-à-fait content de sa Chasse, & dans une disposition d'esprit, que sa bonne santé & l'heureux état de ses Affaires égayoient encore. Il monta dans la grande Salle, en tenant ses perdreaux : & il cria à Coquet, qui attendoit son arrivée, en causant avec Parfait, au bout de la Salle : » Coquet, Coquet, » vous ne devez pas nous plaindre un dîner, à Roquelaure, » Termes, Frontenac, Aramburc & moi ; car nous appor- » tons de quoi nous traiter : mais allez promptement faire » mettre la broche ; & leur réservant leur part, faites qu'il y » en ait huit pour ma Femme & pour moi : Bonneval que » voilà, lui portera les siens de ma part, & lui dira que je » vais boire à sa santé : mais je veux qu'on garde pour moi, » de ceux qui sont un peu pincés de l'oiseau : car il y en a trois » bien gros que je leur ai ôtés, & auxquels ils n'avoient en- » core guère touché. «

Comme Henry faisoit le partage, arriva La-Clielle, tenant son gros bâton ; & avec lui, Parfait, qui portoit un fort-grand bassin doré, couvert d'une serviette, & qui commença à crier par deux fois : » Sire, embrassez-moi la cuisse : car j'en ai » quantité & de fort-bons. Voilà Parfait bien réjoui, dit le » Roi : cela lui fera faire un doigt de lard sur les côtes : Je » vois bien qu'il m'apporte de bons melons ; j'en suis bien- » aise, car j'en veux manger aujourd'hui tout mon saoul : ils » ne me font jamais de mal, quand ils sont fort bons, que » je les mange ayant grand faim, & avant la viande, com- » me l'ordonnent les Médecins : Mais je veux que vous qua- » tre y ayez aussi part : c'est pourquoi n'allez pas après les » perdreaux, que vous n'ayez vos melons ; je vous les don- » nerai, après que j'aurai retenu la part de ma Femme & la » mienne, & de quoi en donner à qui j'en ai promis. « En entrant dans sa Chambre, le Roi donna deux melons, qu'il avoit mis à part, à deux Garçons qui étoient à la porte, en leur parlant à l'oreille : & comme il vit sortir de son long Cabinet aux Oiseaux, Fourcy, Béringhen & La-Font, ce dernier portant un gros paquet enveloppé : » La-Font, lui « dit Henry, m'apportez-vous encore quelque ragoût pour » mon dîner ? Oui, Sire, répondit Béringhen ; mais ce sont » des viandes creuses, qui ne sont bonnes qu'à repaître la » vûë. Ce n'est pas ce qu'il me faut, reprit Sa Majesté : car » je meurs de faim, & je veux dîner avant toutes choses : Mais « encore, La-Font, qu'est-ce que c'est que cela, que vous » portez si bien enveloppé ? Sire, dit Fourcy, ce sont des » modelles de différentes sortes d'étoffes, de tapis & de ta-

Ggggij

» pifleries, que vos meilleurs Manufacturiers veulent entre-
» prendre de faire. Cela fera bon après dîner, repliqua Hen-
» ry, pour le montrer à ma Femme : & puis auffi-bien me
» vient-il de fouvenir d'un homme, avec lequel je ne fuis pas
» toujours d'accord en tout ; principalement lorfqu'il eft quef-
» tion de ce que vous fçavez qu'il appelle des babioles &
» des bagatelles. Je crois, Fourcy, ajoûta-t'il, que vous de-
» vinez celui dont je veux parler : Je ferai bien-aife qu'il foit
» préfent, avec ma Femme, lorfque vous nous montrerez
» toutes ces étoffes, qui me feront fouvenir de quelque cho-
» fe, que je veux leur dire lorfqu'ils feront enfemble, afin
» d'en fçavoir leur opinion. Il me dit fouvent, pourfuivit
encore Sa Majefté, parlant toujours de moi, fans me nommer, » Qu'il ne trouve jamais rien de beau, ni de bien fait,
» quand il coûte le double de fa vraie valeur ; & que je de-
» vrois penfer la même chofe de toute marchandife extrê-
» mement chère. Je n'ignore pas fur quoi, ni pourquoi il
» dit cela ; mais je ne lui en fais pas femblant : & il ne faut
» pas laiffer de l'entendre parler ; car il n'eft pas homme à un
» mot : Fourcy, envoyez-le chercher en diligence : & qu'on
» lui mene plûtôt un de mes carroffes, ou bien le vôtre. «

Le Cocher rencontra un de mes Laquais, que j'envoyois
au Louvre, fçavoir ce que faifoit le Roi ; & il vint chez Madame de Guife, où j'avois déja achevé de dîner. Je furpris
bien Sa Majefté, qui ne m'attendoit pas fi-tôt : » Vous êtes
» bien diligent, me dit ce Prince, en me voyant entrer dans
» fa Chambre, où il étoit encore à table : » il n'eft pas poffi-
» ble que vous veniez de l'Arcenal : « Lorfqu'il fçut d'où
je venois : » Toute cette Maifon-là, me dit-il, vous appa-
» rente & vous aime fort ; dont je fuis très-aife : car je fuis
» perfuadé que tant qu'ils vous croiront, comme ils m'ont
» fait dire qu'ils étoient réfolus de faire, ils ne feront jamais
» rien qui nuife, ni à ma Perfonne, ni à mon Etat. Sire, lui
» répondis-je, Votre Majefté me dit tout cela d'une fi bon-
» ne maniere, que je vois bien qu'elle eft en bonne humeur,
» & plus contente de moi, qu'elle n'étoit il y a quinze jours.
» Quoi ! vous fouvient-il encore de cela, interrompit ce Prin-
» ce ? ô que non fait pas à moi ! Ne fçavez-vous pas bien
» que nos petits dépits ne doivent jamais paffer les vingt-
» quatre heures ? Je fçais que cela ne vous a pas empêché

# LIVRE VINGT-TROISIEME.

1606.

» dès le lendemain de ma colère d'entreprendre une bon-
» ne affaire pour mes Finances. Il y a plus de trois mois, me
» dit enfuite Henry, avec beaucoup de gaieté, que je ne
» m'étois trouvé fi leger; étant monté à cheval fans aide &
» fans montoir. J'ai eu un fort beau jour de Chaffe : mes
» Oifeaux ont fi bien volé, & mes Levriers fi bien couru,
» que ceux-là ont pris force perdreaux, & ceux-ci, trois
» grands levraux. On m'a rapporté le meilleur de mes Au-
» tours, que je croyois perdu : J'ai fort bon appétit : j'ai
» mangé d'excellens melons ; & on m'a fervi demi-douzai-
» ne de cailles, des plus graffes & des plus tendres que j'aye
» jamais mangées. On me mande de Provence, continua
ce Prince, pour me faire voir que tout confpiroit à fa bonne humeur, » Que les brouilleries de Marfeille font entie-
» rement appaifées ; & de plufieurs autres Provinces, Que
» jamais l'année n'avoit été fi fertile, & que mon Peuple
» fera riche, fi je veux ouvrir les Traites. Saint-Antoine
» m'écrit, Que le Prince de Galles lui parle inceffamment
» de moi, & de ce qu'il vous a promis de fon affection pour
» moi. J'ai reçu avis d'Italie, Que les chofes s'y difpofent de
» façon, que j'aurai l'honneur & la gloire d'avoir réconci-
» lié les Vénitiens avec le Pape. Bongars me fait fçavoir
» d'Allemagne, Que le nouveau Roi de Suède eft toujours
» de mieux en mieux avec fes Sujets ; & que le Landgrave
» de Heffe m'acquiert tous les jours de nouveaux Amis,
» Alliés & Serviteurs affûrés. Buzenval a écrit à Villeroi,
» Que les Efpagnols & les Flamands font également réduits
» à un tel point de foibleffe, qu'ils feront bientôt contraints
» d'entendre à une Paix, ou à une Trêve, dont il faudra de
» néceffité que je fois le médiateur & le protecteur : Ce fera
» pour commencer à me rendre le conciliateur de tous les
» différends entre les Princes Chrétiens. Et pour furcroît
» de fatisfaction, ajoûta Sa Majefté d'un air enjoué, me voilà
» à table, environné de ces gens que vous voyez ( elle avoit
» à fes côtés Du-Laurens, Du-Perron le jeune, Gutron,
» Des-Yvetaux, Chaumont, & les Peres Cotton & Gon-
» thier ), de l'affection defquels je fuis très-affûré ; & que vous
» jugez capable de m'entretenir de difcours utiles & agréa-
» bles, qui empêcheront qu'on ne me parle d'affaires, jufqu'à
» ce que j'aye achevé de dîner : car alors j'écoûterai tout le

» monde ; & je les contenterai, si raison & justice le peuvent
» faire. «

Je compris par quelques autres paroles de Sa Majesté,
que les Assistans avoient fait tomber la conversation sur sa
Personne ; & qu'ils l'avoient également loué sur ses grandes
qualités, & félicité sur ses prospérités : je répondis, Qu'on
auroit trouvé difficilement de meilleurs juges. » Je ne lais-
» serai pourtant pas passer, reprit le Roi, tout ce qu'ils m'ont
» dit, sans y contredire quelque chose : « Il avoua que toutes
leurs louanges ne l'empêchoient pas de bien sentir qu'il
avoit ses défauts : & quant aux complimens sur ses bonheurs,
il leur dit, Que s'ils avoient toujours été près de sa Personne, depuis la mort du Roi son Pere, ils auroient vu qu'il
en falloit bien rabatre, & que ses méchans momens avoient
bien passé les bons. Sur quoi Henry fit sa réflexion ordinaire, Qu'il n'avoit pas encore tant souffert de ses Ennemis déclarés, que de l'ingratitude & de l'abandon de plusieurs de
ceux qui se disoient, ou ses Amis & Aliés, ou ses Sujets &
Serviteurs. Le jeune Du-Perron, qui trouva dans ces paroles ample matière à son éloquence, se mit à traiter ce point
en Théologien, en Prédicateur, & même en Mystique : » Vous
» avez parlé-là d'un style si haut, lui dis-je, lorsqu'il eut fini,
» qu'il seroit difficile d'y rien ajoûter. » Je lui soûtins, ainsi
qu'à ces Messieurs, conformément à ce que venoit de dire
Sa Majesté, ou plûtôt à ce que j'avois vû moi-même, Qu'à
tout prendre, ce Prince avoit bien moins goûté de repos
pendant la Paix, qu'il n'avoit fait au milieu des troubles &
des alarmes de la Guerre. » Rosny, si vous voulìez, me dit
» le Roi, mettre sur tout cela deux mots par écrit, & me
» les donner ; je les ferois voir à ceux qui en sont les incré-
» dules. « Je répondis, Que cela demandoit bien du temps,
& ne seroit pas vû de bon œil de tout le monde. J'ajoûtai
à cela, autant qu'il m'en souvient, quelques autres vérités
sur la Religion & la Politique, & sur le malheur dont je
voyois la France menacée, lorsqu'elle perdroit son Roi ; qui
plurent, je crois, encore moins aux Courtisans, que ce que
je venois déja de dire.

Tous ces discours, qui d'enjoués étoient devenus à la fin
tout à fait sérieux, furent interrompus ; parce que la Reine
sortant de sa Chambre pour entrer dans son Cabinet, le Roi se

# LIVRE VINGT-TROISIEME.

1606.

leva de table, pour aller au-devant d'elle ; en lui difant, du plus loin qu'il la vit : « Hé-bien ! M'amie, ne vous ai-je pas envoyé » de bons melons, de bons perdreaux & de bonnes cailles ? » Si vous aviez en auffi bon appetit que moi, vous auriez fait » bonne chère, car je n'ai jamais tant mangé, ni été en fi » bonne humeur, que je fuis : demandez-le à Rofny ; il vous » en dira le fujet, & vous contera toutes les Nouvelles que » j'ai reçûes, & les difcours que nous avons tenus. « La Reine, qui fe trouva auffi dans une fituation d'efprit agréable, lui répondit, Que pour contribuer de fon côté à divertir Sa Majefté, elle lui avoit fait préparer un Ballet & une Comédie, de fon invention ; le Ballet, repréfentant les félicités de l'Age d'or ; & la Comédie, les amufemens différens des quatre Saifons de l'année : » Je ne dis pas, ajoûta-t'elle, » que je n'aye eu un peu d'aide : car Duret & La-Clavelle » n'ont bougé tout ce matin d'avec moi, pendant que vous » avez été à la Chaffe. Que je fuis aife, M'amie, lui dit » Henry, de vous voir de cette humeur ! je vous prie, vivons » toujours de même. « Il fut queftion de voir enfuite les deffeins de tapifferies de Fourcy : Le Roi demanda l'avis de la Reine ; & dit, en fe tournant de mon côté, Qu'il fçavoit déja le mien de refte : mais que je montraffe à la Princeffe & à lui, mes Sommaires d'Etats.

Il y en avoit trois, c'eft-à-dire, autant que d'Etats généraux : c'étoit une fimple idée générale de ce grand travail. Dans le premier, qui regardoit la Surintendance des Bâtimens & Fortifications, le Roi vit ce que renfermoit l'Etat général : 1°. Un Mémoire de toutes les fortifications faites à fes Places frontières, depuis que j'en avois la direction : 2°. De tous les Bâtimens & Maifons Royales : 3°. De tous les meubles, tapifferies, vaiffelles d'or & d'argent, joyaux & pierreries, que je lui avois amaffés. Le fecond Sommaire, qui appartenoit à la Finance, indiquoit des Mémoires, 1°. Des changemens & améliorations que j'avois faits, dans toutes les différentes parties des Finances & des revenus de Sa Majefté : 2°. De toutes les Efpèces d'or & d'argent, actuellement dans le Tréfor-Royal : 3°. Des ménagemens qui me reftoient à faire, & des fommes que j'efperois joindre aux premières. Enfin le troifiéme Sommaire, qui étoit pour la Grande-Maîtrife, annonçoit des Etats, 1°. Des Pièces des six différens calibres, déposées dans chaque Arsenal, & de tout ce qui peut concerner le Canon : 2°. Du nombre des Boulets ; avec les moyens de tenir & faire marcher en bon ordre tous les équipages d'Artillerie : 3°. De la quantité des trois sortes de Poudre, qu'on fabriquoit ordinairement : 4°. De la quantité d'armes, outils, instrumens & autres ustenciles d'Artillerie : 5°. Du nombre de Gens-de-guerre, tant Gentilhommes que Volontaires, que le Roi peut mettre sur pied, réparti selon les Généralités.

Pour entendre ce qui vient d'être dit de l'Espagne & des Etats des Provinces-Unies, il faut voir ce qui se passa cette année en Flandre (32). Les Espagnols, à qui l'Armée destinée à l'expédition de Sedan, avoit donné de furieux ombrages, voyant qu'ils en étoient quittes pour la peur ; le Marquis Spinola partit de Gènes, le 6 Mai, pour arriver en Flandre, le 19. Le Siége de Rhimberg, que les Espagnols firent au mois de Septembre, fut le seul exploit un peu considérable de cette Campagne. Les Assiégés se défendirent au commencement avec leur vigueur ordinaire, & firent plusieurs sorties, qui coûterent la vie à deux Colonels Espagnols ; l'un, nommé Thores ; & l'autre, commandant le nouveau Terse (33) venu de Savoie : ce qui fit croire que ce Siége seroit fort douteux, & tireroit du moins en longueur. Spinola en eut cette opinion ; & le Roi conjectura que Rhimberg ne se rendroit pas, du moins avant le 20 Octobre : Cependant la Place capitula dans les premiers jours de ce mois. S'il en faut croire le Courrier, que Spinola fit partir le lendemain de la reddition, pour en porter la Nouvelle à Madrid, & qui passa par Paris ; les Assiégés n'avoient plus que six tonnes de Poudre : Mais pour dire vrai, les Etats ne se montrerent pas dans cette occasion, tels qu'on les avoit vûs les années précédentes : ils étoient alors véritablement rebutés & ennuyés de la Guerre ; & la Garnison de Rhimberg, laissée par le Senat sur sa bonne foi, se contenta d'avoir obtenu qu'elle sortiroit avec toutes les marques d'honneur ;

---

(32.) Consultez sur cet article, *De-Thou*, *le Merc. Franç.* ann. 1606. & *Siri*, *ibid*.

(33) Le terme de *Terse*, qui est employé en deux ou trois endroits des Mémoires de Sully, y signifie un Bataillon, ou un nombre de Compagnies de Gens de pied, réunies en un Corps.

# LIVRE VINGT-TROISIEME.

1606.

neur ; comme, d'emmener fon Canon &c : elle chercha pourtant à faire tomber la faute fur le Prince d'Orange, qu'elle accufa de n'avoir voulu, ni fecourir la Place, ni inquiéter l'Armée Efpagnole. Ce reproche n'étoit pas fans fondement : la réputation de Maurice fouffrit de l'inaction où on le vit, pendant tout ce Siége & la Campagne entiere.

Au-refte on ceffera d'en être furpris, lorfqu'on fçaura que les Provinces-Unies étoient réduites à un point de foibleffe, qui ne pouvoit aller plus loin : Toutes les Lettres de Buzenval & de Berny en faifoient foi ; & les Nouvelles publiques n'ajoûtoient rien à cet égard à la vérité. Il n'eft pas moins vrai que l'Efpagne de fon côté, n'étoit pas plus en état de fe prévaloir de cet épuifement. Les Siéges d'Oftende & de L'Eclufe avoient fait des deux parts une bleffure, que rien n'avoit pu fermer : Auffi parloit-on publiquement de la Paix dans toute la Flandre ; & ceux qui s'y étoient montrés jufque-là les plus oppofés, fe trouvoient à leur étonnement, entraînés eux-mêmes à ce fentiment. On commença à ne plus folliciter auffi fortement les fecours du Roi de France, ni à eftimer fes promeffes ce qu'on faifoit auparavant : & je fuis perfuadé que le fouvenir encore récent de toutes les obligations qu'on avoit à Sa Majefté, fut une des principales caufes du retardement de la Paix, ou de la Trêve, qui fans cette confidération, auroit peut-être été concluë dès cette année : A quoi contribuoit encore la méfintelligence entre le Prince d'Orange & Barneveld, qui entretenoit la divifion dans le Confeil des Etats ; le premier ne voulant point entendre parler de Paix ; & l'autre ne ceffant point de déclamer contre la Guerre. Cette méfintelligence faifoit encore qu'on ne fçavoit trop dans le Confeil de France, à quoi fe réfoudre fur les affaires de la Flandre ; parce qu'on ne pouvoit fervir l'une des Factions à fon gré, fans deffervir l'autre.

Matthieu Brulart Sieur de Berny.

Buzenval revint au mois de Décembre à Paris, chargé de faire plufieurs propofitions ; fur lefquelles Sa Majefté ne voyant pas bien clair, elle l'envoya conférer avec moi à l'Arcenal, où j'étois alors obligé de garder la chambre. J'avouë que mon embarras ne fut pas moindre que celui de Sa Majefté. Je voyois bien que fi l'on avoit quelque réfolution à prendre, au fujet de la Paix entre l'Efpagne & les

Tome II. Hhhh

Provinces-Unies, dont toutes les Nouvelles publiques faisoient bruit ; c'étoit alors qu'il le falloit faire : Mais comment se comporter, & que répondre à des gens sans force, sans union entr'eux, & si dépourvus de conseil, que n'ayant pu apparemment convenir de Députés auprès de Sa Majesté, c'étoit notre Agent lui-même qui étoit obligé de leur en servir ? Engager ces Provinces à embrasser la Domination Françoise ; & alors faire de leur affaire la nôtre propre ? Mais ç'eût été se jetter de gaieté de cœur, dans une Guerre avec toute la Maison d'Autriche, dont l'événement étoit d'autant plus douteux, que les Pays dont il auroit fallu se mettre en possession, sont éloignés du nôtre ; que nous n'avions encore aucuns des préparatifs nécessaires pour traverser des Terres ennemies ; ni de vaisseaux pour y aborder par la Mer, que ceux des Etats eux-mêmes : Se contenter de recevoir d'eux certain nombre de Villes, ou en ôtage, ou en propriété, pour dédommagement de nos avances ; comme l'offroit Buzenval de leur part ? Ce parti a tous les mêmes inconvéniens que le premier, sans en avoir les avantages. C'étoit outre cela, de nombreuses Garnisons à entretenir : parce que ces Villes auroient été sans doute des Places frontieres, & dans lesquelles les Flamands nous auroient vûs presque d'aussi mauvais œil, que les Espagnols eux-mêmes ; comme l'Angleterre nous en fournissoit un éxemple tout récent. De quelque maniere qu'on déguise tout parti qui nous eût mis en guerre avec l'Espagne ; il nous l'auroit aussi immanquablement attirée avec l'Angleterre, d'abord que nous aurions paru vouloir mettre le pied & nous faire un établissement dans les Pays-Bas. Pour n'avoir rien à craindre, ni des uns ni des autres, il falloit que notre coup-d'essai nous assûrât d'emblée l'empire de la Mer contre les Espagnols, & dans une nécessité, contre les Anglois : je crois bien, j'aurois même engagé ma tête, qu'alors n'ayant plus à attaquer, ni à défendre, que du côté de la Meuse : les Pays-Bas étoient perdus pour l'Espagne : Mais quelles dépenses & quels efforts, pour en venir-là ? Je suis encore persuadé que nous pouvions, sans donner de l'ombrage à nos Voisins, & sans nous attirer de la part de l'Espagne, que des plaintes & des murmures, continuer à favoriser couvertement les Etats ; comme nous avions fait jus-

# LIVRE VINGT-TROISIEME.

1606.

qu'à préfent : Mais outre que les dépenfes que nous faifions pour eux, devoient néceffairement augmenter dans la même proportion que leur pouvoir & leur force diminuoient ; tout l'avantage que nous en pouvions efpérer, étoit de retarder fimplement la Paix de quelques années. Dans l'état où étoient les chofes, il n'y avoit point d'alternative entre un accommodement des Provinces-Unies avec l'Efpagne, & la Guerre de l'Efpagne avec nous. Quant à cet accommodement ; il y avoit encore deux partis à prendre pour nous : Qu'il fe fît fans nous : ou, que nous paruffions en être les Médiateurs. Le fecond étoit le feul raifonnable ; & l'on y vint à la fin : Mais le Roi étoit encore affez éloigné, au temps dont je parle, de goûter ce trait de Politique : & en un fens, c'étoit celui de tous les partis, qui fouffroit le plus de difficultés.

Ce furent-là à peu près les réfléxions que je fis faire au Roi, qui vouloit fçavoir mon avis fur le fujet de la députation de Buzenval. Je les mis par écrit ; parce que je ne pouvois aller trouver Sa Majefté : Ce n'étoit pas tout-à-fait ma faute, fi elles n'indiquoient rien de bien pofitif. De part & d'autre, on laiffa au temps le foin de meurir toutes chofes : elles demeurerent dans cet état d'incertitude, jufques & bien avant dans l'année fuivante. Les Etats firent par Aërfens, quelques petits préfens au Roi & à la Reine ; dont Sa Majefté les fit remercier, & donner par la Reine à la Femme d'Aërfens, pour quinze cens écus de Bijoux. Aërfens préfenta au Roi de la part de fes Maîtres, la Relation du Voyage que les Hollandois venoient de faire dans les Indes Orientales.

Je n'ai rien à dire de l'Allemagne, que ce qu'on en a vu plus haut ; & que le Duc de Wirtemberg reffentit les effets de la protection du Roi. Montglat étoit l'homme de confiance de Sa Majefté en ce Pays-là : car pour Bongars, qui y étoit auffi, & qui m'avoit écrit de Metz une Lettre, que Henry lut, parce qu'elle étoit ouverte ; ce Prince ne voulut pas même lui permettre de demeurer dans cette Ville, ni dans tel autre lieu, difoit-il, où il pût prêcher fa Doctrine.

Toute l'Angleterre fut émuë de la Nouvelle d'une Confpiration (13), tramée par les Jéfuites Henry Garnet & Ol-

(34) Le détail de cette Confpiration nous jetteroit dans un récit trop

Hhhh ij

1606.

decorne, avec plusieurs autres Anglois, contre la Personne du Roi. Les Conjurés avoient résolu de le faire sauter en l'air, avec les principaux Seigneurs du Royaume, lorsqu'ils seroient tous assemblés dans une chambre, sous laquelle on avoit placé des barils, & préparé des traînées de poudre.

long, & qui n'a pas assez de rapport avec ces Mémoires. M. De-Thou & le Mercure François, la font commencer dès les dernieres années de la Reine Elisabeth. Consultez ces Historiens, *ann.* 1605. & 1606. Il en coûta la vie à dix ou douze Anglois, ainsi qu'aux deux Jésuites, Henry Garnet & Edouard Oldecorne. Il paroît que tout le crime de ces deuxcy, fut d'avoir eu connoissance de la Conspiration, & de n'en avoir rien déclaré. » Ce que le Roi, dit L'Etoi- » le, sçut bien dire au Pere Cotton, » quand il lui en parla : Je ne veux » croire celui-là de vous autres, dit- » il, ni toucher au Général de vo- » tre Ordre; si ce n'est à Person, qui » est à Rome près Sa Sainteté, le- » quel je sçais n'avoir ignoré cette » pernicieuse menée & dessein. « *ann.* 1605.

Le Pere Oldecorne protesta avant que de mourir ( le 17 Avril 1606,) Qu'il n'avoit jamais, ni sçu, ni approuvé, la Conspiration des poudres. Mezerai dit, Que ce Pere avoit soûtenu, que l'entreprise étoit bonne & louable : mais il le dit, je ne sçais sur quel fondement; lui, qui fait de Hall & d'Oldecorne, deux hommes différens, quoique ce soit le même, qui avoit deux noms. Le Pere Garnet fut exécuté le 3 Mai. Les Juges n'épargnerent rien, pour lui faire dire qu'il en avoit été instruit par une autre voie que celle du Sacrement, dont ils sçavoient que le sceau est inviolable chez les Catholiques. Le Pere Garnet, selon les Relations des Catholiques, entra si peu dans ce dessein, dont Larrey le fait l'Auteur & le Promoteur, qu'il mit tout en usage, à la révélation près, pour le prévenir ; exhortant sans cesse les Catholiques à la patience. Il avoit même fait écrire par le P. Personius, & par le Pere Aquaviva, Général des Jésuites, qu'il falloit éviter sur toutes choses, de prendre aucune résolution violente, dont l'issuë ne pouvoit être que funeste à la Religion. *Mém. pour servir à l'Histoire Univ. de l'Europe. Tom.* 1. *pag.* 74. P. Matthieu disculpe de la même maniere le P. Garnet. *Tom.* 2. *liv.* 3. *pag.* 715. Voyez aussi le Livre composé par le Pere Daniel Bartoli , Jésuite Italien, qui a pour titre : *Dell Istoria della Compagnia di Giesù d'Inghilterra*. Ces témoignages suffisent pour réfuter tous ceux qui , ainsi que Bayle, ( *Rep. des Lett.* Mars 1687. ) ont avancé, que selon tous les Historiens, les Peres Garnet & Oldecorne furent convaincus d'avoir trempé dans la Conspiration. Ce Pere Person, ou Robert Personio, étoit un Jésuite de beaucoup de mérite & de sçavoir.

*Fin du vingt-troisième Livre.*

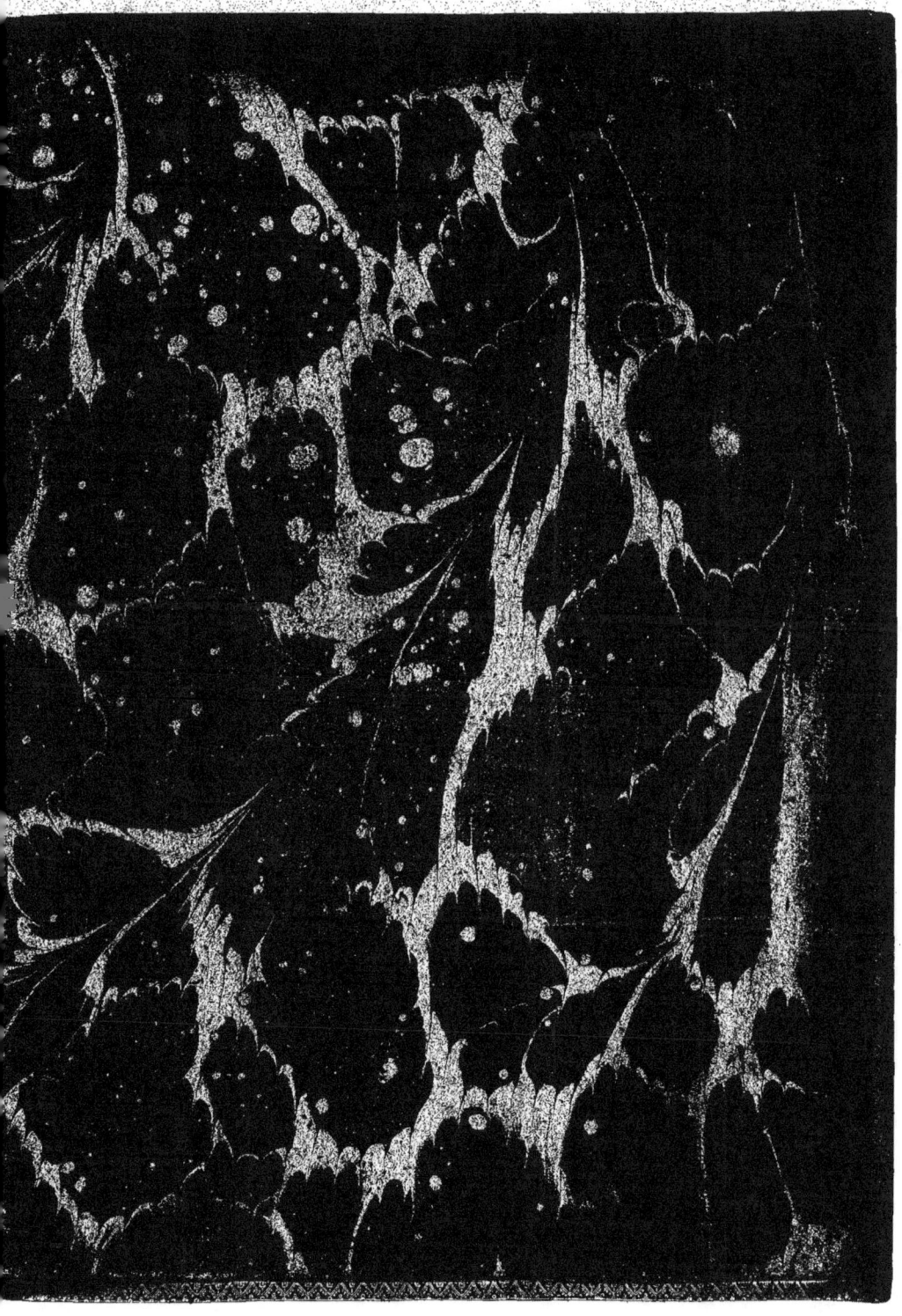

www.ingramcontent.com/pod-product-compliance
Lightning Source LLC
Chambersburg PA
CBHW050102230426
43664CB00010B/1415